出版理论与实务研究 2013

刘 志／主编

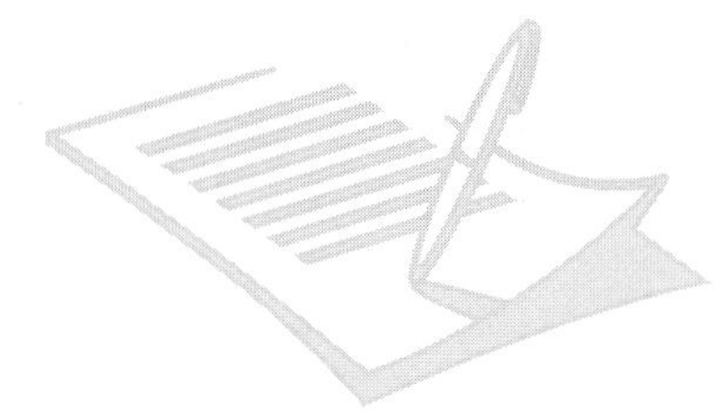

中国人民大学出版社

·北京·

目　录

一、出版工作

当代编辑必须具备的六种意识　刘　志 / 3

紧跟时代，践行使命
——对做好新时期合格出版人的一点思考　霍殿林 / 8

新世纪以来中国图书出版业政策环境浅析　郑　铮 / 12

中国人民大学出版社 2012 年年度图书选题分析报告　王　磊 / 19

中国人民大学出版社“‘十二五’国家重点图书、音像、
电子出版物出版规划项目”中期评估报告　王　磊 / 24

媒介整合在出版中的应用　何冬梅 / 31

不同宏观情景下出版社的应对措施研究　张文超 / 36

出版体制改革时期关于图书质量管理的思考　邹　莉 / 42

试论文编的继续教育　王　昱 / 46

浅谈外编队伍建设　黄李晓 / 49

版权引进的业务流程　刘光宇 / 55

图书版权转让合同探微　王晓晨　田国华 / 60

涉外交往中应避免的十件事　刘光宇 / 64

让版权方敬而远之的毒苹果　刘光宇 / 69

2012 年人大社“走出去”工作的新进展　刘叶华 / 74

2012 年法兰克福书展考察报告
陈松涛　刘　汀　王晓晨　彭莉莉　石　岩　黄　强 / 82

美国图书博览会印象　孙　迪 / 89

浅谈美国大学出版社的困境与发展 乌 兰 / 91
美国诺顿公司一瞥 潘 宇 / 95
出版社数字出版工作的实践小结 朱亮亮 / 98
数字阅读部在 2012 年的一些探索 朱亮亮 / 100
电子书著作权授权法律问题分析 张 义 / 103
北京“7.21”特大暴雨给出版单位的启示
——从“7.21”水灾浅谈出版单位的灾患意识 廖 斌 / 109
成本高、周期长、派活难
——小构件和封面工艺引发的大问题 廖 斌 / 114
图书成本控制与定价管理刍议 樊海燕 / 120
浅议大型重点图书项目的书籍装帧运作管理
——以《国家哲学社会科学成果文库 2011》书籍装帧运作管理为例
彭莉莉 / 126
特种纸的使用浅说 徐谋卿 / 137
“三多三少”保证“网报时代”统计数据的实效性 孟 巍 / 143
从手机话费报销看组织管理 李剑坤 / 147

二、选题策划

从赵家璧谈编辑与作者的关系 李天英 / 153
浅谈策划编辑的选题管理 王慧丽 / 157
主题出版之浅识 罗海林 / 162
坚持正确出版导向 打造“红色出版”重镇
——中国人民大学出版社出版马克思主义理论图书的经验与总结
郭晓明 余 盛 / 168
跟风与创新
——浅议“《旧制度与大革命》出版热” 吕鹏军 / 173
立体化教材建设之我见 毛润琳 / 176
开发职业教育教材应以特色为先
——以市场营销专业为例 牛晋芳 / 180
论职业教育教材的编写方向 龙明明 / 184
浅谈高等职业教育教材的开发 毛润琳 / 187

专业学位研究生入学考试图书市场分析 李国庆 / 192
新技术形态下考试图书出版竞争态势浅析 赵军宝 / 196
做最畅销的书
——浅谈大众畅销书选题策划 刘 莉 / 200
励志类图书的选题策划思路 凌 江 / 206
《中国共产党》（多媒体光盘）选题策划报告 黄 颖 / 210
《股市投资心经》策划与营销方案 王亚南 / 215
《中国政府组织结构》电子出版物项目申报报告 张凌霄 / 219
《中国梦》画册策划报告 张凌霄 / 223
简析戏剧音像中的“大纪录片”概念 席 璟 / 232
走近创意写作 杜俊红 / 237
每个人都可以成为作家
——记“创意写作书系”新书发布会（一） 杜俊红 / 246
与“创意写作书系”相见恨晚
——记“创意写作书系”新书发布会（二） 杜俊红 / 253

三、书稿审读

编校差错案例与点评（A 类差错部分） 王鹤杰 / 261
编校差错案例与点评（B 类差错部分） 王鹤杰 / 269
编校差错案例与点评（C 类差错部分） 王鹤杰 / 273
编校差错案例与点评（D 类差错部分） 王鹤杰 / 282
编辑加工工作的特点与改稿方法浅谈 潘蔚琳 / 287
浅谈书稿的编辑加工 商晓辉 / 291
书稿编辑加工刍议 徐海艳 / 294
古籍类图书编辑工作浅议 李 红 / 297
翻译作品编辑加工心得 王 喆 / 304
考试类图书的编辑体会 刘云辉 / 307
著作权法与书稿编辑加工 刘云辉 / 312
著作千古事 编辑寸心知
——《饶宗颐二十世纪学术文集》审读编辑琐记 吴冰华 / 316
参与十八大相关书稿编辑加工的心得 于凯燕 / 320

文字编辑的工作职责 彭理文 / 324
消灭知识性错误　提高出版物质量
——以人大社英语书稿为例 王　琼 / 327
从"右开本"到"左开本" 袁雪英　冯　喆 / 333
终审工作的一点体会 王宏霞 / 336

四、市场营销

探微图书市场治理 郭　毅 / 341
数字化背景下的出版营销转型 戈　巨 / 347
SoLoMoCo，让出版业网络营销活动更有实效 李慧慧 / 351
电子化阅读冲击下的纸质图书销售无须盲目悲观 董立平 / 359
亚马逊"永远以客户为中心"的经营理念 张宗芳 / 364
2012 年图书市场简析 邹　晗 / 369
浅析当前营销工作的三对矛盾及解决之道 宋义平 / 373
营销苦与乐，实践思与行
——浅谈教材终端市场营销创新 陈怀锋 / 378
漫谈教材营销过程中的电话沟通技巧 段向民 / 382
教材市场推广之我见 段向民 / 388
高校教材市场销售模式探讨 张立伟 / 393
营销让畅销书火起来
——略论大众畅销书的营销技巧 刘　莉 / 398
浅谈实体书店的发展
——以人大社办书店为例 崔庆杰 / 402
出版社开展微信营销的挑战及其应对 黄　蓉 / 412
网聚信息的力量
——论网络信息搜集在图书出版行业中的地位及应用 奥　南 / 420
润物细无声
——中文字体如何发挥视觉传达的作用 赵　昳 / 425

五、书评书介

一部与时俱进、不断创新的历史

——评《马克思主义发展史》　郭晓明　余　盛 / 433
“当代世界学术名著·政治学系列”出版评介　郭晓明　余　盛 / 436
科学精神、历史视野与中国关怀
——读《西方社会运动理论研究》有感　戴天逸 / 438
一部关于美国宪法来龙去脉的精彩合集
——读《宪法故事》　郭燕红 / 444
彰显刑事诉讼法的自身价值——平等
——《刑事程序故事》编后　郭燕红 / 448
从纸面到行动：法律解释学的神圣职责
——评《法律解释学》　班晓琼 / 451
变与不变
——《刑事诉讼的前沿问题》（第三版）评介　邓碧君 / 454
散落在经济学中的一颗珍珠
——评《行为经济学》　薛　锋 / 457
税务筹划的实践发展与理论研究
——读《税务筹划理论研究》　陈永凤 / 461
人力资源管理的经典之作
——评《人力资源管理》（第 12 版）　王　前 / 464
如何赢得竞争优势
——读《人力资源管理：赢得竞争优势》（第 7 版）　魏　文 / 466
信念＋毅力：成功的开始
——《白手起家》带给我们的启示　霍殿林 / 468
又见忍冬草
——读《金大中自传》有感　李慧平 / 471
粗看“三国”，浅说“演义”
——读《三国演义》有感　徐谋卿 / 473
从《天桥》回到民国
——《天桥》读后　黄海飞 / 481
我来拍块板砖
——读杜子建《微力无边》　黄海飞 / 483
按图索骥，求彼清辉

——据《知堂序跋》追寻周作人散文中的情味 黄　超 / 485
说不尽的“老北京”
——评《解说老北京》 臧　磊 / 495
强健民族骨髓的营养高汤
——评袁济喜教授的《国学十讲》 杨松超 / 497
重构人文素养和重建人文精神
——由李欧梵的《人文六讲》谈起 汤邀玮 / 504
发展与繁荣人文社会科学
——读《走进“中西会通”的时代》 彭理文 / 508
文化力、精神力、道德力
——评《联结地球的文化力——高占祥与池田大作对话录》 李　伟 / 511
汇聚菁华，弘扬真理
——评《夏甄陶文集》 李　伟 / 514
红色沃土，服务人民
——读《求是园名家自述（第二辑)》有感 霍殿林 / 517
现代设计漫谈
——《现代设计史》(第2版）读后 夏贵根 / 519
美好的一天从阅读开始
——读《大量阅读的重要性》有感 邹　莉 / 522
从匠气十足到匠心独运
——读《开始写吧！——影视剧本创作》有感 毛术芳 / 525
反对本本主义，做学习型编辑
——读《反对本本主义》有感 徐海艳 / 528
寻寻觅觅　相守相助
——读《我们仨》有感 徐海艳 / 531
生命的韧度
——评《活着》中的“不死” 刘广宇 / 534
谁之杀戮，何种艰难？
——读《杀戮的艰难》有感 崔庆杰 / 542
不一样的总统范儿
——读《总统 Style》 骆　骁 / 547

移民之道　生活之道

——读《移民之道——一位美籍华裔律师教你合法移民美利坚》有感

黄丽娟 / 549

点亮心灯，健康成长

——评《心灵成长图画书导读》　李天英 / 552

读李瑞环同志《看法与说法》有感　段向民 / 556

读《看法与说法》，学什么?　王宏霞 / 558

如何解读马克思与恩格斯的关系　李慧平　谷广阔 / 563

阿马蒂亚·森及其正义观　潘　宇 / 566

中国当代“文化复兴运动”中的儒教问题　潘　宇 / 568

一、出版工作

当代编辑必须具备的六种意识

·刘　志·

编辑工作是社会主义出版工作的中心环节。从一定意义上说，当代编辑素质如何，不仅关乎社会主义出版业的兴衰，更关乎整个中华民族的繁荣昌盛。广大编辑要牢记使命，认清形势，更新观念，牢固树立导向意识、使命意识、创新意识、读者意识、品牌意识和学习意识，努力做一名合格的当代编辑。

一、导向意识

中国特色社会主义出版的性质决定了当代编辑必须坚持“二为”服务和“双百”方针，坚持社会效益和经济效益相统一且社会效益优先的原则。编辑工作者要想策划出具有双效益的精品出版物，确保出版过程中不出现政治问题，首先就要在出版工作中树立正确的导向意识，牢牢把握出版物的政治导向、思想导向、文化导向和价值导向。在整个编辑出版过程中要积极宣传党的各项路线、方针、政策，体现广大人民的根本利益和要求；要积极弘扬社会主义核心价值体系，准确把握时代主题，反映时代主流思想；要引导广大群众积极向上，奋发有为。

树立牢固的政治意识是确立正确导向意识的前提和基础。当代编辑在政治上必须与党中央保持高度一致，出版工作越是繁重越是要增强政治敏感意识，要很好地服从和服务改革开放大局；对于违反改革开放政策、否定四项基本原则的错误思想和观点，必须予以坚决抵制和纠正，坚决杜绝有政治性错误的出版物出版。

具体说来，编辑工作者在出版的每一个环节都要坚持导向意识，始终把握大局，保持高度的政治敏感性；无论是在选题策划、书稿审读、审校加工，还是装帧设计、排印装订、营销发行等各个环节，都要严格遵守党的路线、方针、政策和国家各项法律规章制度，认真履行程序，把好出版物的政治关。

二、使命意识

作为一名当代编辑工作者，我们必须充分认清自己所肩负的政治责任和社会责任，不辱党和人民赋予的神圣而光荣的使命。也就是说，广大编辑要坚持出版的根本宗旨，把握正确的出版方向，牢固树立为人民服务、为社会主义服务的使命意识。所谓使命意识，就是编辑工作者不仅要具备良好的职业道德、严谨的工作态度和较高的知识素养，更要具备对党负责、对人民负责、对读者负责、对历史负责、对社会负责的高度的责任意识。编辑的高度政治责任意识的培养，应该贯穿于编辑长期的工作当中，永不减弱和停歇。

近些年来，个别编辑同志一度丧失了应有的使命意识，迷失了正确的出版方向。他们只顾追求眼前的经济利益，头脑中只有码洋实洋，却没有对社会、对人民负责的概念，结果出版了一些有政治问题或其他错误的出版物，造成了很坏的社会影响，给党的出版事业抹了黑，其教训是极其深刻的。事实证明，使命意识是广大编辑头脑中必备的重要意识，它和导向意识一道成为编辑头脑中的两根弦，这两根弦任何时候都必须绷得紧紧的。

三、创新意识

创新是人类进步的不竭动力，是出版事业繁荣发展的“永动机”。超越前人是创新，推陈出新是创新，创造性地解决难题也是创新。而创新意识则是一种与时俱进、勇于探索、开拓进取的思想状态和精神风貌。当前，中国出版业面临多重挑战：第一，随着高科技信息化时代的到来，电子出版和网络出版对传统出版模式产生巨大冲击，人们的阅读习惯悄然发生了变化，纸质图书的市场份额有所下滑。第二，我们出版界正面临着由事业向企业体制的转变，现代企业制度在大部分出版单位内部还未完全建立起来，许多出版社还难以适应激烈的市场竞争局面。第三，我们出版业还不能完全满足社会发展、国家改革建设以及广大人民群众日益增长的文化需求。因此，我们当代编辑工作者必须牢固树立创新意识，根据新形势新任务和人民群众日益增长的文化需求，来不断加强和改进我们的出版工作。

编辑牢固树立创新意识需要以下几个基本条件来保障：一是出版社要积极营

造激励创新的良好环境与氛围，使得编辑敢于争先恐后地去创新工作，充分调动广大编辑的创新积极性；二是出版社要积极培养编辑创新无止境的进取精神，使他们不断突破自己，不断超越别人，破除思维定式，永葆创新激情；三是出版社要引导编辑树立允许失败的辩证思想，以勇于面对失败、愈挫愈勇的决心开展创新工作。

广大编辑要深刻认识到：只有不断强化创新意识，才能自觉地把思想认识从那些不合时宜的陈旧观念和工作思路中解放出来，以创新的精神积极研究解决出版业所面临的新情况、新问题；只有牢固树立创新意识，才能更好地完成新的历史条件下党和人民赋予我们出版人的艰巨任务。创新意识是与高昂的精神状态、高尚的精神境界密切相连的。当代编辑只有树立强烈的事业心、进取心和使命感、责任感，才能拥有强烈的创新意识和伟大的创新实践。

四、读者意识

编辑工作的最终目的，就是为广大读者提供大量的优秀出版物，以满足不同层次读者的文化需求。李瑞环同志曾为人大出版社建社 50 周年题词：“为读者着想”。广大编辑在坚持出版宗旨不动摇的大方向下，一定要心中时时想着读者，树立起强烈的读者意识。当前，在出版业转企改制的大形势下，出版社的生存与发展面临着严峻的挑战和竞争。作为出版物的策划者和出版者，广大编辑必须深入、广泛地了解社会各个层次读者的阅读兴趣和阅读热点，认真研究出版物市场的走向，及时调整自己的选题计划和出版战略，努力策划出版适合市场和读者需求的出版物。编辑工作者无论是在选题的确立、书稿内容的取舍、作者的写作风格选择，还是出版物的装帧设计、纸张材料的选择、排印装质量的把握等方面，都要从读者的阅读兴趣、阅读心理出发，去思考、去工作。

要想树立强烈的读者意识，很重要的一个方面就是必须培养为读者服务的意识。出版物是载体，它所承载的内容是文化，而服务的对象则是读者。编辑工作的根本目的是满足读者的信息文化需求，而编辑工作的表现形式就是为读者服务。编辑工作者必须要有为广大读者自觉主动做好服务工作的观念和愿望，而且这种愿望又必须是发自编辑人员内心深处的。说到底，编辑的读者意识并不难培养，它其实是我们事业心、责任心的一种集中体现。

五、品牌意识

品牌是企业非常重要的无形资产。在达沃斯世界经济论坛举行的有关 21 世纪成功因素的专题讨论会上，许多顶级管理人员得出如下共同结论：成功因素“不是机器，而是人和品牌”。相当一段时期内，由于我们出版部门处在计划经济条件下，属于事业性单位，内外部都缺乏竞争。因此，出版社和编辑人员都缺乏品牌意识，没有把品牌看作影响其长期竞争力的有价值的无形资产。

跨入新世纪以来，我国出版业进行了全面的转企改制，绝大多数出版单位已经成为完全的市场主体。社会主义出版事业空前繁荣，出版物市场竞争空前激烈。大量同类同质出版产品的竞争，使得广大读者的选择余地更大，这就迫使出版企业不得不把竞争的焦点放在创造品牌、增强品牌强度上，以求建立起其在读者心目中的突出地位与独特形象。因此，对品牌的培育和保护，就成为出版社经营与编辑工作的必然之举。此外，出版物的丰富多彩，广大读者综合素质的提高以及信息传播的充分性，都极大地增强了读者消费行为的理性色彩。品牌已成为读者与出版产品产生联系的纽带，成为他们判断出版物优劣的价值标准。因此，广大读者行为的理性化也迫切需要出版企业与编辑人员树立强烈的品牌意识。

广大编辑要从战略高度加强对品牌的认识，要认清品牌对于出版企业生存和发展的战略意义，“品牌是企业在市场中的灵魂”。在现代出版中，品牌是一种战略性资产，也是核心竞争力的重要源泉。对于任何出版企业来说，树立品牌意识、打造强势品牌成为保持战略领先性的关键。广大编辑要充分认识到，对于出版社来说品牌就是特色，是信誉，是能力，也是资本。品牌是一个出版社赖以生存与发展的基础，更是一个出版社的标志和象征。在激烈的市场竞争中，大多数取得优异成绩的出版社，无一不是凭借极具个性化特征的品牌化产品赢得读者和巨大市场空间的。所以，对出版社和编辑人员而言，品牌观念和意识的落后，往往比企业产品本身落后更可怕。广大编辑一定要树立强烈的品牌意识。

六、学习意识

学习是人类认识自然和社会、不断发展和完善自我的必由之路。人类文明的发展，振兴中华的神圣责任，实现真正的人生价值，都要求我们必须认真学习。党的十六大就曾明确提出，要“形成全民学习、终身学习的学习型社会，促进人的全面发展”。众所周知，我们所处的时代，是一个知识经济的时代，更是一个深刻变革的时代。现代化科学技术的发展日新月异，知识的生命周期大大缩短，各种新事物、新现象层出不穷。这就要求编辑人员必须树立强烈的学习意识，不满足于目前的知识结构，与时俱进，通过各种学习渠道提升自身综合素质，与出版业高速发展同步前进。换句话说，为了进一步提升出版业的竞争实力和发展潜力，编辑人员必须增强学习意识。对于每个编辑而言，人生就是一个不断学习的过程，一个不断自我完善的过程，一个不断拼搏进取的过程。编辑同志应该切实把学习作为增长个人才智、提高自身修养的重要手段，把学习当作一种人生常态、当作一种精神追求。

在改革开放和发展社会主义市场经济的新的历史条件下，广大编辑要认真学习马列主义、毛泽东思想、邓小平理论，学习“三个代表”重要思想和科学发展观，学习其他知识特别是反映当代世界新发展的各种新知识；要弘扬马克思主义学风，增强创新意识，提高创新能力。树立强烈的学习意识，全面不断地努力学习，已经成为做一名称职的当代编辑的必要条件。

总而言之，在出版业竞争日益激烈的形势下，广大编辑必须牢固树立上述六种意识，不断提高自身的综合素质，具备复合型的知识结构，努力做好出版工作，为发展和繁荣我国社会主义文化事业作出自己应有的贡献。

紧跟时代，践行使命

——对做好新时期合格出版人的一点思考

·霍殿林·

“推动社会主义文化大发展大繁荣，队伍是基础，人才是关键。”这是《中共中央关于深化文化体制改革　推动社会主义文化大发展大繁荣若干重大问题的决定》中的一句话。

2011年10月18日，中国共产党第十七届中央委员会第六次会议在北京闭幕，会议通过了《中共中央关于深化文化体制改革　推动社会主义文化大发展大繁荣若干重大问题的决定》。这次全会首次将“文化”作为重要议题，“文化兴国”成为当下中国全面建设小康社会关键期、深化改革开放及加快转变经济发展方式攻坚期的重要战略。这一信号的传递，也进一步为我国文化产业大发展、大繁荣指明了前进的方向和发展路径。

2012年3月5日，第十一届全国人大五次会议在北京人民大会堂开幕。国务院总理温家宝代表国务院向大会作政府工作报告。报告回顾2011年工作，对2012年工作作出总体部署，并明确了2012年的主要任务。促进文化大发展大繁荣被列为2012年九项主要任务之一。

在这种背景下，作为一名年轻的出版人，笔者在备受鼓舞和涌生使命感之余，也同其他很多出版人一样，不免思考如何才能做好新时期合格出版人这一课题。

文化在人类演化史上扮演了不可替代的关键角色，是人类区别于其他生物的最重要的特征之一，书籍则扮演了普及文化、传承文化的重要载体的角色，而在这种载体身上又凝聚了一代又一代出版人的智慧与心血。可以说，出版业是一个古老的职业，是人类社会不可或缺的一个职业，为丰富人类文化精神食粮作出了重要贡献。如此重要的职业，作为其构成“分子”的出版人又应当是什么样子呢？

在人们的印象中，出版人往往总是与认真、严谨、有责任心、有文化、爱读书甚至文雅等特质联系在一起。

的确，尽管时代、地域或文化等不同，但出版人总有一些共有的、基本的素质要求，诸如责任心，严谨认真、一丝不苟的工作态度，必要的文化学识，等等。可以说，出版业的职业特点决定了从业者的某些特点。然而，如果说仅仅这些就构成了胜任出版人的素质要求，却又有失偏颇。这是因为，随着时代的发展，出版人的素质要求也日益复杂、多元且与时代接轨。今天这个时代就是如此。“今天的编辑和老一辈编辑不同的是，他们必须十八般武艺样样俱全，既要精通书籍制作、行销、谈判、促销、广告、新闻发布、会计、销售、心理学、政治、外交等等，还必须有绝佳的编辑技巧。而编辑工作又包括了五花八门、各式各样的活动。”①

时下的世界，高耗能、高污染的传统产业已呈强弩之末的态势，各国在相对清洁环保的文化产业领域的竞争却方兴未艾，且不必说各国纷纷以举办民族文化全球巡演展示活动、在各地设立种种文化培训机构、组织国际书展等形式开展文化“走出去”，就是电子图书这样的图书新形态和电脑、手机、电纸书这样的图书新载体在寻常百姓中的风靡也足以印证“软实力”竞争的时代已经到来这一说法。

而时下的中国，则不论在文化产业体制层面还是在技术层面，都离真正的文化产业强国尚有距离，在应对外来的文化竞争方面有待加强。就出版业而言，如何在本土市场保持对外部图书的竞争优势之余推动更多的本土图书“走出去”，如何在与国际接轨之余打开海外市场，依旧是中国出版人需要认真思考的问题。

就是在这种背景下，近些年，中央提出文化大发展大繁荣的口号，一系列扶持我国文化产业的政策随即出台。在这种背景下，各种文化产业形态都感受到时代的召唤，作为我国文化产业排头兵的出版业更是如此，甚至已有人感慨：出版业的又一个春天来了！

那么，时下的出版人是否做好了迎接这个“春天”的准备了呢？又应如何准备呢？

特定的时代赋予出版人荣誉的使命，而出版人也必须紧跟时代，具备与时代

① ［美］格罗斯主编：《编辑人的世界》，40页，北京，中国工人出版社，2000。

接轨的特质，如此才能更好地践行使命。抛开在出版人实际工作中必需的严谨认真的态度不提，笔者认为新时期的出版人还需要具备以下几点时代特质：

（1）紧迫的使命感。新时期的出版人是社会主义文化大发展、大繁荣的践行者和生力军，必须勇于担当，以推动社会主义文化大发展、大繁荣为己任，通过做好本职工作，为社会主义文化大发展、大繁荣，丰富广大人民群众的精神生活和构建和谐社会贡献自己的力量；同时，也要具备帮助中国出版产业“走出去”的时代使命感，为振兴民族文化产业、增强中国文化“软实力”添砖加瓦。

（2）能够协调好经济效益与社会责任的关系。出版业历来是一个竞争激烈的行业，尤其是在当今全球传统经济普遍不景气、“软实力”日益成为“朝阳产业”的大背景下，我国文化产业体制改革步伐加快，包括出版业在内的文化产业市场化已是大势所趋，这就要求新时期的出版人要有市场意识，熟悉市场，熟悉商业化运作模式，唯有如此，方能适应国内国际竞争的文化产业环境。同时，光有市场意识还是不够。作为特殊的产品，出版物具有影响人类精神世界乃至社会价值的不同于其他物化商品的特点，这就需要出版人必须在关注经济效益的同时，以正确的道德价值观、强烈的社会责任感把好出版物的精神质量关，而且越是在商业化、快餐化的时代环境下，越是不能为追求眼前小利而浮躁行事，不能让铜臭蒙住出版人的良知。总之，新时期的出版人必须能够协调好经济效益与社会责任的关系。

（3）旺盛的求知欲＋较强的学习能力。新时期的出版人必须是“旺盛的求知欲＋较强的学习能力”的结合体。当今是一个技术日新月异、社会不断变化的时代，如果不具有旺盛的求知欲，只是满足于过去那点“老本”而不思进取，那么只能是故步自封，很快就会面临“out”的局面。同样，今天社会生活的快节奏也对出版人的求知能力提出挑战。出版工作是辛苦的，需要学习的方面很多，而出版人的学习时间又是有限的，因此，出版人还要具备较强的学习能力。除了不断学习专业知识、了解行业动态外，也要了解社会热点、潮流及技术发展趋势，在工作之余了解社会、开阔眼界，因为这些对工作都可能有帮助，甚至有可能是拓展工作的又一条渠道。

（4）创新性思维。创新是当今社会各行各业的要求，出版业亦不例外。时代背景呼唤创新性思维，技术进步要求创新性思维。仅以文化载体为例，随着科技的发展，延续数千年的纸质图书而今面临便携式电子类图书的迎面挑战，尽管有人坚信纸质图书以其特殊的魅力而依旧会在读者中有市场，但谁又能断言未来某时传统的纸质图书不会因社会大众的流行取向而最终被技术进步催生的新载体所替代呢？而那时的出版业的形态又会是什么样的呢？即使在今天，随着全球经济、技术一体化的进程，人们的眼界不断开阔，选择日益多元化，出版业的形态也具有了许多不同于过去的特点，这些势必要求出版人改变传统思维定式。因此，新时期的出版人必须培养创新性思维，学会用发展的眼光看待问题。

除了以上四点外，新时期的出版人的时代特质还包括：具备敏锐的社会眼光，关注社会、关注民生，能够捕捉潜在社会热点并解读政策讯息、社会讯息；拥有国际化视野，不仅限于了解国际出版业界的发展动态，也包括要了解各方面的国际讯息、世界文化；等等。依笔者浅见，若具备这些特质，则不仅可谓合格的新时期出版人，且于业务发展大有裨益。

总之，时代赋予出版人新的素质要求，新时期的出版人必是带有新时期特征的多种素质的复合体。而今，文化大发展大繁荣进军的号角已经吹响，时代召唤中国的文化工作者勇于担当，出版人应紧跟时代潮流，不断学习，开阔眼界，开拓进取，做新时代合格的出版人，为祖国的文化事业添砖加瓦！

新世纪以来中国图书出版业政策环境浅析

·郑　铮·

一、政策环境与图书出版业的关系

国家政策是影响中国出版业新世纪发展的直接环境因素。出版物有别于一般的产品，具有自身的特殊性。出版物作为物质产品，具有物质属性。同时，由于它能满足人们对于精神文化的需求，所以具有精神属性。图书作为一种精神产品，在具有普通商品性质的同时，还作为一种公共物品，具有较强的外部性。它在宣传、教化等意识形态领域具有重要的功能和影响，优质和劣质的图书所产生的外部性相差悬殊。因此，国家对于图书出版业实行一定的监管，有其必然性和必要性。那么，国家的政策如何把握图书双重属性之间的关系，怎样对待图书的市场化发展与社会功能和效益发挥的均衡，将直接关系到图书出版业的发展。

新中国成立以来，我国图书出版业的发展大致经历了三个阶段：第一阶段是从新中国成立初期到 20 世纪 50 年代中期，出版业以保存和延续解放前已有的出版品牌与遗留的出版设施为主要任务。第二阶段是从社会主义改造完成到改革开放之前，这一时期内，图书出版业按照计划经济的指标要求，接受国家财政拨款，不以营利为目的，只具备事业属性。第三阶段是从 1978 年改革开放至今，这段时期，我国图书出版业逐步进行市场化改革，从纯粹的事业单位向部分按照市场规律运作的“事业单位企业化管理”模式转变。

新世纪以来，中国图书出版业市场总体规模不断增大，市场集中度有所提高，市场结构逐渐改善，地区间不平衡发展慢慢展开，进出口贸易日渐繁荣，比较完整的出版产业链条正在形成。但应该看到的是，中国图书出版业在面临自身体制转换问题的同时，还需要应对众多机遇和挑战。因此，从政策层面对我国图书出版业进行扶植、引导和规范具有重要意义。

二、新世纪以来我国出版业的政策环境演变

（一）出版体制改革

在出版体制改革和推进图书出版市场化方面，2000 年 10 月，党的十五届五中全会第一次提出推动文化产业发展。2002 年，中共中央在十六大报告中明确提出了文化体制改革与文化产业发展的思路和要求。2003 年 6 月，中央召开会议讨论文化体制改革试点工作，确定了 35 家文化体制改革试点单位，其中新闻出版系统有 21 家，标志着我国图书出版业的市场化改革进入了实质性攻坚阶段。2004 年 9 月，党的十六届四中全会通过了《中共中央关于加强和改进党的执政能力建设的决定》，其中明确提出，要“深化文化体制改革，解放和发展文化生产力”。2005 年 12 月 23 日，《中共中央　国务院关于深化文化体制改革的若干意见》，充分表达了国家对于文化产业体制改革的关注和力度。2006 年 9 月颁布的《国家“十一五”时期文化发展规划纲要》，指出之后五年将重点发展包括出版、发行、印刷复制业在内的九类重点文化产业。2009 年，新闻出版总署又颁布了《关于进一步推进新闻出版体制改革的指导意见》，为新闻出版业体制改革制定了明确的时间表和路线图，我国图书出版业转企改制和市场化道路进入收尾阶段，中国图书市场趋于成熟。2011 年 3 月，根据出版业的新情况，国务院修订了《出版管理条例》和《音像制品管理条例》。新修订的《出版管理条例》将原第一条、第十条、第四十八条中的“出版事业”修改为“出版产业和出版事业”，从而明确了我国出版业中公益性单位与经营性单位的差异。

（二）出版业集团化

在出版业集团化进程指导与推进方面，2001 年 8 月，中宣部、广电总局、新闻出版总署下发《关于深化新闻出版广播影视业改革的若干意见》，对推进集团化建设，加大市场整合力度，组建一批主业突出、品牌名优、综合能力强的大型集团进行了政策指导。2002 年 8 月，新闻出版总署制定了《新闻出版集团组建基本条件和审批程序》，对出版集团的组建进行了基本规范。2003 年，党的十六届三中全会通过的《完善社会主义市场经济体制若干问题的决定》，第一次明确提出文化体制改革要形成一批大型文化企业集团。2003 年 7 月，新闻出版总署公布《关于新闻出版业集团化建设的若干意见》，对出版集团的经营行为进行了相关规定。

（三）财政与税收政策扶植

在出版业财政和税收扶植政策方面，2001 年财政部、国家税务总局发布

《关于出版物和电影拷贝增值税及电影发行营业税政策的通知》，对部分类型的出版物的增值税在出版环节实行先征后退的办法。2005年，财政部、海关总署、国家税务总局发布《关于文化体制改革中经营性文化事业单位转制后企业的若干税收政策问题的通知》，规定了对于经营性文化单位转制为企业后免收企业所得税，原有的增值税优惠政策继续执行等税收优惠政策。同年，财政部、海关总署、国家税务总局还颁布《关于文化体制改革试点中支持文化产业发展若干税收问题的通知》，支持文化试点改革。

（四）市场秩序与版权保护

在规范市场秩序和保护版权产业方面，2001年，国务院先后发布《关于整顿和规范市场经济秩序的决定》和《关于进一步整顿和规范文化市场秩序的通知》，对于规范出版物市场进行政策指导。2001年9月，新闻出版总署联合多个国家部委发布了《关于集中开展整顿出版物和电脑软件市场专项行动的通知》，对非法、淫秽色情出版物和盗版出版物、盗版软件进行为期一个月的整顿与清理。近年来，教辅图书市场的混乱也成为社会公众反映强烈的问题。2011年8月16日，新闻出版总署下发《关于进一步加强中小学教辅材料出版发行管理的通知》，以“治散治滥，打盗打非”为重点，从出版、印刷复制、发行、质量、价格、市场等六个方面提出对教辅出版发行进行规范。2011年8—9月，各地新闻出版管理部门又对2010年以来中小学教辅材料出版、印刷复制和发行的情况进行了全面清理检查。2011年1月29日，全国“扫黄打非”办公室发出《关于组织开展打击盗版工具书专项行动的通知》，通过全面检查工具书市场，严厉查处非法印刷、运输、储藏和销售盗版工具书尤其是名牌工具书的行为，保护了工具书的版权。

（五）对外开放

在出版业对外开放方面，2001年修订后的《出版管理条例》允许设立从事图书、报纸、期刊分销业务的中外合资经营企业、中外合作经营企业、外资企业。2001年8月起施行的修订后的《印刷业管理条例》，允许设立中外合资经营印刷企业、中外合作经营印刷企业，允许设立从事包装装潢印刷品印刷经营活动的外资企业。同时，修订完成的《印刷业管理条例》对境外非出版物印刷品业务的监管由审批制改成了备案制。2002年1月29日，新闻出版总署联合对外贸易经济合作部发布的《设立外商投资印刷企业暂行规定》中的相关规定支持印刷业对外资实行开放。2003年，新闻出版总署、对外贸易经济合作部制定颁发《外商投资图书、报纸、期刊分销企业管理办法》，对外商进入图书分销领域进行了进一步的规定。2005 年，文化部、国家广播电影电视总局、新闻出版总署、国家发展和改革委员会、商务部发布《关于文化领域引进外资的若干意见》，对于外资进入出版业的具体环节和方式进行了详细的规定。我国出版业在政策层面超额完成了加入 WTO 时的许诺。

三、新政策目标的提出与政府机构改革

2011 年是我国图书出版业“十二五”的开局之年，也是出版业加速转型改制最猛烈、最关键的一年。2011 年初全国文化部长会议上强调，文化产业已经上升到国家战略高度，要着力推进改革，下大力气解决转型的各种难题。

2011 年 4 月，新闻出版总署发布了《新闻出版业“十二五”时期发展规划》。《规划》明确提出，到“十二五”期末，新闻出版业发展方式转变基本到位，新兴业态蓬勃发展，数字出版等战略性新兴产业领域的发展达到世界先进水平；新闻出版产品和服务更加丰富，公共服务能力和水平进一步提高；基本扭转新闻出版产品和服务的出口逆差状况，大幅度提升中华文化的国际传播力和影响力；基本形成以公有制为主体、多种所有制共同发展的产业格局，以民族文化为主导、吸收外来有益文化共同繁荣的开放格局；基本建立起统一开放、竞争有序、健康繁荣的现代出版物市场体系，以人为本、面向基层、惠及大众的新闻出版公共服务体系，技术先进、传输快捷、覆盖广泛的现代传播体系。同时，规划还提出具体的目标：在经济总量上，“十二五”时期，新闻出版产业增长速度达到 19.2%，到“十二五”期末实现全行业总产出 29 400 亿元，实现增加值 8 440 亿元；在产品规模上，到“十二五”期末，年图书出版总印数达到 79.2 亿册（张）、报纸出版总印数达到 552.3 亿份、期刊出版总印数达到 42.2 亿册、出版物实物出口数量超过 1 150 万册（份、盒、张）、版权输出品种数达到 7 000 种；在社会贡献上，到“十二五”期末，实现人均年拥有图书 5.8 册、期刊 3.1 册，每千人拥有日报达到 100 份，国民综合阅读率达到 80%，人均书报刊用纸量达到 240 印张，千人拥有出版物发行网点数 0.13 个，版权登记数量 70 万件；在节能降耗上，“十二五”时期，科技投入在行业增加值中所占比重逐年增加，单位能源消耗逐年降低，绿色印刷企业在全部印刷企业数量中所占比重超过 30%。

2011 年 10 月 15—18 日，中共召开第十七届六中全会。这次全会，审议通过

了《中共中央关于深化文化体制改革 推动社会主义文化大发展大繁荣若干重大问题的决定》。《决定》提出要加快发展文化产业，推动文化产业成为国民经济支柱性产业。发展壮大出版发行、影视制作、印刷、广告、演艺、娱乐、会展等传统文化产业，加快发展文化创意、数字出版、移动多媒体、动漫游戏等新兴文化产业。作为文化产业中的核心部门，出版业在未来将获得更好的发展机遇。

2013年“两会”之后，根据国务院机构改革和职能转变方案，国务院将新闻出版总署、广电总局的职责整合，组建国家新闻出版广播电影电视总局。其主要职责是，统筹规划新闻出版广播电影电视事业产业发展，监督管理新闻出版广播影视机构和业务以及出版物、广播影视节目的内容和质量，负责著作权管理等。

这次改革，能进一步推进文化体制改革，减少行业分割，统筹新闻出版广播影视资源，促进新闻出版广播影视业繁荣发展；有利于减少职责交叉，提高管理效率，落实管理责任；有利于统筹推动报刊、出版社、通讯社、电台电视台和互联网等新媒体发展，加快构建现代传播体系，提高文化传播能力；有利于新闻出版广播影视业做大做强，增强文化整体实力和竞争力；有利于整合新闻出版和广播影视领域公共服务资源，提高公共文化服务的质量和水平。

四、对于图书出版业政策的建议

面对新的形势与目标，针对我国图书出版业中存在的问题，在此对我国相关政策的执行与发展提出以下几点建议。

（一）加大产业扶植力度

按产业周期理论来看，我国图书出版产业还正在成长期，是我国国民经济发展的一个新的经济增长点。从目前情况来看，我国图书出版产业在国民经济中规模较小，比重较低。新世纪以来，图书出版所占比重进一步下降。随着我国工业化进程的不断加深，生产力要素逐渐从第一、二产业向第三产业流动。文化产业作为第三产业中的核心组成部分，发展潜能巨大。在这种大的产业背景下，图书出版业自身又具有资本密集、高附加值、低能耗、可循环等优势，具备成为未来国民经济支柱产业的潜力。政府部门应该意识到目前图书出版业的发展缓慢的现实，通过制定切实有效的政策，促进产业规模的扩大，加快产业的发展速度。

扶植政策主要包括财政政策、税收政策和金融政策三个方面。

1. 财政政策

2011 年 2 月 16 日新闻出版总署继与中国银行、国家开发银行、中国农业银行等金融机构签署战略合作协议以后，又与中国工商银行签署战略合作协议——之后 5 年内，工行将为新闻出版产业发展提供不少于 600 亿元人民币的意向性融资支持。在财政政策方面，国家财政预算应当安排专项资金，用于支持图书出版的关键领域与薄弱环节的发展和自主创新能力的提高。同时，通过政府财政政策的杠杆作用，引导和加大社会资本对图书出版产业的投入。

2. 税收政策

在税收政策方面，自 1993 年起，我国对出版企业就不再征收营业税，并在增值税部分实行先征后退的政策。这在一定程度上促进了企业的发展，但是扶持力度还不够。相比之下，如德国、美国等分别对本国出版业实行低税率或零税率政策。可以借鉴对于其他行业的税收扶植办法，对现有图书出版企业实行按类别一定时间内减免部分税收，在发展期税率减半的做法。同时，制定相关政策，规定出版企业必须按照一定比例将利润用于扩大再生产，促进出版业做大做强。

3. 金融政策

进入 2011 年后，筹备上市已经成为各出版集团难以降温的热门话题，江苏凤凰出版传媒集团，借壳*ST 耀华上市，更名为凤凰股份（600716）；湖南出版投资控股集团，子公司中南传媒（601098）上市；江西出版集团借壳*ST 鑫新上市，更名为中文传媒（600373）；中原出版传媒投资控股集团，拟借壳*ST 鑫安上市；湖北长江出版集团借壳*ST 源发实现整体上市；安徽出版集团借壳科大创新上市……

实际上，我国出版企业融资无论是在理论上还是实践上都是一个难点。这就需要我们国家在制定出版产业发展政策时，对出版企业的融资问题有宏观考虑，从法律制度上、政策指引上给出版企业以导向作用。政府应当根据图书出版业自身特殊属性和发展特点，结合出版业发展过程中的具体要求，循序渐进，实行地区梯度和时间梯度性融资放开，促进出版业利用社会资金做大规模，引导出版企业的发展壮大，培育国民经济新增长点。

（二）打破行业壁垒

根据出版业发达国家的经验来看，图书出版业是一个高度垄断行业。我国图书出版产业却没有发展出高度集中的寡头型企业，整个市场结构分散，个体规模较小。这也导致了图书出版业宏观竞争不足、微观竞争过度的局面。要改变这种局面，必须打破行业壁垒与垄断，打破地方行政保护，促进资本和资源的全行业流通，建立全国统一的竞争市场，改变长期割裂的市场格局。在竞争中，促进企业间的重组和兼并，以市场为导向，以资产为纽带，组建真正具有市场化意义的出版集团，加快产业集中度的提高和结构调整。与此同时，调整市场结构，完善出版业退出机制，允许市场淘汰落后的生产力，实现市场资源的优化配置。

但是，放开不意味着缺少监管，政府部门的行政调控仍然十分重要。“日本‘出版大崩溃’其实就是部门性的资本主义经济危机，它的根本原因，就是资本主义生产无政府状态，即没有宏观调控。”① 所以在改制和放开的过程中，要注意度的把握，并加快相关法律与政策的配套建设，避免出现类似的市场危机。

（三）规范市场秩序

由于我国图书出版业的市场化进程要远远晚于其他产业，市场秩序的建立尚不完善，导致种种不正当竞争甚至是违法行为泛滥。市场秩序混乱主要表现在：第一，我国国民收入水平的迅速提高和出版社体制的落后导致市场需求无法被满足，非法书商盗版盗印，攫取出版社和作者利益，扰乱市场秩序，破坏合理竞争，并导致了一种恶性模仿效应的蔓延。第二，部分出版社违规倒卖书号，民营书商为了进场进行商业贿赂，带坏市场风气。第三，产业链条内部存在恶性竞争。部分环节的企业依靠渠道和规模优势，以大欺小，通过压低折扣、拖延货款等手段破坏产业资金链条，导致整个产业效率低下，发展积极性受挫。

政府相关部门在促进改革和发展的同时，要加强对于出版市场秩序的管理，对于违反竞争规则的参与者，给予严厉的制裁。同时，政府作为市场规则的制定者和监管者，应该明确自身地位，主动退出市场参与，“政府不能再从事指定购买等违反市场竞争基本规范的活动了”②，主动让位给市场，还市场一个自由竞争的空间，强调图书业自身的生态发展。

参考文献

1. 张立红. 2011出版大事件盘点. 出版广角，2012（1）.

2. 人民网前方报道组. 组建国家新闻出版广播电影电视总局，不再保留广电总局、新闻出版总署. 人民网，2013-03-10.

---

① 巢峰：《中国图书出版业的滞胀现象——兼论出版改革的症结所在》，载《编辑学刊》，2005（1）。

② 周蔚华：《出版产业散论》，197页，上海，复旦大学出版社，2009。

中国人民大学出版社 2012 年年度图书选题分析报告

·王 磊·

一、年度选题指导思想

根据新闻出版总署新出厅字［2011］364 号文件《关于制订和报送 2012 年图书、音像、电子出版物出版计划的通知》和教育部教社科司函［2011］289 号函件《教育部社科司关于做好 2012 年度图书出版计划的制定和报送工作的通知》的精神，中国人民大学出版社认真研究并制定了 2012 年度图书出版规划。

人大社非常重视总署 364 号文件提出的 14 类出版重点，并以此确定了 2012 年度图书出版计划的指导思想：高举马克思列宁主义、毛泽东思想、邓小平理论伟大旗帜，全面贯彻“三个代表”重要思想，深入贯彻落实科学发展观，坚持统一思想、实事求是、凝聚力量、开拓创新；坚持中国特色社会主义，坚持正确的政治方向和舆论导向，努力促进社会和谐，严把选题质量关，确保图书政治质量、编校质量、印装质量；坚定地实施精品工程，打造高学术含量、高文化品位的精品图书，把社会效益放在首位，全力实现社会效益和经济效益的统一。

二、年度选题品种数量、结构比例

2012 年人大社年度选题总量为 3 235 种（不含重印）。其中：

1. 新版（含再版书）3 235 种，其中首版 2 813 种，再版 422 种。

2. 教材 1 653 种，占选题总量的 51%；教参（教辅）576 种，占 18%；专著 507 种，占 16%；一般图书 499 种，占 15%（见图 1）。

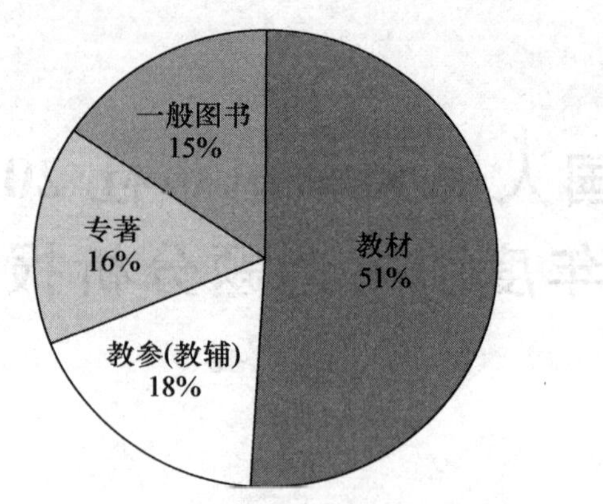

图 1　人大出版社年度选题结构图

3. 原创图书 2 436 种，占选题总量的 75%；引进版 799 种，占选题总量的 25%。

4. 计划中重点选题 282 种；敏感选题 2 种；备案选题 14 种。

年度选题计划表略。

三、年度选题概况

经过多次深入、细致、扎实的论证，人大社将下列九类选题列为 2012 年重点选题规划：

第一，高举马克思主义伟大旗帜，加强马克思主义中国化理论创新成果和重大现实问题研究的出版，重点安排一批宣传、学习、阐释马克思主义、毛泽东思想、邓小平理论和“三个代表”重要思想及贯彻落实科学发展观的学术著作、大众读物及教材，如《当代中国马克思主义哲学研究走向》、《马克思主义基本原理的中国化与中国化的马克思主义基本原理》、《社会主义和谐社会核心价值体系研究》、《马克思主义如何改变世界》、《为什么要坚持马克思主义》、《中国革命道德》、《中国特色社会主义理论体系概论》、《中共党史学概论》等。这类图书除介绍马克思主义理论的形成和发展外，更注重在历史与逻辑的统一中把握马克思主义理论的实用性和实践性，从全新的视角探讨马克思主义理论对现实的指导意义。

第二，深入学习、宣传、落实党的十七大和十七届三中、四中、五中、六中全会精神，紧紧围绕十七届六中全会对文化改革发展提出的新任务和新要求，推出一批有深度、有影响的重点选题，如“教育部哲学社会科学发展报告”（7 种）、

"国家哲学社会科学成果文库"（9 种）、"国家社科基金后期资助项目"、《中国版权年鉴 2012》等，加强对深化文化体制改革、推动社会主义文化大发展大繁荣的重大理论和实践问题的研究，把学习宣传贯彻落实六中全会精神引向深入。

第三，为迎接党的十八大胜利召开，积极组织一批弘扬主旋律出版物选题。如《中国共产党就是这样成功的》（中英文版）、《为什么要拥护中国共产党》、《为什么要坚持中国特色社会主义道路》、《中国之路》（中英文版）、《国事续述》等。通过这类选题，反映党领导全国各族人民进行社会主义革命、建设、改革所取得的伟大成就，讴歌改革开放和社会主义现代化建设伟大实践，生动展示我国各族人民在党的领导下奋发有为、昂扬向上的精神风貌，颂扬先进人物和先进事迹，唱响共产党好、社会主义好、改革开放好、伟大祖国好的主旋律。

第四，坚持改革开放，着力推出一批能够反映社会主义市场经济条件下迫切需要解决的重大理论问题和实践问题，对于促进经济结构调整，建设和谐社会具有理论创新价值的图书。改革开放 30 多年来，我国在经济、政治、科技、教育、文化等诸多方面取得了辉煌的成就，作为对这些成就的归纳和概括，人大社继续组织开发一批反映社会进步与发展，总结改革开放以来伟大成果的系列图书，如探讨中国经济体制、政治体制、文化体制、社会改革、法制建设、中国特色社会主义理论体系的形成等的专题图书。例如"中国经济问题丛书"，该套丛书是"十一五"国家重点图书出版规划项目，2012 年计划推出中国人民大学经济学院黄淳副教授的《市场、货币与资本的理性基础》、冯俊新博士的《经济发展与空间布局：城市化、经济集聚和地区差距》，南京大学长江三角洲经济社会发展研究中心执行主任刘志彪教授的《价值链上的中国：长三角选择性开放新战略》等；"政府治理丛书"，2012 年计划推出中国人民大学环境学院副院长吴健的《环境经济评价——理论、制度与方法》、北京大学城市与区域发展协会理事长金江军教授的《信息化与工业化深度融合》等；"社会学文库"，2012 年计划推出中国人民大学夏建中教授的《中国城市社区治理结构研究》、洪大用教授的《环境友好的社会基础——中国市民环境关心与行为的实证研究》等著作；"工商行政管理研究丛书"，2012 年计划推出《市场秩序的监管与维护》、《市场体系培育研究》两部专著；"法律科学文库"，2012 年计划推出《平行进口法律规制的比较研究》、《滥用市场支配地位的规制研究》等。

第五，重视文化的积淀与传播作用，对各类学术著作，特别是在中外思想界、学术界已经产生或将要产生重大影响的著述给以充分重视，如“中国近代思想家文库”、“当代中国人文大系”、“诺贝尔经济学奖获得者丛书”、《尼采全集》以及国家古籍资助项目“中国国家图书馆藏敦煌遗书总目录”等。

第六，坚持教育为本，科教兴国的大政方针，全面落实优秀教材的出版工作。截至2012年初，人大社已出版“十一五”规划教材300余种、“21世纪系列教材”50余个系列800余种、各级职业教育教材30余个系列600余种，这些高品质教材的出版产生了积极而广泛的社会影响，同时也带动和促进了其他教材的开发与出版。2012年人大社年度选题计划列入了大量高品质的新版教材、修订版教材和引进教材，随着教材品种的扩充和版本的不断更新，人大社将在2012年为广大在校师生和各界读者带来更多的重点学科及新兴学科的教材精品，以及电子、网络等具有配套互补功能的立体化教材和“双语”教材，把“为教学改革和课程建设服务”真正落到实处。

第七，在国学热逐渐升温的大背景下，人大社试图以世界的眼光和历史的视野审视中国的国学，继承和超越传统，突出中国优秀的传统道德资源，并以强烈的时代感、高度的前瞻性和全新的编辑理念，采用选编、导读、注释、延伸阅读等方式，安排“历史回眸”丛书、“国学基本文库”、“国学研究文库”、“中国传统道德”（7种）、《中国传统道德文化历代文选》、《新弟子规》等一批选题，为中国的国学教育探索一条新路。

第八，本着优中选优、为我所用的原则，人大社2012年继续做好引进国外高质量、高品位的经济、管理、人文社会科学类教材和学术精品的工作，如“当代世界学术名著”、《罗洛·梅文集》、《胡塞尔著作集》、“马克思主义研究译丛”、“经济科学译丛”、“金融学译丛”、“工商管理经典译丛”、“公共行政与公共管理经典译丛”、“新闻传播学经典译丛”、“心理学译丛”等。

第九，2012年人大社全力做好新闻出版总署“十二五”国家重点图书出版规划项目的相关准备工作，包括《梁启超全集》、“中国近代思想家文库”、“世界经济问题丛书”、“萧公权文集”、“中国审判案例要览”、“马克思主义名家文库”、“政治哲学丛书”、“外国新闻传播通史”等。

多年来，在新闻出版总署和教育部的正确领导下，人大出版社始终坚持“出教材学术精品，育人文社科英才”的办社理念，依托中国人民大学在人文社会科学领域的综合优势，面向全国一流作者，坚持正确的政治导向，狠抓品牌建设，出版了一大批紧紧跟踪人文社会科学领域前沿成果的重要学术著作和教材。我们深感责任重大，要努力回报社会，为我们的广大读者、广大师生提供更多的、优质的精神产品。

中国人民大学出版社“‘十二五’国家重点图书、音像、电子出版物出版规划项目”中期评估报告

·王　磊·

根据新闻出版总署新出字［2013］30号文件《关于开展〈“十二五”国家重点图书、音像、电子出版物出版规划〉中期评估及调整增补工作的通知》，中国人民大学出版社高度重视，认真检查，按时完成了中期检查、评估工作。中国人民大学出版社是我国人文社会科学出版重镇，年出学术专著近400部，在历次国家级规划项目的出版过程中，人大出版社承担的项目数名列前茅，2011年因项目完成出色，人大社荣获了“‘十一五’国家重点出版规划出版工作先进单位称号”。进入“十二五”以来，中国人民大学出版社把保质、按时出版“十二五”项目作为重点，集全社之力做好国家级项目的出版工作。

一、人大社“十二五”项目总体情况介绍

目前，人大社承担的“十二五”项目总数为32项（见表1），其中2011年增补项目2项，2012年增补项目5项；“重大出版工程规划”项目4项，“马克思主义理论与研究出版规划”项目2项，音像出版规划项目3项。截至2013年3月，已完成项目1项，已出版图书152种，质量检查全部合格。《〈全清戏曲〉整理编撰及文献研究》、“‘新政治经济学研究’丛书”两个项目因作者原因，不在人大社出版，申请撤销。

表1　　中国人民大学出版社“十二五”项目列表

编号	项目分类	项目名称	著作责任者	卷本总数	完成卷数
1	重大工程	中国近代思想家文库	戴逸主编	116	7
2	重大工程	梁启超全集	汤志钧主编	20	0

续前表

编号	项目分类	项目名称	著作责任者	卷本总数	完成卷数
3	重大工程	法学译丛	杨建顺等译	20	6
4	重大工程	中国审判案例要览	国家法官学院、中国人民大学法学院编	20	8
5	马克思主义理论与研究出版规划	马克思主义名家文库	庄福龄、顾海良等主编	15	3
6	马克思主义理论与研究出版规划	马克思主义研究译丛	杨金海主编	15	3
7	政治	辛亥革命的影像记忆	杨天石编	1	1
8	政治	胡华文集	胡华著	6	0
9	政治	萧公权文集	萧公权著	9	0
10	政治	当代西方公共行政学思想经典译丛	马骏主编	3	1
11	政治	公共行政与公共管理经典译丛	张成福主编	30	23
12	政治	中华人民共和国公共行政	张成福等著	3	0
13	政治	中国管理案例库	夏冬林、伊志宏等编著	15	5
14	哲学	政治哲学丛书	万俊人主编	10	7
15	哲学	康德往来书信全集译注	李秋零编译	4	0
16	哲学	罗洛·梅文集	[美] 罗洛·梅著；郭本禹等译	10	6
17	法律	中国当代法学家文库	王利明等著	30	20
18	法律	法律科学文库	曾宪义总主编	25	17
19	文化	外国新闻传播通史	展江著	3	0
20	文化	认识中国·了解中国书系	李景治、贺耀敏、金灿荣等编著	10	6
21	经济	世界经济问题丛书	高德步等著	15	4
22	经济	袁宝华文集	袁宝华著	10	0
23	教育	教育学经典译丛	褚宏启总主编	15	9
24	语言	西域历史语言研究丛书	沈卫荣主编	10	8

续前表

编号	项目分类	项目名称	著作责任者	卷本总数	完成卷数
25	社科总论	管理学文库	伊志宏、徐二明、陶长琪等编著	15	5
26	社科总论	社会管理研究丛书	陈振明编著	10	0
27	社科总论	社会学文库	郑杭生主编	35	13
28	艺术	《全清戏曲》整理编撰及文献研究	朱万曙编著	申请撤销	
29	经济	“新政治经济学研究”丛书	孟捷等编	申请撤销	
30	音像规划	中国当代戏剧集粹	国家话剧院、国家大剧院、上海话剧中心等出品	部分出版	
31	音像规划	《周易》精解系列	王玉德主讲	部分出版	
32	音像规划	中医文明系列	北京中医药大学中医药文化研究与传播中心编	部分出版	

30个在研发项目经简单梳理归纳后，主要体现如下特点：

1. 高举马克思主义伟大旗帜，以马克思主义、毛泽东思想、邓小平理论为指导，学习、研究、运用马克思主义理论观点，结合当代中国的实际，在研究与探索中产生新的思想、拓展新的视野，开拓新的思路和新见解的图书。如“马克思主义名家文库”、“胡华文集”、“袁宝华文集”、《辛亥革命的影像记忆》等。

2. 讲解中国经验，阐释中国道路，展示中国特色的图书和音像制品。如“认识中国·了解中国书系”、“中国审判案例要览”、“中国当代法学家文库”、“中华人民共和国公共行政”、“中国管理案例库”、“中国当代戏剧集粹”等。

3. 着力推出一批能够反映社会主义市场经济条件下迫切需要解决的重大理论问题和实践问题，对于促进经济结构调整，建设和谐社会具有理论创新价值和借鉴意义的图书。如“管理学文库”、“社会学文库”、“社会管理研究丛书”、“法律科学文库”、“世界经济问题丛书”等。

4. 重视文化的积淀与传播作用，推出各类在中外思想界、学术界已经产生或将要产生重大影响的著述。如“中国近代思想家文库”、《梁启超全集》、《萧公权文集》、《康德往来书信全集译注》、《罗洛·梅文集》等。

5. 突出中国优秀传统文化资源，弘扬传统文化的选题。如“西域历史语言研究丛书”，“《周易》精解系列”、“中医文明系列”等音像制品。

6. 精选国外人文社会科学领域影响深远的精品力作，继续打造人文社科译著精品。如“马克思主义研究译丛”、“法学译丛”、“当代西方公共行政学思想经典译丛”、“公共行政与公共管理经典译丛”、“教育学经典译丛”等。

二、阶段性成果社会影响力评估

“十二五”规划项目是人大社出版重点，也是出版亮点。目前大部分项目已经进入交稿高峰期，预计 2013—2014 年将大批集中出版。就目前来看，这些图书的策划出版已经获得了社会各界的广泛认可，进一步扩大了人大社在人文社科出版领域的影响力。

首先，人大社的“十二五”国家重点图书出版规划项目在其他各类国家级、省部级项目或基金评审中多次中标，充分体现了这些项目的竞争力和影响力。2013 年 4 月，国家出版基金公布项目排名，人大社以 7 个项目列全国单体出版社第七名。其中除“历史新起点书系”属于“十一五”时期项目，总署十八大与双百选题属于增补项目外，“中国近代思想家文库”、《胡华文集》、《萧公权文集》、《中国审判案例要览》、《袁宝华文集》5 个项目都是“十二五”国家重点图书出版规划项目，在 2011—2013 年国家出版基金项目评审中连续获得资助。“马克思主义名家文库”2011 年入选新闻出版总署改革发展项目库。《梁启超全集》获得国家清史项目资助，并入选北京市社会科学理论著作出版基金重点资助项目。

其次，人大社“十二五”国家重点图书出版规划项目获得多项国家级、省部级和行业奖项，部分图书成为新闻出版总署确定的重点选题和推荐图书。2011 年，“中国当代法学家文库”中的《民法典体系研究》（王利明著）获得“第三届‘三个一百’原创图书出版工程”奖；2013 年，“西域历史语言研究丛书”中的《〈回回馆杂字〉与〈回回馆译语〉研究》，“管理学文库”中的《汇率变化与中国产业结构调整研究》、《基于融合的信息产业自主创新与产业成长的协同机制》，“中国当代法学家文库”中的《判例刑法学》（上下卷），“法律科学文库”中的《耦合经济法论》、《侵权责任分担论——侵权损害赔偿责任数人分担的一般理论》、《实质刑法观》获得教育部颁发的“第六届高等学校科学研究优秀成果奖

(人文社会科学)";2011 年,"法律科学文库"中的《侵权责任分担论——侵权损害赔偿责任数人分担的一般理论》获得"四川省第十四次社会科学优秀成果奖";2012 年,"管理学文库"中的《营销理论发展史》获中国大学出版社图书奖第二届优秀学术著作奖二等奖。《辛亥革命的影像记忆》2011 年入选新闻出版总署"纪念辛亥革命 100 周年重点图书选题",2012 年入选"新闻出版总署第九次向全国青少年推荐百种优秀图书"。截至目前,人大社"十二五"项目获得的荣誉列表如下(见表 2)。

表 2　　人大出版社项目荣誉表

序号	项目名称	获奖图书	荣誉	获誉级别	年份
1	中国当代法学家文库	《民法典体系研究》	第三届"三个一百"原创图书出版工程	国家级	2011
2	西域历史语言研究丛书	《〈回回馆杂字〉与〈回回馆译语〉研究》	第六届高等学校科学研究优秀成果奖(人文社会科学)	部级	2013
3	管理学文库	《汇率变化与中国产业结构调整研究》	第六届高等学校科学研究优秀成果奖(人文社会科学)	部级	2013
4	管理学文库	《基于融合的信息产业自主创新与产业成长的协同机制》	第六届高等学校科学研究优秀成果奖(人文社会科学)	部级	2013
5	中国当代法学家文库	《判例刑法学》(上下卷)	第六届高等学校科学研究优秀成果奖(人文社会科学)	部级	2013
6	法律科学文库	《耦合经济法论》	第六届高等学校科学研究优秀成果奖(人文社会科学)	部级	2013
7	法律科学文库	《侵权责任分担论——侵权损害赔偿责任数人分担的一般理论》	第六届高等学校科学研究优秀成果奖(人文社会科学)	部级	2013
8	法律科学文库	《实质刑法观》	第六届高等学校科学研究优秀成果奖(人文社会科学)	部级	2013
9	法律科学文库	《侵权责任分担论——侵权损害赔偿责任数人分担的一般理论》	四川省第十四次社会科学优秀成果奖	省级	2012

续前表

序号	项目名称	获奖图书	荣誉	获誉级别	年份
10	管理学文库	《营销理论发展史》	中国大学出版社图书奖第二届优秀学术著作奖二等奖	行业荣誉	2012
11	《辛亥革命的影像记忆》		纪念辛亥革命100周年重点图书选题	新闻出版总署重点选题	2011
12	《辛亥革命的影像记忆》		新闻出版总署第九次向全国青少年推荐百种优秀图书	新闻出版总署推荐图书	2012

最后，我们不断把“十二五”重点图书出版规划中众多有中国气派、中国特色、中国内容的优秀著作推向世界主流图书市场，增强中国图书的国际影响力。人大社的“走出去”工作也获得了党和国家的认可与支持，外文版本不断入选国新办外宣出版物与“中国对外图书推广计划”。例如“认识中国·了解中国书系”中的《大国的责任》（中英文版）、《中国之路》（中英文版）、《中国人的价值观》（中英文版）、《中国的未来》（中英文版）、《中国的抉择》（中英文版）入选国新办外宣出版物；2012年又出版了《中国的未来》日文版、波兰文版，《中国的抉择》日文版、波兰文版、英文版，《中国之路》日文版、英文版，《大国的责任》俄文版、英文版、日文版，《中国的未来》英文版、俄文版、韩文版，这些版本都获得了“中国对外图书推广计划”资助。另外，“中国当代法学家文库”中的《刑法的知识转型（学说史）》已签订日文版出版合同，《法学方法论》已签订韩文版出版合同，由《中国审判案例要览》“民事卷”、“商事卷”改编的《民事审判经典案例》、《中国商事审判案例》已签订英文版出版合同等。

三、经验总结与问题分析

“十二五”规划项目的出版，给读者带来了一大批内容健康、积极向上、富有创新的精神食粮，我们在项目策划、出版过程中也积累了一些成功的经验。

首先，坚持精品战略。在项目的策划与选题遴选方面，人大社始终坚持以马克思主义为指导，高扬人文社会科学伟大旗帜，以推动中国人文社会科学高等教育和学术繁荣为己任，始终不渝地坚持品牌战略和精品战略，坚持质量第一，坚持优中选优。这样的精品战略保证了人大社申报的国家级规划项目的学术质量。

其次，坚持规划领先。多年来，在国家级项目的出版工作中，人大社始终坚持规划领先的工作方法，制定长期规划（五年规划）和年度规划，明确规定各个不同出版分社的出版重点、出版特色和出版任务，把国家级项目的出版落实到长期和年度规划中，这样的规划总体上保证了项目实施进度。

最后，坚持规范管理。从出版过程来看，我们始终把保质、按时出好这些规划项目作为全社重点，社领导主管规划项目的出版工作，总编室负责项目的管理和协调。出版社从资金投入、书号使用、生产安排、图书质量等各个方面规范流程、重点保障、严格管理。在前期研发阶段，出版社重点投入，在资金方面予以充分保障，以使项目能及时启动并按计划实施；在书稿编写阶段，社里选派最优秀的策划编辑作为项目负责人，严格按照出版计划，定期和作者交流沟通，对合同签订、交稿时间、出版进度等全程负责；在编校阶段，出版社指定优秀的文字编辑对书稿进行加工，保证项目的编校质量，同时在装帧设计、排版等方面予以重点安排；在印制阶段，对用纸生产等环节予以重点监管，保证印制质量。

当然，在“十二五”国家重点图书出版规划的执行过程中，我们也遇到一些问题，其中最大的困难是部分作者不能按期交稿。此外，人大社的大多数项目都是学术出版物，印数普遍较低，而使用的原材料及工艺均属上乘，成本较高，产生了较大的经济压力。对于交稿问题，人大社要求每个项目负责人制定项目执行计划表，敦促作者严格按照计划交稿，保证项目进度。对于经济压力问题，一方面人大社积极申报各种基金资助补贴成本，另一方面对“十二五”项目安排市场部重点宣传，以促进销量、增进收入。

总体而言，人大社“十二五”项目目前处于良性运转过程中，2013 年《梁启超全集》、《胡华文集》、《萧公权文集》、《袁宝华文集》等都将集中出版结项，“中国近代思想家文库”将有 20～30 种图书集中推出，其他项目也会不断有佳作出版，人大社有信心、有能力保证这些项目在“十二五”末顺利完成。

媒介整合在出版中的应用

·何冬梅·

对于每一个媒体从业人员来说，无论你愿意，还是不愿意，都必须承认，这是一个数字化的时代，这是一个媒体融合的时代。那种单一媒体作战，唯我独尊的念头早已被扔进了历史的垃圾箱。《中国媒体融合发展报告（2011）》蓝皮书中指出：2011 年中国媒体融合总体呈现出五个特点：第一，电信、互联网企业与传统媒体合作进入新阶段，合作深化和多元化；第二，传统媒体转型过程中互联网中心化特征已经显现，移动互联网成为着力点；第三，媒体融合产品的研发提速，终端、技术应用、内容等基于媒体融合趋势的创新层出不穷；第四，跨媒体营销受到重视，全媒体集团“1＋1＞2”的整体效应初现；第五，媒介融合带来产业链的变革。

因此，在数字技术、网络技术和通信技术高速发展，媒体融合已经势不可挡的时候，媒体从业人员就必须具备新的思维方式和理念，那就是更专业、更主动、更有效地去整合各种媒介为我所用。这不仅包含传统媒体与新媒体之间的跨媒体整合，也包含了传统媒体自身各种资源的整合。目的就是以客户为中心，打通内容与尽可能多的接收终端之间的通道，使客户能够全方位地、快速便捷地获取各种知识和信息，通过为客户创造最大价值来实现自身盈利的最大化和持续化。

出版业被看作一种相当传统的文化产业，即使是在这样一个媒介融合的时代，对于绝大部分出版社来说，纸质书的出版仍然是其最主要的利润来源。虽然随着纸质书出版的利润持续下滑，不少出版社都成立了数字出版中心。然而数字出版迟迟未能盈利，或是盈利微不足道，迫使其在既想盈利，又不敢大投入中纠结，始终没有实质性的突破。

但是，全球顶级的出版商们对于新兴的数字化环境却是相当乐观的，尤其是专业出版和教育出版商。比如，包括励德·爱思唯尔、路透·汤普森在内的

STM（科学、技术和医学）领域的国际出版巨头的数字产品销售额已占其总销售额的85%～90%。全球出版业巨头排名第一的培生集团超过三分之二的收入来自教育行业，其中包含印刷和数字教学产品带来的收益，同时也包含来自教育业务本身的收益，包括中国的华尔街英语教育连锁机构，以及培生集团在中国收购的最著名的雅思培训学校——环球雅思。

在国内，2011年，浙江少年儿童出版社与盛大文学合作运营全媒体少儿冒险类小说《查理九世》。2012年中少社推出《植物大战僵尸》系列图书，销量突破500万册。接力出版社将从法国引进的儿童科普经典读物“第一次发现丛书”中的精彩内容改编成《瓢虫》和《森林》两款游戏，投放到苹果App Store平台，不仅实现了两种电子书数十万的下载量，也带动了纸质图书的销售。

由此可见，数字化的时代、媒体融合的时代绝不是出版业的冬天，关键是我们要具有互联网思维，具有媒介整合和资源整合的思维和能力，并以此来扩大出版的内涵和外延——出版不仅限于纸媒介，还可以是电脑、手机；出版也不仅限于出版，还可以拓展到教育培训领域。因此，如果我们能真正地将媒介整合的理念运用到出版的整个产业链之中，相信出版业必能迎来又一个春天。

媒介整合从选题策划开始

选题策划是出版的核心竞争力，寻找优秀的作者资源是其中的关键。回想从前，如果我们不是资深编辑，要想联系上自己心仪已久的作者是多么困难。如今，我们可以在网络上寻找网络红人，可以加入我们所关注的领域的博客圈。如果我们发现了潜在的作者，可以关注他/她的微博，加他/她的微信，还可以发私信给他/她。只要我们的想法够创意，沟通够诚意，都有可能争取到优秀的作者。

这时候，我们需要重新思考出版所提供内容的本质——智能性和交互性的信息服务、学习工具和数据库、测试、评估以及个性化服务。我们需要通过媒介整合，实现选题策划内容与形式的全面创新。比如，在出版纸质书的同时，我们就可以制作配套的各类音频和视频，有的与书捆绑销售，有的可以投放到相匹配的广播电台、电视台和网络上；以图书内容为基础开发的电子书、学习课件或是游戏软件等数字产品可以在网络平台、App Store或其他的手机平台上销售；作者可以录制教育培训课程或相关专题讲座在网上销售，甚至延伸到线下的实体班。

总之，在数字时代，展开你的想象吧，一切皆有可能。在选题策划的过程中，我们需要做的，就是通过媒介整合，将我们手中的资源运用到极致。

媒介整合助力宣传营销

有了好的产品，还需要通过宣传推广来实现销售。除了一些传统的营销手段之外，随着人们获取信息方式的改变，制定和实施多媒体的网络营销规划已成为必需。首先，要设计和制作相关的宣传页面并与作者的微博、微信及出版社的官方微博、微信互相链接，并能够自动刷新微博信息。同时通过微博和微信进行信息发布和扩散，甚至找准切入点进行事件营销。其次，编写软文或者节选部分章节投放到各类门户网站、专业资讯网站或相关网上论坛，并且持续地顶帖、回复，以保持活跃度。同时，要关注几大网上书店的销售和评论，并争取较好的排名和较高的曝光度。此外，还要通过技术手段优化关键词排名，并定期观察和持续进行效果跟踪。

显然，在数字时代，如果没有多媒体、全方位的网络营销，要实现图书销量上大的突破几乎是不可能的。同样，我们制作的数字产品，也需要持续关注，每天维护和及时地反馈与推动。为客户提供优质的客户体验，提供个性化的产品和服务，在不断为客户创造新价值的同时才有可能实现我们利润的增加。

媒介整合拓展增值服务

当媒介融合成为可能，内容的提供除了纸媒介以外，能够拓展到更多的媒介通路上去，通过提供增值服务来获得利润。比如，人民卫生出版社的卫人网（http://www.ipmph.com）在创办特色增值服务方面的经验值得借鉴。卫人网是2008年推出的远程在线考试培训网站，旨在为购买人民卫生出版社医学考试系列图书的读者提供优质的远程增值培训，打造国内最权威的医学考试辅导平台。网站提供视频讲座、同步练习、模拟考试等模块，还有专家答疑、资源下载、考生论坛等板块。卫人网的成功推出及不断地维护与更新，已经为出版社带来了几百万元利润。

可见，考试类图书板块具有天然的增值拓展服务优势。首先，图书的购买人群具有刚性需求，需要花费时间、精力和金钱用于备考。其次，备考所需的模拟题库、专家讲座等最适宜以数字化的方式呈现，只要内容确实对考试有帮助，用户是愿意埋单的。再以海外考试板块为例，海外考试包括雅思、托福、赛达等，是出国留学必须迈过的第一道门槛。当我们与海外考试教育培训界有实力的名师合作的时候，就要以媒介整合运用的思维来进行整体策划。不仅要有系列图书的出版，还要考虑将适当的内容制作成 App 应用软件，也可以像卫人网打造国内最权威的医学考试辅导平台一样，充分利用我们的作者资源和内容资源，打造国内最权威的海外考试辅导平台。在提供在线考试培训的同时，甚至可以和作者合作，将考试培训延伸到线下，从而实现资源利用最大化和利润最大化。

媒介整合——关键是人才培养和管理制度创新

实际上，对出版内容进行数字化开发早已成为出版社的共识。数字出版中心成立了，人也进了不少，可是为什么总是踌躇不前，始终无法推进，难以盈利呢？笔者认为，根本原因在于没有认识到媒介整合的关键，是人才培养和管理制度创新。

目前国内出版社内部基本上都按照专业领域的不同设立部门或分社，比如经济分社、工商分社、考试分社等。每个专业领域都有各自的专业特色，因此对于内容的数字化开发不可能进行流水线作业，一套模式适用于所有专业领域是不可能的，相反，对于每个专业领域都要有深入的了解和研究。而各部门优秀的策划编辑对于自己策划的图书，对于自己所负责的策划领域了解得最多，研究得最透。因此，数字化开发必须要以策划编辑为核心。

对于策划编辑的培养，可以通过系统的培训和参观学习来进行。目的就是要使策划编辑从单一的纸质图书的视野中跳脱出来，具有互联网思维，具有媒介整合与资源整合的思维和能力，能从整体上去构建内容在各类媒体上的呈现方式，各类媒体的整合营销规划，包括线上和线下的增值教育培训服务拓展，并且还要具有项目管理能力和协调多部门协同工作的能力。针对策划编辑在图书码洋压力下不堪重负、分身乏术的情况，要积极为策划编辑减负，为优秀的策划编辑（比如，年销售码洋在 2 000 万元以上的）配备助理，使他们从填表、封面校改、开稿酬等事务性工作中解脱出来，有更多的时间和精力去思考、去创新。

在管理制度上，可以考虑垂直式管理与扁平式管理相结合的方式。在各分社的统一领导下，按不同的策划领域，让有一定基础的板块成立以策划编辑为核心的项目组。而数字出版中心的产品经理们则可以考虑不再按产品形式来划分，比如有的负责视频，有的负责 App 应用，而是按项目组来划分，每个产品经理负责一个或多个项目组，以此来实现最有效的沟通，使策划意图能够顺利地转化为数字产品。同时，数字出版并不是一蹴而就的，产品做出来了，还要不断地维护和更新。因此，有了专门的产品经理和技术人员和项目组对接，甚至由项目组来进行业绩考核，才有可能将内容的数字化开发一直进行下去。如果出版社有专门的培训部门，培训经理也应考虑按项目组来划分，每个培训经理负责一个或多个项目组，以策划编辑为核心，来设计线上和线下的教育培训拓展服务。

任何工作都要由人来做，如何调动人员的积极性，管理制度创新的一个重要方面就是要建立适当的激励机制。实际上，无论是数字出版中心，还是培训中心，在成立之初都是与各部门或分社积极沟通的，互相探讨可以合作的内容。然而由于没有明确各自的责权利，往往抱着“都是一个社的，先做起来再说”的态度，其结果就是分社没有积极性，策划编辑也没有积极性。既然考核只与图书码洋有关，数字产品的事渐渐就被放到了一边。因此，从一开始，就要明确数字化开发以策划编辑为核心，以项目组为单位，明确盈利之后总社、分社和项目组的分配比例。我想，每一个真正热爱出版的人，都是为了追随心中的那份理想。当我们的付出有所回报时所获得的那份满足感和幸福感，会更加激励我们，使各个项目组都成为一艘艘小快艇，搅动起出版社创新的活水。

这是一个数字化的时代，这是一个媒介融合的时代。通过媒介整合，将我们掌握的内容资源做得更深、更专，将我们拥有的作者资源运用到极致，通过与掌握着渠道资源的电信企业和掌握着技术手段的技术公司合作共赢，我们完全可以建立起以出版社为中枢的数字出版价值网。每一个出版人都会怀揣着激情与梦想渐渐老去，唯愿出版业能将每一个时代都过成最好的时代，永远停留在最美的季节里，绽放，如花。

参考文献

1. ［英］保罗·理查森. 巨变时代的数字出版战略. 出版人，2013（3）.
2. 马竣. 移动世界的丛林法则. 出版人，2013（3）.
3. 吕莉. 媒体融合时代，编辑人才的培养与考核机制创新. 出版广角，2013（2）.
4. 张新华. 客户价值最大化——数字出版的盈利之源. 出版广角，2012（4）.

不同宏观情景下出版社的应对措施研究

·张文超·

导　言

随着我国社会经济的发展和对外开放程度的日益提高，出版社所面临的各种宏观外部环境变化频繁，日趋复杂，给出版社的正常生产经营带来了一定的影响。本文拟从几种未来可能出现的宏观情景出发，分析出版社可能面临的各种供给或需求冲击，提出应对冲击的基本思路和措施。

本文主要分析图书类出版社，因其收入主要来自发行收入。报纸、期刊等有广告收入，分析起来更加复杂，不在本文讨论范围。

行业发展状况

众所周知，宏观经济的运行存在周期性波动。在不同的经济形势下，图书出版业究竟运行得怎么样，需要选取一些指标进行分析。从代表性和便利性的角度出发，选取图书总印数和国内生产总值（GDP）进行比较，考虑到购买力的因素，也选取城镇居民家庭人均可支配收入做参考指标。

图 1 是 2001—2011 年上述三项指标的逐年增长率对比。可以看出，在这 11 年的区间里，城镇居民家庭人均可支配收入与国内生产总值的变化趋势基本是一致的，前者有一些领先指标的特征。但是，图书总印数和两者之间的关系甚为微妙——在国内生产总值加速上升的 2001—2007 年间，图书总印数多处于负增长或零增长状态；经济增速大幅下滑的 2008 年和 2011 年，图书总印数却大幅增长，几乎可以视为逆周期指标。

以上现象其实不难理解，因为图书出版业只是国民经济中一个较小的组成部分，并且自身也有结构性的特点，所以不能简单地以整体经济形势或单个指标来判断。同时，图书总印数只是规模指标，在日益讲求利润的背景下，应该针对不

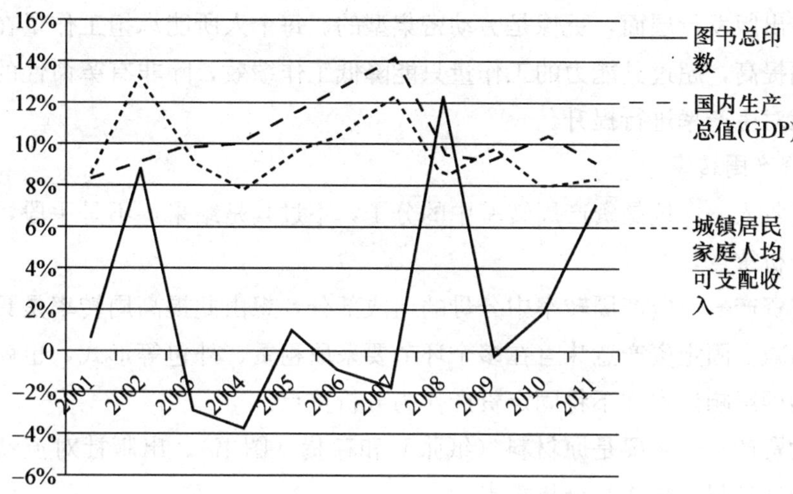

图 1　2001—2011 年图书总印数、GDP、城镇居民家庭人均可支配收入增长率对比

同经济形势下的影响因素作具体分析。

切入点和重点分析变量

在对利润的分析中，选择杜邦公式作为切入点，它的一般形式如下：

$$\underset{(\mathrm{ROE})}{\text{净资产收益率}}=\underset{(\mathrm{NPM})}{\text{销售净利率}}\times\underset{(\mathrm{AU})}{\text{资产周转率}}\times\underset{(\mathrm{EM})}{\text{权益乘数}}$$

在图书出版业中，上述公式等号右边的三项指标主要取决于以下因素。

1. 销售净利率

定价——由于图书产品的形式较为单一，在内容方面也有同质化倾向，对于大部分图书而言，只能采取成本导向的定价法，减少了在定价环节提高毛利率的可能性。

折扣——出于维系市场稳定的需要，出版社倾向于保持渠道折扣政策的稳定性和连续性，对于某些需要促销的品类还会给予折扣优惠，这也减少了在发行环节提高毛利率的可能性。

定价和折扣环节受制，净利率的提升只能寄希望于成本和费用的管控。在图书成本中，印制成本，尤其是纸张成本占了很大比重，这将是分析的重点。

费用方面，出版社最需要关注的是对人力资本的支出。这里并非简单地讨论工资水平的多少或涨落，而是关注人员匹配问题。虽然图书是智力和知识的产出，但在出版发行层面，更像是劳动密集型的。每个人所能承担工作量在短期内难以大幅提高，超过其能力的工作量只能降低工作绩效，除非有革命性的科技或管理手段对生产率进行提升。

2. 资产周转率

发行收入——这是资产周转率中的分子，不过其是结果，不是手段，因此不能作为分析重点。

固定资产——资产周转率中分母的组成部分，想由此提高周转率是具有争议的，因为减少固定资产意味着在多个环节要采取租赁、外包等形式，也就更易受市场波动的影响。本文不将固定资产作为分析重点。

流动资产——主要是原材料（纸张）和存货（图书）。出版社对流动资产控制的主动性较强，将作为分析重点。

3. 权益乘数

有息负债——有息负债是一把双刃剑，利率和偿还能力是主要影响因素。

无息负债——主要指各种对上下游的占款。由于普遍采取寄售制或赊销制，出版社对下游的占款很难实现（如能实现则是一大利润来源）。面对上游，出版社或可通过账期等手段对印制企业实现一定的占款，但过犹不及，不能发展到影响合作关系的程度。

综上所述，在针对不同宏观情景进行分析时，重点分析变量有印制成本（纸张成本）、人力资本、存货管理和有息负债水平。

情景一：经济扩张周期（景气）

经济景气时，较为普遍的现象有总需求旺盛、居民收入增加、通货膨胀、利率逐步升高等。在此情景中，图书出版业的以下变化应引起注意。

1. 印制成本和纸张成本

情景分析：在景气初期，印刷和造纸企业的产能可能由于跟不上需求的上升，导致印制和纸张价格的上升；到了中后期，随着产能的陆续释放，实际价格可能有所下降，但名义价格极可能被多年累积的通货膨胀所推动，继续上升。

应对措施：

印制成本方面，出版社可以根据自身对不同印厂的议价能力，签订多种期限组合的印制协议。例如，面对关系良好、议价空间较大的印厂，可以签订期限较长的协议，以锁定未来的印制成本；对于合作规模较小、起补充作用的印厂，适合签订短期协议，以免丧失未来可能的议价空间。

纸张成本方面，在现货现款的交易条件下，出版社不太可能投入大量资金对纸张进行储备，只能根据预期的印制规模进行动态管理。随着市场化程度的提高，未来若能引入金融工具，则可以根据需要进行套期保值，锁定纸张成本。

2. 人力资本

情景分析：市场需求的增加会引导出版社扩大人员规模，而通货膨胀会使工资上涨的要求变得强烈，两方面共同作用，出版社的人力成本可能出现较大幅度的上升。

应对措施：应密切关注人力成本的增幅同营业收入的关系，如果人力资本增长过快，将会侵蚀到利润。而在对员工的激励方面，未必是工资越高激励作用越大，建立将员工个人利益同企业长期利益进行挂钩的考核机制才是关键。

3. 存货管理

情景分析：市场需求的增加使得出版社倾向于扩大印制规模，保持较高的存货水平（品类的扩充和单品库存较多），以抢占市场的先机。相对粗放管理的倾向，会在景气末期导致存货规模偏高。一旦市场需求出现整体或结构性的下降，部分存货积压的风险非常大，从而导致报废或跌价计提。

应对措施：即使在景气时期也要坚持稳健的存货管理，不能仅因为乐观的预期而加大印制规模，却疏于对市场反馈信息的收集。稳健的存货管理应该长期贯彻实施，因为没人能准确预见到景气何时结束。

4. 有息负债

情景分析：尽管名义利率可能随着通货膨胀率而上升，但实际利率可能维持低位。计实际利率为 r，名义利率为 i，通货膨胀率为 π，则有

$$r = i - \pi$$

较低的实际利率对企业融资起着促进作用。在总资产收益率高于实际利率的情况下，会出现利润导向的融资规模扩大；甚至在总资产收益率低于实际利率的情况下，也可能出现规模导向的融资需求。到了景气后期，可能出现负债率与盈利能力不匹配的情况。

应对景气的措施：利率决定资金价格，债务不但要付息还要还本，过高的负债率会在盈利水平出现波动时置企业于险境。对于出版社而言，不仅要考虑息税前利润（EBIT）与债务水平的关系，而且要考虑渠道回款在时间上的非均匀性特征，即注重现金流管理。

情景二：经济收缩周期（衰退）

经济衰退时几乎所有变量的走势都和经济景气时相反，然而，图书出版业具有一些特殊情况，并非将以上结论“反写”就可以分析衰退的情景。下面仅就特殊情景进行分析。

1. 印制成本和纸张成本

我国造纸业的一个特点是纸浆的对外依存度较高，纸浆价格影响着纸张价格。不考虑市场供需关系的影响，仅就人民币购买力而言，由于我国一开始实行汇率管制，汇改之后人民币相对于美元和多种主要外币以单边升值的走势为主，国内造纸业的原材料采购能力其实是不断提高的。在外汇市场开放程度日益提高的趋势下，一旦国内经济出现持续衰退，导致资本外流和人民币贬值，纸张成本将会出现大幅上升。这与衰退初期用纸需求的紧缩结合起来，将导致造纸业产能萎缩，甚至出现纸厂倒闭。然而图书出版业的需求不会一直下降，像课本和一些专业书籍，其需求是刚性的或是独立于经济走势的，这使得出版社的纸张成本不能有效地降低。

2. 人力资本

经济衰退时期，劳动力市场上供给大于需求，新入职者要求的起薪可能大幅低于现有员工的工资。而现有员工的工资存在刚性，短期不能有效下调。若企业主动解雇员工，则要付出支付赔偿金和失去熟练工的双重代价，导致人力开支难以降低。

3. 有息负债

如果经济衰退伴随着通货紧缩，即使名义利率降低，也会面临“零下限”问题。实际利率 $r = i - \pi$，通货膨胀率 π 为负时，实际利率较高，给企业融资带来困难。

应对衰退的措施：以上特殊情景所带来的困难，难以采取针对性的措施去缓解，只能从整体发展角度寻找思路。既然大的经济环境已经收缩，作为传统行业的出版社不宜在衰退中继续追求规模或利润的持续大幅增加，而应该把注意力放在结构优化上。衰退正是薄弱环节暴露的好时机，出版社应该在稳住优势业务的基础上，对弱势业务进行调整。随着衰退的演进，一些市场领域会出现竞争对手规模收缩甚至放弃的机遇。在权衡该领域的风险和收益情况之后，出版社可以有选择性地出击，利用衰退抢占份额。

情景三：滞胀

通货膨胀和经济衰退并存的情况称为滞胀。其中的通货膨胀主要是由成本和费用端的供给下降导致的价格上升引起的。这在前面的讨论中有所涉及，例如人民币贬值导致纸张成本上升。现实中更为普遍的情景是，由于石油对外依存度偏高，人民币贬值导致能源价格上升，引起物价普遍上涨。如果此时市场需求下降和政府对部分图书实施价格管控，出版社的经营状况就不容乐观了。

人力资本的供给方面也可能出现负向的冲击。近些年随着人口红利的消失，工资上涨的趋势已经相当明显。当这种趋势在经济衰退中仍然延续时，足以影响出版社的盈利能力。

应对滞胀的措施：除了图书涨价，可供选择的措施是比较少的。通过控制出书规模可以降低成本，但对于费用端没有明显的效果。在多重压力下，出版社不得不精打细算，做好过苦日子的准备。塞翁失马，焉知非福？通过一段滞胀周期的考验，业务的精细化程度很可能有大幅度的提升。

结　论

通过以上三种情景的分析，可以看出，不论在何种经济形势下，出版社的经营管理都不能有所放松。至于是否需要准备几套针对不同形势的方案，就见仁见智了。实际上，经济形势转变的具体时间是难以预见的，往往新情景进行了一段时间，其中的参与者才能发觉。不论在何种情景下，如果出版社各业务流程都能充分发掘自身潜力，外部环境带来的不良影响会小很多，也能给采取应对措施争取时间和空间。

出版体制改革时期关于图书质量管理的思考

·邹 莉·

党的十六大以来，我国的出版体制改革取得了重大突破。2003 年 6 月，全国有 21 家新闻出版单位被列为文化体制改革试点单位。此后，我国出版业攻坚克难、锐意进取，逐步实现了转企改制，有些出版单位还实现了上市融资。出版体制改革既给广大出版社带来了机遇，也让各出版单位面临着更严峻的挑战。如何在出版行业竞争加剧、国外出版机构纷纷进驻的大背景下做好出版质量管理工作，是出版人不断追求和探索的方向。

一、图书出版质量现状及问题成因分析

（一）图书出版质量现状

作为出版社主要产品的图书，既是精神产品，又是物质产品，同时，还是要在图书市场上进行销售的商品。出版社要在竞争激烈的图书市场上占有一席之地，赢得读者，创立品牌，必须把质量管理作为一项常抓不懈的任务。《图书质量管理规定》第三条明确指出："图书质量包括内容、编校、设计、印制四项"，"四项均合格的图书，其质量属合格"。但从目前图书市场的现状来看，在一些领域，图书质量的四大要素，每一个要素的质量状况都不尽如人意。

（1）内容质量。中小学教辅图书乱象丛生；历史类图书低俗化、戏说化明显；图书缺乏创新，内容雷同，互相抄袭，选题低水平重复。有些图书为了吸引读者，甚至还宣扬不利于国家主权完整、民族团结、宗教团结等的言论，给社会风气带来了不良影响。

（2）编校质量。有些出版单位风行"无错不成书"之说，为了尽快占领市场，缩短生产周期，省却了必要的编校环节，出现了"萝卜快了不洗泥"的状况，严重影响了出版物的编校质量。

（3）设计质量。目前图书市场上的图书呈现出设计质量良莠不齐的现象。有些图书为了制造噱头、寻找卖点，故弄玄虚，通过不当包装蒙蔽读者。

（4）印制质量。与国际水平相比，我国出版物的印装质量仍存在较大的差距。而就国内而言，有些图书出版企业面对巨大的库存压力，为了节约成本，在用纸用料上“做文章”，这种现象在教材出版中特别明显。

（二）图书质量问题成因分析

质量是图书的生命，也是出版社的生命，是关系出版社能否获得较高社会效益和经济效益的最重要的因素。图书出版的某些领域出现质量下滑现象，究其原因，主要可以概括为以下三个方面。

（1）市场竞争日益激烈，一些出版单位的出版品种和规模不断扩大，编校人员的工作量不断增长，出版节奏不断加快，有限的编辑资源与快速增长的生产能力之间出现了“供不应求”的现象，从而导致一些图书在人手不够、时间紧迫的情况下匆匆进入图书市场。

（2）少数出版单位受追求功利的短视心理驱使，盲目追求短期利益和短期效应，放松或漠视质量监管，质量管理制度不健全。主要表现在：对图书质量的监管缺乏全局性的考虑，各出版环节虽然有专门的质量负责人，但大都处于“各管一摊”的状态，没有形成全流程全覆盖的质量管理理念。

（3）从业人员的责任意识不强。编辑是图书质量的第一把关人。编辑责任心强，把关水平高，编辑加工认真细致，工作兢兢业业，图书的质量就有了根本保证。目前图书市场个别领域出现的质量问题，除编辑自身的知识、技能方面的原因外，很多时候是缺乏责任心造成的。

二、图书质量管理工作的途径和方法

出版行业转企改制后，身份的转变、竞争的加剧，对出版社的质量管理工作提出了更高的要求。各出版社只有将质量作为生存和发展的基础，不断完善质量管理体系，加强编辑的业务技能培训，进一步提升出版物的整体质量水平，才能在激烈的市场竞争中立于不败之地。

（一）营造“质量第一”的企业文化，建立并不断完善质量管理和考核体系

（1）加强出版流程建设，认真执行出版行业制度和出版规范。多年来，出版行业建立了完整的行业规范制度，如《图书质量管理规定》、《出版管理条例》、

《图书编校质量差错率计算方法》、《印刷产品质量评价和分等导则》等。从本质上说，这些制度和规范为提高出版物的质量奠定了坚实的基础，出版社在生产图书产品的过程中，应严格遵守这些出版活动的根本制度。例如，在编校环节，要严格执行“三审制”和“三校一读制”；在选题策划环节，要将选题论证制度、重大选题备案制度落到实处，认真制定符合自身发展需求的长远选题规划，形成长期的、相对稳定的出版战略和出版格局。

(2) 加强企业文化建设，形成质量控制合力。出版社管理团队首先要提高认识，把保证图书质量摆上议事日程，不是拼命地追求码洋，而是追求质量。要质量立社，把质量作为出版社的生命线。同时，出版质量管理涉及众多环节，任何一个环节出现问题，都有可能导致产品出现质量问题，出版社应努力将不同环节的人员结合起来，营造关注质量控制的团队文化，形成质量控制的合力，充分发挥各环节人员的聪明才智，提高整个出版团队的质量意识。

(3) 建立和完善适应新形势的质量管理和考核标准体系。保障图书的出版质量，出版社是主体，管理制度是手段。首先，出版社必须加强质量管理制度建设，建立严格的编校管理规章制度。同时，出版社应根据近年来图书出版过程中出现的新情况、新问题，不断对自身的规章制度进行完善和充实。其次，规章制度再多、再好，如果不严格遵守、认真执行，管理不到位，保障图书质量就是一句空话。为此，出版社要加大监管力度，严格执行质量管理制度，奖罚分明，同时要根据现实工作不断提高规章制度的可行性和科学性。

(二) 加强职业教育和培训，切实提高从业人员的职业素质

出版质量管理最终的执行在于人，图书质量归根结底要靠人去实现，出版人员的职业素质是实施质量控制的根本。为此，出版社必须长期坚持对从业人员的教育和培训，切实提高从业人员的职业素质。

(1) 职业道德培训。编辑工作的实质，就是通过对反映作者创造的科学成果或艺术作品的鉴审、选择和编辑加工，生产精神文化产品，并使之向社会传播，以传承文明，满足人民群众日益增长的精神文化生活需求。可以说，编辑职业是关乎心灵的职业，需要从业人员坚持正确的出版方向，不能为了追逐眼前的经济利益而放弃职业道德，对图书质量漠然视之。各出版社应以《中国出版工作者职业道德准则》和社会主义核心价值观为主、以出版法律法规为辅，加强对从业人员的职业道德培训，培养一批具有文化使命感和社会责任心的从业人员。

(2) 责任意识培训。在当前出版业高速发展的形势下，出版从业人员的责任变得更加深刻和丰富。不仅要时刻关注政治经济时事，保持敏锐的政治头脑和较高的觉悟，而且要具备前瞻性，了解市场和受众的需要，创造出版物的最高利益，同时还要保持较高的质量意识，提高稿件的出版质量，重视稿件的文化道德影响，为读者负责。因此，出版社应重视出版从业人员的责任意识培训，使每一位出版从业人员对自身的社会责任（包括政治责任和文化积累与知识传播责任）、质量责任和经济效益责任都有着明确的定位，为出版社的健康繁荣发展打下最坚实的基础。

（3）业务技能培训。提高出版从业人员的业务技能是从根本上解决图书质量问题的有效方法，出版社必须高度重视对从业人员尤其是编辑的业务技能培训。除了入职初期的基本业务技能培训外，出版社还应加大继续教育的力度。继续教育包括实践性的业务学习和行业发展趋势的理论学习，由此解决编校人员的知识短板与知识更新问题，不断提高编校队伍的文化素质和业务能力；提高编校队伍关注出版界的新情况、新动向，认真研究图书出版新进展、新问题的能力，以此全面保障图书质量。同时，针对出版社大力借助外审外校力量的新情况，出版社应不定期对这些业余编校人员进行编校业务培训，并及时传达编校质量管理方面的相关规定，以达到共同提高出版社图书编校质量的目的。

图书质量是出版工作的永恒主题，出版工作的任何改革，一旦偏离了质量的轨道必将走向误区。为此，出版单位在改革的过程中应时刻关注图书质量问题，以质量求生存，以质量求发展，这是出版业发展的必然要求。

试论文编的继续教育

·王昱·

随着社会经济、文化、科技的进步，出版业蓬勃发展，编辑队伍也随之不断壮大。为了在日趋激烈的出版市场中抢得先机，占据有利位置，获取更多利益，出版物的品种在不断增加，出版速度在不断加快，出版的形式也在新技术的支持下日趋多样化，这对编辑队伍就提出了越来越高的要求。在这种形势下，编辑队伍的继续教育成为一个深受重视的问题。它对提高编辑队伍素质、保持集体和个人的发展与竞争力都是极为重要的保障。

根据2010年11月新闻出版总署发布的《出版专业技术人员继续教育暂行规定》，“继续教育是对出版专业技术人员进行的以政治理论、法律法规、业务知识、技能训练和职业道德等为内容的教育活动，其目的是促进出版专业技术人员坚持正确出版方向，不断增加、补充、拓展专业知识，提高业务技能，提高创新水平和专业技术水平”。

下面，笔者将就编辑队伍中文编的继续教育问题做初步的讨论。

一、文编继续教育的必要性

1. 提高政治理论认识与对国家的政策法规的掌握。文编必须具有较高的政治思想觉悟，能够维护国家、集体、作者与读者的合法利益；必须了解国家关于出版的方针政策、法律法规；必须坚持原则，具有强烈的事业心与责任感，具备良好的职业道德，爱岗敬业。在出版速度加快、出版内容冗杂的今天，更需要文编具有较高的政治警惕性，严格把关，剔除出版物中不良、违法或敏感的内容。

2. 扩展思路，培养创新思维。随着社会政治、经济、文化的飞速发展，出版行业竞争激烈，但盲目追求出书量和短期盈利是一种短视行为，并不能保证长期的发展能力和竞争力。文编要与时俱进，具备现代化的出版意识和理念，勇于接受新事物，学习新技术，适应社会尤其是出版业发展的趋势和要求。

3. 完善知识结构，弥补薄弱环节，提高自身素质。首先，文编大多来自各专业学科，从事本专业相关的出版工作，对出版专业知识的了解往往是在工作后短时间培训速成，而后在工作中摸索、总结进步的，对出版理论与专业知识缺乏整体和系统的了解与把握。其次，文编对稿件的编辑加工，从一定意义上来说，是一种创造性活动；不是机械地、简简单单地统一格式或解决简单的正误问题，而是要拥有本专业和相关专业的深厚知识，作为本专业的专家、相关专业的杂家，占据一定的高度，具备较好的判断力与解决问题的能力，善于发现问题，解决问题，不会因自身的知识不足、态度不严谨，轻易放过稿件中的缺漏，或擅自将作者原来正确的或需改善的内容改错。再次，文编还存在知识老化与遗忘的问题。在信息时代，随着科技的进步和全球化的日趋加深，知识以越来越快的速度传播与累积。面对挑战，只有不断学习，不断更新知识结构，才能跟上时代的步伐，胜任本职工作。

4. 加强职业技能训练，提高工作质量与效率。定期的职业技能培训与强化，能够巩固与提高文编的编辑技能，使文编在工作中事半功倍，准确地发现问题并有效地解决问题。

5. 应对新情况，学习新技能。现代社会信息爆炸式的传播与积累，新技术层出不穷，要求出版业信息化、网络化、数字化，也要求文编不能只局限于笔头、眼下，要成为适应新时代的多面手。文编需要对整个出版流程有整体的了解，对设计、排版、装帧、印刷等各方面有一定的认识，才能够配合其他出版环节，准确、高效地完成出版任务。而掌握新的编辑技术、印刷工艺等就成为必不可少的要求。

二、文编继续教育的方式与途径

1. 认真学习马列主义、毛泽东思想和邓小平理论等，认真学习党和政府的各项方针政策，尤其是与出版相关的政策和法规，健全法制观念；了解新动态与新要求；加强自身修养，爱岗敬业。

2. 定期参加继续教育培训。根据《出版专业技术人员继续教育暂行规定》的要求，“出版专业技术人员每年参加继续教育的时间累计不少于72小时。其中，接受新闻出版总署当年规定内容的面授形式继续教育不少于24小时。其余48小时可自愿选择参加省级以上新闻出版行政部门认可的继续教育形式”。新闻出版总署要求继续教育应“以人为本，按需施教”，“注重提升出版专业技术人员岗位胜任能力和解决实际问题的能力”。文编的任务繁重，时间有限，这就要求针对文编的培训最好能够灵活、多变、有针对性。

3. 长期或短期进修。如果有条件，文编能够参加长期或短期的进修培训会是较好的方法。这就需要建立一定的制度，得到各相关部门和领导的重视与支持。长期进修如脱产或半脱产进行本专业或出版专业的学习；短期进修如参加高校的相关专业知识讲座或旁听学习，了解本学科的最新动态、专家意见以及作者和读者的反馈，从而对稿件的选择与加工更有的放矢。

4. 加强行业内交流。参加书展以及各类出版行业培训活动和学术会议。出版社与出版社之间也可以建立定期的参访、观摩活动，了解同行的出版经验，加强良性互动。

5. 有效利用身边的资源。不论是长期还是短期的进修学习，对文编来说机会都是少而又少，这就需要文编发挥主观能动性，充分利用身边触手可及的资源。例如，建议单位配备编辑专业和相关专业的书籍、期刊，文编加以有效利用；积极参加员工课堂类专业讲座；老编辑对新编辑传、帮、代，新编辑给老编辑带来新思路、新技术；同事间在工作中定期或即时进行业务学习、讨论、交流与总结。质检部门定期将质检过程中发现的特例或错误规律发表在内部论坛上供文编思考、学习，就是很好的一个方法。

6. 文编应多方面吸收知识，注重自我“充电”。对稿件的编辑加工是专业性很强的智力劳动。文编大都是本专业出身，就本专业来说是有一定水平的专家。但随着社会的飞速发展，知识的传播呈现出交叉性、多元化的特点，从而需要文编是杂家，需要文编以本专业为基础，培养广泛的阅读兴趣，适当拓展相关专业和交叉学科的知识储备。由于继续教育的经费不足，文编工作忙碌、任务繁重、可支配时间有限，脱产或半脱产学习的机会很少，文编应更多地注意坚持自学。例如，在加工书稿时，善于利用专业词典和网络资源，掌握多种信息检索途径和手段，甄选可靠的信息来源，在解决书稿问题的同时补充相关知识，不断地进行知识积累。又例如，中英文书稿的编辑加工，既有共性，又有各自的特点和规范。英文编辑既要服从总的出版规范，也要注意不同语言文稿的编辑加工特点。这就需要借鉴国外权威出版物，发现并总结其出版规范。

所谓“活到老，学到老”，文编的继续教育也是持续在文编整个工作生涯中的长期活动，具有“长期性、持续性、多元化”的特点。坚持不懈，才能有不断的进步，保持活力与竞争力。

浅谈外编队伍建设

·黄李晓·

编辑队伍建设是出版社图书质量的重要保障，而社外加工编辑（以下简称外编）队伍的建设是出版社编辑队伍建设的重要组成部分。建立一支专业素质过硬的外编队伍是十分必要的，它不但可以满足出版社高质、高效的工作要求，而且可以降低出版社的人力成本。因此，如何建设和管理好外编队伍，使其发挥最大潜能，是一个值得重视和认真研究的问题。

一、外编的来源及情况分析

目前，出版社的外编主要由以下人员构成：在校大学生、高校教师、科研人员、在职或退休的编辑等。他们普遍接受过某一学科知识的系统学习，有较好的专业背景，但在编辑加工技能方面，层次参差不齐。在校大学生、高校教师和科研人员在书稿专业把关方面问题不大，但他们没有接受过编辑加工技能训练，不熟悉编辑加工规范，发现问题的意识不强，在文字和体例格式方面的纠错能力较弱。外社在职编辑熟悉编辑加工流程和规范，但由于出版社的出书淡旺季大体相同，其兼职工作时间没有保障；加之各出版社的编辑加工规范细则略有不同，在职外编在编辑加工中很可能习惯性地按照其所在出版社的要求进行处理。退休编辑经验丰富，但其精力无法与年轻的外编相比，且对于一些前沿的学术观点不是太了解。

二、外编的选用标准

图书出版是一项专业性和实践性很强的工作，需要从业者具备一定的思想素质和业务能力。出版社在选用外编时，应重点考虑以下几点。

1. 政治素质过硬，责任心强

图书出版具有文化传承性，社会主义出版工作应该代表先进文化的前进方向。编辑要代表国家对图书的政治倾向、价值观和科学性进行把关，自身必须有过硬的政治素质，必须具有对国家、对社会、对读者、对书稿高度负责的意识。对于涉及政治原则的问题，一定要保持高度警惕，及时发现和消除书稿中的政治错误，杜绝不良出版物面世。

2. 专业对口，有一定的文字功底

图书出版涉及多学科、多专业知识，而图书是读者查阅和学习的主要参考资料，因此应保证图书内容的科学性和准确性。一般来说，应根据本社书稿的专业分类选择系统学习过相应专业的外编。特别是一些专业性比较强的图书，如果编辑对该专业内容一无所知，那对书稿进行把关就无从谈起。此外，还要求有相对好的文字功底。有些作者满腹经纶，专业能力很强，但不擅长文字表达，书稿写得晦涩、拗口，不适合读者阅读。这就需要编辑发挥其文字功底，在认真审读原稿、体会作者的表达意图、尊重作者风格的基础上对书稿适度进行润色，使之语句通俗、流畅，易于阅读。

3. 业余时间充裕

充足的时间是保证工作质量的前提，由同一个编辑用 1 周和 1 个月时间编辑完成的同一本书稿的编辑质量是不一样的。目前在国内，专职的外编较少，大部分外编都还有工作、学业或科研任务。有些外编自己的工作比较多，接到书稿后为了在期限内完成，就敷衍了事，未通读书稿，只是对体例格式等大面上的东西进行修改。这样的话，外编初审就无法达到其消灭书稿中的政治错误、知识错误的功效。

4. 工作细致谨慎

编辑工作是一项严肃的工作。一部书稿，不管它是作者多年的潜心力作，还是东拼西凑的产物，其中的疏漏、错误都不可避免。编辑要想把书稿中潜藏着的错误、“陷阱”逐一揪出，尽可能降低书稿的差错率，就需要细致、谨慎的工作态度。面对书稿，编辑要像战士进入阵地一样全神贯注；面对书稿中的疑点，编辑要养成多存疑、勤查证的工作习惯，千万不可想当然地落笔就改。

三、外编的培养

1. 岗前业务培训

对外编进行岗前业务培训主要需要做好以下几方面的工作：

（1）了解编辑加工规范。

外编一般都有较强的专业知识背景，但行业外的外编通常不熟悉出版流程，不懂得编辑加工规范，除了对书稿的专业知识进行把关外，不清楚在体例格式方面应怎样进行修改，他们需要接受全面的培训。而行业内的外编虽然熟悉出版流程，但由于每个出版社对于编辑加工规范的具体要求不同，也需要对其进行相关培训。通过培训，让外编了解编辑加工的主要环节，学会解决稿件的标准化和规范化问题，如格式体例的统一，数字、计量单位的正确使用等。在进行这方面培训时，应根据业内外编和业外外编的不同情况区别对待。对前者可以采用集中统一培训的方式，对后者可以采用“一对一”的培训方式。

（2）学会审稿。

很多新编辑拿到书稿就埋头加工，统一格式、改正错别字，忙得不亦乐乎，改得稿子满篇红，到最后却发现稿子中的主体观点是有问题的，需要退稿或由作者进行大删改。这样一来，前面所做的所有工作都成了无用功，会影响其工作的积极性。因此在对外编进行培训时，还应教他们学会审稿。拿到稿子先用半天到一天时间浏览一下，看看是否存在封建迷信、伪科学或一些不健康的内容。一旦发现此类问题，应尽快和社内编辑联系，交由其处理。此外，在培训中应向外编强调，对于政治问题、宗教问题、民族问题等一定要多查证、多存疑。

（3）明确工作职责与相关规定。

在进行岗前培训时，还应向外编明确其工作职责。外编的主要工作是书稿初审，即通读原稿，统一体例，消除政治性差错、知识性差错和文字性差错。比较成熟的外编，还可直接联系作者解决编辑疑问。同时，与外编利益相关的付酬标准及审稿期限等规定，也应事先明确告知，以免后期不必要的麻烦。

2. 试加工稿件

经过培训的外编可以在社内有经验的编辑的指导下试加工稿件。一般来说，试加工阶段给外编的文字量不要太大。因为一旦错改，社内编辑再处理起来比较麻烦，而外编自认为花了很多时间却没有收入也会打击其积极性。试加工稿件以五万字左右为宜，先由社内编辑通读加工几页作为示范，然后由外编根据编辑加工规范的要求，参照社内编辑的加工样式进行编辑加工。试加工完成后，由社内编辑对外编加工过的书稿进行全面审读，一方面可及时指出外编在书稿编辑加工中存在的问题，使其实际工作能力得到提升，另一方面也可以对外编的专业能力、文字水平等进行综合评定。

外编在刚开始加工稿子时总是想当然地认为书稿改得越多，越能表明自己工作认真，结果常常将书稿改成大花脸，费力不讨好。因此，在试加工阶段，社内编辑与外编的及时沟通非常重要。社内编辑应将自己在审读原稿中发现的问题与疏漏及时反馈给外编，明确指出哪些内容属于“硬伤”，必须改正；哪些属于“软伤”，可改可不改。对于外编在加工中提出的问题，社内编辑也应进行详细分析，指出哪些问题是外编可以直接处理的并传授处理技巧，哪些是需要提请作者和责编处理的，尽量避免外编只会提问题但不会处理问题，这样必然会加重社内编辑在复审阶段的工作负担。经过两三次试加工，就可以根据外编的加工质量和对编辑工作的适应程度决定是否可以聘用。

四、对外编队伍建设的几点思考

1. 建立外编考核制度

如果只按照字数结算审稿费，容易使外编只重数量而忽略质量。因此，出版社可根据本社的具体情况对外编审稿付酬标准按审稿质量实施分级管理。外编完成一本书稿的编辑加工后，分配该书稿的社内编辑根据复审时书稿的情况对外编的初审质量进行评判，以确定对应哪一级付酬标准。编辑加工质量好的，可按照最高一级标准支付审稿费；质量差的，可按照最低一级标准支付审稿费。多次合作都只达到最低一级标准的，可终止合作关系。

需要强调的是，编辑加工是个细致活，也是个时间活。外编通常是兼职，其每天能编辑加工稿子的时间相对有限，在这一时段内，能编辑加工稿子的数量也是有限的，所以在给外编分配稿子时，还应对外编的审稿周期作出合理的限定。期限给得太长，一则影响出版社出书进度，二则易使外编滋生拖沓的情绪；期限给得太短，外编为了赶工，无法保证质量。在规定审稿期限时，不可一刀切，应与外编协商，根据其业余时间进行妥善安排。若外编在约定的期限内未完成任务，则应给予一定的惩罚。

2. 建立和完善外编数据库

目前，多数出版社的外编队伍处于分散管理的状态，每个社内编辑会有几个经常合作的外编。但一个现实情况是，外编由于属于兼职，其工作状况并不稳定，他们可能会因为找到了合适的工作、升学等而终止合作关系。这对于那些外编资源本就不多的社内编辑来说是个麻烦，培养新的外编需要时间，而成熟的外编却苦觅不得。还有一种情况是，有的社内编辑手里有较丰富的外编资源，但由于岗位调整（如从文字岗转为营销岗、策划岗）等原因，书稿的加工量减少，使得其外编较长时期内没有可加工的稿件，长此以往必然导致外编的流失。事实表明，分散管理并不利于外编资源的优化利用。

每个外编都有自己的专业特长，出版社可从全社的层面将各个事业部编辑人员手中的外编资源整合在一起，按照学科分类建立外编数据库。数据库除了记录外编的姓名、年龄、联系方式、所学专业、工作经历等基本信息外，还应设立流程管理专栏，记录外编已加工过的书稿信息（如加工周期、差错率、编辑评价、付酬标准）、正在加工的书稿信息（如收稿日期、计划交稿日期）等，社内编辑可以在全社范围内根据专业分类有针对性地选择外编，真正做到外编资源有效共享。

建立外编数据库除了能实现资源共享外，对于提升外编的编辑加工质量也有一定的作用。由于外编对稿件质量不承担任何责任，所以容易出现责任心不强的情况。对外编审稿付酬标准按审稿质量实施分级管理虽然在一定程度上可以促使外编注重编辑加工质量，但由于外编与社内编辑通常是同学、朋友等熟人关系，在外编与社内编辑一对一的分散管理状态下，即使外编的书稿编辑加工质量不高，在开审稿费的时候社内编辑碍于情面，也往往按照最高标准支付。实施外编数据库管理后，外编在全社范围内调配，可有效减少熟人关系，社内编辑对于外编审稿质量的评判会更公正、客观，也能间接促使外编提高编辑加工质量。

3. 举行定期和不定期的培训

随着出版业发展步伐的加快，一些行业规章和规范也在与时俱进，因此，应对外编人员进行长期、持续的培训。可以定期组织沙龙，让社内编辑和外编共同交流、学习、成长，也可以不定期地针对某一方面的问题进行专题培训，还可以由社内编辑根据需要与外编进行一对一的交流。这些活动的目的只有一个，加速外编的成长，使他们的工作更加专业、规范和高效。

4. 设立晋级制度

很多人在择业的时候都会比较关注发展平台、成长空间。出版社在进行外编队伍管理时也可尝试设立晋级制度（如普通外编—签约外编—社内编辑），这样可以有效调动外编的工作积极性，增强其工作责任感。出版社可以根据需要定期对外编数据库中的外编工作业绩进行统计、排名，达到规定标准者晋级为签约外编，通过签订合同、发聘书的方式使合作关系保持相对稳定。在可能的情况下，还可优先录用优秀、年轻的签约外编为社内编辑。这对于大部分没有正式工作的外编而言，还是很有吸引力的。出版业现正处于快速发展期，出版人才队伍的壮大是大势所趋，将经过较长时期考验的优秀外编人员直接吸纳到出版社，既可以缩短双方间的磨合、适应期，又可减少因盲目进人导致的不合理现象。

版权引进的业务流程

·刘光宇·

人大社从20世纪80年代起就有与海外的版权贸易往来，90年代以“经济科学译丛”和“工商管理经典译丛”两套丛书掀起了世界名著汉译的“第三次浪潮”。随着与海外贸易的不断增多，人大社在版权贸易方面也形成了一套比较规范的工作流程。入社多年的老编辑和做外版图书较多的分社，对这些流程已经非常熟悉，这里谨借此文，把这一流程作一简要的文字介绍和说明，供出版界同行和社内新老编辑参考。

版权引进业务流程可以划分为不同的阶段，如何划分见仁见智，不同的出版单位也会结合本社其他方面的工作流程而对这块业务作出不同的分段。但无论怎样划分，内含的业务内容和要素都是相似的。在此，根据人大社的情况，我把相关流程分为四步来说明。

第一步：信息确定

确定版权信息时，首先要有信息来源。信息的来源和渠道不外乎以下几种：(1) 国外出版社；(2) 专家学者；(3) 网络、媒体；(4) 个别情况下的其他渠道。大众图书、学术图书和教材的信息来源不尽相同，有时差别很大。编辑需要根据自己所做图书的类别，定期关注各自的信息源。如果做大众图书，则亚马逊、《纽约时报》等对大众畅销书做定期排行的英文图书（或其他语种图书）排行榜，就必须时时关注。如果是做学术书，就要了解自己所从事的学科，国外哪些出版社是相关领域的权威。例如，普林斯顿大学出版社、麻省理工学院出版社以出版经济理论方面的图书见长，常有诺贝尔经济学奖得主的著作在它们那里出版。对于做教材和学术著作的出版社而言，与专家学者定期沟通，也是获得优质选题资源的重要渠道。20世纪90年代，人大社开始策划“经济科学译丛”时，当时的策划编辑就从经济学领域的学者那里了解到当时在西方高校中最重要、最有影响的一批版权图书的信息，这些图书后来证明都是大家之作和经典之作，翻译之后至今新版不断，对国内经济学的发展起到了不可忽略的推动作用。

在了解和确定信息时，除了了解图书本身的内容和影响，为方便日后联系版权起见，还要记录原文书名、版次、ISBN 号、作者（及其概况）、原出版社的信息，如有可能，还应下载或者影印原书的版权页，为日后查询版权准备必要的版权信息。

第二步：条件确定

在锁定一本版权图书后，就需要与版权方接洽，着手落实购买版权的事宜。在购买版权时，惯例是使用卖方的版权合同文本，但同时买方需要主动提供以下信息：

（1）预计定价。

（2）预计首印数（有时对方要求提供三年内历年印数）。

（3）预计出版时间（一般是合同签订后 12～24 个月，具体要根据图书厚度和翻译难度等因素确定）。

（4）希望对方可以接受的版税率和预付金等。

在一些特别情形下，可能还要向对方就译者的遴选和印刷厂的选择作出说明。例如，如果出版社计划约请作者所认识的某位学者做该书的翻译，就应尽早告知对方，这往往是有利于出版方成功拿到版权的一个因素。

在确定条件时，审阅合同是必不可少的一步。从人大社的流程来看，这项工作主要由版权部门承担，版权人员遇到认为有问题的环节，再与编辑商量，但实际上，如同签本版图书的出版合同时编辑应当认真审阅一样，外版图书的合同，编辑也很有必要认真审阅，并在审阅时特别留意相关信息并应作必要的记录，因为很多信息会直接影响到合同的执行。这些方面包括：

（1）授权文本：翻译、影印、双语或是改编等。

（2）授权地域：决定本书出版后可以销售的地区，只限中国大陆、包括港澳台、全球销售。

（3）要求的出版期限：目前的出版期限从 12 个月至 24 个月不等，编辑应当根据原文的体量、翻译的难度等情况确定一个可以实现的出版期限。

(4) 合同有效期：一般从5年到8年不等，遇到量特别大的丛书等情况，应当根据实际情况向外方提出合理的合同有效期。

(5) 仲裁机构：对方提供的文本中，仲裁机构很可能在对方所在国，也可能在第三方如香港，少数情况下会规定在中国内地。后两种都是中方可以接受的，如果在对方所在国，则仲裁真的发生时，是不利于中方的。这种情况下可以根据合同的重要性、仲裁发生的可能性等，考虑是否向对方提出把仲裁地点改到第三方的要求。

(6) 预付金额度。

(7) 样书数量、邮寄方式及费用承担：如果外方索要的样书数量较大（超过10本），就要留意对方要求的邮寄方式和费用承担方，避免我方的额外费用。

(8) 结算时的退货率。

(9) 宣传用书的数量。

(10) 对审阅要求的限制：例如，有些出版社要求在图书正式出版前把排好版的文件连同封面发送给对方进行审阅，只有审阅通过后才可以付印。这在实际操作中常常因为步骤烦琐和时间原因等而不具备可行性，因此如有必要，编辑要根据实际情况再与对方进一步沟通。

(11) 其他要求：例如电子版使用条款方面，有些免费授权的图书，往往要求出版方同样免费提供出版方版本的电子版，并要求有权把该版本放在对方的网站或平台上使用。这种情况下就要权衡利弊后作出选择，或者跟对方进一步沟通找到更合理的做法。

以上信息，是建议编辑在审阅合同时关注的信息，还有一些信息，如版税报告的次数和时间要求、银行付款信息、税费承担的约定等，则是负责版权的专业人员应重点关注的信息。如果是没有专门的版权部门的出版社，则需要相关编辑对这些问题一并审阅后提出必要的改动意见和建议。

第三步：合同执行

合同执行这一步又包括四个步骤或流程：(1) 合同签订；(2) 图书出版；(3) 销售报告；(4) 版税结算。

合同签订阶段，需要留意的是双方需要的合同份数，同时要对往来的文件作必要的登记和备份。这个环节还有一项中国版权管理部门要求的工作是著作权登记，登记时需要填写著作权登记表，准备原书的版权页、合同的复印件和翻译件等。如果版权转让过程中涉及不止一个转让人，则需要每个环节都提供对应的授权文件，形成一个完成的授权链条。对于有预付金的授权合同而言，合同真正生效是在对方收到合同规定的预付金等前期付款之后。只有具备了合同中所规定的所有合约成立条件，一份合同才算真正签署完成。

合同执行的核心环节，就是版权图书的出版。图书出版时，也要满足合同规定的出版期限；如果合同对出版前出版方文本规定了审阅要求，则编辑也要留意满足这些要求。在出版方的版本中，应当对版权来源作出相应的说明，对此外方合同中一般都会作出明确要求并给出要求在版权页上标注的文字。图书出版后，应当及时告知外方相关图书已经出版，并请对方留意签收我方即将寄送的样书等。

在图书出版后，应当在合同规定的时间内，一年一次或数次向对方发送销售报告。对方认可销售报告后，则要索要发票和准备版税付款的材料，并准备版税付款。从目前国内的流程看来，整个付款流程需要 60～90 天，因此签约时也应留意合同中给出的付款时限不能过短。

第四步：合同的延期、废止与更新

在合同即将到期时，如果遇到翻译和出版周期过长而销售时间过短、市场仍有需求而新版尚未出版等情况，就要考虑向外方提出合同延期的申请。现在，申请合同延期常常需要支付延期费用，因此在提出延期前要对成本与收益进行计算和判断。

如果不提出延期，合同就会废止。这方面比较常见的情况有两种。一种是根据合同的规定自然废止，也即在合同到期后如果双方没有提出延期，则合同所规定的权益自动回归到版权方手中。另一种是双方中的其中一方特别提出废止，并对销售、库存及处理方式等作出相应处理。

合同的更新，在人大社是指一本书的旧版还没有出版的情况下外方已经出了新版，这时就要争取外方同意我们改做最新的版次，这种合同的更新往往需要以预付金等名义支付更多版权费用，也常常是因为上一版图书没有及时出版，因此是双方都应当和希望尽量避免的情况。合同更新后，需要在出版社的系统中更新所有的数据和资料，便于今后统计和结算版税等合同执行环节的相关工作顺利进行。

以上版权引进工作流程的细节，对版权从业人员来说都是非常熟悉的；而对于编辑而言，这些环节，还只是一本图书出版时无数环节中的一环。没有相关经验的编辑，或者是事务过于繁忙的编辑，常常不会深入这些细微的环节当中。但就像一本畅销书名所说的，往往“细节决定成败”。如果做引进版图书的编辑能够多了解和关注自己所负责的图书的这些环节，对一本书的成功运作、对减少问题的发生，都是会大有裨益的。

图书版权转让合同探微

·王晓晨　田国华·

签署版权合同是实现版权贸易的前提和基础。本文以国际常用的图书版权转让合同为例，探讨如何与国外出版机构、版权代理机构及作者洽谈合同细则，探求双方合意的条款，以实现双方首次或长期的合作。

在双向的图书版权贸易中，我们既从国外引进大量优秀的作品，也将人大社的优秀图书授权给国外出版机构出版。本文将重点讨论从国外引进作品时版权合同的洽谈，具体需要注意以下几点细则：

合同标的。即合同须阐明相关作品的准确信息，包括原文书名、作者、版次、国外原出版社、ISBN 等信息。一般情况下，一份版权合同仅适用于当前版次的版权转让，如果原文作品今后出版新版，需要另立版权合同，才能获得授权许可。在引进国外作品时，我们倾向于就作品的最新版本签署合同，将国外最先进、最前沿的学术成果介绍到国内，这样也更能促进作品在国内的销售。明确作品版次等信息，是确保译者翻译正确书稿的前提，从而保证作品的顺利出版。

授权语种。我们签署的版权合同，以翻译版权转让合同为主，其次是英文影印版权转让合同（包括英文影印删减版、英文影印改编版等）和双语版权转让合同等。翻译版权转让合同，即国外出版机构、版权代理机构或作者授权人大社出版发行相关作品的中文版，一般会明确限定为仅授权简体中文版权。在与外方就合同谈判时，我们会尽可能争取同时获得繁体中文版权的授权，以便人大社向港澳台地区销售繁体中文版权，从而增加版权收益。签署英文影印版权转让合同时，需注意合同中是否包含“特别条款”，比如英国一家大学出版社授权的英文影印版图书，合同规定：不能在封面出现原文书名，只能使用对应的中文译名；不能使用原文目录，只能使用翻译过来的中文目录。外方坚持包含这类特别条款，旨在防止与英文原版书（或其他语种原版书）相比相对低价的影印版图书回流到英美等图书市场，冲击其原版书的销售。但显而易见，这类特别条款使中国读者在判断原书信息时难度加大，在一定程度上会影响图书在国内市场的销售。因此，我们需要权衡能否接受这类特别条款。此外，由于作者依法享有维护作品完整性的权利，对原作品的任何增删、改编，都需要事先获得作者和国外原出版社的书面许可。因此，在订立英文影印删减版或改编版合同时，我们通常需要确定删减方案或改编方案，并将其明确写入合同。

授权地域。我们获得授权出版的图书，仅限在获得授权的地域从事出版发行和销售推广活动。中文翻译版权转让合同，绝大部分会明确规定授权地域仅包括中国大陆地区，不包括香港、澳门和台湾地区。目前国外大部分出版机构都将简体中文版权和繁体中文版权分开销售，使版权销售收益最大化。由于大陆图书定价比港澳台地区低很多，为避免简体中文版图书流入这些地区，外方在版权合同中对授权地域作出了明确限制。但在与外方洽谈版权合同时，我们也尽量争取简体中文版的全球出版发行权，从而促进图书的实物出口。英文影印版权转让合同，一般都会将授权地域明确限定为中国大陆地区。英文影印版图书回流到英文原版出版地，一直是英美出版商竭力避免和抑制的情况。2013 年 3 月 19 日美国最高法院就 Kirtsaeng v. John Wiley & Sons, Inc. 一案①作出裁定，美国公司不得以侵犯版权为由禁止在海外生产的产品重新进入美国市场销售②，使英美出版商对英文影印版权的授权持更加谨慎的态度。应对这种趋势，我们通常提出对英文原版书进行删减，或增加关于中国案例研究的一两章内容，使我们出版的英文影印版区别于英文原版书，减少英美出版商的顾虑，同时这类图书的“中国版”也更适合中国图书市场。

授权介质。包括纸质版和电子版。自 1992 年中国加入《世界版权公约》，人大社先后从国外引进了一大批以“经济科学译丛”、“工商管理译丛”等为代表的经典高校教材和学术著作。这些以往签署的版权合同，仅限纸质版图书介质的授权。近些年来，随着数字出版在全球出版业的迅速发展，国外越来越多的出版机构逐渐放开了电子图书市场。我们现在签署的版权合同，尤其是大众类图书的版权合同，都争取从外方同时获得纸质版和电子版的授权许可。继《毛泽东传》、《金大中自传》等电子图书成功开发之后，我社出版的引进版图书，将越来越多

---

① http://www.publishersweekly.com/pw/by-topic/digital/copyright/article/56435-supreme-court-upholds-first-sale-in-landmark-kirtsaeng-ruling.html.

② http://www.legalweekly.cn/index.php/Index/article/id/2398.

地采用纸质图书与电子图书同时出版的方式，这必将成为图书出版的重要趋势。

专属使用权。一般情况下，外方都会授予我们著作权的专属使用权，即授权人大社在授权地域独家出版发行相关作品。不像期刊报纸上的文章通常都是非独家使用许可，专属使用权可保证图书市场的良性竞争和良好的市场秩序。有时外方会以授权许可费用偏低为由，提出授予非专属使用权。在这一点上，我们须坚持获得专属使用权的原则，这样才能保证作品在图书市场的顺利销售。

著作权许可使用费。少数情况下，双方达成一次性结清的授权许可费。大多数情况下，著作权许可使用费由预付版税和年度结算版税构成。预付版税以不高于首印版税为宜，同时需要与外方洽谈版税结算依据（印量或销量）、版税付款周期、税金承担方、汇款手续费承担方、结算币种、结算汇率标准等。由于欧美市场图书定价很高，外方对图书版权转让的预付版税期望较高。例如，最近与美国一家出版机构洽谈引进几本研究方法类图书，外方要求我们每销售一册图书，需向其支付 5 美元版税。在这种情况下，我们需要向外方详细介绍国内图书定价偏低的现状，以及相关图书成本核算情况。只有在双赢的情况下，双方才能实现长期合作。在多次充分沟通意见后，外方最终放弃了高版税的要求，并以合理的版税条件进行授权。

出版周期。中文翻译转让合同一般规定中译本必须在签约后的 18～24 个月内出版，否则外方有权收回相关授权。英文影印版权转让合同一般规定英文影印版须在 6～18 个月内出版。如果涉及重大选题（政治类、宗教类选题），书稿需要送审并得到审批后才能出版，在洽谈版权合同时，一定要与外方事先说明情况，并争取 30 个月的出版周期。此外，越来越多的版权合同中规定，中译本（或外文影印版）图书在付印前，需要外方审阅封面、扉页、版权页、翻译样章甚至全文书稿。像我们最近出版的《用 Stata 学计量经济学》、《对方证人——芝加哥著名刑辩律师论交叉询问与人生的经验教训》等书，外方都在 1～2 月后才能完成书稿的审阅。我们在安排图书出版计划时，需要注意版权合同中的这类条款，事先做好充分准备。

授权期限。版权转让合同的有效期以 5 年为主。少数的合同，我们可以争取到 8 年或更长的有效期。在与外方洽谈版权合同时，我们需要尽量争取更长的授权期限。否则在将来申请续约时，会产生额外的费用。

第三方版权。当原文作品包含大量图片或引文时，我们需要确定这些图片或引文是否属于第三方版权，是否需要我们自行逐一厘清版权才能使用。如果国外出版社或作者可以直接授权我们使用这些材料，我们需要进一步确认图片使用费及扣税问题。如果我们打算将原文作品内文的一张图片作为中译本（或外文影印版）的封面，需要与外方进一步确认才能使用。

版权转让合同还涉及库存样书特价处理及结算方法、图书脱销判定、图书附属版权收益分成、指定纠纷与争端仲裁机构等很多其他细则，本文在此不再逐一赘述。虽然我们签署的版权转让合同，一般由外方聘请专业律师起草，不能随意修改条款，但只有双方合意的合同，才是双方长期合作的保证。因此，在外方可接受的范围内，我们都尽量为人大社争取更多的利益，同时确保合同条款的可操作性。签署版权转让合同只是版权贸易整个流程的前期环节，款项支付、版税结算、样书递送等后期履约同样重要。

涉外交往中应避免的十件事

·刘光宇·

有关涉外礼仪的书很多，人大社出版的就有好几种，人大的金正昆老师则是这方面的专家。在此笔者并非要“修正”或者“补充”专家学者的著述，而是从一个从业者的角度，就笔者在工作场合中观察到或者遇到的非常具体的情形和问题，提出几点意见和建议，供参与外事活动的同仁参考。

需要说明的是，礼仪是与文化密切相关的，不同的文化背景对礼仪的认定不同甚至可能相反，这方面一个大家所熟知的例子是关于眼神的交流（eye contact)。在西方文化中，交谈中时不时进行眼神的交流非常必要和重要，无论对方的身份如何；而在日本文化中，如果对方是长辈，直视对方的眼睛则可能会被认为是挑战权威。鉴于笔者在涉外工作中接触的基本是西方文化背景的人士，因此下面所提出的问题和建议，也更多适用于西方文化背景的涉外交流。

这些情形和问题，大致是按照笔者个人认为的严重程度由高到低排序，其他方面则没有太严谨的分类和逻辑关系。

一、交谈中用手捂嘴

有些人在与外方交流时，会下意识地时用手捂或者半捂着嘴。对一个中国人而言，这可能是表示谦虚或谨慎，但根据我对西方文化的了解，这种手势会令来自西方文化背景的人感到别扭，并容易给对方造成说话者不自信或者不诚恳的印象，可以说是一种有百害而无一利的习惯，是一定要避免的。

二、交流时双方占据时间不平衡

善于聆听是一种美德，这一点东西方文化是相似的。一般而言，作为主人的接待一方，为表示诚恳的欢迎态度，会首先发言，为来访者作相关的介绍。这时，作为访问的一方，要注意聆听，不时有眼神的交流，也可以作必要的笔记。在交流中东西方所不同的一点是关于插话是否礼貌。东方人一般从小会被家人教导，无论任何场合，对方说话时插话都是不礼貌的，长辈或客人发言后提出疑问也是不礼貌的。但西方背景下的交流过程中，甚至是在课堂上，适宜地提问，反而可以表现出听者认真和专注的态度，因此如果在听的过程中有疑问或希望确认某个事实或数据，就可以在说话者停顿的时候举手或者用其他方式示意，问对方是否可以问个问题，然后提问，不过也要避免太频繁地打断对方。这方面没有僵化的规定，可以在交流过程中逐渐摸索和发现。

在主客双方沟通时，要避免一方长时间说话，另一方沉默不语或者没有机会说想说的话。这里，也同样需要有智慧地观察和聆听。如果是主人，要主动请客人发言，提出他们感兴趣和希望交流的话题；如果是客人，则要在接待方给予我们分享时间的时候把握占据时间的分寸，及时结束和把话语权交给对方。

三、不了解 please，thank you 和 excuse me 的用法

在外事工作中笔者注意到，访问西方国家时，在国内被认为是很有身份和教养的人，却容易被西方人误认为粗鲁或不懂礼貌。中国人有句话叫作“入乡随俗”，西谚也说“到了罗马，就学习罗马人的方式”（When in Rome，do as the Romans do）。避免这种误解其实很简单，甚至不需要会外语，只要有小学英文水平就可以做到，就是学会用 please，thank you 和 excuse me。Thank you 全世界的人都会说，特别是对地位尊贵和相当的人；而在西方文化中，强调对所有人都要予以尊重。一个英国人去见过女王后，他的朋友纷纷问他，见到女方是否兴奋又紧张，话都不会说了，结果这人回答：“我只有一套礼貌。”笔者认为这是从西方文化的根源发端出来的一个对“绅士”和“淑女”的判断标准：只因为对方是一个人，就应当表达出应有的尊重，不因对方是女王而卑躬屈膝，也不因对方是侍女而盛气凌人。在这一点上，笔者注意到有些人对服务人员的礼貌不够，比如在餐厅吃饭时，没有意识到应该向为自己提供服务的侍者说“谢谢”。Excuse me 则有点像北京人爱说的“劳驾”、“借光”，并非表达歉意的词。因此，在路上要超过别人而需要碰到对方或者影响对方正常走路时，就应该说“excuse me”，否则可能会被认为是粗鲁和没有教养。Please 则是很多国人都不会使用的一个词。虽然 please 直译为“请”，但在英语的语言环境中更像是一个表示礼貌的助

词。比如在餐厅吃早餐时，服务员常常会过来问：需要咖啡吗？国人往往只是回答："yes!"但比较礼貌的说法应该是"yes, please."

四、在小费国家不给小费

美国是一个小费国家，从事服务行业的人，有时候一半左右的收入是依靠小费的，因此除非我们对对方的服务不满，否则就应该酌情支付小费。根据笔者的观察，有时候，美国一些服务行业的人，一看到中国人就比较冷漠，一方面是这些人本身的素质有问题，另一方面也是他们有一个概念，就是中国客人不会给小费，对他们再殷勤周到也没有用。在餐厅吃饭后结账时，服务员会拿账单来，然后客人根据对服务满意的程度，再增加10%～30%的小费。笔者问过一些本地人，一般是给15%左右，如果给到30%，就是非常慷慨大方的客人了。此外，国人最常遇到的，一是每天早晨在床边放一美元小费给打扫房间的人；一是给帮自己提行李的行李员，一般一件行李一美元。如果实在不想支付这两样小费，就在房间门外挂出"请勿打扰"的牌子，然后谢绝行李员的帮助，自己运送行李。

五、在公共场所音量过大

以前出访时，曾遇到过所住宿的酒店在早餐厅把中国客人和其他客人分到不同区间的做法。这件事要从两方面来说。一方面，酒店这样做是不合适的，同样是酒店的客人，支付同样的房费和早餐费用，对中国客人区别对待就是歧视。但从另一方面说，有些酒店这样做也是不得已的，因为许多国人在餐厅中旁若无人地大声喧哗，最后严重到如果哪家酒店接待中国团体，很多西方客人就不愿光顾了。笔者记得曾去过的一个酒店，通过特意声明"不接待中国旅游团"而招徕其他客户。因此，在公共场合适当注意说话的音量和周围人的感受，就可以避免遭到不必要的"侧目"。

六、吃饭时不传递饭菜

这是西餐礼仪的一部分，小桌吃饭时可能不会遇到，人多的场合，西方人常常使用长条形的餐桌而不是大圆桌，也没有lazy Susan（转盘）。除了由侍者负责协助取菜的"高级"待遇，西方人一般是一道菜一个一个传递下去，传到自己手中时接过来，如果自己要就拨一些，然后再传递下去。国人不了解这个做法时，可能会把菜接过来，自己拨完就放下而不是继续传递；也有人摇头表示自己不需要，但也没有接过盘子传给下一个人。

七、进出时不管他人

据说，美国的孩子在 9 岁以前就要学会 25 项礼貌，其中之一就是在进出时为后面的人扶着门，直到对方过来能自己扶着门为止。如果没有这个意识，进出门时只顾自己然后扬长而去，就容易被别人认为是缺乏礼貌。

八、在酒店中遇到其他人表情漠然

也是通过观察，笔者发现在西方的酒店宾馆住宿时，互相不认识的客人们在电梯、走廊中遇到，往往会互致“good morning”等简单问候，并且含笑点头示意等。这种时候，国人会显得比较冷漠和“木讷”，对其他客人熟视无睹，这也可能令西方文化背景的人产生误解或感到不舒服。

九、问询时不等前面的人结束

记得上“美国社会与文化”课的时候，笔者的外教举例说，他刚来中国时，发现自己跟学生或其他中国老师交流时，会下意识地不断地往远退，而中国人则会不断地往近靠。十分钟的谈话结束时，他发现自己常常退到了离谈话开始处很远的地方。后来他明白了，这是东西方人对人与人之间的舒适距离的感觉不同。可能部分是由于这个原因，在西方文化中，非常注意“take turns”，也就是要按顺序一个一个来。在机场、酒店等服务场所，常常遇到需要在柜台咨询的情况。国人也有排队的意识，但在询问问题时更容易“一哄而上”，几个人一起挤在柜台前七嘴八舌地同时发问。正确的做法是，前面的人没有问完时，后面的人要站在一定的距离之后等待。等前面的人结束，服务人员往往会用言语或眼神示意下一个客人过来。

十、不注意个人仪表

在这方面，国人可以说做得越来越好，只需在此稍微提醒即可。一是要注意保持头发和鞋的干净。听说日本警察排查非法居留的中国人时，往往在中国人比较多的地铁站等地蹲守，看到谁的头发和鞋不干净，上去一查，往往是中国人。这个传闻也难免有歧视的味道，国人只要留意即可。在这方面笔者觉得香港的白领阶层做得比较好，可能与香港是国际化的大都市有关，我们可以留意观察和适当效法。还有一些更精细的方面，比如，笔者听说，纽约人在正式场合一般流行穿黑色，而且衣服一定是要熨过和笔挺的才行。对于这一类的礼仪习惯，我们可以酌情参考，也不必太过在意。

以上所列举的情形和建议，都不是僵化的教条，通过细心的观察和体会，就可以找到让自己和对方都“舒服”的分寸。在与西方人交往时，也并非要一味迁就对方所有的礼仪习惯。通过看美剧就可以知道，西方人一样会虚伪和粗俗。很多东西，比如人的本性，是超越文化而存在的，只不过表现方式不尽相同。在国人因不明就里而没有“入乡随俗”的时候，笔者也见过完全不同的态度，有些人就流露出鄙夷甚至厌恶，而有些人则仍然非常和善。如同前面所说，不管别人怎样，他/她们都只保持一套礼貌，无论对方是尊是卑是敌是友。这种时候，就可以判断什么是真正的淑女和绅士，谁是真正有教养和善良的人。并且，礼仪和礼貌只是非常表层的文化形态。上面列举的这几点，是笔者认为在正常的业务和生活交往中值得留意的几点，都不难做到，对自己与对方的交往、对自己在所处环境中的适应，均有益无害。至于在更深层的文化交往与交流中、在各类谈判中，如何弘扬优秀的中国传统文化和文明礼仪，就都不在本文所涉及的范围之内了，需要更专门的学习和研究。

让版权方敬而远之的毒苹果

· 刘光宇 ·

无论是对专职的版权从业人员还是做版权图书的编辑人员来说，与版权方建立和维持好的合作关系，都是非常重要的。通过工作中的观察，笔者发现几个编辑（包括版权人员）可能存在的问题，会比较严重和长久地影响自己与版权方的关系，最终影响自己拿到好的选题和取得好的业绩。这几个问题，笔者将其归纳为一只“毒苹果”——A-P-P-L-E，这些字母分别代表四个方面的问题。

A：Attitude

Attitude 中文直译为“态度”，但如果常看美剧可能就会遇到这样的说法：“Do you have an attitude?”意思是质疑这人态度有问题，且特别指礼貌和情绪方面的态度。版权工作虽然是一项技术性比较强的工作，但更是一份与人打交道的工作。通过观察和跟同行沟通，笔者发现版权方（通常是外版公司）对这方面有问题的编辑往往会敬而远之。特别是现阶段，版权资源相对有限，一本书不是只能卖给某个人或某家社，这种时候，如果某个编辑或出版社的人员是一副居高临下或盛气凌人的态度，就会影响版权方对合作方的选择，甚至对方宁可以更低的价格与其他家合作，也不惜因为这个原因放弃报价更好的出版社或编辑。中国人有句俗话：“话到礼周人不怪。”英谚则有云：“There is no second chance for the first impression.”也即，一个人没有第二次的机会给别人留下第一印象。一个人的礼貌态度如何，往往是这个人跟别人交往时给对方留下的“第一印象”。注意礼貌方面的态度，并不是指必须低声下气或者委曲求全，只要能把版权购买方和版权销售方的相关人员放到一个平等和合作的关系中，在沟通中尽量职业、客观而又不失和善、讲道理，就可以避免在“态度”方面不必要地失分。

P：Poor Job

Poor job，是英文中形容工作做得不好的一种说法。有些编辑，特别是刚做引进版图书不久的编辑，容易把注意力集中在抢版权的环节。但编辑对相关选题和领域是否熟悉，市场上竞争对手有哪些类似图书，往往会在不知不觉中进入对方的观察视野。如果编辑“懂行”，熟悉自己的业务，就会为自己拿到版权加分。同时，编辑拿到版权后，真正艰苦的工作才刚刚开始，就是要把书漂亮地翻译、编辑好，用精美的版式和封面呈现，然后再进行艰苦的宣传营销，直到把书送到尽可能多的读者和用户手中，体现为一定的首印量、重印量和销量。

人大社在翻译和出版“经济科学译丛”的初期，有国外出版社和作者对人大社已经出版的图书的封面设计赞不绝口，认为甚至超越了同类英文图书的设计水平，并表示“就冲着这个封面，也愿意跟人大社合作更多图书”。封面设计，还只是反映工作好与差的一个方面。翻译水平也是国外出版社和作者非常在意的一个环节。现在，很多国外作者都有中国学生或者同行，也常有作者请自己的学生或中国朋友阅读自己作品的翻译版，如果翻译得有问题，就容易影响作者与我们今后的进一步合作。

除了图书本身的翻译、编辑和装帧设计水平外，一个编辑的引进版图书是否做得好，对版权方而言最重要的指标就是销量。国内出版社、编辑与版权方，是一个利益共同体。比较成熟规范的外方出版社在考核其版权销售人员的工作业绩时，一方面考核当年的签约量，同时还要考核“回款”数量，就是一本书所收的版税。这在刚开始合作时可能看不出来，但通过三年左右的合作，外方对一个编辑的工作能力和水平，就能够有一个比较客观的判断，就可以大致判断出一本书给哪个编辑做能取得最好的成绩。在版权资源争夺比较激烈的情形下，这一点往往会比编辑的报价产生更加重要的影响。我们在工作中也遇到过某家报价最高的出版社，最终没有抢到版权，因为外方宁可把版权放在虽然报价不高但能把书做得更好和销得更多的编辑手中。

因此，如果要进入版权图书出版的领域，从一开始就要注意积累自己在外版公司眼中的信誉。如果书做得好，好的版权资源会越来越多地集中到自己手上；反之，如果开始时不注意，不能尽心尽力地把每个环节做好，后面的路就会越走越窄，拿不到优质的版权资源，做引进版图书也就成了无源之水、无本之木了。

P：Procrastination

Procrastination 意为“拖延”，这似乎是现代社会中一个很常见的问题，也有很多人著书立说，提出克服和解决“拖延症”的方法。虽然再自律的人，可能都会有不想做一件事而拖延的时候，但具体到版权工作而言，有几项大的“拖延”，还是无论如何要避免的，否则时间长了也会让版权方对自己“敬而远之”。

第一个要避免拖延的，是对审阅样书的反馈。有时，外方会同时把一本样书发给几个出版社的编辑审阅，这样，反馈得早的人，就可能占到先机，越是畅销书越是如此。对于学术和教材类的图书，版权方常常不会对审阅样书的时间作出严格要求，因为这类图书往往需要请社外的专家学者协助审阅，但即便如此，如果编辑反馈很快，也会给对方留下一个良好的印象。如果编辑拿到一本样书后好几个月没有反馈，时间长了，今后对方可能会越来越不愿意把样书和版权交到这样的编辑手中。

第二个要避免拖延的，是图书的翻译和出版时间。首先，对编辑自己的业绩而言，一本外版书的授权基本都是有期限的，一般是五年，多则七八年，再多的则往往是特例了。在这段时间中，翻译和出版用的时间越多，意味着这本书在市场上的寿命越短，多销多印的机会就越小，这将直接损害编辑与出版社的经济利益和业绩。其次，出版方销售业绩不佳，也会直接影响到版权方的业绩。此外，国外作者往往都非常关注何时能见到自己著作的翻译版。如果在合同规定的出版时间内（一般是 18～24 个月）不能见书，作者常常会施压给版权方，版权方则会相应地一次次地询问和催促出版方，这也会影响到出版方在今后获得更多这位作者或这家出版社的版权。而且，国外出版社往往不会细分一家出版社不同的部门和编辑，而是会把某个编辑的表现看作这家出版社的表现，因此在某些情况下，国外出版社甚至会因为某个编辑的图书拖期未出版而暂停给这家出版社售出其他选题，从而给整个出版社造成负面影响。这种拖延的后果和影响实在是可怕的，因此宁可少购买版权，也要首先保证把已经获得版权的图书按时出版出来。

第三个要避免拖延的，是日常联络的反馈。笔者曾听外版公司的人抱怨说，某某社或某某编辑，给他们发了邮件从来不回或者反馈很慢，着急的事情还得再电话追过去问，这样就会给对方造成额外的工作负担，时间长了，可能就没有人愿意跟这样的出版社或编辑打交道了。笔者认为，这是职业素养的一部分，也可以通过学习和训练来解决。比如，靳羽西就曾经在她的一本书中写道，她有一个工作方法，就是一封邮件从来不读两遍。无论什么邮件，读第一遍的时候，就同时处理；否则，如果当时不处理，过后再回过头来处理的时候，就需要把邮件再读一遍，这样无形当中就浪费了时间、降低了效率。通过学习和实践这类做法与经验，还是可以在很大程度上减免这样的问题的。

L-E：Lie

Lie 的意思是“说谎”，但在职场的合作双方中，往往不会有什么机会被一方直接抓到另一方说谎或者造假的证据。而且，就出版行业所言，可能也没有太多机会或必要撒什么弥天大谎，更多是因为工作中的一些细小环节，说的谎在有些人看来可能也属“白色谎言”。但无论当事人对这种做法多么轻描淡写，客观上早晚都会给版权方留下非常糟糕的印象，让当事人最终承受声誉和机会受损的代价。

在版权业务流程中，如果“够聪明”，还是能够发现一些合作中可以钻的空子，比如用一本定价和版税低的图书的名义为另一本书申请出版和印刷权等等。这类做法，可能当时不会被发现，但早晚会露出马脚，甚至被列入对方的黑名单，从此与对方的版权无缘。人大社在这方面则一直坚持透明和诚实的原则，经过多年的信誉积累，这一点在人大社进行版权谈判时，已经成为我们的一项优势，因为对方知道，如果版权签给人大社，就一定可以保证他们收到属于他们的版权利益，而不会遇到在印量、销量等方面作假甚至拖欠版税的做法。

还有一些看上去更加“无伤大雅”的白色谎言，比如图书不能如期出版时，出版方常常会说，译者的译稿质量太差，只好让译者返工；译者突然出国了，翻译工作被迫停止；等等。但在版权方看来，这往往是对出版社应负责任的推脱，或者会被对方认为是相关编辑的工作能力欠佳，因为这在本质上是一个对译者管理的问题，这种情况编辑事先就应该能够预料到并有应对此类情形的预案。特别是，外版公司可以对国内许多的出版社和编辑进行横向比较，一段时间之后版权方就会看出哪些出版社和编辑基本能按时出版图书、很少出现这类貌似客观的状况，哪些编辑则常常声称遇到各种“不可抗力”。长久下去，后者的信誉度必然受损，最终受到影响的，还是这些希望拿到优质版权资源的编辑自己。从长久看来，诚信的人不仅在道德上站得高、立得稳，在实际效果上，好的印象、信誉和名声，也会使一个人在工作中获益匪浅。

有人说，做任何的工作，最终都是做人，我想至少在版权相关的领域是如此。以上这几个方面的问题，表现在工作中，就是不如意的工作状态，而如果表现在生活中，可能就是不如意的人生了。一个和善的人、做事认真尽责的人、有诚信的人，不仅会在做各样事情的时候降低自己的“交易成本”，而且本人的幸福感和成就感也会更高。从结果的角度，“种什么就收什么”也是一个客观规律，因此，避免上面所说的“毒苹果”的种子，种下良好的性情、敬业的工作态度和诚信声誉的种子，长久下去，就一定会结出优秀业绩和优秀员工的好果子来。

2012年人大社“走出去”工作的新进展

·刘叶华·

2012年是人大社加入“中国图书对外推广计划”工作小组的第六个年头，也正是在这一年人大社第五次在这个中国图书出版单位“走出去”排头兵的阵营中跻身于单体出版社综合排名前两名之列。人大社“走出去”工作取得的成绩既是出版社领导制定的全社“走出去”战略稳步推进的成果，也是在实践工作中不断总结经验的成果。在此，本文从人大社“走出去”工作的数据分析入手，探讨人大社“走出去”工作的新内容、新发展，以期对未来的工作有所裨益。

一、人大社“走出去”工作的数据分析

自2007年以来，人大社借助国家相关文化产品“走出去”的鼓励政策，积极拓展相关业务，从单一专注于图书版权输出到申报政府“走出去”项目、做外宣图书出版项目等多种业务并存，从单纯依靠版税收入到补贴申请、图书销售等多渠道获取资金，以支持“走出去”工作的长期、稳定发展。

1. 版权输出数据分析

2006—2012年，人大社版权输出数量保持了持续的、稳步的增长，从起步之时的不到50种发展到如今的年均100种以上（见图1）。这与人大社近年来不断推出适合海外图书市场和海外读者需求的优秀图书有着密不可分的关系。

2. 版税收入数据分析

人大社版税收入在2008年有了一个飞跃式的发展，并且保持飙升的势头，直到2011年（见图2）。其中，主要的原因在于人大社词典类图书面向电子词典制作公司、网络词典开发商以及软件开发商的电子版授权。例如，《21世纪大英汉辞典》电子版授权的年收益一度超过50万元人民币。

3. 政府“走出去”补贴数据分析

人大社获得的政府“走出去”补贴主要来自“中国图书对外推广计划”

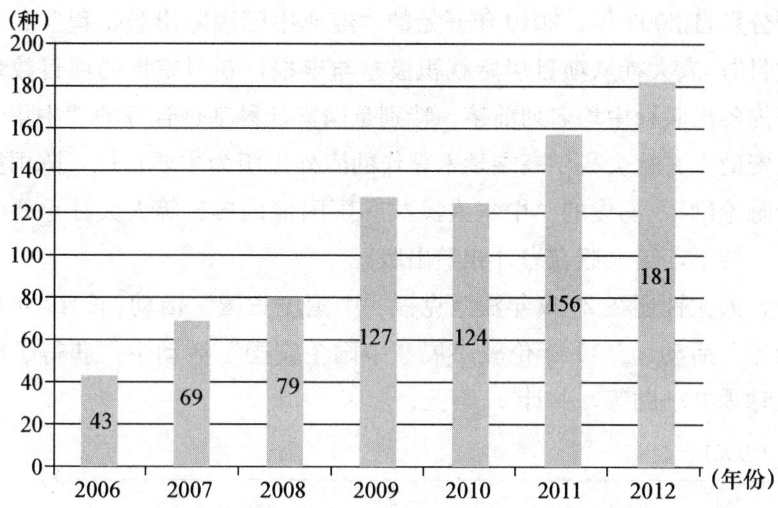

图 1　2006—2012 年人大社版权输出数量增长图

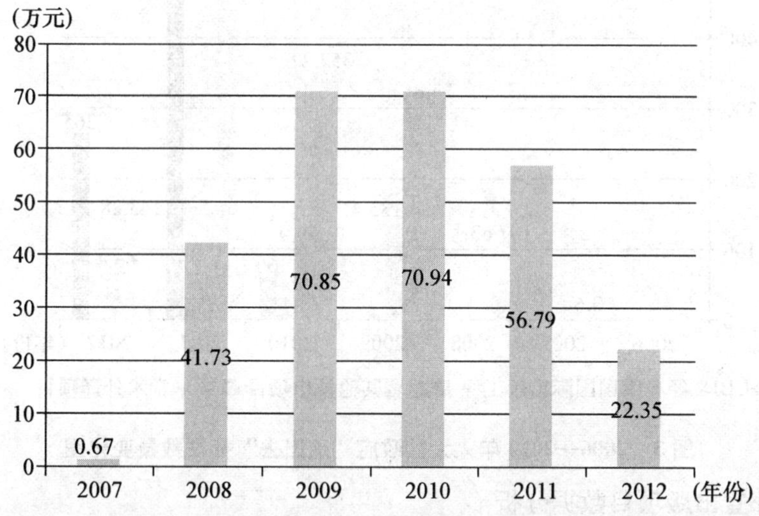

图 2　2007—2012 年人大社版税收入数量变化图

(CBI)、“经典中国国际出版工程”、“中华学术外译项目”以及总署用于补贴中国主宾国或中国年活动的其他项目（见图 3）。

“中国图书对外推广计划”（CBI）补贴自人大社 2007 年加入成员单位以来，逐年攀升，特别是在 2011 年由于成功地为“朱永新教育作品文集”（16 卷）申请到了该项目下的“中国文化著作翻译出版工程”，获得了 360 万元的翻译补贴款，CBI 资助款在 2011 年达到了峰值。

对于分别自2009年、2010年开始的“经典中国国际出版工程”和“中华学术外译项目”，人大社从项目伊始就积极参与申报，获得审批的项目数量和资助金额在国内各出版社中均名列前茅。特别是国家社科基金管理的“中华学术外译项目”以资助人文社会科学高端学术著作的海外出版为主要目标，陈雨露的《中国农村金融论纲》、冯俊的《中华人民共和国国情词典》等人大社重要学术著作在该项目支持下，英文版在海外相继出版。

此外，人大社还在2009年法兰克福“中国主宾国”活动、2010年莫斯科书展“中国年”活动、2011年伦敦书展“中国主宾国”活动中，获得了图书出版补贴和活动承办补贴等，共计34万元。

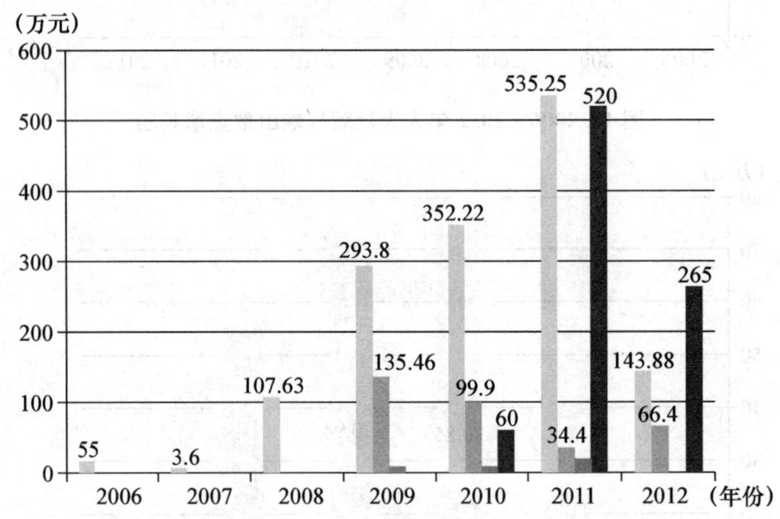

图3　2006—2012年人大社政府“走出去”补贴数量变化图

4. 外宣出版项目数据分析

外宣办出版项目分为任务类、招标类和回购类。从2008年起，人大社开始参与外宣办出版项目中的回购类项目，2010年起作为投标单位参与外宣办招标类项目。外宣办出版项目的图书销售额逐年增加，并在2012年超过了100万元，达到了峰值（见图4）。

二、人大社“走出去”工作的新内容、新进展

经过七年多的探索和积累，人大社“走出去”的工作内容不断丰富，工作思

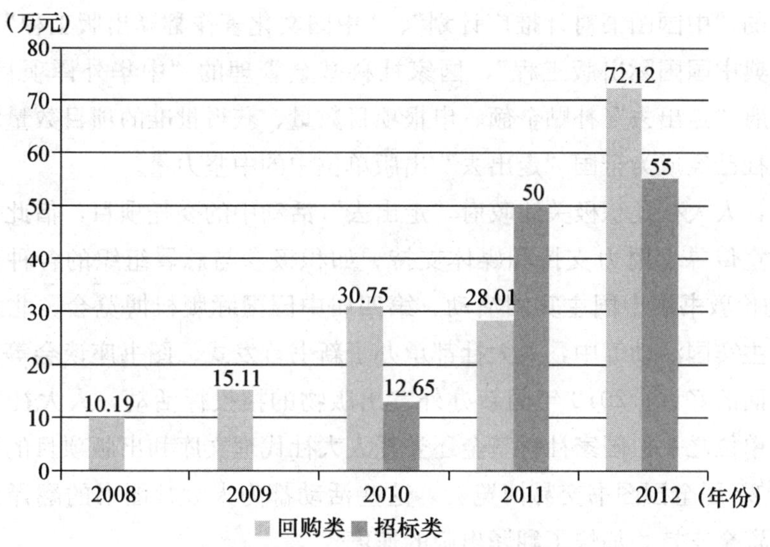

图 4　外宣出版项目数量变化图

路不断开阔，较之以前，发生了较大的变化，取得了较大的进步。

1. 版权输出项目由单本输出为主向成系列、规模化发展

2012 年人大社与外国出版社签署合同 181 项（不含港澳台 167 项），版权输出完成了社里的既定指标，实现了平稳增长，在“中国图书对外推广计划”单体出版社成员单位中名列前茅。这主要得益于 2012 年版权输出项目的系列化、规模化，大批的优秀图书由外国出版社作为系列图书和套书在海外整体推出。

人大社已经积累和形成了比较稳定、忠诚的优质的版权输出客户群体。国别、地区分布合理，韩国、日本、新加坡等亚洲圈客户群与英国、美国等欧美客户群相结合。规模、结构组成优化，麦格希教育出版公司等大型出版集团与韩国、新加坡的小型专业出版社相配合。特别是与麦格希教育出版公司联合策划的“中国经验”系列丛书、与天窗专业出版集团策划的“中国新视野”系列丛书、与欧洲 CANut 出版社策划的“中国马克思主义研究”系列丛书，每年都会有若干本中文图书入选，翻译成英文、德文或土耳其文，在全球出版、销售。

2. 翻译出版经费由外国出版社独资转向政府“走出去”补贴等多种融资渠道并存

为了吸引外国出版社翻译出版人大社的学术著作，人大社多方开拓渠道申请政府“走出去”等项目，以降低外国出版社的翻译出版成本。人大社积极与“走出去”资助机构建立起了有效的沟通机制，积极申报各种翻译补贴，如国新办和

总署管理的“中国图书对外推广计划”、“中国文化著作翻译出版工程”，总署管理的“经典中国国际出版工程”，国家社科基金管理的“中华外译项目”等等。从历年政府“走出去”补贴金额、申报项目数量、获得批准的项目数量增长情况看，人大社已经成为全国“走出去”出版单位中的中坚力量。

此外，人大社还积极关注政府“走出去”活动中的委托项目，借此为图书翻译出版和宣传寻求财力支持和媒体支持。如积极参与总署组织的各种活动，在2012年的伦敦书展中国主宾国活动、第四届中国国际版权博览会、北京图书博览会韩国主宾国活动等中，人大社都承办了新书首发式、图书座谈会等活动，赢得了各方面的好评；2012年国新办外宣出版物的招投标活动，人大社是投标最多的出版单位之一；国家社科基金还委托人大社代理文库和出版项目的版权，承办宁夏第22届全国图书交易博览会。这些活动都为人大社图书的翻译出版提供了一部分资金支持，加快了翻译出版的速度。

3. 版权输出项目管理从关注签约环节到项目的全流程管理

经过若干年的积累，版权输出的合同数量逐年增加，但是，外国出版社特别是与人大社签署合同较多的出版社图书翻译出版进度较慢。比如，土耳其CA-Nut出版社由于出版社规模较小，一直是出版速度比较缓慢的出版社之一。2012年，经过与该出版社负责人不断地沟通与磨合，终于完成了第一批签约图书18种英文版与土耳其文版的翻译和出版。与人大社签署经管类图书较多的天窗专业出版集团2012年也完成了大部分合作图书的出版工作。

除了督促外国出版社尽快出版图书以外，协调和督促补贴资金尽快到位也成为2012年版权输出项目全流程管理的重要环节。2012年，由于国新办财务系统升级，资金到位缓慢，加之人大社结项图书数量较多，下半年出现了翻译补贴到账缓慢的现象。经过沟通，国新办的补贴已经全部到账，社科基金和“经典中国”的补贴也在2013年1月份到账。这增强了外国出版社翻译出版中国图书的信心，加快了翻译出版资金的周转。

4. 版权图书宣传途径从以国际书展为主到国际书展、出版社间互访、学术交流等多种途径并存

一直以来，国际书展都是人大社向海外推销图书版权的重要途径之一。与往年相比，在2012年的重大书展上，人大社除了展销版权图书以外，还积极参与形式多样的政府活动，扩大人大社品牌影响力和知名度。

2012年4月13—24日伦敦书展，中国代表团以主宾国的身份参加。人大社

参展团由中国人民大学党委副书记兼副校长王利明、中国人民大学出版社社长贺耀敏带队，中共中央办公厅牛旭光副部长、全国政协办公厅吴秀生处长作为特邀顾问，中国人民大学魏娜教授等共15人参展。书展期间，人大社除完成了73项版权输出合同的签署工作以外，还成功承办了“中国出版业：现状与未来——《中国图书出版产业报告》新书发布会”和“李瑞环著作《务实求理》英文版新书首发仪式”两场主宾国活动，新闻出版总署副署长邬书林参加活动，并且作了重要讲话。此外，人大社还组织和协助奥运志愿者在展场和剑桥大学出版社两地捐赠《经验·价值·影响——2008北京奥运会、残奥会志愿者工作成果转化研究》英文版。

2011年8月29日—9月2日的北京国际图书博览会是人大社推销图书版权的最重要的活动之一。2012年书展，人大社接待了12家有购买人大社图书版权意向的出版单位，推荐人大社图书共计90余种。主要的境外出版社有：新加坡天窗专业出版社（经济管理类）、波兰马尔沙维克出版社（外宣类图书）、剑桥大学出版社（人文社科图书）、大地出版社（大众畅销书）、香港中华书局（大众畅销书）、新加坡世界科技出版公司（经济管理类）、日本汉和代理（大众畅销书）、韩国Amo代理（小说及畅销书）、21Bridge出版社（人文社科类）、企鹅（大众畅销书）、香港天地（通俗读物）、韩国泛友社（人文社科类）、韩国耕惠出版社等。其间，人大社与波兰和韩国的出版社签署了10余种版权输出合同。人大社与麦格希的“中国经验”签约仪式，国家版权局阎晓宏局长参加签约仪式并讲话。在尹炯斗《一个出版人的自画像》新书首发仪式上，王利明副校长参加并作重要讲话。

上述的书展期间活动都有效地提升了人大社的国际影响力，促进了人大社版权合作业务伙伴的扩大，为以后的合作奠定了良好的基础。

2012年的出版社间互访和学术交流活动也让参加者增长了见识、开阔了视野，促进了人大社版权贸易的发展。如2012年9月份，人大社参与了中韩出版研讨会，笔者还发表了《中韩版权贸易之现状和未来》的演讲，和韩国的出版机构建立了良好的沟通机制。2012年5月，人大社代表团顺利访问了波兰马尔沙维克出版社和哥白尼大学。与波兰马尔沙维克出版社签订了《中国的未来》和《中国的抉择》两本图书的版权输出合同；向哥白尼大学出版社捐赠人大社图书30余种。天窗与人大社合作出版的“新视野”丛书也开展了有规模、有规划的宣传和销售活动，学术界和出版业界的宣传活动是其中的重中之重。2012年1

月，举办了“2012 中国经济发展与改革”研讨暨《中国经济改革与发展研究》英文版出版座谈会；参加 Baker & Taylor 的图书展示订货会，并列入特别合作项目。

5. 经营收益从单一的版税收入向版税收入、图书销售并存转变

2012 年人大社多方拓展与版权输出贸易相关的经营收入，在经营管理好版税收入的基础上，又进一步拓展了与中共中央对外宣传办的合作，使之成为重要的经营收入来源之一。外宣出版项目得到了社领导的高度重视，贺耀敏社长多次亲自参加外宣项目讲解和招标会，并在会上作重要发言。2012 年，人大社外宣项目的数量和实洋均超过 2011 年，达到了历年来的最高水平。2012 年，人大社的音像部门也积极加入了外宣项目的选题招标和选题征集工作之中，拓展了人大社与国新办外宣项目的合作领域，成功获得并顺利完成了《中国共产党》（多媒体光盘）中英文版的出版工作。

2012 年出版的外宣选题《中国的抉择》、《中国的未来》两书的英文版、韩文版、日文版、波兰文版版权相继售出，《中国之路》的英文版和日文版也已授权海外出版。2011 年出版的《人民币读本》和《大国的责任》版权销售也非常好，出版或签署了英文、波兰文、韩文、日文、俄文等多个语言版本。外宣出版项目也为人大社带来了不菲的社会效益。

三、人大社“走出去”工作的两个效益分析

2012 年人大社“走出去”工作取得了经济效益和社会效益的双丰收。

1. 经济效益

从已经取得的收益来看，2012 年人大社的版税收入、政府补贴、外宣出版项目等都维持了较高的增长水平。特别是外宣出版项目突破了 100 万元，是历年来最多的。

从版权图书的海外宣传造势看，2012 年人大社授权图书的海外销售渠道得到了进一步的拓展，这使得人大社未来版税收入的增加非常值得期待。如天窗专业出版集团把世界知名大学和中国问题研究的图书馆作为重点开发的销售网络，涵盖了如美国威斯康星大学（University of Wisconsin）、约翰霍普金斯大学（Johns Hopkins University）、蒙特雷国际研究院（Monterey Institute of International Studies）、加州大学洛杉矶分校（UCLA）、加州大学伯克利分校（UCB）、

美国空军学院（United States Air Force Academy）、北卡罗来纳大学教堂山分校（University of North Carolina at Chapel Hill）、乔治城大学（Georgetown University）、弗吉尼亚大学（Virginia State University）、纽约州立大学（State University of New York）、杜克大学（Duke University）、宾夕法尼亚州立大学（Pennsylvania State University）、麻省理工学院（MIT）、芝加哥大学（University of Chicago）、印第安纳大学（Indiana University）、匹兹堡大学（University of Pittsburgh）、普林斯顿大学（Princeton University）、哥伦比亚大学（University of Columbia）、迈阿密大学（University of Miami）、澳大利亚西悉尼大学（University of Western Sydney）、皇家墨尔本理工大学（RMIT University）、加拿大麦吉尔大学（McGill University）、阿尔伯塔大学（University of Alberta）、香港理工大学、香港浸会大学、香港科技大学、新加坡南阳理工大学，以及新加坡国家图书馆、澳大利亚国家图书馆等50余家大学及研究机构的图书馆。

2. 社会效益

人大社的图书在国外的社会反响和市场反馈越来越多，已经初步形成了高端、学术的品牌定位，相关图书宣传活动日益增多，读者和媒体反馈逐渐增多。2012年，人大社与土耳其CANut合作出版的“中国马克思主义研究”系列丛书引起土耳其媒体热议。*kiTap* 报纸发表了两篇有关王南湜的《后主体哲学的视域》、张一兵的《文本的深度犁耕》和曾枝盛的《国外学者对马克思主义若干问题的最新研究》的评论，称中国的马克思主义研究在60年代以后得到了深化和全方位的发展，这是中国马克思主义研究第一次与土耳其人接触。英国学者肯尼·科伊尔为《马克思主义党的学说和党的建设》撰写书评《中国共产党的复杂角色》，发表在英国的《共产党评论》2012年夏季刊上，指出该书毫不避讳地提出了中国党员干部的腐败问题，并列举了相应的制约机制。2013年2月1日土耳其学者Cenk Ozdağ在当地日报 *Aydinlik* 上发表评论，预言人大社授权出版的《全球化进程中社会主义与资本主义的关系》所提出的学术观点将在中西方学者间就社会发展的自发性、意识形态和中央政府干预等问题引发激烈的学术争论。

2012年在人大社主页上开办了“海外出版与贸易”栏目，及时发布人大社授权图书的海外出版情况和社会反响，受到了广大读者和外国出版社的好评。

总之，人大社“走出去”工作在2012年作了新的尝试，取得了新的发展，相信通过持之以恒的积累和努力，将来一定会“百尺竿头，更进一步”！

2012年法兰克福书展考察报告

·陈松涛　刘　汀　王晓晨　彭莉莉　石　岩　黄　强·

2012年10月10—14日，第64届法兰克福书展在德国法兰克福会展中心举行，人大社由刘志副总编兼副社长带队，率陈松涛、彭莉莉、石岩、刘汀、王晓晨、黄强一行7人参加了本届书展。书展数日，我们经历了全球出版人和读书人的盛典，感受了法兰克福文化，所见所闻对我们自己的工作也有所启发，现将本次参展的感想与收获一并汇报，谨供社内各位同事研讨。

一、书展概况

1. 法兰克福书展简介

法兰克福书展被公认为全球出版界的奥林匹克运动会和文学爱好者等书迷们的圣地，已成为世界最大和最重要的图书贸易中心，是世界书业的盛会，也被誉为“世界文化风向标”。世界各地出版界的高手和大师们每年都要云集在这里和书商见面，洽谈版权或商业合同。全球每年的版权交易有2/3是在这里签约完成的。这里还是知识的海洋，各种新书发布会、座谈会和研讨会在短短的5天之内就有数千场。

2012年的法兰克福书展，有来自全球104个国家的7 400多家出版商展出了各自的最新成果。本届法兰克福书展的主宾国是新西兰，来自新西兰的土著居民毛利族的代表在主宾国展厅为参加揭幕式的宾客表演了精彩的节目。

2. 中国参展团概况

据中国新闻出版总署对外交流与合作司副司长陈英明、环球新闻出版发展有限公司展览部总经理戴岚介绍，参加本届法兰克福书展的中方人员有500多人。新闻出版总署代表团有79家出版单位，此外，还有上海等一些省市组织的出版社单独参展。中国带来参展的图书有3 000多册，2 000多个品种，涉及经济、军事、科技、文艺、少儿、健康等方方面面的内容。人大社也展示了具有版权输出潜力的多种图书，如《中国的未来》、《中国的抉择》、《人民币读本》等重点图书。

二、充分利用书展平台，推动版权贸易繁荣发展

书展期间，人大社参展人员与国外多家教育出版集团、大学出版社、专业出版社及版权代理公司进行了近 30 场业务会谈，第一时间了解国外重点教材和学术著作，重点解决版权疑难问题。

我们与斯坦福大学出版社版权人员进行了交流，为人文分社引进重点图书《论著与生活》进行了沟通，并在书展后谈妥版权；与牛津大学出版社就人大社已引进图书的延期出版事宜进行讨论；与普林斯顿大学出版社商谈，争取获得重点图书的英文影印版权授权，进一步为人大社丰富双语教材系列；与美国 Worth 出版公司协商保罗·克鲁格曼著《经济学》第三版隔版引进出版事宜；与法国 Seuil 出版社沟通，争取列维·斯特劳斯新书《月亮的另一面》和《解决当代世界问题的人类学》的授权，而且在书展后多次协商并签署协议；与哈佛商学院出版社接洽，了解双方最新选题方向和出版计划；与哈佛大学出版社洽谈哲学类重点图书的出版事宜；与芝加哥大学出版社就创意写作、哲学、政治学等学科的图书进行了沟通。

法国巴黎 HEC 商学院市场营销系 Jean-Noel Kapferer 教授所著的《品牌——企业的资产》(*Les Marques, capital de l'entreprise*）一书由法国 Enyolles 出版集团出版后，多次再版。2007 年英国 Kogan Page 出版公司出版了该书的英文版《新品牌战略管理》（第五版）(*New Brand Strategic Management, Fifth Edition*），成为品牌管理领域的重要著作。人大社与法国 Enyolles 出版集团多次邮件联系都未收到反馈。我们在法兰克福书展上主动找到这家法国出版集团的展台，与对方的版权主管积极表达了我们翻译出版该书的意愿，并在书展后多轮谈判，最终达成版权协议。该书的引进，必将填补国内品牌管理系统学习的空白。

2012 年，人大社《荀子》汉法对照、《唐诗选》汉德对照等四个项目获得“大中华文库”多语种项目的出版基金，在法兰克福书展上，我们积极寻找高品质的《荀子》法文版、《唐诗选》德文版，计划选用这些古籍的成熟外文译本。我们主动前往法国美文出版社（Les Belles Lettres）了解其“中国文库”系列的

《荀子》一书出版情况，作为《荀子》汉法对照的备选译本；还先后前往德国 Reclam 出版社、德国 Insel Verlag 出版社和德国 DTV 出版社的展台，与各出版社的版权人员接洽，了解 *Fruhling in Jadehaus* 等四种唐诗著作的版权情况，计划纳入《唐诗选》汉德对照一书，从而推动“大中华文库”多语种项目的逐步落实。

虽然电子邮件、电话、传真等多种通信方式为我们在出版领域开展国际合作提供了很大便利，但参加国际书展依然是人大社维护与拓展客户资源的重要途径和平台。例如，人大社从美国 Worth 出版公司引进出版了美国最畅销的经济学教科书之一——曼昆著《宏观经济学》第七版。该书英文版自 1992 年出版以来，已再版 7 次。中译本出版不到一年，销量已达 30 000 多册。此外，我们从这家出版公司还引进了 2008 年诺贝尔经济学奖获得者保罗·克鲁格曼撰写的经典国际经济学教材《国际经济学》第八版。通过每年在书展上的约见，我们可以及时了解国外出版社这些重点图书的出版计划，保证对重点图书的版权维护。

今年人大社还出版了从英国企鹅出版公司引进的 1998 年诺贝尔经济学奖获得者阿马蒂亚·森所著的《正义的理念》，在国内社会各界引起了很大的反响。在法兰克福书展上，我们与哈佛大学出版社进行了沟通，将阿马蒂亚·森在哈佛大学出版社出版的其他著作一并引进，结集出版该作者的作品，实现了出版资源的优化整合。

人大社每年从国外引进图书版权 300 余种，与国外多家大型出版集团和著名大学出版社建立了战略合作伙伴关系。这次法兰克福书展上，我们与培生教育集团、麦克米伦出版公司等海外重点出版机构进行约见，及时了解对方新近出版的重点图书，也就人大社的选题规划进行沟通。

三、法兰克福书展观感

1. 最具影响力的国际书展——行业风向标

法兰克福书展当之无愧是业内规模最大的书展，从参展商数量和规模到展区设施提供的便利性、版权洽谈功能区和数字展览区等各个展区的设置，无不体现出法兰克福书展一贯的专业性和务实性。除了欧美展厅一如既往地忙碌，德国展区也一直人气很旺。除了传统的版权贸易业务洽谈或探讨合作出版项目，很多展区现场还举办了以数字出版为主题的小型讲座或研讨会，参展商们通过多媒体展示数字化在出版领域带来的变革，并向业内合作伙伴和公众展示其在数字出版领域推出的新产品。无论是出版从业人员还是公众，都对这类讲座表现出很大的兴趣，大家都深刻体会到数字出版已经成为大势所趋。

2. 儿童和青少年读物琳琅满目

本届书展的聚焦主题是童书与教育。法兰克福书展主席尤根·博斯说，经过分析，人们发现儿童和青少年媒体领域发生的变化最为显著，因此，本届法兰克福书展重点关注了该领域的发展情况。2012 年至少有 1 500 家出版集团为少儿朋友带来了新的出版物。法兰克福书展期间就有 300 多场活动是专门为少儿教育和少儿读物举办的。儿童和青少年图书的出版，不仅关系到教育，还关系到国家的未来。谁能够满足少年儿童的求知欲和好奇心，谁就将占领广大图书销售市场。这里的图书已经不是单纯的纸载体，还包括电子游戏、动画片和 3D 电视等方面的技能。竞争的核心是节目或教育的内容，不仅让孩子们在嬉戏中学到了知识，还娱乐了身心，强壮了体魄。

3. 数字出版“热点”繁多、充满惊奇

分布在 5 个展馆、聚焦 6 大主题的“热点”专区（Hot Spot），极大地方便了寻求新的商业机遇和数字解决方案的出版专业人士，使大家能有的放矢地与参展商建立最直接的互动。展会组织方特别在 6.1 号馆，也就是大部分中国展商聚集的展馆，推出了“移动终端展示”，亚马逊、苹果、黑莓、宏达电、诺基亚、三星、索尼等拥有智能手机、电子阅读器和平板电脑的国际顶尖企业全面地展示了自己的数字创新产品。在 4.2 号馆即“教育、科学与专业信息展馆”里，观众可以在 300 多平方米的“未来教室”里亲自体验一下未来的学生怎样学习：戴着 3D 眼镜参与多媒体互动，使用数字化学习材料、电子墙或电子白板。该馆的另一主题是“专业和科学信息”，重在建立专业信息、学术资源、数据信息管理的内容和服务平台。这些展厅的展出内容让我们这些观者大开眼界，原来数字资源可以这样开发和利用，未来的教学可以变得如此生动、形象。

4. 学习的机会很多

除展览之外，书展还举办了一系列研讨会，主要从数字图书领域的创新型技术、国际版权交易和出版业新商业模式等方面探讨出版业的最新发展动向。书展还有一个“新手培训研讨会”，此次培训历时两小时，内容涵盖成功参展所有需要了解的有用信息，比如，如何规划、预约和客户的会面，如何受益于法兰克福书展的专业会议及活动，如何进行版权贸易等。

5. 图书衍生产品丰富，形式多样

我们在展厅里看到了一些专门生产图书衍生产品的柜台，除了常规的钥匙链、书签外，还有很多我们平时很少见到甚至第一次见到的新玩意儿，如各式各样的灯具（有可以方便固定在床头的，也有可以夹在书上的）、可以当作书签的电子词典等。即使是常规的钥匙链和书签，也被赋予不同的表现形式，加上了许多时尚或者活泼的元素。我们出版社在宣传营销时，有时会为给作者或者读者什么样的小礼品发愁，这些制作精美的小工艺品为我们提供了一些新的思路。

四、对中国图书出版的思考

1. 突出中国特色、中国题材

如何在跟上世界脚步的同时，保持自己的民族特色，是中国出版人面临的难题和机遇。世界渴望认识中国、了解中国文化，同时中国也需要继续走向世界，向世界介绍自己。虽然现在网络发达，信息传播速度呈几何级数增长，但网络仍不能完全传达中国文化的核心，其传播一定程度上仍然需要以书籍的形式来实现。

在中国综合国力日益增长的今天，世界把目光聚焦到了中国，特别是中国文化上。在书展期间，中国的声音虽然不像英美等出版强国那样响亮，但仍自有其独特性。中国的出版业分成了台湾展区、香港展区和大陆展区三个基本的板块，每一板块各自展出了自己的产品。

文化是恒久而悠长的精神力量，绝非只是以前经常宣传的名人和产品，更应该是社会各个方面的日常文化，是基本的价值观。要突出中国特色、中国题材，开发传播普通中国人传统、朴素价值观的图书，介绍普通人的生活的图书。

2. 对引进版图书的思考

(1) 普适性文化类图书。

通过参观各个国家和地区的图书，我们可以看出，每个参展单位都努力推出既有自己特色，同时又有普适性的文化类图书，比如以和平、爱、美等为主题的书。这也启示我们，在做引进版图书时，不能只立足于本国的定位，应该有全球的文化意识，在策划、出版和营销的过程中，需要有更宽阔的思路和更长远的眼光，应该注重引进具有普适性的文化类图书，借鉴和学习其他民族的优秀文化，以此滋养中国文化。

(2) 学术前沿类图书。

这是一个交流的世界，同时也是一个学科越来越细化、专业越来越精深的世界，每个学术领域的发展都极为迅速。我们在引进学术类图书时，应该时刻和每个领域的学术最前沿保持一致，引进最新、最好的图书。在这次书展中，一部分国际学术大腕出版了新著，比如齐泽克、巴丢等，我们应该及时跟进、引进。

(3) 重视公版图书。

从成本和收益上考虑，引进版图书有必要更多关注已经进入公版领域的经典著作，这类图书不但没有版权费的问题，也不需要耗费太多的时间和精力，而且这类著作常卖常销。

(4) 全版权意识。

因为数字化出版的迅猛发展，版权问题比以往更加受到重视。很多出版商已经提出了全版权的问题，即一个出版物的版权要包括图书、电子书、影视改编等多领域的版权。我们应该注意的是，在引进国外出版物时，有必要考虑同时购买简体中文版的电子版权，我们越来越多的图书陆续会在电子阅读平台上销售。

在做本版图书时，也应该有全版权意识，要和纸质版同时签下电子版版权，有了电子版权，才能对图书进行立体开发和营销，拓宽盈利模式。

3. 内容与读者

(1)“故事”为王。

此次书展，见识到了许多新鲜的出版形式和理念。比如，书展上有一个“故事驱动论坛”，这一论坛讨论的问题发人深省。过去我们总是把故事看成虚构文化，这种想法显然过于狭窄了。论坛指出，其实所有的图书都在讲“故事”，只不过故事的内容和形式各不相同罢了。

吕贝出版社专门负责电子出版的赫尔穆特·佩施博士说，书业必须学习以其他方式来讲故事，而事半功倍的办法就是汲取其他媒体行业的经验。比如作为出版人，我们可以从游戏行业学习以顾客为导向的良好做法。而索尼电脑娱乐德国有限公司公共关系高级经理吉尔多·阿尔特先生则期望书业同样拥有更多革新的勇气。故事驱动代表的创意是非凡的，也是独一无二的。这是一个充满创意的平台，将不同的媒体伙伴汇集在一起。来自慕尼黑 TNF Telenorm 电影公司的菲利普·舒尔茨-杜勒认为：要想对国际化的生产做好充分的准备，像故事驱动这种大会的召开绝对具有重要的意义。在这里，我们能够获得有价值的想法，了解如何在世界范围内推进跨媒体项目，比如在融资和发行领域有哪些新的可能性。

(2) 掌握新的阅读人群。

法兰克福书展表现了全球出版业的新趋势：电子阅读和电子出版已经不可逆转。在我们都把目光投向阅读形式、阅读载体的革命性变革时，有必要重视阅读的主体——读者，因为不管使用什么样的载体，采取哪种方式阅读，阅读的主体始终是人。事实上，随着网络和电子产品的普及，一代新型的读者正在逐渐形成。这类新型读者不但更倾向于电子阅读，长期的训练也让他们的整个阅读习惯和阅读兴奋点发生了变化。比如，这类人更倾向于阅读短小精悍的文章，更喜欢直奔主题，更易于接受图片和文字，等等。因此，我们的图书内容要据此作出相应的调整，找准目标群体的胃口。

美国图书博览会印象

·孙　迪·

2012年6月5日，美国图书博览会（BookExpo America）在纽约贾维茨会展中心拉开帷幕。中国人民大学出版社自20世纪90年代以来便积极参与这一书界盛事，这次也派出了8人的代表团参会，希望借此机会与出版界的海外同仁展开交流与合作。

美国图书博览会是美国出版界和文化界的年度盛会，其前身为美国书商协会会议与贸易展销会，于每年的5月或6月在美国不同城市举办，是美国图书界最为盛大的一项活动，同时也是全球最重要的版权贸易盛会之一。每年博览会期间，来自世界各地的出版商、零售商、版权专业人士、图书馆业人士和教育工作者云集于此，展示最新的图书，洽谈有关版权购买事宜。许多作者也来到博览会与读者见面，举办签名活动。近年来每年有超过2 000家来自世界各地的出版商参展，年交易额超过200亿美元。

作为全美最大的图书交易平台，美国图书博览会有着自己的特色。首先，相较于法兰克福书展等其他国际大型书展，其形式更为多样活泼，活动也更加丰富多彩。除了图书展示之外，博览会期间还会安排各种专题会议、专题展览、座谈会、同业聚会、文艺沙龙及颁奖典礼等活动，参展人员可以根据自身的专业方向或兴趣所在而选择参加，在活动中结识业内合作伙伴，了解行业发展动态，表达个人观点和认识。博览会期间还会颁发众多奖项，如编辑最高奖、最佳书商奖、最佳新书商奖、年度最佳业内新人奖、年度图书奖等，既是对获奖者成绩的肯定，也是对行业发展的梳理。其次，作家签名活动也是美国图书博览会的一大特色，每年都会有几百名畅销书作家到场参加签名活动，这也是最吸引广大读者特别是年轻读者的一项活动，很多人为了得到自己喜爱的作家签名，很早就来到签名区排队等候，也形成了会展中心一处别样的风景。另外，数字出版和电子书展区所占比例在逐年加大。随着电子书的迅速发展以及电子阅读器的大量普及，近几年数字出版这一主题在各大书展上都扮演着重要角色，美国图书博览会自然也为这一概念进一步深入人心提供了良好平台，在书展上我们就发现很多展台都摆放了电脑，我们也亲自体验了电子技术发展给人们生活带来的便利与快捷：只需扫描一下参展证上的条码，在电脑上选好需要的书目，这些材料就会发送到参展注册时登记的邮箱里。之前在书展上常见的景象就是抱着各家出版社的书目穿梭于展台的版权经理人的身影，现在忙碌的身影依旧，只是手里厚重的书目换成了小小的平板电脑，但一切信息已尽在掌握。

2012 年的美国图书博览会吸引了世界各地 2 000 多家出版机构，来自中国的近 60 家出版社参加了此次盛会。在众多别具特色的展台中，中国展台也格外醒目。古色古香的设计、中国结、中国扇和京剧脸谱的装饰，无不体现着中国文化元素。此次书展中国展台共展出了近 1 000 种中外文图书，内容涵盖汉语学习、中国风光与建筑、中医药、中国现代文学等诸多方面，除此之外，还有最新的电子图书产品。独具魅力的中国文化吸引了很多业内人士和广大读者的驻足参观。

中国人民大学出版社代表团在博览会期间约见了约翰·威利父子出版公司。威利公司在数字出版的改革大潮中走在了行业前列，取得了令人瞩目的成绩，其推出的新一代在线资源平台 Wiley Online Library 涵盖生命科学、健康科学、自然科学、社会与人文科学等多学科领域，收录了来自 1 500 余种期刊，11 500 多本在线图书，数百种参考工具书、实验报告和数据库的 400 多万篇文章，成为全球最大、最全面的在线多学科资源平台之一。此次拜访，人大社旨在向行业中的排头兵多学习、多请教，为自身在数字出版领域的进一步发展积累宝贵经验。在近两个小时的会谈中，威利出版公司副总裁马克·杰弗里·米库里奇和数字出版负责人戴维·戈林详细介绍了其以读者为中心的出版理念，专业、权威的出版内容，以及强大的技术支持团队，这也是威利能在数字出版业务中取得成功的关键所在，也为人大社的数字出版提供了很好的借鉴与经验。

每年，世界各地都会举办许多大型国际书展，但美国图书博览会被誉为全球最大的英文图书展示活动。在英语语言与文化在世界占有重要地位的今天，这一盛会对出版界和文化界的意义不言而喻。随着中国国际地位和文化影响力的提升，中国展台的规模会越来越大，展示图书的种类会越来越丰富，前来参观的专业版权人士和读者也会越来越多，而我们也会借着这一平台更好地向世界介绍中国。

浅谈美国大学出版社的困境与发展

·乌 兰·

自1869年康奈尔大学出版社（The Cornell University Press）成立以来，美国大学出版社已历经一个多世纪的发展。目前，美国各类高等院校有4 000多所，大学出版社已逾百家，在美国的出版业有着举足轻重的地位。百余家美国大学出版社出书品种占全美出版物的将近15%，图书获奖比例高达30%左右。[①] 另据美国大学出版社协会（Association of American University Presses，AAUP）的统计，会员社年销售额为25万～5 000万美元，年出版品种数（包括新版与重印品种）为2～2 200种不等，合计出版图书约1.2万种。[②]

美国的大学出版社与一般的出版社有着很大的区别，其定位为非营利性的出版机构，目标以服务及传播学术研究，扩大学术影响为主，而非营利。就所属关系而言，美国大学出版社大致可分为两类：第一类，出版社是大学的组成部分，其性质、任务等由所在大学规定，大学会根据情况给予出版社一定的经费资助。此类较为典型的有纽约大学出版社、芝加哥大学出版社、加州大学出版社等。第二类，虽与所在大学关系密切，却独立于大学之外，拥有财政自主权和极大的经营自主权。此类较为典型的有耶鲁大学出版社、普林斯顿大学出版社、哥伦比亚大学出版社。美国一百多家大学出版社，绝大部分属于第一类，即出版社是其所在大学的一个正式的部门。

美国大学出版社虽为非营利出版机构，但本质上仍是出版机构，经营效率、成本核算仍是其必须面对的课题。从2001年起，大学出版社图书销售的增长率已经跌到了近年来的最低点，图书销售商的退货率也达到了高峰，一些大学出版社正面

---

① 参见张建中：《美国大学出版发展的特点》，载《中国出版》，2005（8）。

② 美国大学出版社协会（AAUP）成立于1937年，是非营利的民间组织，致力于促进大学出版社的工作、合作及影响，美国的大学出版社基本都加入了AAUP。目前，AAUP共有会员社130家，其中包括11个海外国家的大学出版社。见 http://www.aaupnet.org/。

临着即将倒闭的风险。[①] 2012 年密苏里大学出版社（University of Missouri Press）因资金问题几近倒闭[②]；而更多的大学出版社在通过各种方式苦苦挣扎着。美国大学出版社在新世纪陷入经营困境的原因，大概可以概括为以下三个方面：

首先，美国大学出版社作为非营利性机构，过分依赖于学校的经济支持。大学出版社作为出版机构，虽不以赚钱为目标，但也要进行正常经营活动，支付员工工资，至少需要保持收支平衡。虽然美国的大学都对自家的出版社有资金补贴的政策，但这种补贴必须在某个限度之内。[③] 近年来，全球性的经济衰退从根本上挑战着大学出版社的经营底线。在低迷的形势的影响下，美国大学被迫裁减预算，将有限的资金更多地投入学校业务的核心领域等方向，缩减了对大学出版社的资助。一直以来，作为非营利性机构的美国大学出版社，与一般的商业出版社相比，缺乏直面市场竞争的心理准备和能力，其窘境可谓暴露无遗。

其次，美国大学出版社的学术出版困境。一方面，美国大学出版社以学术出版为主要方向，而学术著作市场却在日益萎缩。学术读物不同于大众畅销读物，一般以出版量少、高成本、高价格而著称，其销售范围仅限于图书馆及少数私人读者，难以进入大众消费市场。图书馆是美国大学出版社的主要销售对象。20 世纪中期以来，美国图书馆受到经费削减、技术费用投入增加等的影响，其学术专著购买力不断下降。在 1986—1999 年，美国研究型图书馆每年购买的学术专著的数量下降了 25%以上。[④] 因此，大学出版社不得不为日益减少的市场展开激烈的竞争，努力争得一份生存空间。另一方面，美国大学出版社创立的初衷是为了更好地服务于学术研究，拓展本校研究成果的影响力。但长期以来，由于缺少市场竞争的压力，以及立足于服务本校教师著作出版，很多大学出版社出版了很多平庸的作品，出版品质量不断下滑，其竞争力难免下降。

---

① 参见刘银娣:《美国大学出版社面临的困境及解决策略》,见 http://www.dajianet.com/news/2007/1227/92338.shtml。

② http://press.umsystem.edu/pages/history_mission.aspx; http://www.answers.com/topic/university-of-missouri-press.

③ 美国大学出版社从大学获得的资金补贴或者资助金的幅度大小差别很大，一般的大学出版社如果经营亏损的话，每年可以从学校获得上年度纯销售收入 10%的补贴，即一般而言，美国大学出版社每年的经营活动中亏损额不超过纯收入的 10%。参见张宏：《美国大学出版社：无赢利下的经营管理》，载《大学出版》，2005 (2)。

④ 参见刘银娣：《美国大学出版社面临的困境及解决策略》，见 http://www.dajianet.com/news/2007/1227/92338.shtml。

再次，新技术和数字出版为美国大学出版社的发展带来了挑战。一方面，目标客户群体发生了显著的变化：主要客户——图书馆将更多的资金投入电子数据库建设等方面，以致印刷品学术著作购买力进一步下降，市场愈加狭小。另一方面，新的技术改变着人们的阅读方式，电子书被越来越多的人所接受，进一步影响着印刷品的销量。面对这种形势，大学出版社究竟应该如何应对数字化的浪潮成为一个难题。美国大学的出版社整体来讲都属于小型出版机构，平均雇员在30人左右。而进行数字化的实验和数据库建设需要大量的人力、物力和财力的支持，这对于很多小型出版社而言是严峻的挑战。1996年，莱斯大学出版社因从纸质出版向数字出版转型失败而关闭。2006年，该出版社以全新的数字出版模式投身学术出版业，但2010年9月又因经营不善再次关闭。① 由此可见，数字出版和新技术，对于大多美国大学出版社是机遇更是挑战。

针对上述种种困境，美国的大学出版社已采取了各种方式的改革和创新，如：延伸业务至大众出版领域、教材出版领域和数字出版领域的实验。但由于行业壁垒，缺乏经验和资金支持，收效甚微。笔者认为美国的大学出版社应扬长避短，做好成本控制，提高经营效率，在独立与合作中寻求出路和发展。

首先，应积极改善与大学之间的关系。尽管在新的形势下，大学出版社不能再寄希望于大学的资金资助度过困境，但大学的资源和支持对于大学出版社而言仍十分重要。一方面，大学的知名教授等作者资源是出版社的宝库。另一方面，出版社作为大学学术研究的展示窗口，对大学而言意义重大。出版社应积极联系校方管理者，阐明困境及难处，寻求更大的自主权和各类支持。

其次，出版精品著作，打造学术品牌及形象。基于现有学术著作的积累，继续出版该领域的精品著作，打造学术品牌和产品线，努力拓展学术出版品牌的读者群体。在美国，大学学科种类繁杂，基本没有一个大学出版社可以覆盖到各个学科。各大学出版社应该在现有成绩的基础上，扬长避短，尽力占据优势学科的阵地，打造出读者和学术界认可的品牌。这并不等于完全放弃大众出版领域，学术出版的终极目标是传播知识和理念，进而影响更大范围的人群。但这与大学出版社进入全新的大众出版领域，出版大众畅销读本不同，而是将优势学科出版和大众阅读有机地结合起来，用优秀作品引导读者不断提高阅读层次，达到双赢。

再次，提高经营效率和成本控制意识，理智对待数字化浪潮。近年来，由于

① 参见刘丹妮编译：《大学出版社如何“绝处逢生”》，载《中国社会科学报》，第320期。

大学出版社无法继续从大学获得足够的资金补贴，成本控制显得更为重要。在新的挑战面前，大学出版社需要不断提高效率、降低成本、提高资料意识和市场竞争意识，在开发利用新技术一进行数字出版领域探索时应充分考虑到成本和收益等因素，量力而行。

最后，在合作中寻求出路和发展。美国的大学出版社面临着相似的困境，应不断加强联系，共同寻求应对之法。美国大学出版社协会的建立和发展，为各大学出版社加强沟通和合作提供了极好的交流平台。目前，一些大学出版社已开始尝试共同组织大学出版品的联合销售中心，包括集中仓储、统筹订单和发货等。另外，加强大学出版社与图书馆的多元化合作，扩大学术著作、图书馆和大学出版社的影响力，如共同举办学术活动，共同出版学术著作等。总之，积极与各方合作，并在多元化的合作中不断探索总结，这是美国大学出版社在现阶段生存和发展的必经之路。

参考文献

1. http://www.aaupnet.org/about-aaup/about－university-presses/aaup-snapshot.

2. 王定华. 美国大学出版社的特点. 世界教育信息，2002 (6).

3. [美] 丹尼尔·格林斯坦. 大学出版的商业逻辑：加州大学出版社案例. 百道网，http://www.bookdao.com/article/37664/.

4. 魏龙泉. 美国大学出版社的任务和运作. 出版科学，2004 (5).

5. 刘芯，张宏. 美国十家大学出版社简介. 大学出版，2005 (3).

6. http://lib.ncut.edu.cn/data%20waiwen/iGroupBook/columbia/columbia.htm.

7. [美] 詹妮弗·霍德. 美国大学出版社的“第二次”数字化浪潮. 百道网，http://www.bookdao.com/article/41430/.

美国诺顿公司一瞥

·潘　宇·

位于纽约的诺顿公司（W. W. Norton&Company）是 1923 年由威廉·诺顿（William Warder Norton）及其妻子玛丽·诺顿（Mary D. Herter Norton）创建的。它是全部由雇员持股的历史较长、规模很大的出版社。该公司自成立以来不断拓展自己的业务，不仅出书范围日益扩大，而且还收购了著名的佛蒙特公司（Vermont Firm）的同胞出版社（The Countryman Press）、波克夏出版社（Berkshire House Press）。同时，它在英国、加拿大、澳大利亚、新西兰、日本、韩国、拉丁美洲以及中国的台湾、香港等国家和地区设立了代表处。多年来，不论是在高等院校教材还是在大众图书领域，诺顿一直以其卓越的出版业绩而享誉美国及世界。目前，诺顿公司每年出书约 400 种（精装书和平装书合计）。其出版的高等院校教材涉及的学科领域有：哲学、历史、文学、艺术、心理学、经济学、政治学、社会学、人类学以及数学、计算机科学、物理、化学、生物学、环境科学、地理等等。

我们此次访问的目的是进一步增进彼此的了解，寻求更广泛的合作途径；采取的方式是先听取双方的情况介绍，然后就各自关心的问题进行了座谈。归纳一下座谈的内容，主要集中在以下三个问题上。

一、高等院校教材的出版方式

诺顿公司在 1923 年创建伊始，即开始出版人民学院（People's Institute）（人民学院是纽约市库伯联合会（Cooper Union）的成人教育分支机构）的讲义。该公司最早出版的图书主要是哲学、音乐和心理学方面的，其中包括罗素、弗洛伊德等学术大家的著作。20 世纪 40 年代，凭借其出版的《西方文明》（*Westem Civilizations*）一书（此书目前已经出到了第 14 版），诺顿公司扩展了历史学教材的出版业务。同时，诺顿公司大学部加强了经济学、心理学、政治学和社会学教材的出版。如中国读者熟悉的著名经济学家斯蒂格利茨（Joseph Stiglitz）的《经济学》（上、下，人大社 1997 年列入“经济科学译丛”，出版了中文版）。其他一些经典教材如《社会学导论》、《西方音乐史》、《心理学》等已经或正在受到读者的广泛赞誉和关注，并且成为高等院校的基本教材。

二、一般图书的营销模式

在过去几十年的发展历程中，诺顿公司还出版了许多大众图书，其中包括获“国家图书奖”和“普利策奖”的畅销书，如《说谎者的扑克牌和摇钱树》、《枪、细菌、钢铁》等等。在营销上，诺顿公司对高校教材和一般图书采取了不同的运作模式：教材面向高等院校，直接“进校园”，力争让教师和学生选用和购买；而一般图书则与人大社的营销模式相同，主发给分销商，走市场，争取上架率。其一般图书的退货率在 25%左右。

三、公司员工的持股方式

1923 年，诺顿夫妇创建公司以后，将公司股份卖给了员工。工作满一定年限的雇员即可购买，但是否买、买多少由员工自行决定，而员工离开公司或退休时则需要将自己所持有的股份再卖回给公司。

四、相关分析及启示

1. 出版社在发展过程中，要始终坚持自己的出版理念，不断强化自己所负有的文化积累、知识传承的使命感。多年来，诺顿公司一直遵循其创始人倡导的“出书是全年的工作，而不是某一个季节”的理念，不断寻求新的突破，出版了一大批具有文化传播价值的优秀教材、学术著作和大众精品读物。而人大社把“出教材学术精品，育人文社科英才”作为自己的出版理念，也具有强烈的文化积累和知识传承的担当意识。因而在人大社今后的自我发展、自我更新中，使每一位员工增强使命感及对出版社的忠诚感，将是人大社事业发展的强大内驱力。

2. 在立足国内图书市场，着力培育核心竞争力的同时，出版社的建设和发展要走现代化与国际化相结合的道路，就是说既要有现代化的发展模式，又要有国际化的取向。而国际化的取向主要有三方面的内涵：一是国际化的视野；二是国际化的产品；三是相关的国际化的专门人才。我们认为，诺顿公司之所以成为一个国内领先、国际知名的独立出版集团，是因为：(1) 它有一批代表了人类优秀思想文化成果的出版物；(2) 它有一支十分敬业的、具有国际眼光的员工队伍。

3. 坚定不移地实施精品战略，强化策划意识和市场意识。诺顿公司创建之初，诺顿夫妇即开始收购美国及海外知名学者的书稿。相继出版了罗素、弗洛伊德（诺顿是弗洛伊德著作在美国的主要出版商）、斯蒂格利茨、克鲁格曼、吉登斯等人的名家名作。出版这些享誉世界的学术大家的著作，带给诺顿公司的不仅是丰厚的市场回报，更重要的是提高了其学术品位和知名度，成为该公司优质的品牌资源。

4. 要培养一支高素质的员工队伍，特别是要有一批既具有国际视野，又学有所长、具备相关领域较高学术水准的编辑人才。诺顿公司的副总裁多丽·库克女士向我们介绍情况时谈到，诺顿公司也是通过编辑与学者及专业人士的互动关系策划组织选题的，她特意强调这种方式的前提是编辑要有很高的学术水平与学术鉴赏能力，例如在斯蒂格利茨写作《经济学》一书的过程中，诺顿的编辑自始至终参与其中，正是这种编辑和作者的互动关系成就了诺顿公司高质量的“专业图书”的出版水平。

出版社数字出版工作的实践小结

·朱亮亮·

数字出版对于出版社是一个非常有挑战的新课题，面对数字出版产业目前发展的乱局，作为出版社，需要审时度势，在产业合理游戏规则的建构中，为数字出版的未来做好储备，把握乱局中的商业机会，以期在未来数字出版产业的浪潮中，更好地把握明天。

因出版社的发展需要，笔者自 2010 年从事数字出版工作实践以来，不断在探索总结改进，基于人大社数字出版发展的现实，与领导和同事共同提出：以版权规范为前提，实现资源数字化、管理系统化、内容产品化、运营灵活化。

1. 数字版权整理

以数字部门为主导，总编室协调辅助，对 2004 年之后的 5 689 份原始图书出版合同进行了多次整理核查，基本保障了原始图书出版合同相关项目的准确记录，并对人大社合同不规范使用导致的数字版权等错误问题进行了纠正，建立了准确便捷的数字版权查询平台以及数字稿酬系统，保障了数字版权的合法可依可用，初步形成系统完整的电子文件收集转换管理机制，促进了工作的良性健康发展。

2. 社内相关部门协作以及部门内部工作流程建立

积极与编辑分社和相关部门沟通联系，推广数字出版的相关知识和理念，进行历史图书和新书在数字渠道的应用探索。协调沟通各个编辑，掌控各个分社适合数字产品渠道的选题出版规划，根据各个分社的出版信息，包括新书信息和各类营销宣传活动安排，为相关合作渠道提供合适内容以及进行各类合作活动沟通。如进行了《周易与人生》在手机的首发，提出并与国际合作室等推动了《我与中国》、《毛泽东传》等书的数字版权签订工作。在部门实际情况和现有渠道合作基础上，逐步进行了分工合作以及细化了工作职能职责。

3. 渠道拓展合作

负责数字内容产品与渠道的合作开拓和关系维护。包括渠道信息收集、合作方案撰写、合作方式确定、合同签订、项目执行等。直接面对合作渠道开展公关营销工作，负责渠道的开拓并维持良好的合作关系。与包括三大运营商如中移动手机阅读基地，各个新华书店系统如新华 e 店、四川文轩，数字图书馆如中国知网、方正阿帕比，以及各类 B2C 平台和阅读客户端如亚马逊、淘花网、多看等多家企业进行了合作尝试和探讨，为人大社的版权合作和模式探索打下良好的外部合作基础。

4. 团队建设

根据人大社数字出版发展的现状和安排，在社内外展开积极的沟通，广泛培养和物色合适人才，组建了数字出版团队，建立完善了内容组和营销组的工作机制与分工协作，初步形成了一个有想法、勤思考、执行力强的团队。

通过以上这些工作，最终实现在集约统一的基础上，在出版社内部实现三位一体，从内部平台、出版流程、渠道管理应对不断变化发展的整个产业，将人大社自身拥有的优势大力发挥、应用到极致。面对数字化的挑战，也不应回避自己的短板，通过摸索提高、合作等多种方式迎头赶上。数字出版于人大社而言不是一时的收益，而是立足长远产业发展竞争的一条必须选择坚定走下去的道路。对于个人而言，也是如此。面对数字浪潮，我们必须选择不断进行实践探索，与社会变革同步，齐头并进，在实践中学习进步，努力适应新媒体工作内容的知识素质需要，加强自身学习提高，勤于思考改善，力求更好地转型，勇于担当，团结同事，为出版社的数字出版事业尽一份绵薄之力。

数字阅读部在2012年的一些探索

·朱亮亮·

2012年，人大社成立人大数字科技有限公司，下辖数字阅读部，负责公司大众和专业类数字阅读产品的渠道合作以及数字产品策划运营。通过团队每一个人的不懈努力，数字阅读事业部向制度要效率，建章立制，明确了岗位规范，向运营要效益，不断完善运营流程细节，以数字产品销售实效为目标，注重精耕细作，不断完善和调整工作的计划性、系统性，勤于思考研究，建立了高效、专业化的数字阅读团队。

下面从内容版权和渠道营销两方面，对2012年数字阅读部的工作作一下归纳总结：

(一) 内容版权

主要工作包括四个部分：

1. 内容版权。进一步规范整理了出版社2000年后出版图书的数字内容版权和数据文件，以分社为单位，每个分社挑选出首次需续补签的60位作者及对应图书，10个分社共600位作者。在分社的协助下，第一次进行了数字稿酬分发以及续签工作。另外，针对中移动手机阅读基地图书授权环节严格、流程复杂的特点，合理有效进行了版权审核、制作加工、首发申请等工作。

2. 作者资源管理。梳理了人大社的明星作者资源，建立了优质作者资源库，积极进行名家活动的运营，成功申请以及组织举办了6场在东莞、无锡、哈尔滨的名家讲座类和合作类线下活动。借助季小军《何必刻意》纸书与手机阅读同步上市的契机，与中移动手机阅读基地相关多个部门和负责人进行了充分沟通与合作方案探讨，达成合作共同推广的共识，顺利评上首发书，同时进入“新书速递包”，收益得以保障。数字阅读部通过中移动平台重点推荐、读者见面会现场宣传和主持人口播环节，借助人大社官方微博、中移动手机阅读官方微博、媒体宣传配合等，使《何必刻意》首周点击量迅速升至20万。

3. 内容引入与再造。完成了与人大社合作公司天窗文化和墨玉香文化的数字版权签约合作，同时，针对天窗文化的版权瑕疵以及审核问题，多次沟通并协助其修改格式出版合同，以获得规范的数字出版权利。在国际合作室的协助下，与培生、麦格希、威利父子等外版公司进行了有成效的接触沟通，初步达成部分图书数字版权的合作意向。

4. 数据管理。针对数字阅读业务的需要提出具体的系统支撑要求，在技术研发部的协助下，建立和不断完善了数字版权查询系统的基本架构，初步建设了作者数字版税结算系统，实现了各渠道账单录入平台的定期更新。

（二）渠道营销

主要工作内容包括：

1. 渠道沟通。积极与各类特色鲜明、优势各异的平台合作，业务涉及运营商手机阅读业务如中移动手机阅读基地等，B2B机构市场如方正阿帕比等，电商平台类业务如亚马逊Kindle等，多终端阅读平台如多看等，在相互认同的基础上，建立起有效的日常合作营销沟通机制，深入研究数字阅读用户需求行为，对渠道进行分级分类管理，制定不同的推广方案来满足用户口味。

2. 重点营销。根据人大社图书的不同情况，进行细化筛选，逐步确定明星图书书单。从作者、内容、卖点、推荐语等多个方面对图书进行整理包装，结合渠道情况，有针对性地推荐和争取营销资源，获得了良好的效果。

如，同中国移动的合作中，“文史揭秘”专题制作66条，被采纳38条；“周末阅读日”图书推荐45次，被采纳3次；CP每周好书推荐83本以及每周入库自荐44本，被采纳17本；首发保底推荐和好书新书推荐共计50本，《何必刻意》申请上首发，入“新书速递包”。另外还积极支持名家大讲堂活动，和移动分公司的手机阅读工作人员进行沟通联系。

尽管2012年在社领导的关心支持下，在公司团队的协作支持下，以及数字阅读团队大家齐心协力勤勉努力下，工作上取得了一些成绩，但是也存在着许多遗憾。面对日新月异的数字出版形势，虽然诸多渠道平台渐露疲态，但是数字出版的长征才刚刚开始，我们还需要在 2013 年更积极主动提高自身的实力和能力，向运营要效益，以数字产品销售实效为目标，积极关注互联网信息技术的发展，大胆进行特色资源库以及产品服务的合作探索，力争做好几件大事，有更大突破。

电子书著作权授权法律问题分析

·张　义·

电子书（electronic book，E-book）是随着计算机技术和互联网技术的发展而产生的一种新型知识信息传播的载体，是指那些被电子化了的图书，也是传统图书发展到数字化阶段的图书表现形式。

2010年10月10日，新闻出版总署发布了《关于发展电子书产业的意见》，其中第一条明确指出“电子书是指将文字、图片、声音、影像等信息内容数字化的出版物”，“电子书已发展成为一种知识信息传播的重要载体，新型出版物的主要形态”。这个官方的概念把电子书定义为一种新型的出版物，这种“新型”是指与传统出版物相比，一方面电子书是内容数字化的新型，另一方面是电子书的“知识信息传播”方式的新型。

电子书是数字技术和互联网技术带来的传统出版难以比拟的革命性的新型作品形式。在知识信息大爆炸的今天，电子书极大地丰富了当前社会的知识和文化储备，同时这些信息的共享和传播也带来了著作权方面的很多问题。如何在法律许可的范畴内，高效合理地享用电子书这类新型出版物带来的知识大餐，同时能兼顾著作权人的利益，是一个问题，也是著作权制度面临的一个挑战。通过著作权授权使用他人作品是使用他人作品的通常途径，数字时代的背景下，这一规则依然有效，但亟须解决的是数字时代的授权使用如何从法律角度平衡电子书创作者、传播者和使用者三者的利益问题。

一、电子书著作权授权概要

授权即权利的授予，著作权作为一种支配性的民事权利，其财产权的各项权能可以依法分离，由他人在一定期限、范围，以一定方式行使，而著作权人则获得报酬。著作权授权，英美法中常称为“许可”（licence），也称许可使用，指著作权人将其作品著作权的一项或多项财产权，授权他人在特定的地域或时间范围内使用的行为，这是著作权人实现其权利利益的主要形式。在法律上通常表现为许可使用合同，著作权人依据许可使用合同授予他人作品使用权，同时使用者必须支付一定数额的著作权作品使用费。这在我国《著作权法》第五十条有明确的规定。

就电子书这一具体新型作品形式而言，电子书的著作权授权除了包含原来印刷时代的纸质图书著作权授权内容（复制权、发行权、演绎权等）外，还额外增加了信息网络传播权的内容。信息网络传播权是指以有线或者无线的方式向公众提供包括作品、表演或者录音录像制品，使公众可以在选定的时间和地点获得包括作品、表演或者录音录像制品的权利。网络传输类似于传统作品的发行，这种网络传输应该由权利所有人来控制，是版权所有人的一项权利。在网络环境下，网络传输是一种动态和交互的过程，这个过程包含了上传者将数字化的作品上传到网络服务器，经过服务器的传送，到达用户，用户进行访问，然后浏览或下载，来完成网络作品的传播过程。但是通过授权许可使用的方式，被许可人也可以对网络作品进行传输，而且通过网络传输而获得利益。电子书著作权授权使用就是要通过法律的制度保障和法律认可的技术措施，确保电子书著作权人和合法被授权人能掌控作品的信息网络传播权。

关于其他的文字作品著作权的财产性权利如出租权、改编权、翻译权、汇编权等权利类型，在网络环境下没有发生较大的变化，只是这些财产性权利许可使用的环境发生了变化，同时适用的对象扩大到了传统的作品和电子书。

二、电子书著作权授权主体及客体分析

从电子书的著作权各方法律主体来看，主要分为三类：著作权人、电子书出版商（包含电子书初级传播商和次级传播商）以及读者用户。从产业实践来看，电子书著作权授权流程可以用图 1 来表示，由图中看出，电子书的传播过程同时也是电子书著作权的授权流程，与传统纸质图书相比，其中间环节更多，流程更复杂。其中最大的区别主要在于，电子书著作权授权，由于信息网络传播权的存在以及作品复制传播的私人化、便利化程度的极大提升，被授权的主体增加，因而授权的流程要更复杂。

传统的印刷时代，作者作品的复制发行环节，基本交由出版机构这单一的中

介进行，作者直接进行授权的对象只有出版机构一种，读者使用作品，获得授权也基本上在出版机构的授权范围内进行，读者不与作者直接发生授权关系，只有间接的授权联系。纸质图书的传播过程也遵循作者—出版社—书店—读者这一单向的流程进行。

而对于电子书而言，电子书可以由传统正式出版物数字化制作而成，网络信息传播权可以授权出版社，再通过二级传播者进行销售传播；还可以授权集体管理组织和其他网络平台，跳过正式出版这一环节，让电子书作品直接与读者见面；同时，由于互联网的特性，读者也可以直接从作者那里获得电子书著作权的使用授权。被授权主体范围的扩张，在进一步满足广大使用者的知识需求的同时，极大地提升了电子书授权环节和流程的复杂性，侵权问题也层出不穷。原来的传统单一的授权模式已经不能满足电子书著作权授权需要，也为电子书著作权授权模式带来了新的挑战。

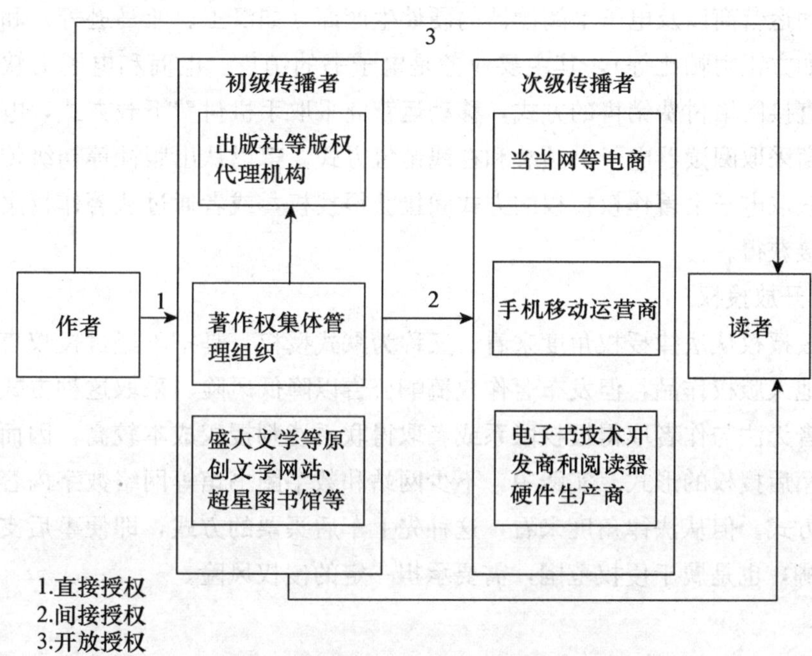

图 1　电子书著作权授权流程流向图

三、电子书著作权授权类型分析

从图 1 来看，结合电子书产业中实际的操作情况，电子书著作权的授权类型主要有以下三大类，具体如下：

1. 直接授权

也就是直接与作者联系，取得作者的电子书信息网络传播权授权许可，然后进行电子书的制作销售。方式有三种，一是签订书面协议。在出版社与作者签订的出版合同中，一般包含了关于作品的信息网络传播权内容，主要包含授权范围、授权期限、利益分成比例等。二是签订电子合同，通过技术手段实现授权许可。这种情况多见于未正式出版的网络电子书，网站与网络作者签订电子合同，获得电子书的直接授权。三是开放式授权，主要是作者为增加其作品的流通性，主动放弃部分著作权权利（主要是著作财产权），将电子书置于公共领域，使得广大使用者能合法共享、使用。例如网络写手基于聚集人气、推广新作品的目的，将部分电子书公开置于网络供读者免费阅读。

2. 间接授权

这种方式主要应用于当前电子书的二级传播者，包含当当网等电商、中国移动等移动运营商以及电子书阅读器的硬件生产商（如汉王、亚马逊等）和技术开发商（如方正阿帕比等），其主要业务是电子书的销售。电商和电子书软件开发商采取直接网络付费销售的方式，移动运营商采取手机付费下载方式，电子书硬件服务商采取阅读器电子书预装和在线销售方式，都以从出版社等初级传播者手中集中获取电子书著作权授权的方式间接获得授权，或者通过从著作权集体管理组织间接获得。

3. 开放授权

开放授权从法律授权角度来看，又称为默式授权，是指不经过授权直接传播和发布他人版权作品，但发布著作权稿酬公告以降低风险。采取这种方式主要由于使用者无法与作者取得授权联系或者取得联系谈判授权成本较高，因而采取这种先使用后授权的形式。实践中，不少网站和数字图书馆等网络数字内容平台采取这种方式。但从法律角度来看，这种先上车后买票的方式，即便事后支付或拟支付报酬，也是属于侵权范围，需要承担一定的侵权风险。

四、电子书著作权授权侵权类型分析

电子书著作权在授权使用过程中，因主体较多，环节复杂，也会产生各种各样的授权侵权行为，一般而言，大体分为以下几类：

1. 无授权行为和假授权行为

无授权侵权行为，指电子书著作权使用者没有得到著作权人的任何授权，就将电子书进行销售或传播等的以商业盈利为目的的商业行为。假授权行为，是指著作权使用者得到了不具备授权资格或者非著作权人的授权，并将其用于商业盈利目的的行为。这两种行为是当前最普遍和最基本的电子书著作权授权行为。如2010年12月的中华书局诉汉王公司的点校本“二十四史”电子书著作权侵权案例中，汉王公司辩称其汉王电子书阅读器中预装的点校本“二十四史”授权来自北京国学时代文化传播股份有限公司，并已经支付了相关费用。这其实就是一件典型的假授权著作权纠纷案件。

2. 延授权行为

延授权行为是指著作权使用者在得到的授权到期后，依然将到期授权电子书用于商业目的的行为。在实践中，这种授权侵权行为是一种普遍存在且隐蔽性极强的侵权行为。如一般的格式化出版合同都会在其第二十九条注明该合同的有效期限，到期续约应该由双方再次协商确定。

3. 超授权行为

超授权行为主要指著作权使用者将获得著作权的作品用于授权范围以外，或者仍然使用已经转让的著作权，并从中获取商业利益的侵权行为。如出版社与作者签署的版权合同中并未注明作品的信息网络传播权同时转让，而出版社用于制作销售电子书，就属于这种侵权情况。

4. 错授权行为

错授权行为，是指著作权人因商业目的或个人其他考虑，有意错误地将互相矛盾的授权，授予不同的著作权使用人，从而造成著作权使用人的著作权混乱的行为。这种行为与上面三种侵权行为不同的是过错方是著作权人，而被授权人是无责的。但这种情况在实践中如果发生比较难以界定，给侵权责任的认定也带来较大困难。

参考文献

1. 王迁. 网络版权法. 北京：中国人民大学出版社，2008.

2. 王迁. 知识产权法教程（第三版）. 北京：中国人民大学出版社，2011.

3. 刘春田主编. 知识产权法（第四版）. 北京：中国人民大学出版社，2009.

4. 刘志刚. 电子版权的合理使用. 北京：社会科学文献出版社，2007.

5. 梅术文. 著作权法上的传播权研究. 北京：法律出版社，2012.

6. 薛享琛，丁丽，邱西西. 电子图书的优势及其发展分析. 科技情报开发与经济，2006（8）.

7. 第五次中国电子图书发展趋势报告. 中国图书商报，2011-04-17.

8. 刘思俣. 网络环境下著作权授权模式思考. 网络法律评论，2011（1）.

9. 张洪波. 求解数字版权的授权之道. 出版参考，2011（7）.

10. 李永明，钱炬雷. 我国网络环境下著作权许可模式研究. 浙江大学学报，2008（6）.

11. 熊琦. 网络著作权授权使用之合理性初探. 电子知识产权，2006（12）.

12. 杨蓉. 数字环境下的版权授权方式研究. 北京邮电大学硕士学位论文，2008.

13. 万冬朝. 电子书著作权保护机制研究. 华南理工大学硕士学位论文，2011.

14. 朱榕. 电子书著作权授权研究. 情报科学，2012（7）.

15. 张平. 网络环境下著作权许可模式的变革. 华东政法大学学报，2007（4）.

16. 孙明. 网络环境下著作权使用制度研究. 山东大学硕士学位论文，2007.

北京“7·21”特大暴雨给出版单位的启示

——从“7·21”水灾浅谈出版单位的灾患意识

·廖　斌·

2012年7月21日，自1951年以来的最大暴雨袭击北京城，造成77人死亡、直接经济损失上百亿元的惨重损失。一场突如其来的暴雨，不仅是对城市应急排险能力的一次大考验，也是对各型各类企业或组织防灾抗灾水平的一次大考验。在这次灾害中，笔者所在单位的一个合作印刷厂被洪水淹没，笔者单位存放于该印刷厂的大量图书和纸张也被洪水浸泡。幸运的是，由于笔者单位高层领导一直以来对灾患的高度重视，出险时立即启动灾患应急处理机制，在高层领导的统一指挥和协调下，各职能部门反应及时，灾患处置得当，之后通过保险公司的赔付，基本弥补了这次水灾的直接损失，将水灾造成的直接灾害降低到了最低的程度。

“7·21”水灾已经过去了将近一年，健忘的人们对此的记忆估计已经开始模糊，但由于笔者曾经参与其中，记忆仍然清晰，并愿把自己在亲历中的点滴感想和启示与大家共享。

出版单位高层领导树立强烈的灾患意识，是保证企业资产安全的基本保障。

中国的出版单位，就目前的经营业态而言，要可持续发展，必须储存一定量的成品图书和待用纸张。部分出版单位，有属于自己固定资产的自有库房储存自己的全部存书、存纸，但对大部分出版单位来说，即使有自有库房，库房面积一般也难以储存自己的全部存书和存纸。由于自有或租用的库房面积有限，将大量的图书暂时存放在合作的印刷厂是一种比较常见的做法。同样，出于库房面积，纸张运输、调拨成本，图书周期等因素的考虑，出版单位将大量纸张存放在合作的印刷厂也是一种通行的做法。出版单位的规模越大，存放于印刷厂的图书、纸张量一般也会越多。图书、纸张是出版单位最主要的有形资产，大量图书、纸张无论是存放于自有库房，还是暂存于印刷厂，出版单位都面临一个保证资产安全的问题，都存在遭受水火、风雨、雷电、暴雪等灾害的风险。尤其是存放于印刷厂的大量图书、纸张，由于这些资产的管理权很大程度上交给了合作的印刷厂，这部分资产存在的安全风险就会更大。天有不测风云，灾害的发生，人力无法完全预测和完全控制。对于这些可控性很低、风险很高的资产的安全，作为出版单位的高层管理者，必须具有强烈的灾患意识，建立必要的灾患应急管理机制，提高应对灾患风险和防范灾患的能力，采取切实可行的抗灾防灾措施，才能最大程度地规避灾患风险，最大限度地保证存书、存纸等资产的安全。

出版单位建立健全灾患应急管理机制，才能防患于未然。

凡事预则立，不预则废，一旦有水情、火患等灾害发生，才能处变不惊，遇事不乱，而建立健全灾患应急管理机制正是应对灾患的一种“预立”。设置灾患应急管理机构，制定灾患应急处置程序，明确灾患应急预案，对于建立健全灾患应急管理机制十分重要。

出版单位建立健全灾患应急管理机制，应设置专门的灾患应急管理机构，比如灾患应急管理小组等类似的机构。灾患应急管理机构是顺利处理灾患危机、协调处理各方面关系的组织保障。出版单位的灾患应急管理机构一般不用设置独立的专职机构，可以由出版单位一把手，或者具备很高决策权的高层领导担任组长，组成一个跨生产、财务、物流、法务等部门的管理小组。出版单位高层领导重视并担任灾患应急管理领导，是一旦发生灾患，应急管理机构能高效运转的重要条件。因为灾患对内牵涉到生产、财务、物流、法务等不同的部门，对外涉及合作的印刷厂、保险公司等，有了高层领导的统一指挥和协调，才能做到反应及时、步调一致、协作支持。

灾患一旦发生，只有处置得当，才能最大限度地降低损失。如果事前缺乏必要的应急准备，没有相应的灾患处置程序，在灾患发生的时候，可能会因为程序上的混乱，造成更大的财产损失。存放于印刷厂的图书、纸张发生灾患时，首先面对的程序问题就是信息的传达：一方面信息要按照“印刷厂发现险情——印刷厂向出版部报告险情——出版部向主管领导报告险情——主管领导向单位最高领导报告险情”的链条上传；另一方面信息要按照“单位最高领导决定启动应急机制和预案——应急信息传达至应急管理机构所涉各部门——相关部门向保险公司通知险情——相关部门向印刷厂传达应急信息”的链条下传。另一个与程序相关的问题就是行动响应程序。行动响应的基本要求就是响应要及时，行动要得当，要明确由谁第一时间到达第一现场、由谁第一时间对内对外发布信息、第一时间对内对外应该采取的措施、由谁去执行应急措施、相关职能部门如何分工协作等。

要做到未雨绸缪，应对灾患，平安时期制定并明确灾患应急预案，可以增强防范的针对性。针对雨季，制定暴风雨应急预案，提出并实施具体可行的应对暴风雨的措施。比如，雨季到来之前，要求并督促印刷厂定期进行预案演练，采取措施清理排水管道，翻盖库房屋顶，筑高库房门槛，准备应急照明设备，预备抽水机、沙袋、防水物质等。针对风干物燥的冬季，制定消防应急预案，要求印刷厂查找可能的隐患，检查消防设施是否有效，保持消防通道的畅通等。针对节假日，制定节假日应急预案，要求印刷厂节日期间，库房完全封闭，加强值班和巡查制度，严防烟花爆竹等可能的隐患。针对雷电、暴风雪，也要制定相应的应急预案。

为存书、存纸购买财产综合险，是出版单位规避和减少灾患损失直接而有效的措施。

出版单位存放在印刷厂的存书、存纸，比较大的风险就是水火、风雨、雷电、暴雪等灾害可能造成的损失，如果购买一份财产综合保险，一旦发生这些灾患，就可以通过保险赔付的方式部分补偿甚至全部挽回灾患造成的直接损失。

对于中国的保险业，老百姓有句流行的话，叫“没买的时候，把好事说尽；出险的时候，把坏事做绝”。这句话说得虽有些绝对，但它确实在很大程度上反映了中国保险业诚信缺失的问题。购买保险，在中国是一种技术活，所以出版单位购买保险，最好有专业人士和法务人员参与，这样可能会避免一些保险合同里埋下的“陷阱”。下面两个“陷阱”是购买财产综合保险时需要特别注意的：

陷阱一：关于投保金额。

举例说明：甲出版单位按照某个时点的数据为存放在A印刷厂的纸张投保了100万元保额的财产综合险。保险期内发生了水灾，甲出版单位纸张损失金额为80万元；水灾发生的那个时点，甲出版单位存放在A印刷厂的实际纸张金额为150万元。对于像笔者这样的非专业人士基本都认为，保险公司应该赔付甲出版单位80万元，出版单位不会有任何直接的经济损失。而实际上，保险公司是按照下面的公式赔付的：

赔付比例×损失金额(不超过投保金额)

=(投保金额÷出险时存放金额)×损失金额

=(100÷150)×80

=53.33 万元

由上面的公式可以看出，出险的那个时点，存放在印刷厂的金额超过投保金额越多，赔付的比例就会越低，得到的赔付就会越少。所以，出版单位在购买财产综合险时，要根据存书、存纸在印刷、销售的淡旺季可能出现的变动，对投保金额予以适当调整。

陷阱二：关于定值保险和非定值保险。

举例说明：乙出版单位按照某个时点的数据为存放在 B 印刷厂的图书按照成本占码洋的比率 30%购买了 1 000 万元保额的财产综合险。保险期内发生了水灾，乙出版单位图书损失折合码洋为 800 万元。对于像笔者这样的非专业人士这次也都会基本认为，保险公司应该赔付乙出版单位 800×30%=240 万元。如果果真按照 240 万元赔付，这就是所谓的定值保险了。而这个时候，保险公司就会以其在专业方面的优势，罗列大量的法律及合同等依据告诉你，投保的保单是非定值保险，只能按照行业平均的成本率赔付。然后，保险公司会提供你甲书商成本率只有 18%、乙书商成本率只有 20%等一堆数据，反正就是成本率到不了 30%。这样出版单位与保险公司就会陷入谈判。谈判是否持久，取决于双方的耐心、实力、技巧等等因素，虽然最终双方终归会达成一份折中的协议，但肯定与成本率 30%相差甚远。如果投保的时候，有专业人士和法务人员的参与，明确按照定值保险投保，就会避免此类分歧的出现。

一旦出险，按照保险公司的程序处置也很重要，否则可能给理赔工作带来不少麻烦。出版单位首先要保证在第一时间将出险情况向保险公司报案。在现场查勘、现场清点的时候，要确保出版单位、保险公司、印刷厂三方都在场；现场查勘、现场清点结果要三方签字认可。出版单位还要尽可能保全出险现场的照片、视频，保全现场清点台账等与出险相关的所有资料，以备损失额度确认或发生纠纷之需。

另外，报废的残纸、残书的处理，必须征得保险公司同意，最好有书面授权，否则保险公司有可能不予认可。

出版单位对于合作印刷厂的选择与管理，要综合考虑工厂所在区域的地理位置和库房的保管条件。

出版单位在选择长期合作的印刷厂时，考察的重点一般都放在印刷厂的生产规模、设备状况、质量水平等上面，对印刷厂所在区域的地理位置、厂区的地势高低、距离河流湖泊的远近，一般极少关注。同样，出版单位在选择长期合作的印刷厂时，对印刷厂存书、存纸库房的软硬件条件、消防设施（消防井、消防栓、灭火器、沙箱等）状况也很少重视。平安状态下，印刷厂的地理位置，存书、存纸库房条件显得无关紧要，但一旦水灾发生，区域位置低、地势低洼、距离河流湖泊较近的厂区必将先受灾、受重灾；一旦火情发生，库房条件差，消防设施不全或无效的印刷厂，也必将受灾、受重灾。因此，出版单位在选择长期合作的印刷厂时，需要综合考察印刷厂所在区域的地理位置、厂区的地势高低、距离河流湖泊的远近、库房的软硬件条件、配套消防设施等因素。对于已经合作的印刷厂，也要利用下厂监印、盘库等机会，不时或定期对印刷厂存书、存纸的库房情况、消防设施的状态、消防通道的通畅等进行综合检查，对检查中发现或存在的问题，要求印刷厂必须立刻整改。

灾患发生时，出版单位做好抗灾抢险与生产自救，可以减少和弥补财产损失。

存放在印刷厂的图书、纸张遭受水、火等灾患时，出版单位一方面要与印刷厂、保险公司一道做好抗灾抢险工作，尽量减少损失，另一方面也要做好图书后续印装的生产自救，尽量弥补损失。

如果存书、存纸已经购买财产综合险，在保险公司现场查勘、现场清点的同时，在征得保险公司同意的情况下，要将遭灾报废的图书、纸张与未遭灾完好的图书、纸张尽快区分，分开码放；出版单位要及时协调单位物流、其他合作印刷厂，将未受损的可以正常销售的图书，尽快调入自有库房入库保管，将未受损的可以正常使用的纸张调入自有库房或调往其他印刷厂的库房安全存放，以避免次生灾患、衍生灾患的发生，造成第二次损失。

印刷厂遭受灾患后，恢复生产需要一段时间，但作为出版单位来说，图书的印制、图书的销售工作不能因为合作印刷厂的遭灾而停止。在现场查勘、现场清点工作的同时，生产自救工作就要展开，出版、发行、编辑等部门，及时协调，尽快确定受损图书是否补印。如果补印，出版部要事先做好调厂、调纸的统筹安排，还要采取补救措施减少因电子文档、胶片等受损对图书印制造成的影响，尽快完成图书的补印工作，弥补灾患中图书受损可能对图书销售带来的影响。

成本高、周期长、派活难

——小构件和封面工艺引发的大问题

·廖　斌·

一般而言，教材类图书由封面、扉页、目录、正文、辅文（前言、后记、引文、注文、附录、索引、参考文献等）等五部分构成，其封面后加工工艺一般仅限于覆膜（光膜或亚光膜），最多再加上局部 UV。相对于教材，因读者对象和市场需求的不同，学术图书、大众图书的构成一般会相对复杂一些，除了封面、扉页、目录、正文、辅文这五部分之外，可能还会有护封、环衬、腰封、勒口、插页等构件，其封面后加工工艺也会相对复杂一些，除了覆膜和局部 UV 外，可能还会有磨砂 UV、量厚 UV、烫印（烫金、烫银、烫黑等）、起凸或压凹等工艺中的一种或多种。以上只是一般情况，在图书实际印制工作中，教材类图书使用环衬、勒口、插页等构件，封面使用两种以上工艺的并不鲜见，学术图书、大众图书使用更多的构件和封面后加工工艺也不在少数。下面主要从印制的角度谈谈图书构件及封面后加工工艺的作用，过多使用图书构件和封面后加工工艺将会带来的印制方面的问题，以及选择图书构件和封面后加工工艺需要考虑的因素。

一、图书构件及封面后加工工艺的作用

一本具备封面、扉页、目录、正文、辅文这些构件的图书，可以说构成已经完整，基本能承载图书所要容纳的知识和传达的信息。图书使用诸如护封、环衬、腰封、勒口、插页这些构件，封面后加工工艺使用覆膜、局部 UV、磨砂 UV、烫印、起凸或压凹这些工艺，所起的作用不外乎以下三种中的一种或多种：

第一种作用是保护图书的封面或书芯。图书为了便于长时间阅读和保存，有目的地设计与选择一些构件和封面后加工工艺可以起到保护图书以便留存更长时间的作用。比如套在封面外面的护封，顾名思义，能起到保护图书封面的作用。又如连接书芯和封皮的前后环衬，其中一个重要的作用就是保护书芯不易脏损。再如封面覆膜，不管是光膜还是亚光膜，所起的基本作用也是保护封面。

第二种作用是装饰图书。酒香也怕巷子深，一本图书尤其是走市场类的图书，除了要有好的内容外，还需要在构件和封面后加工工艺的装帧设计上下功夫，才能在浩瀚的书海里吸引住读者的眼球，达到促进销售的目的。比如给图书增加腰封构件，让其包裹在图书封面中部或底部，装饰图书外观，起到装饰图书封面或补充封面表现不足的作用。又如图书封面使用除覆膜之外的其他工艺，所起的主要作用也是装饰图书，使图书看起来更美观，通过吸引读者眼球，促进图书的销售。

第三种作用是宣传图书或出版社。利用图书本身的构件宣传图书、宣传出版社是一种直接和便利的宣传方式。比如在图书的护封上放上作者简介、内容简介、名人推荐以及其他一些与本书或本出版社相关的广告文字，可以起到宣传图书、宣传出版社、促进销售的作用。针对封面某个区域或局部进行特殊处理的封面后加工工艺可以突出这个区域或局部的信息，比如对书名或者编者最想传达的某个信息点作烫金或者起凸处理，可以起到吸引读者、宣传图书、促进销售的作用。

二、过多使用图书构件和封面后加工工艺带来的印制方面的问题

（一）增加印制成本

我们以 185mm×260mm 开本、20 个印张、封面 200 克铜版纸、正文 60 克胶版纸、印刷 10 000 册单色胶订图书为例，对比图书构件和封面后加工工艺在以下三种情形下的印制成本（见表 1）。

第一种情形：扉页随文，封面无勒口，封面覆亚光膜；

第二种情形：扉页随文，封面勒口 120mm，封面覆亚光膜、局部 UV；

第三种情形：扉页单制 120 克胶版纸，封面勒口 120mm，封面覆亚光膜、局部 UV、起凸。

表1　三种情形下的印制成本　单位：元

情形＼项目	印刷费	装订费	后加工费	材料费	合计	增幅
第一种情形	7 744	5 500	1 500	31 440	46 184	—
第二种情形	7 920	6 340	5 000	32 900	52 160	13%
第三种情形	8 132	6 410	5 600	33 320	53 462	16%

第一种情形只有基本构成，没有多余的构件，封面后加工工艺仅有覆膜，为大部分教材所采用，作为三种情形比较的基准。

第二种情形在第一种情形的基础上增加了构件 120mm 的勒口，封面后加工工艺增加了局部 UV。由于勒口的增加，封面展开尺寸的开本较第一种情形变大接近一倍，封面的用纸量增加近一倍，意味着封面的材料费、封面的印刷费、后加工费、装订费（较第一种情形多支付勒口费用）要增加；由于增加了局部 UV，封面的后加工费也要增加。从表 1 可以看出，仅因为增加了勒口和局部 UV，相比第一种情形，第二种情形的印制成本增加了约 13%。

第三种情形相比第二种情形由于扉页单独制作，增加了构件插页，封面后加工工艺增加了起凸。扉页单制，单独印刷要增加印刷费和材料费，手工粘扉页要增加装订费；封面后加工增加起凸，要增加后加工费。从表 1 可以看出，相比第一种情形，第三种情形增加了印制成本约 16%。

从表 1 的对比可以看出，增加图书构件和封面后加工工艺的使用，会对图书的成本带来比较明显的增长；过多使用图书构件和封面后加工工艺，图书的成本会增长更多。

（二）延长加工周期

以不带勒口、小勒口（勒口尺寸不超过 100mm）、大勒口（勒口尺寸超过 100mm）三种情形为例，对比图书书芯装订完成后封面粘贴的装订工序：

1. 不带勒口图书：胶订机粘封面⟶三面裁切出成品；

2. 小勒口图书：胶订机粘封面⟶下胶订机等候背胶冷却固化⟶勒口机勒口⟶裁切出成品；

3. 大勒口图书：胶订机粘封面⟶下胶订机等候背胶冷却固化⟶手工压书脊线和勒口线⟶勒口机勒口⟶裁切出成品。

从上面对比可以看出增加构件勒口导致装订周期延长的三个原因：一是工序增多会导致加工周期延长——每增加一道工序，工序转换、设备调试、工序完成都需要花费一定的时间。二是构件增多会产生大量的手工工序——手工工序速度慢，质量差，需要大量的人手。三是构件增多会导致装订机械自动化以及流水作业的效率降低——带勒口图书在胶订联动线上不能一次性连续作业完成，带勒口图书在胶订联动线上运行速度慢。

其实，不论是增加构件，还是增加封面后加工工艺，都会导致加工周期的延长，而导致加工周期延长也不外乎以上三种原因。

（三）增大派活难度

近些年，印刷行业出现了持续性的人员短缺，每年都有大量的印装企业倒闭，印刷业务的供给方逐年减少渐成趋势，印装企业与出版社讨价还价能力逐年增强也渐成事实，甚至一些规模比较大、质量比较好的印装企业开始主动挑选出版社，淘汰出版社。目前情况下，稍具规模的印装企业在承接业务时，基本都会比较收益与机会成本，业务承接带有比较明显的选择性。

下面以带勒口图书为例，算一算经济账，这也是印装企业的老板、生产车间和一线工人都在算的账：

根据测算，相同印张数的图书在胶订联动线上装订，不带勒口图书一个班次十二小时产出 30 000 册成品问题不大，小勒口图书一个班次十二小时折合（把增加工序耗费的时间折算进去）产出 10 000 册成品难度不小，大勒口图书一个班次十二小时折合（把增加工序耗费的时间折算进去）产出 5 000 册成品基本不可能。还有一个现实的情况是，印刷行业普遍缺员，带勒口图书自动化程度低，工序多，需要更多的人手。如果在非印制高峰期或活源不足的情况下，印装企业承接带勒口图书的积极性尚可，因为机器能转起来总比放假强。但在印制高峰期或活源充足的情况下，印装企业就会计算收益和机会成本——有没有勒口、是大勒口还是小勒口，收益相差确实很大，这是印装企业老板必然会算的经济账。

印装企业的生产车间、一线工人也有自己的小算盘。印装企业的生产车间，有企业下达的产值指标，一线工人干活普遍是计件，有没有勒口、是大勒口还是小勒口，生产车间的产值、一线工人能从计件中拿到的工资差距很大。在印制高峰期或活源充足的情况下，生产车间、一线工人对带勒口等构件图书的承揽积极性也不会高。

另外，增加图书构件和封面后加工工艺对印装企业的设备要求高，也增大了派活难度。比如勒口机，稍具规模的印装企业基本都有，但由于勒口机能加工的最大展开尺寸有限制，大勒口图书一般不能上普通的勒口机，只能手工勒口或者上大勒口机。而大勒口机由于客户需求不是很普遍，印装企业一般不会购置。在图书印制高峰、印制量大、周期紧等情况下，带勒口图书的印制安排会变得十分困难。

三、图书构件和封面后加工工艺的选择

图书构件和封面后加工工艺的选择与使用，一般要综合考虑以下因素：

（一）成本与收益

对于一本为非公益目的出版的图书来说，赚钱是出版者的主要目的之一。出版者在选择图书构件和封面后加工工艺的时候，应该考虑图书构件和封面后加工工艺对图书成本的影响，选用要适度，要量入为出，成本要与收益相匹配。增加图书构件和封面后加工工艺，就会增加图书成本。如果图书的定价高，图书的印量大，图书的销路好，图书的收益能抵消增加的成本支出，图书构件和封面后加工工艺的选择就可以范围大些和灵活些，不然就要严格控制多余构件和封面后加工工艺的使用。

（二）图书类别和市场需求

图书构件和封面后加工工艺的选择，要依据图书类别和市场需求而定。不同类别、不同内容的图书，要考虑读者对象和市场需求的差异。教材的使用对象主要是学生，不宜过多使用图书构件和封面后加工工艺，以控制成本降低定价，适应学生的购买力。学术图书的读者对象一般是从事相关学科或者对相关学科感兴趣的专业人员，他们对内容的关注度远超过对图书形态的关注，价格需求弹性小，可以以较高的定价，在内容抓住读者的同时，通过适当多一些的构件和封面后加工工艺提升图书的装帧品位，在形态上也打动读者。大众图书面向大众，面向市场，潜在的购买群体庞大，同类同质的竞争对手多，图书构件和封面后加工工艺的使用要考虑大众读者的喜好、竞争对手图书的形态，选择一些特殊的构件和封面后加工工艺，用主流的、流行的、时尚的设计语言，赢得大众读者。

（三）加工周期

图书上市，一般都有个时机选择和时间要求——教材在学校开学的时候必须送达学生手里，大众图书在市场预热完成后就要乘势上市销售。图书印制需要一

段时间，构件和封面后加工工艺多的图书需要更长的印制时间，出版者在选择图书构件和封面后加工工艺的时候，需要考虑图书印制完成的时间能否赶上上市的时间。印制高峰期、印制数量大、印制时间紧张的情况下，就需要做好提前印制的准备，或者通过减少图书构件和封面后加工工艺的使用缩短加工周期，否则可能延误上市时间，错过最佳销售时机，影响图书的整体销售。

图书成本控制与定价管理刍议

·樊海燕·

在电子商务发展得如火如荼的今天，价格战已经是各大行业的常见竞争手段，图书领域也不例外。当当、卓越、苏宁易购、京东等电商都进行过不同程度的图书特卖，苏宁易购在上线图书频道之际，甚至推出零元认购。图书行业进入微利时代，成本控制与定价管理显得尤为迫切。

图书成本是指一本书从创意策划开始到读者拿到实体书或电子书各环节实际发生的出版社承担的费用。而图书定价指的是一本书的封面上显示的价格，此价格并非实际销售价格；实际销售价格以定价为依据，有一定浮动范围。而出版社的利润来源于实际销售价格与成本的差额。要想利润最大化，出版社的目标就是，努力降低成本，提高定价。矛盾之处在于，定价不可能无限高，市场竞争激烈，读者意愿难以把控；成本不可能无限低，经济不断发展，人力物力价格都在上涨，图书质量高，成本相应高。所以，如何在有限的空间里获得利润，是摆在每家出版社面前的难题。

一、成本控制

按照生产费用与产品的关系划分，图书成本构成可分为直接成本和间接成本。直接成本是指图书在出版过程中所需要的编录、校对、排版、印刷、纸张等材料费用、加工劳务费用以及支付的稿费、版税等。间接成本主要是指出版单位的三项期间费用，即营业费用、管理费用、财务费用。

按照生产费用与生产量关系划分，图书的生产成本又可分为变动成本和固定成本。变动成本的特性是随着生产量的增加或减少而相应地变化，并在一定的范围内呈正比例关系，它是构成图书成本总额增长的主要因素；固定成本的特性是在一定的时期、一定的范围内不受生产量变动的影响。本文主要针对以下五项进行讨论：

1. 纸张材料及印装费用的控制

一本看得到、摸得着的实体书，它的成本首先体现在纸张、印刷、装订、表面整饰加工等环节上。纸张是构成图书的重要组成部分，一般能占到直接生产成本的30％～40％，图书的不同部分如封面、正文、前后环、护封、硬封等用到不同的纸张材料，而纸张的种类分为胶版纸、铜版纸、轻型纸、书写纸、白卡纸、特种纸等，不同类型、不同克重、不同规格的纸张有着不同的价格。策划编辑在选择纸张时，除去价格因素外，还要考虑纸张规格和开本尺寸的关系，尽可能多地利用纸张，减少浪费。同时选用大度纸张时，印刷和装订环节都有大度加价20％。

现在出版社图书付印时，通常采用委托加工印刷的方式，为印刷厂提供纸张，以获得进项增值税额的抵扣。出版社纸张成本方面，如果一个地区的几家出版社联合起来，形成批量规模优势进行集中采购，可获得更多的优惠，使纸张的采购价格降到最低。另外，出版社把纸张全都委托给印刷厂免费保管，这也节约了一笔费用。

印刷装订费用与印厂的选择有极大的关系，比如定点合作厂因为长期合作，给出版社的价格较为优惠，印刷起印数3 000册，四色、单色单价也较为便宜；如果是声名显赫的印厂，因为不缺活源，价格偏高，印刷起印数5 000册，四色、单色单价均高于定点厂。另外，一些印刷新技术的应用，提高了质量，缩短了生产时间，但价格也相对提高，例如计算机直接制版比传统拼版每块版价格贵35％。所以策划编辑需针对图书特性与印制管理人员沟通，选择适当的表面整饰工艺、印刷色数、装订方式。例如，用专色代替四色，不仅印刷单价降低，印刷色相稳定性也得到保障；减少正文分散用纸，也就是减少了粘页人工装订费用，采用机器联动线，降低了成本。

2. 版税、稿酬的控制

这里所说的稿酬，实际上是基本稿酬加印数稿酬。指出版者按作品的字数，以千字为单位向作者支付一定报酬（即基本稿酬），再根据图书的印数，以千册为单位按基本稿酬的一定比例向著作权人支付报酬（即印数稿酬）。作品重印时只付印数稿酬，不再付基本稿酬。所谓版税，是指出版者以该书定价×发行数×版税率的方式向作者付酬，版税率一般是3％～10％。出版社在与作者签订合同时，尽量约定有利于出版社的稿酬支付方式。如长销的教材畅销图书，选择稿酬的支付方式；一般图书、无名作家选择版税支付方式，以实际销售数量支付。

无论是版税还是稿酬，都是严格按照出版合同执行，所以出版合同的履约管理非常重要。版权合同的管理应并入 ERP 系统，以保证稿酬管理工作源头数据的完整性。财务系统中的稿酬核算需要涵盖全部出版合同，才能保证单书稿酬成本数据准确、完整。为保证稿酬核算与管理工作的顺利进行，应该加快 ERP 系统中编务、印务、财务、发行各个子系统之间无缝衔接的工作进度。系统实现真正的无缝衔接后，责任编辑可以随时了解图书的印数和销售情况，并据此开具稿酬或者版税的结算通知单。版权部门向著作权人定期提供的销售报告或者财务结算报告，也依赖于高度共享的系统信息。这样版权部门就可以通过系统设定，选取某本图书特定报告期的来自发行系统的销售数量，以及来自出版部门的印刷数量。财务部门根据编务系统显示的销售数量，进行版税的结算与支付。版权部门将上述各个子系统的信息打包处理后，就可以向著作权人发出报告，完成一本图书的全部履约过程。与此同时，合同的履约，树立了出版社的正面形象，实际上降低了下次合作的选题策划成本。

3. 封面设计、排版及校对费用的控制

封面设计、排版按面数结算，校对费用按千字结算。多数出版社已经把设计、排版及校对环节外包给其他商家，以获得进项增值税额的抵扣。

封面设计费一般在500～1 200 元，打动人心的设计一般价格不菲，以长期合作来商讨降价的空间有限。这里的封面设计控制，主要指与纸张大小、整饰工艺等方面衔接，以降低成本。设计封面时要根据图书成品的尺寸、书脊厚度及勒口大小来进行。在设计勒口大小时，一般在不浪费纸张、便于印刷的情况下可使勒口稍大些，以容纳较多的内容，起到宣传的作用。但是受后续装订折口机尺寸的限制，一般不宜超过 100mm。封面工艺以突出强调重点为目的，多工艺堆积反而没有重点，受技术所限，小字不宜做烫印、起凸工艺。

排版成本的降低，要求版式设计精细化，一本书尽可能减少面数。这里决不是说版面排得愈密愈好，譬如大众读物，字不能太小，行距不能太窄，而是指在适应书稿内容和读者对象的前提下，尽可能地节约纸张材料以降低图书成本。又如，有些篇章较多的图书，如每章都另页排起，或另面排起，或采用接排形式，这里的用纸量和印制费用也大有差别。所以，进行版式的设计时，要在考虑到图书的性质、内容与适应读者需要的同时，权衡考虑降低图书成本。

校对费用按千字结算，每家出版社有固定的价格，但是校对效果往往不理想。为了提高校对的效率，建议采用浮动工价，样书质检结果好的，给予上浮；而有差错的，要下浮工价。在控制校对费用的同时，激励校对人员严把质量关，相当于降低图书退货或报废改书成本。

4. 储运费及损耗的控制

图书储运费指图书从出版社的库房发往读者手中或者图书退货所产生的费用，这里主要讨论库存损耗和退货损失。据 2012 年《中国出版年鉴》统计，全国本版图书新书品种数 207 506，重印品种数 162 017，与上年相比，新书增加 9.62%，重印增加 16.48%。每年如此多的品类，图书出版行业面临着库存积压严重且退货率居高不下的现状。图书库存成本主要包括图书资金占用成本、保险成本、储存成本及合理损耗。库存积压的原因是多方面的，例如选题质量低、印数决策失当、销售渠道不畅、营销和宣传不到位、重印时机不当等，要从根源解决，采取多种措施降低库存成本。出版社铺货保守谨慎容易断货，影响销量，铺货量大容易退货。出版社首先需要对自己的销售商分等级精细管理，对书店进货的周期、时间、数量进行评估，主动控制发货和退货。其次，要建立强大的信息系统和物流系统，通过高度现代化的物流配送系统和信息管理系统，对作者等上游资源以及批发商、终端书店、读者等下游资源进行高效统筹，不仅能够有效地压缩库存，进行全过程的时间成本控制，同时有利于扩大出版企业外延资源。

5. 管理费用的控制

管理费用是指出版单位为组织和管理出版经营所发生的费用，包括出版单位的董事会（或类似机构）、编务及版权、出版、人力资源和财务管理、后勤保障等部门在出版经营管理中发生的，或者应当由出版单位统一负担的公司经费。如果一个企业组织机构、利益关系比较复杂，内部条块分割，各部门各自为政，那么企业的内部成本必然增加。层次越多，费用也就越大，管理需要的精力、时间和资金就越多，管理人员和设施费用也就随之增加。出版单位要根据出版价值链设计出版流程，注意控制企业内部的工作效率，使价值链中各环节的连接紧密，减少不必要的职能重复，构建效率更高的组织结构，合理调整资源配置，精细化运营管理。

二、定价管理

图书价格主要由图书印刷成本、作者稿酬、预期利润、图书折扣和销售税金、出版管理费用构成。它是书籍生产成本、编辑与发行的价格相互关系的有机整体，体现了各种价格之间相互联系、相互制约的内在关系。通常情况下，图书的印制成本大约占图书定价的 25%，作者稿酬占 7%～10%，出版社合理利润占 10%～15%，批发商的折扣占 5%～10%，零售商折扣占 25%～35%。这决定了图书不可能以较低折扣销售。价格战的出现，严重扰乱了图书交易市场，造成竞争秩序混乱、书价虚高不下、行业诚信缺失。一方面是出版社觉得图书没有利润，一方面是读者觉得图书定价太高。

国际上定价方法分为三类：成本导向定价法、需求导向定价法和竞争导向定价法。我国出版单位的定价方法主要还是成本导向定价法（如印张定价法和利润倒扣法），除此之外，还有竞争导向定价法，即比照市场上同类图书的价格来确定书价。

但是，笔者认为被大家所忽略的需求导向定价法，结合图书成本分析，应用于图书定价可有较好表现。消费者的情况是千差万别的，就经济能力而言具有明显的层级性，这是社会经济发展的自然结果，同类产品分层次定价也是自然的结果。需求导向定价法首先考虑的是消费者对商品需求的程度和对价格的接受程度，然后才考虑成本。在采用需求导向定价法时，消费者的消费偏好、收入高低以及需求弹性是制定价格的主要依据。

国外的图书产品就是这种状态，一般的图书都会先出版精装本，继而推出平装本，甚至更多种不同版本，这些版本内容基本一致，但是在装帧设计、外观包装、质地质量上有所区别，因此定价不同，这样就使每一种图书都形成一个从高到低的价格空间，覆盖不同图书消费者的需求。

这种区别需求定价法应用广泛。新书刚刚上市时，利用图书的优势进行营销宣传，制定较高的图书价位和低折扣回收成本，以获取巨大利润。在图书成本收回，同时利润目标实现后，如果市场上出现强劲对手，采取降价策略和较高折扣来赢取利润。折扣其实就是在零售环节为图书二次定价。

纸质书和它的电子版也适用于区别需求定价法。如果价格相对较高的纸质书畅销，出版社在此之际推出电子版，在宣传舆论和营销的带动下，电子书的低廉价格会吸引大批消费者下载；另一方面，如果某本电子书在网上已经传播得非常广泛，出版社也可买断版权，适时推出纸质图书，满足一些想收藏的买家。

中国的出版业正在发生深刻变化，读者群体也日益发生着分化。图书正在从传统的大众阅读走向小众阅读，读者的阅读取向变得多元化、小众化和个性化。

从规模上来说，图书出版从过去开机印刷上百万和几十万的数量变成多印次小批量供给。从种类上来说，图书的品种在不断快速增长，而每种书的平均印数一直在持续下降。这种变化是正常的，在一个成熟的市场上，读者的阅读需求是多样化和有差异性的。图书出版犹如一种戴着镣铐的舞蹈，在充分了解市场局限的基础上，控制成本，提高利润，同时满足社会效益和经济效益，是新时期出版社新的任务。

浅议大型重点图书项目的书籍装帧运作管理

——以《国家哲学社会科学成果文库 2011》书籍装帧运作管理为例

· 彭莉莉 ·

大型重点图书项目通常指出版单位多卷本、大篇幅、大工程的重点出版项目，具有重大的学术、社会影响力。大型重点图书无疑是出版单位的重点项目，受到出版单位高度的重视，具有较高的学术价值、社会价值。一般有省市级重点、国家级重点项目，以出版单位独立运作或与其他出版单位共同运作的形式完成。大型重点图书项目具有涉及的环节多、时间跨度长、参与人员多、资金投入大、实施难度大的特点。出版单位在大型重点图书项目上会投入大量的人力、物力、财力，积极地组织项目运作，这对出版单位的组织、协调能力，承担项目的人员素质提出了更高的要求，应确保大型重点图书项目的内容质量与出版质量，以取得社会与经济效益的双赢。

一、《国家哲学社会科学成果文库 2011》背景介绍

《国家哲学社会科学成果文库》于2010年由全国哲学社会科学规划领导小组批准设立，旨在充分发挥哲学社会科学优秀成果的示范引导作用，鼓励广大哲学社会科学工作者以优良学风打造精品力作，进一步推动我国哲学社会科学繁荣发展。《国家哲学社会科学成果文库》每年评审一次，全国哲学社会科学规划办公室按照“统一标识、统一封面、统一版式、统一标准”的方式组织出版入选作品。

《国家哲学社会科学成果文库 2011》共计 75 册，作品涵盖 24 个学科，既有《以科学态度对待马克思主义：马克思恩格斯的思想与实践》等基础研究成果，也有《中国通货膨胀新机制研究》等应用研究成果；既有国家社科基金项目成果，也有非国家社科基金项目成果。作者来自中国社会科学院、北京大学、中国人民大学、复旦大学等高校、科研单位、党政机关共 42 个单位。这些作品运用马克思主义立场、观点、方法，深入研究改革开放和社会主义现代化建设中的重大理论与现实问题，积极探索哲学社会科学发展中的基础理论问题，体现了我国哲学社会科学研究相关领域的较高水平。

《国家哲学社会科学成果文库 2011》由人民出版社、中国社会科学出版社、北京大学出版社、中国人民大学出版社、上海人民出版社、军事科学出版社等 14 家出版社共同承担了出版任务。由于涉及的出版社众多，装帧设计人员、设备、组织协调能力等情况各异，如何让 14 家出版社的 75 册图书在形式上保持统一，成为了一个现实的问题。为此，全国哲学社会科学规划办公室指定中国人民大学出版社承担《国家哲学社会科学成果文库 2011》的书籍装帧具体工作。

二、大型重点图书项目中的书籍装帧运行管理

大型重点图书项目的书籍装帧运作，是大型重点图书项目中的重要部分之一，直接影响图书最终呈现的形式与质量。书籍装帧运作管理通常体现在封面设计、版式设计、装帧形式、装帧材料、印刷装订等环节上，对于大型重点项目而言，书籍装帧运行管理更重要的是体现在书籍装帧运作的整体运作意识、时间统筹、执行力上。

下面结合《国家哲学社会科学成果文库 2011》书籍装帧运作的具体过程，浅谈大型重点图书项目中的书籍装帧运行管理。

（一）大型重点图书项目书籍装帧整体运作意识

在大型重点图书项目书籍装帧设计的过程中，需要始终树立整体运作的意识。封面设计、版式设计、装帧形式、装帧材料等要作为一个整体来考虑，与此同时还需要充分考虑本项目的周期特点，保证图书项目形式上的整体性与延续性。延续性主要体现在套系书籍装帧的延展空间上，用长远的眼

光为后续系列图书的书籍装帧设计作筹划。整体性主要体现在图书呈现出来的系列感、规模感上，因此在方案设计时，不宜做过多的变化，应确定哪些元素固定不变的，哪些元素是可以做设计上的变化，哪些是整体运作中的难点，哪些是重点，用什么样的装帧材料能更好地表现该图书项目的品质，等等。

《国家哲学社会科学成果文库》是一年一次的长期项目，《国家哲学社会科学成果文库 2011》在封面设计方案上沿用《国家哲学社会科学成果文库 2010》，不做过多的变化。仅在标志、色块的颜色上，采用蓝色（色值：C100，Y60，M0，K0）与 2010 版区分。封面规范不变，用纸保持不变。

书籍装帧整体运作的重点：

(1) 书脊：保持 75 册图书书脊上色块、书名、社标位置、高度的一致性。书脊的一致性直接影响展示陈列的效果。

(2) 封面：保持 75 册图书色块、标志的大小、位置一致，书名、作者名位置固定。

书籍装帧整体运作的难点：

1. 书名字数较多，形式多样

(1) 封面：对于字数较少的书名一行排列。书名字数较多的，最多的书名 20 余字，书名需根据题义进行断行，限定在两行之内排列。因此，在进行封面设计之前，需事先由编辑对书名进行断行，或者对较长书名进行精简。在封面书名的排列上，书名字体高度保持不变，宽度可调整，以分行后一行排列的最多字数为标准，相同字数的书名字宽一致。书名字数越多，字体将越窄。在书名的形式上也是多样，有带年份的书名，有分上、中、下册的形式，要对其分类统一形式。

(2) 书脊：固定最长书名的位置，超过此位置的书名，字体宽度不变，高度变化，进行调整，相同字数的书名应保持高度一致。书名字数越多的，字体越扁。在书籍封面设计的运作中，首先要对 75 册图书的书名字数作划分，分别对书名分行后字数一致的书名进行归类，按照由少到多进行排列分类。书脊上的书名，将 75 册图书的书名按字数的多少，由少到多进行分类，充分考虑到整体性，保证形式上的相对统一性（见图 1～图 6）。

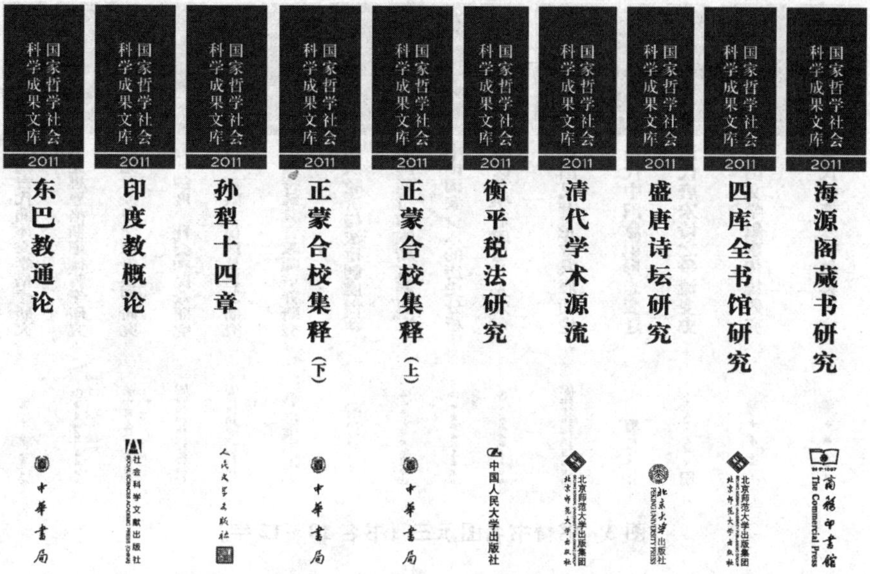

国家哲学社会科学成果文库 2011 东巴教通论 中华书局
国家哲学社会科学成果文库 2011 印度教概论 社会科学文献出版社
国家哲学社会科学成果文库 2011 孙犁十四章 人民文学出版社
国家哲学社会科学成果文库 2011 正蒙合校集释（下） 中华书局
国家哲学社会科学成果文库 2011 正蒙合校集释（上） 中华书局
国家哲学社会科学成果文库 2011 衡平税法研究 中国人民大学出版社
国家哲学社会科学成果文库 2011 清代学术源流 北京师范大学出版集团 北京师范大学出版社
国家哲学社会科学成果文库 2011 盛唐诗坛研究 北京大学出版社 PEKING UNIVERSITY PRESS
国家哲学社会科学成果文库 2011 四库全书馆研究 北京师范大学出版集团 北京师范大学出版社
国家哲学社会科学成果文库 2011 海源阁藏书研究 商务印书馆 The Commercial Press

图1 书脊书名图示一（书名5～7字）

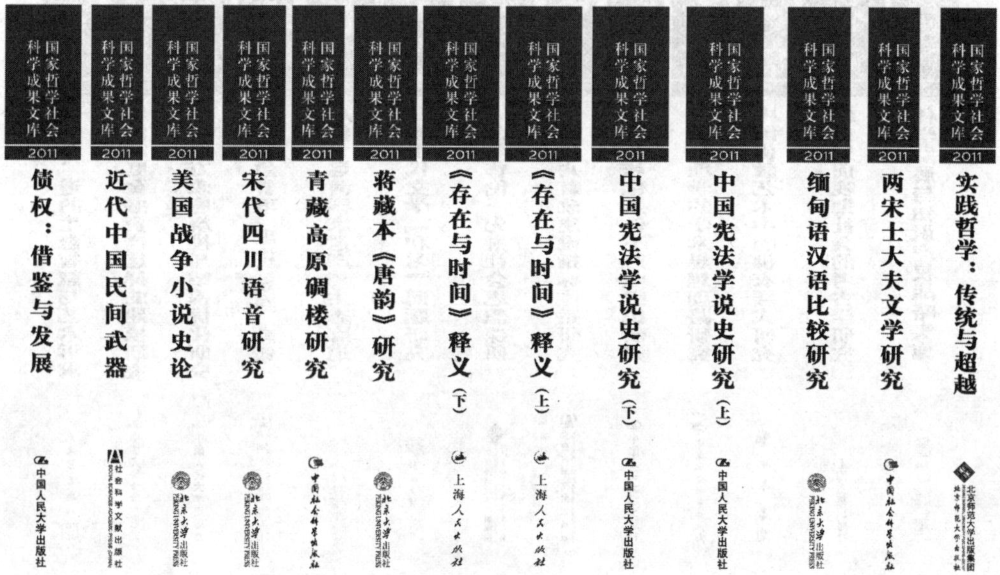

国家哲学社会科学成果文库 2011 债权：借鉴与发展 中国人民大学出版社
国家哲学社会科学成果文库 2011 近代中国民间武器 社会科学文献出版社
国家哲学社会科学成果文库 2011 美国战争小说史论 北京大学出版社 PEKING UNIVERSITY PRESS
国家哲学社会科学成果文库 2011 宋代四川语音研究 北京大学出版社 PEKING UNIVERSITY PRESS
国家哲学社会科学成果文库 2011 青藏高原碉楼研究 中国社会科学出版社
国家哲学社会科学成果文库 2011 蒋藏本《唐韵》研究 北京大学出版社 PEKING UNIVERSITY PRESS
国家哲学社会科学成果文库 2011 《存在与时间》释义（下） 上海人民出版社
国家哲学社会科学成果文库 2011 《存在与时间》释义（上） 上海人民出版社
国家哲学社会科学成果文库 2011 中国宪法学说史研究（下） 中国人民大学出版社
国家哲学社会科学成果文库 2011 中国宪法学说史研究（上） 中国人民大学出版社
国家哲学社会科学成果文库 2011 缅甸语汉语比较研究 北京大学出版社 PEKING UNIVERSITY PRESS
国家哲学社会科学成果文库 2011 两宋士大夫文学研究 中国社会科学出版社
国家哲学社会科学成果文库 2011 实践哲学：传统与超越 北京师范大学出版集团 北京师范大学出版社

图2 书脊书名图示二（书名8～9字）

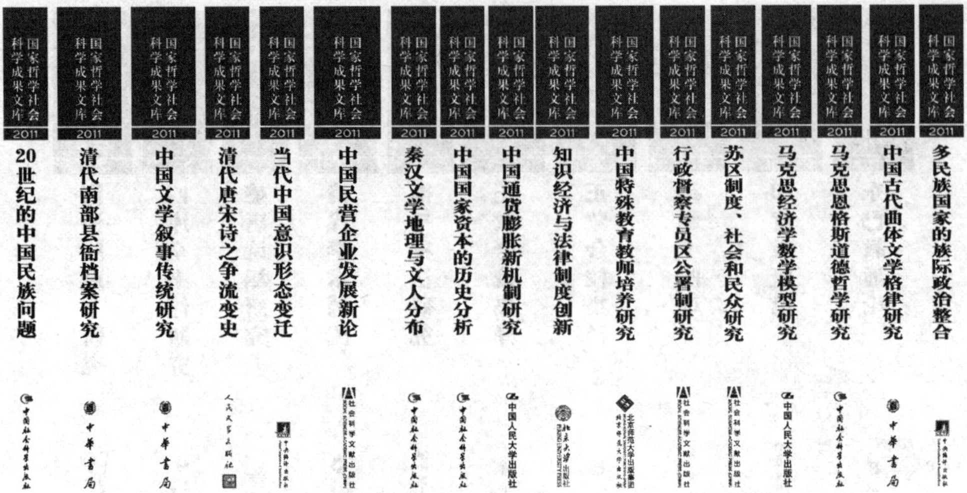

国家哲学社会科学成果文库 2011

- 20世纪的中国民族问题　中国社会科学出版社
- 清代南部县衙档案研究　中华书局
- 中国文学叙事传统研究　中华书局
- 清代唐宋诗之争流变史　人民文学出版社
- 当代中国意识形态变迁　中央编译出版社
- 中国民营企业发展新论　社会科学文献出版社
- 秦汉文学地理与文人分布　中国社会科学出版社
- 中国国家资本的历史分析　中国社会科学出版社
- 中国通货膨胀新机制研究　中国人民大学出版社
- 知识经济与法律制度创新　北京大学出版社
- 中国特殊教育教师培养研究　北京师范大学出版集团
- 行政督察专员区公署制研究　社会科学文献出版社
- 苏区制度、社会和民众研究　社会科学文献出版社
- 马克思经济学数学模型研究　中国人民大学出版社
- 马克思恩格斯道德哲学研究　中国社会科学出版社
- 中国古代曲体文学格律研究　中华书局
- 多民族国家的族际政治整合　中央编译出版社

图3　书脊书名图示三（书名10～12字）

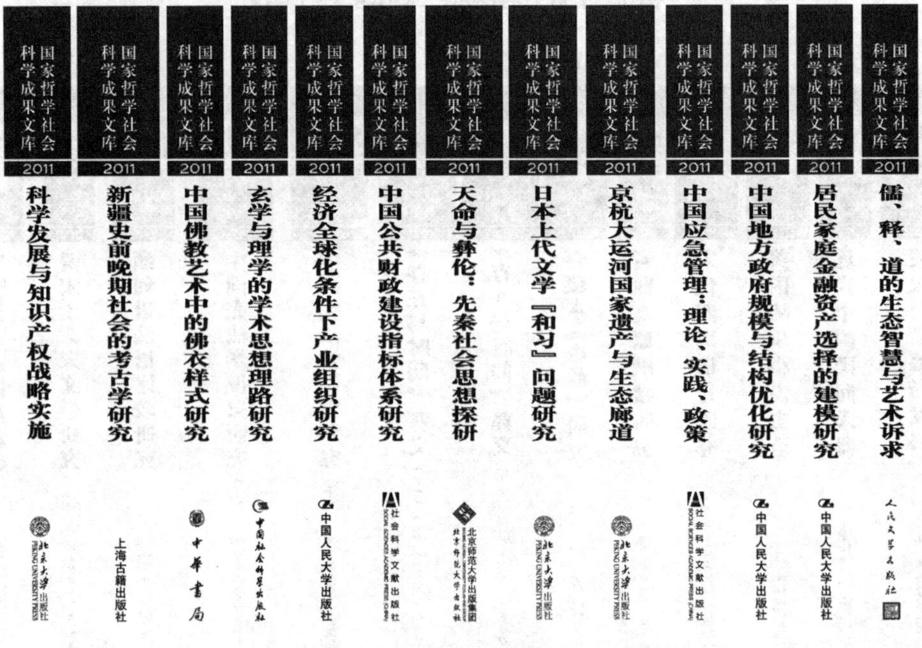

国家哲学社会科学成果文库 2011

- 科学发展与知识产权战略实施　北京大学出版社
- 新疆史前晚期社会的考古学研究　上海古籍出版社
- 中国佛教艺术中的佛衣样式研究　中华书局
- 玄学与理学的学术思想理路研究　中国社会科学出版社
- 经济全球化条件下产业组织研究　中国人民大学出版社
- 中国公共财政建设指标体系研究　社会科学文献出版社
- 天命与彝伦：先秦社会思想探研　北京师范大学出版集团
- 日本上代文学『和习』问题研究　北京大学出版社
- 京杭大运河国家遗产与生态廊道　北京大学出版社
- 中国应急管理：理论、实践、政策　社会科学文献出版社
- 中国地方政府规模与结构优化研究　中国人民大学出版社
- 居民家庭金融资产选择的建模研究　中国人民大学出版社
- 儒、释、道的生态智慧与艺术诉求　人民文学出版社

图4　书脊书名图示四（书名13～15字）

国家哲学社会科学成果文库 2011 社会主义意识形态的吸引力和凝聚力研究 学习出版社

国家哲学社会科学成果文库 2011 网络信息资源评价指标体系的建立和测定 商务印书馆 The Commercial Press

国家哲学社会科学成果文库 2011 中国制造业生产要素相对比例变化及经济影响 北京大学出版社 PEKING UNIVERSITY PRESS

国家哲学社会科学成果文库 2011 法律与历史：体系化法史学与法律历史社会学 北京大学出版社 PEKING UNIVERSITY PRESS

国家哲学社会科学成果文库 2011 民国时期西北少数民族社会变迁及其问题研究 中国社会科学出版社

国家哲学社会科学成果文库 2011 国际金融危机对我国国防经济的影响与对策研究 军事科学出版社

国家哲学社会科学成果文库 2011 中国哲学精神重建之路：马克思主义哲学中国化探讨 北京师范大学出版集团 北京师范大学出版社

国家哲学社会科学成果文库 2011 中世纪西欧基督教文化环境中「人」的生存状态研究 北京师范大学出版集团 北京师范大学出版社

国家哲学社会科学成果文库 2011 以科学态度对待马克思主义：马克思恩格斯的思想与实践 学习出版社

国家哲学社会科学成果文库 2011 主体人类学原理：「主体人类学」概念提出及知识体系建构 中国社会科学出版社

国家哲学社会科学成果文库 2011 中间商与中国近代交易制度的变迁：近代行栈与行栈制度研究 中华书局

图 5　书脊书名图示五（书名 18～27 字）

国家哲学社会科学成果文库 2011 俄藏黑水城漢文非佛教文獻整理與研究（上） 北京师范大学出版集团 北京师范大学出版社

国家哲学社会科学成果文库 2011 俄藏黑水城漢文非佛教文獻整理與研究（中） 北京师范大学出版集团 北京师范大学出版社

国家哲学社会科学成果文库 2011 俄藏黑水城漢文非佛教文獻整理與研究（下） 北京师范大学出版集团 北京师范大学出版社

国家哲学社会科学成果文库 2011 冷战与新中国外交的缘起（1944—1955） 社会科学文献出版社 SOCIAL SCIENCES ACADEMIC PRESS (CHINA)

国家哲学社会科学成果文库 2011 苏联知识分子群体转型研究（1917—1936） 北京师范大学出版集团 北京师范大学出版社

国家哲学社会科学成果文库 2011 马克思主义在中国初期传播史（1918—1922） 学习出版社

国家哲学社会科学成果文库 2011 国家哲学社会科学成果文库概要（2011） 中国人民大学出版社

图 6　书脊书名图示六（书名带年份或繁体字）

2. 标志、色块的颜色需整体规划

标志、色块的颜色需要提前作整体规划，每年更换颜色。大气、稳重的颜色选择空间受局限，如果能有长远的整体规划，选择出适合该项目数年内适用的颜色，并以选定的颜色数量为一周期进行颜色的轮换，不失为一个较好的解决方法。

3. 装帧材料（裱布、环衬用纸等）与封面颜色的协调统一

装帧材料要与封面方案做到协调统一。装帧材料由供应商提供成品，选择的颜色空间有局限性，在没有合适颜色的情况下，需要提前定制。如果没有整体意识，仅仅只是追求封面的颜色区分，而忽略了裱布、环衬，那么书籍最终呈现的状态将是不完美、缺失整体性的。

（二）大型重点图书项目书籍装帧运作管理的时间统筹

大型重点图书项目对时间的要求相当严格，预计的出书日期无特殊情况不容推迟。因此书籍装帧部分的时间统筹，将直接关系整个项目的进度。书籍装帧运作应保持与正文编辑加工完成时间的同步，确保整个项目的出书计划不受影响。这需要在设计方案确定、装帧材料确定的前提下，针对项目要求完成的时间，进行科学的时间安排统筹、阶段性工作的安排。

《国家哲学社会科学成果文库 2011》书籍装帧运作从 2012 年 2 月 15 日开始，预计用书日期为 2012 年 4 月 4 日。从 2012 年 2 月 15 日开始，为期一周的时间，由全国哲学社会科学规划办公室进行封面方案颜色的选定、装帧材料的选定工作。此阶段的工作选定完成后，开始由中国人民大学出版社制定封面方案的设计源文件规范，以及书籍装帧具体工作阶段的时间安排、装帧材料说明等。制定完成后交全国哲学社会科学规划办公室审核，同意后由其下发其他 13 家出版社执行。

《国家哲学社会科学成果文库 2011》护封工作安排

第一阶段：护封设计稿形成工作（各出版社 2012 年 2 月 24 日前完成）

1. 责任编辑提供封面准确的中文书名、英文书名、作者名（定价、条码可暂缺）。

2. 美术编辑设计初稿。

3. 责任编辑校对（一校，修改意见）。

4. 美术编辑修改设计稿（一改）。

5. 责任编辑校对（二校）。

6. 护封设计稿形成（确保书名中文、英文等正确。待付印前各出版社再作最终调整）。

第二阶段：护封调整工作（2012年2月25日—3月5日）

1. 各出版社发送护封（确保书名中文、英文无误）pdf文件、源文件、《国家哲学社会科学成果文库2011》护封具体信息表。（各出版社2012年2月24日下午3点前发至××××××@qq.com，电话：6251××××）

2. 中国人民大学出版社主要统一检查所有护封的书脊字体、书名字体是否统一等细节。（2012年2月25日—3月1日）

3. 中国人民大学出版社将调整好的护封交全国哲学社会科学规划办公室进行审核。审核结束后，由中国人民大学出版社将护封调整后的情况反馈给各出版社，以便各出版社进行付印前的工作（成品尺寸、书脊尺寸、定价、条码、内封、扉页等最终调整）。（2012年3月5日）

第三阶段：护封付印前定稿工作（2012年3月5日—3月8日）

1. 各出版社作好付印前的各项调整（书脊、定价等事宜），确定最终印刷的护封定稿文件。

2. 各出版社发送护封印刷最终源文件、pdf文件，并填写《国家哲学社会科学成果文库2011》护封具体信息核定表。（各出版社2012年3月8日下午3点前发至××××××@qq.com，电话：6251××××）

第四阶段：护封彩样、签字工作（2012年3月9日—3月13日）

1. 由中国人民大学出版社统一打印护封数码彩样。（2012年3月9日）

2. 各出版社集中开会，由各出版社文库出版工作负责人和美术编辑参加，现场签字确认护封数码彩样、《国家哲学社会科学成果文库2011》护封具体信息核定表。（2012年3月13日）

第五阶段：护封下印刷厂（2012年3月15日）

1. 为保证设计统一及传送过程中不出现错误，由中国人民大学出版社统一将各出版社最终确认的护封文件发中科院印刷厂。（2012年3月15日）

2. 中科院印刷厂印前打样，由全国哲学社会科学规划办公室最终签字。

3. 各出版社与中科院印刷厂联系下单。

关于《国家哲学社会科学成果文库 2011》装帧材料的说明

一、装帧材料

1. 护封

230 克白雅梭

规格：787mm×1092mm

供应商：北京×××商贸有限公司

联系人：李× 1380107××××

2. 内封

裱布：格拉丝 8526 幅宽：1.4m 100m 一卷

供应商：××装帧材料北京有限公司

联系人：刘× 1370107××××

3. 前后双环衬

160 克织锦纹（K-7002 号）

供应商：北京××纸业

联系人：陈×× 1391010××××

4. 衬页及像页

157 克铜版纸 规格：787mm×1092mm

5. 正文

70 克山东龙口纯质纸 规格：710mm×1000mm

供应商：××××纸业

联系人：付× 1580535××××

6. 辅料（同 2010 年）

荷兰板 2mm

白色堵头布

大红丝带 7mm

二、备货、到货时间

备货时间：2012 年 2 月 29 日前，各出版社确定护封相关装帧材料用量，与各供应商联系下单备货（由于装帧材料需要集中生产、运送等周期，请各出版社确保 2012 年 2 月 29 日前落实）。

到货时间：2012 年 3 月 14 日前，护封印刷相关装帧材料运送到位。

三、护封印刷

采用CTP制版，统一在中科院印刷厂

联系人：宋×× 1360103××××

请各出版社各自联系、各自采购、各自结算。

以上《国家哲学社会科学成果文库2011》护封工作安排、关于《国家哲学社会科学成果文库2011》装帧材料的说明，充分、细致地展现了《国家哲学社会科学成果文库2011》书籍装帧运作的流程安排，正是由于时间合理的统筹安排，各环节周密地考虑，为书籍装帧运作具体过程提供了清晰的指导，也为该项目图书的按时、按质出版提供了前提。可见，在大型重点图书项目的书籍装帧运作中，时间统筹管理是何等重要。

（三）大型重点图书项目书籍装帧运作管理中的执行力

大型重点图书项目书籍装帧运作管理中的执行力，是项目能否顺利完成的关键之一。当各项前提准备、计划安排都已经部署到位，每个参与项目的人员，都应该尽自己的全力，保证落实每一个环节，推进整个图书项目的完成。由出版单位自行完成的大型重点图书项目，落实执行力相对较容易，因为这个项目团队在沟通上、人员配置上都能最优化，在实际运作管理中会有很强的凝聚力。然而，与其他出版单位共同完成的大型重点图书项目，在具体的实际运作管理中，如果没有一个主管单位，配备专门的项目团队进行有效统筹，掌握整个项目的进程，进行组织、协调，单靠某一出版单位组织、协调，执行难度相当大。首先，从人员的配置上无法掌握项目是否能够顺利进行，每个出版单位配备的人员素质参差不齐，难免遇到不适合该项目的人员，也就需要对该合作方格外注意，以免造成项目的纰漏。其次，若其他出版单位的时间进度滞后，作为同级的出版单位没有力度去进行协调。再次，由某一出版单位组织、协调项目，投入的人力、物力、财力、精力会更多，如果没有财力上的支持，某一出版单位将很难长期支撑一个与其他出版单位共同完成的大型重点图书项目。这对于参与项目人员的积极性和团队的激发也没有良好的促进作用。因此大型重点图书项目，需要对参与团队，项目的人力资源机制有一个合理的分配，财力、物力上的支持，组织协调结构上的有效划分，构建一个运作管理中行之有效的执行团队，促进整个运作管理中执行力的落实。

《国家哲学社会科学成果文库 2011》书籍装帧运作过程中，全国哲学社会科学规划办公室作为项目的主管单位，在项目书籍装帧运作中发挥着领导作用。中国人民大学出版社作为主要的执行者，在各出版社的大力配合和共同努力下，按时按质地完成了《国家哲学社会科学成果文库 2011》共 75 册的书籍装帧工作。虽然在运作的过程中，因个别出版社未按要求、标准、时间执行，造成过执行过程中的困难，但都在主管单位的协调下，合理有效地解决了，保证了整个书籍装帧运作的顺畅。对于一个 75 册的大型重点图书项目，能在较短的一个半月时间内，高质量、零差错地完成精装书籍装帧从制定计划、设计、统筹、校对、修改到印刷等的全过程，做到内容与形式的高度统一，充分地体现了《国家哲学社会科学成果文库》的整体感、规模化、精品化，续写了国家哲学社会科学精品的典范。可见执行力的落实对于整个项目的顺利完成至关重要。

结　语

大型重点图书项目的书籍装帧运作管理，是大型的重点图书项目中的重要组成部分，要做好组织、协调以及团队建设的工作，树立整体运作的意识，制定好科学的时间统筹，切实执行每一个环节，将大型重点项目图书真正打造成一个出版单位、一个学科、一个国家的经典作品、品牌形象、为传播社会主义精神文明建设作出应有的贡献。

特种纸的使用浅说

·徐谋卿·

一、特种纸的概念

特种纸，概括地说就是具有特殊性能和特殊用途的纸张材料。特种纸起源于1945年美国国立现金出纳机公司研制的无碳复写纸，在20世纪60年代以后才逐步推广起来。

特种纸的特别之处，主要表现在下列几个方面：在原料上，不局限于植物纤维，非植物纤维如无机纤维、合成纤维也得到了应用；在结构上，除了纤维交织层外，还能加工或者增加涂布层数；在生产工艺上，沁浸染色，压制各种纹理、花纹等多种工艺；在规格上，特种纸的规格打破了传统规格的正度、大度，更多地提供一些特殊规格；在用途上，以其特殊性能可以满足特殊的、小众的多种多样的需要。特种纸还有一个特别之处，就是它的制造成本比较高昂。

我们这里说的特种纸，主要是用于图书出版的纸张材料，它在图书出版工艺中以其特殊的性能，具有特殊的用途，扮演着特殊的角色。

二、特种纸的分类

用于图书出版的特种纸，也是种类繁多，花色多样。这里主要就一般图书装帧时常用来做衬纸、扉页、封面、精装壳面的一些特种纸，作简单介绍。

1. 涂布类和非涂布类特种纸

涂布纸，简单地说是指在原纸之上涂上涂料加工的纸张；非涂布纸就是原纸，没有经过在表面上涂料加工的纸张。二者物理特点，以及在印刷中的油墨吸收性有较大的区别。

油墨吸收性，就是纸张对油墨的吸收能力，是纸张和油墨固有特性在印刷条件下的综合反应，也是评价纸张性能的重要因素。纸张对油墨的吸收能力过强，会导致印迹无光泽，甚至产生粉化现象；纸张对油墨的吸收能力太弱，则会减慢油墨的干燥速度，导致印刷背面蹭脏、正面刮花。

涂布纸对油墨的吸收能力比非涂布纸要低一些。如果设计者需要艳丽光亮、色彩饱和度高的效果，那就建议使用涂布纸；相反就使用非涂布纸。这需要在选纸的时候加以注意，否则很难达到预期效果。有许多印刷故障就是因为涂布纸的油墨吸收性能与所采用的印刷条件不相适应造成的。

这里强调一下特殊的涂布纸——珠光纸，珠光纸的涂层中有形成珠光效果的二氧化钛和云母颗粒。珠光纸表面光滑，看起来珠光宝气，显得雍容华贵，适合做高档精美的画册、高档产品介绍等。这种纸，在其光艳灿烂的另一面，也有一些不足之处：（1）油墨附着性和干燥性不良导致印刷实地密度低、小网点丢失、干燥慢、反面易粘脏、易擦伤等。（2）珠光效果容易丢失，印刷容易形成白点、发花、折痕等现象。建议我们的设计者慎用。我们不仅要看到纸张的艺术表现力，更要注意纸张的印刷适应特性。

2. 花色纸和纯白纸

顾名思义，花色纸就是指表面带有各种各样颜色的特种纸，也有夹杂多色的纸张；纯白纸就是白色彩，没有上色的特种纸。有的特种纸经营公司，用花色纸来代指特种纸，可见花色纸的数量大、品种多、范围广，具有代表性。

花色纸的特点之一就是颜色丰富，就生产工艺角度来分，有沁浸染色花色纸、涂布染色花色纸。沁浸染色花色纸，是纸张在生产过程中在纸浆里掺入染料，颜色附着度好，批次色差小，即使深色也不容易退色。大多进口纸张采用的就是这种工艺。但它的缺点是颜色变化少，选择范围窄。涂布染色工艺颜色多样，可根据客户的要求进行染色，大部分的国产纸张采用这种工艺，它的缺点是容易产生不同程度的色差。随着工艺水平的提高，现在已可以生产出染透芯的纸张，和沁浸染色效果相当。

花色纸还有一个特点，同普通铜版纸、胶版纸相比，花色纸会显得厚一些，因为花色纸的纸浆更好，有的甚至含棉。同克重的纸相比，170～180 克花色纸的厚度大致与 200 克普通铜版纸的厚度相当。

选用花色纸，我们可以根据图书风格，选择相协调的色彩；同时注意和后期的工艺也要联系起来，选取合适的花色纸，以求达到预期的艺术效果。

3. 布面纸和充皮纸

布面纸，也叫装帧布，最早产生于荷兰，是把布与特殊纸张粘贴在一起制成的。装帧布根据用途大体分为两大类：（1）包装用装帧布，有各种颜色，可用于直接烫金、压凹等工艺。（2）印刷类装帧布，可直接四色胶印，是一种新型的印刷产品，有近似纸张的印刷适用性。布面纸价格大多比较昂贵，普通图书很少用到。有一些高档的精装书，用布面纸来作书壳的裱面材料，加以烫金、压凹、起凸的工艺，凸显图书的高档价值。

充皮纸，顾名思义就是可以充当皮子的纸张材料。是世界流行的包装纸张，有皮质感觉，面层柔软耐磨耐折，采用环保的水性油墨，颜色及花纹繁多。不同的颜色、纹路及光泽度搭配，使得纸张千变万化，或古雅或时尚。充皮纸的价格相对低一些，在设计制作精装图书的时候，会经常用充皮纸作为硬封。

充皮纸按材质，可大致分为：PVC 充皮纸、PU 充皮纸、原木浆浸染充皮纸、国产充皮纸等几大类。

（1）PVC 充皮纸。是在纸基上覆上 PVC（聚氯乙烯）膜，压上各种仿皮的纹理而成。此产品最早为韩国所生产，起初确实会有一股较重的塑胶味，不环保。目前，已经有国外的 PVC 充皮纸厂家生产出没有刺鼻气味的充皮纸，并且使用了大部分无毒的材料，现在的 PVC 充皮纸已经较几年前进步了不少。

（2）PU 充皮纸。其特性及生产工艺同 PVC 充皮纸基本一样，只是表面的材料不是 PVC，换成了 PU 膜材质，是近两年才开始流行起来的新产品。同样也有厂家标榜其产品为环保产品，但也不可降解，并不是真正意义上的环保。

（3）浸染充皮纸。采用纯木浆制成的长纤维纸张经过特殊浸染工艺加工，表面施以水溶性涂层制作成的一种仿真皮的纸张。其最早为瑞士和美国所研发生产，品质以美国进口的为最佳。具有色彩饱和鲜艳、不易退色的特点，纸张柔软，韧性好，抗撕、拉性好，易上胶贴合，具有真皮的高贵及质感，价格相比真皮及 PU 低廉。

（4）国产充皮纸。使用普通的浆制纸，在其表面经过颜色涂布及压纹，表面施以水溶性涂层制作成的一种仿真皮的纸张。国产充皮纸纸质偏硬，抗撕和抗拉性较差，并且容易有折痕，裱在盒子上容易起泡等等，但价格相比浸染充皮纸更加低廉。

4. 压纹纸和平面纸

特种纸当中，多数是表面平滑的平面纸，也有一些具有凹凸有致的花纹、图案、纹理的特种纸，这些有特殊质感的纸张材料就是压纹纸。压纹纸一般是通过机械压花或皱纸的方法，使得纸张表面形成凹凸图案、花纹来提高纸张的质感，达到特殊的装饰效果。由于压纹纸的纹理较深，为防止将纸压坏，通常仅压印纸张的一面。压纹纸比平面纸具有更强烈的艺术表现力，许多设计者喜欢使用这类纸张，用此制作图书或画册的封面、扉页等来表达不同的个性。

我们常用的主要是非套版压印的特种纸，这种纸压花花纹种类很多，如布纹、直条纹、橘子皮纹、直网纹、针网纹、麻袋纹、格子纹、皮革纹、麻布纹等。设计者可以根据需要选取，甚至可以自定义压纹，充分彰显设计艺术的个性。

有一些印刷装订厂，也备有压纹机，也可以压制一些花纹。尽管不是专业的压纹供应商，提供的花纹相对少一些，毕竟也给我们提供了可以选择的便利条件，在必要的情况下，可以选用铜版纸、胶版纸压纹工艺，不用去买价格更高的特种纸了。

5. 硫酸纸

硫酸纸，是把植物纤维抄制的厚纸用硫酸处理后，使其改变原有性质的一种变性加工纸，呈半透明状，纸质坚韧、紧密，而且可以对其进行上蜡、涂布、压花或起皱等加工工艺。具有纸质纯净、强度高、透明好、不变形、耐晒、耐高温、抗老化等特点，广泛适用于手工描绘、印刷设计制版，礼品包装，相册内页，胶印，凸凹，烫金等。

因为具有半透明的特点，硫酸纸往往用做书籍的环衬或衬纸。人大社的图书也有选用硫酸纸的，多用在作者像页的前面，这样可以保护像页，衬托出一种朦胧的意境。在硫酸纸上印图文、金、银别具一格，一般用于高档画册、精装图书较多。

除了纯色的硫酸纸以外，目前称作硫酸纸的特种纸，也是品种繁多、花色缤纷。其在纯色硫酸纸的基础上施加多种工艺，制成各种彩色花纹，利用半透明的特点，呈现出种种梦幻般的朦胧效果。

6. 白卡纸和纸板

白卡纸是一种较厚实坚挺，由纯优质木浆制成的白色卡纸，是介于纸和纸板之间的一类厚纸的总称，一般定量在150克以上。白卡纸一般由三层组成：表层和底层为白色，光滑平整，有单面白卡、双面白卡，中层为填充层，原料较次一些。白卡纸质地较坚硬，纸面比较细致平滑，坚挺耐磨。用途较广，如做各种高档包装盒、香烟盒、口杯、儿童读物等。装订用白卡纸主要做软面书壳、平装图书封面、说明书、硬衬等。

纸板又称板纸，纸板与纸的区别通常以定量和厚度来区分，一般将定量超过 200g/m^2、厚度大于 0.5mm 的称为纸板。纸板通常以各种植物纤维为原料，也有掺加非植物纤维，在纸板机上抄造制成的厚纸页。有些特种纸板也掺用羊毛等动物纤维或石棉等矿物纤维。

我们常用的纸板，最早是荷兰人用再生纸制造成的，又叫做“荷兰板”。荷兰板质量较好，坚硬平整，均匀度好，在一般气候条件下不易变形，可以长久保持平整度。荷兰板主要规格为 1～3mm 厚，常用于精装本册的硬壳，如邮册、文件夹、图画、书籍等。

如果图书开本在正 16 开或更大，图书页码较多的精装书，我们可以选用 2.5～3mm 的纸板；图书开本较小，又比较薄，可以使用 2mm 左右的纸板。

三、模拟特种纸

在实际工作中，特种纸的某些功能也可以用普通纸加以后期工艺来替代模拟，这里权且称作模拟特种纸吧。

1. 普通纸压纹工艺

在铜版纸、胶版纸上压制花纹，在一定程度上也可以达到较好的效果，比如人大社图书《社会学》（第十一版）的前衬连扉页，就是使用了胶版纸压纹的工艺，达到了节省成本而又增加质感的效果。

2. 胶版纸印刷颜色、花纹

翻开《读画记——那些疯狂忧伤的美》的封面，映入眼帘的前衬连扉页——挺不错的浅灰方格布纹“特种纸”视觉效果，其实那不是特种纸，只是常用的 120 克胶版纸印刷而成的。

3. 白卡纸的背面印刷

单面白卡纸背面没有涂布，有某些特种纸的质感。有些设计者为了节省成本，使用白卡纸的背面印刷，来获取自己需要的特殊效果。但是白卡纸往往是多层结合的纸，使用不当容易引起脱层起皱。需要深切注意：（1）尽量避免满版大色底；（2）尽量不要再使用覆膜工艺；（3）印刷完毕，要等墨色完全干透以后再进行装订。

四、特种纸的使用原则

总的来说，特种纸因其特殊的表现能力，在图书出版中，可以说用得比较广泛，但是特种纸因为制作材料和制作工艺的特别，价格也较高，有的还特别昂贵，因而要从特种纸的艺术表现力和较高成本的矛盾中，寻求最佳的结合点。根据特种纸的特点，来确定特种纸的使用原则，必须用的一定要用，可用可不用尽量不用，少用、慎用特种纸，考虑使用替代品。

“三多三少”保证“网报时代”统计数据的实效性

·孟　巍·

统计工作是反映行业高效低耗和建设节约型社会成效的重要手段，也是各级单位和部门制定发展措施的重要依据，在建设节约型社会中有着不可或缺的重要作用。切实做好统计监测工作，提供准确、客观、真实的相关数据是做好网报时代统计工作的关键和重点。本文拟就统计申报现状以及日常统计工作中存在的困难和问题做简要分析，以“三多三少”保证“网报时代”统计数据的实效性。

一、当前企业统计工作的现状

随着重新修订的《中华人民共和国统计法》在 2010 年 1 月 1 日施行，近年来统计法治建设工作稳步推进，各地统计系统的执法力度不断加强，通过集中执法、常规执法、督导检查等多种形式，使基层统计数据质量得到明显提高。与此同时，不断强化执法服务意识，创新执法服务的方式方法，进一步提升了基层统计人员的思想认识，提高了业务素质。但是统计数据的准确性不够。工作实践中，一些单位不顾实际情况，领导出数字，凭想象设计指标任务，进行数据虚构，出假数据或者有意瞒报数据、随意捏造数据，这些都对数据的准确性造成很大影响。

统计数据的时效性差，因为不同行业或规模的单位或部门间会计核算和统计核算的差异很大，很多指标很难从正常渠道获得，只能依靠统计人员凭自己对统计制度的理解进行估算，加上统计数据是事后统计的，无法开展统计调查和分析，信息的时效性就很差了。

统计数据的完整性欠缺，则主要是由遗漏统计调查单位、统计调查项目不完全、调查资料缺乏畅通的渠道和科学的统计方法等所导致。

二、当前出版行业统计工作的问题

1. 统计台账不健全，无法成为数据准确的基石

不少单位对建立统计台账认识不到位，还有的统计人员不能正确使用统计台账，电子台账流于形式，或只是为了应付检查而记录，这些都使得统计台账没有发挥原始记录与统计报表衔接的作用，不能方便统计报表上报，反而成为统计人员的负担。有些企业在接到执法检查通知前才开始补记台账，或者在报表上报后依据报表数据登记台账，这样的统计台账就失去了记录的意义。

有的单位经营情况、劳动情况台账虽然已经建立，但不符合要求，报送的统计数据与实际差距较大。企业应进一步细化统计台账的设置和使用说明，力争使新增从事统计工作的人员一看就懂，一看就会用，提高统计工作效率，保证统计数据真实、准确、完整、及时。在网上报送时代，统计台账依然扮演着相当重要的角色。

2. 指标含义不理解，无法成为数据填报的支撑

认真学习统计制度，正确理解指标含义是准确填报统计数据的关键。对所填指标内容和含义把握不准确也是造成很多企业数据填报错误的重要原因之一。目前很多企业的统计人员是由会计人员兼任的，这样安排便于统计人员正确填报财务报表。但是由于财务人员是按照财务或者税务思维定式填报统计报表，容易造成对统计指标填报范围和口径理解的偏差，加上没时间加强统计知识学习，最终导致数据差错。

比如在企业的财务状况表中有一个重要但又不起眼的指标叫“税金”，它是财务状况表中“管理费用”指标的其中一项。说这个指标重要，因为它是统计核算增加值时的一个重要指标，因而也是执法检查中的一个重点指标；说它不起眼，是因为这个指标是管理费用下的一个其中项，很多企业填报的时候没太注意这个指标，没有仔细地研究过这个指标的含义，结果在这个“小指标”上栽了跟头。

3. 数据汇集不沟通，无法成为数据填报的砥柱

统计报表中的数据，来源于方方面面，并非一个部门所能全部掌握。在统计执法检查中发现，在企业内部数据采集过程中，部门之间缺乏沟通，造成统计数据上报出现差错的现象比较多，其教训引人深思。单位内部分工不明确，责任不

到人，没有组织相关部门系统地学习统计方法制度，各部门填报报表人员也缺乏应有的责任心，部门之间互相推诿，在上报报表签字时，也没有对上报数据进行审核把关。

4. 数据报送不及时，无法成为数据准确的抓手

一般单位财务决算在1—2月份，一些大企业由于涉及业务较多，财务决算时间略晚一些。企业年度审计报告出炉时间更晚，在4—5月才审计完成，这一特性与统计财务报表上报时间会产生矛盾，这一矛盾在统计年报、定报时尤为突出。企业人员想等数据确定下来再上报，而统计部门又规定了严格的报表上报时间，导致很多企业上报数据延误，出现迟报行为。

三、"三多三少"保证"网报时代"出版行业的统计实效

1. 多重视，多学习，多沟通

多重视。企业尤其应该加强对统计年报、定报工作布置会的重视，不要使培训流于形式，认真学习统计制度，重点关注统计指标的变化，全面掌握各项统计指标的口径，按照统计报表制度的规定正确填报统计数据。建立健全单位内部的统计工作制度，强化内部控制，做好统计报表上报前的复核和审核。《统计法》规定在上报统计报表前要经过单位领导和相关部门审核。

多学习。企业负责人和统计人员从对企业负责和认真履行统计法律义务的角度，重视统计工作，加强对统计相关内容的学习，严谨准确地填报企业统计数据。统计指标无论大小都很重要，没有重要指标和非重要指标之分，每个指标都关系着数据的完整性与统一性，影响区域和国家对经济的掌控。统计的发展离不开认真细致的工作，更离不开各个基层统计人员知识的储备和专业性的学习。

多沟通。统计工作比较繁杂，统计科目多，不是一朝一夕就能做好的。及时、准确上报统计数据不单是某个人、某个公司一个部门的责任，也是整个单位的义务。作为调查对象的企事业单位要想准确填报统计数据，不仅要求单位人员要从上到下重视统计工作，还要建立健全内部统计管理规章制度和数据交接制度。有些统计报表可能要涉及单位内部几个部门：财务、人事、业务、办公室，单位内部各部门间只有建立良好的沟通、配合关系才有助于提供真实准确的统计数据，进而为政府科学决策提供可靠的统计依据，为社会提供有效真实的信息。

2. 少估计，少出错，少受罚

少估计。统计不是仅仅凭空想象就能得出结论，需要按照正确的计算方法和

口径进行填报。只有熟练掌握了各个指标含义及包括的内容，才能正确填制统计报表。

少出错。身处学习型社会，统计人员更应该透彻学习相关制度法规，在填报报表前，应通过培训、自学等方式正确理解每个指标的含义，对不明白之处应及时与统计所进行咨询和沟通，避免填报时因对某个指标不理解而填报错误。

少受罚。统计报表制度是填写报表数据的重要依据，报表中所有指标在制度中都作了明确的解释，企业统计人员在对指标理解不清时，如果只凭自己的主观认识和感觉，是不可能将数据填报正确的。因此，作为一名企业的统计人员，不应把统计报表制度变成一个可有可无的“累赘”，而应加强统计报表制度的学习，准确掌握每一个指标的填报口径和依据，认真做好统计工作，以免因为工作失误给单位带来不必要的损失。

四、总结

改革开放和发展社会主义市场经济的新形势，要求统计工作必须在实践中去思考，去探索，去总结，以便形成新的有价值的东西，反过来指导工作实践。思考的前提是善于学习。有了深厚的理论根底、知识水平，才能进行深度思考，提出有针对性的、符合实际的工作对策和工作思路；只有不断提高理论思维水平，才能增强政治鉴别力和政治敏锐性，善于全面地、辩证地、发展地看问题，提高从政治上观察分析认识问题、总揽全局的能力，善于驾驭当前，把握未来。一个优秀的统计工作者，应该勤于学习，深入思考，勇于实践，善于总结。只有这样，才能迎接网报时代统计工作的要求和挑战，切实以“三多三少”为行动准则保证统计数据的实效性。

参考文献

1. 刘春才，翁祥桂，王桑根．基层统计的特征及存在问题．中国统计，1999（1）．
2. 马玉敏．统计信息失真的现实思考．北方周末报，2009-07-30．
3. 王桂菊，贾玉荣．新形势下如何提高统计信息质量．辽宁经济，2008（10）．

从手机话费报销看组织管理

·李剑坤·

近一段时间，笔者参与社内人员手机话费报销的规范、统计工作，获得了一些粗略的数据，进行了一些粗浅的思考，不妨在这里跟大家分享。

一、为什么报销手机话费

一个组织的存在与发展，离不开组织内部、组织与外部环境人与人的沟通。沟通是需要工具的。现代社会，不论是什么类型的组织机构，不能设想它没有座机电话、办公电脑、互联网络或者局域网络。手机也是一个重要的沟通工具，“联通改变世界，移动创造价值”。现在有第一个问题：没有哪个企业要员工来支付座机电话、办公电脑、互联网络这些办公设备的费用吧？接着是第二个问题：那是不是手机话费也必须由企业来承担呢？

实际情况是：有一部分企业为一部分成员报销手机话费。原因在于：手机不能完全界定为办公属性。区分办公或私人沟通工具有两个可以考虑的因素，一个是场所，比如固定电话装在办公室，就是用来办公的设备，员工偶尔用来煲电话粥，这是极个别现象；一个是沟通工具本身属性，比如我单位的云因网，就算在家里上，那也是用来办公的。手机这种沟通工具跟网络、电脑、电话等办公设备还是存在区别，手机最大的特点是携带便捷，不像其他工具都可以固定在办公场所，可以确保员工在上班时间为工作需要加以使用。那么，就只能看本身属性了。手机尤其是现在的智能手机趋于多功能化，既有各种办公功能，比如通话、短信、收发邮件等用以联系业务，也有各种娱乐功能，比如手机游戏、手机微信等。所以它不仅具有办公性质，而且具有相当程度的私密性和个人性。总之，手机介于办公工具和私人工具之间，报销和不报销手机话费，都有其理由。人大社现在为部分工作人员报销手机话费。

二、用什么方式报销手机话费

对于怎么报销手机话费这个问题，有一个首要的问题需要认识清楚，那就是把手机话费报销作为一项福利工资待遇，还是作为一种沟通成本支出。虽说手机话费本身具有私人性和办公性两种属性，但是在决定手机话费报销制度的时候，只能选择一种办法，要么持福利待遇的态度，采取普发制方法，把手机话费按一定额度直接计入工资补贴；要么持沟通成本支出态度，采取报销制方法，按照实报实销的原则报销实际手机话费支出。人大社现在采取实报实销的方式，根据岗位和实际工作需要确定报销手机话费人员名单，报销手机话费人员持有效报销凭证（发票），经部门负责人签字后交社办签字登记，到财务部实报实销。采用该种报销方式而不是直接打入工资，笔者能想到的理由如下：

第一，合理与效率。有的工作人员，在单位时可以用办公电话解决相关工作问题，或者可以选择 QQ、电子邮件等工具沟通解决问题，而不必要使用手机；有的工作人员，可能要出差，可能在非工作时间还要打电话联系业务，可能有很多对外联系业务，必须使用手机。如果一刀切，全部都可以报销手机话费，吃大锅饭，不仅不合理，而且会从制度的层面鼓励工作人员放弃更廉价的座机或者其他沟通工具而采取相对高成本的手机沟通，不利于成本节约。所以选择根据不同工作岗位来确定手机话费的报销制度。

第二，经济原则考量。从 2012 年人大社的统计数据看，全年报销手机话费人员 282 人，报销话费总额 42.8 万元，人均年报销话费 1 518 元。如果按照目前的报销标准额度，也即不同岗位 300 元、200 元、50～150 元的额度全额计入工资，282 人的费用支出将是 73.4 万元。两者的差额在于，我们执行实报实销的制度，从整体看，由于近两年手机话费下调，标准额度已经高于工作人员的实际花费。显然，实报实销比计入工资补贴较为经济。当然，如果改成计入工资补贴的方式，统一发放的标准也是可以调低的。但是在同等标准下，实报实销的支出必然会比全额计入工资补贴更能节省沟通成本。

此外，还有一种意见认为，计入工资补贴就涉及同工同酬，应该给所有员工都加入手机话费补贴一项，这样人大社 2012 年底共有 523 人，比实际支付手机话费的 282 人数量就多很多。这种想法是站不住脚的，同工同酬不是指在一个单位，而是相同的岗位。

第三，税收政策考虑。显然，用发票报销手机话费，这是单位的成本支出，是工作的实际需要，员工没有所得和收益，不需要支付任何税收。而一旦统一计入工资补贴，就一定会要收税，尤其在现在梯级税率情况下，一部分人可能恰因为这不多的钱而提高一个税率，得不偿失。所以，综合来看，我们现在的手机话费报销目前还是有其合理性。

三、话费报销还可以考虑什么

第一，手机的功能扩展加速。我们用发展的眼光来看手机的发展历程，以前的手机无非就是打电话、发短信，现在已经有上网、看电影、打游戏、上 GPS 等功能，尤其是手机已经具有了金融支付功能，而且以后各种增值服务功能还会增加、完善并占据越来越重要的位置，各种收费也会通过手机来进行，比如微信以后可能收费。在这种情况下，不加区别地一揽子报销手机话费，就只能将手机话费报销更多作为一种工资福利制度了。针对这种丰富多变的发展趋势，应对的办法其实也很简单，就是研究和制定合理的报销标准额度，计算好什么岗位的人大致支付多少工作沟通成本即可，超过部分不予报销。

第二，分计各部门成本问题。本次社内手机话费统计规范，严格按照部门挖坑填苗，以后都会进入年底部门成本核算。这一制度的变化，有利于部门支出成本的精细化计算，有利于主管领导一目了然地知道各部门在该项支出上的年度花费，但是它的作用也受到一定限制。首先，对于不进行利润考核的综合管理与服务部门，这种统计数据实际意义不大，这些部门倾向于扩大话费报销人员名额。其次，对于进行利润考核的部门，部门年度手机话费一部分人报销，但是却记入整个部门的成本，不利于部门内不报销手机话费的人员。解决这两个问题的办法建议也很简单，即严格按照工作需要和岗位要求报销手机话费，控制话费报销人员数量。

第三，话费报销的覆盖问题。制度总不是完美的，话费报销也有覆盖不到的地方。首先，报销人员额度范围内的话费，有工作沟通的成本，也有私人沟通、娱乐的支出。这一点是无法控制的，一是“革命靠自觉”，二是这也算对工作外时间或出差进行工作沟通的一种补偿。第二，不报销的工作人员，虽然是少量也会有部分的手机工作沟通成本支出，目前还没有覆盖。但只要严格按照岗位和额度报销话费，做到“制度公平，机会公平，权利公平”，这种问题现在还可以容许存在。

四、话费报销数据有什么用

数据就是管理的神经元，手机话费报销的数据统计不仅仅是冷冰冰的财务数据，其中还可以挖掘大量的管理信息。下面举几个例子。

比如，相同部门、相同岗位的三名工作人员手机话费报销数额如下：A是2 400多元，B是不到1 000元，C是1 400多元。刨除个人沟通习惯等因素，我们可以推断A的工作量比较大，结合其工作业绩，可以进一步发现沟通成本的支出与业绩的关系。B和C是什么情况？可能他或她是新员工，或者工作沟通方面还不够。这些数据可以给部门管理者了解下属的工作状态做一个参考。

再比如，同样是部门领导，不同的部门领导手机话费差别很大。A是1 500多元，B是3 000多元。结合实际分析，还可以看到不同的领导管理风格。A可能是管理型的领导，他或她的很多工作直接分派给不同的下属工作人员，自己直接在办公室与下属人员沟通，所以手机话费比较少。B可能是业务型领导，他或她本身就是该领域范围内强有力的业务工作者，在业务工作方面亲力亲为，进行了很多的沟通。

此外，我们还可以从不同类型部门的话费报销数据看到其不同的工作性质所需要的不同量度的沟通，比如，我们可以统计出综合管理与服务部门、发行销售部门、分社业务部门的人均年手机话费额度并进行比较，或者统计策划、营销、销售、发行、市场、管理类人员的人均年手机话费额度并进行比较，这可以为以后制定新的话费报销标准提供参考依据。另外，我们从数据中甚至可以看到不同工作人员的不同性格特征。等等。所以，如果每年底把各部门的数据邮件给各部门负责人，把全社数据归类邮件给社领导，也会是一件有意义的事情。

对于每一个成员来说，手机话费报销是一个很小的议题，但也与个人切身利益有一定关系，而且从管理的层面，也会体现很多一般管理原则和可以挖掘很多丰富的管理信息。以上观点不代表任何部门意见，仅是自己个人的一些思考，希望能与大家交流并有助于我们对手机话费报销制度的了解。

二、选题策划

从赵家璧谈编辑与作者的关系

·李天英·

赵家璧是我国著名的编辑家、出版家，民国时期最优秀的文艺图书编辑，在他 60 余年的编辑生涯中，主编了多部在中国出版史上占有重要地位的书籍，《一角丛书》、《良友文学丛书》、《良友文库》、《中国新文学大系》等多部丛书影响深远，其中《中国新文学大系》更是中国新文学发展史上的一座丰碑。

赵家璧作为成功编辑的一个重要因素是他拥有一批名家作者，有人称他为"邀约能手"。赵家璧曾说："之所以有今天这番成就，在于结识了诸多作家朋友。"在《中国新文学大系》等几套大书编下来之后，进入赵家璧实际作者名单的有蔡元培、鲁迅、胡适、茅盾、郑振铎、郁达夫、阿英、周作人、洪深、朱自清、郑伯奇、老舍、巴金、丁玲、叶圣陶、施蛰存、沈从文、张天翼、丰子恺、凌叔华、沈起予、徐志摩、朱光潜、谢冰莹、俞平伯等几十位一流高手。各路名家学者都愿意把书稿交给这样一个当时资历尚浅还没有什么名望的年轻编辑，这样的编创关系，非同寻常，耐人寻味，值得今天的编辑研究学习。

赵家璧入道之初，就对作者的重要性有了充分认识，当首批问世的丛书未能达到预期的效果时，"我开始认识到必须大胆地冲向社会，向具有影响的作家组稿。得不到作家的支持，编辑将束手无策，一事无成!"赵家璧开始运用各方人力资源扩大自己的组稿对象，为组稿打开局面。他运用同乡资源组稿，在编辑《一角丛书》时，他向自己的同乡施蛰存约稿；他利用师生资源组稿，《一角丛书》最初的约稿班底，主要来自他光华大学的老师和同学，如徐志摩写的《秋》，穆时英写的《被当作消遣品的男子》等，徐志摩还介绍陈梦家写了《不开花的春天》，介绍何家槐写了短篇小说集《暧昧》；他还积极运用同事资源组稿，在郑伯奇进入良友图书公司后，赵家璧通过郑伯奇介绍，认识了"文总"、"左联"、"社联"的进步作家如杜国庠、夏衍、周扬、张天翼等，结识了包括鲁迅、蔡元培、茅盾、郑振铎等文化巨匠，鲁迅又介绍葛琴、周文等的创作小说，梵澄、夏征农等的翻译作品交给良友出版，而胡适、周作人、朱自清成为《中国新文学大系》的主编都是通过郑振铎代邀的。通过灵活运用老师、同学、同事、同乡等各种人力资源并不断延伸扩展，赵家璧建立起了一支高素质的作者队伍，为编辑工作的顺利开展打下了坚实的基础。邀约名家是赵家璧一个重要的组稿策略，这使他编辑的图书有很好的内容保证，也极大地吸引读者购买图书。

赵家璧之所以有这样雄厚的作者队伍，跟他与作者真诚相见，更时时为作家着想有很大关系。当时上海出版界采用两种付酬方式。一是版税制，按书上标明的定价，根据实销册数，付10%或15%的版税，在交稿时可预付一笔版税；二是买断版权，每千字5～10元或更多。赵家璧往往采用第一种办法，让作者多版多得；在收到作者交来的稿件后，他还常常及时寄给部分预支的版税。这样的措施受到了作者的欢迎和称赞。如老舍的《离婚》交稿后，赵家璧及时将预付的版税寄给他，解决了老舍的一些生活困难，也加深了与老舍的友谊。再如当丁玲创作的《母亲》收在《良友文学丛书》中正式出版时，丁玲正身陷囹圄，赵家璧按照鲁迅的指点，将版税分次寄给丁母，解决了其母的生活困难。凡是他经手的书稿，稿酬从不拖欠。他富于服务精神，"拿出为作者服务到底的精神，多管一些事"。还在《中国新文学大系》的选题萌芽之初，他就充分考虑到了相关史料"还得靠我们自己去搜集，然后供应给编选者"。朱自清在《导言》中就多次提及赵家璧为其搜集、函寄资料，且其中不少是人所未见的。正是这些看似琐碎、细小的杂活儿，加强了他与作者之间的感情交流，赢得了作者的信任。

赵家璧与作者交往以诚相待，但同时又讲究策略和方法，善于揣摩组稿对象的心理。对于本已熟悉的作者，他的约稿直截了当，不厌其烦地向他们讨教选题，不失时机地请他们引荐作者。对于功高名盛的大家，他的约稿往往谨慎持重。如在编《中国新文学大系》时，他有心请鲁迅分编文学研究会和创造社以外的小说作品集，但让鲁迅来编"杂牌军"，他心中既没有把握，又觉得惶恐不安。此前他虽与鲁迅相识，但在专程约稿时，还是拉上了鲁迅信任的郑伯奇同去。商谈时，他先阐述编辑计划，在鲁迅对其他已定的编选者无疑义的情况下，最终提出恳求，使鲁迅"当场就答应了"。后来，他又在郑伯奇的建议下，将先拟称的小说甲集、乙集、丙集，改称为一集、二集、三集，因为甲乙丙，在语意中容易产生等级的联想，而一二三，则更多地是表示顺序的先后，而且特别将鲁迅编的小说丙集，调改为小说二集，使其无殿后之感。用心之细密，由此可见一斑。

时时与作者联系，巧妙运用催逼艺术，促使作者及早交稿，缩短出版时间，是赵家璧组稿的另一法宝。他从不偷懒地以为，组完稿子就已经万事大吉，而是全程跟踪作者的写作进度，保持与作者的通信联络，有时甚至催逼作者交稿。叶圣陶曾在《四三集》序文中说："印在这本集子里的几篇东西，同以前的东西一样，都是杂志编者'逼'出来的。信来不止一封，看过之后，记在心上，好比一笔债务，总得还清了才安心。"胡适答应编选《中国新文学大系》的《建设理论集》并撰写导言，但刚开始迟迟没有动手。赵家璧就特地去拜访他，送他一册样书，并敦促他早日把导言写出来。不久，胡适就把文稿交齐了。适当的"催逼"不仅使书稿在时间上有了保证，而且还使得编者与作者之间的关系更加亲密了。赵家璧曾说："作家是编辑的衣食父母，反过来编辑向作者敦促、劝说、恳求，甚至不断地逼请作家动笔，有时也起一定的促进作用。由于编辑的情深意切，打动了作家的心，作者就下了赶快写的决心。"

赵家璧虽然办事勤巧，对作者的服务和利益又非常尽心，但这些都还不是他猎获名家书稿的最重量级武器。他打开名家心扉的关键在于他每一次的约稿征程，都怀揣着一个不同流俗的选题构想和编辑方案，其中浸透出来的文化意义和出版价值，能够让作者感同身受，自觉自愿地围绕着编辑者预先设计的出版主题，进行编著译述。《中国新文学大系》的出版正是如此。当年他请郑振铎代邀胡适编选其中的《建设理论集》时，郑说："我回北平后替你去找他吧，他看到这样一个不平凡的编辑计划，可能会感兴趣的。"郑振铎对胡适的心理推测从一定意义上道出了10位编选者的共同心声。有论者说，"《大系》出版工程的文化价值和宏大气度才是赵家璧能'邀约能手'的事业基础"，10位编选者认为"给前期新文学结一回账，是很有意义的事"，才走到了年轻的赵家璧周围。要说吸引力，《大系》及其选题创意才是最具吸引力和凝聚力的。在《大系》的10位编选者中，鲁迅、茅盾、郑振铎、阿英、郁达夫、郑伯奇等6位是赵家璧的作者，此前都曾为赵家璧主编的《一角丛书》、《良友文学丛书》等写过书稿。另4位是胡适、周作人、朱自清和编选《戏剧集》的洪深。胡适、周作人以其地位之尊，居然也应赵家璧之请，并循其蓝图而为《良友》主持编政，选题的价值吸引力是决定因素之一。赵家璧曾说："编辑工作有两种，一是把别人已有的作品集起来，编到丛书中，这要在选稿、选作品的过程中看出编辑的水平；而另一种编辑，要从无到有，带有创造性的劳动。本来没有这套书，通过编辑的头脑，有了一个编辑意图，然后组织许多作家来实现你的意图，完成你的编辑计划，这可以说是创造性的编辑工作。《中国新文学大系》就带有这种性质。"

赵家璧编辑的很多书在20世纪80年代之后又被重印，成为“长命书”，这根源于他善于组稿，擅长联系名家作者。经他编辑出版的一本本著作，在经受了历史长河的沉浮之后，许多至今仍在“保留书目”的再版名单中。“书比人长寿”——他晚年回忆出版往事时，曾自豪地以此作为他一本著作的书名。

注：本文引文均出自赵家璧《编辑忆旧》(中华书局2008年版)。

浅谈策划编辑的选题管理

·王慧丽·

选题开发是策划编辑的一项最重要的职责，也是出版社最前端的工作。一个策划编辑每年少则需要策划一二十个选题，多则三五十个，如果不进行进度、质量等方面的管理，就有可能出现系列选题没有整齐划一地出版，无法实现统一宣传的目的；也有可能出现本来计划当年出版的选题，到了第二年、第三年才出版，甚至无法出版；还有可能使策划编辑为了上选题而上选题，陷入手忙脚乱、质量难以保证的状态。

在每年年底，出版社都会让策划编辑上报第二年的选题计划、出版计划，同时也用来向教育部备案（要书号），选题实现率也是考核的一个指标。对策划编辑来说，要想提高选题实现率、使选题能够按时保质出版，一个重要的方法，是进行选题管理。

这里所说的选题管理，是指策划编辑对自己短期（1年）和长期（2～3年）要策划的选题进行规划，对已通过选题进行进度、质量等方面的管理。

在探讨选题规划和进度、质量管理之前，首先讨论一下选题论证的流程。

一、选题论证的流程

目前人大社的选题论证实行的是三级论证制度，即策划编辑、部门、出版社三级论证，以保证选题的质量。策划编辑是第一个关口，最了解选题的真实情况，也是真正去策划选题、实施组稿的责任人。论证选题时，主要看两个方面：一是选题本身是否切合市场需求；二是作者是否合适，内容质量能否得到保证。那么，策划编辑在论证选题时，也可分为两个阶段，一个是选题本身的论证，一个是加上作者、目录、样章的论证。有时候两个阶段可以一并进行论证。

调研——→针对选题本身的论证——→组稿——→针对作者、目录、样章的论证

1. 针对选题本身的论证

针对选题本身的论证，主要考虑的是该选题是否有市场需要，是否可做，是一个方向性的论证。比如在策划一套高职会计教材时，要包括哪些教材呢？这时候就要去调研高职会计专业开设的课程，比如基础会计、财务管理、成本会计等，那要不要有一本《高级财务会计》呢？不需要，因为高职会计专业不开这个课程。在这个阶段，无须考虑作者的因素，只针对选题本身进行论证就可以了。

策划编辑对选题本身论证好后，觉得该系列可做，考虑好该系列应该包括哪些教材后，可以撰写系列策划报告，通过后，就可以进入组稿阶段了。

2. 加上作者、目录、样章的论证

组稿时其实策划编辑已经在进行作者方面的论证了，会寻找相对合适的作者，进行综合的评判。组稿后，让作者发来目录和样章，看一下作者的写作质量、态度等，就可以大致判断出是否可由该作者承担这个选题了，然后再在选题论证会上上报选题。

对大多选题来说，主要论证阶段在第一个阶段，也就是选题本身的论证，只要确定该选题可做了，其实接下来就是寻找一个合适的作者，如果找了一个作者，作者没有时间，或者已经出了很多相关的书，那么再继续寻找就可以了。

策划编辑如果不分成这两个阶段去论证，就有可能出现选题通不过不太好办的局面。选题没通过的话，一方面策划编辑要去向作者解释，另一方面也浪费了找作者的时间。

所以对大多选题来说，策划编辑分成这两个阶段去论证比较好。当然，对于一些大牌作者的选题、投稿选题，或者有包销的选题、作者用量大的选题等，是需要将两个阶段一并考虑的。

二、选题规划

1. 年度选题规划

社里每年年底要进行第二年的选题备案，在此之前，策划编辑就应该规划好第二年的选题。一般来说，每年的 9 月底，策划编辑就可以着手第二年的选题规划了，可根据情况进行 2～3 次，11 月中下旬确定。

第 1 次：策划编辑先列出所有的选题，有一个简单的调研和陈述，说明自己

为什么要做这些选题。有一些选题，可以简单提个想法，听听领导和同事们的意见和建议。讨论结果：(1) 肯定某些选题，可以去组稿；(2) 有一些尚不明确，需要深度调研，第2次继续讨论；(3) 直接淘汰某些选题。

第2次：重点讨论第1次选题规划时需要深度调研的项目，同时策划编辑还可以补充新的选题方向。

第3次（是否需要第3次，视情况而定）：形成年度选题规划。

年度选题规划可包括三部分内容：

(1) 新系列选题开发计划：有一个详细的调研策划报告。比如教材可列明：背景、院校开设情况、课程开设情况、市场上同类书情况、选题开发策略、系列书特色、所包含书目、拟组稿对象、市场营销计划等。

(2) 修订选题计划：为什么修订（之前的销售情况、从内容上需要更新的理由、年份），修订哪些选题，编辑要注意引导作者，让作者认真修订，同时注意审稿。

(3) 补充选题计划：对系列教材的补充选题，有一个简单的调研，说明为什么做这个选题，院校开设情况等，与之前社内同类书有什么特点上的不同。

年度选题规划，形成第二年的选题计划和一部分的出书计划，策划编辑要重视并要切实做好，这样一年一年地滚动，就能够对自己的明后年选题和出书心中有数。

2. 日常选题计划和论证

年度选题规划做好的话，其实一年的大多数选题都是论证过了的，就可以向作者组稿，成熟了就可以进行日常每月一次的论证会。

如果是平时新想的选题，可按照上述的针对选题本身的论证和加上作者、目录、样章的论证两个阶段来进行。

三、选题管理的四个加强

要提高选题的质量，使选题能按计划出版，提高经济效益，需要重视以下几个方面。

1. 加强主动策划意识

(1) 了解市场需求。策划编辑要清楚自己负责领域的教学情况、市场情况，要经常与老师沟通，在书店、网上作调研，不能闷头策划，否则，选题大多数是等来的或拍脑袋形成的，难以适应市场。

（2）形成策划方案。对做什么、为什么做、怎么做、怎么卖等，心中要清楚，形成策划方案。找作者组稿时，要有一个书面的东西，有一个方案。如果单纯地告诉作者，我们想做什么，您给我们写吧，一般是没有效果的。方案不成熟没关系，可以让作者提意见，但要有方案。

（3）指导作者编写。主动策划还意味着，不能单纯地听作者的。在有些方面，作者比我们懂行，我们要听取作者的意见；但在出版规范、如何组织内容、如何呈现内容上，我们也能指导作者。而且，每个作者的初衷是不一样的，比如针对图书内容太多、太厚，导致定价高的问题，大多作者不愿意删除内容。有的作者是因为舍不得删，觉得内容都好；有的作者是因为不想删，太费精力了；有的作者是因为定价高反而对他好……这时编辑就要说服作者，不能因为作者的坚持，就不删。一般来说，如果编辑的意见是合理的、正确的，作者都会采纳。而且，如果作者能够从编辑的建议上获益，他也会乐意和编辑长久合作的。

2. 加强规划性

（1）选题的规划。一般来说，1 年内的选题，大多应该规划好。规划好选题后，找谁组稿，联系跟踪，进度要控制好。

（2）出书的计划。一年出多少本，哪本什么时候出，作者的要求，出书的最佳季节，要控制好。

3. 加强质量管理

（1）把好作者关。一本教材的质量，主要取决于作者的任教水平、专业水平和责任心，在组稿时要重点考虑这几点。

（2）把好目录、样章关。从这两方面，特别是样章，大致可看出作者的水平，特别差的，反馈过意见仍旧差的，一般成书也不会好，可以考虑及时放弃。

（3）跟踪。作者写作过程中，要跟踪 2～3 次，问问作者进度，遇到哪些问题，让作者发来一些章节看看，及时提出问题，避免全书有同类问题。这样一方面能解决一些书稿中的问题，另一方面，能让作者意识到编辑对质量很重视，从而作者也会重视质量。

（4）初审。作者交来的书稿，要严格进行初审（针对稿子是否可定稿、需要如何修改进行的审读，不是指责任编辑进行的编辑加工），及时发现并让作者解决问题。这样文字编辑会轻松些，更重要的是，书稿质量会有所保证。

4. 加强成本、利润意识

出版社经营的一大目的是取得经济效益，没有经济效益，出版社也难以为继。相应地，策划编辑策划图书的目的，主要也是要取得经济效益。策划编辑在策划选题、出版图书、营销的过程中脑子里要一直有根弦：这书能不能挣钱？怎么能赚取更多的利润？在选题论证时，要进行成本核算；在教材出版流程中，要进行成本控制；同时要加强营销宣传，让图书能被更多的人了解和使用，取得最大化的经济效益。

主题出版之浅识

·罗海林·

主题出版是以经济、政治、社会、文化等方面的重要理论、热点事件、重大题材等为聚焦点，围绕其中内涵丰富的主题、纪念日、事件、人物、活动等而进行的选题策划、编辑出版、市场营销等一系列的出版活动。正因为主题出版的选题都是围绕重大事件或活动、重要历史阶段或人物、创新理论或社会热点问题等方面来策划、组织出版的，论题、论点集中，出版物分量重，内容与表现形式丰富，社会影响力大，已经成为很多出版社提升主业品质，树立出版品牌的重要手段。特别是主管部门近年来对其给予的重视程度越来越高，资助力度越来越大，主题出版受到越来越多的出版单位的重视。

需要强调的是，目前出版业说到主题出版，基本上是以党代会、纪念日、历史人物、重大理论创新等为主题，所以其策划、实施的出版导向就显得特别重要。而主题出版的另一重要形式——与出版社自身的资源优势、专业优势、长期内容积淀相关的主题出版，因其更能增强出版单位的核心竞争力，提升社会影响力，增加经济效益，更值得各出版单位的长久关注与深入挖掘。

一、主题出版的策划形式

能称为主题出版的主题，必定重要、重大，内涵丰富，所以这样的选题必须多次论证、反复筛选，要能体现鲜明特色，并围绕“提高策划含量”、“突出原创”、“做出新意”、“打造精品”，以高水平的策划和高质量的内容取胜。总结目前的主题出版，主要有以下几种形式。

1. 围绕大局，提前谋划，把主题落在实处

对于有固定时间的纪念性、活动性选题，要有较强的计划性和预见性，需要策划者提前确定从何种角度来反映主题内容，要提前考虑好围绕这一主题以何种

方式来呈现。对于事件性的主题则需要快速反应，要有较强的针对性和应急操作性。但不管哪种方式或适用何种形式的主题出版，都要围绕大局，唱响主旋律，主旨是有利于形成良好的社会舆论氛围。例如“十八大主题出版”、“社会主义和谐社会主题出版”、“学雷锋主题出版”等，都是近年来出版单位主题出版规模相当大的，一系列相关出版物互相配合、互相补充，形成一个立体式的出版、宣传、营销方阵，都在社会上产生了巨大的影响力。

2．立足本社资源优势，用活用足这类资源，提升出版主业

我们常说出版业是内容产业，可见内容的重要性。每个出版单位在长期的发展中都积淀了不同的资源优势、系统优势、内容优势，这些为策划主题出版提供了很好的素材。例如，中共党史出版社立足党史资源优势，以主题出版带动党史出版主业，增强党史出版的专业能力，提高党史出版水平，这些出版物包括《中国共产党的九十年》、《中国共产党简史》续编本、《中国共产党十七大以来大事记》、《中国共产党历史画册》、《走在时代的前列：十六大以来中国共产党的理论创新》、《中共党史里的凡人小事》等。中国农业出版社以迎接党的十八大召开为契机，策划出版了《黄金十年——十六大以来强农惠农富农政策轨迹》、《中国农村形势政策读本》、《中国新农村建设：政策与实践》、《中国农村文化市场发展研究》等多种主题图书，从不同侧面集中展示了党的“三农”工作取得的巨大成就和党的强农惠农富农政策的重大效应，以及新农村建设和现代化农业发展的先进典型。这类依托本社资源优势，通过主题出版提升主业的策划，对增强企业核心竞争力意义极大。

3．借助专业优势，强化出版特色

主题出版对于出版单位强化专业出版特色，提高原创比重，将优势领域品牌化、系列化、立体化，打造核心竞争力，发挥行业优势或区域特点，打造品牌产品，有着类似杠杆的撬动作用。例如，人大出版社紧密结合自身的整体选题风格，借助自身在马克思主义理论研究与宣传以及人文社会科学方面的传统优势，深度开发马列经典著作和相关文献资料，进一步深化和拓展马克思主义中国化、时代化、大众化的选题，按照中央关于马克思主义中国化、时代化和大众化的要求，充分利用现有的政府资源、作者资源和渠道资源等，不断丰富和拓展马克思主义理论研究方面选题的内容与范围，已有选题与相关主题出版相互借势、相互促进、共同发展，不仅扩大了人大社主题出版的影响力和市场占有率，而且也极大地提升了品牌影响力，既获得了上级主管部门的肯定，也受到了作者和读者的

欢迎，形成了多赢的局面。

4. 多方位策划，形成规模

主题出版不同于一般的出版，它围绕一个主题来组织出版。因为主题的内容是丰富多彩的，当前读者的需求是多种多样的，这就要求这个主题出版物有一定的出版规模，最好是采取集团轰炸的方法，从不同角度多方位展示，制造规模效应。例如，人大社在已经出版的诺贝尔经济学奖获奖者著作 40 多种的基础上，对这些经济学大家的学术精华重新进行归纳、梳理，策划出版了“诺贝尔经济学奖获得者丛书”，为我国经济科学教育事业的发展和学术研究的繁荣作出了积极贡献，在当下社会改革顶层设计、经济转型、社会发展、民生问题解决等的关键时期，具有非常重大的现实意义。还有社科文献出版社的“皮书”系列，虽只是社会科学类图书中一个比较小的门类，但是其多年坚持出版这个类别的图书，通过持续与积累，形成“皮书”的品牌与规模效应，在经济效益上也得到了较好的回报。

二、主题出版的策划要点

实施主题出版，绝非易事。主题出版要提炼好主题，把握好定位，包括出版宗旨、内容、载体形式、品种规模、设计、定价、营销等。主题的系列图书除内容要富有特色，在形式上也要创新，突出实用、简洁的风格，力争用最有视觉冲击力的设计达到吸引读者的效果。

1. 时效性：纪念性主题出版的命脉

由于纪念性主题出版是以某项活动、事件、问题等为题材，这些都有很强的时效性，出版物从上市到主体销售基本上在一年左右。一旦活动结束、时间过去、热点转移，社会以及大众的注意点转移，这类题材的出版物的出版和销售周期也将随之结束。主题出版有着很强的超前性和时效性，这是其对主题的依附性所决定的。一旦某个主题活动启动了，书还没有出来，那就等于失败了大半。因为启动阶段是最需要书的时候，也是各个出版社竞争最激烈的时候，谁抢先占领了阵地，谁就掌握了主题出版的主动权。出版单位一般提前一两年就开始操作一些重点选题，在前一年底或当年初即有大量主题出版物投入市场，为主题“预热”。

2. 定位明确，细化读者：所有人可以读就是没有人会去读

主题出版不同于一般的出版，要围绕某个主题活动来组织出版。因为主题活

动的内容是丰富多彩的，读者的需要也是多种多样的。这一系列出版物互相配合、互相补充，形成一个立体式的宣传方阵，一段时间在各大书店成了主角，在社会上产生较大的影响力。例如为迎接党的十八大的胜利召开而组织策划的献礼图书，以及后续的学习、宣传和贯彻十八大精神的文件资料和参考图书，这类图书包括党的十八大报告的单行本、汇编、辅导、问答、讲座等，主要是为全党全国各族人民认真学习、准确把握和深入贯彻十八大精神提供权威的基础文献与参考资料，有的通过对时事热点、难点及关键问题深入浅出地讲解，引导读者深入理解、学习党的路线、方针和政策；有面向党员干部的，有通俗易懂面向农民的，有的从青少年的阅读习惯和年龄特点出发，编选诸多有关故事，用关键词或者关键语句的形式点出主题，分别从国家、社会、个人三个层面突出表现十八大精神与要求；有的甚至以直观形象的漫画形式系统解读党的十八大报告，增强政策性出版物的吸引力。

3．主题重要，内容质量更重要：打造精品是第一要务

在主题出版形成规模的同时，需要特别注重图书的质量，绝不能“萝卜快了不洗泥”，单纯地为了规模而简单增加主题出版物的数量。出版单位从一开始策划就要把质量放在首位，从内容到形式都要做成精品，确保不出现失误。例如党建读物出版社出版的《党代会现场：99 个历史深处的细节》，真正做到了用事实和细节来说话，很多章节融入了最新的党史研究成果，语言鲜活有趣，该书严肃的史学态度、新颖的编排方式、流畅舒适的阅读体验也得到了读者普遍肯定。市场销售量就是最好的验证。

4．主题是基础，策划是核心：竞争之下更考验策划人

在出版单位竞相进行主题出版的局面下，且不说策划人能否敏感抓住热点，策划出主题，如“中国梦”、“美丽中国”、“三个自信”主题等；又且不说策划人的整合出版资源能力，在现有资源的基础上，补充延伸拓展出版资源，形成产品优势与品牌优势，单是确定主题之后的出版策划，就是一项繁杂的系统工程。如何做到立意高远：如《开端——中国共产党成立述实》，从一个电视工作者特有的视角，全面准确地记述了我们党开创时期的历史，挖掘了大量有价值的重要事件和重要人物，有许多新发现。如何使选题内容丰富，表现形式有所创新：如《苦难辉煌》，将展现历史、刻画人物、阐述史实融为一体，用散文式的笔触，以人带史、以事论理，主题鲜明突出，细节真实感人，表现手法新颖。如何把多媒体出版方式应用在主题出版物上：如凤凰出版传媒股份有限公司和团中央联合推

出的体现少先队核心价值观建设的《少先队活动课程动漫版多媒体复合出版工程》，既有动画片、图书，还有教学活动资源包、网站资源、交互式电子书等。策划人的眼光、职业素养与专业水平在其中表现得十分抢眼。

三、从多维层面上认识主题出版的社会价值

主题出版基本上都是紧密联系社会现实，或唱响主旋律、营造良好文化氛围；或推动社会主义文化大发展、大繁荣，为提升文化软实力提供智力和理论支持；或积极提供理论引导，致力于从理论和现实的结合点上，集中回答一些当下广大人民群众关心关注的、事关全局的国内外重大理论难点问题和现实热点问题，有一定理论参考价值和现实启示意义。综合来看，作为出版人，应该从出版产业发展的角度、更宽的社会价值上看待主题出版。

1. 注重实效：主题出版的经济效益与社会效益并不矛盾

虽然各出版单位对主题出版物的考核大多不以经济效益为主，更强调其社会、政治、经济、文化引领作用，将其视为一项“政治任务”，但在熟悉市场运作规律的出版人眼中，这更是一次提升主业品质的良机，是一个极好的经济增长点。为使主题出版物实现较好的经济效益，各出版单位在营销发行环节颇费心思，采取立体宣传营销，开展多种主题读书活动，实现对口单位、系统的直销，积极开拓网络销售渠道、团购市场，并借助名家签售、微博宣传等时尚的图书宣传营销手段，使得主题出版物市场不断升温。例如出版单位为做好“十八大”主题出版的宣传推广，专门制定了整体的宣传方案，除在新华书店、网上书城、专业学术书店展示外，还根据每本图书的定位，针对特定读者营销，并邀请相关作者召开学术沙龙和新书发布会，不少“迎接十八大”的主题出版物，一经面世就取得了不错的销售成绩，产生了较大的社会反响。所以，第一时间出齐主题出版图书，拿出周密策划营销方案，通过特色营销服务，扩大社会影响，创造良好“双效益”不是高不可攀的。

2. 社店互动：主题出版可以促进出版产业发展

在实体书店不断萎缩的今天，主题出版对于实体书店的作用不可小视。国内的连锁书店主要是新华书店等大中小书城，其营销方式一般是以纪念性的活动、公益性事件以及相关图书为主题的活动等，这样的活动容易引起读者的关注，起到一种促销作用。其实，书店的日常工作就是主题营销，从卖场设计、图书摆

放、导购等方面营造某种氛围，唤起人们的阅读冲动与体验、某种记忆或某种情感。一方面，出版上游的主题出版物需要渠道、下游书店的“出货”；另一方面，书店的主题营销，首先要在平时有对应主题物数量的积累，采购、备货的基础要好，这又离不开出版单位的针对性出版物。书店策划的任何一类主题图书营销，布货和上架做得好不好，销售效果的差别是极大的。特别是供货问题，如果该类图书的出版供应分布比较零散，有的出版社可能只有一两种书，那么供货成本就会增高。作为书店，做主题营销时，有两个要素需要把握：一是书的质量要足够好；二是图书品种的覆盖面要足够宽。如果没有相对集中的出版物支撑，书店要将一个主题营销做好是很难的。所以，针对主题出版的出版社与书店，充分互动，信息充分共享，做好产业链协调，会有效促进出版产业的发展。

3. 启发引导“主题阅读”：让主题出版的社会价值更深远

阅读的价值对于民族、社会的重要意义不言而喻。营造书香社会、阅读社会的氛围需要全社会长久的努力。而每一次的主题出版，都会配合大局，行业、出版单位都会举行多种营销宣传活动，促进社会阅读。例如将“学雷锋”主题图书的宗旨定位于为配合全国各地的学雷锋活动，大力弘扬和宣传雷锋精神，为读者提供学习参考材料。这个定位从学雷锋活动的实际出发，有利于出版真正符合读者学习雷锋精神需要的图书。例如新华出版社的《雷锋精神学习读本》，内容包括雷锋生平、雷锋故事、雷锋日记、中央领导讲话、专家论述、媒体点评，不仅全面、形象、生动地讲述了雷锋全心全意为人民服务的事迹，而且深入挖掘了雷锋精神的丰富内涵以及在现当代的意义。这类主题图书的宣传推广，形成了“主题阅读”，怎么能低估其社会意义呢？

坚持正确出版导向　打造"红色出版"重镇

——中国人民大学出版社出版马克思主义理论图书的经验与总结

·郭晓明　余　盛·

一提起人大出版社，人们肯定会想到的是其所出版的《中国革命史讲义》、《辩证唯物主义和历史唯物主义原理》、《政治经济学教程》等一系列曾经创下累计发行达几百万册甚至上千万册纪录的经典文科教材。经过多年积累，特别是近十年来，人大出版社将弘扬和宣传马克思主义、坚持和推动学术精品作为出版社发展的战略任务来抓，出版了一大批宣传和传播马克思主义的理论图书，在学术界和读者中树立了极佳的口碑。经典的人文社科教材和优质的学术理论著作，交相辉映，共同打造出国内出版界引人注目、为人称道的"红色出版社"。李瑞环同志的《学哲学　用哲学》、《辩证法随谈》、《务实求理》、《看法与说法》，李铁映同志的《改革　开放　探索》、"中国经济体制改革研究丛书"，以及成思危、高占祥、赵启正、吴建民等领导同志的著作，不断地带给读者富有哲学思想、理论指导和实践经验的启迪；"马克思主义研究译丛"、"国外毛泽东研究译丛"、《中国共产党与马克思主义中国化》、《马克思主义发展史》、《毛泽东哲学思想史》等学术精品，进一步推动了国内马克思主义理论研究的深度和广度；《毛泽东传》、《马克思传》、《梁衡红色经典散文选》、《国事续述》、《文风四讲》等畅销书纵横国内图书排行榜，让读者一次次经历了思想的激烈震荡和红色阅读的激情体验。

回首人大出版社在理论出版和红色出版所取得的辉煌成绩，我们无不自豪，因为在推动中国文化大发展大繁荣的进程中，处处凝聚着我们源源不断的智慧和心血；展望人大出版社在理论出版和红色出版所规划的宏伟蓝图，我们满怀豪情，因为在加强优秀出版物生产引导、打造学术精品的过程中，时时凝聚着我们的责任和思索。总结经验，坚持正确出版导向，传播和弘扬主旋律，始终把社会效益放在首位，勇于创新，不断进取，是我们实现“双效”的根本经验。

一、树立精品意识，全方位布局，突出重点产品

在选题规划上，人大出版社采取“树立精品意识”、“全方位布局”和“突出战略重点”三项措施，确保马克思主义理论图书出版在数量和质量上都有保证。

1. 永葆红色出版情结、牢固树立精品意识。人大出版社作为全国第一家大学出版社，自1955年成立以来，始终高扬红色出版、理论出版的旗帜，牢固树立精品意识，出版了一大批经典的文科教材和理论著作。这一切归因于每一位人大出版社人都永存着对党和人民的热爱、永怀着对出版事业的热爱，这份热爱体现为人大出版社人所永葆的红色出版情结，转化为人大出版社出版红色理论图书责无旁贷的责任和热情，时刻彰显着人大出版社人的崇高追求。经过多年的努力，人大出版社推出了一批又一批导向正确、品质优良、影响深远的马克思主义理论著作和教材，在理论出版、红色出版市场，形成了独有的品牌积淀。这一大批丰富的红色理论精品，如同一颗颗红色的宝石，在中国的出版理论界熠熠生辉。

2. 形成全方位、立体化的红色产品布局。人大出版社从选题结构上重点规划，使马克思主义理论类和党史党建类选题在全社总选题中保持一定的比例，并全面布局产品线，使马克思主义理论类教材、学术专著、理论读本和大众图书全部覆盖。经过多年的努力，人大出版社红色主题产品已经初步形成“教材有口碑、学术有精品、理论读本有影响、大众图书有特色”的独特品牌，产品线丰富、齐全，产品呈现多层次、立体化特点。其中，代表性的教材有“21世纪党史国史系列教材”、“新世纪党课系列教材”、“马克思主义理论学科研究生系列教材”等；代表性的学术专著有“历史新起点书系”、“马克思主义研究译丛”、“国外毛泽东研究译丛”、“马克思主义名家文库”以及李瑞环、李铁映等国家领导人的重要著作；代表性的理论读本有《马克思主义如何改变世界》、《为什么要坚持马克思主义》、《为什么要拥护中国共产党》、《为什么要坚持走中国特色社会主义道路》等；代表性的大众图书有《马克思传》、《毛泽东传》、《梁衡红色经典散文选》、《人间正道》、《马克思的事业》、《2030中国：迈向共同富裕》等等。

3. 突出开发重点项目和重点产品。近年来，人大出版社集全社之力，启动了一批重点项目，除了“马克思主义研究译丛”、“国外毛泽东研究译丛”、“马克思主义名家文库”、“胡华文集”等国家“十二五”重点图书外，还有“历史新起点书系”、“执政六十年丛书”、“马克思主义研究论库”等，这些极具学术理论参考价值的图书，汇集了国内外相关领域的一大批知名专家学者，成为马克思主义理论研究这片沃土上一朵朵引人注目的艳丽奇葩。

二、强化战略部署，政策扶持，严格制度管理

出版马克思主义理论著作不仅历来是，而且将一直是人大出版社的出版使命。出版社从发展战略和出版环节等方面，加大对马克思主义理论出版的引导和支持。

1. 在发展战略上，人大出版社把红色出版落实到年度规划和“十二五”规划中，并将其上升到出版社立社之本的高度，精心组织、认真规划，有计划、有步骤地推出一批批思想性、学术性、可读性俱佳的精品力作，并要求相关编室与策划编辑密切关注党和国家的重要事件，紧密结合中国特色社会主义建设伟大实践以及马克思主义中国化、时代化、大众化的历史要求，做到重大事件事事有“声音”，年年出精品。出版社进一步调整优化出版物产品结构，更加突出红色出版特色，并积极探索、丰富相关选题，形成了重点突出、根基扎实、特色鲜明的红色主题图书结构。

2. 在考核政策上，人大出版社对出版马克思主义理论图书的编室给予政策支持，在业绩指标上予以部分减免，鼓励其在马克思主义出版领域突出特色、形成品牌、做大做强。突出特色——马克思主义理论和党史党建主题出版；形成品牌——以专业化、精品化实现品牌化；做大做强——既要做大以求规模优势，更要做强以求竞争优势。力争每年都能推出一批思想性、艺术性、可读性俱佳，立得住、叫得响、能够留存久远的精品力作，切实做到主题鲜明、导向正确、内容丰富多彩，能全面反映中国共产党的光辉历程以及马克思主义中国化、时代化、大众化的最新成果。

3. 在出版环节中，人大出版社加强对图书出版的管理，抓好重点图书的出版工作。一是把好选题质量关，狠抓落实三级选题论证制度，重视出版物的研究价值、文献价值和理论价值，坚持优中选优，推出精品力作。二是注重形式与内

容的有机统一，打造立体化红色产品系列。既要有图书，也要有音像制品和电子出版物；既有党史党建类教材、理论读本，也有学术著作和大众图书。三是切实抓好出版审读、编辑加工的工作，把好导向关、审读关，确保政治导向正确且书稿内容没有硬伤。四是按照精品生产的要求，确保作品的内容、编校、装帧、印刷质量，在人力、物力、财力等方面提供保障。近年来，人大出版社将各项工作制度逐步形成文字规范。为提高规章制度的操作性，每一项制度、每一个条款都根据实际工作需要起草，不搞形式主义。包括编辑、印制、发行工作规范和人事、财务、行政管理制度等都有严格的规定。除了社里统一制定的规章制度外，编辑、印制、销售部门还有一些更细致的工作指南，如供编辑审稿用的《编辑加工基本规范》等，对工作中常见的问题作了明确、详细的规定，为提高工作质量和工作效率创造了条件。

三、创建长效机制，加强团结，注重人才队伍培养

为了持续不断地推出红色经典图书，人大出版社认识到红色出版需要不断积累，一定要着手创建红色出版长效机制。因此，人大出版社全体同仁精诚团结，开拓进取，不仅培育和维护了一大批知名专家学者作为“智囊团”，而且注重年轻编辑的培养和成长，真正把马克思主义理论图书的出版工作作为立社之本，常抓不懈。

1. 领导重视，上下齐心。人大出版社自成立以来，就将弘扬主旋律、传播马克思主义作为自己的使命，全社上下以宣传、普及和研究马克思主义作为最重要的政治任务，围绕中国特色社会主义理论体系研究，马克思主义中国化、时代化、大众化，以及重大理论和现实问题，力争策划出版一批够分量、有影响、可传世的学术著作。进入新时期，以贺耀敏社长为核心的出版社领导班子，不仅在不同场合反复强调马克思主义理论图书出版的重要性，将之作为出版社出版工作的重中之重，而且还亲自挂帅，担任重点项目和图书的负责人，多次带领编辑一道邀请相关领域的专家、学者，召开相关图书的编前会和编辑研讨会，与作者共同探讨编写事宜，从源头上保证了书稿的质量。贺耀敏社长也被公认为是“金牌策划编辑”，在业界赫赫有名。同时，全社专门每年年初召开马克思主义理论图书编辑出版工作会议，具体落实人选、部门以及排印装的工作安排，要求从初期的设计到最后的成品统筹兼顾，并开辟专门的通道保证图书的顺利出版。并从全

社抽调资深编辑进行编校工作，严把编校、印装各环节质量关，力求出版一本成功一本，最大限度地扩大图书的影响力。

2. 建立优秀的作者队伍，着力培养编辑队伍。人大出版社十分注重积极开拓和积累作者资源，维护和团结业内学术泰斗与知名专家，挖掘和吸引优秀的中青年作者，充实和稳定作者队伍，已形成了一支有特色、囊括国内外著名学者、涵盖马克思主义理论及党史党建等领域的作者队伍。这其中，有李瑞环、李铁映、成思危等党和国家重要领导干部，有庄福龄、石仲泉、顾海良等国内外马克思主义理论研究的知名专家学者，还有一批初出茅庐的青年才俊。他们为人大出版社出谋划策，充分发挥智囊作用，从学科发展和出版需求的角度，同人大出版社精诚合作，集中力量和智慧，提供建议和意见，为马克思主义理论图书的出版奉献了源源不断的优质选题和发展思路。这一笔珍贵的财富恰恰是人大出版社几十年来在理论出版、红色出版工作做得有声有色的最根本的原因。

3. 注重编辑队伍培养，提高编辑业务素质。经过十多年的培养，人大出版社建立起了一支政治素质高、业务能力强的编辑队伍。目前，负责选题策划和书稿审读的编辑，全部为重点大学研究生及以上学历。他们不仅具备良好的专业知识和业务技能，更重要的是他们承载了人大出版社人五十多年来的出版梦想：高扬马克思主义，弘扬主旋律，巩固人大出版社“红色出版”重镇的地位。他们政治坚定、思路清晰，他们富有激情、勇于创新，他们严谨务实、善于学习。这支编辑队伍是人大出版社“红色出版”战略的实施者，更是马克思主义理论的宣传者和社会主义文化大发展大繁荣的参与者。人大出版社的光荣传统和管理制度，塑造了这支团队踏实、严谨的工作作风，常常听到很多作者“抱怨”人大出版社的编辑太认真、太敬业了。其实，这种“抱怨”何尝不是对编辑们的一种褒奖和鼓励呢，何尝不是对人大出版社的一种羡慕和赞许呢？

人大出版社多年来始终坚持正确的出版导向，高举马克思主义伟大旗帜，加强马克思主义理论研究和中国特色社会主义理论出版，并且取得了为人瞩目的成绩。作为马克思主义理论出版重镇，人大出版社将继续以传播和弘扬马克思主义理论为自己的历史使命与自觉追求，以宣传党和国家重要政治活动及重大历史事件为自己不可推卸的光荣责任，作出更大的贡献！

跟风与创新

——浅议"《旧制度与大革命》出版热"

·吕鹏军·

近几年，在中央文化大发展大繁荣方针的推动及相关政策的激励下，我国的图书出版事业有了很大发展，图书出版种数自年度新闻出版产业分析报告诞生以来，屡创新高。2009年，全国共出版图书30.2万种；2010年，32.8万种，较上年增长8.6%；2011年37.0万种，较上年增长12.8%。产业继续保持快速稳步增长。但这是否意味着我国已从或正从"出版大国"跨进"出版强国"呢？当然不是，和世界相比，我们是一个大国，还不是强国。

主流论点认为，"出版强国"首先是一种产业形态，要有强大的产业和企业支撑。基于此思路，近些年来，在宏观管理方面，在新闻出版总署的指导下，实施了以出版单位转企、集团化为主的文化体制大改革，建立了一大批以建立现代企业制度为目标的规模较大、资金雄厚的出版企业。新闻出版总署的主要职能转变为："一个是提供政策环境，一个是提供整个良好的秩序保证企业正常的运营，至于它内部的事情它自己就会管。"具体包括：内容上创新；深化体制改革；发展文化产业；发展文化方面的技术支撑；建立一套以法制为基础的市场规则，优化政策环境、市场环境。作为行业管理机关，上述在宏观方面所采取的措施无疑为出版业长远的、良性的发展提供了良好的空间，图书出版产业的快速稳步发展也就成为必然。但是，从微观的方面来分析，近几年的图书出版产业出现了一些局部的不太好的现象，如"跟风"出版严重，不加选择将网络作品简单地纸质出版。

以法国人托克维尔（Alexis Charles Henri Clérel de Tocqueville，1805—1859）的《旧制度与大革命》（*L'Ancien Régime et la Révolution*，《辞海》（1999年版缩印本）译为《论旧制度与大革命》）为例。2012年11月30日，中共中央

政治局常委、中央纪委书记王岐山主持召开座谈会，听取专家学者对反腐败工作的意见和建议。座谈会结束时，王岐山在总结讲话中推荐了法国思想家托克维尔的《旧制度与大革命》一书，称“我们现在很多学者看的是后资本主义时期的书，应该看一下前期的东西，希望大家看一下《旧制度与大革命》”。

《旧制度与大革命》法文初版于 1856 年，中译本在 1992 年由商务印书馆出版。该书探讨的是法国大革命，原有的封建制度由于腐败和不得人心而崩溃，但社会动荡却并未带来革命党预期的结果，无论是统治者还是民众，最后都被相互间的怒火所吞噬。这本书自有中译本后，一直是中国思想界、知识界的关注对象，并被列为政治学的必读书目。这一次，因为推荐者的特殊身份，这本书从“圈子读物”变得广为人知，进入了更广泛人群的视野。出版界也不例外。

据国家图书馆网站及有关电商网站统计，自 2012 年 12 月（即王岐山讲话之后）至 2013 年 4 月短短 5 个月内，除权威的商务印书馆的冯棠译本重印再版外，共出现了 16 家出版社的 16 种译本：

（1）九州出版社，王千石译；

（2）中国友谊出版公司，于振海译；

（3）中央编译出版社，陈玮译；

（4）中国文史出版社，裴玲译；

（5）中国长安出版社，钟书峰译；

（6）江苏文艺出版社，宋易译；

（7）新世界出版社，陈姣、陆杰峰译；

（8）光明日报出版社，沙迎风译；

（9）华龄出版社，丁萍译；

（10）江西人民出版社，陈天群译；

（11）中国画报出版社，傅国强译；

（12）北京理工大学出版社，华小明译；

（13）经济科学出版社，袁浩译；

（14）国家行政学院出版社，邢晓宁译；

（15）中华工商联合出版社，赵枫、向守源译；

（16）人民日报出版社，雅瑟译。

上述 16 家出版单位，在 2012 年 12 月之前都未曾出过《旧制度与大革命》中译本，此次出版，当属新译本。平均下来，每个月有 3.2 种《旧制度与大革命》新译本问世。就单一语种译本而言，《旧制度与大革命》中译本可称得上是该书最多的了。

但奇怪的是，此前中国社会出版社与京华出版社曾于1999年、2000年分别出版过高龙川的译本，但在出版热潮中两家出版单位未见重印再版，电商网站也没有销售，高龙川的译本亦未出现于其他出版单位。

托克维尔为法国人，《旧制度与大革命》继1856年法文初版后，相继出现了英文、德文版。据有关资料及国内报道，目前市场上的中译本中，似只有商务印书馆和中国长安出版社的译自法文，其他译本，明确原版语种的有：九州出版社、光明日报出版社的译自英文本；经济科学出版社的译自法语，参考了英文本。为此，有人发文从译书周期、出版周期、译者资质等方面对诸多新译本质量予以质疑。

在这轮《旧制度与大革命》出版热潮中，如果就学术研究而言，一般均会选择商务印书馆的中译本。有关专家表示："商务印书馆的版本译文最佳，可读性很强，虽有一些小瑕疵，但目前不会有更优秀的版本。"这可从如下数据予以侧面验证：当当网上商务印书馆中译本的购书评论数量几乎是16种新译本总量的3倍。但是，难道只能走译书这一条华容道吗？目前，图书市场上出现了许多围绕该书有创新性的选题，而且销量大多不错：

（1）世界图书出版公司的英文引进版。鉴于国内懂法语者少、会英语者多，此书对那些想读原版或想学英语的人来说，无疑是一种不错的选择。

（2）考虑到想读此书的一般读者限于学识、专业等背景而无法硬着头皮读下去，有必要对此书加以导读。四川教育出版社曾于2002年出版过冯棠等人著的《〈旧制度与大革命〉导读》，在此轮风潮中，已经脱销，电商网站上均显示无货。

（3）托克维尔相关的作品。如人民出版社的《托克维尔回忆录》，以及托克维尔的另一部名作《论美国的民主》。

（4）法国大革命的通俗性读物。《旧制度与大革命》是一本学术性的专著，其关于法国大革命的细节介绍很多如惊鸿一掠而过。对那段历史感兴趣的人不愿读学术专著，也不愿读"导读"，但欲详细了解、探究那段历史，那么，通俗易懂、启人心智的关于法国大革命的一般通俗性、大众读物就显得很有必要。但是，在这轮潮涌中，似未见有类似的出版物。

以上仅是就眼力所及"《旧制度与大革命》出版热"而作的一些观察、思考，有些想法也许显得不太成熟，很幼稚，还敬请方家不吝指教。

立体化教材建设之我见

·毛润琳·

一、立体化教材的概念和特征

关于立体化教材，国内外有多种说法，有的称“立体化教材”，有的称“一体化教材”，有的称“多元化教材”，其目的都是一样的，就是通过多种教学资源的提供而提出某课程的整体教学解决方案，从而最大限度地满足教师的教学需要和学生的学习需要，满足教育市场需求，提高教学和学习质量，促进教学改革。

在信息化教育改革的大背景下，教育行业和出版行业都在大力开发与传统的纸质教材相配套的各类电子教材或者网络教学资源。从宏观上讲，立体化教材比传统教材更加注重运用教育技术来构建教材体系。它是通过整合各种教学资源，运用多种教学手段，按照一体化思路设计的适合于多元化教学的一种新的教学方案。关于立体化教材的内涵众说纷纭，目前大家普遍认可的定义是：立体化教材是指由不同用途的传统介质教学用书和运用现代信息技术的多媒体教学资源组成的教学支持系统。从内容上看，主要包括主教材、教师参考书、学习指导书、习题集、试题库等；从表现形式上看，有纸质教科书、音像制品、电子出版物、网络出版物、网络平台等。

立体化教材打破了以往以纸介质为知识传播载体的局限，充分利用现代科技手段融合多种教学资源，以数字化教学为主要教学手段。在以往传统教材体系中，由于篇幅、表现形式等限制，教材内容主要是文字和图片，教辅工具主要是挂图和幻灯片，大量的教学资源无法得到体现。随着教学设备、计算机网络的发展，教材的内容呈现形式在根本上突破了单纯的印刷媒体的局限，从单一的纸质教材发展到音像制品、电子产品、视频教学、网络教学、教学资源库及教学服务平台等多种立体化教学方式。这些教学方式并不是独立存在的，而是以教学内容为核心，用不同的编写方式，把教材的精华从读、写、听、看、练等不同角度呈现给师生，既有重复、强调，又有交叉和补充，相互配合，从而形成一个立体化的、整体的教学方式。呈现形式上的立体化有利于教师和学生使用相关资源进行更加灵活的教与学，尤其能够大大激发学生的学习兴趣。

立体化教材不仅拓展了教学资源的形态结构，而且带动了课程和教材模式的改变。它使得教学的时空结构和活动方式发生了改变，使得学习过程与现实社会生活之间的联系更加紧密，这些改变告诉我们应该进一步加深对立体化教材的了解。

二、立体化教材建设中存在的问题

目前，我国教育出版行业已经认识到立体化教材建设的重要性，一些出版社在立体化教材的开发和建设中也颇有成效，但是数字化、立体化资源还不够规范，低水平制作和重复开发的现象还普遍存在。从立体化教材的建设现状来分析，主要存在以下几个方面的问题：

（1）对立体化教材的本质认识不深入。对于立体化教材的理解目前还存在一定误区，通常认为既有纸介质又有光盘或者网络形式的教材就是立体化教材，这样的理解是不全面的。媒介表现形式的多样化只是教材的外在形式，其内在的本质是内容编排与呈现方式的立体化设计，以此来实现立体化教材最终的目的——为教学提供立体化的服务。

（2）立体化教材产品缺乏教学设计的思想。有些立体化教材产品虽具备了表现形式的多样化，有书本、有光盘，也有网络平台，但教育技术含量不高，没有充分体现教学设计的思想。一方面，在设计开发教材的过程中，鲜少进行需求分析，造成整体规划不够、不同组成部分之间关系不明确等问题；另一方面，教材产品化以后，后续提供的服务少，缺乏有效的反馈机制。在大多数配套的网络资源更新上可明显看到这一点。

（3）内容呈现不够灵活新颖，无法激发学生的学习热情和兴趣。文字是大多数教材的主要呈现方式。从视觉心理学来说，文字容易让人产生视觉疲劳和学习厌倦的心态。因此，动态、多媒体化是现在立体化教材追求的一个目标。但部分教材有为了动态而动态、为了多媒体而多媒体之嫌，内容的这种呈现方式使得某些光盘的内容和界面有杂乱之感。

（4）立体化教材的编制存在不同步现象。目前，有些立体化教材在编制过程中存在不同媒介形式的教材由不同的团队或个人制作的情况，造成内容不同步、风格不协调等问题。立体化教材在内容和形式上的不统一，导致了在功能、用途等方面的系统性比较欠缺，直接影响了使用效果。

(5) 缺乏科学规范的立体化教材评价标准。由于目前缺乏科学、规范、成熟的立体化教材评价标准，仍有一些不合格的教材通过审查并流向市场，造成使用过程中出现了诸多问题。

三、立体化教材的设计和开发

立体化教材可根据以下思路进行设计：就内容而言，应考虑主体知识、案例及案例分析、习题试题库及答案、教案、课件、学习软件、自测（考试）软件及其他内容的提供；就外在形式而言，可分为主教材、辅教材、配套电子资料（电子资料库）、教学网站，或分为纸质教材、音像制品、电子资料、网络出版物等；就服务对象而言，应为教师提供教学参考资料，为学生提供学习指导资料。

在立体化教材的设计和开发过程中要注意以下几个方面：

(1) 更新设计理念，注重“教与学”环境的设计。立体化教材应该服务于两个主体：教师和学生。其作用要有助于教师的教和学生的学。因此，可把立体化教材的性质定位为学习对象、学习工具和教学工具。在立体化教材建设中，不仅仅是各种教学资源的简单堆积，更需要系统、整体的设计。目前大多数教材在立体化建设过程中，都过于强调教师的需求，而忽视了学生的学习需求。其实无论教材内容如何编写，配套资源如何丰富，最终的目的都是为了让学生能够掌握相关的知识点。因此，立体化教材应该围绕着“教”（教师教学）和“学”（学生学习）两个中心进行建设。

教材的立体化建设，如果“教与学”环境的设计不到位，教育技术人员将技术做得再好，它的有效性也将大打折扣，再好的平台、再好的多媒体技术也是一种浪费和摆设，无法真正发挥立体化教材的优势和作用。因此，在立体化教材建设中，教学设计十分重要。不同类型的课程需要使用不同的媒体去表达其教学信息，这样才容易实现它的教学目标。例如，文科类课程，主要以鉴赏性为主，可以利用多媒体课件的声、光、影、像的媒体表现方式，来创造文字描述的画面情境，增强教学内容的生动性、形象性和感染力。外语类的课程，主要以语言为主，可以利用磁带、光盘等媒介，对听力进行训练；也可以利用图形和声音来表现一些用文字难以讲清的语音。机械类和理工类课程，主要以模型和操作为主，用文本比较难以形象描述，可以采用各种动画和图像技术，来模拟模型的构造和操作的步骤，甚至可以用视频展示实物的分解图，化抽象为直观的具象，复杂的原理也就比较容易被理解了。

在教学内容的设计上，要着重把握好教学重难点的突破，教学关键知识点的强调，新旧知识连接点、学生思维转换点、思维困惑处的阐释。要体现出“为理解而设计”的思想，一切教材内容的处理都要有利于学习者对学习内容的理解和拓展。

总之，整体环境的设计要坚持工具性的观点和人文性的观点。学生在使用该立体化教材的时候，可以进行表情达意、思维活动和文化的传承。同时，立体化教材的内容也体现出对学生人格、个性、精神世界的关怀，能培养学生乐观健康的情感态度，积极进取的学习精神。

(2) 转变开发思路，以服务为要义。教材的使用目的在于服务教育和教学，为了达到更好的教学效果，教材的使用者——教师和学生都需要教材的设计者与开发者提供进一步的服务。因此，我们在设计立体化教材之前，先要确定好立体化教材的扩充功能和可拓展性。

教材的设计开发要“以使用者为中心”，充分考虑使用对象的实际需要和现实状况，设计出较好的层次差别，满足不同用户的使用需求。根据木桶原则，最短的一块桶板决定桶里装水的多少。因此，立体化教材的各项功能的强度需要齐头并进，从而使整套教材发挥出最大的潜力和优势。

立体化教材的建设和实践是一个系统的工程，是教学改革的重要组成部分，对于提高教学质量和学习者的自学能力都有很大的帮助。虽然在现阶段立体化教材的建设和实践还存在一些问题，但只要积极改进，立体化教材建设会更完善，在教育中的价值也会得到进一步的体现。

开发职业教育教材应以特色为先

——以市场营销专业为例

·牛晋芳·

近年来，随着职业教育的发展和职业院校教学改革的大力推进，职业教育教材市场经历了一个由迅速增长到逐渐稳定，发展至今竞争日益加剧的时期。在新形势下，作为职业教育教材产业链的源头，出版社应当认真分析当前的内外部环境，不断加强自身的管理和建设，建立符合自身发展特点的市场需要的教材出版发行模式，才能在激烈的竞争中取得一席之地，求得长久的生存和发展。

职业教育的实践证明，教材内容的选取必须体现职业教育教学的特色：以技能训练为主线，以相关知识为支撑，从职业岗位分析入手，确定相关的技能训练内容，形成具有典型性的技能训练项目，提高技能训练的针对性；以国家职业标准为依据，内容尽可能涵盖就业岗位所要求的职业标准的相关要求，便于“双证书制度”在教学中的贯彻和实施；打破传统的学科体系，较好地处理理论教学与技能训练的关系，切实落实“管用、够用、适用”的教学指导思想。职业教育教材应充分体现各个专业领域中的新知识、新技术、新方法，为提高学生的就业能力和工作能力创造条件。具体到市场营销专业来说，有以下几点。

一、定位于“以学生为中心、以实践为中心、以体验为中心”

职业教育市场营销专业的教材应围绕本专业的岗位技能需求，“以学生为中心、以实践为中心、以体验为中心”，确定教材理论知识和实训课程体系，提倡主动的、体验式的、发现的学习方式。

二、篇章设计结构独特，理论实训有机融合

职业教育市场营销专业的教材篇章设计应讲求结构独特，包括学习内容、学习目标、典型案例、本章小结、关键概念、课外阅读、实战训练、复习与练习、参考文献等。编写结构可以概括为：基本概念—个案—基本原理—综合案例—复习思考题。为了便于学生系统全面地掌握市场营销的基本内容，在编写内容、章节顺序上，完全按照市场营销活动过程的前后顺序和内容来安排，既保证学生对市场营销各项基本原理的掌握，又保证学生对市场营销活动整体过程的思路清晰。具体如图 1 所示。

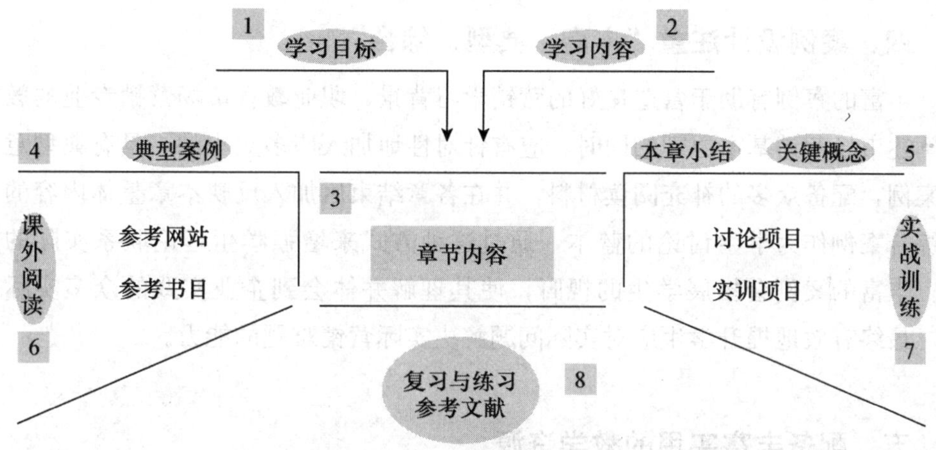

图 1　理论实训有机融合的篇章设计

三、注重“应用性、针对性、可操作性”

职业教育市场营销专业教材的编制应延伸到课堂和学生学习之中，通过具有“应用性、针对性、可操作性”的实训课程设计让学生亲身体验、思考和研究的过程，使学生成为学习的主体。在实践知识中渗透理论，由浅入深，由简单到复杂，让学生通过实践逐渐理解理论知识，同时投入大量精力进行综合性实训项目的开发，进一步培养学生的综合能力。每一章节的实战训练项目，以“讨论项目”、“实训项目”、“实践项目”、“小思考”等不同的形式来体现。理论讲授中的小思考，是为了培养学生的发散性思维；专门设置的市场营销理论与实训章节，是针对市场营销重要工作的重点阐述，是为了使理论知识体系与岗位需求的实践技能体系有机地结合起来。具体如图 2 所示。

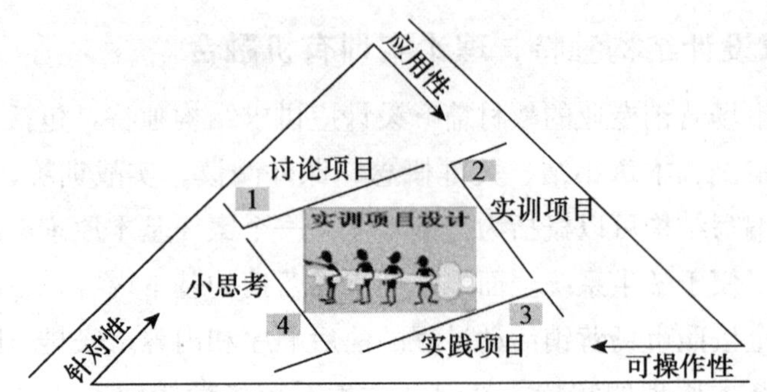

图 2 “应用性、针对性、可操作性”的营销理论与实训内容设计

四、案例设计注重“丰富、典型、综合”

丰富的案例有助于营造良好的营销学习背景，职业教育市场营销专业的教材在阐述市场营销基本原理的同时，应有针对性地加入诸多短小的、具有典型意义的案例，配备众多的补充阅读材料，并在各章结束后加入反映本章整体内容的大型综合案例作为学生讨论的蓝本，通过这种方式来增强学生理论联系实际的能力。丰富的案例会拓展学生的视野，使其理解并体会到企业实践的众多实际问题，最终有效地提升学生应对实际问题解决实际营销难题的能力。

五、配备丰富实用的教学资源

建设优质教学资源、反映优秀教学成果，实现优质教学资源、教学成果共享是当今职业教育教学改革的方向之一。围绕纸质主教材，在开发主教材的同时应积极打造包括教师参考书、学习指导书、实训手册、电子教案、CAI课件、网络课程、试题库、案例库等在内的立体化教学资源包，充分运用文字、音像视频、动画资源、模拟实验室、多媒体仿真软件等现代教学技术手段，真实反映实际工作内容和岗位现状，有效增加教学的直观性，丰富课堂教学内容，拉近课堂与职场的距离。

具体资源包括：

(1) 课程教学大纲。

(2) 练习题。

(3) 模拟考试题。

(4) 学习参考资料。

(5) 授课电子教案。

(6) 实践教学资料。

1) 营销流程模拟实验指导书。

2) 营销实战训练项目实习专题介绍。

(7) 授课视频。

论职业教育教材的编写方向

·龙明明·

近年来，以能力为本位的职教课程模式改革已经在各中高职院校中形成共识，但教材模式的改革却明显落后于职教课程模式改革的发展需要。职业教育层次的教材改革一直是我国教材改革的薄弱环节，教材的不适应已严重地制约了我国职业教育的改革和发展。拿市场营销专业来说，我国正在大力发展社会主义市场经济，社会对市场营销人员的需求量很大，按理说，市场营销专业在职业教育这个层次上应该是大有发展前景的。但实际情况却是，该专业在中高职院校中开设不久就出现了衰退的迹象。其原因是所培养的毕业生无论在实际操作能力上还是综合素质上都不能满足企业的需要。造成这种教学质量不合格的原因可能有很多，但教材与课程模式的不适应无疑是其中的重要因素。

打造适合职业教育使用的教材，应把握以下教材编写的方向。

一、充分体现职业教育的实践性、职业性要求

教材的实践性主要体现在两个方面：一是强调教材内容来自实践一线的工作内容，根据职业能力要求将应掌握的知识点按照模块和工作任务进行细化，将理论知识和实践知识统一起来，使得教学具有针对性与适用性。二是强调课堂实践，即在教材中安排大量需要学生模拟操作的内容，并细化为学习模块乃至具体的课堂活动，提示学生以情景模拟、角色扮演、上机操作等方式进行学习，使学生不但能了解并掌握相关理论知识，还能从实践活动中得到启发。

教材要以满足学生未来职业发展的要求为目的，既考虑到学生在刚毕业的时候需要从事一线业务，将基础知识点作为教材重点内容，围绕就业岗位的需要来展开，依照完成工作任务的工作流程来设计教学步骤，以实际工作中采用的操作系统为教学媒介，将工作项目移植到课堂，保证教学与工作的一致性，帮助学生

实现学习与工作的无缝衔接；又要兼顾学生的长远发展，对一线操作时不一定直接需要，但是从学生将来的可持续发展（向管理岗位、领导岗位等重要岗位发展）来说是素质和能力储备的一些知识，也相应给予提示，为学生未来职业发展做铺垫。

二、“以学生为本”，突出趣味性、体验性

中高职学生的文化层次与普通本科教育的学生相比有一定距离，对理论知识的掌握没有本科学生那么扎实，因此，在教材内容设计上，应依托具体的工作项目和任务将有关专业知识点慢慢展开，并在“项目教学”环节的设计中，力求真正地体现“教师为主导，学生为主体”的教学理念，“以实践为中心、以体验为中心”，提倡主动的、体验的、发现的学习方式，注意培养学生的学习兴趣，并以“成就感”来激发学生的学习潜能。

三、理论实训有机融合

在实践知识中渗透理论，由浅入深，由简单到复杂，让学生通过实践逐渐理解理论知识，章节顺序完全按照工作实务过程的前后顺序和内容来安排，既保证学生对各项基本原理的掌握，又保证学生对职业活动整体过程的思路清晰。每一章节的实训项目，以“讨论项目”、“思考项目”、“实践项目”等不同的形式来体现，各有侧重，进一步培养学生的职业能力。

四、多用案例，并注意留给学生一定的思考空间

教材在阐述知识点的基本原理的同时，有针对性地加入诸多短小的、具有典型意义的案例，用案例营造良好的学习背景。丰富的案例有助于拓展学生的视野，使学生能够真切地体会到职业生涯中可能遇到的众多实际问题。在案例的编写中还应特意留下一定的分析空间，以便让教师和学生能够利用所学知识点作出弹性的分析。由于实际中解决问题可以有多种方法和途径，因此，对于教材中所引入的实际案例也应有各种分析思路和方法，通过不同的思路和方法可以得出几种不同的分析结果。这可以有效提升学生应对实际问题、解决实际难题的能力。

五、与中国实际相结合，突出本土化的特点

鉴于中高职院校学生的就业前景，职业教育教材突出本土化的特点是十分必要的。虽然国外的理论和实践对于知识点的前瞻性了解很有益，但对于中高职学生来说，学会在今后的岗位上如何应对更为关键。因此，职业教育教材内容的选择应突出本土化，即选择讲解中国目前正在应用的技术、设备和操作步骤，过时的和过于超前的都略过不谈；案例的选择也应多反映中国本土的实践经验，使学生能够学以致用。

职业教育的实践证明，好的职业教育教材必须体现职业教育教学的特色：从职业岗位分析入手，以技能训练为主线，以国家职业标准为依据，内容尽可能涵盖相关职业标准的要求，便于“双证书制”在教学中的贯彻和实施。只有让学生学习后能与职场无缝对接，才是优秀的职业教育教材。

浅谈高等职业教育教材的开发

· 毛润琳 ·

在西方，“职业教育”（vocational education）是指培养一般熟练工人或者半熟练工人的教育和培训；高一层次的职业教育，通常被称为“技术教育”（technical education），以培养一般的技术人员为主要目标；再高层次的“职业教育”，是以培养高级工程师或者高级专业技术人员为目标的“专业教育”（professional education）。这三个培养层次，分别与我国的“工人”、“技术员”、“工程师”相对应。我们所说的高等职业教育，是高等教育的一个重要类型，是一种高等专业技术教育，是培养“士”、“师”级技术型人才的教育与培训。

近年来，随着我国教育改革的不断深入，我国高等职业教育也得到了迅速发展。目前我国高职院校的规模之大、数量之多、专业设置之广、招生人数之多，都大大超过了历史上任何一个时期。然而，作为高职院校基本建设之一的教材建设，却远远滞后于其发展的步伐，以至于许多高职院校的学生缺乏适用的教材，这势必影响高职院校的教育质量，也不利于高职教育的健康、和谐发展。

从目前市场上的教材来分析，高职教材主要存在以下几个问题。

一、教材品种众多，同质化现象严重

高等职业教育教材建设由发展初期的解决有无问题到今天的遍地开花，是高等职业教育发展与市场需求双重作用的结果。由于市场机制的影响，明确标明“高职高专教材”的品种数量激增，具体有多少品种的高职教材，目前尚无具体统计数据。目前全国有460余家出版社（占我国出版单位总量的80%以上）参与出版高职教材，少则开发几十个品种，多则开发千余个品种，从中我们可以粗略感受到高职高专教材的品种规模。在教师和出版社双重利益的驱动下，高职教材建设显得浮躁和急功近利，教材成了人人都可一试的领域，部分编者没有保持应有的敬畏之心，在教材的编写上，十分盲目和随意。从高职教材的发展来看，高职教材建设的初衷是好的，但是并没有达到预期的效果。看似可选择的教材多了，实际上大多数是千篇一律的重复编写，只是一种虚假繁荣的学术泡沫罢了。如此严重的同质化现象，严重干扰和影响了优秀教材或精品教材的推广和应用，对高等职业教育人才培养质量的提升、教学改革的创新有较大危害。

二、教材内容滞后，无法体现高等职业教育特色

在高职教育飞跃性的发展历程中，对高等技能型人才培养模式的探索、研究始终是整个高等职业教育战线最活跃、最重要的一个课题。课程模式、内容的不断改革与演变，高等职业教育工作者对职业教育内涵理解的不断深入，使课程建设的主体之一——教材建设的滞后性越发彰显出来。

首先，教材的结构体系趋同于传统的本科教材，偏重理论性，缺少相应配套的实训类教材。在高职教材的编写过程中，往往从思想上批判了本科教材的“压缩饼干”、中职教材的“发面馒头”，但在实际操作过程中仅仅注重内容上的增减变化，依然过分强调知识的系统性，基础理论分量过重，应用技能比例偏轻，没有从根本上反映出高职教材的特征与要求。有些教材理论偏深，不能适应高职学生基础相对较差的特点，不利于教学，严重影响了教学质量，制约了其发展。

高职高专院校实践教学时数一般占总学时数的1/2～2/3，分量极重，其教材建设在高职教育中也应占有非常重要的地位。作为体现高职人才培养特色、实现培养目标最重要环节的实训教材建设，滞后于高职教育发展的步伐。目前实训教材存在结构不合理、与行业企业生产实际脱节、实训教学特点不突出、针对性不强等问题，与高职教育的培养目标极不适应，影响学生能力培养。

其次，教材理论与实践脱节。目前很多教材采用几所甚至几十所院校教师联合编写的方式。编写者以高职教师居多，而高职院校的教师在高校扩招之后，教学任务繁重，很少有去企业实践的时间和机会，缺少对生产实际的调查研究和深入了解，缺乏对职业岗位所需的专业知识和专项能力的科学分析，缺少科学的课程理论的支持，编写的高职教材难免出现体系不明、内容交叉或重复、脱离实际、针对性不强等问题。此外，由于教材的编写往往周期较长，新知识、新技术、新工艺、新材料不能及时反映到教材中来，而且不少教材不符合新规范、新规程、新标准，这与高职专业设置紧密联系生产、建设、服务、管理一线和实际

要求不相适应。许多高职高专院校选用的部分教材，其内容仍然陈旧过时，不能反映一线岗位对相应知识和技能的要求，甚至个别教材，由于从策划到编写出版发行的时间过于仓促，错误率极高，不堪选用。

再次，教材内容与职业资格证书制度缺乏衔接。“双证制”或“双证互通”是高职教育的又一特色所在，它的实施要求学生不仅要获得学历证书，而且要取得相应的专业技术技能等级证书，即要求学生在具有必备的基础理论和专业知识的基础上，重点掌握从事本专业领域实际工作的高新技术和基本技能。但目前高职教材的编写与劳动部门颁发的职业资格证书或技能鉴定标准缺乏有效衔接。

最后，教材与高职学生的特点存在距离，不适合学生的实际接受水平，缺乏教学的可操作性、教材的可读性。教材的形式比较单调，缺乏趣味性。

面对高等职业教育教材的现状，作为出版单位，怎样更好地参与高等职业教育教材的开发和建设呢？出版单位首先要理清高职教材建设的基本思路，根据高职教材编写的基本原则与要求，顺应高等职业教育发展的趋势，深化教材改革，突出高职特色，以厚基础、重能力、求创新为总体思路，优化整合课程内容，积极组织编写适合高职教育特征和高职院校学生特点的教材，以满足高职院校教学的需要，进而提高高职教育人才培养质量。

1. 统筹开发，优化选题

按照《教育部关于“十二五”职业教育教材建设的若干意见》的精神，出版单位要遵循技能型人才成长规律，按照建立职业教育人才成长“立交桥”的要求，推进高等职业教育教学标准、教材内容的有机衔接和贯通。更新教材内容和结构，大力开发职业院校公共基础课程、大类专业基础课程、专业核心课程教材，着力加强实训教材。出版一大批反映产业技术升级、符合职业教育规律和技能型人才成长规律的高质量教材。高等职业教育教材建设要围绕国家产业结构调整的部署，积极开发面向鼓励类产业相关专业教材，全面对接现代产业体系。顺应新形势需要，将绿色经济、循环经济、低碳经济等现代产业理念和技术融入教材建设的各个方面。

要充分发挥出版单位的主观能动性和自身优势，广泛从优选择作者，努力挖掘并利用好行业专家资源，积极优化作者队伍；主动为作者搜集信息资料、出主意、想办法，组织作者充分开展调查研究工作，采取有效措施监控教材编写、出版流程的质量，自觉抵制出版短期行为。

在策划选题时，要考虑：第一，教材由什么样的人编，有无这样的人才；第二，教材的编写者是否理解高等职业教育的理念，是否深入地了解、研究过高等职业教育的教学规律和要求；第三，编出的教材有无适应其教学内容的教师授课；第四，编出的教材内容是否能适应目前大多数学校的客观物力条件，这一点在实训课程中显得尤为突出。

出版单位要密切与高职高专院校的教学、研究实践相结合，鼓励编辑走进课堂，亲身参与教学活动，深入研究高等职业教育专业培养目标、课程设置、课程模式与内容、教材与教学方法以及教学手段等，真正成为高等职业教育资源的研发、提供和服务者。

2. 创新教材呈现形式，优化教材类型结构

注重运用现代信息技术创新教材呈现形式，使教材更加生活化、情景化、动态化、形象化。大力推行适应项目学习、案例学习等不同学习方式的教材，注重吸收行业发展的新知识、新技术、新工艺、新方法，对接职业标准和岗位要求，丰富实践教学内容。出版社单位要根据高等职业教育学生的特点，设计教材的体例；根据教材的学科特点，确定教材的编写模式。教材要体现行动导向、能力本位、岗位实践、素质养成、过程考核、能力过关的职业教育理念与原则，以适应高等职业教育所倡导的体验式教育模式、任务驱动式教育进程和以学生为主体的教育理念，从而大大地激发学生的求知兴趣，使教育的过程变得生机勃勃，使学生的各项能力（职业能力、方法能力和社会能力）得以培养。

3. 加大数字化教学资源的开发力度

目前的高职教材仍以纸质教材为主，配套教学资源的开发无论从数量上还是质量上都处于相对较低水平；共享型教学资源平台及其相关机制尚未形成，广大教师难以获得优质教学资源。尽管近些年来，一些优秀出版单位投入了大量的人力、物力、财力，有意识地加强了这一领域的建设力度，研发、推广了一批实用、好用、多媒体形式的精品资源应用于高职教学实践中，但仍无法满足高等职业教育教学改革的快速发展的强烈需求。目前，大多数教学课件都是“课本搬家”式的，现代教育技术的应用价值未得到充分体现。将现代教育技术手段应用于教学实践环节，可以有效整合教育资源、节约教育成本、丰富教学手段、拓展学习空间，尤其是对于我们的主要培养对象——形象思维强于抽象思维的高职高专学生来说，就显得更为重要。

出版单位要积极配合学校、教师开展教学资源建设研究，同时出版单位也要投入相应的人力、物力、财力开展教学资源的自主研发。既要开发与纸质教材配

套的、有助于教师实施教学的、符合高职学生学习特点的课程多媒体教学资源，创造一个听觉与视觉联动、图文与音像交互、教师与学生共创的交互式学习环境，也要积极与有关部门配合，利用网络技术开发建设高职教育领域共享型教学资源平台，开发网络课程、虚拟仿真实训平台、工作过程模拟软件、通用主题素材库以及名师名课音像制品等多种形式的数字化教学资源，建立动态、共享的课程教材资源库。

专业学位研究生入学考试图书市场分析

·李国庆·

专业学位是相对于学术型学位而言的一种规格不同的学位类型。专业学位和学术型学位各有侧重，与学术型学位相比，专业学位更注重学术性与职业性的紧密结合，在招生办法、教育内容、培养模式、质量标准等方面都更突出职业要求。我国现在非常重视专业学位研究生的发展，计划到 2015 年，专业学位研究生的培养规模要与学术型研究生培养规模持平。考虑到专业学位研究生迅猛的发展态势，作为以传统一般考研图书和部分专业学位考研图书为主导产品的考试分社，有必要对专业学位研究生考试图书市场的现状与发展趋势作出基本的分析。

（一）市场容量

2005 年以前，专业学位主要有如下 15 个（公共卫生含硕博连读）：

法律硕士、教育硕士、工程硕士、工商管理硕士、农业推广硕士、兽医硕士、公共管理硕士、公共卫生硕士、军事硕士、会计硕士、体育硕士、艺术硕士、风景园林硕士、高等学校教师在职攻读硕士学位、中等职业学校教师在职攻读硕士学位。

2005 年，全国共有 217 456 人报考法律硕士、教育硕士等 13 个专业学位和高等学校教师与中等职业学校教师在职攻读硕士学位。如果加上报考学历型法律硕士和工商管理硕士的人数，专业学位研究生报考总人数突破 30 万人。在职联考中，报考人数最多的是工程硕士专业学位，全国共有 78 906 人。报考首次开考的体育硕士、艺术硕士和风景园林专业学位的人数分别是 2 690 人、4 138 人和 1 033 人。另外，教育硕士的报名人数为 24 917 人，高等学校教师和中等职业学校教师在职攻读硕士学位的报名人数比 2004 年略有上升，分别达到 41 406 人和 1 617 人，在职法律硕士报考人数大约 14 000 人，公共管理硕士报考人数大约

18 000 人，工商管理硕士报考人数大约 10 000 人，公共卫生硕士、军事硕士报名合计人数约 80 000 人。工程硕士、农业推广硕士、兽医硕士、艺术硕士、风景园林硕士、高等学校教师在职攻读硕士学位、中等职业学校教师在职攻读硕士学位等约 13 万人实行入学资格考试即 GCT，专业课考试在 GCT 过关后，由各学校在复试阶段自行组织。其余专业学位的英语考试参加统一试卷的在职英语联考，专业课则各自实行联考。当时这些专业学位，除法律硕士、工商管理硕士有学历型入学考试和学位型在职联考两种考试形式以外，其余专业学位均只有在职联考。

2009 年以来，国家开通了一大批新的专业学位，除了少量的专业学位博士以外，到目前为止，一共开通了 39 个专业学位硕士。这 39 个专业学位不仅可以选择学位型在职攻读，而且还可以选择学历型在职攻读或全日制攻读。随着新的专业学位的开通和招考政策的变化，专业学位的规模得到了迅猛发展，就目前的情况看，报考专业学位研究生的人数逐年快速增长，相信在 2015 年，专业学位研究生的报考人数一定能赶超学术型研究生的报考人数。

（二）相关图书产品现状及特点

就目前情况来说，专业学位研究生考试主要分为在职联考和研究生统一入学考试两种。在职联考命题由教育部学位管理与研究生教育司组织。在职联考图书产品的特点是指定性强，一般由相关教育指导委员会组织编写考试大纲。另外各专业学位教育指导委员会为了方便考生参加入学考试，一般都会组织编写一本或者一套考试教材。研究生统一入学考试命题由教育部考试中心统一组织，考试中心会颁布统一考试大纲，但针对新开通的专业学位考试，基本上没有编写统一的辅导教程。

人大社目前出版专业学位联考图书共 5 类，即法律硕士、会计硕士、公共管理硕士、GCT、管理类专业学位综合能力考试。总发行码洋约 2 500 万元。具体情况如下：

（1）10 月在职法律硕士联考目前有考试大纲、考试教程以及配套辅导用书合计 6 本。

（2）公共管理硕士在职联考目前有考试大纲、指南及高分突破配套图书 7 本。

(3) 会计硕士在职联考目前有考试大纲及指南和配套图书 7 本。

(4) GCT 图书 10 本。

(5) 管理类综合能力考试 20 本。

在报考人数过万人的 5 种专业学位图书中，人大社法律硕士和公共管理硕士图书占据了明显的优势地位。下面谈谈市场上其他 3 个报考人数过万人的专业学位图书情况。

(1) 教育硕士。教育硕士在职联考有专门的考试用书，即《在职攻读教育硕士专业学位全国统一（联合）考试大纲及指南》(北京师范大学出版社出版，全国教育硕士专业学位教育指导委员会组织编写)，属于指定性的考试教材。其他辅导资料主要是一些辅导讲义和习题。辅导图书非常少。这种情况主要与系统内部发行方式密切相关。

(2) GCT。指定性参考书是清华大学出版社出版的，由全国工程硕士教育指导委员会组编的考前辅导教程共 5 册，并配套出版习题册，几乎垄断了该考试图书市场。但是，因 GCT 考试有 13 万之众，除了人大社以外，仍有一些出版社在出版 GCT 辅导图书，比如机械工业出版社、复旦大学出版社、北京大学出版社等等。

(3) 工商管理硕士。由国务院学位办、工商管理硕士教育指导委员会等编写的考试大纲在机械工业出版社出版，同时还配套出版了三本相关教材。此外，机械工业还出版有 MBA 习题详解、英语阅读理解 100 篇、历年真题解析等相关图书。复旦大学出版社、清华大学出版社出版的 MBA 联考用书也有一定的市场。

(三) 专业学位考试图书选题策略

介入专业学位考试图书市场，必须考虑市场容量、产品特点两个要素。对于指定性较强的专业学位图书市场，要想介入，市场容量必须非常大。市场容量较少、报考人数低于万人的，要研究该专业学位考试的特点，慎重介入。市场容量较大的，要分析对手产品特点，开发差异性产品去参与竞争。

综合以上因素，我们认为目前专业学位选题的总策略应该是两抓两放的结合，即抓大放小和抓强放弱结合。抓大就是介入考生人数较多或者潜力较大的专业学位领域，放小就是放弃冷门的报考人数特别少的专业学位领域；抓强就是对人大社考生认同度高的专业学位图书进行深度开发，放弱就是对于人大社明显处于弱势的专业学位图书产品进行适当淘汰。

根据两抓两放的策略，我们今后主要的工作是：

（1）加大开发在职法律硕士配套选题的力度。

在职法律硕士目前只出版有考试大纲、考试教程及几本配套书，还有较大的开发空间。今后我们将出版配套的最新试题分析、同步练习等。

（2）加大学历型法律硕士图书的修订力度，淘汰销量下滑产品，研发新产品。

我们目前适用于学历型考试的辅导用书已经达到 10 种，销量一直比较稳定。还要加大现有产品的修订力度，以维护其活力。针对法学方向，还要增加新的选题。

（3）加强在职英语系列图书的宣传和推广，补全选题。

目前大约 80 000 以上报考不同专业学位的人要参加在职英语联考。人大社目前出版有综合辅导等一套 7 本在职英语联考图书，销量不错，呈逐年上涨的趋势。总体上该套书占市场约 1/5 的份额。今后对该套书要加大推广力度。选题上，对在职英语联考历年试题要加大开发力度，出版真题系列图书。希望通过以上举措，使在职英语图书获得更进一步的发展。

（4）GCT 图书保持现状，暂不加大开发，进一步关注其发展动态。

GCT 是一个入学前的资格考试，难度不大。并且，整个考试是三个小时一张试卷，这样，考生只需要一套复习资料就已经足够。GCT 图书，考生比较认可清华出版社，近年来，清华社加大了选题开发力度，配套出版了两个系列的图书，包括同步练习题系列和模拟试题系列，对我们形成了一定的冲击。

（5）密切关注新的有潜力的专业学位的开办。

金融硕士、新闻传播硕士、汉语国际教育硕士、社会工作硕士等都是报考人数较多的专业学位，已经开办，我们应该密切关注其发展动向。对于有潜力的学位，比如新闻传播、金融硕士、汉语国际教育硕士要特别关注。

新技术形态下考试图书出版竞争态势浅析

·赵军宝·

一、新技术形态所带来的出版概念变化

伴随着传统互联网、移动互联网等新兴技术的迅猛发展，出版业态呈现出新的特点和变化。在新兴技术的冲击下，原有的建立在纸质印刷基础之上的出版概念和理念以及与之相配合的各种法律法规和政策都显得略显刻板与过时，并出现了为适应新技术发展而提出的新的概念，如数字出版、互联网出版等。

一般而言，传统出版主要指以纸张作为载体的出版方式，是以雕版、活字版或激光照排制版，通过纸张和油墨，以手工或印刷机上复制出有内容的出版物的一种出版活动。相较于新兴技术而言，音像制品等出版物作为传统工业形态下的电子出版，由于其出版也已经有几十年的历史，因而为与迅猛发展的信息技术带来的出版领域的巨变区分开来，某种程度上也可以划为传统出版的范畴。就全国范围的出版单位来说，很多出版社同时拥有电子出版资格或能力。

与传统出版不同，数字出版则是以互联网为传播渠道和载体，其生产的数字信息内容建立在全球平台之上，通过建立数字化数据库或单体来达到在未来重复使用的目的。接入互联网包括移动互联网的各类电子终端如计算机、手机、平板电脑、荧屏，以及室内电子展示设备，是其传播发布（与纸质图书对应的出版概念为“发行”）的主要载体，形态以电子书和各种应用平台为主。

数字出版形态与传统出版最大的不同主要是出版物的内容都是数字化的，所有形式的内容都是可以由电子设备识别并无限复制的。无论终端介质是什么，只要这种介质是数字化的，这种出版就可以说是数字出版。

二、新技术形态下的出版转型

在新的数字信息技术的冲击下，出版业不得不面对出版转型的问题。所谓出

版转型，就是从单一纸媒传播走向多媒体甚至全媒体传播，从单一出版形态走向多业态经营，从为作者和读者出版纸质图书产品走向为消费者而不仅是原来的读者提供阅读或观看等服务。转型后，所谓的数字出版仍是出版业的一部分，是为用户提供个性化阅读或衍生服务。如何满足客户需求是出版转型成功的市场前提。与此同时，由于新技术固有的缺陷性，在可以预见的将来，纸质出版仍有较大的市场空间，仍将作为一种重要的出版形式与数字出版互相补充和配合，取长补短。纸质图书能够作为几千年来人类保存信息的载体，其生命力可见一斑。因此，虽然面临着数字出版的冲击，但传统出版仍有其存在与发展的空间。而且随着我国文化体制改革的不断推进和人民经济生活的改善，精神文化的原创力将不断释放，人民对精神文化的需要将不断增强。在这样一个大前提下，传统出版的市场空间虽然面临数字出版的挑战，但在总体规模上可能仍有较大发展空间。

三、新技术形态对考试图书出版的影响

在我国图书市场中，考试图书市场的生产和发行商总体上可以分为传统出版社和民营书商两类。从考试图书内容的权威性来看，针对某一固定出版领域，传统出版社又可以分为权威出版方与跟随出版方两类。在图书实际的出版发行中，民营出版方由于体制的活力、反应的速度、出版和监管标准宽松等方面的优势，在考试图书市场上牢牢占据了一席之地。与此同时，随着各类培训市场的成熟，一批培训市场的领导者也不断进入考试图书这一相关领域，凭借自身在培训市场师资等方面的市场领导地位和对终端考生的控制力，以与出版社合作出版图书和自行印制讲义等各种形式介入图书出版领域，对其他出版者的固有市场形成不断挤压之势。

在上述四类出版方中，作为跟随出版方的传统出版社，在竞争中明显处于不利地位。其劣势主要体现在：

首先，与处于领导地位的传统出版方比，产品在市场上缺乏权威性与号召力。在出版信息获取和官方作者资源的竞争中处于不利地位。

其次，与单纯的民营考试图书出版商相比，其对市场的反应要略显迟钝，出版发行折扣与渠道选择受困于市场化落后的约束，也不及前者灵活。

再次，与近些年切入图书出版领域的培训商相比，其在有市场号召力的作者

资源、对终端考生的需要把握和控制上劣势更为突出。对于培训商来说，培训图书的出版只是一个衍生品，在对考生需要满足上只是其中的一个方面。

传统互联网、移动互联网等新技术的发展，使得传统纸质出版的优势被数字出版蚕食，表现在考试图书出版领域，就是以往拥有纸质出版资格的传统出版社的竞争优势弱化，民营书商和培训商借助新技术手段增强了服务能力、渠道价格等方面的竞争力。传统出版社虽然对新技术方面也投入了不少精力，但与其他生产商比，投入的资源还远远不够。以最后介入考试图书出版的培训商为例，已经在网络课程、网络支付、网络配送、版权保护、网络招生等方面先行一步，形成了比较齐全、成熟的配置，加上实体培训课程，这样就构筑了全方位的竞争力。这些举措都暗合了数字出版时代出版物形态和出版定位的新变化，就是由单一的产品供应商演变为教育产品服务商，由单纯提供纸质图书或课程培训，变为向读者或消费者提供个性化、有针对性的教育服务，从而满足其多样性需要。

传统出版社也并未忽视对新技术的应用，但就目前来说，还主要限于利用网络技术来为读者提供一些增值性服务或信息，以此促进纸质产品的销售。真正针对和利用网络传播开发的产品还不多见，主要是将纸质图书电子化后转到网络上提供给读者，尚未实现有针对性的符合网络传播、网络阅读等网络消费者需要的新型产品。

与此同时，由于网络技术的进步，网络视频播放和网络支付等技术与网络环境已经比较成熟，传统出版社也迎来了一个强化自身竞争力的好机会。只要有足够的重视，在新技术领域投入足够的精力和资源，传统出版社同样可以发挥后发优势，通过引入新技术弥补短板，强化优势，在改变出版业态上做好文章，积极实现由单一的图书生产商向教育产品服务商的转型。一方面，可以积极开发网络课程，利用多年积累下来的品牌和作者优势，实现对产品线的丰富。在这一方面，其他竞争者虽然是领先一步，但差距并不是那么大。另一方面，通过网络课程的开发和使用，传统出版社在纸质图书的开发和设计上对读者的需求的了解也将更为及时，有助于推出更有针对性、更完善的纸质产品，从而形成网课与纸质图书相互配合的综合竞争力，弥补在对终端读者控制力上的劣势。尤其是对于处于跟随地位的出版社而言，这种需求更为迫切。

事实上，网络课程的兴起和繁荣对实体的培训产品是一种替代。在消费习惯和消费环境逐渐成熟的今天，网络课程将来会在很大程度上取代实体培训课程。

这也是培训商们都开始重视网络培训的原因。因而新技术的发展实际上为传统出版商提供了一个介入这个市场，争取新的竞争优势的好机会。从这个角度而言，新技术的发展对各方都是公平的，只要利用得当，都可以发展成为自身的比较优势。

做最畅销的书

——浅谈大众畅销书选题策划

·刘　莉·

“畅销书”（bestseller）最早起源于文化产业发达的美国，从英文的直译来看，是卖得最好的书。我们接触的书店、媒体的文化版面会不定期地根据图书的销售情况，按照销量排序制成畅销书排行榜，以证明哪些书卖得最好，让读者更倾向于选择卖得最好的书。被销售量数字化的大众图书，便有了畅销与滞销之分。在大众图书策划的过程中，每一个选题的终极目的都是希望打造出“畅销书”。为什么图书上市以后就会出现截然不同的销售结果呢？选题策划水平决定了图书的市场表现。如何做一本畅销书？可以从以下五个方面找寻大众畅销书的选题策划规律。

一、做好信息储备，关注社会热点、流行文化、大众心理

畅销书，作为商业社会快速文化消费品，是特定时期社会文化心理的反映，是大众流行文化的产物，是大众心理的折射。策划大众畅销书，不是凭空想象，而是需要积累各方面的文化知识，保持高度的社会关注，洞察社会发展的各种文化现象。做好信息储备，主要靠以下几个方面的积累：

1. 社会发展信息积累

社会发展信息，包括国际形势、国家大政方针、政策法规、国家经济宏观趋势、人口构成、教育状况、国民购买力等宏观层面的信息。只有充分了解社会发展的宏观信息，在策划畅销书选题时，才会规避因重视眼前经济效益而犯下不可挽回错误的风险。

2. 大众媒体信息积累

我们无时无刻不生活在大众媒体所描述的世界之中，大众媒体每日为现代社

会不断地提供“话题”，创造热点，吸引眼球。大众媒体关注的焦点是大众畅销书选题最直接的资源。报纸、电视、广播、互联网上一个阶段的热点事件、焦点人物、文化现象讨论都可以成为畅销书选题策划的切入点和宣传点。

比如人大社出版的《股市投资心经》，作者别境是在“天涯股版”打造出超过 3 100 万点击量的《别境解盘》的网络股市分析达人。作者从负债的打工者起步成为一个职业的投资人，用赚来的钱游览祖国大好河山，到处结交朋友，喜欢自由的生活。从这样的网络热点人物入手策划选题，原来热衷于追看该作者网络点评的粉丝就成为潜在读者，成为图书销量的一个保证。该书自 2012 年底出版即受到读者喜爱，至今累计销量已达到 2 万余册。

3. 出版市场信息积累

图书市场本身也是大众畅销书选题策划关注的重要领域。通过零售卖场、网络书店近期推荐的重点书和排行榜，在一定程度上可以反映当前图书消费者所热衷消费的图书品种和设计风格。尽管跟风出版是一个不被专业人士看好的策划方式，但在图书市场上，一本跟随某个超级畅销书之后，随之策划的同类选题或同类命名的书，依然有一定的消费群。

总之，一个优秀的畅销书策划人，平时积累各方面有关社会发展动向、文化流行趋势、社会大众心理等方面的信息，不仅是为了一时策划某个具体选题所用，而且是在大量的文化积累之下，培养策划畅销书敏锐的洞察力。

二、注重市场调研，力求新颖独特

出版业蓬勃发展的今天，中国每年要出十几万种新书，你希望你的选题是全新的，那几乎是不可能的。你无论想到一个什么选题，都一定能在网上或多或少地找到相关的资料或成书。如果想要使得自己的选题脱颖而出，超过对手，必定是要建立在充分的市场调研基础之上而力求新颖独特。如何做市场调研呢？主要有以下两个方面：

1. 已出版同类选题图书市场分析

通过图书销售卖场、网络书店及图书馆等场所查询同类图书选题的有一定销量的图书，从图书选题角度、作者包装、文本结构、装帧设计、定价策略、宣传方式、营销策略、成本投入等几个方面分析竞争对手的优势与劣势。从市场已有的经验和教训，寻找自己选题的突破口，综合自己所掌握的出版资源，决定做与不做，以及如果做，应怎么做。

2. 隐性同类选题的预测分析

一个优秀的大众图书策划人，在出版界必然是一个善于捕捉同类出版信息的观察者。很多时候，同一个出版话题或作者被出版界同行共同关注是一个必然的竞争态势。了解同行策划同类选题投入的出版资源、定价策略、包装方式、营销技巧等是选题策划的一项重要工作，而这些工作需要长期的从业资历来积累市场预测经验。

三、弱化专业色彩，打造各领域通读的非“专业读物”

每年的畅销书林林总总，涉及的类别也五花八门。哪些图书在畅销呢？看似毫不相干的畅销书选题，是否有共同的特征呢？从近几年的畅销书排行榜中，我们可以看出以下几个类别的图书在畅销。

1. 文学类

悬疑、破案、惊悚、言情、家庭等这类选题的文学类作品一直以来是畅销书的首选。近年来，随着大众文化水平的提高，普通的情节小说并不能成为打动读者的法宝，相反，关注时代背景下的人物命运，揭示人物深层次的性格特征，折射社会大环境的文学作品，成为畅销书的亮点，比如这几年流行的《新结婚时代》、《蜗居》、《潜伏》，以及最近销量排行虚构类榜单前十位的《心术》等。

2. 励志心灵类

这类书以公司职员为目标读者，以激励员工工作热情、抚慰都市心灵困惑为主要内容。比如《执行》、《从优秀到卓越》，近期热销的《遇见未知的自己：都市身心灵修行课》等等，这类图书一方面切中公司培训的诉求，又有励志的潜在读者群，因此公司团购和零售业绩都很理想。

3. 名人传记类

这类图书抓住人们希望窥探名人隐私或权威崇拜的心理，利用偶像效应、明星效应，往往可以带动图书的销量。比如人大社出版的《30 而励》、《毛泽东传》，近期热销的《史蒂夫·乔布斯传》(简体中文版)、《林徽因传：你若安好便是晴天》等。

4. 文化漫谈类

这类图书从文化漫谈的角度，用优美的文学表达，为大众做文化普及、心灵解惑。比如《文化苦旅》、《于丹论语心得》以及近期热销的新书《于丹趣品人生》等等。

5. 实用信息类

这类图书包括养生、育儿、教育、科普、心理、社交等。比如近期排行榜非虚构类前十位里面的《好妈妈胜过好老师：一个教育专家 16 年的教子手记》、《妊娠分娩育儿》(第 4 版)。这类图书满足了人们解决生活实际问题的需求，所以只要选题实用，就会有一定的销量。

当然，畅销书的分类从不同的角度有不同的分类方法，以上分类想要说明的是，尽管畅销书内容有各自不同的专业门类，但它们有一个共同的属性就是——通俗。畅销书永远不是“专业读物”，它的潜在读者定位，一定是没有专业门槛的普通读者。如果一个策划人，过分纠结于图书的专业色彩，那么这本书距离绝大多数读者就会越来越远。

四、名人、权威——畅销书永远无法回避的选题

想到畅销书，往往策划人首先想到的就是名人和权威作者。这是保证销量最直接最好的方式。然而，需要强调的是，在挑选这类作者时是需要有风险评估的。

1. 名人、权威作者是否有足够的读者群支持购买纸质图书

近期炒作比较多的是 1983 年版《红楼梦》晴雯的扮演者安雯以 100 万元版税出版的个人自传。从一个成熟的策划人角度来看，这并不是一个好的畅销书选题。尽管这个选题符合名人出书、娱乐新闻炒作、制造话题等宣传因素，但这位演员的潜在读者群并不广泛，远不及李宇春等热点明星。无论作者如何配合出版社做营销活动，想必该书的销量也十分有限。

2. 名人、权威作者是否积极配合出版社后期宣传活动

名人的一举一动都受到大众的关注，因此畅销书的宣传也更加容易获得事半功倍的效果。但如果他们不配合出版社的宣传活动，那么对于销量也有很大影响。比如人大社出版的芮成钢《30 而励》，作者在新书宣传期间，举办了两场新书签售会，此外，还在全国主要城市济南、上海、南京、广州等地的多个高校和图书零售卖场举办作者签售会与讲座，保证了宣传的热度，对图书销售起到了极大的促进作用，该书在全年都保持了畅销书前十位的地位。相反，如果没有作者

的充分配合，就很难达到市场的持续热销。

3. 名人、权威作者需要进行周密的成本风险评估

这类作者由于出版社争取出版资源，版税要求往往很高，营销活动有作者出席一般运营成本也很高。此外，这类图书一般刚刚出版就会出现纸质盗版书、电子盗版书等，特别是影视明星作者，本身写作水平有限，尽管是粉丝读者，也会因为便于低成本阅读而购买盗版或者直接下载免费资源。所以出版社内部选题成本控制就需要格外做好投入与产出的风险评估，避免卖得多、影响广，但赚不到钱的赔本畅销书。

五、文本结构有特色而不晦涩，装帧设计要抢眼又养眼

好的选题若没有好的文本结构，在网络流行的当下，很难有好的销量。文本结构针对大众读者，不能有晦涩难懂的字眼，又不能流于简单的白话。这一点的拿捏在文学文化类畅销书策划中显得尤为重要。让读者能够理解又可享受到自身文化水平可以承受的优美，是最佳的文本结构方式。这也是于丹的作品系列近年来走红的一大原因。尽管于丹关于古典文学考据方面的不严谨备受古文研究者的批评，但是她关于古典文学阐释的优美又浅显的文字却打动了对古典文学知之甚浅的大众读者对古典文学中美的诉求。

同时，图书的装帧设计也是打造畅销书的关键环节。让封面从众多的图书中“跳跃”出来，是畅销书必须具备的条件，也就是说图书的装帧设计一定要与众不同，要抢眼。但引起注意并不是装帧设计的终极目的。促成图书购买，一定是装帧设计要有内涵、有品位，也就是说要养眼。高斯在《出版审美论》中说：“图书的装帧设计不仅为图书穿上一件美观的外衣，而且应该使图书的形式通过艺术构思、艺术手法而和内容相统一，反映出图书的内容美，反映图书所蕴含的生命力的美。”在这一点上，值得称道的是定价颇高的畅销书《传家》。这是一套收藏类的中国传统文化图书。如果抛弃它的装帧设计，光凭借文字，可以说并不是一套值得广泛关注的文化散文类图书。有了精心的设计和装帧，文字和图片与印刷设计完美的配合，这套书才有了畅销的灵魂。这套高定价的收藏图书获得如此高的销售业绩，很大程度上说明读者购买的不是文字，而是它的装帧设计，这再次证明了精美的装帧形式是决定图书畅销与否的重要因素之一。

遵循以上五条策划畅销书的规律进行选题策划，并不能代表一定可以成就一本畅销书。策划出一本真正的畅销书是一个惊心动魄的过程，因为你永远无法充分地预知你的读者会因为什么而选择购买，这也是做一个优秀的畅销书策划人职业挑战的魅力所在！

励志类图书的选题策划思路

·凌　江·

在图书领域，励志类图书可谓是这些年的“常青树”，从一开始的《谁动了我的奶酪》、《穷爸爸，富爸爸》，到现在热销的《遇见未知的自己》、《当下的力量》、《正能量》。这十年左右的时间，励志图书层出不穷，虽然鱼龙混杂，但普遍受读者推崇，其中也不乏优秀的长期占据图书排行榜的翘楚。本文从读者、市场、内容等各个角度分析励志书的整体面貌，从中挖掘策划思路，探讨如何做一本成功的励志书。

一、励志书的受众分析

励志书主要阅读群体多为青年学生、年轻白领、职场职人等。他们处在人生最迷茫和最需要奋斗的阶段，职业规划、人际关系、婚恋关系、人和社会的关系等错综复杂的问题接踵而至，面对从较为单一的角色转变为多种社会角色，这类群体有很多切身的迷惑需要寻求答案。套用一本当下正火的图书标题《谁的青春不迷茫》，每个人都需要一位精神导师、人生导师、职业导师……寻找方向、点燃生命、唤起勇气和增强力量。这是青年受众群体自发的内在需求，也是励志书给予读者的最基本阅读价值。由此可见，励志书的主要受众集中在中青年阶段。大多数出版社也都瞄准这个群体在重点发力。

好的策划编辑一方面要抓住热点，策划优秀的热门出版物；另一方面也要冷静思索，在众人追逐热点的时候更加细心地观察受众需求。例如励志类图书，其实除了中青年人需要，对此类图书凸显需求的还有别的群体：老年人和大中学生。近年来，大学生、中学生由于学业压力、社会压力、同伴压力、亲子压力出现心理问题的数量越来越多，但市场上适合青少年阅读的优秀励志图书少之又少；另一方面，中国已经步入老年社会，老年群体是一个日益扩大的群体，退休、空巢、单身、疾病等诸多原因都会造成老年人心理问题，遗憾的是，市场上针对老年读者的有特色的励志书也非常之少。

二、励志书的市场分析

励志书之所以“火”，与社会转型的日益加剧、现实生活的激烈竞争和个人压力的增大有关。为了处理好各方面人际关系，注重自己的仪表修养，调理好自己的情绪，人们产生了阅读励志书的需求。励志书应该说是一个比较广泛的图书种类，由于十多年的积累，市场上现存的励志书可谓琳琅满目，内容无所不包，诸如心理励志、职场励志、人物传记励志、成功励志、管理励志、经营励志、学业励志、成长励志、情感励志、女性励志等。

扎堆出版引发了许多问题。首先，跟风现象严重。如今的励志书太多太杂，哪本卖得好大家就跟风，比如说之前有本叫《性格决定一生》的书很畅销，没多久其他出版社都跟着出，有的连书名都一样，内容都差不多。市场上可以见到《左手马云，右手史玉柱》、《左手马云，右手唐骏》等书名相似的书，而其内容也不外乎先讲一下这些名人的企业发展史，然后配上一两句名人语录或简单到大家皆知的经商之道。其次，有的励志书缺乏励志营养。一些励志书内容换汤不换药，基本采用平铺和毫无文采的叙述风格，传达一种单向的价值观，最终落脚点都是让人看淡黑暗、挫折，着眼于光明成功。再次，励志书成为“老三篇”。很多励志书不过是古代哲理故事、古今名人故事、西方传说等内容的复制、翻新。另外，励志书的营销也是花样翻新，如邀请名人作序，在书腰上突出销量等。

三、励志书的选题策划思路

一本好的图书，离不开策划、内容、形式、宣传、营销和发行等每个环节的用心，本文仅从图书内容策划角度分析如何策划好一本励志书。励志类图书要一直受读者关注，避免重复“走出新意”必须在选题策划上做文章，如何找到好的突破点，寻找励志类图书的更广阔市场，以下几个方面是值得图书策划者予以关注的。

1. 分析受众的需求

“要想钓到鱼，就得问问鱼想吃什么？”策划图书也是如此，受众的诉求始终是我们策划图书的出发点。

如何了解受众需求？一是通过各种信息渠道：网络、电视、报刊等等。新兴媒体与传统媒体关注的焦点和热点，也是策划编辑所需要了解的重点。例如电视栏目《非诚勿扰》的火爆就反映了当下青年男女的婚恋困惑，如果图书出版能前瞻性地嗅到这类需求，及时策划此类图书，就可以顺势满足市场所需。二是了解国内外同类图书市场的情况。通过市场调研，了解其他地区的同类图书出版状况，吸取其经验，深入了解国内同类图书，梳理其脉络，找到图书策划的空白点和热点。例如不容忽视的老年人图书市场，第六次人口普查显示我国年龄 60 岁及以上人口数约 1.8 亿，这个数字还在很快地上升。当前针对老年人的健康类图书较多，但关注老年人精神生活的励志类图书依然是相当缺乏的。三是从社会交往渠道中获得信息。例如笔者在与作者、与朋友的交往中得知，当前大中学生的自杀比例非常惊人地上升，令人惋惜！了解大中学生的思想困惑，减轻他们的各种压力，多种价值观地正确引导，而不是一味鼓励“升学”、“成功”，是我们针对这个群体策划励志书的使命。

2. 寻找好的作者

放眼看这些年的励志类图书榜单，大多集中在引进版图书。作为出版人，虽然对“外国的和尚好念经”颇有不甘，但不可否认，欧美的心理学、哲学根基深厚，为励志书奠定了科学的学科背景，内容较为成熟。这些引进书能够带给读者外来文化的新鲜感，提供国际化的思维和工作态度。但这毕竟是外来文化产物，读者与作者间的不同文化传统与背景，使得引进版励志书如同隔靴搔痒，很多时候无法根据中国国情解决实际问题。

面对同质化严重的励志书，内容创新、务实、个性化是策划此类图书的重点所在。策划编辑的难点和重点就是，找到一位好作者。摒弃那种“老三篇”式的说教，千篇一律的死板哲理，让真正拥有励志力量的作者通过内心所感所得，通过人生鲜活经历，对受众起到光明引导和激发勇气的作用。例如陈坤的《突然就到了西藏》，没有说教，没有重复，更真实地传达了励志精神。星云大师的《舍得》从佛教角度启发读者，励志人生。还有一些成功的企业家和社会名人以其卓著的经营业绩与非凡的个人魅力，受到媒体和社会关注，关于他们个人成长和发展史的历程和成功秘笈自然而然让读者特别感兴趣，我们也可以不失时机地抓住这一阅读心理，出版此类图书。

3. 细分读者市场

由于励志类图书读者的年龄跨度很大，细分读者群有利于在各种消费层次的需求平衡中找选题。例如，从女性和老年人视角开发选题，可以说是一种新的趋势。都市女性越来越寻求经济独立，在渴望工作上卓越外也寻求着家庭的幸福生活，因此以女性读者作为定位的励志书籍，在市场上也是一个亮点。此外，中国60岁以上的老年人已经达到了1.8亿，随着生活水平的提高，老年人越来越注重生活的品质，也具有一定的文化水平和消费能力。丰富老年人精神生活，提升老年人幸福指数的励志类图书，应该说有着广阔的空间，我们应该抓住这个空白点，多出高质量高品格的老年励志书。

4. 内容更专业化

励志类书从内容上，首先应该有专业性。舶来品为什么一直那么畅销？因为作为励志作家都是非常专业并且有一定学术背景和研究的。励志书鼻祖卡耐基为写作《人性的优点》一书，就曾经走访过美国各行各业的杰出人物数百人，翻阅了名人传记数百种，阅读了哲学家论烦恼的几乎全部论述，还开办了一个征服烦恼的实验室进行实践。同样，写作了《人人都能成功》的美国成功学大师拿破仑·希尔也是有深厚的专业背景支撑的。为写作《成功定律》一书，他走访了500位美国杰出人物，整理出成功的15条定律，花费了20年时间完成了此书。而国内的同类型励志书却缺乏这样的专业性。作者要具备一定的学术知识，包括社会学、心理学甚至医学等，只有这样，写出的励志书才言之有据，才真正具有说服力。

最后还要认清，成功没有单一的标准，有社会方面的——实现自己的价值，被社会承认；有自我的评价——承认自己的价值，从而充满自信和幸福感；还有其他的多种标准，无论哪种成功，都是让人心驰神往的。

面对如此广阔的读者需求空间，面对满足广大读者精神需求的这种要求，作为策划编辑，策划励志书是一件既负有责任又带来满足感的工作。希望我们手中策划出的励志书，让每个人的生命之花都能绽放得更加绚丽夺目，让每个人都能开创出属于自己的成功之路。

《中国共产党》（多媒体光盘）选题策划报告

·黄　颖·

一、项目定位

2011 年，中国共产党刚刚度过了自己 90 岁的生日；2012 年，中国共产党又将迎来十八大的召开。回顾中国共产党自成立以来所走过的历程，我们感慨良多，也不禁产生诸多疑问：中国共产党究竟是一个怎样的政党？她有着怎样的组织机制？她自成立以来取得了哪些成就，为什么能够如此成功？为什么她能够得到广大中国人民的拥护？中国共产党所创造的奇迹，能否经得起时间的考验而延续下去？本光盘正是专为介绍中国共产党而设计的多媒体光盘。通过影像、图片、文字等的有机结合，简洁明快地向海内外读者介绍中国共产党的基本情况，阐释中国共产党的执政理念和成功之道。

首先，以文字为主线，图片为辅助，影像为点睛，多媒体综合运用，流畅地向观众介绍中国共产党，信息量大概在 4.5G。

其次，内容主要围绕三个方面展开：中国共产党历史，中国共产党组织机制，中国共产党执政理念。

再次，面向社会大众，主要是海外读者。

最后，风格是以专业为基础的通俗作品。文字方面：简洁明快，准确严谨，淡化意识形态色彩。图片方面：尽量选用反映历史事实和现代风貌的大众感兴趣的客观图片。影像方面：多方购买反映中国共产党在中国社会发展中推动作用的影视资料，兼顾外国朋友的认知背景和接受能力，以事实来佐证观点。

二、目标读者

本光盘主要的读者对象为各国驻华使馆人员以及在华的外国读者，便于其快速了解中国共产党。

同时，也考虑国内一般读者的需要，能使具有高中尤其是大学以上学历的社会大众有兴趣阅读，并通过阅读形成对中国共产党历史与现状的宏观而全面的认识。

三、内容编写思路

本制品的核心指导思想是以文字为引线，以客观的图像呈现方式，达到在海外或国外读者中树立中国共产党正面形象、良好形象的目的。由此出发，本制品主要由三个部分组成：第一部分，介绍中国共产党的历史。拟从宏观上简明分时期概括，重点是十六大以后的当代部分，给读者一个关于中国共产党历史道路和历史成就的完整画面。第二部分，介绍中国共产党的组织机制，主要内容包括组织系统、重要制度、运行机制，基层党组织的活动，中国共产党自身建设。目的在于让读者了解中国共产党的组织与运行是有其优点和特点的，不同于西方的政党，也不能简单套用西方的政党标准来衡量。第三部分，介绍中国共产党的执政理念。拟主要从以人为本、执政为民的价值理念，依法治国，发展（科学发展）是执政兴国的第一要务，和谐社会与和谐世界等治国兴国理念出发进行概括。目的在于让读者了解中国共产党当今的主要执政思想，包括其历史渊源和现实价值等。

四、大纲内容及摘要

第一章：中国共产党的历史概况

1. 革命时期的中国共产党

从世界现代史、中国近现代史的大视野入手，围绕民族独立、人民解放、民族复兴的主题，展开叙述。注重讲清中国共产党为什么要革命，其主张和实践为什么能够成功，为什么能得到中国人民的拥护。

2. 建立和全面建设社会主义时期的中国共产党

重点讲清中国共产党选择社会主义制度的复杂历史背景和计划经济体制时期的成就。对“大跃进”、“文化大革命”等失误，概略言之，且重心在说明这是创业、探索中的失误。

3. 改革开放时期的中国共产党

拟分三个阶段进行叙述和概括：中共十一届三中全会至 1992 年邓小平南方谈话；南方谈话至中共十六大或者世纪之交；新世纪或十六大以来。重在彰显中国共产党在取得伟大成就的同时，自身也在与时俱进地转型。

第二章：中国共产党的组织机制

1. 中国共产党组织体系与制度

该部分一是介绍中国共产党自下而上的组织系统，各级机构的产生、职能、关系和运行机制等，这可以视为纵向介绍；二是介绍中共基层组织的活动规则和情况，这可以视为横向介绍。这样就兼顾到宏观和微观两个方面。此外，这部分内容的撰写，要有西方政党作或明或暗的参照，这样才能突出中国共产党组织的特点，特别是便于海外读者了解中国共产党。

2. 中国共产党自身建设

概括中国共产党思想理论建设、组织建设、作风建设、制度建设和反腐倡廉建设。

第三章：中国共产党的执政理念

1. 以人为本、执政为民

主要介绍中国共产党执政的价值追求。从“为人民服务”到“以人为本”的思想进程，重点介绍“以人为本”思想主要内容及其历史与现实价值。以具体事例说明其作用。

2. 依法治国，建设法治国家

介绍依法治国并以此为出发点概括科学执政、民主执政等理念，概括依法治国和以德治国相结合的思想等，并以事实印证。

3. 发展是执政兴国的第一要务

概括从“经济建设为中心”、“发展是硬道理”到“科学发展”的思想演进，重点介绍科学发展观及其成效。

4. 建设和谐社会、构建和谐世界

介绍建设社会主义和谐社会的主要思想（兼及和谐文化），并且由内政上的和谐社会建设理念延伸到外交上的推动建设和谐世界理念（由此概括中国共产党的主要外交理念）。

五、项目特色

（一）风格是以专业为基础的通俗作品

文字方面：简洁明快，准确严谨，淡化意识形态色彩。图片方面：尽量选用反映历史事实和现代风貌的大众感兴趣的客观图片。影像方面：多方购买反映中国共产党在中国社会发展中推动作用的影视资料，兼顾外国朋友的认知背景和接受能力，以事实来佐证观点。

与人大社出版的《中国共产党》小册子配套，是专门为介绍中国共产党而设计的多媒体课件。文字、图片、幻灯、影像、flash 有机结合，形式多样，操作简单，全方位立体展示中国共产党的历史、组织机制和执政理念。

（二）脚本编写依托中国唯一的最好的大学党史系，作者权威

作者：杨凤城，现任中国人民大学马克思主义学院副院长兼中共党史系主任，教授，博士生导师，2011 年 6 月 28 日曾为中央政治局第 30 次集体学习作"中国共产党保持和发展党的先进性研究"讲座。

作者长期从事高校党史教学与研究，其优势主要体现在：其一，中共党史作为一门专业课，要求任课教师对党史必须有贯通性或通史性的把握。这同党史研究部门研究者往往只注重某一时段或某一专项的深入研究不同。其二，从事高校党史教学与研究，经常与大学生和留学生接触，对读者和受众比较了解。国外青年的想法和看法，对光盘的编撰是一个重要的参考系。这是其他研究部门所不具备的。其三，高校党史教学与研究者对学术动态和学术前沿的了解比较及时，注重学术训练，国内外学术交流比较频繁，熟悉所谓客观的学术立场、规范和话语，运用起来比较得心应手。高校教师的学者身份也更容易避免因意识形态工作机构或人员而带来的诸多猜疑甚至麻烦。其四，研究无禁区，课堂有纪律。高校党史教师在有关中国共产党重大问题的把握上，讲政治，熟悉尺度所在，处理起来有经验。

（三）翻译和中英文讲解者有公信力

翻译和讲解者：季小军，中央电视台双语主持人，毕业于英国诺丁汉大学，曾先后主持《环球瞭望》、《央视新闻》、《体育新闻》及《今日中国》、《文化快报》等栏目，曾主持多次重大事件的直播并担任中英文同声传译，如：胡锦涛总书记会见连战、宋楚瑜直播，"两会"直播，香港回归 10 周年直播，党的十七大直播，伊拉克战事直播，"非典"危机直播，首届博鳌亚洲论坛开幕式，北京

2008 年奥运会标志揭幕仪式直播，神舟 5 号飞船返回直播，杨利伟访港直播，两岸经贸论坛直播等。本光盘将突破多媒体光盘声音少的局限，采用全程中英文双语讲解。

六、营销推广方案

人大出版社将与《中国共产党》小册子配套，围绕本系列制品，制定出专家研讨、媒体推介、网络宣传、版权输出多位一体的立体营销方案，营销工作初步计划分三步走：

1. 围绕本系列制品的亮点与特色，做足宣传工作

首先，组织作者及其他相关专家撰写理论性较强的评论文章，在北京和省市级具有影响力的报刊以及涉外报刊上刊登，凸显本书的特色和可读性，为下一步的营销造势。

其次，利用人大社完善的发行渠道，开展图书进校园活动，在全国各高校学生尤其是留学生中展开宣传。

2. 召开出版座谈会，扩大影响力

组织党史学、政治学等相关领域的专家及外交领域的专家、学者，在北京组织出版座谈会，扩大影响。借举办座谈会展开的宣传之势，迅速向全国各地的新华书店等发行主渠道发货上架，以强势进入读者视野。主渠道的销售采取常销的市场运作套路，应该会有不俗的销量。

3. 利用人大社在版权输出方面的优势，积极输出版权，扩大在国外的影响

人大出版社在版权引进和输出方面十分活跃，与国外一些大型出版集团和著名大学出版社建立了战略合作伙伴关系，是近年来版权引进量和输出量均居前十名的唯一的出版单位。人大社可充分利用这一优势，积极与国外的合作出版社联系，向国外出版社推荐、赠送此系列制品，争取在版权输出方面有所作为。

《股市投资心经》策划与营销方案

·王亚南·

一、本书策划初衷

1. 现实背景

2007年，股市正是一片热火朝天。天涯社区股市论坛出现了一个名为《别境解盘》的帖子，每天分析第二天大盘走势，并以其超高的准确性和前瞻性赢得了众多网友的认可与追捧。两年内，该帖就缔造了3 100万点击量的纪录，成为股市论坛板块的高楼。楼主别境也从一个负债的打工者起步，成为一个成功的职业投资人，过上了自己所向往的生活。

2010年，别境将自己在股市摸爬滚打总结出来的一套心得总结出来，成就了本书，也回馈给众多在别境的帖子和博客中追随支持的网友。

2. 作者简介及特点

别境是一个来自佛经的名字。作为草根阶层的解盘人，别境一直致力于塑造通俗易懂、化繁为简的解盘风格，拥有最独到的投资视角。他经历了2个周期的牛—熊市，在沉浮中积累了大量的实战经验，并总结出一套可以为他人所用的理论，旨在将理论和实战案例紧密结合，启迪他人。

另外，作者在网络的超高人气以及作者自己博客的高点击量十分有助于本书的宣传和销售。

3. 本书卖点

(1) 本书着重于实战性，而不是摆出一副讲学的姿态。本书内容十分浅显易懂，专门针对散户投资，不需要花太多时间研究深奥的理论和看盘方法。作者写好此书后曾专门给初级股民朋友看，以不懂股市理论的人也能轻易看懂为标准。

(2) 对国内股市十分有针对性。本书从股票行业门类入手，逐一分析各门类行业在国内市场的发展前景及投资价值，使各个板块的股票投资价值一目了然，与市面上其他专门探讨理论方法类股票书籍相比，有十分强的针对性和实用性。

（3）首创“K 线弧度理论”。这是作者多年经验总结，在其他任何一本书中都无法领略。它对于研究大顶和大底具有决定性的作用。

（4）独立总结“均线理论”。这一套理论的形成时间也不长，早些年就听说华尔街在流行，很少有书籍进行系统的介绍，作者自己投入大量的时间和精力进行研究，独立进行了系统的总结和介绍，有助于股民把握股市动向。

二、内容简介

本书从实战的角度出发，针对国内股市的具体情况，为股民的操作提供了一条较容易遵守的可行之道。本书不仅涉及散户普遍存在但较少被提及的操盘心理问题，而且从基本面、技术面以及操盘策略几个方面对股市操作进行了系统的总结。作者书中提出了由实战中总结出的“K 线弧度理论”，对掌握股市大顶大底具有决定性的作用，为作者首创。同时作者将华尔街流行许久但国内股票书籍较少提及的均线理论进行了系统的总结，对股民十分具有参考价值。

三、装帧设计

1. 风格选择

本书为投资理财类图书，考虑选择金色与红色系搭配，封面设计风格简洁现代。这样一方面能迎合读者希望财产增值的心理，另一方面能够突出标题，吸引读者的注意力。

2. 开本选择

开本尺寸选择 170mm×230mm。符合读者对于投资理财类图书的阅读习惯，在书店上架也非常适合。

3. 封面文案策划

突出书名文字设计。用大标题加书法体配合，能吸引读者的注意力，也符合书中有关中国文化与股票投资理念结合的内容。

封面文字主要突出本书与其他投资理财类产品不同的特点，强调本书作者传奇经历。封面文字拟为：

从负债起步的打工者到职业投资人

首创“K 线弧度理论”　股市大顶大底尽在掌握之中

天涯论坛超级热帖《别境解盘》2 年时间缔造 3 100 万点击量

像《故事会》一样讲解股票　让散户也可掌握股市起伏规律

四、进度安排

2010 年 8 月 16 日　交稿

2010 年 8 月 17——8 月 20 日　版式设计及修改、选题报批

2010 年 8 月 21——8 月 31 日　初审、封面设计构思

2010 年 9 月 1——9 月 5 日　复审、封面设计修改

2010 年 9 月 6——9 月 10 日　终审

2010 年 9 月 15　排版付印

预计入库时间：

2010 年 10 月 1 日

五、宣传及营销计划

活动目的：促进销售、把握市场节奏保持热度、推进线上线下重点陈列与销售。

活动环节：

第一轮：线上借助作者天涯高人气高影响力，与天涯平台合作发起作者网上互动交流活动。

第二轮：北京新华中关村图书大厦线下讲座签售＋卓越亚马逊网线上视频专访活动。

第三轮：其他地区线下活动（根据销售状况再行确定）。

第一轮方案：

时间：2012 年 11 月

活动形式：天涯社区股市论坛超级热帖《别境解盘》作者别境在股市板块进行针对由中国人民大学出版社出版的新书《股市投资心经》的访谈活动。

当年别境在天涯股市板块封帖之后，如今携新书《股市投资心经》重返天涯，必将引发网友追捧。别境将在访谈中回答网友的许多问题，包括当年离开和如今重返天涯的心境、对股市大局趋向的预测，以及自己在股市操作中的操盘原则。

第二轮方案：

宣传：

(1) 作者博客置顶活动信息和行程安排；北京新华做《北京晚报》等媒体的讲座并将活动登报。

(2) 微博同步活动。

(3) 活动结束后第一时间在作者博客上传活动相关资料。

中关村图书大厦活动：

时间：2012 年 11 月 21 日（周日）15:30—17:00

地点：中关村图书大厦五楼多功能厅

容纳人数：200 人左右

活动形式：作者讲座＋与读者互动交流＋签售

活动行程：陪同作者一行最迟 15:00 到达图书大厦休息室

15:30—15:35 社领导致辞

15:35—16:35 作者讲座（主题可定或者宽泛）

16:35—17:00 与读者互动交流

筹备细节：

(1) 准备 500 本图书；

(2) 约请媒体提前到场；

(3) 鲜花；

(4) 活动背板：5.5m×2.2m；

(5) 备活动弓形架、海报。

卓越亚马逊网线上视频专访活动：

时间：2012 年 11 月 22 日（周一）12:00—13:00

地点：卓越亚马逊网总部大楼会议室（东四环四惠区域）

活动形式：摄像采访作者

活动行程：陪同作者一行最迟 11:50 到达卓越

12:00—12:45 卓越安排专人对作者进行采访交流，同步视频

12:45—13:00 作者现场签名售书

筹备细节：

(1) 100 本图书提前送达卓越；

(2) 宣传品（海报、小展架）提前到位；

(3) 与卓越访谈负责人及音像分社编辑拟定访谈方案、提问提纲。

《中国政府组织结构》电子出版物项目申报报告

·张凌霄·

一、项目的外向性、针对性、思想性、学术性、创新性

中国作为一个发展中大国，在世界上正日益引起更为密切的关注。世界渴望了解中国模式，了解中国是怎样成功的；而中国也正以自己的模式融入全球的发展大潮之中，期待着让世界了解中国、理解中国。而在有关中国的诸多信息中，中国政府是如何组织的、如何运行的是一个十分重要的部分。

随着时间的推移，中国自身也在全球化和现代化的进程中发生着深刻的改变。而海外读者之前通过种种途径对中国的了解，受时间和媒介手段的限制，很大程度上是不全面、不深入的。这就需要有全面的、深入的、权威的解读中国的出版物来满足海外读者的切实需要。本电子出版物的内容及形式设计即从此类需求出发，从海外读者的阅读习惯、思维方式出发，对中国政府的组织结构进行深入全面权威的解读，撰写脚本，并编写成电子出版物程序，程序中将加入大量有关中国政府组织结构事实的图片和音视频资料，向关心中国和希望深入了解当代中国新的面貌的海外读者介绍中国政府的基本结构与运行模式，介绍中国的执政党、民主党派、人民代表大会及国务院等中国政府的核心构成部分，解读中国政府的性质，同时对中国地方政府组织情况进行讲解。本制品还将介绍十八大以后以及 2013 年“两会”召开后中国政治的新发展。有针对性地陈述中国国情现状，阐释中国政府的组织结构，回应国际舆论的关切。

二、项目的出版价值

《中国政府组织结构》电子出版物，将采用分章节的编排方式，根据国际上

对中国政府的关注的各个方面，也根据中国政府组织结构的具体情况，组织相关领域专家撰写书稿，以此有效回应国际社会对中国的曲解和误解，从权威的、具有时效性的角度发出中国自己的声音，讲明中国的实际情况。

本制品文稿撰写尽量使用通俗易懂的语言、采用公开数据来说明中国政府的实际组织结构以及运行模式，以清晰的逻辑顺序和权威的结构，向广大海外读者提供一个真实的中国图像。通过电子出版物特有的互动性、多媒体性，来提供一个完整的、详细的、全面的中国政府组织结构的说明。

三、作者队伍的权威性和学术水平

《中国政府组织结构》电子出版物的脚本编写采用主编负责、顾问团审稿的编写团队组建方式。所请撰稿人为相关领域的权威专家学者，以保证内容的权威性、全面性和学术水平。而电子出版物内所需的中英文解说，将聘请央视著名双语主持人季小军先生担当解说人，其在这方面具有丰富的经验，对本制品音视频解说内容方面的权威性具有实际的保证。

主编：杨凤城，法学博士。现任中国人民大学马克思主义学院副院长兼中共党史系主任，教授，博士生导师，兼任中国中共党史人物研究会副会长、中国中共党史学会常务理事、中华人民共和国史学会常务理事兼高等院校教学研究专业理事会会长。主要研究中共党史、中华人民共和国史等。

解说：季小军，中央电视台双语主持人，毕业于英国诺丁汉大学，曾先后主持《环球瞭望》、《央视新闻》、《体育新闻》及《今日中国》、《文化快报》等栏目，曾主持多次重大事件的直播并担任中英文同声传译，如：胡锦涛总书记会见连战、宋楚瑜直播，“两会”直播，香港回归10周年直播，党的十七大直播，伊拉克战事直播，“非典”危机直播，首届博鳌亚洲论坛开幕式，北京2008年奥运会标志揭幕仪式直播，神舟5号飞船返回直播，杨利伟访港直播，两岸经贸论坛直播等。

四、申报机构的项目执行能力和社会信誉

中国人民大学出版社，是中华人民共和国成立后的第一家大学出版社，是中国人文社会科学高校教材、学术著作出版的重要基地之一。依托中国人民大学的综合优势，团结全国广大人文社会科学工作者，高扬人文社会科学的旗帜，秉承“出教材学术精品，育人文社科英才”的出版理念，大力实施精品战略，把出版

工作同中国的教育事业、文化事业的发展，同中国的经济、社会的发展紧密结合，形成了出版社鲜明的出版特色和巨大的品牌价值，成为中国人文社会科学出版领域的排头兵。建社 50 多年来，累计出版图书万余种，出版范围涵盖了政治、经济、管理、法律、外语、教育考试等人文社会科学的众多领域。在版权引进和输出方面也十分活跃，与国外一些大型出版集团和著名大学出版社建立了战略合作伙伴关系。

近年来，中国人民大学出版社积极参加国新办选题项目招标工作，成功出版了《人民币读本》、《大国的责任》、《中国之路》、《中国的抉择》、《中国的未来》、《世界经济中的中国因素》、《中国人的价值观》等外宣产品，受到了社会各界的好评。其中，《人民币读本》、《大国的责任》、《中国之路》、《中国的抉择》、《中国的未来》等图书还在海外出版了英文版、日文版、韩文版、波兰文版、俄文版等版本，受到了海外中国学者的欢迎。

中国人民大学出版社在 2012 年成功完成了国新办选题项目《中国共产党》电子出版物中英文版的编辑制作出版工作，在编辑制作出版政治类对外电子出版物方面积累了丰富的资源与经验，对于完成此次项目而言有着积极的帮助。

五、本制品主要内容结构

本制品的内容结构主要包括五个大的部分：

第一，中国概况。介绍中国的自然地理、历史、人口民族、经济及科教文卫等基本情况，以及国家制度、党和国家机构、人民政协、社会团体、外交、司法、一国两制等方面的内容。

第二，国家机构。介绍全国人民代表大会、中华人民共和国主席、中华人民共和国国务院、中华人民共和国中央军事委员会、最高人民法院、最高人民检察院等的基本情况。

第三，中央政府机构。介绍中国的最高国家权力机关的执行机关、最高国家行政机关——中华人民共和国国务院，即中央人民政府的基本情况。包括总理、副总理、国务委员、各部部长、各委员会主任、审计长、秘书长，以及中华人民共和国国务院办公厅、国务院组成部门、国务院直属特设机构、国务院直属机构、国务院办事机构、国务院直属事业单位、国务院部委管理的国家局、国务院议事协调机构等的基本情况。

第四，地方各级人民政府及民族自治地方的自治机关。介绍地方各级国家权力机关的执行机关、地方各级国家行政机关，即地方各级人民政府的基本情况。地方各级人民政府实行省长、市长、县长、区长、乡长、镇长负责制；民族自治地方的自治机关是自治区、自治州、自治县的人民代表大会和人民政府。本部分内容也将对民族自治地方的自治机关的基本情况进行介绍。

第五，十八大以后以及 2013 年“两会”召开后中国政治制度新发展。

《中国梦》画册策划报告

·张凌霄·

习总书记在2012年11月29日参观《复兴之路》展览时的讲话提出，经过鸦片战争以来170多年的持续奋斗，中华民族伟大复兴展现出光明的前景。现在，我们比历史上任何时期都更接近中华民族伟大复兴的目标，比历史上任何时期都更有信心、有能力实现这个目标。实现中华民族伟大复兴，就是中华民族近代以来最伟大的梦想。习总书记讲话的精神是《中国梦》画册的核心所在，本画册将着力反映近代以来为实现中华民族伟大复兴的梦想，一代又一代的中国人共同努力，在不同的阶段取得的辉煌成就，展示中国人民希望把中国建成富强民主文明和谐的社会主义现代化国家的梦想。

一、概述

中华民族是勤劳勇敢智慧和爱好和平的伟大民族，为人类文明进步作出过不可磨灭的巨大贡献。民族兴旺、国家强盛是一代代中华儿女的不懈追求，中华民族的伟大复兴是每一个中华儿女心中不可磨灭的“中国梦”。长期以来，中华文明以其独有的特色走在世界文明发展前列，有着辉煌的历史。然而，随着资本主义生产方式兴起，及近代工业革命脚步的加快，近代中国在故步自封的封建统治下遭到了西方列强的坚船利炮带来的险些亡国灭种的灾难。中华民族在近代遭受的屈辱与苦难，让所有中华儿女明白落后就会挨打，生存必须自强。一代代英雄的中华儿女在血雨腥风中为了国强民富、民族复兴的梦想不懈奋斗了一百余年，终于在中国共产党的领导下赢得了民族独立、人民解放。

新中国成立后，我们又为实现中华民族伟大复兴的“中国梦”经历着第二个奋斗的一百年。在建国后60余年间，中国人民在中国共产党的领导下为了民族复兴作出了许多努力，取得了丰富的成果，也积累了丰富的经验。党的十八大提出了两个一百年的奋斗目标，即在中国共产党成立一百年时全面建成小康社会，在新中国成立一百年时建成富强民主文明和谐的社会主义现代化国家。"中国梦"这一概念，引起了国内外关心中国发展的朋友们的极大兴趣。什么是"中国梦"？"中国梦"是在怎样的历史背景下提出的？为了实现"中国梦"，中国人民都作了哪些努力与尝试，又取得过哪些成果？"中国梦"的具体内涵和具体目标是什么？未来中国人民为了实现"中国梦"又将怎么做？这些问题都需要我们有一个权威而又客观的解答。

《中国梦》画册回顾1840年鸦片战争以来，陷入半殖民地半封建社会深渊的中国各阶层人民在屈辱苦难中奋起抗争，为实现民族复兴进行的种种探索，特别是中国共产党领导全国各族人民争取民族独立人民解放、国家富强人民幸福的光辉历程，充分展示历史和人民怎样选择了马克思主义、选择了中国共产党、选择了社会主义道路、选择了改革开放，充分展示了历史和人民为什么必须始终坚持高举中国特色社会主义伟大旗帜不动摇，坚持中国特色社会主义道路不动摇，坚持中国特色社会主义理论体系不动摇。今天，中华民族已经巍然屹立于世界东方，伟大复兴的光辉前景已经展现在我们面前。中华儿女的梦想和追求一定能够实现！

二、目标读者及编写思路

本画册的主要读者对象一方面为各国驻华使馆人员、在华的外国读者、对"中国梦"感兴趣的外国读者，便于他们快速而又清晰地了解"中国梦"的历史及内涵等；另一方面为中国驻外国大使馆及驻外的外交人员，便于他们对外解读"中国梦"使用。

同时，也考虑国内一般读者的需要，能使具有高中尤其是大学以上学历的社会大众有兴趣阅读，并通过阅读形成对"中国梦"的宏观而全面的认识。

本画册的核心指导思想是以文字为引线，以客观的图像来呈现有关"中国梦"的历史资料及内涵，达到向海外或国外读者系统而又具体地阐释"中国梦"，回顾中华民族为实现民族伟大复兴的"中国梦"的奋斗史的目的。由此出发，本画册主要由六个部分组成：1840年以来的中国近代史；辛亥革命前后革命先行者们对实现民族复兴之梦的早期探索；中国共产党的成立及在中国共产党领导下中华民族为建立新中国而奋斗的历史；新中国成立后对建设社会主义新中国的探索与奋斗；改革开放以来中国人民在中国共产党的领导下探索中国特色社会主义道路的努力与取得的成果；以及新时代背景下“中国梦”的内涵与外延，实现“中国梦”的目标参照等。

三、《中国梦》画册的主要内容框架大纲

1.“中国梦”溯源：近代以来中华民族饱受屈辱的历史及中国人民的抗争与觉醒

本部分将以文字及图片的形式，追溯“中国梦”的历史源头，展示重要的史实场景，对“中国梦”的历史源头作一个总结。主要涉及下列内容：

第一节　鸦片战争前的世界与中国

17 世纪以后，随着资产阶级革命和工业革命相继兴起，西方资本主义国家迅速发展，开始大规模对外扩张和殖民掠夺。与此同时，在“康乾盛世”余晖中，中国封建社会走到末世。清王朝闭关自守、故步自封，生产方式落后，社会停滞不前，阶级矛盾日益尖锐。危机四伏的中国与西方资本主义强国间的差距越来越大。

第二节　帝国主义列强对中国的侵略

1840 年英国发动鸦片战争后，帝国主义列强蜂拥而至，掠夺财富、屠杀人民，强迫清政府签订一个个不平等条约，攫取经济、政治和文化特权，使中国逐步沦为半殖民地半封建社会。帝国主义和中华民族的矛盾、封建主义和人民大众的矛盾，成为近代中国社会的主要矛盾。争取民族独立人民解放，实现国家富强人民幸福，成为近代以来中国的两大历史任务。

第三节　中国人民的抗争和觉醒

为维护国家主权、捍卫民族尊严，中国人民不屈不挠地抗击外敌入侵，使帝国主义列强灭亡中国的图谋未能得逞。民族危机、人民苦难的不断加深，强烈激起仁人志士对国家命运、民族前途的思考和探索。

2.“中国梦”开端：中国人民对救亡图存的道路的探求，为实现民族独立与解放的梦想而作出的抗争

本部分将以文字和历史图片的形式向读者展示在寻求民族复兴的早期，中华儿女是如何进行探索的。主要包括下列内容：

第一节　对国家出路的早期探索

面对空前严重的民族危机和社会矛盾，中国社会各阶层开始探索民族和国

家的出路。农民阶级发起反抗封建统治和外国侵略的武装斗争，封建统治阶级试图通过局部变革巩固政权，资产阶级寻求采用改良方式变法图强。这一切，在当时产生了程度不同的积极影响，但由于历史和阶级的局限性都没有成功。

第二节　辛亥革命推翻封建帝制

与其他各种探索不同，以孙中山为代表的资产阶级革命派认识到只有革命才是中国的出路。他们举起民族民主革命旗帜，发动武装起义，提出资产阶级共和国的建国方案，推翻清朝统治，结束两千多年的封建君主专制制度，建立中国历史上第一个资产阶级共和政府，实现了 20 世纪中国的第一次历史性巨变。

第三节　辛亥革命失败和新文化运动兴起

在帝国主义和国内反动势力支持下，北洋军阀首领袁世凯窃夺辛亥革命果实，建立代表大地主和买办资产阶级利益的反动统治，资产阶级革命派挽救共和的努力屡遭失败。在当时历史的条件下，资产阶级革命派无法完成反帝反封建的根本任务，因而辛亥革命没有改变中国的社会性质。此后，以民主、科学为基本口号的新文化运动兴起，各种思潮涌现，形成了思想解放的潮流。

3.“中国梦”起航：中国共产党肩负起民族独立、人民解放之历史重任，领导中国人民为赢得独立解放而奋斗的历史过程

本部分将以文字和历史图片的形式回顾中国共产党的成立以及中国共产党是如何领导中华民族为了实现民族独立的梦想而奋争的。主要内容包括：

第一节　开天辟地的大事变

帝国主义的侵略，打破了中国人学习西方的梦想。十月革命一声炮响，送来了马克思主义，使中国的先进分子把目光从西方转向东方，从资产阶级民主主义转向社会主义。五四运动推动马克思主义的传播，中国工人阶级开始作为独立政治力量登上历史舞台。马克思主义与中国工人运动相结合，产生了中国共产党，这是开天辟地的大事变，中国革命的面貌从此焕然一新。

第二节　探索中国革命新道路

中国共产党成立后，依靠和发动工农群众，与国民党合作，进行北伐战争，掀起大革命高潮。蒋介石等国民党右派背叛革命，轰轰烈烈的大革命失败。以毛泽东为代表的中国共产党人开辟农村包围城市、武装夺取政权的革命道路，逐步形成马克思主义与中国革命实际相结合的毛泽东思想。这一时期，中国其他阶层

也提出了一些救国主张，但都未能找到解决中国根本问题的出路。

第三节　全民族抗战的中流砥柱

20世纪30年代，日本帝国主义发动企图灭亡中国的侵略战争。面对民族危亡，中国共产党倡导推动建立以国共合作为基础的抗日民族统一战线，并成为全民族抗战的中流砥柱。经过浴血抗战，中国人民取得了近代以来反抗外敌入侵的第一次完全胜利。

第四节　为新中国而奋斗

抗日战争胜利后，中国面临向何处去的历史性抉择。国民党蒋介石集团坚持独裁、内战的反动政策，中国共产党为争取和平民主积极斗争。全面内战爆发后，中国共产党领导全国人民以革命战争反对反革命战争，推翻国民党反动统治，取得了新民主主义革命的伟大胜利。

4. “中国梦”奋进：中国共产党领导中国人民建设社会主义新中国的探索与奋斗

本部分将以图文结合形式，回顾中华人民共和国成立后，中国人民在中国共产党的领导下，在实现了民族解放与独立后，为继续实现中华民族的复兴而作出的种种探索与奋斗。主要包括下列内容：

第一节　中国人民站立起来了

中华人民共和国的成立，彻底推翻了压在中国人民头上的帝国主义、封建主义、官僚资本主义三座大山，实现了民族独立、人民解放和各民族的大团结，开启了中华民族历史的新纪元。新中国成立初期，中国共产党领导全国人民巩固新生政权，医治战争创伤，为开展大规模经济建设创造了条件。

第二节　确立社会主义基本制度

在中国建设社会主义是中国近代历史发展的必然结果。以毛泽东为核心的中共中央领导集体，领导全国各族人民走社会主义工业化道路，创造性地完成社会主义改造，确立社会主义基本制度。新民主主义革命的胜利和社会主义基本制度的建立，为当代中国一切发展进步奠定了根本政治前提和制度基础。

第三节　社会主义建设在探索中曲折发展

社会主义制度确立后，新中国进入全面建设社会主义的时期。中国共产党领导全国各族人民艰辛探索社会主义建设规律，明确提出实现“四个现代化”的宏伟目标，自力更生、艰苦奋斗，建立起独立的比较完整的工业体系和国民经济体系，为社会主义现代化建设奠定了重要的物质技术基础。

第四节　国际地位提高与国际环境改善

新中国坚持独立自主的外交方针，冲破帝国主义的封锁遏制，反对霸权主义和强权政治，加强与广大发展中国家的团结合作，改善与西方发达国家的关系，恢复在联合国的合法席位，为维护世界和平作出了努力，为国内建设创造了良好外部环境。

5. “中国梦”扬帆：中国共产党领导中国人民探索中国特色社会主义道路的伟大历程

本部分将以图文结合的形式，回顾改革开放以来，中国共产党领导中国人民对中国特色社会主义道路进行探索与实践的伟大历程，回顾为实现中华民族伟大复兴这一梦想，在过去的30年间所作出的努力和所取得的成就。主要包括以下内容：

第一节　开辟社会主义事业发展新时期

中共十一届三中全会，实现了建国以来党和国家历史上具有深远意义的伟大转折。以邓小平为核心的中共中央领导集体，深刻总结社会主义建设的经验教训，解放思想、实事求是，作出把党和国家工作中心转移到经济建设上来、实行改革开放的历史性决策，确立社会主义初级阶段基本路线，提出现代化建设“三步走”发展战略，创立邓小平理论，开辟了中国特色社会主义道路。

第二节　开创改革开放现代化建设新局面

面对国际环境的巨大变化和国内改革建设的快速发展，以江泽民为核心的中共中央领导集体，高举邓小平理论伟大旗帜，坚持改革开放、与时俱进，创建社会主义市场经济新体制，制定党在社会主义初级阶段基本纲领，开创全面开放新局面，推进党的建设新的伟大工程，创立“三个代表”重要思想，把中国特色社会主义事业成功推向21世纪。

第三节　开创全面建设小康社会新篇章

站在新的历史起点上，以胡锦涛为总书记的中共中央领导集体，坚持以邓小平理论和“三个代表”重要思想为指导，顺应国内外形势发展变化，抓住重要战略机遇期，求真务实、开拓进取，提出科学发展观等重大战略思想，着力推动科学发展、促进社会和谐，完善社会主义市场经济体制，在全面建设小康社会实践中坚定不移地把中国特色社会主义事业继续推向前进。

6. “中国梦”明天：为实现中华民族伟大复兴而奋斗

本部分将以图文形式，讲述新时代背景下“中国梦”的内涵与外延，实现

“中国梦”的目标参照，及中央所作出的具体工作部署。以习近平同志为总书记的新一代中央领导集体，吹响了实现“中国梦”的冲锋号。党的十八大为实现“中国梦”提出了目标参照，即两个一百年的发展战略：在中国共产党成立一百年时全面建成小康社会，在新中国成立一百年时建成富强民主文明和谐的社会主义现代化国家。另外一个目标参照就是中华民族在历史上的兴盛状况。“中国梦”具有深厚的历史渊源和广泛的现实基础。我们要保卫祖国的神圣领土，同时为维护世界和平发展贡献自己的力量；中华民族要跻身世界先进民族行列，为人类发展作出更多的贡献。

为了实现“中国梦”，中央提出要建立道路自信、理论自信和制度自信等战略思路；为了实现“中国梦”，我们需要继续在包括经济建设、政治建设、文化建设、社会建设、生态文明建设等多个方面进行不懈的努力。实现中华民族的伟大复兴，我们需要继续努力与奋斗。实现“中国梦”，我们需要继续真抓实干。

四、作者及英文版译者

作者主要有两位：谢春涛，现任中共中央党校党史教研部副主任，教授，博士生导师。彭真怀，公共管理学博士，现任中国人民大学地方政府发展战略研究中心执行主任。

两位作者长期从事中国经济发展方面的研究，深入理解当代中国的发展历程。第一，两位作者从事高校教学与研究工作，对相关理论具有贯通性的把握，有利于在撰稿时保证对史实的完整还原。第二，作者多年研究教学工作，与国内外青年学生接触较多，与国外学术界交流较多，在撰稿过程中可以保证满足外宣工作的需要。第三，谢春涛曾主编《中国特色社会主义史》、《转折中国——1976—1982》、《历史的轨迹：中国共产党为什么能?》、《中国共产党如何治理国家?》、《中国简史——从孔夫子到邓小平》（英文版）等书，其中，《历史的轨迹：中国共产党为什么能?》被中宣部理论局和中组部干教局向全党推荐，被中央宣传部、中央文明办和新闻出版总署向全国推荐，已出版 11 种文字 14 个版本。彭真怀曾担任建国 60 周年对外宣传大型珍藏画册《盛世年华》首席策划（红旗出版社），曾担任国务院新闻办公室五洲传播中心与重庆电视台合拍系列政论专题片《共富大家谈》主持人，亦曾于中央电视台《新闻一加一》栏目担当嘉宾。在撰写文稿时能很好地兼顾内容之权威与行文的通俗易懂，也有丰富的外宣经验。

第四，两位作者均出版过多本专著，多次在著名媒体发表评论文章，对于有关历史重大问题的把握上可以做到讲政治，熟悉尺度所在，处理起来有经验。

译者：季小军，中央电视台双语主持人，毕业于英国诺丁汉大学，曾先后主持《环球瞭望》、《央视新闻》、《体育新闻》及《今日中国》、《文化快报》等栏目，曾主持多次重大事件的直播并担任中英文同声传译，如：胡锦涛总书记会见连战、宋楚瑜直播，“两会”直播，香港回归10周年直播，党的十七大直播，首届博鳌亚洲论坛开幕式，北京2008年奥运会标志揭幕仪式直播，神舟5号飞船返回直播，杨利伟访港直播，两岸经贸论坛直播等。译者丰富的外宣工作经验能够保证所翻译的内容符合海外读者阅读习惯，也符合外宣工作的需求。

五、制品特色

第一，本画册全书由精练的文字内容做主线，风格上是以专业为基础的通俗作品。在文字编织成的纲领上穿插历史照片及其他图片资料，做到有理有序、逻辑清晰而又具体形象地阐述“中国梦”的历史渊源及现实内涵，全方位立体化地阐述中国人民是如何为实现“中国梦”而前赴后继地奋斗的，内容力求准确、客观，表现形式将在保证信息传递的效率的前提下力求创新。之前在编辑制作对外宣传出版物《中国共产党》电子光盘时积累了经验，可以帮助本画册在内容编排及形式上更加贴近外宣工作需求，更加符合国外受众的阅读习惯。

第二，画册将以文字为纲组织历史照片及其他图片资料，做到有理有序，清晰而又具体地阐述“中国梦”的溯源、内涵，以及中国人民是如何为实现“中国梦”而前赴后继地奋斗的。以大约两万字的文字为骨架，起提纲挈领作用，以150余幅（具体图片数目以实际组稿为准）图片为血肉，组成一本完整的画册，力争使内容详细、客观。内容主要以时间顺序为主线，以不同时间段中华民族为了实现“中国梦”所作出的不同的探索与努力为节点，主要分为六个部分，包括1840年以来的中国近代史，革命先行者的早期探索，中国共产党的成立及为取得民族独立是如何奋斗的，建设社会主义新中国的历史，改革开放后探索中国特色社会主义的历史，以及新时代背景下“中国梦”的内涵与外延。本画册是以专业为基础的通俗作品，目标受众主要是海外读者，故在文字方面，简洁明快，准确严谨，淡化意识形态色彩；图片方面，尽量选用反映历史事实和现代风貌的大众感兴趣的客观图片，兼顾外国读者的认知背景和接受能力，以事实来佐证观点。

第三，本画册所提供图片均有高分辨率文件，可以很好地保证印刷的质量。装帧方面采用适中的开本，可以在保证最终成品的气势的同时减少海外发行或向外交机构寄送的难度与成本。封面采用 230g 铜版纸及亚光覆膜、UV 工艺，内文采用 157g 亚光铜版纸，可以提供精致的阅读体验，又避免了过度包装造成的浪费。版式设计方面将注重大气而清爽的风格。

六、营销推广方案

我们将围绕本画册，制定出专家研讨、媒体推介、网络宣传、版权输出多位一体的立体营销方案，营销工作初步计划分三步走：

1. 围绕本画册的亮点与特色，做足宣传工作

首先，组织作者及其他相关专家撰写理论性较强的评论文章，在北京和其他省市级具有影响力的报刊以及涉外报刊上刊登，凸显本书的特色和可读性，为下一步的营销造势。

其次，利用人大社完善的发行渠道，开展图书进校园活动，在全国各高校学生尤其是留学生中展开宣传。

2. 召开出版座谈会，扩大影响力

组织党史学、政治学等相关领域的专家及外交领域的专家、学者，在北京组织出版座谈会，扩大影响。借举办座谈会展开的宣传之势，迅速向全国各地的新华书店等发行主渠道发货上架，以强势进入读者视野。主渠道的销售采取常销的市场运作套路，应该会有不俗的销量。

3. 利用人大社在版权输出方面的优势，积极输出版权，扩大在国外的影响

人大出版社在版权引进和输出方面十分活跃，与国外一些大型出版集团和著名大学出版社建立了战略合作伙伴关系，是近年来版权引进量和输出量均居前十名的唯一的出版单位。人大社可充分利用这一优势，积极与国外的合作出版社联系，向国外出版社推荐、赠送此画册，争取在版权输出方面有所作为。

简析戏剧音像中的“大纪录片”概念

·席 璟·

一、对“大纪录片”概念的解读

在“纪录片”这个词前，之所以要加一个“大”字，是为了体现它和一般纪录片的差别。通常的纪录片，独立成篇，长片一般在90分钟以上，有独立的主题和表达；而本文中所提的“大纪录片”则是指一系列纪实影像、口述历史、原声音乐和珍贵照片在统一主题下共同组成的影音项目。

可以说，“大纪录片”不是以独立作品的面貌出现的，而是由许许多多不同介质、不同层面，并且在不同平台播出播放的独立作品组成的项目。“大纪录片”本身并不是作品，它是一个项目，它在纪录片整体环境中的地位和角色是留存历史，并非在某一立场上的表达。

“大纪录片”是站在历史的角度，对当下或过往的历史事件、历史人物、历史时刻进行的记录。其中，口述历史主要是由亲历者口述事件本身，纪实影像是客观记录事实本身，原声与照片是全方位地整理归档事件相关资料。

“大纪录片”的三个主要组成部分都与音像有关：纪实影像需要DVD的介质来承载，口述历史同样如此，原声需要CD的介质来承载。照片等扫描文件虽不固定，但必须要由电子介质来承载。因此，音像部门是开拓“大纪录片”项目的最好基地。

1. 口述历史的内涵与必要性

口述史学在英文中叫oral history，或者history by word of mouth。这个术语最初是由美国人乔·古尔德于1942年提出来的，之后被美国现代口述史学的奠基人、哥伦比亚大学的阿兰·内文斯教授加以运用并推广。

所谓口述历史，简单地说，就是通过传统的笔录或录音、录影等现代技术手段，记录历史事件当事人或者目击者的回忆而保存的口述凭证。口述史并不是像有的人所理解的那样，就是一人说，一人记，而是一种将记录、发掘和认识历史相结合的史学形式。即通过调查访问，用录音设备收集当事人或知情者的口头资料，然后与文字档案核实，整理成文字稿。

口述历史的一个重要作用是提供资料。对于历史学家来说，口述历史可以弥补史料的不足；对于人类学家和民俗学家来说，很多时候口述历史是知识的唯一来源，比如一些民间艺术家，他们的记忆可以提供与该艺术相关的社会文化背景信息及民俗知识。当被问及如何看待名人口述传记和小人物的口述史时，知名出版人郭沂纹说："（两种）都是有必要的，因为那些名人也都是老人，已经不太能自己写了，口述史有抢救资料的性质。"

2. 纪实影像的意义

纪实影像是"大纪录片"中的一个重要组成部分，影像的风格类型偏重于对纪实事件的全程跟踪，其对素材的完整性、记录事件的全程性要高于画面本身的审美要求和技术要求。

纪实影像的意义在于真实、客观、完整地保留"正在发生的一切"。可以说，从大纪录片的历史角度来说，历史镜头素材的珍贵性要远远高于当下时代的剪辑版本。也就是说，记录的意义在于留下史料。剪辑成片则是不同时代、不同立场对于该事件的解读和认知。

3. 珍贵照片与原声音乐的意义

对于一个以收集、整理、全方位记录一个事件或一个时代的项目而言，原声与照片是它的资料补充部分，主要起到原始资料补齐的作用。

二、"大纪录片"与当代戏剧的关系

中国话剧自 1907 年春柳社的《黑奴吁天录》起步，不同时代的各个流派，始终都是作为小众艺术而存在，但是到了 1996 年却发生了一个巨大的转变。

自 1996 年起，国家允许私营剧团公开售票演出，自此，全民戏剧的时代到来了。

2010 年 343 家国有院团改企转制，建成 46 家演艺集团。北京演出行业协会公布 2010 年北京演出票房 10.9 亿元。其中国家大剧院一家戏剧收入 3 亿元。

戏剧市场演出繁荣，戏剧类平面媒体、新媒体活跃。北京市剧场增至 27 个。各大影视明星、导演、编剧涌入戏剧行业。

自此，可以说，中国话剧正在经历着一个从未有过的高峰体验，正在进入一个值得被记录的历史时刻。

如今以“口述历史”专家的身份在中国传媒大学授课的崔永元曾经说过：“比如我特别想看当年对梅兰芳、程砚秋、尚小云等京剧名旦的采访，或者他们的口述记录；想听侯宝林先生讲讲最早的相声是怎么演的、演的都是什么段子、后来又怎么改变……全都没有。我参观过日本、美国、加拿大的相关机构，我们的‘口述历史库’甚至比不过人家的一个大学。我们的 GDP 赶超了别人，但对历史的敬重、敬仰、尊重、珍爱，却比不过别人！为什么大家不觉着这件事丢人呢？为什么不为这事发愁着急呢?!”

而如今，对当代剧场业的记录，对当下小剧场戏剧的记录，就如同当年同时代对梅兰芳、程砚秋的记录是一样的。

在正在进行的《剧场影音纪录》项目里，除了话剧本身作为纪实影像被记录外，我们对主创人员的访谈便是口述历史的部分。在访谈的设置中，主创人员作为亲历者受访，口述事实，采取一对一的访问形式。在问题的设置中，不同于当下的访谈节目，如今的电视栏目即便是采访戏剧界的专业人员，所关心的问题依然是生活八卦和娱乐新闻，而作为历史视角记录的访谈部分，我们的话题主要围绕创作契机、创作手段、创作中的新尝试与新想法，以及在创新中的感悟等等。为此，项目还将之前的宣传语“记录戏剧的一切”改为“关心创作本身”。以此来确立项目的专业度和历史感。

三、戏剧类“大纪录片”与音像的关系

1. 戏剧类音像现状与新契机

在依靠传统音像出版已无以为继的现状下，转换观念，制作“大纪录片”成为了一条新出路。

首先，“大纪录片”的介质只能是音像，记录成品戏剧不但首先可以作为独立产品进入市场发货，并且在单个制品完成各自的商业任务后，其规模化的组合效应可使其成为一种新的产品再次形成效益。也就是说，单看每一张 DVD，它是一个产品，可以带来利润。而将这些 DVD 组合在一起来看，它又是一个大纪录片项目，以 DVD 的形式在记录着当代戏剧影像、口述历史以及各种资料。这种组合派生出了新的历史意义。

2. 戏剧类大纪录片的发展

未来大纪录片的共同发展方向：资料库。

“大纪录片”无论是关于戏剧，或是电影；影像记录行业的从业人员，无论是电视栏目出身，或是历史研究出身，最终的发展走向都是建立一个完整健全的资料库。

以下是对世界各个国家和地区就戏剧领域资源库发展的一个整理：

英国：《莎士比亚作品研究评论资料库》于2007年正式建立，这是一个专门研究莎士比亚的年鉴资料库。内容收录了60年来所出版的国际著名英国戏剧作品与莎士比亚作品评论，透过作者、主题与剧名等查询选择界面，可以轻易地找到1948年以来的每期文章原版风貌。每一本年鉴皆有主题，并搜罗当年度的戏剧文本评论和重要的英国戏剧表演。通过资料库还可以搜罗从莎士比亚至今的戏剧作品，以及相关的图片与照片（包含90%的原始图像），对于研究英国戏剧文学和莎士比亚戏剧文学的学者，是值得信赖和最佳的选择。

拉丁美洲：《拉丁美洲文学与戏剧资料库》包括380部拉丁美洲戏剧作品。主题蕴含拉丁美洲民族移民史中，流放迁移所面对的社会动荡过程。

北美：《二十世纪北美戏剧资料库》含有1920年至今2 000部美国和加拿大戏剧剧本，其中有550部是绝版的。大部分剧作家皆集结了全数作品。

《北美女剧作家戏剧文库》含超过1 500部美国和加拿大女剧作家作品，大多作品是稀有难得一见的，另包括300部从未发表过的。

《美国剧本资料库》是唯一版权合法收录了1 000个剧本的资料库，剧本版权来自华纳兄弟、米高梅及其他制作公司，其中大部分剧本是从未出版过的。

《亚裔美国人戏剧库》含18世纪中叶至今超过252部亚裔美国人戏剧作品，其中一半是从未公开发表过的。另外收集包括：制作过程、照片、广告画、剧院广告、手稿图像、评论文章以及其他有关的文献。

《史密森尼经典戏剧资料库》供线上随选查询，观赏250部世界经典戏剧，总时长超过500小时，除了欣赏名剧，学生、指导教授、研究工作者第一次能于线上撷取特定布景、剧本对白、舞台设计。剧中材料更可以作为课程教材之用。

非洲：《全球黑人戏剧库》含18世纪中叶至今超过1 200部来自北美洲、非洲、欧洲、加勒比海和其余非洲犹太人散居地的戏剧作品集。包括每部戏剧的全文、丰富壮丽的图像、广告画、剧院广告、照片等。

四、结语

在传统音像日渐式微的今天，以“大纪录片”理念重新整合音像资源，调动音像的影像化优势，利用技术特质建立全新也是权威的资源库，不失为一个聪明的选择。而在可以选择的选题当中，当下剧场业作为一个有着明显时代特征和鲜明变化的产业，的确是一个值得记录的选题。从纪录片的角度看，当下剧场业正处在社会转型期中一个各个方面都随之产生变化的位置。无论是创作者还是经营者，在创作与市场的双重考核下，使整个生态链所派生的现象，无论是派生出的作品还是派生出的社会问题，甚至是派生出的奇思怪想，都将成为这个时代的烙印，都是无可替代的一手宝贵史料。而在拥有了这些一手影像资料后，作为经营者的出版方，也将建立新的出版合作思维方式，与电视台、纪录片项目协会、口述历史基金会、历史方向的学术研究中心保持更亲密的合作关系，建立影像出版的新模式，为该类项目找到新的出口和平台。

走近创意写作

·杜俊红·

写作是不是可以教的?

按照传统的“灵感神授说”，写作灵感是神授的，写作才能是一种天赋，一谈起写作能不能教，恐怕大多数人都认为是不可教的。

20世纪初期，创意写作正是在这样一种普遍的观点下在美国出现了。1936年，美国爱荷华大学创意写作工作室成立，标志着创意写作作为一个硕士项目得到确立。在创意写作的发展过程中，人们关于写作可不可以教的争论一直没有停息，而正是在这种争论之中，创意写作在美国获得了不断的发展，创意写作硕士项目也在高校得到了普及，并被认为对第二次世界大战后美国文学的繁荣起到了重要作用。随后创意写作的种子传播到了许多国家。一些著名旅美作家，比如白先勇、严歌苓、哈金、李翊云等，都曾接受这一培训，并获得MFA学位。

近年来，国内各界也开始关注创意写作的发展。上海大学首先开设了创意写作课程，复旦大学设置了国内第一个创意写作硕士学位，作协与美国的创意写作工作室建立了长期联系并派送作家出国交流，国内陆续引进了一些创意写作方面的图书，等等。

尽管创意写作在中国还是个新鲜事物，但是许多作家和教育界人士对其持赞同的观点。莫言在对创意写作专业的开设表示支持时说，他曾在解放军艺术学院文学系学习，学校教授的内容对提高写作技巧很有帮助。王安忆曾说文学是一种技术，本身有一套路数、系统可以习得。复旦大学中文系系主任陈思和也曾经指出，写作水平是完全可以通过培养提高的，“事实上，一个人的语言驾驭能力、叙事能力是可以通过培训来提高的。MFA并不培养文学天才，因为天才毕竟是少数，但MFA至少可以发现天才，并通过系统的写作训练，释放学生的写作潜能。”上海大学中文系教授葛红兵认为，创造性人才需要天赋，但人的创造性并非不可以培养。阎连科在“创意写作书系”新书发布会上指出，学习写作有电梯可乘，每个人都可以成为作家。

欧美创意写作教育经验告诉我们，改革现有文学教育模式，创建以创意写作为方向的独立文学教育学科，培养新型写作人才和创意人才，承担起文化产业发展的支撑点、发动机角色，是完全必要也是完全可以做到的。

一、概念释义

1. 创意写作

创意写作（creative writing），是具有创造性的文本创作，它既是传统文学创作的新发展，囊括了虚构文学创作和非虚构文学创作（可细分为小说、诗歌、散文、回忆录、剧本、传记文学创作等），又包括广告、策划案等在内的需要创意的文案写作。它提供了系统的写作方法与过程，帮助作家从个人经历、回忆、观察、思考中挖掘素材，创作属于自己的原创作品。在激发创作灵感方面，也是一种认识自我、发现自我、表达自我的过程。

创意写作是传统写作学的新发展，二者之间既有联系又有区别。传统写作学一般包括文学写作、应用写作等类型，在教学上采取传统的课堂讲述的方式。从内容上看，重点教授写作原理，比如写作规律、写作方法、遣词造句和谋篇布局等，而对于写作实践重视不够，更少见如何产生创意或灵感的训练，这或多或少地受到传统的写作不能教、中文系不培养作家等观念的影响。创意写作则重在创意或灵感的激发与表达上，它提供了一系列的方法与步骤，帮助作家激发灵感，从个体经历与对世界的认知上发现故事及素材，并通过技巧训练使之形成文字作品。它就像是打开了作家创作的“黑匣子”，使神秘的创作天才不再遥不可及，而具有可以传授的方法。内容除涉及写作准备、写作灵感、写作方法、作家生活等方面，还包括如何与编辑和出版商打交道。

2. 创意写作硕士项目

创意写作硕士项目（MFA Program）是创意写作方面的硕士学位，设在艺术硕士下（创意写作方向）。艺术硕士即 Master of Fine Arts（MFA），包括各门艺术专业，创意写作作为其中一门归在此类（MFA in Creative Writing）。但在中国，尚属新设硕士学位的艺术硕士，还没有把这一方向包括进来，目前已有的文学创作及创意写作硕士项目都设在中文系下。

创意写作硕士项目诞生在美国，一般以 1936 年爱荷华创意写作工作室的建立为标志。在随后的几十年里，创意写作作为一门新兴学科在美国大学得到了推广和发展，对美国二战后文学市场的繁荣意义重大，同时为美国价值观和意识形态在世界范围内的传播发挥了重要作用。目前美国大学中的 2 400 个文学系绝大部分开设了创意写作课程，更有许多工作室、培训课程讲授创意写作。当代美国作家中，大多数都经过创意写作方面的学习或培训。当前创意写作正在全球范围内发展起来，美国、英国、加拿大、澳大利亚、新西兰几个国家就有 300 多个硕士研究生项目，以色列、墨西哥、韩国、菲律宾等国的创意写作硕士项目也正在蓬勃兴起。①

创意写作硕士项目以培养作家为主要目的，由知名作家任教，采用工作室和作品研讨的方式小班授课，提供各种创作经验和方法指导。1967 年，美国作家与创意写作项目协会成立，到 2010 年，该协会有 500 个大学成员会员，34 000 名作家、教师和学生会员。② 根据 McGurl（2009）的数据，美国有 822 个创意写作班，153 个授予艺术硕士学位的创意写作项目，其中 37 个还授予博士学位。③ 最新的数据显示，美国大学中的 2 400 个文学系绝大部分开设了创意写作课程，可授予学士、硕士、博士学位的创意写作项目有 852 个。④

3. 作家工作室

作家工作室（workshop），也称写作坊、工作坊，是创意写作课程及一些民间写作组织采取的主要授课形式，一些“住校作家”也在工作室中创作和交流。

在作家工作室，写作教师可以是知名作家，也可以是专门的写作教练，很多写作教练都在出版机构担任编辑职务。工作室的学生人数不多，一般不超过 20 人。教师给学生以一定的指导，学生在课堂上朗读自己的作品，并接受其他人的点评。还有小组讨论某个作品的思路，并共同完成作品的创作与修改，这种情况大多用于剧本创作的讨论以及广告案、策划案的创作上。授课地点既可以在教室里，也可以在咖啡厅、公园，或者其他有益于激发创意的地方。授课形式比较灵活，还包括很多课外的创作、交流与讨论。可以说，创意写作学习的过程也是作品创作的过程。

---

①② 数据来源于美国作家与创意写作项目协会官方网站：www.awpwriter.org。

③ Mark McGurl, *The Program Era: Postwar Fiction and the Rise of Creative Writing*. Cambridge, Harvard University Press, 2009.

④ 数据来源于美国作家与创意写作项目协会官方网站：www.awpwriter.org。

二、创意写作在美国

1. 爱荷华大学作家工作室

创意写作在美国的出现，可以追溯到20世纪初，具有标志意义的事件是1936年爱荷华大学创意写作硕士项目的出现。如果说这个项目的出现具有实验性和偶然性，那么二战后美国社会的发展、美国对高等教育的重视以及文化创意产业的迅速崛起则为创意写作项目的出现及大热提供了必然性。二战后的美国经历了战后平复期，经历了女权主义运动，经历了黑人运动，经历了冷战，经历了美国梦的塑造等，创意写作作为一种诉求与表达方式，广泛地参与其中。冷战结束后，美国的创意产业发展成为支柱产业之一，美国也由此成为世界第一大文化输出国。在这样的背景下，对创意人才与创意作品的需求不断增大，创意写作的发展则成为创意产业的内在要求。而在美国高校得到广泛推广的创意写作硕士项目则使得创意写作的培训和教育得到有序的开展。创意写作为美国文化创意产业提供了大量的创意人才与创意作品，形成产业发展最核心的内容基础，为文化创意产业的发展起到了重要作用。

爱荷华大学的作家工作室是美国成立的第一个创意写作硕士项目，迄今仍是美国同类项目中的楷模。这里走出来17位普利策奖获奖者（包括2010年的保罗·哈丁），以及许多美国国家图书奖和诸多重大文学奖项获奖者。1897年春，爱荷华大学开设了第一堂创意写作课程。1936年，作家工作室正式成立，之后许多著名作家加入工作室，有的还在这里全年授课。二战期间，注册学生不超过12个，但是二战一过，很快就有超过100个学生注册，工作室由此分为小说与诗歌创作两个部门，并一直延续至今。爱荷华大学作家工作室是该大学创意写作项目的非正式称呼，这也暗示了学校的双重目的："项目"提供MFA学位，这是能够在大学讲授创意写作的终极学位；"工作室"为有潜力的学生提供和杰出的诗人以及作家共事和学习的机会。在理念方面，爱荷华大学虽然部分认同"写作不可教"的普遍观点，但是仍然认为潜能是可以被鼓励和激发的。他们坚持，如果一个人可以学习拉小提琴或画画，那他也可以学习写作，虽然并没有什么外部程序能够确保他做得很好。①

华裔作家聂华苓于1967年提议创办了爱荷华大学作家工作室的国际写作项

---

① 翻译并整理自爱荷华大学网站：http://www.uiowa.edu/～iww/about.htm。

目，到目前为止，已经有来自世界各地超过120多个国家的1 000多名作家聚集在此交流写作经验，互相学习，中国作家王安忆、汪曾祺、苏童和刘索拉等就曾参加过爱荷华大学国际写作项目。该国际写作项目还与中国作家协会保持着良好的合作关系。到目前为止，国际写作项目在已有的120多个生源国中已经与法国、西班牙、荷兰、德国、意大利、波兰、中国、日本、韩国、埃塞俄比亚、土耳其、瑞士、俄罗斯等建立了文学作品互译及互相出版的合作关系，而且其发展势头仍然非常强劲。该项目以实际行动促进了多样文化的交流和融通，并在全世界范围内产生了广泛的影响。①

2. 美国创意写作的发展及现状

爱荷华大学的创意写作项目是美国同类项目中的佼佼者，最负盛名，培养出来很多著名作家和诗人。以1936年爱荷华大学作家工作室的成立为标志，创意写作在美国迎来了蓬勃的发展，并延续至今。而创意写作硕士项目在大学也得到确立和进一步推广，这就使得创意写作的发展成为有本之木、有源之水，其发展模式更加良性，几十年来取得了不断的改进与完善。

自诞生以来，特别是创意写作硕士项目确立以来，创意写作为越来越多的人提供了实现自己作家梦的路径，这从美国战后文学市场的日渐繁荣可见一斑。美国战后小说取得的成就、涌现的优秀作品，超过了战前任何一个时期，这与创意写作项目带动的集体努力密不可分。美国大学普遍开设了专门教授创意写作的学位，所以美国当代作家几乎都获得了创意写作学位。绝大多数的知名作家也都在大学任教于创意写作专业，这就形成了创作的传统和美国文学的特色。

创意写作的兴起及大热与美国高等教育的空前繁荣有紧密联系，也与美国政府的助学政策有关。越来越多的大学开设创意写作硕士项目。近年来创意写作硕士项目的录取比例大约在4%，是非常难以申请的学位。美国文化评论将其称为“世界上从未有过的对当代作家最大的文学支持项目”。举例来说，美国一年一度的作家和创意写作大会（AWP）在2006年与会人数是4 900人，其中作家2 000人，创意写作研究生2 900人；到2007年，与会人数达到7 000人，绝大多数还是创意写作的研究生和他们的导师；2011年，参会人员达到9 000人。②

---

① 参见朱宏清、周薇：《爱荷华大学作家讲习所巡礼》，载《译林》，2009（4）。

② 数据来源于美国作家与创意写作项目协会官方网站：www.awpwriter.org。

冷战结束后，文化创意产业在美国经济中所占比重不断上升，到 2005 年占 GDP 的 18%～25%，400 家最富有的美国公司中，有 72 家是文化企业。[①] 美国也成为世界上第一大文化输出国，美国梦、美国式生活方式、美国人的价值观和意识形态等，渗透到了世界各地。有观点认为，美苏二战后实力对比和较量，美国的胜利靠的是文化，而非军事或政治。在这个过程中，创意写作作用重大。它的出现及发展与美国文化创意产业的发展相伴相生，相互促进，前者为后者提供了大量创意人才、创意作品，涉及出版、影视、网络等领域，形成产业内实体性内容，支撑了产业的发展。而后者的迅速发展也为前者提供了环境与条件，使得创意写作成为文化创意产业发展的内在要求。

在上海大学中文系召开的中国文学创意写作学科发展讨论会上，大家普遍认为，美国的大学与创意产业具有密不可分的关系，互相之间的输入输出造就了今日美国庞大的创意产业链，同时在对全世界输出美国价值观上起到了不可估量的作用。同时指出，也许创意写作体系的建立看上去有些试验性质，但幸好它是可控可探索的，它来自“信息经济”与“体验经济”的需求，最终催生出了“创意经济”的产业链，也为其他国家树立了可供学习研究的范本。[②]

当前，创意写作在美国方兴未艾，支撑了整个创意产业链条的运行，包括出版、影视、动漫、网络等领域，推动着美国文化创意产业的发展。与创意写作的教育相配套的是大量创意写作方面图书的出版，包括教材以及面向普通大众的写作指导书，使得更多潜在的作家在无法申请到 MFA 学习机会的情况下，可以选择参加社会上的写作工作室或者自学写作，由此起步实现自己的作家梦，从而形成大量潜在的写作人群。美国每年都会涌现出许多创意写作方面的畅销书，很多品种的销量甚至超过了畅销的文学作品。在亚马逊网站上以“creative writing”为关键词查询，可查到 20 446 册在售图书。其中许多品种的评论数量多达 300 多条，甚至 20 世纪八九十年代（Anne Lamott，*Bird by Bird*，1995）乃至三四十年代的书（*Becoming A Writer*，1934 年出版，1981 年重新出版，2011 年由人大社翻译引进，译名《成为作家》）仍畅销榜上。

---

① 参见陈霞、刘钢：《我国文化产业兴起的背景及发展途径研究》. 载《重庆大学学报》（社会科学版），2005，11（5）。

② 摘自《上海大学中文系中国文学创意写作学科发展讨论会会议讨论材料汇编》，见 http://blog.sina.com.cn/s/blog_473d280c0100lvbv.html，2010-11-08。

三、对中国的启示

创意写作与文化创意产业相伴相生，它既是文化创意产业发展的产物，又为文化创意产业的发展提供了有力的支撑，为其源源不断地提供了高素质的创意写作人才和作品。创意写作人才渗透到出版、影视、网络、演艺、旅游等各个文化创意产业领域，其成果，包括各体文学作品、广告文案、策划案等，共同形成文化创意产业基础性、关键性的文本素材，并对一个国家价值观在世界范围内的传播、民族形象的树立起到不可忽视的作用。因此，有必要在中国引进并大力发展创意写作。

1. 发展创意写作的必要性

很多人都提到了当前在中国发展创意写作的必要性。葛红兵在其博客中撰文指出，在文化产业和创意经济的大趋势下，发展文学创意写作学科，培养新型写作人才是拯救传统中文学科的根本途径。

在 2011 年 1 月召开的“创意写作书系”新书发布会上，几位参会专家从不同的角度讨论了在中国发展创意写作的重要性。刁克利指出，中国的创意写作亟待开展，现在是大众写作的时代，中国现在写作的人数比以往任何时候都多，每个人都是潜在的作家，每个人都有故事要写。金元浦认为，创意写作教学是对中国整个文学系统教学结构的补充，中文系的课程设置包括了语言、公共课、理论等，但是没有创意写作课。创意写作为中文系开出另外一个授课内容，应该进入我们学校研究的体系。徐志勇认为，发展创意写作将有力推进数字出版主流化，2010 年被业界称为数字出版元年，按照新闻出版总署以及业界的看法，在未来 10 年之内出版业将转变为数字出版占据主流，如果能够在网络作家草根阶层这个群体中普及创意写作，他们的水平能够上一个台阶，会对中国数字出版主流化的发展有非常大的促进作用。

概括来讲，在中国发展创意写作有以下必要性：

(1) 发展创意写作是推进高校中文系改革的必要之举。针对目前高校中文系普遍接受的“中文系不培养作家”的观点，有必要在中文系增加创意写作的教学内容，以便拓展中文系的覆盖范畴，强化具有创意的写作实践的培养与训练，解决部分中文系毕业生就业难问题，拓宽就业领域，突出中文系学生文字功底的应用方面。

(2) 发展创意写作是提升网络时代文学创作水平的重要举措。针对全民写作时代伴随整体写作水平不高的现状，特别是大量网络写手写作水平亟待提高，有必要开展创意写作的普及和教育，包括相关图书出版、讲座、培训等。

（3）发展创意写作是文化创意产业的内在要求。文化创意产业的发展在诸多方面都需要大力发展创意写作，以便为其提供创意文本和创意人才，特别是在电影电视、出版、网络等重要领域。中国的创意写作乃至整个文化创意产业都处在始发阶段，与国外特别是美国、英国相比明显落后，有必要推进创意写作，以便为中国的文化创意产业提供助力。

2. 发展创意写作的可能性

从创意写作在中国发展的可能性来看，中国已经具备了发展的基本条件，而创意写作的推广则是呼之欲出，需要各界给予重视与扶持，以便使其得到健康、良性的发展。

（1）一些院校已经开始发展创意写作方面的教学，并做了许多尝试，将有力促进创意写作的推广。上海大学中文系的本科开设了文学创作课程，并计划于 2012 年开始招收创意写作研究方向的硕士研究生，复旦大学中文系开始招收文学创作硕士，中国人民大学、北京师范大学陆续成立了国际写作中心，等等。越来越多的院校加入到这一行动中来。改革中文系课程和学位设置切实可行，特别是在本科生的教学中加入创意写作的教学内容，在研究生教育中加入创意写作硕士的学位设置。

（2）写作人群的日益庞大为发展创意写作提供了人员条件。除了新中国成立后逐步建立起来的官方作协系统，在当今大众写作的时代，无数的潜在写作者活跃在网络上，还有很多文学爱好者在默默地进行文字耕耘。此外，在创意产业领域的各个部门还有大量创意写作人员。这就为发展创意写作提供了最基础的人力资源。

（3）国外已有创意写作成果为我们发展创意写作提供了便利。国外有大量创意写作图书，十分具体地指导想要写作的人如何成为一名作家或是简单地进行初步的文学创作，将自己的故事表述出来。大量此类优秀图书可以翻译引进，国内一些著名的作家也可创作更多适合大众阅读的文学创作图书。

中国人民大学出版社于 2011 年 1 月出版了国内第一套系统介绍美国创意写作的丛书“创意写作书系”第一批 4 册，于 2012 年 7 月推出第二批 3 册，于 2013 年 1 月推出第三批 2 册，并计划在 2013 年推出更多品种。“创意写作书系”上市以来，得到广大写作爱好者和媒体界的肯定，认为其引进的创意写作理念和方法新颖、实用，与传统写作理念有很大不同。其他出版社也零散推出一些涉及创意写作内容的图书，大都得到读者的肯定。

(4) 一些社会机构已经开始尝试推广创意写作，是发展创意写作的最有活力的领域。如盛大、一起写网都曾对自己的网络作家进行线下培训。人大出版社在2012年邀请美国著名写作教练杰里·克利弗来中国进行了小说写作系列讲座，并以工作室的形式尝试了创意写作培训课程。盛大邀请好莱坞著名编剧组织了“编剧训练营”活动。类似的活动在中国出现得越来越多。

(5) 文化创意产业发展的形势为创意写作的发展提供了充足条件。在当前国内文化大发展的格局下，在各地方政府大力扶持文化创意产业的情形下，产业发展需要的各个方面都得到了大力的扶持，比如影视、动漫、旅游等。虽然当前国内各界对创意写作的认识还不够，但是随着创意写作的逐步推广，随着其价值及对产业重要性的逐步体现，必将得到文化创意产业各界越来越多的重视和投入，这将成为创意写作发展最有力的推动和支持。

四、结语

自诞生以来，创意写作项目便饱受争议，关于写作能不能教的争论从未停歇过。但不可否认的是，美国战后小说取得的成就、涌现的优秀作品，超过了战前任何一个时期。高等教育的普及以及大众写作时代的到来，也使得作家不再神秘，只要有兴趣，人人都可能通过训练写出属于自己的作品，创意写作的出现可谓应运而生。

在中国，创意写作尚属新鲜事物，知道的人不多，认可的就更少。目前国内已经有发展创意写作方面的动作，但是都处在初始阶段。在中国引进创意写作的概念，并且从教学和实践的角度加以推广，具有现实意义。学习创意写作有助于激发写作灵感和促进个体开始良性写作生涯，创意写作的推广对于整体上提高写作水平作用很大，创意写作能够帮助打开作家创作的黑匣子。创意写作的目的不是培养伟大的作家，而是培养能够促进文学市场繁荣、传承文学创作的合格作家，它能够为文化创意产业提供大量优质的创意文本和创意人才。

每个人都可以成为作家

——记“创意写作书系”新书发布会（一）

·杜俊红·

2011年1月，中国人民大学出版社推出“创意写作书系”第一批四册图书：《成为作家》、《开始写吧！——虚构文学创作》、《开始写吧！——非虚构文学创作》和《小说写作教程——虚构文学速成全攻略》。四册书的作者都兼具双重身份——既是作家，又是创意写作教师。这套丛书是他们的授课秘籍，是众多作家创作经验的总结，可以说揭开了文学创作的神秘面纱。

1月21日，出版社召开了“创意写作书系”新书发布会，著名作家、中国人民大学文学院教授阎连科，中国人民大学文学院教授金元浦，中国人民大学外国语学院教授刁克利，青年作家徐则臣，一起写网创办者徐志勇，以及众多媒体界的朋友出席了发布会。在发布会上，众位嘉宾围绕作家能不能教出来、“创意写作书系”能不能培养作家等问题展开了热烈的讨论。

刁克利：中国的创意写作亟待开展

创意写作的概念在美国从20世纪20年代就开始了。自20世纪30年代以来，美国文学在世界上的影响力迅速增强，原因有多方面。其中一个重要的原因是：其创意写作教育的普及造就了大量的、潜在的作家。很多人都具备了文学写作的能力。30年代，美国有了三个诺贝尔文学奖获得者。这至少是一个原因。创意写作在美国有多么普及，从《成为作家》一书后面的参考文献可以看出。美国几乎所有的作家都有其他职业，从事写作的是各行各业的人。80多年以来创意写作在不断积累，形成了一种传承。

2006年我到美国进行作家研究，采访了十多位作家，包括2006年美国国家图书奖获得者理查德·鲍尔斯以及桂冠诗人泰德·库塞等。见到的作家都在大学里教授写作。2007年我在美国参加作家与创意写作项目年会，参加者4 900人，其中2 900名是创意写作专业的研究生。到2008年，这个作家大会在纽约召开，参加人数达到7 000多人。

目前，英美国家很多大学都开设创意写作学位。研究生毕业可授予创意写作硕士学位（MFA in Creative Writing）。这个学位在美国属于终端学位，即等同于其他专业的博士学位。《开始写吧!》的160多位作者大多数也是在学校或创意写作工作室教课。

除了大学学位教育，如果想学写作，还可以参加数不清的工作室。例如，《作家写作教程》的作者在芝加哥主持“作家阁楼”工作室20多年，就是一种业余形式的写作工作室。此外还有很多大学开设暑期短训班、周末班等等。还有的把创意写作带到社区、带到普通读者那里去。

《成为作家》在美国风靡近80年，几乎每一位美国作家都看过。这是第一本应该看的书。《开始写吧!》的虚构和非虚构两本是美国作家的教科书，既能在课堂和作家工作室使用，对于自学更有直接的帮助。《小说写作教程》则专门教小说创作，非常实用。四本书都经过精挑细选，培养出无数作家。

中国的创意写作亟待开展。现在是大众写作的时代，中国现在写作的人数比以往任何时候都多。很多人怀着文学的梦想走入大学课堂，更有难以计数的人活跃在网络上。写作是一件非常美好的事情，把自己的故事写出来感觉更好。每个人都是潜在的作家，每个人都有故事要写。所以说人大出版社做了一件很好的事情，能够帮助很多人实现创作的梦想。

是否读完这四本书就能成为作家？这可能因人而异。这套书可以培养作家。即使不当作家，经过系统训练，也可以当文学编辑、广告人、编剧、书评人和影评人等，可以使整体文学创作水准和欣赏水平得到提高。

作家能不能教？天才能不能造就？美国的创意写作教育自诞生之日起，直到今日，始终都存在争论。美国的做法是一边质疑，一边开展创意写作教育。在这个过程中，创意写作得到了蓬勃的发展，文学得到了繁荣，从事写作的人数不断增多。希望我们也能从创意写作中受益。

徐则臣：创意写作能让作家创作出大于自己的作品来

拿到这套书的时候非常高兴，因为作为一名作家，看到出版社、教授、专家这么在乎这个事情。大概10年前，我在江苏一所大学教写作学教程。有个学生说，我在第一节课的时候说的第一句话就是“写作不可教”。现在想来，尤其在这套书前，这种说法的确值得批判。在北大念书的时候，老中文系系主任曾公开说，北大中文系不培养作家。这句话在很多年里被北大中文系奉为金科玉律。国内大学几乎都是这样，认为大学里培养教授、专家，不培养作家。另外作家的确很难培养，传统上认为“文章本天成，妙手偶得之”，灵感这些东西非常神秘，这就把写作搞得很神秘。这套书是对文学去魅的一个活动。

其实写作不仅可教，而且有很大的规律性。比如土耳其的帕慕克，我们从他的作品中可以发现文学的科学化。在帕慕克那里，下一步要写什么，好像坐公交车，每一站怎么走都规划好了。创意写作就是这样。就好像好莱坞的编剧，谁擅长哪个部分就负责哪个部分。写作就是可教的，它是可以后天习得的。

2010年我曾参加过爱荷华大学的写作计划。爱荷华大学的创意写作工作室是美国最著名的写作工作室，普利策奖获奖者一半出自那里。我参加的写作计划由32个国家的38个作家参与。有一个华人作家李翊云在爱荷华学写作，她的小说层次感很强，而且完全是设计好的层次感。问她是不是专门设计的，她说不是，就是经过一系列必要的训练之后，把技术性的训练都具备了，所以在写的时候即使一个短篇层次感也非常强，其中怎么使前后关联达到最大值，这些都是技巧。前两年看过哈金的一篇文章，说中国本土作家在技术上要差了一大截。美国的创意写作在纯粹技巧、匠人方面可说做得非常好。

有的时候，作家大于作品，我认为这个作家是失败的。

大部分时候，作家等于作品，想到哪里想到多少都写出来，这样的作家能充分地把自己表达出来。

还有的时候，作品大于作家，虽然有些东西没有想到，但是通过各方面的技术的训练，通过文学性的表达，产生的东西大于自己所想的，这才是最好的。

就像我们理解哈姆雷特，一千个读者有一千个哈姆雷特，也就是说一千个读者有一千个莎士比亚，但是我们看到莎士比亚只有一个，在这个意义上，莎士比亚的作品远大于莎士比亚，这就是我们创意写作需要解决的一个问题。

有一个学生问我，他的小说怎么写不长。我提了个非常简单的方法：如果有5个人物，让任何两个人物间都产生关系，尽量不重复，这样可写的东西就非常多。现在如果有学生再问我，我会推荐这套书，因为像我刚才讲的小点子，这套书里随处都有，而且做得非常好。我本人也在杂志社工作，经常看稿子，经常遇到作者问怎么写、怎么让我们满意。我想我会向他们推荐这套书。

阎连科：学习写作有电梯可乘，每个人都可以成为作家

和则臣情况相反，前两天看了这套书，感到非常沮丧，因为在我五十岁的时候忽然发现，一栋七层高的楼房，像我这代人是从楼梯一层层走上来的，但其实它是有电梯的。等你知道这个事情，已经五六十岁了。在中国确实一直在说作家是不可培养的，是没有方法的，看了这套书你就知道确实是有电梯存在的。如果成为作家是一个楼顶，确实有电梯可以一搭而上，不需要像我们这一代人付出太多的劳动，而后来发现其实这么简单。你摸索了几十年，看很多老作家写“创作谈”，说你要体验生活，你要记日记，你要到大街上看到什么写下什么，练习你的描写，我们确实是这样做的。今天看来特别笨。但我们这一代确实是这样做的。确实一加一等于二，但是不需要我们去证明为什么一加一等于二，只要记住一加一等于二就可以了。

这套书首先告诉我们，每一个人都可以写作。写作通常被认为是非常神秘的事情，让很多爱好写作的人难以开始用写作表达自己，而写作是因为你想要用文字表达内心、表达自己对世界的看法。《成为作家》这本书恰恰告诉我们，每一个人都可以成为写作的人。

第二点告诉我们，不仅每个人都可以成为写作的人，而且每个人都可以成为作家。在中国，成为作家有很大的偶然性。我自己今天成为一个作家，有无数的偶然性。1985 年我第一次发表的中篇小说《小村，小河》就具有非常大的偶然性。像我这一代成为作家的人都非常非常偶然，包括莫言。

第三点我想说，《成为作家》这本书总共 17 章，但是应该还有一个没写出来的第 18 章，这一章一定会告诉我们，成为作家，成为优秀、成熟乃至伟大的作家，最后要摆脱、逃离这本书，才能实现。初步写作、成为作家都是有方法的，像是楼房里的电梯，但是到了楼顶想要登上天空是没有方法的。大作家的写作恰恰是没有方法的，要建立自己独有的方法，和所有的人不同，这才能够成为一名大作家。

如果成为大作家有三步，这套书教了我们前两步。希望这套书能够告诉年轻人，爱好文学的人，爱好写作的人，告诉他们写作没有神秘之处，写作有技巧，你可以成为一个写作的人，成为一个作家。然后能否摆脱这本书，则要看老天

爷，这决定了你能否成为一名伟大的作家。

金元浦："创意写作书系"是对中国整个文学系统教学结构的补充

我年轻的时候是个文学青年，四十年前在诗刊上发表作品时曾欣喜若狂，当时我还是一个车间里的车工。也写过小说。后来进到中文系，就受到这样的教育：中文系不培养作家。中文系有五个方面的课程：公共课；中外古今文学史；语言；理论，包括美学概论、文学概论等；文论，包括古代、现代和西方。就缺一个课，就是如何写作，如何创意写作。有一门我在文学院教了十五年的课，就是"文学评论写作"，这是唯一的一门写作课。阎老师和徐老师都被我请到过课堂上。

在我的课上，选的都是最近几个月发表的作品，需要学生用自己的眼力和手下的笔来完成作业，而没有标准答案。学生完成这门课的作业需要花很长时间。今天看到这几本书，感到我们早先就应该有这样的课程。我们上了这么多课，包括语言、公共课、理论等，但是没有创意写作课。我觉得这套书给我们所有的中文系开出另外一个授课的内容，应该进入我们学校研究的体系。所幸的是我们文学院刚刚开了这样一个创意写作的专业，王家新、阎连科老师都在这里任教。我觉得可以用一种方式让我们的学生受到一种基础的训练，提升写作的水平。这套书的意义在于，它是对我们学科建设、对中国整个文学系统教学结构的补充。

第二，我们现在进入一个全民写作的时代。过去都认为文学系不是培养作家的。这么说是有历史的，因为一直认为我们培养的是批评家、理论家和文学研究者。后来开办的作家班也是用另外一种专门的教学方式。大家可能觉得写作不需要受太多教育。今天进入这样一个全民写作的时代，是因为我们有了普遍的教育。你想当作家没有问题，只要受过高中教育，只要你想做，就可以做。

进入这样一个时期后，每个人都有权利表达自己。我国每年出版几千部长篇小说，如果加上网络出版就有几万个长篇、几十万个中短篇。这是一个全民写作的时代，包括博客、微博时代的来临，证明我们进入了一个人可以写作、人人需要写作、人人有内在需要写作的时代。而网络文学注水式、谩骂式的现状，通过创意写作可以提升起来。写作成为一种需要，有点击量都可以成为作家。这是一个互动的、表达的、有写作需求和冲动的时代，也是一个全民写作的时代。每个人都可以成为艺术家，但是不能在完全自由状态下成为艺术家，需要学习，经过一定的训练。所以我们这套书我觉得非常好。

再有，从创意产业角度看，我们可以办大型作家大会；办工作室；办写作学校；办网络艺术学校；进行网络式共同写作；还可以开展大家一起写的活动。

徐志勇："创意写作书系"的出版将有力推进数字出版主流化

我曾经也做过写作的梦，但是这种文学冲动基本上被扼杀在萌芽状态中。今天看了这套书，发现原来每个人都可以成就自己的作家梦。如果早十几年看到，我也可能延续自己的作家梦。高兴的是，我现在还来得及搭上电梯。

现在"一起写网"有接近10万作者在上面创作，水平良莠不齐。我们做网站的时候，进行用户调查，发现很多作者希望得到写作方面的指导和帮助。我们之前想满足他们的需求，办过网下培训班，但效果有限，不成体系，今天看到这套书感觉能解决很大一部分问题。特别希望书出版后能够更多在网络上进行推广，让更多的网络写手从中受益。

2010年被业界称为数字出版元年，按照新闻出版总署以及业界的看法，在未来10年之内出版业将转变为数字出版占据主流，也就是说数字出版将占据50%以上。下面我想说几点。

首先，创作已经是大众的行为。文学发展了几千年，曾经一直是高高在上的。但是现在人人都可以进行创作，比如盛大文学，一天更新的字数达到1亿，而且是所有人可以看到的状态。大众都在创作，我们这套书应该针对大众来出版，读者会非常多，想写作的人会看，想提升自己读书品位的人也会看。

第二，网络写作时代是对文学创作整套方法的改变，包括阅读、写作、出版。现在大部分作者都以电子方式写作，不管写作还是传播，都和原来有本质的不同，主要在于载体和传播方式的不同，这就是互联网的特性。它和以往所有媒介不同之处在于它带有互动性，不再是以往单向的传播，它可以在互动之中进行群体性的尝试，比如我们可以尝试多人创作一部小说。

第三，对我国数字出版平台的认识，我认为现在这个平台处于初级阶段。比如盛大文学，可以说在中国乃至世界范围内领先，每天有十几万作者更新1亿字。但我认为仍处于初级阶段，因为网站上的作者仍以草根作者为主，疯狂码字的人能在上面生存下去，一些主流的作家反而可能比不上一些网络作家。我认为今后数字出版平台文学创作的主流化是一个必然的趋势，一方面主流的作家越来越多地到这个平台上写东西，另一方面从事网络创作的人群水平逐渐提高，逐渐主流化。前者需要一个产业链的支撑，这涉及出版商角色转变的问题，出版商或者编辑要变成一个服务者。作家埋头创作，而由编辑、出版商把数字出版等网上的事情都打理好。如果能够这样，我们相信更多主流作家会愿意加入数字出版的潮流中。

第四，从网络作家草根阶层的逐渐主流化看，我认为这套书的意义非常大，他们现在之所以还是草根，就是因为水平还不够。如果这套书能够在这个群体中进行普及，他们的水平能够上一个台阶，会对我国数字出版主流化的发展有非常大的促进作用。我觉得可以以这套书为核心，多办一些线下的作家培训班。

（本文系作者根据发布会录音整理而成）

与“创意写作书系”相见恨晚

——记“创意写作书系”新书发布会（二）

·杜俊红·

2012年7月12日下午，一场别开生面的新书发布会使这个炎热的午后持续升温——在北京万圣书园，召开了“创意写作书系”新书发布会，隆重推出2012年三本新书：《开始写吧！——影视剧本创作》、《故事技巧——叙事性非虚构文学写作指南》和《情节！情节！——通过人物、悬念与冲突赋予故事生命力》。著名作家阎连科、张悦然到场做客，畅谈他们对“创意写作书系”三本新书的看法，并披露了他们各自对文学与创作的独到见解。此次发布会由中国人民大学外国语学院刁克利教授主持，一系列犀利而又深刻的问题，挖掘出两位嘉宾关于创作的心得与经验之谈，同时也让现场听众进一步了解了“创意写作书系”。

“创意写作书系”第一批四本于2011年初由中国人民大学出版社推出，上市后取得了很好的销量和市场反馈，各界读者对这套书都给予了十分肯定的评价。2013年推出的三本新书更加侧重实战写作技巧，针对影视剧本、新闻、小说等文学创作类型，提供了新颖而又切实可行的指导和参考。这次发布会以对话形式展开，张悦然与阎连科，是两代作家，代表了两种不同的创作类型，他们之间的对话，不断闪现出智慧的火花。对话结束，嘉宾详细地回答了现场听众以及网友提出的问题。

因为缺少什么，我们才写作

刁克利：很多人都有文学梦想，有的人中途失去了，有的人选择了其他的道路。我们想知道，今天到场的两位作家，他们和我们有什么不同，他们为什么写作？

张悦然：一个人之所以写作，之所以成为作家，是因为和这个世界存在不协调性，不是因为他们比别人多了什么，而是因为他们比别人少了什么，需要通过写作这种方式得到一种补偿，或者用这种方式来解决他和这个世界之间摩擦的噪音。所以我觉得对于需要写作的人来说，写作是一个必需的过程，是自己寻找缺失的东西的一个过程。

阎连科：刚才悦然讲得很清楚，之所以写作是因为他们生活中、生命中缺少了某种东西，需要用写作作为一种补充。要成为作家，确实需要一点点的欲望和理想，欲望就是说要有一点野心，理想就是说成为作家要锲而不舍。半途而废就可能让一个天才夭折。

写作是可以教的；与“创意写作书系”相见恨晚

刁克利：这套“创意写作书系”让我们看到美国作家和中国作家的不同。很多美国作家在大学教书，年轻作家很多都拥有创意写作硕士学位，而我国作家则没有老师指引，没有像“创意写作书系”这样的图书引导，他们如何克服困难和障碍？像阎老师，在那个年代，是如何一步一步走过来的？

阎连科：作为一个写作者，我最大的奢求就是拥有一张文凭。1949 年后大家都说，写作是不可以教的，作家是教不出来的。今天看到“创意写作书系”，我们发现写作是可以教的，很多技巧是可以由老师传递给学生的，学生可以从这些技巧中回到自己的写作，这个过程可以一代一代传下来。汪曾祺曾说，他是沈从文的关门弟子，言下之意，他是沈从文教出来的。当然我们教一百个人不可能教出一百个作家来，一百个人能教出一两个作家来就非常了不起了。我认为如果“创意写作”能够尽快走进我们的大学、走进我们的教育的话，不仅能让学生学习写作时少走些弯路，而且可以让他们顺理成章地拿到本科或者研究生的学历。我现在人民大学教书，张悦然的到来壮大了人民大学的力量。她是一个博士生，她让我们看到，作家也是可以拿到博士学位的。谈到小说的细节、情节以及故事，很多作家会认为细节小一些，情节大一些，故事更大，最大的是作家。看这套书的时候会发现，最大的不是作家，最大的是细节，其次是情节，故事更小，最小的是作家。这套书让我们感到他们和我们对写作的理解完全不一样。不是说百分百赞同他们的观点，但是它会给你很多启发。一些事情不太明白，一看就突然明白过来。

张悦然：之前写作时没有这样一套书，遇到困惑时就是向阎老师这样的作家请教。阎老师可以说是我写作中非常重要的一位老师。关于作家能不能教，我是这样认为的，对于写作爱好者，这套书非常有帮助，而且我认为作家在某种程度上是可以教的。当然不可能读过这些书就能成为像阎老师那样的作家。阎老师可以说是位文体家，他的文体是我们在这些小说教程中学不到的。这是非常个人化、风格化的东西。掌握一种方法再把它抛掉，对于学习写作的人来说是十分重要的。这套书给我们的是基本的方法，比如故事怎么写、细节怎么描述等等，还有小说最基本的元素是怎么建构的，怎么去实现这些基本的要素。这套书可以让你养成许多很好的习惯，或者说纪律，如果你按照这些纪律每天去努力的话，就会有非常大的进步。我会觉得读这套书读得太晚了，因为很多恶习已经形成，很难改变。这套书还有非常有意思的一点，即便你是一个不写小说的人，只是对写作感兴趣，哪怕只是对阅读感兴趣，这套书也可以教你很多关于阅读的方法。这对于阅读或更深入地赏析一部小说很有帮助。比如人物怎么塑造，发现作家在塑造这个人物时的用心之处；在看到悬念的时候，你会感觉到你在和作家博弈，他是在有意地去考验你的耐心，有意地去延长悬念的时间。所以这套书会成为很好的阅读指导，对于所有热爱阅读的人来说都是有价值的。

让人物通过自己性格爆发的力量来拯救自己；故事是一些更小的褶皱，它在更微小的地方出现

刁克利：这套书让我们看到，小说不仅是小说，它是由人物、情节、场景、对话、叙述角度等等不同因素共同构成的。请两位作家具体分享一下你们对这套书的阅读心得。

阎连科：我推荐《开始写吧！——影视剧本创作》。《开始写吧！》有三本，其中这本就是关于剧本创作的。我曾经有剧本创作的经历，看过这本书，发现写过的剧本完全是在按照小说的思路创作，而这本书则彻底摆脱小说的思路，进入剧本创作。你会发现为什么好莱坞的电影是那样的，他们的艺术片和我们的艺术片差别为什么那么大；我们的电视剧和日剧、韩剧为什么有那么大的差别。这不光是在意识形态上，在写作方法上也有很大的不同。你会发现他们在写作中如此强调悬念、强调情节，把人物和情节分得很开。我们一直讲如何塑造好一个人物，这里则是强调情节，注重在情节中塑造人物，让人物带动情节。剧本创作也是很有技巧的，比如在做电影时，一个人物在最危难的紧急关头，最简单的方法

是突然出现一个外来的力量，解决掉困境，在一个人面临死亡的时候，一个外来的力量把他解救出来。但是这本书里认为借助外力、借助偶然因素来推动情节发展是非常错误的。真正伟大的编剧、真正伟大的情节是让人物通过自己性格爆发的力量来拯救自己，让人物性格中爆发出的一些可能性来推动情节向前发展。看到这里我感到非常震惊，包括自己做编剧，你会发现无法处理的时候，会找一些偶然因素来让电影情节发展，让故事改变方向。而这本书却说世界上最拙劣、最笨的编剧才会这样做。现在很多影视作品我们都感到非常垃圾，可能最重要的是我们太依赖于偶然性，看中国当下的电视电影作品，会发现无数的偶然性充斥其中，而这却被视为最垃圾的东西。所以在看《开始写吧！——影视剧本创作》的时候，我非常受启发，这本书对我尤其重要。对于那些热爱编剧或以此为生的人，都能从这本书中找到新的东西，学到新的方法。今天中国编剧的稿费多起来，编剧的队伍壮大起来，写剧本比写小说更有前景有发展，读这本书会带给他们很多启发。

张悦然：我特别想推荐这本《情节！情节！》。对我来说，以及对我身边年轻的创作者来说，最令人困扰的就是情节或者说故事。在我最开始写作的时候，也是最自由的时候，小说的推进靠的是内心的情绪，信马由缰，想到哪里就写到哪里。我自己对故事没有强烈的责任感，其实我认为一个作家应该对故事有强烈的责任感，这是一种对读者负责的态度，所以后来回过头看一些书，会觉得故事非常薄弱，这种薄弱也可能来自我们已经消费过、已经读过太多的故事，会让我们对故事有一种不耐烦和不屑。但是回过头来想，会发现故事是最难的一个环节，它也是甄别一个优秀作家的非常重要的标准。这个故事不再是我们所说的莎士比亚时代的故事，它是一些更小的褶皱，它在更微小的地方出现。我们也许更应该称它为情节，因为它不是一个宏大的史诗般的故事。这也许不是我们这一代人的主题，但故事依然是需要的，它最小的单位就是情节，构成小说非常重要的内在张力。故事就在这些更细小的地方，这里大有文章可做。推荐大家都来读一读这本书，也推荐大家都来做一下里面那些很有意思的小练习。

“创意写作书系”应该卖到 20 万册

刁克利：国外作家很多都有经纪人，这在我国还很少见。《情节！情节！》这本书就是一位文学经纪人写的，他每年要读 5 000 多部小说，可以说这本书里都是一些真材实料。《开始写吧!》系列有三本，影视剧本创作这本是编者的。除了两位老师推荐的两本，特别向媒体朋友推荐这本《故事技巧——叙事性非虚构文学写作指南》。简单讲，就是新闻报道；大点讲，就是报告文学。作者在“结构”一章指出，所有的作品，结构在先。该书作者既在大学教书，还在报社担任写作指导，指导出好几位普利策奖获得者。请两位老师说一下对这套书的期望。

阎连科：我觉得这套书应该卖到20万册，因为它不光是讲写作方法，更重要的是它重拾了我们对文学创作的自信心。我们可能就是少买一包烟、少喝一杯咖啡，少去做一件别的事情，买这么一本书看看，真的会对你的写作有帮助，你对写作的尊重也会高起来、多起来。

张悦然：我和阎老师有一样的期许，也是觉得这套书应该被更多的人看到，所以也希望它能卖到20万册。同时我也希望在这么多的“开始写吧”的鼓舞下，有更多的人可以开始写吧。

作家进校园是一种回归

刁克利：两位老师都在人民大学，现在人民大学的作家群也是一种现象。作家进校园是个比较热门的话题，两位老师对这个问题有什么看法?

阎连科：这不是作家进校园，而是作家回到校园来。20世纪30年代的时候大量的作家都在校园里。如果我能当教育部长的话，要把中国所有的作家分散到各个高校去，氛围更宽松一些，同时我们也更回归写作本身。

张悦然：我同意阎老师说的，这其实是一个回归校园的过程，同时我也觉得写作应该有一个更严谨的环境。创意写作班不是严格地教你怎么写，而是给你一个更好的成长环境，也给你一个更宽松的写作环境，所以应该有更多的作家在这个宽松的、自由的环境里成长。

刁克利：这也包含着我们对下一代作家的期望，两位作家在学校里教书，一定能够培养出优秀的作家。目前为止我们中国的作家都是自学的，靠自己摸爬滚打，现在有了“创意写作书系”这样一套书，并且在他们这样两位导师的教导下，进行有关的训练，教给他们文学经验和创造经验，以及对写作理想的传承，将来的文学整体创作状况应该会更好。对我们普通人来说，创意写作带给我们写作的信心，使我们在这种套路的指导下，能够把属于自己的故事写出来。

（本文系作者根据发布会录音整理而成）

三、书稿审读

编校差错案例与点评

（A类差错部分）

·王鹤杰·

按：本文提供的案例，都是近年来在样书检查中发现的编校差错，既实际又比较典型。希望通过这些案例与点评，能对同事们提高编校质量有所助益。这里所谓A类差错，是指知识性或逻辑性方面的错误。

1. 富兰克林何曾当过美国总统？

案 例

美国第二任总统富兰克林是美国的开国元勋之一，曾参与《独立宣言》、《权利法案》的起草。他思想活跃，聪慧过人，自幼酷爱读书学习，且兴趣非常广泛，曾冒着生命危险，用风筝在雷电交加的暴风雨中测试闪电，发明了避雷针。多方面的才能使富兰克林在治理国家时得心应手。

点 评

此段文字摘自2012年出版的学生版《新弟子规》一书（p. 43）。其开头就出现了一个令人不可思议的知识性差错。那个发明了避雷针的科学家本杰明·富兰克林是美国的开国元勋之一不假，可他怎么会是美国的第二任总统呢？美国第二任总统分明是约翰·亚当斯呀！富兰克林非但不是美国第二任总统，而且他压根儿就与美国总统的职位无缘。至于说他曾参与《权利法案》的起草，恐也有疑问。有史料说富兰克林曾参与《独立宣言》和《美国宪法》的起草，却无从查考他是否还参与了《权利法案》的起草。

鉴于学生版《新弟子规》的读者定位是青少年学生，为避免这一知识性差错误导学生，所以，当样书检查时发现这一差错后，出版社当即对首印的该批图书采取了停发、召回及修改后再发的措施。此教训好深刻啊!

2. 是驾驶证还是行驶证?

案 例

2008 年 3 月 27 日，杨先生通过一家经纪公司从他人处购买二手宝马汽车一辆，双方签订《汽车产权转让协议》一份。由于在该协议中约定：自购车之日起，车辆保险全部由杨先生负责办理，杨先生为了避免日后出现问题，立刻通过宝马汽车 4S 店为爱车投保了商业保险。但是，由于投保时驾驶证的车主仍为原车主，所以保险合同上的被保险人也写的是原车主。

点 评

上面这段文字摘自 2012 年出版的《保险实务》一书（p. 82)。文中“驾驶证的车主”不合逻辑。“车主”即车的主人，驾驶证只是开车人的法定证件，并不是机动车本身的证件，而行驶证才是机动车的法定证件（即机动车的身份证)，拥有行驶证的人才是车主。所以，将文中的“驾驶证”改为“行驶证”才合乎逻辑。

在此提示：编辑要注意觉察书稿中类似这种将“行驶证”错为“驾驶证”的概念性差错。

3. 伊斯兰教“圣纪日”是哪一天?

案 例

圣纪日也称圣忌日。相传穆罕默德的诞生日和逝世日都是在伊斯兰教历太阴年三月二十日，我国穆斯林习惯将“圣纪”和“圣忌”合半纪念，称做“圣会”，进行诵经、赞圣、讲述穆罕默德生平事迹等活动。

点 评

上面这段文字摘自 2012 年出版的《秘书礼仪与职业形象设计》一书（p. 150)，文中除有一个错别字（“合半”应为“合伴”）外，还将伊斯兰教的重大节日之一“圣纪（忌）日”的日期写错了（“三月二十日”应为“三月十二日”)。

相传穆罕默德于伊斯兰教历纪元前五十一年三月十二日（公元 571 年 4 月 21 日）诞生，十一年三月十二日（公元 632 年 6 月 8 日）逝世。伊斯兰教历三月十二日被称为“圣纪日”，它与开斋节、宰牲节一起被列为伊斯兰教三大传统节日来庆祝和纪念。教材里把这个宗教纪念日写错，就不是小问题了。

在此提示：编辑在书稿中遇到自己不太熟悉的重大纪念日时，务必核实一下其日期有没有问题，以杜绝像本案中这样的错误。

4. 美国有垒球大联盟吗？

案 例

对于美国奥委会来说，其中最大的挑战是什么呢？……我们在市场与 NFL，NHL，NBA 和垒球大联盟竞争以得到企业的赞助。

点 评

此段文字摘自 2011 年出版的中文版《管理沟通》（原版为英文）一书。文中提到的“垒球大联盟”让人感到陌生并产生疑问：美国有垒球大联盟吗？经查有关资料，答案是没有。原来是在翻译上出了问题，译者误将 Major League Baseball 译为“垒球大联盟”了。正确的译名应是“（美国职业）棒球大联盟”。

Baseball 这个英文单词的义项中虽也有垒球的意思，但在体育界人们通常将棒球叫作 baseball，而将垒球叫作 softball。有人认为棒球和垒球是一回事，觉得棒球就是垒球，垒球就是棒球，这是一种误解。虽然两者比赛的形态和规则大致相同，但棒球体积较小，球速比垒球相对快很多，垒包距离也较垒球远，外野区范围较大。一般而言棒球需要速度与力量，多是以年轻男选手为主的运动，以美国职业棒球大联盟为代表；而垒球则多以休闲娱乐为主，大多是青少年、年长者及女性选手参与的运动。美国职业棒球大联盟（Major League Baseball，MLB），是北美地区最高水平的棒球联赛。该项赛事是美国最著名的传统运动项目之一，至今已有一百多年的历史。

5. 孙悟空头上套的是“金箍圈”吗？

案 例

孙悟空……被唐僧救出，同往西方取经，虽然头上有金箍圈勒住，历尽千辛万苦，但最终成正果。……孙悟空头上之金箍圈，具体象征中国人性格中的外在的约束……

点 评

上面这段文字摘自 2012 年出版的《中国人的性格》一书（p. 175）。文中两次提到孙悟空头上套的是“金箍圈”。此“金箍圈”乃是“紧箍圈”之误。

到互联网上一搜索，说孙悟空头上套的是“金箍圈”的条目与作品多了去了。虽然很多人都这么说，且此说法一般不会被人误解，但细一探究，这种说法就有问题了。在《西游记》故事中，孙悟空头上的箍儿是观音菩萨送的，它是如来佛赐给观音的三个箍儿之一。这三个箍儿分别叫作紧箍儿、禁箍儿和金箍儿。紧箍（圈）套的是孙悟空；禁箍（圈）套的是黑熊精；金箍（圈）则给了红孩儿。如果说孙悟空头上套的是“金箍圈”，岂不跟那红孩儿的金箍圈“撞车”了？所以，孙悟空头上套的是“紧箍圈”而非“金箍圈”，如此才能自圆其说。

6. 作者性别之疑惑

案 例

2012年出版的中文版《分享收获》（原版为英文）一书，让读者对该书作者之一伊丽莎白·亨德森（Elizabeth Henderson）的性别产生了疑惑。因为从“伊丽莎白”这个名字来判断，此作者似应为女性。可是，该作者却在正文前的《致谢》中提到“感谢一直支持我的岳父”，而从这句话来判断，作者又铁定为男性。这是怎么回事呢？原来是翻译出了问题，译者将原文 father-in-law 译为“岳父”了（此处应译作“公公”才是）。这样一来，作者的儿媳身份就变成了女婿。

点 评

这一因翻译不当造成的知识性差错，其实只要编辑稍留意一下书稿中的两个相关信息，就能得以避免。一是从“伊丽莎白”这个通常为女子名字上可怀疑“岳父”之翻译有误；二是书中第 324 页就有该作者的照片（从照片上可明显分辨出作者为女性）。

在此提示：外文中的亲属称谓在译成中文时，一定要符合中文的称谓习惯。案例中的英文 father-in-law，既指“岳父”（丈夫对妻子的父亲的称呼），也指“公公”（妻子对丈夫的父亲的称呼）。英文中此类称谓还有好多，如叔叔、伯父、舅舅、姑父、姨父都叫 uncle，姑母、伯母、姨母、婶婶、阿姨都是 aunt，grandfather 既指“祖父”也指“外祖父”，如此等等。所以，当我们审读译稿碰到亲属称谓时，应当核实一下该称谓是否正确，别再弄出把“公公”认作“岳父”这样的笑话来。

7. 欧元区国家名单中怎么会有澳大利亚?

案 例

2004年出版的《金融风险管理师手册》(菲利普·乔瑞著，张陶伟等译)一书，其第220页和502页的注释中两次将澳大利亚列入欧元区国家名单里。澳大利亚国币是澳大利亚元(简称澳元)，这是"地球人"都知晓的，那么澳大利亚怎么会成了欧元区国家?经核对原版书，原来是译者误将Austria(奥地利)译为澳大利亚了。

点 评

这又是一例因翻译之误造成的知识性差错。英文单词Austria与Australia的词形和读音相近，译者看错了和没意识到由此带来的常识性错误尚可谅解，而作为专职编辑也没看出来就有点说不过去了。如果考你澳大利亚是否欧元区国家这样的问题，相信你绝不会答错。看来，还是审稿过程中"注意力"不够而"疏忽"了。应当指出的是，案例中同一差错在书稿中出现了两次，而且都出在注释中。在此提示：编辑在审读书稿时不但要用"眼"来看，更要用"心"用"脑"去读。同时，尤其不要忽视书稿中像注释等这些排小号字的地方。当感觉疲劳而"注意力"不够时，千万别硬撑着做审改书稿这样的复杂劳动了，而应当休息休息或做点简单的事情调节一下。

8. 神舟八号飞船载人"上天"了吗?

案 例

神舟八号飞船是我国"神舟"系列飞船的第八艘，是一艘无人飞船。它于2011年11月1日5时58分由改进型"长征二号"火箭顺利发射升空。升空两天后，"神八"与此前发射的"天宫一号"目标飞行器进行了空间交会对接。组合体运行12天后，神舟八号飞船脱离"天宫一号"并再次与之进行交会对接试验。2011年11月16日18时30分，神舟八号飞船与"天宫一号"成功分离，返回舱于11月17日19时许返回地面。"神八"从升空到返回地面的整个过程都被中央电视台作为重大新闻进行了跟踪报道。所以，神舟八号飞船并没有载人"上天"的事实应该是人人皆知的。然而，时隔不久，2012年1月出版的《中国的未来》一书，其第59页有一幅神舟八号飞船升空时的图片，图题写的竟然是"'神舟'八号载人飞船航天飞行圆满成功"。

点　评

如果让当事编辑回答这个问题，相信他也绝不会答错。看来他“不是不知道，而是没有意识到”。这么一个疏忽，便造成了此知识性差错。

9.“穆斯林教徒”乃错误称谓

案　例

下列说法：“只有真正的犹太教徒、天主教徒、穆斯林教徒、新教徒才是拥有精神灵魂的人”，就明确地或者也可以说是含蓄地表达了这一信息。

点　评

上述文字摘自 2012 年出版的译著《多元智能新视野》一书（p. 22）。文中“穆斯林教徒”的称谓是错误的。

“穆斯林”系阿拉伯语 Muslim 音译，意为“顺从者”。穆斯林是专指顺从真主旨意的人，因而人们把信奉伊斯兰教的人统称为穆斯林。所以，穆斯林本身并不是一种宗教，而是泛指伊斯兰教徒。这样看来，“穆斯林教徒”的称谓不就等于说“伊斯兰教徒教徒”或“伊斯兰教徒的教徒”了么？

10.《斯大林全集》有多少卷？

案　例

2004 年出版的《当代中国政府与政治》一书，其第 20 页引述了斯大林的一段话，所给的引文出处竟然是“《斯大林全集》，第 29 卷”。众所周知，中文版的《斯大林全集》总共才 13 卷，怎么会有“第 29 卷”？用不着查对，就能断定此出处是错误的。

点　评

俄文版的《斯大林全集》原计划出版 16 卷，于 1946 年开始出版，到 1951 年出至第 13 卷，以后各卷未能出版。1997 年，俄罗斯出版了 15 卷本的《斯大林全集》，这是原计划 16 卷本《斯大林全集》的翻版。中文版的《斯大林全集》由中共中央马克思恩格斯列宁斯大林著作编译局根据 1946 年俄文版翻译、人民出版社 1953—1956 年间出版，也出版了 13 卷，其卷次、分篇完全与俄文版相同。

在此提示：作为编辑，应当大体了解马列主义经典著作的出版情况。查对引文时，必须做到认真细致、一丝不苟。

11. 怎把“危机”说成“战争”？

案　例

2004年出版的《新闻报道策划与新闻资源开发》一书，第19页出现了“1998年海湾战争”的提法。此提法是不准确和错误的。查阅有关资料，被国际上通称为“海湾战争”的只有一次，那就是1991年初爆发的海湾战争，史称“1991年海湾战争”。而该书提到的“1998年海湾战争”，实际上指的是1998年联合国对伊拉克武器核查两度发生的危机。危机中虽然美国厉兵秣马，且于1998年12月17日凌晨伙同英国对伊实施了代号为“沙漠之狐”的大规模空中军事打击，但终因准备不足和外交上的孤立，未能实施对伊开战。所以，史称其为“1998年海湾危机”，而不是“1998年海湾战争”。

点　评

案例中“1998年海湾战争”的提法，若读者对那段历史不了解，就会误认为当年爆发了一场战争。虽然当时的“危机”和“战争”有关联，但终归不是一回事，不可混同。在此提示：对于历史事件的名称或提法，应注意表述要准确。否则，就会使读者产生误解。

12. 一句被错解的古诗

案　例

锄禾日当午，汗滴禾下土，这句妇孺皆知的朴素古诗就蕴涵了勤劳致富这一深刻的道理。

点　评

这段文字摘自2004年出版的《“邓小平理论和‘三个代表’重要思想概论”疑难解析》一书（p. 308）。“锄禾日当午，汗滴禾下土”这一名句出自唐朝诗人李绅的《悯农》诗。该诗共有三首，第一首便是：“锄禾日当午，汗滴禾下土。谁知盘中餐，粒粒皆辛苦。”诗中诉说农民种田的辛苦，提醒人们尊重农民的劳动和珍惜粮食，表达了对农民深深的同情和敬重。但若要说它“蕴涵了勤劳致富这一深刻的道理”，则有牵强附会之嫌。

上小学时，就学过这首名为《悯农》的古诗。它读来朗朗上口，的确是妇孺皆知、千古传诵、脍炙人口的经典诗句。“春种一粒粟，秋收万颗子。四海无闲田，农夫犹饿死。”这另一首流传甚广的《悯农》诗，则更清楚地表达了其揭露社会不平、同情农民疾苦的中心思想。显然，从《悯农》诗的诗句里是读不出“勤劳致富”这一层道理来的。

13. 画蛇添足的署名

案 例

这本书是我这些年读过的最有意思且见闻广博的有关政治的书籍……任何想要理解现代美国政治的人都应该仔细阅读并研究韦斯滕有关候选人应该说什么的建议。

——比尔·克林顿总统

点 评

此段文字摘自2013年中文版《政治头脑》一书的封底。它是克林顿推介德鲁·韦斯滕这本专著时说的一段话。问题出在这段话下面的署名上。韦斯滕的《政治头脑》一书是2007年问世的，而克林顿总统的任期在2001年初就结束了。也就是说，当克林顿读到该书时，他的身份早已不是总统了。如果此处署名非要沾“总统”的光，也得加上个“前”字才行。其实真没这个必要，因为比尔·克林顿大名鼎鼎，署上他的名字足矣。那么，该署名后面的“总统”二字岂不是有画蛇添足之嫌？

编校差错案例与点评

（B 类差错部分）

·王鹤杰·

按：本文提供的案例，都是近年来在样书检查中发现的编校差错，既实际又比较典型。希望通过这些案例与点评，能对同事们提高编校质量有所助益。这里所谓 B 类差错，是指前后文或名称不一致、目录或书眉与正文不一致、引文与原文不一致等方面的差错。

1. “添堵”的书眉差错

案　例

● 2005 年出版的《州县官的银两》一书，书眉上第一章标题“不稳定财政的根源”全都错为第六章标题“改革的障碍……”，致使该书第一章（20 多页）报废重制。

● 2005 年出版的《土地科学导论》一书，第 49 至 75 页单页书眉上的章题序号“第 3”均错为“第 2”，致使这部分书页报废重制。

● 2010 年出版的《人民币读本》一书，书眉第四章标题“人民币汇率制度”错写为“中国货币的汇率制度”；第五章标题“中国的资本账户开放”错写为“中国货币的资本账户开放”。

● 2013 年出版的《金融黑洞：漩涡下的世界经济与投资新格局》一书，第 241 和 243 页书眉“金融乱世中的喜乐”错写为“全球乱世中的喜乐”。

点　评

书眉利用版心外的空间，一般用小号字在天头、地脚或书口处设计，给读者在翻页时带来方便，同时，好的设计也给版面带来美观。然而，有了书眉项不但给编辑增加了校核的工作量（每一页都要顾及此项），还平添了其出错的可能性。一旦书眉出错，不仅错误明显，而且往往涉及多页。以上几个书眉差错的实例，都够给当事编辑“添堵”的了。近年来人大社新出版的图书几乎每种都设计了书眉，书眉出现差错的事例也多了起来。究其错因，多数都是由于书稿在付印前题目或版页有改动而没有将书眉作相应改动造成的。

在此提示：书稿最后付印时，一定要把书眉单独作为一项程序来校核，以杜绝此类差错。

2. 图书目录差错乃编校大忌

案　例

在以往成品样书检查记录中，图书目录出现差错的已有多个。这些目录差错大致有五种情况：一是目录的文字与正文标题不符；二是目录所标的页码有误；三是目录上的章节序号有误；四是目录有缺漏（如缺漏某个章节或辅文）；五是目录的格式（字体、字号及排版位置等）有误。

点　评

一本图书若是其目录中哪怕只有 1 处差错，读者就会对该书的整体编校质量产生怀疑。所以，图书目录差错是编校工作的大忌。

有的作者在修改书稿时，不断对各级标题进行推敲、润色，甚至在最后付印前还在更改、增删，但却往往不同时修改目录，从而给目录出错埋下了隐患。而编辑把关不严、操作不当是目录出错的根本所在。

在此提示：要避免目录差错，在编校工作中必须严格、认真按制度和规定程序办，把工作做到位。责编尤其要注意书稿终审后的改动及对付印样的核校。书稿最后付印前，要求把目录核对两遍（最好由两个人各核对一遍）。核对时还应顾及目录内容有没有缺漏，格式上有没有问题。

3. 张冠李戴之误

案　例

● 刘某、韩某、张某三人拟设立一有限责任公司，名为利民有限责任公司。公司的注册资本为 30 万元。其中，刘某以货币出资 30%，韩某以实物出资 30%，张某以其设定了质押权的发明专利权出资 40%……在本案例中，刘某和张某的出资方式符合法律规定，韩某出资的专利权因已设定了质押权，不得转让，因此其出资是不合法的。

● 王雨从自己的衣柜里挑出几件衣服，一套是自己喜欢的玫红色裙子，一套是浅灰色的职业套裙，还有一套是颜色亮丽的运动装。经过一番对比后，王丽决定穿上那套浅灰色的职业套裙，内配一件玫红色的衬衣，因为是要出席商务场合，所以这套衣服比较得体，又不失年轻女秘书的青春形象。于是王雨高高兴兴地穿上了套裙，信心十足前往目的地。

● 肖灿是公司的秘书，平时做事风风火火。一天，公司开会，结果有一份重要的材料被他的顶头上司张经理遗忘在了办公室里，张经理让肖灿代他去取材料，并嘱咐她不要着急，因为最后一个议程才用到。可是，肖灿一路飞奔，结果在楼梯转弯处撞到了一位同事，差点酿成大祸。

点　评

这三段文字分别摘自 2012 年出版的《经济法》（第四版）（p. 27）和《秘书礼仪与职业形象设计》（p. 201、212）。第一段文的后面将“韩某”错成了“张某”，“张某”则错成了“韩某”。第二段文中，“王雨”、“王丽”难道不是同一人？第三段文中，秘书肖灿究竟是男还是女？

上述三个例子中的文字差错均属于张冠李戴。此种编校差错多出现于带有案例的图书（尤其是法律类教材）。因为这类书稿中往往会出现诸多人物以及他们之间的复杂关系，稍不留意就可能将其中的某个甚或某几个张冠李戴了。有的书稿中的人物是虚构的，编者在虚构人名时改来改去，很可能就有漏改的。因此，我们在编辑这类书稿时一定要把文中的人物及他们之间的关系看准了，并注意前后照应才是。

4. 又现张冠李戴

案　例

● 当时，德国有一大批学者提出不走英国的发展道路，而且在理论上还有以威廉·李斯特为代表的历史学派的国民经济学与英国以亚当·斯密为代表的政治经济学相对抗。

● 法国的圣西门、傅立叶及英国的欧文，都深刻揭露了资本主义的罪恶，对未来的理想社会提出许多美妙的天才设想，他们力图建立一个“人人平等，个个幸福”的大同世界。圣西门在其实践中曾经组建了一个社团，这个社团没有任何商业色彩，也不用任何商业性模式安排大家的生活和劳动。

点 评

上述两段文字均摘自 2012 年出版的《世界经济论纲——典型与非典型发展道路研究》一书（p.72、79）。

第一段文中把德国历史学派的代表人物弗里德里希·李斯特（Friedrich List，1789—1846）错写为“威廉·李斯特”。威廉·李斯特何许人也？在德国历史名人中，有个叫威廉·李斯特（Wilhelm List）的乃是二战时期的纳粹元帅之一。

第二段文中将英国空想社会主义思想家欧文的事迹，错记在了法国空想社会主义思想家圣西门的名下。因为历史上“三大空想社会主义者”当中，只有欧文将其思想付诸了实践（欧文曾于 1824 年到美国创立了一个叫作“新和谐公社”的社团）。

这两段文字中出现的两处张冠李戴式的错误，均属于知识性差错。

5. 被以讹传讹的一句古诗

案 例

政府用自有的物品与私人物品进行交换，如白居易的《卖炭翁》中“二两红绫三尺素，系向牛头充炭直”就生动地描述了统治者代表用政府所有的产品与私人产品进行交换的场面。

点 评

此段文字摘自 2012 年出版的《财政学》一书（p.85）。文中引用了唐代诗人白居易的名作《卖炭翁》中的一句，但前半句却引错了。它出自《卖炭翁》的最后一句，原文为“半匹红绡一丈绫，系向牛头充炭直”。查阅《卖炭翁》全文，里面根本没有“二两红绫三尺素”这一词语。那么“二两红绫三尺素”又是谁的诗句呢？笔者实乃无从查考，只是在网上搜到某些财政学类教材里有这么引用的，而且整段文字几乎完全一样。由此可以推测，白居易的《卖炭翁》中“半匹红绡一丈绫”这一诗句，就这么以讹传讹为“二两红绫三尺素”了。

编校差错案例与点评

（C 类差错部分）

·王鹤杰·

按： 本文提供的案例，都是近年来在样书检查中发现的编校差错，既实际又比较典型。希望通过这些案例与点评，能对同事们提高编校质量有所助益。这里所谓C类差错，是指语言文字方面的错误。

1. 奖状上的错别字

案　例

2010 年 8 月 31 日，由中国版协国际合作出版工作委员会、中国出版科学研究所、《出版参考》杂志社联合主办的“第九届输出版、引进版优秀图书评选”颁奖典礼在新闻出版总署隆重举行……《楼台烟雨：北京大学图书馆藏西集中的清代建筑图像》获得 2009 年度输出版社科类优秀图书奖。

点　评

上面这段文字摘自《中国人民大学年鉴 2011》（p. 377）。其获奖书名中的“西集”二字实在让人读不明白。经查对原书，“西集”原来是“西籍”（西文书籍的简称）之误。然而事情还没有完，在查对过程中，偶然发现由主办单位隆重颁给获奖出版社的奖状上赫然也将“西籍”错成了“西集”。这要让《咬文嚼字》杂志社的记者“逮”着了，会不会也来个“立此存照”？

年鉴中的这一差错，很可能就是从当时的新闻报道以及那个奖状上复制下来的。在此提示：编辑应能敏锐发现书稿中的文字疑点，需要查证时，要用第一手资料（而尽量不要用二手甚或三手资料）进行查对。如本案例中的获奖图书书名就应查对原书，而不能用新闻报道或奖状来查对。否则，便可能犯“以讹传讹”式的错误。

2. 可别再把“纂”误写成“篡”

案　例

● 高鸿业撰写第一、第十七、第二十三章和各章的结束语的评议部分并对全书修篡定稿。

● 本书是由我和我的爱人李强老师共同翻译，并由我总篡定稿的。

点　评

上面两句分别摘自2011年出版的《西方经济学·微观部分》第五版序言和2012年出版的《哈林顿博弈论》的译者后记。前一句中误将“修纂”写成了“修篡”；后一句里也将“总纂”误写为“总篡”了。

“纂”与“篡”两个字的读音和字形均相近，因而易被记错或写错。“纂”字的义项里有“编辑”的意思；而“篡”字的义项里则是“(用不正当的手段)夺取”和“以私意歪曲”的意思。案例两句里本来要表示的意思都是：全书由某人统稿。可是，两句里却都因错了同一个关键字，意思就变成了：全书由某人用作伪的手段对其内容进行改动或曲解。这不成了笑话么!

在此提示：一部几十万字的图书中难免有个把错别字，但千万可别像本案这样错在了关键字上。

3. 误用成语“始作俑者”

案　例

提到“无边界组织”、“学习型组织”等概念，相信你肯定不陌生，而这些概念的始作俑者，如彼得·圣吉、吉姆·柯林斯等都从本书中吸取了理论的养分。

点　评

上面这段文字摘自2009年出版的《组织社会心理学》一书的编辑手记，其中“始作俑者”这一成语被误用了。因为该成语乃是地地道道的贬义词。据《孟子·梁惠王上》记载：孔子反对用俑殉葬，曾愤言道：“始作俑者，其无后乎!”意思是最早发明用俑殉葬的人，大概断后了吧。后用“始作俑者”来比喻恶劣先例的开创者。有人(包括有的工具书)在褒义或中性意义上使用或解释此成语，用以指第一个做某事、开风气之先者，显然是不妥的。

在此提示：汉语成语有很多都是由典故演化而来的，有其特定的含义。因此，编辑在书稿审读中若碰到自己不太熟悉的成语，一定要查一下，弄明白它的确切含义，而决不能嫌麻烦或望文生义。否则，就很可能出错，甚至弄出笑话来。

4. 误用成语“差强人意”

案　例

如果小刘接受了一次成功的服务，发型师温和、发型好看，那么小刘有可能再次光顾；但是，如果她遭受了一次恶劣服务，比如发型师冷漠、发型差强人意，那么小刘就不会再次光顾了。

点　评

上面这段文字摘自2012年出版的《顾客情绪与顾客忠诚——基于展望理论的视角》一书（p.45）。文中“差强人意”这个成语用错了。这之前，我们已有数种书稿出现过相同的错误，看来“差强人意”是一个极易被用错的成语。

“差强人意”一语被错用的主要原因是出在这个“差”字上，“差”字是个多音多义字，这里的“差”读chā，是程度副词，表“稍微”、“比较”、“尚可”等。“差强人意”就是表示“大体上还能使人满意”（《现代汉语词典》）、“尚能使人满意”（《辞海》）的意思，这与案例中该段文字所要表达的意思正好相反。把“发型差强人意”改成“发型难看”才符合其文意。当然，在实际话语中，“差强人意”还可表示两种言外之意，必须联系具体的语境，细加品味。一种是从消极方面而言，指“不能让人特别满意”，例如：“目前市场上销售的矿泉水质量差强人意，抽查合格率不足八成。”另一种是从积极方面而言，指“还不至于让人特别失望”，例如：“那些稿子都不理想，只有这一篇还差强人意。”让我们把握住成语“差强人意”的用法吧！

5. 误排一字连线的“一”字

案　例

● 根据对大量用户的调查和—些有经验的项目……提供—个组织完善的培训计划……可以使用从分钟到月的—系列时间单位……—个常规的项目管理信息系统选择过程大致如下……

● 必须将企业进—步具体化，形成一系列目标……

点　评

上面案例中的两段文字分别摘自2011年出版的《项目管理：管理新视角》

(p. 424) 和 2013 年出版的《房地产营销管理》(p. 13)。两段文字中共有五处“一”字被误排为一字连线“—”，尤其在第一段区区几行字里就有四处，而编辑审稿时愣没发现。经查，该书其他地方还有几处“一”字错成了“—”。

其实，不仅这两种书，还有其他几种也出现过“一”字误排成“—”的差错。由此看来，不管排版者是有意还是无意，已有多位编辑都被误排的“—”给“忽悠”过。在此提醒：编辑在审看最后一遍样稿时切莫太赶太快，可要看准看清楚喽!

6. 容易弄混的词：“权利”与“权力”

案 例

●《宪法》第 67 条明确规定，解释宪法的权利属于全国人大常委会，而普通法院没有解释和适用宪法的权利。

● 我们最终面对的，还是人与生俱来的权力的一部分：不需要特殊的测量方法，就能确保某种智能清楚地显现出来。

点 评

上面两段文字分别摘自 2012 年出版的《民法典体系研究》(第二版)(p. 463) 和《多元智能新视野》(p. 39)。第一段文字中的两处“权利”用错了，因为《宪法》第 67 条规定的是全国人大常委会的职权，是“权力”而非“权利”。相反，第二段文字中的“权力”也用错了，因为人与生俱来的只能是“权利”而非“权力”。

“权利”与“权力”是两个紧密相关却并不相同的观念。可是，由于在汉语中它们二者读音完全相同，加之这两个词紧密相关，所以我们经常见到，本该使用“权利”的地方，却写成了“权力”，反过来也一样。而在西语中，代表“权利”与“权力”的词，无论写法还是读音皆大不相同，比如英文 right 与 power，德文 Recht 与 Macht 等等，因而不易混淆。

“权利”是一个法律概念，是相对于义务而言，指法律赋予的权益，即自身拥有的维护利益之权。而“权力”则是一个政治概念，是指有权支配他人的强制之力。“权力”有两层含义：一是政治上的强制力量，如国家权力，就是国家的强制力量；二是职责范围内的支配力量，它同一定的职务相联系，即有了一定职务就有了相应的某种权力。掌握了“权利”与“权力”各自的词义和二者的区别，才能不会用错它们。

7. "不只"与"不止"的错用

案　例

● 同一名称在书稿中出现不只一次者，要注意避免前后不统一的现象。

● 消费不仅仅是购买有用的东西，而且成为消费者用来表达自己的手段。人们要买的已不止是商品本身，而是附加在商品上的象征意义。

点　评

以上两段文字分别摘自人大社《编辑加工基本规范》(第四版)(p. 12) 和2012年出版的《国际市场营销》(第二版)(p. 18)。

前者中的"不只"为"不止"之误；后者中的"不止"则为"不只"之误。

由于读音相同等原因，"不只"与"不止"比较容易被混用错用。"不只"是连词，表不但、不仅之意。"不止"是动词，表继续不停、超出某个数目或范围之意。记住它们各自的词性和含义，就不会用错了。

8. 病句之一："不仅……而是……"

案　例

● 宣传材料上的致词不仅仅是礼仪性的例行公事，而是宣传组织领导人的一个重要机会。

● 取胜不仅在于言词的犀利，而是要运用施与受的原则，阐明利害，使对方采纳自己的方案。

点　评

以上两句话均摘自2012年出版的《公共关系学》(第二版)一书(p. 140、160)。两句里出现了相同的病句格式，即把"不仅"和"而是"错误地搭配在一起了。

其错误在于，它是"不仅……而且……"和"不是……而是……"两种格式的杂糅。读者看了前面的"不仅"，就自然而然地认为还有别的进一步的意思在后面。但后面与"不仅"相搭配的却是表示对比关系的单纯肯定的"而是"，并没有进一步的意味。这样，"不仅"隐含着的"后面应有进一步的意味"这个要求就被无理地拒绝了。同时，因为这两个分句表示的都是肯定的意思，所以它们之间既没有对比关系，也没有递进关系，它们之间的关系是不协调的。而且，"而是"肯定的又是肯定内容的全部，这就排除了前边由"不仅"所肯定的那部分内容。这样，两个分句表示的内容又互相矛盾了。所以，"不仅"是不能和

“而是”相搭配的。

9. 病句之二：有“的”缺“是”与有“是”缺“的”

案 例

- 庄某被刑讯逼供造成残疾的。
- 商标是用以辨别作为产品或服务来源的公司。

点 评

上面前一例病句出自2011年出版的《行政职业能力测验强化演练·精解详析8套题》一书（p.3），句中缺了一个“是”字（应改为“庄某是被刑讯逼供造成残疾的”）。后一例病句出自2012年出版的《国际知识产权》（第三版）一书（p.79），句中少了一个“的”字（应改为“商标是用以辨别作为产品或服务来源的公司的”）。

两个句子都是常见的“是”和“的”相搭配的句型。其要领是，有“的”必有“是”或有“是”必有“的”，缺一不可。要么句中“是”和“的”两者全无也可：如前一病句删去“的”，即“庄某被刑讯逼供造成残疾”；后一病句删去“是”，即“商标用以辨别作为产品或服务来源的公司”，也是说得通的。

10. 应是“钉住价格”而非“盯住价格”

案 例

虽然美国并没有宣布美元与石油直接挂钩，也不是通过美元盯住石油价格的方式维持国际货币体系的稳定，但是美元垄断了石油交易的媒介地位……

点 评

上面这段文字摘自2012年出版的《金融刺客·下卷 粮荒世纪》一书（p.17）。文中“盯住石油价格”的“盯”是错别字，正确的应为“钉”字。同样，在涉及金融领域尤其是谈到外汇制度的书刊中，“盯住（汇率）”的写法比比皆是，有的在同一篇文章甚至一句话里“钉住”和“盯住”这两种写法并用。其实，这里的“盯住”一词并非“钉住”的异形，“盯住（汇率）”的写法是错误的，而“钉住（汇率）”才是正确的写法。因为它所要表达的是“挂钩”之意，而非“密切关注”之意。

其实，“钉住（汇率）”一词是个外来词，英文原词是peg，作为动词时，它表示（用木钉或木栓）固定、拴住的意思。因此，peg 被译为“钉（住）”才符合英文原意，而它无论如何也译不出“盯（住）”的意思。需要指出的是，“钉住（价格或汇率）”的“钉”字在这里读作四声“dìng”才是正确的读法，而在实际使用中多数人往往忽略了这一细节，都读作一声“dīng”。这也许是不少人在这里将“钉”误作“盯”的一个原因吧。

11. 用词不当一例

案　例

合伙租赁。是指将国有资产租赁给由几个人组成的利益集体或团伙经营，由合伙人集体承担租赁合同规定的权利与义务，以及相应的市场风险。

点　评

该段文字摘自 201 2 年出版的《国有资产管理》（第二版）一书（p. 121）。文中的“团伙”一词恐有不当。《现代汉语词典》和《现代汉语规范词典》中“团伙”词条的释义分别是：“纠集在一起从事不轨活动的小集团”、“拉帮结派进行违法犯罪活动的小集团”。总之，“团伙”这个词带有贬义，用在此处显然是不当的。

在此提示：用词不当是一种常见的语病，我们应注意克服这种语病，尤要避免不当使用那些带有贬义的字词。

12. 这能说是“遗址”吗？

案　例

中国共产党的诞生给中国带来了翻天覆地的变化。
图为中国共产党第一次代表大会遗址。

点　评

上面这张图片的说明文字摘自 2012 年底付印的《为什么要坚持中国特色社会主义道路》一书的样稿（p. 70）。该说明文中的“遗址”一词用错了！根据《现代汉语词典》的解释，“遗址”是指“毁坏的年代较久的建筑物所在的地方”。《现代汉语规范词典》给出的解释是：“已经湮没或毁坏已久的古城镇、古建筑物原址”。而从专业角度来说，“遗址”是指人类活动的遗迹，属于考古学概念。综合这些解释，“遗址”有两个特点：一是它表现为不完整的残存物；二是它的历史久远。案例图片中的这座房屋既没被毁坏，年代也并非那么久远，怎么能说是“遗址”呢？好在这一差错是在检查付印样时被发现的，成品已将“遗址”改为“会址”。

在此提示：编辑在审读加工图文时，既要注意图文内容是否相符，还要注意其文字表述是否准确得当。

13. “通稿”和“统稿”是一码事吗？

案　例

本教材由李永才担任主编……吕卓童（第十一、十二单元）、符志松（附录、全书校对和通稿）……

点　评

上面这句摘自 2012 年出版的《导游技能英语》一书的前言。此处作者误将“统稿”写成了“通稿”，而本书责编审读时也未意识到这一差错。联想起以前出版的另一本书的后记中也出现过“通稿”之误，难道他们都把“通稿”和“统稿”当成一码事了么？看来有必要澄清一下这两个词。

“通稿”是名词，一般指新闻通稿，即通讯社统一提供给媒体的新闻稿，原本是新闻通讯社的“专利”。后有时也指机关、企事业单位对外发布新闻时统一提供的新闻稿。“统稿”是动词，即统一书稿（的体例、表述风格等等）。一般用来指若干人分工合作的书稿，在把每个人的稿子收集起来后，对篇目作适当调整，对资料作进一步考证，对内容作进一步增删，对文字、表格、图片等作进一步加工和润色的过程。可见，“通稿”与“统稿”在词义上风马牛不相及啊！

14. “投笔”一词的误用

案　例

呈现于读者面前的这部集子，是由十多年来陆陆续续发表的论文汇编而成。从面世的时间顺序来看，不免有些错乱，可是就主题而言，大体上体现了著者投笔以来一以贯之、始终不懈的努力……

点　评

此段文字摘自2012年出版的《近世棘途——生态变迁中的中国现代化进程》一书的跋（p.420）。跋中作者的本意为从文而著书，但其所用的“投笔”一词却令人难解。也许作者想用“投笔”来表示“开始投入写作”的意思，但读者就读不明白了，因为汉语词典对该词的解释是“弃文而从他业（多指弃文就武）”。这与作者的本意不是恰相反么？

编校差错案例与点评

（D类差错部分）

· 王鹤杰 ·

按：本文提供的案例，都是近年来在样书检查中发现的编校差错，既实际又比较典型。希望通过这些案例与点评，能对同事们提高编校质量有所助益。这里所谓D类差错，是指数字或年代方面的错误。

1. 全世界有211个国家吗？

案 例

国外已经形成了专业的配送公司，如著名的联邦快递公司，它的业务覆盖全球，每天向全世界211个国家递送250万个包裹……

点 评

此段文字摘自2012年出版的《网络营销实践》一书（p. 88）。文中“全世界211个国家”的说法是错误的，应改为“全世界211个国家和地区”才符合事实。那么，世界上究竟有多少个国家呢？据联合国统计，截至2012年6月，世界上共有226个国家和地区，其中国家有195个（包括最年轻的国家南苏丹），地区有31个。在获得普遍承认的195个国家中，193个为联合国会员国，2个（梵蒂冈、巴勒斯坦）为联合国观察员国。尽管全世界的国家个数是一直有变的动态数据，但它却从未超过200个。

在此提示：人大社出版的教材和学术著作中，常有涉及国家数量统计数据的内容。编辑在审读有关此类内容时，要注意弄清楚该数据中是否指的都是主权国家，可别再犯将非国家地区充作“国家”的错误了！

2. “世纪”之误

案　例

米老鼠（Mickey）……是由美国漫画家、迪斯尼公司创始人沃尔特·迪斯尼创作的，当时正值19世纪20年代，正是美国把高科技运用到动画制作、收音机和照片技术中的时代。正因为搭上了这班顺风车，1928年11月18日米老鼠的首部动画片《汽船威利》播出后，大获成功。到了19世纪30年代末期，米老鼠已经出演了100多部动画片，成为全世界家喻户晓的大明星。

点　评

上面这段文字摘自2004年出版的《国际商务谈判》一书（p. 211）。文中的两处“19世纪”均为“20世纪”之误，即相差了百年！

此种差错在其他书稿中也曾出现过，看来是一种易犯的错误。在此提示：世纪数与年份词头（如1789年的“17”、1840年的“18”）并不相同。世纪数＝年份词头＋1（如“1789年”对应“18世纪”，“1928年”属于“20世纪”），这是常识。但年份词头有一定的麻痹性，稍不注意就有可能被当作世纪数了。因此，编辑在这点上要多留心，以免再犯此种常识性错误。

3. 属于常识性问题的数字差错

案　例

● 据联合国统计，世界实物贸易于1996年首次突破5万亿美元，服务贸易也创下1.2亿美元的新纪录。

● 据有关方面估计，我国城镇职工实际失业率已达9%左右，农村就业不足的人数在1.2人～1.6亿人之间。

● 从1970年到1980年，美国GNP增长了37.7%，国民收入达到21 214万亿美元。

● 中国陆地面积960万平方公里，占亚洲大陆土地面积的22.1%，占全世界陆地面积的64%。

● 2010年收入总额44 901万元，利润总额7 710元，上缴税金合计4 814万元。

● 中国外汇储备持续增加，截至2011年6月已达到31 974.91美元，成为全球最大的外汇储备国。

点　评

在编校差错中，数字差错较为常见。此种差错若是数值接近准确，八九不离十，还在情理之中。但有的差错实在是太离谱，就属于常识性错误了。以上几个实例均摘自本版图书。

想想看：当“世界实物贸易突破 5 万亿美元”时，“服务贸易”仅有“1.2 亿美元”？/“1.2 人～1.6 亿人”的写法错误还不明显？/美国 1980 年的国民收入居然“达到 21 214 万亿美元”（这个天文数字比目前全球年生产总值还要高出数百倍）！/中国陆地面积“占亚洲大陆土地面积的 22.1%”是对的，但接下来“占全世界陆地面积的 64%”的说法可就闹笑话了。/ 利润总额才区区“7 710 元”，却能上缴税金“4 814 万元”？/ 中国作为“全球最大的外汇储备国”，截至 2011 年 6 月的外汇储备却仅有“31 974.91 美元”（这个数字倒接近当时美国的人均年收入）！

显然，这些数据中不是漏掉“万”字、“亿”字或小数点，就是多了个“万”字，从而犯了常识性错误。有鉴于此，特提醒编辑在审读加工稿件时，对于数字（尤其是重要数据）可要敏感些啊！

4. “视而不见”的年代差错

案　例

便宜坊　1855 年　焖炉烤鸭

便宜坊烤鸭店是北京著名的“中华老字号”饭庄，创建于明永乐十四年（公元 1416 年），至今已有近 600 年的历史。

点　评

上述文字摘自 2012 年出版的《邂逅北京——台湾学生北京求学记》一书（p.274）。在这一介绍北京传统美食之一“便宜坊焖炉烤鸭”的段落里，下面的介绍明明说便宜坊烤鸭店“创建于明永乐十四年（公元 1416 年）”，而上面的题目却标着便宜坊的创建年代是“1855 年”，两者相差了 439 年！如此明显前后矛盾的年代差错，编辑在审稿中难道会“视而不见”？在此提示：我们编辑审稿既要细看，更得心读啊。

5. 易被看走了眼的年份数字

案　例

2. 2010 年第 1 题

1984 年 1 月 3 日，意大利人卡内帕给恩格斯写信，请求他为即将在日内瓦出版的《新纪元》周刊的创刊号题词，而且要求尽量用简短的字句来表述未来的社会主义纪元的基本思想……

点　评

上述文字摘自 2013 年出版的《2014 年考研政治高分解题技巧》一书（p. 11），文中“1984”（应为“1894”）这个年份让恩格斯多活了 89 岁。这么明显的年份差错，编辑在书稿三个审次中均看漏了，这是不是能说明点什么呢？

在以往成品样书检查记录中，已有多种书出现类似本案中“1894”错为“1984”的年份差错，它们几乎都是年份数字顺序误排造成的。在此提示：顺序误排的年份数字容易被忽视，编辑在审读稿件遇有年份（尤其是重要年份）时，可要定睛看仔细喽！若是看得太快了，就保不齐看走了眼，而一旦看漏了，“黑马”校对软件对此种差错是无能为力的。

6. 列项数字差错

案　例

假设中国出口企业仅考虑五项要素：（1）应诉成本，应诉为－1，不应诉则为 0；（2）开拓国外市场的前期投入，其指定值为 2，损失则为－2；（3）市场份额，其指定值为 3，损失则为－3；（4）应诉的社会效应，其指定值为 4，损失则为－4。分值绝对值的大小表示该因素的重要程度。其中前三项为短期利益，长期利益构成要素则包含全部五项……

点　评

此段文字摘自 2011 年出版的《国际贸易摩擦与应对研究》一书（p. 314）。文中前面交代的明明是“五项要素”，其后列出的却只有四项。这就让人读不明白，是少列了一项呢，还是只有这四项而根本就无第五项？此种错误在以前的书稿里也出现过好几次，如有的文中说“包括下列六条”，而下面列出的却是四条；或说“以上四个方面”，而前文却提到了五个方面。造成这种错误的原因之一是原稿此处文字有改动（作者补充或删掉了某条），却忘了调整相关数字。

在此提示：在书稿里遇有列项的内容时，编辑一定要清点一下，看看前后数字相不相符，可别再犯此种低级错误了。

7. 陈旧过时的数字

案 例

我国改革开放二十多年来，实践和《合同法》等法律没有区分物权合同和债权合同……

点 评

上面这句话摘自 2011 年出版的《合同法总论》第二版上卷（p. 1）。其开头“我国改革开放二十多年来”的表述在这里显然已不合时宜，因为本书再版之时，我国改革开放的历程早已超过三十个年头了。

在此提示：人大社出版的许多图书（尤其是教材）都延续多版，作者在修订时就有可能对书中某些陈旧过时的数字或年份漏了修改。因此，编辑在审读加工再版书稿时，可要留意这一点呀！

8. 交代不周的数字

案 例

我们党由小到大，由弱到强，带领全国各族人民彻底推翻了帝国主义和国民党反动派的统治，建立了新中国。其间，牺牲的有名可查的革命先烈就有 370 万人，这个数字甚至超过了新中国成立时全党 448 万人左右的党员总数。

点 评

上面这段文字摘自 2013 年出版的《光辉文献·政治宣言·时代号角·行动纲领：十八大报告学习体会》一书（p. 143）。在这段话里，作者的本意是想说中国共产党从诞生到新中国成立的 28 年中，牺牲的有名可查的革命先烈有 370 万人，若加上查不到名字的无数革命先烈，这个数字甚至超过了新中国成立时全党的党员总数。可是，文中“这个数字”明明指的是“370 万人”，并没有交代它还包括那些查不到名字的革命先烈啊。这“370 万人”怎能超过“448 万人左右的党员总数”呢？

在此提示：我们对于书稿里有所指代的数字，一定要交代周到、清楚，以避免像本案例中这样易被误读的错误。

编辑加工工作的特点与改稿方法浅谈

·潘蔚琳·

步入出版行业，许多编辑都是从改稿即书稿编辑加工这一基本的工作入手，进而熟悉书稿编辑加工流程，扩展作者队伍，最终独立策划选题。预做某事，定位在先，方法其次，怎样改稿才能事半功倍？首先要给自身找好位置，其次要掌握在何时何处动笔的艺术。有时简单的道理却不容易被人掌握或重视；有的编辑从业好久，改稿却还没“入门”。欲做好书稿文字编辑工作，需要体会编辑加工工作的特点，体会改稿中需要关注的关键之处。

一、认清工作的特点

编辑加工是一个丝毫容不得马虎的事情。每次改稿，必要打足精神头，全神贯注，不然，出书后，那内文文字就必然像没梳妆打扮就走出家门、衣冠不整的人一样，甚至存在一句话中多字、漏字等明显的错误。这样的错误甚至在有着多年经验的责任心较强的老编辑那里也会出现。为什么？一个细心并持之以恒，怎么强调都不为过。

很多编辑都有着这样的苦恼：一部书稿，自己花费了大量的精力去修改文字，使得文从句顺，又给作者提出了好多问题，包括结构上的、内容上的，译稿中的与原意不符之处等等，改稿改到满篇红字，出书后质检结果却是勉强合格。其中当然有原稿质量差的原因，可是有的书稿连编辑本人都觉得底子还行，却改到上述程度。加上为完成工作量，比较着急，书稿自然问题多多。这就需要编辑认真思考了。

笔者认为，编辑加工，在一定程度上是个体力活。标注文字标题层级，对某些提法或术语统一查找并修改，译稿中出现的所有数字、外文核对原版书，修改参考文献和注释格式，统查书稿层次、图表序号，核对目录、书眉，等等。这些工作琐碎，而且有些要重复进行多次，但按照程序，这些工作一项也不能少，少了一定会出问题。

编辑要通读书稿，消灭多字、漏字，消灭错别字，修改病句，并在通读中发现书稿中存在的各种问题，比如发现译稿中翻译与原版书不符之处，指出并请作（译）者修改。对于前三项工作，本文定义为三个基本问题，必须要求处理完成程度达到百分百，遗留一处就是一个明显的差错。那么对于通读中发现的书稿中存在的各种问题，是不是就可以放过呢？当然不行，但是这里存在一个尺度问题，怎样处理，处理到什么程度，可以说是一门艺术。

二、掌握好改稿尺度

资深编辑在笔者刚入行时，曾苦口婆心告诉笔者要“多存疑，勤查证，慎改动”，可编辑加工这一行，必须亲力亲为才能有所领悟，在没有任何工作经验的新手听来只是鸭子听雷。直到从事编辑加工多年，还时常纠结地思考到底怎样加工书稿，修改尺度到底怎样把握时，笔者才知道老编辑的一番话，是对新手寄予了多大的期望，对编辑提出了多高的要求。

资深编辑曾对我们说过，编辑是给他人做嫁衣，所以要掌握好改稿的尺度。书稿中存在的结构上、内容上的逻辑错误或问题，只能指出让作者修改。这里还要注意一点，就是作者修改后的地方，编辑一定要像对待原稿那样，认真通读，对其中存在的问题再次指出或加以修改。作者可能是某行业或某领域的专家，但是娴熟地掌握行业知识、理解深奥的学术理论，并不等于能写好一部书。这可以说是两码事。特别是有些大牌作者授权学生编写或翻译，然后“组装”成书；有些科研成果是多人合作写成，这样的书往往问题较多。提出问题后，作者修改回来，定是满篇改动，不仔细核对，问题定会依然很多。比如，有些语句意思是改对了，可是存在错别字，或专业术语与上下文不符。

书稿中存在的问题，主要有以下几方面：

（1）政治问题，常识性错误，或专业性知识错误。

（2）逻辑上，上下文矛盾之处。

（3）表述不清，语意不明；曲解原意（译稿中存在）。

（4）错别字，多字、漏字，病句。

第一类问题是大问题，书稿中如果存在此类问题，可以说是十分严重的问题，要倍加重视；第四类问题即三个基本问题，是小问题，但是对这些小问题却不容轻视。对于中间两类问题，通过通读书稿也应该加以指出，请作者修改。

如果上述四个方面的问题都是不能放过的问题，那么编辑加工还存在尺度问题吗？当然。通读时，怎样理顺语句；发现问题时，怎样加以对待；动笔修改时，修改到何种程度，这些方面具体处理起来，还是存在一定的尺度把握的。编辑不是作者，不能代替作者或译者。在编辑加工时各方面问题要兼顾，定会有轻有重，改稿改到没有任何问题的理想化状态是可追求却不可能实现的。怎样利用有限的时间和精力，抓住主要问题，出品合格图书，需要编辑时刻把尺度把握装在心中。另外，笔者建议，专业类书稿还是应该由相关专业出身的编辑来审读，跨专业审读书稿，不是不可以，但是对一些知识点或术语、提法审读起来，难免会出现判断不了，任由专业性知识错误存在，或甚至将原本正确的说法改错的现象。三审中，至少有一审应该由专业出身的编辑审读。

三、动笔要慎重，改动要瞻前顾后

编辑的改动，会逐一反映在书稿中，因此动笔一定要慎重。改动之后，必须复读一遍，确认是否通顺，这样才能杜绝改错的现象。作者对编辑，可以说是“又爱又恨”。他们会感谢编辑提出的各种问题，但却认为编辑是“改对了六个，改错了三个”，还好，总体上他们对编辑的工作还是认可的，但这样一来编辑岂不是没达到完善书稿的目的？编辑对自己的工作也是“又爱又恨”，有编辑在自己的博客里面这样写道：“我的工作是那样没有成就感，甚至可以说充斥着挫折感。当发现一个问题，千万不能庆幸，因为在些许得意的心情中，那些潜藏的问题会笑嘻嘻地从你的眼皮下溜过去，变成白纸黑字的事实。这些问题，就像定时炸弹，准备好了随时爆发……”

动笔过于轻率，改后不复看，难免出现改错或漏改的现象，这是改稿大忌，千万要不得，这种状态比没修改前好不到哪里去，有时改后文字甚至比原来的还要糟糕。所以，改稿时一定要打足精神头。有经验是一方面，具体操作是另一方面，即使有多年的改稿经验，也不能有丝毫的放松。

四、编辑加工书稿要注意把握两个关系

1. 阅读与改稿的关系

阅读，主要目的是获取文字向我们传达的信息，或沉浸于故事情节，或专注于理解文意。有时，我们会采用快速阅读方法，一目十行，记忆其中的关键，跳读或扫读。但改稿却不能这样做。改稿要求通读，所谓“通读”，重点一个在“通”，即不能跳跃，要完整阅读所有文字；另一个在“读”，通过默读，虽然阅读速度会降低，但是对于改稿却大有裨益，可有效发现多字、漏字和错别字等小问题。有时，编辑读进去了，过于注重书稿内容，紧跟作者思路走下去，难免会漏掉一些小问题，出书了甚觉遗憾。笔者就经常犯这样的错误。

但快速阅读方法里面，也有值得借鉴之处。如按照语义，划分语义群组的方法还是可以用的。

2. 校对与改稿的关系

校对，作为一个环节，是将两份样子加以核对，确认其一致。一般而言，校对和改稿是两个环节，但有时二者又是不可分的。有时，编辑会以校代审，即对文字进行加工时，只进行核对工作，比如核对作者提供的原稿，或核对编辑改后的书稿，而不再进行通读。这样做是很有问题的。校对，关注的重点是局部的字和词，往往会忽略大的方面。在有校对的必要时，校对后一定要再审读，而不能省去审读这一环节。另外，在编辑加工过程中，往往需要用到校对，比如看译稿时核对数字、公式、外文，看经典著作时核对引文。这时，最好采取折校法，而不能掉以轻心。

浅谈书稿的编辑加工

·商晓辉·

书稿的编辑加工是指编辑对决定采用的书稿，按照出版的要求对其在体例格式、内容、语言文字、逻辑、引用材料、数据、结构等方面存在的问题进行检查、修改、润色、提高的过程。一部书稿的编辑加工水平，对书稿最后的成书质量有很大影响，因此，要求编辑在工作中应仔细审读每一部书稿，尽力提高书稿的思想性、科学性和文字水平，使书稿尽可能文字优美、观点鲜明、结构严谨、论证充分。然而现在出版业的竞争异常激烈，很多出版社还都是靠大量出新书占领市场，这就对出书的时限和出书量都有很严格的要求，在这种情形下，很难做到像以前那样对书稿进行逐字逐句的推敲，甚至协助作者修改书稿，这就要求编辑在工作中要掌握一定的技巧，用尽可能少的时间发现最大量的问题，从而实现编辑加工的效益最大化。下面我就自己在编辑加工过程中的一点心得体会进行总结，仅供大家参考。

一、注重对书稿结构的总体把握

对于策划编辑新交来的书稿，要大体翻看，对整本书的结构要有一定的了解，分析书稿的章节体系是否符合题目，使书稿在总体结构（包括内容或篇、章、节的层次安排等）上更具逻辑性。另外，还要看看书稿的深度是否符合策划的目标读者群。例如，针对大专院校的通用系列教材就不适宜太深，而有些此类教材却完全无视读者群体，部分章节引用大量较为高深的国外论文，且通过大量复杂深奥的数学推理进行论证，已经达到了适合研究生阅读，甚至是学术专著的水平；而部分研究生教材的内容又过于浅显，有些甚至没有任何相关专业背景的读者都可以读懂；更有部分教材由于是多位作者编写，各个章节水平参差不齐，部分章节较为深奥，部分章节又很浅显。这类教材就需要及时由策划编辑退给作者，由作者进行有针对性的修改。

二、对作者常犯的错误进行归类

在正式进入编辑加工阶段之后，因为每位作者容易犯的错误会有一个同一性，这就需要对书稿中容易出现的问题进行归纳总结，而后重点关注此类问题。对于由一位作者撰写或者翻译的稿件，要仔细阅读一章，对其中错误较多的一类问题进行总结，在阅读其他章节时，要特别注意此类问题；而对于由多位作者撰写或者翻译的稿件，每一个作者负责的章节都要仔细阅读其中一章，然后重点针对此类问题修改以后章节。

三、多存疑、慎改动，严谨的工作态度

在具体编辑加工过程中，由于每位编辑的专业面和知识面都是有限的，而经手的书稿涉及的范围很广，甚至有些作者自己编写的书稿也不尽在自己的专业范围之内，这就要求编辑在书稿审读过程中要始终抱着怀疑的态度，并通过自己的逻辑推理，找出其中问题所在，经与作者核实之后，再做最后改动，即“多存疑，慎改动”。

只有发现了问题，才能想办法解决问题，帮助作者完善书稿。一般来说，读不通的要存疑，自相矛盾的要存疑，不确定的要存疑，不懂的要存疑，没见过的也要存疑。发现的问题越多，解决的问题越多，书稿的质量相对也更好一些。坚持严谨的思维方式，编辑就可以形成发现问题的敏锐意识和推断能力，不仅能够提高书稿审读质量，而且能够提高书稿的审读速度。

四、编辑加工中常见的几种错误

编辑加工中常见的错误可以归纳为以下几个方面：

(1) 涉及台湾、香港、澳门等政治问题，以及宗教问题。处理这类问题需谨慎。作为合格的编辑，必须坚持马克思主义、毛泽东思想、邓小平理论和“三个代表”重要思想的大方向，坚持以马克思主义的立场、观点、方法指导编辑工作，坚持在政治上与党中央保持一致。最重要的就是避免政治错误，不断加强自己的思想政治修养，时刻保持政治敏感性，坚决把好政治关。

(2) 错字。包括错字、别字、同音字、形似字、多字、漏字、字序颠倒等。这类问题属于比较初级的错误，也是编辑加工中应尽力避免的“硬伤”。

(3) 计算错误。检查这类错误时需较为仔细小心，公式中或图表中较明显的计算一定要仔细核算，而正文描述中涉及的“增长了”或“翻几番”等更要特别注意，这并不是简单乘除关系，很多作者都容易犯这种错误。

(4) 图表与正文中叙述不符。这时一般需要和作者确认哪种描述是准确的。

(5) 译稿中的地名、人名、公司名、专业术语等翻译前后不一致。

(6) 法律条文或者经典著作等与原文不完全一致。

五、不断学习，提高自身素质

现代社会不断发展，知识更新速度很快，要想成为一个合格的编辑，不仅要具有过硬的编辑功底，还应具有不断更新的专业知识结构和宽广的知识面。编辑必须学有专长，专于某一学科，在某学科、某专业受过正规、系统的学习、训练，具有某学科、某专业的专门知识。在此基础上，还要紧跟本学科发展的前沿，了解专业的最新发展动态，做到与时俱进，这样才能在编辑书稿的过程中对书稿的准确性、科学性及严谨性有较为全面具体的了解，才能从容应对，进而针对各书稿的具体情况提出合理的意见。此外，编辑要涉猎百科知识，这就要求编辑必须具有博学性，只有这样，才能对书稿中的一些常识性知识的正误做出正确判断。

作为“为他人做嫁衣裳”的编辑，只有具有较强的责任心，细心加工，用心思考和分析，耐心细致地默默耕耘，虚心好学，不断充实自己，提高自己的编辑业务能力，才能在加工过程中始终保持清醒的头脑，从而及时地发现和解决书稿中存在的错误和问题。

书稿编辑加工刍议

·徐海艳·

编辑加工是编辑活动的一项基础性工作，是编辑按照出版的要求对书稿进行检查、修改、润饰、标注、整理提高的过程的总称。语言文字加工是编辑工作的重要组成部分，负责在语言文字方面对稿件进行修改润色，使之符合出版的要求。

作者提交的稿件，不管其写作质量有多高，都只是初加工产品，必须对其进行深度加工或深精加工才能进入流通领域。任何人写的任何一部稿件，在编辑眼中都是被修改的对象，而且肯定有必须被修改之处。因此，在书稿的编辑加工过程中，我们不能因为作者的名气大或前期成果显著就尽信作者，而是应该承认作者提交的稿件中存在一定的错误，需要编辑进行修改，但切忌草木皆兵，疑神疑鬼。同时，在书稿编辑加工过程中，要养成随时请教别人、随手翻查工具书及有关资料的好习惯，审读加工时要做到字斟句酌，发现问题时要做到寻根究底，要常怀如履薄冰的谨慎心态去做编辑工作，这样我们才能尽量避免失误，使书稿中遗留的问题达到最少。

编辑加工的具体内容，因稿件性质的不同而不尽相同，总体上可归纳为三个方面，即内容加工、文字加工和技术加工。

第一，内容加工。

对稿件的内容加工应重点关注稿件中的政治性问题。稿件中的政治性问题主要包括涉及禁止内容的政治性问题和涉及编校失误的政治性问题两类。其中，涉及禁止内容的政治性问题主要有：涉及“反对宪法确定的基本原则”的内容；涉及“危害国家统一、主权和领土完整”的内容；涉及“泄露国家机密危害国家安全”的内容；涉及“煽动民族仇恨、民族歧视，破坏民族团结，侵害民族风俗、习惯”的内容；涉及“扰乱社会秩序，破坏社会稳定”的内容；涉及“宣传邪教、迷信”的内容；涉及“宣扬淫秽、赌博、暴力或者教唆犯罪”的内容；等等。涉及编校失误的政治性问题主要有：涉及地图编校失误的政治性问题；涉及用语编校失误的政治性问题，如涉及政治体制的用语，涉及党和国家方针、政策及历史问题的用语，涉及党和国家领导人的用语，涉及社会生活的用语，涉及法律的用语，涉及民族宗教的用语，涉及我国领土、主权和港澳台的用语，涉及国际关系的用语等。

政治问题是出版业的头号大敌，一旦出现严重错误，往往会造成灾难性后果，相关单位和人员都会受到严肃处理。因此，在书稿编辑加工过程中，要特别注意确保稿件中不得含有涉及禁止内容的政治性问题，而对于稿件中存在的涉及编校失误的政治性问题要予以全面消灭。

第二，文字加工。

编辑工作的主要特征之一，就是咬文嚼字，推敲词语。稿件中出现的错字、别字、漏字、不规范的简称、语法错误、标点符号使用不当等问题，都需要编辑进行修改、润色。经编辑加工过的书稿，在文字上应达到以下要求：(1) 文字要规范。要消灭错别字，不要滥用繁体字，不要滥用异体字。(2) 使用词语要正确。要注意辨析形近、音近、义近的词语。要正确处理异形词，凡国家语委《第一批异形词整理表》(2002 年 3 月 31 日试行) 收录的，使用推荐词形；《第一批异形词整理表》未收录的，使用《现代汉语词典》(第 6 版) 首选的词形。(3) 不要存在语法错误。要注意用词不当、搭配不当、结构混乱、成分残缺、费解与歧义、重复累赘等语法问题，并坚决予以消灭。(4) 标点符号用法要规范。《标点符号用法》(中华人民共和国国家标准 GB/T 15834—2011) 已于 2012 年 6 月 1 日实施，要严格按照新标准，规范使用标点符号。

第三，技术加工。

为使作者提交的稿件符合出版要求，编辑需对书稿进行技术方面的加工。技术加工一般不改动原稿的内容，主要进行规范统一和核查的工作。在编辑工作实践中，技术加工往往不被重视，但它却是最基础的编辑加工，琐碎繁杂，很容易发生疏漏，往往最容易影响书稿质量。

统一规范，即统一体例、书写格式和版式，统一插图、表格、公式、计量单位、数字、拼音、注释和参考文献等的格式。对此，国家都有统一的规定，如《文后参考文献著录规则》(GB/T 7714—2005) 等，2011—2012 年国家又出台了有关方面的新标准，包括《出版物上数字用法》(GB/T 15835—2011)、《中国人名汉语拼音字母拼写规则》(GB/T 28039—2011)、《汉语拼音正词法基本规则》

(GB/T 16159—2012）等，对书稿进行技术加工时，应严格予以遵守。

核查，即核对书稿内的经典文献和其他重要引文，使其与原文完全一致；根据材料来源，核对人名、地名、年代、日期、数字、史实，消灭常识性差错；核查书稿辅文是否齐全，排列顺序是否恰当；对于丛书、系列书、汇编书等，核查前后不统一等问题。

除却熟悉编辑加工的具体内容以外，编辑还必须不断进行知识保鲜，并保持政治和思想的坚定性。很多编辑同仁大概都曾因国家标准和规范的变更而感到烦恼，也曾因《现代汉语词典》的修订而在选用异形词时感到纠结，一些年轻的编辑甚至会对在表述“文化大革命”、“左”倾错误时必须加引号等规定表示不理解。前些时日听闻一位老编辑工作者对这一问题的见解，忽觉茅塞顿开，豁然开朗。编辑作为一种传承文化的职业，具有较强的政治性、思想性。编辑工作的成果不仅要体现国家语言文字的发展变化，还要体现社会主义精神文明的建设成果，体现国家的主流意识形态。编辑工作者要坚持以国家主流意识形态为准则，以国家最新规定和标准为依据，时刻关注国家在语言文字及新闻出版方面的新规定，严格按照规定处理所编辑加工稿件中的字词、称谓及相关说法，保证编辑加工成果鲜明的社会主义特征。当然，对这些变化和规定，我们知道来龙去脉最好，这样在使用时就不会混乱。如果无法做到知其然又知其所以然，那么我们就采用最笨的办法——牢记，牢记那些特殊的规定和说法，牢记那些容易用错的字词，不要在这些问题上纠结和困惑，只要记住就好。如此，我们的编辑加工过程就会顺畅很多，书稿中也会少出政治问题和文字差错。

古籍类图书编辑工作浅议

·李　红·

如今，随着“国学热”的升温，古籍类图书的出版也愈加热闹。古籍类图书的编辑工作，和一般意义上的编辑工作有许多不同。本文拟结合自己多年编辑古籍图书的体会，对此类图书的编辑工作作一简要论述。

一、要善于甄别版本

我们知道，流传至今的古籍，不管是手抄的版本，还是雕版、石印等的版本，乃至近代印刷的版本，其质量各有优劣，这在版本学上有专门的考证。古籍在流传过程中，往往不止一个版本，因此要善于甄别，选择好的版本，作为编辑校勘的底本。

笔者在编辑《康有为全集》时，对此即有深刻的体会。康有为是戊戌变法的领导者。变法失败以后，他流亡海外。研究表明，他的各种奏稿论著多有改易，坊间流传的本子也多有不同。例如，他进呈给光绪帝的《日本变政考》一书就有不同的版本。该书前后两次进呈，初次进呈本已缺失，故宫藏有第二次进呈本（十二卷，附表一卷），还有《戊戌真奏议》本（十二卷，无附表）。编辑时，我们发现点校者在版本说明中注明：选用的是故宫藏本做底本，与戊戌本参校。编辑又发现有一条注释，点校者感谢别人提供的资料，但表述不很清晰，未说明资料的具体来源。经与点校者沟通，才明白该书稿抄录的是原藏件，且缺少一篇序。而此时故宫所藏本已出版影印本，编辑建议点校者根据影印本再进行校勘，并补录序言。这样，不仅理清了版本，而且弥补了缺漏，也修正了不少原来抄录的讹误。

有的点校者也会根据一些简体字版，用较早的底本校订一番，作为定稿。个别点校者可能会直接采用简体字本未加校订，或者校订不精。笔者编辑一部书稿时就遇到过这样的问题。有一段话，大致是说明代官员的作风，其中有“汇绿为奸”四字（正确的应是“夤缘为奸”），这四个字是主编提供的简体字书稿中出现的错误，当是原简体字版编辑出版过程中错误简化（“汇绿”的繁体字“彙綠”与“夤缘”相似）。如果类似的错误出现过多，我们就需要考虑重新选择底本的问题了。

现在一般的古籍整理项目，都有很多专业的学者、研究者参与，相对而言，这样的项目比较能够保证质量。上文提到的《康有为全集》就是国家清史编纂工程的文献丛刊的一个项目。选定了好的底本，再参校以其他版本之长，补底本之短，加上相关的专家进行细致的校勘，这样的书稿，才是高质量的古籍出版的前提。而编辑的第一步工作，可以说正是对这一前提的检验。

二、核对原稿，纠正文字之误

古籍类图书编辑过程中，因为古籍不同于其他的书稿，其中的文字不得擅自改动，因而，最重要的工作就是核对原稿，其中最烦琐的问题就是原稿中的繁体字、异体字与简体字之间的转化问题。其实，这里面还是有一些规律的。

第一，繁体字的转化。

（1）繁简转化依据的原则，是 1986 年国家语言文字工作委员会重新发布的《简化字总表》和 1955 年文化部和中国文字改革委员会联合发布的《第一批异体字整理表》。依据偏旁类推的简化字范围，以《简化字总表》中的 132 个“可作简化偏旁用的简化字”和 14 个“简化偏旁”为准。掌握了这个原则，可以说百分之八九十的字都可以正确地简化。

（2）繁简字转化中的特殊情况。对于古籍类书稿中存在的大量古代人名、地名、书名以及专有名词，简化时应该特别注意。人名中的徵（如陆徵祥、魏徵等）、幾（如晏幾道、刘知幾等）、幹、昇、瀋等字，应该予以保留。地名如扶馀中的馀字，也应该保留。书名中的穀（如《穀梁传》等）等字也不宜简化。专有名词如诗馀，是词的别称，也应该予以保留。作为古代五音之一的徵，读作 zhǐ，更不能简化为征。

（3）繁体字一般有多种义项，对应的简化字也不一，应在保持原文意思的情况下简化。如“釐”字读 lí 时，为“厘”的繁体字，在“厘定”等词语中需要简化；读 xī 时，分别通“禧”和“僖”，则不简化。常见到稿件中把“魏安釐王”

简化为“魏安厘王”，就是这一类的错误。又如“於”字，一般在表示介词“在”等意思时，可以简化为“于”。但是，在表示叹词等时，读作 wū，则不可简，如《诗经·商颂·那》中的“於赫汤孙，穆穆厥声”。古文中常见的叹词“於戏”，读 wūhū，也不可以简化。还有在姓氏“於单”中，也读 wū，亦不可简化。另外，如“藉”字，古代仅在借东西这个义项中多用“借”，读 jiè 时，有草垫之义，也可用若动词垫着或坐在上面；又有凭借之义。而读 jí 时，有践踏之义，现在汉语中的“狼藉”可视为此义；又有进贡之义；还可以是“籍”的通假字，“籍田”一词，有时候古籍中也用“藉田”。因此，这个字也不要贸然简化。

第二，异体字的情况。

关于异体字的情况，国家语委有明确的规定，1955 年发布《第一批异体字整理表》，1956 年、1986 年、1988 年对此表作了三次调整，共恢复 28 个异体字为正体字。其他淘汰的异体字有 1 027 个，这 1 027 个异体字都属于非规范汉字，只能用于姓氏。语文出版社出版有《语言文字规范手册》，可资参考。另外，《现代汉语词典》、《辞海》也是编辑比较常用的工具书，虽然解释有不同之处，但可根据实际情况参考使用。编辑时要特别注意的是，有一些异体字和繁体字字形差异较大，在未进行认真核对的情况下，若简单根据偏旁简化的原则，就有可能生造一些简化字出来。如“讹”，繁体字是“訛”，有一个异体字是“譌”，但不少书中将其简化为“讶”，成为生造的简化字；再如“玩”，异体字是“翫”，有的书简化为“习＋元”这样莫名其妙的字；等等。

虽说常用汉字只有三千字左右，但是古籍类书稿中可能碰到的汉字可谓多种多样，尤其是一些关于训诂、音韵等方面的古籍，其中的不少文字都需要仔细核对。还有一些引用《诗经》的书籍，涉及的植物名、动物名就很多。有一些书稿，本身就是讲文字的流转变换的，或者是讲汉字的形声、假借等造字方法，其中为了说明汉字的演变过程，有时候必须用繁体字或异体字才可说清楚，此时不可随意简化。编辑除了在工作中要多查勤问之外，更要注意积累，相关的情况最好记录下来，平时注意翻检，在工作中做有心人。

三、关注标点的问题

标点的问题，是整理古籍中最重要的方面。古籍类图书编辑，应该具有一定的点校古籍图书的能力，这样，才能在编辑工作中保证书稿质量，便于读者使用。编辑过程中要注意以下两个方面的问题：

一是仔细审读书稿，尽可能将点校者点错的或者不很妥当的标点找出来，与点校者协商解决。提高自身的古文阅读水平之外，可以借鉴一些已经出版的或者名家点校过的本子，进行比对，如有不同之处，那自然也就是问题所在。例如在编辑《康有为全集》时，也遇到了这类问题，康有为的文字大多比较古奥艰涩，尤其是在引用先秦典籍时，他又多进行自己的理解来支持自己的变法理论。因而其标点也相对难度较大，对编辑的考验就更加大了。编辑借鉴了之前已经出版的一些单行本或者论著选编，其中不同的标点反映了不同的点校者的理解，据此进行比较判断，有所选择，并与点校者沟通，请其决定最后的标点。

二是标点的规范方面。这方面是编辑应该解决的问题。稿件可能会有很多卷，也可能一卷有很多页码，标点前后不一致的情况在所难免。此时需要编辑进行统一规范。例如古籍中作者的引文是否加引号？书名是否都加上书名号？一些作者常用的古籍的省称，是否也加了书名号？表示语气的问号和叹号，使用是否妥当？等等。

编辑过程中需要注意，不要有将语义割裂开来的现象，也不要有当断未断的情况。尤其要注意一些古人的文集的名称，古人的字、号，古代一些常用的称谓名、官职名等等，对此应尽量多有一些了解，这样就会尽可能避免这类问题。关于标点的问题，试举数例：

(1) 开封、临濠、东平、和滁为王，府为伯，县为侯。

此句中“和滁”应该断开，这是两个地名，和州、滁州。

(2) 国债为偿敌，则不可为盛工业物产，则生富之道。

此句中，“则不可”后当断开，即“国债为偿敌，则不可；为盛工业物产，则生富之道”。否则意思不通。

(3) 翻译本属至难之业，翻译诗歌尤属难中之难。本篇以中国调译外国意，填谱选韵在在窒碍，万不能尽如原意，刻画无盐唐突，西子自知罪过不小，读者但看西文原本方知其妙。

此句中“刻画无盐唐突，西子自知罪过不小”，应为“刻画无盐，唐突西子，自知罪过不小”。此处化用“刻画无盐，唐突西施”之义，谦指自己以丑比美，比得不恰当，因此亵渎了美好的人物。原文之标点明显失误。

(4) 苟明此义，则谓之为昔之“春秋公法”，也可谓之为今之“万国公法”

亦无不可。

此句中，“也可”二字应断在上句，即：则谓之为昔之“春秋公法”也可，谓之为今之“万国公法”亦无不可。原来的标点，使后面的“亦无不可”四字无着落。

（5）杨升庵词品，历代诗馀附录词话词人姓氏，王灼《碧鸡漫志》，王文浩苏诗总案，陆放翁渭南文集，朱氏词综。

此句标点应为：杨升庵《词品》，《历代诗馀》附录《词话》、《词人姓氏》，王灼《碧鸡漫志》，王文浩《苏诗总案》，陆放翁《渭南文集》，朱氏《词综》。

四、校注格式的规范问题

古籍类书稿多有夹注，有的是原作者所加，有的是历代整理者所加。这类夹注一般用小字，以示与正文的区别。此时，尤其要注意的就是，因时代久远，传抄的讹误，有的夹注可能错为正文，有的正文可能错为夹注。这种情况要仔细阅读书稿文字，并参照相关的版本进行比对，还原古籍的原貌。

校勘记有的著录底本与参校本的异同，有的只著录底本的校改，有的判断不同版本之间的正误，有的仅著录不能判定正误者。不管著录的繁简，编辑时应将其格式统一，核对相关的著录内容是否确切，等等。可以在编辑之前制定一个校注的规范格式，编辑时统一处理，既省时间又不会出现新的不规范，在编辑《康有为全集》的时候，曾制定过如下校注格式，后在多部古籍编辑时参照使用：

（1）底本、校本不一且不能断定孰是孰非的，出注。

例如：“之”，《※※※※》本作“者”。

（2）底本错、校本对，出注。

例如：“倍”，原作“培”，误，据《※※※※》本改。

（3）底本、校本都错，点校者径改的，出注。

例如：“倍”，原作“培”，误，校改。

（4）点校者怀疑底本有误且无法确定的，出注。

例如：“部”，疑作“簿”。

(5) 底本对、校本错，原则上不出注。

例如："知"，《※※※※》本作"之"，误。(此为校本之误，故不注。)

校注也可以采用文中表示的方法。例如：用方括号表示原文误植，尖括号表示原文脱字，黑方括号表示衍文，缺字或原稿难以辨认用缺字框表示，等等。

这两种方式应该说各有优劣，前一种脚注的形式，可以传达更多的信息，如底本和校本的比较，点校者的判断依据，尤其是底本与校本出入较大时，用这种方式较为便利，但有时注释过多，阅读可能会被时时打断，且增加篇幅；在文中表示，便于阅读，底本与校本较少的差异，可以用较为节省篇幅的方式表示出来，但较大的差异或者要点校者较为详细地说明则不甚方便。因此，也有两者兼用的注释方式。无论怎样，都要简洁、明了，便于使用。

五、古籍类编辑的案头书

古籍类书稿对于编辑的要求相对较高，不仅仅是识别繁体字就可以。古籍类的图书编辑应该有较深的古文知识与修养，对于古文涉猎广泛，有一些书应该成为此类编辑的案头书，经常查阅。

一是工具书。诸如前面提到的《古代汉语词典》、《辞海》以及《中文大词典》、《汉语大词典》、《说文解字》、《康熙字典》等，在遇到一些文字方面的问题时多有裨益。

二是史料书。如二十四史、十三经、《诸子集成》之类。

三是其他一些专门书。此类书编辑也应该有所涉猎，至少碰到相关的问题知道到哪里去找答案。如清代职官类的问题，有《清代职官年表》可用；古代官称的流变，可参阅《中国历代官称词典》；关于古人称谓类的也有相应的书籍可用。另外，王力先生的《古代汉语》，其中不仅可以查阅一些名篇，而且有不少的古文知识讲解，时常翻阅，必然有助于古文水平的提高。

本文主要针对文字编辑的工作而言。古籍类图书在编辑过程中，如果能保证好的底本，正确的点校和繁简转化，并有精当、规范的校注，当能够保证给读者出版一部较高质量的图书。在出版界相继出台学术出版规范的今天，古籍类图书的出版似乎也需要相应的规范。

参考文献

1. 语言文字规范手册. 北京：语文出版社，2006.

2. 现代新闻出版编校实用手册. 苏州：苏州大学出版社，2008.

3. 古代汉语词典. 北京：商务印书馆，1998.

4. 康有为全集. 第四集. 北京：中国人民大学出版社，2007.

翻译作品编辑加工心得

·王　喆·

进入人大社以来，经手的翻译作品虽在数量上不算多，也就十部左右，但涉及面非常广，既有教材也有学术著作；既有政治学、经济学、史学、心理学，也有管理学、新闻学，甚至还有设计学。在处理这些稿件时，心情从最初的抵触，慢慢过渡到接受，然后过渡到适应，虽离如鱼得水还有很大的差距，但至少也总结出了一些心得，现分享出来，希望能对各位文编同仁的工作提供一些帮助。

一、翻译作品的创作及编辑加工的特点

大家碰到翻译作品一般都会有畏难情绪，分析起来，主要是由翻译作品在创作和编辑加工方面的特点引起的。

首先，翻译作品是演绎作品（派生作品）的一种，是在已有作品的基础上经过再创作而产生的新作品。其中包含了两方面的意思：第一，翻译作品要忠于原著，不能进行天马行空的再创作；第二，要对原著中不符合中国国情的部分进行技术处理，还要对原著中可能存在的错误或遗漏进行修正或补充。

其次，翻译作品既然经过了再创作，就必然产生这样一种情况：其中既存在中文书稿常见的一些问题，又存在自身特别的问题如错译漏译等情况。

再次，外文书籍的体例与中文书籍在很多方面都不大相同，比如多有索引、推荐阅读、致谢、用书指导、图片版权声明、出版社简介等，这些在中文书籍中较少见到。另外，注解、图表的风格跟中文书籍也多有不同。因此翻译作品处理起来就需要多加注意，使之尽量能符合中国读者的阅读习惯。

最后，具体到我社，因我社秉承的是“出教材学术精品，育人文社科英才”的理念，出版的翻译作品就会涉及人文社科的多个方面，并大致可分为教材和学术书籍两类。这两类翻译作品的成熟度大不相同，处理起来就要有所区别。教材

一般都是多次引进，有的甚至出到第十几版，相对之前的版本改动较少，语言风格较成熟，处理起来较为省力；学术书籍则一般为初版，因译者的具体情况不同而在质量上差异较大，比较费时费工。

二、翻译作品的编辑加工心得

1. 编辑加工的基本方法

（1）做到中文和外文的对照。

框架方面。先看外文每段文字的段首和段尾关键词，然后在中文中找对应的翻译，再看段落长度，如果都基本一致，就说明本段漏译的可能性不大。接着逐字阅读中文，若文从字顺，则可大致看一下原文是否正确；若晦涩难懂，则要认真阅读原文，看问题出在哪里。若出现漏译错译，则要在外文原书和中文稿件上都加标注，以方便译者补译及之后的加工整理。

人名方面。在中文中一旦遇到人名，就要在外文中找到对应的原人名，先看拼写是否有误，再看翻译是否合适。如为广义上特别有名的人物，比如李嘉图、孟德斯鸠之类，则需在《辞海》中查找是否有经典译名，并依《辞海》为准。如为专门行业内的著名人物，则到国图网站查询其经典著作，并依国图网站译名订正。如为一般人物，则可查阅专门的参考资料如商务印书馆出版的《英语姓名译名手册》，依标准译法订正。另外，最好对每个出现的人名都做一下笔记，这样既可以保证译名的前后一致，又方便知道其若不是第一次出现，则不需要附外文原名。

地名方面。美国州名因常出现错译问题，可单独拿出来作一说明。我社曾有一份美国州名地图，上面既有美国州名的标准译法，又有大致的美国地图，同事们可以互相复印分享。另外，在黑马校对软件的知识库里，就有专门的美国州名一项，搜索起来方便快捷，不足之处就在于没有地图，不够直观，在具体遇到描述某个州处于美国哪个地区的稿件时不太方便。其他的地名译法可查阅专门的参考资料，如商务印书馆出版的《外国地名译名手册（中型本）》，其中有大到国名，小到城镇名的标准译法，可依此订正。

多义词和形近词方面。有些外文单词的用法非常多，既有词性的区别，又有词义的区别，而译者很有可能因为没有掌握全面的信息而导致错译，就会产生译文似通非通，比较别扭的情况。编辑加工遇到这种情况，要多查词典比如《牛津高阶英汉双解词典》等对译文进行推敲，找出最合理的译法来。另外，外文多有形近词，译者翻译时有可能因为一时不注意而把某个单词错认为另一个形近词，译文就会显得某处特别突兀。编辑加工遇到这种情况，要对单词有敏感的反应，能马上意识到译者可能犯了这方面的错误。多义词和形近词的处理，平时要多积累，才能形成快速反应的可能，节省编辑加工的时间。

(2) 无对应中文时的处理方法。

有时一些外国俚语并没有对应的中文，译者可能隐去不译，也可能照原文逐词硬译。面对这种情况，要尝试找可能的类似的中文译法，并集思广益，寻求同事的帮助，所谓“三个臭皮匠，赛过诸葛亮”，经常会出现讨论出来的妙语正合用的情况。

(3) 有英文原文但不宜有对应中文时的处理方法。

在有些外文的政治类和经济类书籍里，常有对社会主义政治、经济制度的一些负面评价。遇到这种情况，首先要敏感，要意识到其中存在的问题，然后再依具体情况具体处理。如果只是一两句话，与前后文关系也不是很大，则可作删除处理。如果篇幅较大，而且与前后文关系较紧密，则要仔细分析其在书籍中所处的地位，看能否进行改写或删除。如果自己觉得处理起来比较困难，则可以和复审编辑、终审编辑商量处理方案。

(4) 图表、公式和辅文的处理方法。

翻译作品中的图表、公式和辅文，经常会在格式和风格上与我们常见的中文编写书稿中的有所不同。遇到这种情况时，可以先大致翻一下全书，看涉及面广不广，如果只是一两处如此，则可以酌情依中文习惯修改。如果涉及面较广，则不宜改动，一来改动容易出错，二来如果不影响读者理解则没必要进行无谓改动。

2. 编辑加工的分工协作

每个文编的精力有限，在面对翻译作品时，因要处理的问题较常规书稿多了不少，因此专注于具体的翻译问题则会在整体上有所欠缺，专注于整体则在具体细节翻译上可能有所遗漏。针对这种情况，复审编辑和终审编辑要根据具体情况采取不同的补救措施，提高稿件编辑加工质量；初审编辑则要在面对清样时，多下些工夫，在之前注意得不够的地方多做些工作。

考试类图书的编辑体会

·刘云辉·

自从2004开始从事考试类图书的编辑加工工作，迄今将近9年。多年来，从各种新闻媒体到自己的实际工作中，要求提高教辅图书编校质量的声音不绝于耳。新闻出版总署连续几年抽查教辅图书的质量更是显示了对教辅读物质量的关注。作为考试图书的编辑，多年来我接触了多种学科、各种门类、质量各异的书稿，遇到了大大小小的问题，一路磕磕绊绊地走过。下面从编辑加工的角度对考试图书的主要问题予以总结，并结合自己的工作实践提出相应的对策。

考试图书，在市场上的销售周期很短，多则一年，少则几个月，考试结束，相关图书的生命就已终结。而且现在市场竞争加剧，图书出版进度也是竞争的一项，图书早点进入市场就能占据先机。这种现实决定了书稿在编辑加工阶段可利用的时间很短，一般是以倒计时来计算给责任编辑多少时间进行加工处理。再加上编辑人数有限而图书所涉学科众多，基本上每个编辑都会分管到不属于自己所学专业的书稿。而编辑的主要工作是在极其有限的时间内解决书稿中的问题使之以尽量完美的面貌呈现在读者面前，因此，本文前半部分主要对书稿中存在的问题进行总结归纳。但有一点，虽然书稿内容总有不尽如人意的地方，但是多年来，书稿的质量一直在提高。

一、书稿中存在的主要问题

1. 内容陈旧

考试图书要和相关专业的考试大纲相一致，但是考试大纲几乎每年都在变动，而且要求体现相关学科领域的最新发展成果，再加上学科知识不断发展，法律法规不停制定、修改、废止，这些因素要求考试图书必须与时俱进，反映最新的知识发展状况。但在考试书稿中，上述“与时俱进”只是一个理想，现实中，作者交来的书稿内容陈旧的不在少数。比如在公务员考试中经常涉及的公文写作知识中，《党政机关公文处理条例》于 2012 年付诸实施，1996 年 5 月 3 日中共中央办公厅发布的《中国共产党机关公文处理条例》和 2000 年 8 月 24 日国务院发布的《国家行政机关公文处理办法》停止执行。但是在作者交来的稿件中对知识点进行阐述的时候依然在引用已经废止的条例和办法。在每年的司法考试图书中，作者改动不到位更是常见现象，如果书稿付印后再发现这些陈旧的内容，不仅会严重影响书稿的质量，对辛苦备考的考生也是一个极大的误导，很可能会影响考生的成绩。

2. 修订不彻底，不能瞻前顾后

每年总会有多种图书要修订出版。一般而言，作者会在策划编辑的要求下并根据考试大纲的变化对书稿内容进行修订。但是，很多修订图书交到责任编辑手中的时候，却并非“成品”。作者在修改时不能统筹兼顾，要么是新增加的内容与保留下来的内容存在重复之处，要么是随着知识理论的更新，书稿前后观点不一致，要么是作者修订稿件时时间紧迫或者存在疏忽，对应更新的知识点没有顾及。

3. 作者为多人，各作者观点不一致导致矛盾现象

大部分考试图书不会涉及高深艰涩的知识点，但是既然是图书，其中总会有内容和学术界的理论发展相联系。比如，在司法考试和法律硕士入学考试相关图书中，理论的更新对书稿内容存在很大影响。尤其是，如果书稿由多个作者共同编写完成，难免对同一问题给出不同的解释，从而根据这些解释得出相异的解题思路和答案。比如在某书中，对于在学校就读的学生校内侵犯他人民事权益的处理，两个作者在不用的页面给出了差异很大的答案。

4. 译文明显错误

译文错误的问题很好理解，现举一例。

It is a treasure hunt with a difference: conducted not with metal detectors, but by negotiation. Italy is at last reaping the benefits of a two-year campaign to regain smuggled antiquities. Five American museums have been talked into returning works that they claim to have acquired in good faith. Almost 70 of the finest are now on display in Rome—and they have just been joined by the only known intact work by Euphronios, an Athenian vasepainter.

作者译文：这是一次不同的寻宝之旅：不是通过金属探测器进行，而是通过谈判进行。最后，为了庆祝收回走私的古物，意大利正在享受为期两年的运动带来的益处。意大利已经说服了5个美国博物馆真心实意地归还他们声称已经获取的物品。现在近70件最好的物品在罗马展出——而且他们刚刚由瑞典花瓶画家Euphronios用他著名的完美手艺连接起来。

诸如此类的译文错误并不鲜见。

5. 试题答案有误

考试图书中很大一部分内容涉及试题及相应的答案解析，读者对这些答案是最为关注的，如果答案出错，也是最让读者难以接受的。责任编辑是具体的书稿的把关人，对于书稿中的每一道题，每一个答案，编辑虽然都尽力核查，小心谨慎，但难免有遗漏。一般而言，作者是相关领域的专家，是比编辑的学识专业得多的人，对书稿内容也最为熟悉，但各种原因导致交来的稿件中答案错误一再出现。

二、考试图书的编辑加工

虽说无错不成书，但是我们希望把差错消灭在付印之前，希望读者对我们的反馈是积极的。在交稿质量既定的情形下，责任编辑所要做的就是尽全力完善书稿内容。

1. 认真负责，以做精品书的心态做考试书

尽管考试图书不是重点图书，但它也是每个编辑心血的结晶，其中所凝聚的无差别的人类劳动是一样的。而且考试图书关系千万考生的复习效果甚至是考试的成败，因此作为考试图书的编辑，我和同事们一直以严谨认真的心态对待每一本图书，从进入编辑加工流程起开始，我们尽心尽力。

2. 更新知识储备，多读书，读好书

考试图书的时效性很强，所涉及的内容都是最新的，但是作者总会因种种原因在写作过程中有关注不到的地方，即所谓盲点。也有作者因为责任心不够而疏忽大意，草草交稿，一切留待编辑去处理解决。编辑不是作者，但是应该和作者一样关注相关学科知识的发展和更新。更新知识储备，就要求书稿编辑对相关内容有高度的敏感性，要经常浏览政府网站上最新发布的内容，留意全国人民代表

大会召开时的相关内容，并经常关注相关法律法规或者规章的更新。另外，责任编辑也应该多读书，具备较高的素质。我们面临的现实状况是，考试图书包含多个学科，图书编辑负责多个学科的书稿。编辑要做好书稿的加工工作，就要多读书，但是不是仅读与所涉专业相关的书；在工作压力大，生活节奏快，科学技术空前发展、信息爆炸的时代特点下，编辑要从书海中选择好书来读，从而为做好编辑工作，多出书、出好书打下良好的基础。

3. 多思考，勤动手，多查询

考试图书一般而言编辑加工周期很短，为了赶图书的销售周期，编辑常在多部书稿多种学科之间"奔波"。考试图书涉及的学科众多，知识点五花八门，英文、地理、历史、法律、经济、政治等，总有陌生领域的书稿让编辑头痛不已。面对自己不熟悉领域的内容除了迎难而上，还要多思考，勤动手查询，多方面请教。比如在某公务员考试图书中，有如下文字："谥号：君主时代大臣死后，按其生平事迹给予的称号，如诸葛亮谥'忠武'。"初读之下，文字没错，语句没错，但是谥号不仅是大臣有的，帝王也有谥号。在某司法考试图书中，讲解古代法制发展史的时候，作者在朝代后用括号标注了朝代的起止年份，比如东汉(22—220)，对照现代汉语词典中的我国历代纪元表，发现东汉始于公元 25 年。对于前文提及的英语译文的问题，在审读的时候多看看上下文并查证相关人名知识，就不会出现较大的失误。另外，"三人行，必有吾师"，平时要多向同行和其他专业人士请教。

4. 尊重作者，但也要敢于坚持自己的意见

一般来说，图书出版合同里面会有"文责自负"的条款，但是文责自负不等于有错也不能改。考试图书作者身份不一，既有各个领域的专家学者，也有图书公司，交到编辑手里的稿件质量参差不齐。与作者进行沟通时，有的作者很坚定地认为自己的内容是正确的，不允许编辑对质疑之处进行改动。例如，某书中有如下英文句子：We should be alert to the possibility that individual, organizations or governments tend to pied a worthy goal in excuse of their contemptible means and selfish interests。这句话中 pied 一词无论如何不会是动词，也不会和 goal 构成动宾搭配，但是作者声称这是对的，不用改动。作者称文责自负，编辑不能改动，但经过反复沟通，并且详细阐明理由后，作者不再坚持自己的意见，换了一个句子。

5. 从整体上把握稿件，注重全书的整体逻辑关系

与学术类图书和教材相比，考试图书的整体逻辑性较差，在书稿审读中经常有思维的跳跃或者不连贯的感觉，尤其是在试题类图书的审读中这种感觉更为强烈。但是，图书既然是一个整体，各部分之间还是存在内在联系的，前后文之间、试题与答案之间总有各种逻辑关系。把握其中暗含的逻辑关系，对于发现书稿中的隐藏错误是大有裨益的。

著作权法与书稿编辑加工

·刘云辉·

2010年修订的《中华人民共和国著作权法》中与图书出版工作相关的条文主要有第4条、第10条、第22条、第23条、第30条、第31条、第32条、第34条、第48条。这些条文既包括作者的权益内容也包括图书出版者的权益及责任。在编辑加工过程中，会经常涉及与著作权法相关的问题，接下来，本文要从书稿加工的角度，结合编辑工作中出现的问题，对图书编辑加工过程中与著作权法相关的事项予以探讨，不涉及审稿阶段。

编辑加工，也就是通常说的编辑改稿，是出版工作中的重要环节。编辑加工的主要任务是从思想、文字、技术、体例等方面着手改正书稿中存在的缺陷和差误，使书稿内容符合出版要求。编辑加工是在原稿内容制约下所进行的一种适度的修改活动，其目的是在不损伤稿件基本面目的前提下提高其质量。因此，在书稿编辑加工过程中会不可避免地对作者的作品进行改动。我国《著作权法》第29条规定，出版者、表演者、录音录像制作者、广播电台、电视台等依照本法有关规定使用他人作品的，不得侵犯作者的署名权、修改权、保护作品完整权和获得报酬的权利。第34条规定，图书出版者经作者许可，可以对作品修改、删节。对内容的修改，应当经作者许可。由此可以看出，编辑的加工处理有法律上的依据，编辑活动受法律的保护和制约。法律意识在编辑加工工作中具有举足轻重的地位。根据《著作权法》的相关规定，编辑在书稿加工过程中主要应注意以下方面：

一、注意合理使用的界限

合理使用是指根据法律的明文规定，不必征得著作权人同意而无偿使用他人已发表作品的行为。《著作权法》第22条规定了合理使用制度。在下列情况下使用作品，可以不经著作权人许可，不向其支付报酬，但应当指明作者姓名、作品名称，并且不得侵犯著作权人依照本法享有的其他权利：(1) 为个人学习、研究或者欣赏，使用他人已经发表的作品；(2) 为介绍、评论某一作品或者说明某一问题，在作品中适当引用他人已经发表的作品；(3) 为报道时事新闻，在报纸、期刊、广播电台、电视台等媒体中不可避免地再现或者引用已经发表的作品；(4) 报纸、期刊、广播电台、电视台等媒体刊登或者播放其他报纸、期刊、广播电台、电视台等媒体已经发表的关于政治、经济、宗教问题的时事性文章，但作者声明不许刊登、播放的除外；(5) 报纸、期刊、广播电台、电视台等媒体刊登或者播放在公众集会上发表的讲话，但作者声明不许刊登、播放的除外；(6) 为学校课堂教学或者科学研究，翻译或者少量复制已经发表的作品，供教学或者科研人员使用，但不得出版发行；(7) 国家机关为执行公务在合理范围内使用已经发表的作品；(8) 图书馆、档案馆、纪念馆、博物馆、美术馆等为陈列或者保存版本的需要，复制本馆收藏的作品；(9) 免费表演已经发表的作品，该表演未向公众收取费用，也未向表演者支付报酬；(10) 对设置或者陈列在室外公共场所的艺术作品进行临摹、绘画、摄影、录像；(11) 将中国公民、法人或者其他组织已经发表的以汉语言文字创作的作品翻译成少数民族语言文字作品在国内出版发行；(12) 将已经发表的作品改成盲文出版。前款规定适用于对出版者、表演者、录音录像制作者、广播电台、电视台的权利的限制。

上述法条详细说明了合理使用的范围，逾越这个范围，可能构成对他人著作权的侵犯。在未经许可发表著作权人作品以及歪曲、篡改、剽窃他人作品等类型的著作权侵权纠纷案件中，著作权人往往将图书出版者作为共同被告提起诉讼。为了避免出版社卷入侵权纠纷，权益受损，编辑在加工阶段应注意书稿内容是否存在权利瑕疵。绝大多数情形下，作者交来的稿件是其独立完成的，不是抄袭、篡改他人的作品。但是，任何作品都是在前人工作成果基础上的创新，会参照、借鉴或者引用他人的作品。此种情形下编辑要在加工处理过程中注意合理使用是否超过了一定的限度。那么，如何区分合理使用和抄袭，也就是合理使用的“度”如何把握？大多数人认为，合理使用包含以下几层意思：(1) 合理使用必须说明作者姓名、作品名称和作品出处。如果使用了而不予以说明，很容易会被认为是抄袭、剽窃。在论文、著作中说明作者姓名、作品名称和作品出处，是一种学术规范，也是一种良好的创作习惯；是对作者创作作品时尊重他人著作权的要求，也是检验编辑著作权法律意识的一个标准。(2) 使用他人作品不能影响被引用作品的正常使用，只能借用他人作品中的某些部分，不能全文引用。当然这不是铁律，在某些场合，即便全文引用也不会导致侵权。比如，为了介绍或者评论篇幅短小的诗歌或者漫画等，全文引用是必要的。还要注意所引用部分与分析或者评论部分的整体比例。既然是引用他人作品以便评论、介绍或者说明，那么所引用的部分只能占较小的比例。(3) 不能引用他人未公开发表的作品。《著作权法》第 22 条规定的合理使用针对的是已经发表的作品，即著作权人自行或许可他人公之于众的作品。

要及时发现剽窃和抄袭等并非易事，但也并非一筹莫展，在多年的书稿编辑加工工作中，我曾不止一次发现过有权利瑕疵的书稿。比如曾有一套司法考试图书，书稿内容流畅，文字表达规范，体例格式全书统一，初读以为是交稿质量非常好的书，但读了一部分之后，感觉越来越像已经编辑加工并出版过的书稿。带着这个疑问我查阅了多本相关类型的图书，最后发现这本书相当部分的内容照抄其他社的一本书，某些地方竟是一字不差。在另外一本书中发现作者将他人论文隐去作者姓名和文章名称并全文予以使用，当成自己作品的一部分——作者写作过程中自己“露了马脚”，他人的文章中明显有些内容是与该书主题无关，并多次出现“本文”二字。发现问题后，文字编辑及时向策划编辑反馈，指明问题并退回书稿提请作者处理。一般来说，如果书稿内容几乎毫无差误，或者全稿写作风格不一致，明显出自多人之手，而此书又为单一作者，这种情况下编辑要多从可行渠道搜索查证，以及时发现问题。

由上可知，编辑在文字加工过程中，不仅要注意书稿内容的合法性，避免出现禁载内容，还应审查书稿的独创性，时刻警惕涉及侵犯他人著作权的图书，在审读过程中哪怕存有一丝怀疑也要切实查证。我们要保护作者的著作权，但也要维护出版社的利益，如果发现书稿存在权利瑕疵，要及时与作者沟通；如果不注意这方面，一旦出版造成侵权，会让出版社蒙受损失。

二、作者的保护作品完整权与编辑的修改权

《著作权法》中对作品的完整权进行了规定：保护作品完整权，即保护作品不受歪曲、篡改的权利。保护作品完整权是作者的权利，相应地则构成了文字编辑的义务。保护作品完整权侧重保护作者的思想和观点与其作品所表达出来的思想和观点的同一性。作者将其思想和观点通过作品呈现在公众眼前，他人不得进行歪曲和篡改从而导致公众对作者的思想和观点产生误解。对于此项限制，编辑

也不要畏首畏尾，毕竟，只有在未经授权对作品的内容或形式进行改动，在改动过程中对作品内容进行歪曲、篡改的时候才会侵犯作者的这一权利。而且，法律也赋予了编辑修改权。

关于保护作品完整权，需要补充说明的是，当下很多作者是通过电子文档的方式提交稿件，在图书修订时也有作者在电子文档上以批注的形式对书稿的内容增删予以标注。但是，因为某种原因，有时候作者提交给编辑的文档中一些图表或者表格显示不完整或者有丢失的情况。对于此种电子格式的稿件，最好在编辑改动后提请作者审阅，一来是对编辑的改动予以确认，二来看稿件内容是否完整。这样就能提前发现问题，避免日后产生纠纷。另外，作者的保护作品完整权要求编辑不能随意删节书稿内容，即便有些叙述在编辑看来与主题不相干或者存在其他瑕疵，也只能提出意见，最后的删节权属于作者。

作者的保护作品完整权和编辑的修改权常常是相伴而生的。几乎所有书稿都要经过编辑加工才能以图书的形式出现，也就是说编辑加工这道工序是必不可少的。编辑享有修改权。《著作权法》第 34 条对此也予以认可。然而，编辑加工从本质上是编辑行为，目的是锦上添花，是在尊重作者原稿的基础上对文稿进行技术性的规范，使之符合出版要求。它是责任编辑工作的核心内容，也是著作权法及图书质量保障体系赋予责任编辑的权利，编辑可以对稿件进行文字性修改，即对书稿进行文字润色，改正错别字，订正数据、参考文献的差错，校改图表、符号、计量单位，规范统一书写体例和格式。简言之，就是规范、润色、完善、提高、升华。这是编辑的工作范围，超出了这个范围，就违背了编辑加工的本质。在针对具体书稿进行加工的过程中，如果发现内容、观点方面的问题，不能擅自修改，将自己的观点强加给作者；即便是作者授权编辑对相关内容进行修改，也要在改动时先告知作者，请作者予以认可。

总之，《著作权法》既规定了作者的权利范围，又对编辑的修改权进行了限定，明确了编辑加工的范围。在实际工作中，编辑必须从文稿本身的实际出发，依照文稿的思路和框架，把握作者的思想，顺势而行，作者思想第一，编辑改稿第二，既要尊重原稿，尊重作者的合法权益，不越俎代庖修改作者的观点，不能自以为是，胡删乱改，破坏原稿风格，又要忠于职守，切实负责，惨淡经营，甚至呕心沥血。编辑要在自己的权限范围内，多与作者进行沟通协调，并以对文稿的思想价值、学术价值、审美价值进行升华，为社会提供优秀的精神产品为目标展开工作，从而实现图书经济效益和社会效益的最大化。

著作千古事　编辑寸心知

——《饶宗颐二十世纪学术文集》审读编辑琐记

·吴冰华·

这几年陆续参与学术出版中心多卷本大项目的集中编辑出版工作，如2007年的《中国人民大学名家文丛》，2009年的《饶宗颐二十世纪学术文集》，2012年的《方立天文集》和《梁启超全集》等，对多卷本的书稿编辑工作有一些认识和体会。下面对《饶宗颐二十世纪学术文集》的审读编辑工作做一梳理，这不仅是以往工作的一个小总结，也是对我自己的一种鞭策。

《饶宗颐二十世纪学术文集》曾经于2003年在台湾出版繁体字版，我社的简体字版编辑出版，经过外编的初审后正式进入我们的编辑流程是从2009年年初开始的。这里我的梳理也是从此时间段开始的。

（1）书稿内容介绍：饶宗颐是我国当代著名的考古学家、历史学家、文学家、经学家、书画家和翻译家，是集学术、艺术于一身的大学者，“业精六学，才备九能”，其学术研究范围广博，涉猎甲骨文、敦煌学、上古史、艺术史、考古史以及音乐、词学等，在诸方面都有了不起的成就，在国内外享有崇高的声誉。《饶宗颐二十世纪学术文集》涉及甲骨学、敦煌学、史学、简帛学、目录学、考古学、金石学、楚辞学、宗教学等十几个学术门类，几乎涵盖国学研究的所有领域，堪称20世纪国学研究的一座丰碑。我负责的书稿是第5卷《宗教学》、第7卷《中外关系史》、第11卷《文学》和第13卷《艺术》（上）。四卷的字数近300万字。

第5卷《宗教学》收录有《宗教总论》、《道教探原》、《佛教渊源论》、《老子想尔注校证》和《悉昙学绪论》等，饶宗颐分别对宗教的起源、派别作总说，梳理道教和佛教的源头、历史，详细校勘、比对老子敦煌本《想尔注》，阐释悉昙学的理论价值、意义等。

第7卷《中外关系史》收录有《中外关系史论集》、《新加坡古事记》、《星马华文碑刻系年》。饶宗颐是编录新马华人碑刻、开海外金石学先河的第一人，辨明新加坡古地名及翻译译名，并撰写新加坡前代史《新加坡古事记》的第一人。

第11卷《文学》收录有《楚辞论丛》、《楚辞地理考》、《楚辞书录》、《楚辞与词曲音乐》、《选堂赋话》、《文选卮言》、《文辙新编》。饶宗颐极高的文学、历史知识修养使其能对楚辞中的专有地名作精深的系统阐发和梳理，并对楚辞与词曲音乐的关系作一历史源头的探索，发前人之未发，想前人之未想，为中国文学的发展脉络注入了新的血液。

第13卷《艺术》(上) 收录有《书学丛论》、《画𩈘新编》、《远东学院藏唐宋墓志目》。饶宗颐从小学习书画，造诣深厚，是著名的书画家。在此卷中，饶宗颐对中国历史上重要书画家的理论作全新的阐释，对名画名篇作新的理论分析，并且对远东学院所藏的唐宋墓志资料作了全新的梳理，这些对研究中国古代碑刻具有极高的参考价值。

(2) 时间安排：外编看完，我们拿到书稿的时间大概是2009年一二月份，具体进入编辑流程是3月份，到8月书稿付印止，一共五个月的时间。我负责的书稿有四卷，平均一卷一个月，还要除去校对和退改排版的时间，其实审读编辑的时间不多，很紧张，并且饶宗颐的书稿都很难，非常专业和艰深，还涉及繁体转简体的问题。因此，我决定白天看一卷，晚上看另外一卷，时间控制在一个半月内；等两卷看完退改排版和校对时，我就可以安排剩下两卷书稿的审读编辑工作，也是一个半月的时间，再退改排版。此时第一次的两卷书稿已经返回，我就可以再次整理编辑，等手上的这两卷整理工作结束时，第二次退改的两卷书稿又可以进入整理阶段。这样经过一个轮回，大概用了四个月的时间。接下来就是和其他编辑手上的书稿整体进行统一处理工作，其实在每一卷具体的审读编辑过程中，我们就不断地交流，积极沟通，遇到疑问就互相咨询，每一卷有共性的地方都已经处理了，遗留下来的不是很多，这样也为最后的收尾工作节省了时间。8月份，手上的四卷书稿如期付印了。《饶宗颐二十世纪学术文集》于2009年9月出版，共14卷20册，近1 200万字。饶宗颐对书稿的质量和我们的编辑工作给予高度的评价！现在回过来做这一梳理工作，看似简单和烦琐，当时我日夜满负荷地轮流转，精神压力确实是蛮大的。

(3) 重点审读编辑工作：1) 内容审读：由于饶宗颐先生学贯中西，在研究中国古代传统文化的同时，又具有开阔的国际视野，因此他的专著和论文都是中外融会贯通的，且都非常专业，这对我来说，既是挑战也是学习的好机会。当然，面临的困难大大超乎我的想象。饶老先生在香港，且高龄，不便与编辑直接联系，因此，凡是遇到书稿有疑问的地方，我首先自己尽力解决，与其他编辑交流，解决不了的才整理写信给饶老的助手，待其回复再作处理。在编辑过程中，我秉持一个原则，即慎改动，勤查书，勤求证。2）共性方面：除了书稿内容（如上所说）的艰深难懂，形式方面的编排也不容易处理，只能就大方面的共性作统一处理，如书眉、页码、各层级标题的字体字号、图表序号等，具体到每一卷既需要灵活处理细节，又需要保持一致，体现出全文集的风格。因为每一卷内容不一样，往往是这一卷排好了，另一卷排时就出现问题了，其他编辑手上的书稿也有新的情况，这样就来回调整，直到每一卷满意为止。3）灵活处理：全文集收录的著作以及单篇论文中，书名、人名、地名、引文、专业术语、标点、数字表达法等在原来的台湾繁体字版本中均未作统一规范处理，因此必须专项检查，以符合我社和国家出版要求。我为此专门作了记录，逐一检查，反复比照，以免有所遗漏。4）繁体字转简体字：在将原版本繁转简重新编排的过程中出现了很多问题，有的是原版正确而排版错误，如错排、漏排等，新造字错乱、不显示等；有的是原版就错的；有的是同一繁体字有多个简化字的取舍问题；有的是简体字和异体字的规范问题；等等。这是本文集简体字版的编辑重点。这方面占用了不少时间和精力。对此的编辑处理原则是，以《简化字总表》、《第一批异体字整理表》、《辞海》、《现代汉语词典》和《古代汉语词典》、《新华词典》等权威文件、资料为标准，进行繁转简、异体字处理等工作。四卷中的情况都不一样，有的在一卷中简化字是对的，在另外一卷中就可能是异体字；有的在一卷中同样的一个繁体字对应的简化字是一致的，但在另外一卷中却出现另外一个异体字；类似的情况很复杂。我就一遍一遍地查找、比对，作记录，与其他编辑沟通交流，直到解决为止。

（4）编辑心得：通过参与多卷本大项目的审读编辑工作，我的编辑能力和技巧以及对书稿的整体把握能力得到进一步提高和加强，同时我也更加懂得了做一名优秀的编辑应该具备什么样的素质。我认为，作为一名编辑，不仅要有认真负责、细致踏实的工作态度，也要有既广又专的知识和娴熟的编辑能力，但是，仅仅具有这些素质是不够的。在日益高速快节奏的现代社会，为了抢占图书市场，赢得市场先机，需要每个人的力量，但也许单靠个人的能力不足以制胜，发挥团队协作的精神会收到好的效果，取得好的成绩。一名优秀的编辑，应该具备团队合作的精神，这就是我在编辑过程中的心得。其实在单卷本的书稿审读编辑中，也需要团队合作，如与美编室、出版科打交道就是团队合作的体现，只是不被我们注意而已。但是，多卷本的大项目出版，就需要编辑具有团队合作的精神。大项目一般要求集中出版，一个编辑要想在几个月内全部编辑完付印是不可能的，这就需要多位编辑共同参与，把各自手中的书稿暂时搁置一边，集中时间和精力，发挥团队合作精神，才能高效率地在短时间内完成任务。

个人和团队的关系就好像是鱼和水的关系，每一个人都是鱼，而团队是个人赖以生存的水，鱼离不开水，个人也不能离开团队。个人的成长发展离不开团队这个大环境。任何一个人的利益都和团队的利益密切相关，只有团队获得成长和发展，每个人的利益才可以实现。只有每个人都具有团队精神，在完成自己工作的同时，才能做到配合团队的整体工作，取得共赢。我们需要这样的团队合作精神来共同打造学术精品！

参与十八大相关书稿编辑加工的心得

·于凯燕·

2012年四季度，政治与公共管理出版分社出版了一系列与十八大相关的书稿，其中包括献礼十八大“为什么”系列丛书，这套书一共包括四本：《为什么要坚持马克思主义》、《为什么要拥护中国共产党》、《为什么要坚持中国特色社会主义道路》、《为什么要信仰共产主义》，除了这套丛书之外，还有《马克思主义如何改变世界》、《光辉文献·政治宣言·时代号角·行动纲领　十八大报告学习体会》、《中国人的价值观》等等。作为新编辑，我有幸参与了《为什么要坚持马克思主义》、《马克思主义如何改变世界》和《光辉文献·政治宣言·时代号角·行动纲领　十八大报告学习体会》这三本书的编辑加工工作，这对我来说是一次难能可贵的增长编辑加工经验的机会。通过这次编辑加工工作，我系统掌握了政治类书稿的编辑加工方法和此类书稿加工时的重点。

一、十八大相关书稿的特点

1. 时间紧

十八大相关书稿都具有很强的时效性，组稿时间短，出版周期短，面市时间快，一旦错过了黄金面市时间，这类书的经济价值会大打折扣。我们分社的这一系列书稿的出版时间都要求很紧，其中一本书从组稿到见书中间只有十天左右的时间。所以这就要求编辑要有很强的时间观念，除了加班加点之外，有的书稿还需要编辑分工合作，以保证书稿在规定时间内保质保量出版面市，从而实现书稿的出版价值。

2. 政治性强

十八大相关的书稿都是政治性很强的书稿，书稿字里行间都可能存在问题点。需要编辑绷紧政治弦，在脑海中明晰政治类书稿的易错点，明晰十八大报告中的新思想、新观点、新论断。编辑要把这些新表述牢记于心，一旦文稿中提到敏感词汇，一定注意作者的说法有没有及时更新。比如关于科学发展观的表述，十八大报告中明确将科学发展观上升为党的指导思想，而对于书稿中没有及时更新这一表述的都要认真修改。有的书稿中关于科学发展观的表述还是“重大战略思想”；有的书稿提到指导思想时，还是“马克思列宁主义、毛泽东思想、邓小平理论、‘三个代表’重要思想”，而没有加入“科学发展观”。这些都是不对的，需要编辑及时更新表述。

3. 出错成本高

出版必须坚持正确的政治方向和舆论导向。政治问题无小事，书稿一旦出现政治问题，会给出版社带来很大的负面影响，更有甚者会影响社会稳定。所以编辑需要认真再认真，慎重再慎重，把握好书稿的政治方向，坚持正确的舆论导向，不让任何一个差错从眼皮底下溜走，对书稿、个人、出版社和社会公众负责。

二、十八大相关书稿的编辑加工重点

1. 十八大报告中的新思想、新观点、新论断要在书稿中及时更新

十八大报告中提到了一系列新思想、新观点、新论断，包括将科学发展观确立为党的指导思想；“全面建设小康社会”进一步提升为“全面建成小康社会”；社会主义事业总体布局由“四位一体”拓展为包括生态文明在内的“五位一体”；道路、理论体系、制度“三位一体”和“三大自信”，首次提出道路是实现途径，理论体系是行动指南，制度是根本保障，强调要坚定“道路自信、理论自信、制度自信”；总依据、总布局、总任务，首次提出“建设中国特色社会主义，总依据是社会主义初级阶段，总布局是五位一体，总任务是实现社会主义现代化和中华民族伟大复兴”；居民收入“倍增”目标，首次在党代会报告中提出“实现国内生产总值和城乡居民人均收入比二〇一〇年翻一番”；社会主义核心价值观24字新表述，“倡导富强、民主、文明、和谐，倡导自由、平等、公正、法治，倡导爱国、敬业、诚信、友善，积极培育和践行社会主义核心价值观”；“两个一百年”，鲜明提出“在中国共产党成立一百年时全面建成小康社会”，“在新中国成立一百年时建成富强民主文明和谐的社会主义现代化国家”①。

① 《坚定不移沿着中国特色社会主义道路前进　为全面建成小康社会而奋斗——在中国共产党第十八次全国代表大会上的报告》，见新华网，2012-11-19。

我们分社这些书稿出版的一个使命，就是向社会大众宣传这些新的思想观点，让公众更加了解十八大。比如《光辉文献·政治宣言·时代号角·行动纲领 十八大报告学习体会》就是一部专家解读剖析十八大报告的书稿，在这部书稿中这些新的思想和观点是全书的统领和核心，全书都是围绕这些新的思想和观点展开论述的。这部书稿中需要编辑特别注意的就是这些新观点的表述是否准确。

2. 经典引文要认真核对

十八大相关书稿中，都有很多经典引文，比如来自《马克思恩格斯全集》、《马克思恩格斯选集》、《列宁选集》、《毛泽东选集》、《邓小平文选》等的引文，还有大量历次党代会报告的原文引用。尤其是作者在论述党的重大理论出现的历史时，很有可能按照自己的印象去表述一些重大理论论断，编辑一定要警觉，要认真核对相关说法是否和原表述一致。

3. 注意书稿的时间节点

由于时间紧、任务重，在组稿过程中，专家很可能把以往的旧作加工修改之后，放入书中的相关章节，这些部分是需要特别注意的。因为时间节点不同，在当时作者完稿时文中的时间都是对的，可是放到现在的书稿中，时间就都是错的，需要更改。尤其需要注意的是一些重要论断，在当时书稿中这些论断是最新的，可是放到现在，里面的论断就不是最新的了。比如《为什么要坚持马克思主义》这本书中，校样阶段的一个章节就提到“三个代表”重要思想是马克思主义中国化的最新理论成果，这明显是错的。作为新编辑经验不足，在加工阶段我也感觉到这一章可能是旧作，但我的注意点一直集中在修改时间上，而忽视了这个重大的政治问题。在终审阶段，终审老师给我指出了这个错误，并且指导我在这些旧作新用的章节中除了时间问题，一定还要注意重要表述是否及时更新的问题。

三、参与十八大相关书稿编辑加工后的心得

1. 编辑要加强理论学习

在参与十八大相关书稿的编辑加工过程中，我最大的心得体会就是编辑一定要加强理论学习，每次党代会之后都要认真学习新的党代会报告的思想和精神，要及时了解新报告中的新思想、新观点、新论断，并要充分掌握。这样在编辑加

工工作中才能真正做到坚持正确的政治方向，把握正确的理论导向，工作做起来才会更加得心应手。我在参与这几本书的编辑加工的过程中，明显感觉自己在理论方面还有欠缺，按照各位前辈老师的指导，我挤时间恶补了以往历次党代会的主要思想和精神，并认真学习了十八大报告的最新思想、观点和论断。当时书稿进度的压力和学习的压力，让我感觉很疲惫，但是经过这次锻炼，我明显感觉自己有了迅速的成长，并充分认识到编辑一定是要不断学习的，并且要把功夫下在平时，这样才不会临阵慌乱。

2. 编辑要把握好改稿的尺度

把握好改稿尺度，不仅是对于政治类稿件，基本也是对于所有稿件编辑加工的要求。参加新员工培训时，各位老师讲课时几乎都提到，改稿子要坚持以下三个原则，即必改的一定要改对，不必改的一定不改，可改可不改的不改。对于这种时间紧、任务重、质量要求高的稿子，现在回过头来对比各位老师的教导，可谓字字箴言。只有坚持上述几项原则，才能既做好责任编辑分内的事务，又不侵犯作者的写作意图，同时又能保证书稿的进度和质量。

3. 编辑要培养自己敏锐地发现问题的能力

扎实的理论学习，是培养自己发现问题的敏锐触觉的基础。在认真学习理论、充分掌握理论的基础上，编辑要培养自己敏锐地发现问题的能力。比如作者在梳理重大理论形成的历史时，很可能根据自己的印象描述重大理论论断，这时编辑一定要警觉起来，认真查一下，作者的说法是不是确切，是不是和党代会报告以及其他党和国家的重要文献中的表述一致。经常出现作者的表述和原表述极其相似，但是却有个别词句不一致的情况。在遇到旧作新用的章节时，一定要注意前面提到的终审老师的指导，就是除了注意时间问题外，还一定要注意重要理论表述是否及时更新，这方面出错往往都是政治错误，不容小觑。

文字编辑的工作职责

·彭理文·

出版，是编辑、复制作品并向公众发行的活动。在整个出版过程中，有三个有序的、相互联结的阶段，即编辑阶段、复制阶段、发行阶段。编辑阶段有信息采集、选题策划、组稿、审稿、加工整理、整体设计、发稿检查、读校样、看样品等环节。编辑阶段的这些环节，归纳起来大致为选题策划与组稿、审稿与编辑加工、编务三个方面，而文字编辑的主要职责就是审稿与编辑加工。

一、审稿

审稿是对稿件进行审读、评价，决定取舍，并对需要修改的稿件提出修改要求和建议的活动，是实施选题的具体步骤和进行稿件加工整理的前提条件。审稿的目的在于对是否予以出版作出评价；或通过审稿，对基本符合选题策划和组稿要求的约稿，在整体内容、结构、篇幅等全局性、整体性需要调整的地方对作者提出修改意见。如果不经过审稿环节就直接进行编辑加工，到了复审、终审等环节才发现尚存在全局性、整体性方面的问题，则可能会推倒重来而浪费人力、财力，所以审稿是不可省略的重要环节。

审稿，通常要逐字逐句认真审读前后辅文（即前言、目录、索引、后记等）以及正文的第一章和重要章节，如为多作者（或译者）所著（译），必须审读每个著（译）者的其中一章。一般经过这样的审读，可基本把握书稿的总体内容和质量水平，具体来说有以下几点：

（1）审读前言、后记和第一章，有助于了解全书概况、特点等。

（2）审读重要章节（易出问题和较敏感的章节），有助于发现有关政治、外交、基本概念、定义、专业术语等方面存在的问题，即把握书稿有无硬伤。

（3）审读目录，有助于把握书稿的整体结构是否合理，如为译稿也可发现是否有严重不符合国情的章节内容。

（4）审读附录（特别是索引），通过判断专业术语、人名、地名、公司名是否准确，有助于把握著（译）者的专业水平和对书稿是否负责等。

二、编辑加工

编辑加工是在审稿后稿件大框架得到认可的前提下，纠正书稿中的差错，对稿件进行局部的修改，提高书稿的质量以符合出版要求。

1. 编辑加工的基本原则

编辑加工的基本原则：首先是不增添错误，无依据不可轻易下笔改；其次是可改可不改的不改。

2. 把住四大关

（1）政治关。主要是涉及对港台、国家主权、民族宗教、领导人的不当表述，个别内容的感情色彩失当等。国务院颁布的《出版管理条例》对出版物中不得含有的内容作出了具体要求：反对宪法确定的基本原则的；危害国家统一、主权和领土完整的；泄露国家机密、危害国家安全或损害国家荣誉和利益的；煽动民族仇恨、民族歧视，破坏民族团结，或者损害民族风俗、习惯的；宣扬邪教、迷信的；扰乱社会秩序，破坏社会稳定的；宣扬淫秽、赌博、暴力或者教唆犯罪的；侮辱或者诽谤他人，损害他人合法权益的；危害社会公德或者民族优秀文化传统的；有法律、行政法规和国家规定禁止的其他内容的。政治性差错事关重大，一旦处理不当将会对编辑个人甚至是出版社带来很大的负面影响，所以文字编辑在编辑加工过程中这根弦一定要紧绷。

（2）知识关。主要有内容的张冠李戴，如引用诗词、人物、地理位置等出现错误；资料过时导致的内容错误，如 2005 年 10 月，国家测绘局公布珠峰的岩石面海拔高度为 8 844.43 米，此后的出版物中应使用这一最新数据，否则计为差错；历史时间有误；专业表述有误等。

（3）文字关。主要涉及数字、标点等不符合规范；错用成语、表述不当等各类语法错误；错别字、滥用繁体字、滥用异体字等。

（4）技术关。主要是要保持体例结构的一致性，如各级标题的字体、字号、占行，图表、公式、注释等的格式一致性；名词术语、人名、公司名、地名等在全书中的一致性；各相同项的一致性，如章节题与目录，封面、扉页、版权页中各相同项，目录与正文中页码，正文与附录（或答案）等。

3. 书稿中容易出现问题的地方

在编辑加工过程中，多留心以下列举的地方，一定能发现问题。如图（曲线关系，横轴、纵轴的单位），表（主、宾格的设置及其关系的正确性，合计数，数字格式），公式，统计数字（准确性，倍数：是多少倍与增加多少倍的区分），法定计量单位，历史年代，引文及出处，定义，反义词（如贷、借，进口、出口，上升、下降），人名，国名，地名，货币名称，语言逻辑（不是并列关系的并列了），索引或词汇表（与正文中的表述不一致）等。

如能将上述问题处理好，书稿质量肯定会有所提高。这就要求文字编辑在编加过程中调动起自己各方面的能力，去发现问题、解决问题，而不仅仅是改错别字和顺句子。只改错别字和顺句子，只能算作校对，不能称为编辑。

三、文字编辑如何提高发现和纠正差错的能力

(1) 合理安排工作，挤出时间，尽可能多读一点书和报刊，拓宽知识面，了解国内国际要闻。

(2) 熟悉利用各种工具书解决书稿中的问题。

人不可能记住全部的知识，必须依靠勤查工具书。常用的工具书，编辑应放在手头随时备查，并且要关注各种新规范的出台，更新自己的知识。如《标点符号用法》(GB/T 15834—2011)、《出版物上数字用法》(GB/T 15835—2011)、《中国人名汉语拼音字母拼写规则》(GB/T 28039—2011)、《汉语拼音正词法基本规则》(GB/T 16159—2012)、《现代汉语词典》(第 6 版) 等，这些都是近两年比较重要的更新，文字编辑要注意学习新的规范，防止出现因为自己的“老观念”导致的错误。

消灭知识性错误　提高出版物质量

——以人大社英语书稿为例

·王　琼·

一、绪论

中国人民大学出版社以出版人文社科类教材为主，其中英语书稿占到了一定的比例。除了外语分社是以出版英语书籍为主之外，考试分社、教育分社、政管分社、大众出版中心、综合编辑室等其他多个分社以及国际合作室都或多或少有一些外语（主要是英语）的稿件。尽管这些稿件的内容千差万别，有的是经济类的，有的是文化类的，有的是英文影印版的，有的是翻译成英语的，但是笔者在编辑加工这些稿件的过程中还是发现这些稿件中存在的问题有一些共同的特点，比如体例格式的统一、标点符号的用法、字体字号的要求、音标的拼写、语法的正误等，这些都是我们在编辑加工英语稿件时会关注的主要方面。但是，由于英语毕竟不是编辑人员的母语，编辑在审读英语书稿的时候，在过多关注书稿形式上的问题的同时，往往会忽略了内容上存在的问题。

内容上存在的问题一般不是知识性错误，就是逻辑性错误。这一类错误一旦被放过，出现在成书里，就会成为硬伤，给读者传递错误的信息，严重损害书稿的质量。这种错误比起标点、格式、字体等形式上的错误要严重得多，因此在《图书质量管理规定》中对于这一类错误的扣分也是最多的，达到了 2 分。所以，即使是外语书稿，编辑在审读加工的时候，也必须对知识性、逻辑性错误提高警惕，善于发现这一类问题，把错误消灭在出版之前。本文以英语书稿中的知识性错误为例，来分析这类错误的特点，对英语书稿的编辑加工提出建议，以求提高我社英语出版物质量。

二、案例分析

笔者从自己编辑加工过的书稿中挑选了几个比较有代表性的案例在下文中进行分析。例句中加粗的文字即为有知识性错误之处。

(1) China has a land border… and is bordered by **twelve** countries…（摘自《旅游英语实务》原稿）

这句话说中国有 12 个陆地邻国。但实际上并非如此。中国陆地边界线长 2.2 万多公里，与 14 个国家接壤。这 14 个国家是缅甸、尼泊尔、朝鲜、蒙古、巴基斯坦、阿富汗、俄罗斯、老挝、哈萨克斯坦、吉尔吉斯斯坦、塔吉克斯坦、越南、印度、不丹。只要找张世界地图来看看就知道了。用英语介绍中国国情的时候，应该注意核实相关信息，一旦出错，就是政治性问题了。

改正：将 twelve 改为 fourteen。

(2) Hainan province now has… The province has **8** cities and 10 counties…（摘自《海南实用旅游英语》原稿）

这句话说海南省有 8 个市和 10 个县。在 2012 年 6 月之前，这是实情。但是，2012 年 6 月，民政部发布公告说，经国务院批准，撤销海南省西沙群岛、南沙群岛、中沙群岛办事处，设立地级三沙市，管辖西沙群岛、中沙群岛、南沙群岛的岛礁及其海域。三沙市人民政府驻西沙永兴岛。这就意味着，从那时起，海南岛有了第九个市三沙市。

改正：将 8 改为 9。

(3) Charlotte's first, The Professor, never found a publisher in her lifetime, but Emily's *Wuthering Heights* and Anne's *Agnes Grey* were published in **1848**. Charlotte immediately began *Jane Eyre*, and it was published in 1847.（摘自《英国文学简明教程》原稿）

这段话介绍的是英国文学史上著名的勃朗特三姐妹书籍出版的情况。句中说夏洛特·勃朗特的小说《简·爱》是 1847 年出版的，而艾米莉·勃朗特的小说《呼啸山庄》和安妮·勃朗特的小说《艾格妮斯·格雷》是 1848 年出版的。

但是，仔细查阅了英国文学史之后发现，《简·爱》、《呼啸山庄》和《艾格尼斯·格雷》这三本书是于同一年，即 1847 年在英国先后出版的。1845 年秋季的一天，夏洛特偶然看到艾米莉写的一本诗集，她深受感动，想到写作也许是一条出路，于是，她动用了去世的姨妈留给她们的遗产，与两个妹妹合出一本诗集。但是尽管诗写得很美，却未能引起人们的注意，只卖掉了两本。虽然如此，这本诗集的出版仍鼓舞了她们的创作情绪，于是勃朗特姐妹埋头写起小说来。这一年，小妹妹安妮·勃朗特写成了《艾格妮斯·格雷》，艾米莉写成了《呼啸山庄》，夏洛特写成了《教师》。前两部都被出版商接受了，只有《教师》被退回。但夏洛特没有灰心，她开始写《简·爱》，小说中的人物和情节很多都是她在生活中经历过的或是熟悉的。她用了一年时间以相当快的速度写好了《简·爱》，两个月以后，书出版了，而《艾格妮斯·格雷》和《呼啸山庄》直到《简·爱》出版后方才出版。《简·爱》出版于1847年10月，《呼啸山庄》和《艾格妮斯·格雷》也于同年底出版。

改正：将1848改为1847。

（4）…irrevocable L/C No. 278 amounting to ＄1 200 000 with validity until 21st May. Please note that the goods mentioned must be dispatched before the end of **October** and…（摘自《新编实用英语写作（下册）》原稿）

这句话是一封商业信函中的语言，告诉卖方请在10月之前发货，同时提到信用证的有效期是截止到5月21日。这句话从语法上看来没有任何问题。可是稍微有点外贸常识的人就会发现，信用证在发货之前就过期了，那卖方岂不是无法收到货款？一般来说，信用证上会有装运期和有效期两个时间安排。一般要在有效期截止的15～20天前安排装运，才有充足的时间准备做单、交单。不然的话，时间不够用，就很被动。比如说信用证的有效期为7月20日，那么卖方至少要在7月1日就得开始安排装运，然后在7月20日之前交单议付。这是比较保险的做法。交单要在有效期之前，不然的话就不能议付了。回到这段话中，如果有效期是5月21日，那么发货必定得在5月之前。

改正：把October改为April。

（5）ministry of foreign affairs of Japan 中译文：日本**外交部**（摘自《英文经济报刊文章选读》原稿）

这句话的问题出在它的中译文上。我们不能看见ministry of foreign affairs，就想当然地认为是外交部。虽然各国政府都有主管外交事务的部门，但是名称各异。日本政府中主管外交事务的部门称作外务省，其首长称为外务大臣，而非外交部长。而美国主管外交事务的部门是国务院，英文叫Department of State，其首长叫国务卿，与中国的国务院是完全不同的概念。这些称谓上的差异，编辑一定要留心。否则，稍不留神，就会贻笑大方了。

改正：将“日本外交部”改为“日本外务省”。

(6) 约翰·杰伊曾任外交官、美国第一任**司法部长**和纽约州州长等职。（摘自《联邦党人文集》原稿）

这句话是英文原版《联邦党人文集》（*The Federalist Papers*）的中文导读中的一句话，介绍了文集作者之一约翰·杰伊（John Jay）的身份。这句话通读下来似乎没有什么问题。但事实上约翰·杰伊从1789年到1795年出任的是美国第一任联邦最高法院首席大法官，而非司法部长。美国第一任司法部长是埃德蒙·詹宁斯·伦道夫（Edmund Jennings Randolph），他于1789年9月至1794年1月担任此职务。虽然都是与法律相关的部门，但是千万不能把司法部和最高法院弄混淆了。

改正：将“司法部长”改为“联邦最高法院首席大法官”。

(7) **Japan is one of the four dragons in Asia.**（摘自《中国人的价值观》英文版原稿）

此句意为：日本是亚洲四小龙之一。但“亚洲四小龙”其实并不包括日本，而是指中国香港、中国台湾、韩国和新加坡。这四个地区或国家从20世纪60年代开始，推行出口导向型战略，重点发展劳动密集型的加工产业，在短时间内实现了经济的腾飞，一跃成为全亚洲最发达富裕的地区之一。所谓“东亚模式”引起全世界关注，它们也因此被称为“亚洲四小龙”。中文版中的这句话就是错误的，译者在中翻英的时候居然也没有发现这个错误，还把这句话直接翻译成了英文，闹出了笑话。

改正：将这句话从原稿中删除。

(8) Rio de Janeiro，**the capital city and the largest city in Brazil.**（摘自《研究生英语精读教程》原稿）

此句是课文的一个脚注，意为：里约热内卢是巴西首都和最大城市。但事实上，里约热内卢既不是巴西首都，也不是巴西最大城市。里约热内卢有时简称为里约（Rio），位于巴西东南部，在1960年以前为巴西首都，是巴西第二大城市，仅次于圣保罗。里约热内卢于2009年获得2016年第31届夏季奥林匹克运动会举办权。巴西现在的首都是巴西利亚，不是里约热内卢。还有一些国家的首都容易被大家记混淆，比如，加拿大的首都是渥太华，不是多伦多或者温哥华，澳大利亚的首都是堪培拉，不是悉尼或者墨尔本，等等。

改正：可将“the capital city and the largest city in Brazil”改为“the second largest city in Brazil”。

三、特点

以上八例知识性错误仅仅只是笔者工作中遇到的真实案例中的很小一部分。通过分析这几个案例，可以看出英语稿件中的知识性错误具有某些共同的特点。一是具有隐蔽性，因为是以外文的形式出现的，不是编辑们的母语，所以在编辑加工过程中，编辑往往更容易去关注文字内容的语法是否正确、译文是否忠实于原文等，而经常会无意识地忽略了内容本身的正确与否。二是具有异质性，即所谈论的话题大多是与外国有关的，即使谈论的是与中国相关的话题，也是用外语表达出来的，这些都与国内的话题和表达形式有所不同，容易给人一种陌生感，增加了编辑加工的难度。

四、建议

图书的质量一直都是图书出版工作的生命线。要提高出版物质量，为读者奉献正确无误的书籍，图书编辑就必须把知识性错误消灭在图书出版之前。英语编辑尤其如此，因为英语书籍的对象不仅是国内的读者，还有许多是外国读者。在实现中华民族伟大复兴的21世纪，我们的英语书籍肩负着传播中华文化的历史使命，英语图书编辑就一定要把好质量这道关。对此，笔者有如此几点建议：

(1) 编辑在加工书稿的过程中应时刻对知识性错误保持警惕，对书稿的内容和作者、译者的权威性保持一种适度的怀疑态度。即使是很权威的作者或者译者，也有犯错误的时候。编辑要敢于指出错误。

(2) 对于书稿中存疑的地方或模棱两可之处，编辑一定要勤于查证。可以通过专业书籍、辞书、百科全书、官方网站、报纸、期刊等多种途径去查证，也可以向作者、译者提出该问题，让他们查证之后再提供正确的内容。

(3) 编辑要不断提高自身的业务水平，并加强专业学习。对于英语编辑来说，在不断提高编辑加工书稿的业务水平的同时，还要加强与英语书稿关系密切的相关专业知识的学习。比如，我们在工作中经常会遇到英美文学、语言学、英美历史、国际关系、中英互译等方面的书稿，这就要求我们在这些领域有一定的专业知识储备。

(4) 编辑还要不断提高通识水平。知识性错误有可能是与外贸相关的，有可能是与法律相关的，还有可能是与音乐美术相关的……要能在工作中发现并纠正这些错误，就要求编辑不仅是一位专家，还得是一位杂家，对社会生活的方方面面都有所了解。

(5) 英语编辑还应充分利用参加国外书展、海外考察等走出国门的机会，提高自己的英语水平，了解外国的风土人情以及外国人的阅读习惯。

五、结语

知识性错误是书稿中常见的错误。消灭知识性错误对于提高出版物质量至关重要。英语书稿中的知识性错误具有隐蔽性和异质性的特点，不易被发现。英语编辑应当提高警惕，善于发现和改正知识性错误。同时，还需要提高自身的语言水平，增强专业知识与通识的储备，为人大社打造精品英语出版物、为中国文化“走出去”贡献一份力量。

从“右开本”到“左开本”

·袁雪英　冯　喆·

从文山书海的各类图书展销会、订货会到书盈四壁的大小门店，形形色色古今中外的图书给人们的学习、工作、生活提供了诸多的帮助，带来了诸多的便利。可以说，图书是陪伴我们却从无任何附加条件的好伙伴。

那么何为好伙伴？说起图书来，其实很简单，即好的内容配以好的形式，而好的形式对一本好书来说也是非常重要的，它可以把读者的目光从众多的书籍中吸引过来，再用好的内容打动读者使其爱不释手，渐渐便结识了一个又一个好伙伴。所以说，书籍的好内容和好形式是缺一不可的。

纵观中国古今书籍的装帧形式，其实也很简单，既有悠久历史的“竖版右开本”图书，又有现代广而用之的“横版左开本”图书。

下面先解释一下“右开本”和“左开本”。

（1）右开本。直排书的开本形式。其订口在右，翻口在左，阅读时须从左向右翻页，故称“右开本”。亦叫“正翻身”。

（2）左开本。横排书的开本形式。其订口在左，翻口在右，阅读时须从右向左翻页，故称“左开本”。亦叫“反翻身”、“西式翻身”。

直排图书是我国传统用书，直排书的书写、阅读是从上到下、从右到左连续不断。按照中文的阅读顺序读者可顺畅读出文中所述。但是，违背客观规律凭空臆造就会出现曲解、误导。且看图1，你能读出此书的书名吗？

↙ 造图型像的宇诞宙生论

图1　书脊

显然有些困惑，因为按照直排书规则是念不通的。书脊排版应遵循直排规则。

再看图 2 中的“参考文献”所在位置。

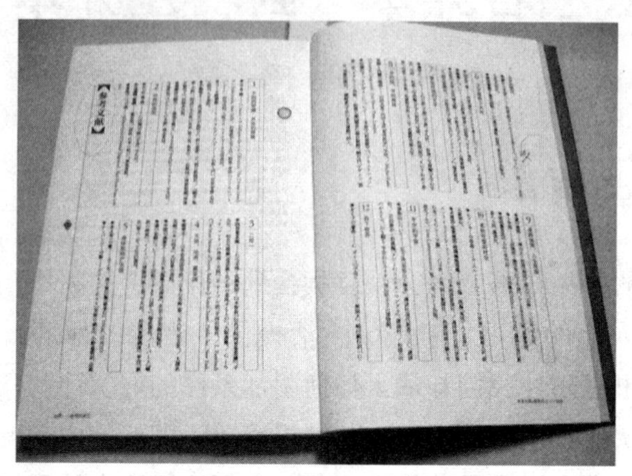

图 2

此书正文（主体部分）是横排书，阅读顺序是从左至右。那么全书从体例上来讲应一致，这是对编辑的基本要求，然而从 218 页（见图 2 右）开始阅读顺序改为由右向左，这时候第二个错误就出现了。当“2 对称的造型”的内容排完后中间出现“参考文献”，接着是“3 二即一”。正确的排法（就 218 页而言）应将“参考文献”移至“1 太阳的眼睛·月亮的眼睛”右侧才对。

接下来看图 3。你发现了什么？

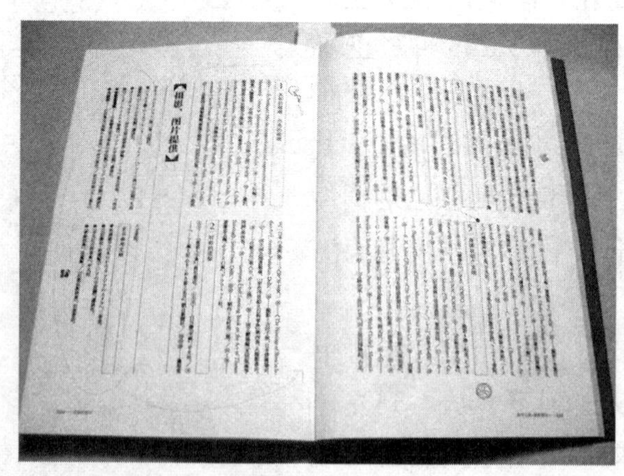

图 3

图 3 中排列顺序的错误就更严重了。它完全颠覆了“横排书从左往右”、“直排书从右向左”的规则，而是（见图 3 左，即 220 页按从右往左的顺序分析）从左上方第 12 列、13 列、14 列、15 列、16 列、17 列、18 列排起（从一页的半截开始）→左下的第 12 列→18 列；再到中间的“摄影、图片提供”；最后是右上方的第 1 列→10 列→右下方的第 1 列→10 列。由于 220 页排版形式的混乱造成与 221 页衔接变成了右下方第 10 列结束后接 221 页右上方的第 1 列（见图 4）。正确的排法见图 5。

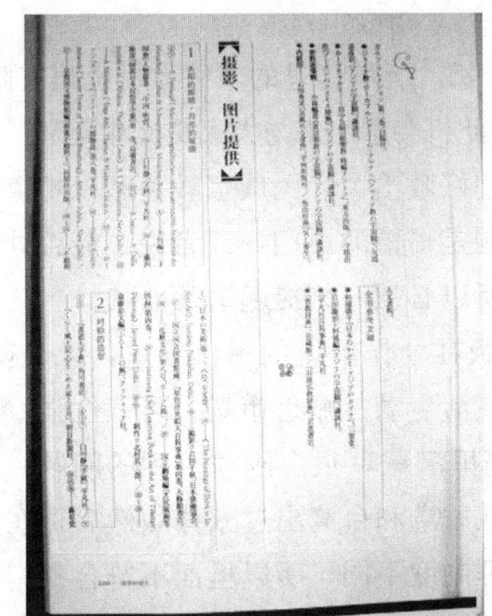

图 4　错版

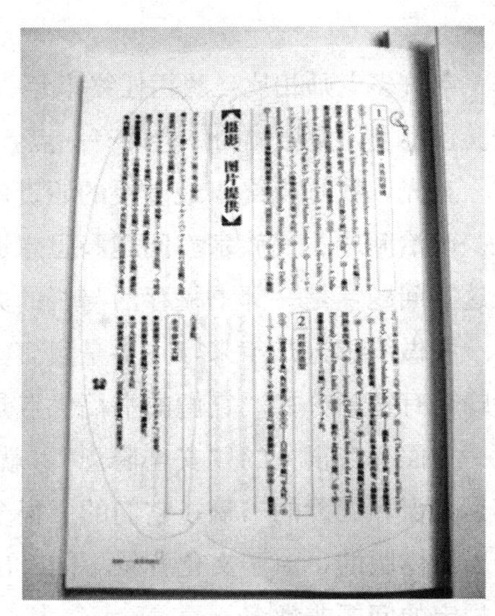

图 5　正版

从以上三处错误中我们应得到哪些启示？我们在工作中应如何更科学、更准确地把握好形式与内容的完美统一？这是一项需要不断探索、实践的工作（有兴趣的读者可查找 ISBN 978-7-300-16632-2）。

作为出版工作者，有认真负责的工作态度只是一个方面（何况还有缺乏认真负责的工作态度的人），还要有科学且行之有效的工作方法。为提高出版物质量而不辞辛劳，对每一道工序、每一个细节（包括印刷与装订）重重把关，才能提高出版物质量，才能出好书，才是先进文化的传播者。

终审工作的一点体会

·王宏霞·

与许多老师相比，我担任终审年头并不算长，所审读过的书稿数量也很有限，经验谈不上，但粗浅的体会确有一点，愿意借此机会拿出来与大家交流和分享。

首先，我觉得终审最重要的职责就是要把好政治关、民族宗教关和思想道德关。政治问题、民族宗教问题和思想道德问题是书稿的命门，或者说，能否处理好这些问题，是一部书稿存活与否的关键。所以必须时刻提起这几根弦。

我做终审这几年来，主要是负责人大出版社合作单位的书稿终审，像天窗、蜜蜂还有德慧分社。它们的书稿优点是选题灵活生动、贴近市场、可读性强，但另一方面存在很大的“安全隐患”，就是书稿里潜藏着很多刚才讲到的问题，尤其是天窗和德慧的书稿，它们的书很多都是在香港和台湾出过繁体版然后再在大陆出简体版的，由于文化背景不同、出版管理制度不同，所以里面不符合我们出版规定的问题非常多。

记得我刚做终审时看过一部书稿叫《宝岛眷村》，讲的是国民党刚到台湾的时候，在部队旁边建起的一个家属院的几十年变迁故事，里面穿插着文化和情感的讲述，读起来确实很有意思，但是书稿里潜藏的政治问题很多，比如称谓、表述都是台湾的提法，需要仔细甄别哪些符合我们的规定可以保留，哪些必须要修改。这个书稿我审完不放心，特意让沈老师又给我把了一道关，沈老师帮我指正了不少问题。

我还终审过一本书稿叫《明暗》，讲的是一个香港知名影评作家的一些观影感受。由于香港和内地出版管理体制不同，该影评作家的一些个人趣味的东西在香港出版能被接受，但是在内地还是很不合适，比如他点评陈冠希“艳照门”和评论日本三级片女星的两篇文章，非但不贬斥反而有褒扬的意味，表现出一种低俗的个人趣味，经过与策划沟通，最后还是坚持删去这两篇文章。

其次，我觉得做终审必须全神贯注，大脑高速运转，才能做到统筹全局、前后观照、宏微并举，从而发现逻辑层面以及一些深层的内容问题，而不只是在一些表面形式上下功夫。

我个人的体会就是看稿时脑子懈怠，就基本看不出什么大问题，只是改改字词，做这些表面文章。但是如果精神高度集中了，大脑细胞非常活跃，那么那些前后表述不一致、张冠李戴、逻辑矛盾，就很容易发现了。

我给德慧看过一本《达芬奇——科学第一人》，里面各种稀奇古怪的错漏就不说了，其中有一个比较大的问题，是两张解剖图放反了，如果不仔细推敲行文，是很难发现这个错误的。

我还曾终审过一本天窗的书稿《老爹妈思厨》，这是一本通过分享香港某老旧社区的老人的一些拿手菜讲述他们各异的人生经历的书稿。这本书里每篇文章开头都有一幅跨页彩图，上面附有一句从文中摘出的描述文章讲述者经历的话。其中一篇文章讲述者是一对夫妇，彩图上的是妻子做饭的照片，上面写着“十二岁左右便来香港来做裁缝学徒”，乍一看似乎没有问题，哦，这个老奶奶从十二岁就开始当裁缝学徒，但仔细阅读文章，你会发现，十二岁当裁缝学徒的是老爷爷——老奶奶的丈夫，所以以老奶奶的照片配老爷爷的经历讲述是不合适的，后来建议策划从老奶奶的讲述中摘了一句话替换上去。

第三，我觉得终审在审稿时还要注意总结初复审存在的问题，指正并帮助他们提高。在这方面，我一直注意观察和学习沈小农老师的做法，他除去遇到重大问题要亲自给初复审编辑讲稿子之外，在审稿时看到初复审改得不合适的地方，还会用铅笔作批注，简单指出这个地方为什么要改、那个地方为什么不能改或者说不必改，给前手的编辑一个清晰提示，帮助他们强化认识、加深印象，而不是审完赶紧拿去出书就得了。这种终审方法其实也是一种教学方式，可以让初复审不仅知其然，还知其所以然，有助于他们尽快地成长、成熟。以我的终审体会，初复审编辑在工作中存在的主要问题常常是一些可不改的地方动了笔，而应该改的地方又没有悉数改出。

第四，我认为做终审初期必须有个好老师带。随时遇到问题随时请教，这样能力提高得快。所以我们作为编辑，都要珍惜向资深编辑老师请教的机会，请益一定要主动、要虚心、要恭敬，正所谓一分诚敬得一分利益。

第五，业无止境。要做个好编辑，就不能满足现状，还是要不断加强自身能力素质的培养，特别是在语言使用能力、逻辑思维能力和政策把握能力上，要始终注意学习提高，这是我们编辑工作的“根”，培好根，整棵大树才会枝繁叶茂。

四、市场营销

探微图书市场治理

·郭　毅·

图书市场经过多年的蓬勃发展，取得了巨大进步。但是随着市场化的不断深入，也伴生了许多问题，可以说机遇与危机并存，形势愈趋严峻，如今的图书业更加举步维艰，仿佛又重新回到了当年求生存的原点。笔者深爱着这一份工作这一个行业，本着从业者的责任和义务，客观思考，希望能为行业发展建言，以达抛砖引玉的功效。未免肤浅，其心可表!

一、图书市场三类现象

1．出版乱象

（1）现状：出版品种数量爆炸，同质化和跟风严重，单品效益下滑，品种规模堆砌之风盛行，出版和选题质量更多循环在低水平阶段，难以突破。

（2）根源：一方面是出版急躁，短视行为加剧，失去了对社会效益和经济效益的坚持，出版行业责任感和文化守望意识弱化。并且如今的网店价格战加剧了该现状。网店价格战肆意将过度竞争成本分摊给出版社，造成出版社的合理利润空间受到严重挤压和侵占，为了基本的出版利润，出版社只能控制生产成本和作者版税等成本，于是，出版选题质量受到了很严峻的挑战，进而以高定价低折扣迎合了网店价格战的惯用套路，出版社更多的精力不是放在出版精品上，而是放在挣快钱、胡乱堆砌造货码洋上。

（3）危害：出版行业低水平恶性循环，伤害了读者对出版业的信心，误导读者对出版业产生过多的负面印象，比如出版业是暴利行业；更加习惯低价低质图书，不再愿意为了好的文化产品付出购买成本，从根本上使得出版业失去了持续发展源泉和动力，最终阻碍了文化产业的进一步健康发展。

2．光合现象

（1）现状：2011 年 11 月初的光合作用书房关门事件，不仅仅震惊了业界，更加震撼了学界和传媒界。四年之内民营书店倒闭万家，风入松、上海季风书屋、北京第三极书局等一批知名书店出现经营问题。光合现象只是这个图书业危机发展趋势的一个缩影而已，如此下去，更多的“光合”将不复存在。

（2）根源：一方面是书店自身经营存在问题，并且随着网购成为大趋势，加之网店价格战抢夺了实体书店微乎其微的利润，一次次地伤害了实体书店，它们首当其冲地成为了价格战的炮灰。在这种情况下，实体书店得不到基本的底线保护，自身又墨守成规，不主动创新突破和转型，必然带来危机。

（3）危害：实体书店是爱书人的乐园，随着实体书店锐减，传播文化的堡垒同步消减，文化沙化的危机越发突出，从根本上动摇了文化大发展大繁荣的方向。并且由于图书业存在赊销机制这个怪胎，随着实体书店的消亡，必然带来一大批呆死账，最终的买单者又是出版方，再次伤害了出版业。

3. 电商癫狂

（1）现状：图书在电商眼中毫无文化属性和精神价值。更多的电商只是为了利用图书业，价格战成了最常规的武器，仿佛毒瘾发作一般欲罢不能。随着电商价格战的癫狂，整个出版业和实体书店等生态圈成员为之颤栗。诚然，网购是大趋势，图书业是用开放心态拥抱和欢迎电商的，希望借助电商的巨大正向作用把图书业做得更大更强。但是如果电商肆意无度无理地开展价格战以谋取一己私利，全然不顾及图书业的感受和损失，这从根本上是不可接受的。

（2）根源：图书具有天然的人气商品特性，这使它成了电商间最价廉物美的揽客工具，图书给电商带来流量和转化率，因此，白送都是可以的。电商竞争一直处于最初级的价格战阶段。

（3）危害：图书成为价格战的工具，长期如此会让读者产生文化不值钱的意识，对文化产业长远不利；电商一直在低水平竞争阶段纠缠，而不在客户体验、服务、创新、效率等方面着力，是电商业的集体悲哀；商业多赢的局面不能形成，共识不能达成，是产业不幸。电商侧重于资本导向，玩砸了图书业，完全可以全身而退，而我们这个行业和众多的从业者呢，是没有退路的。可以说，电商的这些行为是在持续伤害文化产业的。

可以看出，价格战尤其是网店价格战不是造成目前图书业窘境的唯一原因，但是肯定是主要原因之一。

二、图书市场问计

图书市场的良性共建是身处其中每一分子的责任与义务，因此需要从各个层面来把脉，协同起来综合施治才能真正起到作用。

(一) 管理层面何为

管理层面主要涉及国家行政主管部门以及各个图书行业协会机构等。

(1) 坚持做好书业扶持政策。严格按照十七届六中全会精神，执行落实好文化产业扶持政策，尤其是优先重点扶持优秀的民营实体书店。为了确保文化大发展大繁荣战略，管理部门坚持为实体书店减负松绑，解决生存之忧，多从根本上鼓励支持实体书店的发展。

(2) 做好价格立法工作。国家扶持政策固然是好，但是更需要给图书业营造一个好的生存环境才能持久，授人以鱼不如授人以渔。从基本层面来保障图书业的基本权利才是根本。充分重视文化振兴战略，将文化产业提升到全民高度，在充分遵循市场规律的前提下，进行价格立法工作，确保文化产业的生存底线和发展基础。

第一，统一思想。有一种看法是，对价格立法就是不遵循市场规律，进行垄断，就要用反垄断法进行反制，这种认识现在大有市场。其实，更多时候该论调反而是由真正意图垄断的市场组织借国家法律之手行垄断之实。这还不要紧，更可怕的是这类组织随时祭起让利使读者得到实惠的道义大旗，仿佛是只要进行价格限制就是反人类一样。这是给统一价格立法制造的精神枷锁。各个层面都应该勇于突破达成共识。试想，现在的读者真正的阅读权益得到保障和提升了吗？远远没有，反而是更加可悲，被更多低水平的没有充足营养的文化产品包围，在商家间肆意的价格战中迷失了对图书品质的追求与体验。

第二，看看其他国家关于价格立法方面的案例。目前很多国家市场化程度丝毫不亚于我们国家，可是价格立法工作早已开展并且卓有成效。

比如，德国的图书价格约束法，其中提到的两条理由在如今也有很多参考价值：图书是文化财富，它需要特别保护，因此有理由要求特殊对待；在终端客户销售环节的价格约束行为可以保障图书商品的大量供应。目前，德国图书市场成为世界上效率最高、销售额大高的市场之一，恐怕这个价格约束法也做出了很大贡献。

第三，价格立法对于文化战略尤其重要。一个国家、一个民族的核心优势就是文化，文化战略是核心战略，丢失了文化，是没有长远发展的。图书虽然也具有商品属性，但是其文化属性、精神属性才是唯一不可替代的。任何尊重本国文化的国家都冲破重重阻力对文化产品价格进行立法和相关保护，对经营文化产品的书店进行保护，我们为什么不能？打着反价格立法旗号的群体要不就是没认识到真正的文化产业的意义，要不就是某些利益集团的代言人。

第四，价格立法方向。对于图书产品要实行价格立法保护，限制最低销售价格，对实体书店尤其是网上书店进行明确限价和监控，凡是破坏价格底线的行为和组织，要依法实行严格的管控和惩罚措施。只有真正保护好文化产业的生态链，确保良性的生存发展机制，确保各个环节合理适度的生存发展收益，才能真正为读者创造更多更好的精神产品，才能确保国家和民族的文化竞争力。

（3）强化对出版社的出版导向，从政策方向和实务操作上鼓励支持社会效益和经济效益并存的出版工作。

（4）坚持打击盗版的高压态势，继续完善知识产权保护的相关工作。

（5）行业协会组织等管理机构应该协助上级管理部门做好决策支持、价格立法、市场秩序监控管理等工作，真正立足于行业的长期良性发展，充分担当起应尽的责任和义务。

（二）出版方何为

在严峻的市场生态环境下，出版方不能过度怨天尤人，更要发奋图强，在追求市场效益和社会效益上寻找最佳平衡点。

（1）坚持出版责任和信心。近些年市场环境发生巨大变化，短平快这股急躁之风蔓延整个出版业，现在需要冷静下来思考由此带来的得与失。坚定地尽快回归出版责任，做好文化守望和经济效益诉求的平衡科学发展，找回认真出版的信心。

（2）用更大的魄力实现合理的利润导向转型。整个行业更多体现出的还是码洋造货观，通过品种规模来堆砌，并不实际考虑品种结构和选题规划的合理性、科学性。这里并不是要求唯利是图，而是要更坚决地舍弃表面数字，从而仔细规划，哪些品种是侧重于社会效益，哪些品种必须倚重于经济效益，进行利润导向转型。只有生存好了才能更好地发展。

（3）回归内容为王，找回行业真正的话语权，做好创新突破。如今的文化产业更显多元化、多介质化，其实只是表现形式和沟通载体差异化了，实质的内容才是永恒和根本。在这点上我们不能迷失方向感到迷茫。相反，我们更应该回归内容为王的认识，充分重视选题质量和内容生产，牢牢地将内容资源抓在手里，才能找回话语权，并且对于未来内容的传播方式，应该更加开放乐观地进行创新突破，实现内容传播的最大化和商业价值体现的最强化。

(三) 实体书店何为

实体书店同样不能一直等、靠、要，寄希望于国家这个救世主能解决一切苦难。毕竟，这个不现实，市场也不给时间和机会。要自始至终抱有与行业赛跑的意识，只有自强自新才能确保顽强的生命力和发展力，落后者必然被淘汰。靠接济是不能长久的。

(1) 实体书店自我突破创新是关键。笔者曾在拙文《实体书店　前路可期》中对实体书店的转型方向有过描述：实体店应立足售书，超越售书，在读者体验等方面获取成功。这一点丝毫不能动摇，并且如今更应坚定这个方向。尤其是在现阶段网上书店强势进入并肆意展开价格战的环境下，实体书店为读者提供的现实环境和阅读体验，是网上书店暂时不能比拟的，应该坚持并且发扬起来。实体书店要在规模、布局与功能上寻求转型和创新，一切以客户体验和客户增值服务为导向。实体书店的店容规模要因地制宜，因市场和商圈饱和度等进行定位，不是越大越好；同样对于品种规模，大而全未必是好事。让读者觉得这个书店很有趣、很轻松才是根本。其实售书只是书店的基础工作，不是唯一工作，这应该作为一种理念贯彻于书店经营中。

(2) 善于联合团结同行，寻求与各个管理层面的沟通，争取获得支持。实体书店在当下更应该抱团取暖，进行更多的差异化竞争战略定位，实施错位竞争，联合起来增强实力和话语权，并且要善于和行业协会、管理部门等机构沟通，寻求管理机构的理解和支持。

(3) 客观理性看待国家扶持政策。国家扶持政策固然是好，但是，最终还是要靠自强自立才能真正生存发展下去。并且可以想见，更多的书店没有那么多市场机会来等待扶持，靠自己先活下来发展下去才是根本。

(四) 电商何为

电商既然已经闯进图书业，并且未来更多的电商都会闯进来，那就请尊重自己，视自己为图书业一分子，用心呵护图书业。

(1) 尊重竞争者，尊重供货商，共同营造和谐生态环境。尊重竞争者，多一些信任少一些猜忌；尊重供货商，减少肆意过度地盘剥与压榨，共同营造和谐生态环境。不然，纵使得意一时，玩弄图书业于股掌之间，终会众叛亲离，得不偿失。

(2) 尽快将电商竞争从低水平初级阶段提升到服务竞争、增值竞争上来。价格战是一种低水平初级阶段的竞争手段，结果是自残与内耗，伤敌一千自损八百。并且使消费者长期形成低价依赖症，非常不利于整体发展，也许到最后，没有低价就没有销售。应该尽快携起手来，提升竞争着力点，更多放在服务等增值体验上来，这样，也才能提高合理的毛利率，确保电商的生存发展是良性的，确保推动整体行业发展。

（3）主动自查，整肃价格体系和市场秩序。主动自查线上销售价格体系，对于杂乱恶意的价格体系要严格快速处理，维护好基本的市场秩序，成为行业生态环境的保护者与建设者，而不是捣乱者。做一个负责任的行业成员。

（4）打造属于自己的文化基因和精神品格。电商完全可以依托文化属性来做更进一步的增值服务和品牌吸引，努力打造属于自己的文化名片，将文化植入电商基因中不是不可行的。到那个时候，具有文化基因和精神品格的电商才是具有核心竞争力的。

以上各个层面都需要有机地联动起来，各司其职，找到自己的位置发力，才能取得最好效果。全文不免以偏赅全，挂一漏万，希望为行业发展尽到一份心力！毕竟，行业生态环境趋于更加良性，才会使从业者受益，才会真正服务好我们的读者，才能为国家的文化战略做好支撑与落实，这是一件功在千秋的事业。

数字化背景下的出版营销转型

·戈　巨·

随着互联网、移动互联网的发展，读者的阅读习惯渐渐地发生了改变，个性化需求也有所增长，而电商的加入，更使得出版市场竞争愈加激烈，传统出版营销的数字化转型已成必然。

本文主要从出版营销的产品、渠道、理念与方式等方面的转变进行探讨。

一、产品转变

随着互联网技术的发展和网络的普及，用户的阅读需求和习惯正在发生着变化，为应对这种变化，我们的出版物形态也开始发生了转变，从简单的电子书到强大的应用程序，从同质化的内容到丰富的应用服务，都在悄然改变。

1．电子书

电子书相对纸书使用更加方便，可实现书内检索，字体字号调整；可随时网络下载，不受地域限制；电子内容体积小容量大，易于存储管理与携带，方便用户随时随地进行碎片化阅读。丰富的阅读服务功能，给读者带来无异于纸书阅读甚至超越纸书的阅读体验。且电子化内容，节省纸张，可实现产品零库存，让销售与购买变得更加便捷。

2．富媒体互动

此类产品更强调智能化、互动性、触摸交互式的应用服务，注重内容及服务整体价值的提升。读者可通过富媒体的应用设计，参与内容互动，获得多感官、多层次、立体化的阅读体验。如，长江文艺出版社与天智通达合作的《大故宫》电子书，将采用在全球领先的DMM格式（移动数字媒体多维度多媒体格式）设计制作，具有多媒构造特征，多点互动特征，多维逻辑特征，多能拓展特征等。

3．APP应用

APP电子书是媒介融合、移动互联、社会化媒体和个性化服务时代的数字出版物。它能够将电子书的魅力完美展现出来，读者在色彩表现力、功能性、便捷性等方面可获得极佳的阅读体验。APP 应用的通用性强，只需开发一个适合于本品牌的应用，就可以满足所有终端显示设备的呈现需求。其作为一种应用程序，直接与用户的终端设备结合，方便用户随时随地使用，易于持续性使用和用户黏性的培养。出版商正寻找某种方式把 APP 应用变成他们品牌战略的组成部分。例如，苹果 APP 商店的豆瓣读书、盛大文学、多看阅读、云中书城 APP 等。

二、渠道转变

1. 自建直营平台

通过自建营销平台，去除中间商周转环节，直面终端用户。各出版社通过产品的集中呈现、本社专属的分类展示，及主动产品推介等手段，提高产品的呈现度，强化用户对产品的印象。

自建平台，可以方便用户全面地了解图书集群的结构分布及单本图书的内容特点及详细信息，并有“编辑推荐”、“重点首发”等栏目，引导用户发行或选择适合自己的图书产品及服务。据天猫商城数据显示，至今已有 1 000 多家书商。2012 年至今成交额居前的，一部分是大型综合新华书店，像新华文轩，另一部分是在细分类目中优势很强的商家。

2. 与电商合作营销

通过与电商、网络运营商等中间商合作，利用其成熟平台、软硬件技术，及一定的用户量和品牌人气，推广宣传出版社的图书，或是与多家电商合作，打造自己的网店营销体系。为了实现良好的运作，“一对一的网店服务模式”，即配专人服务与单个网店的形式也被不少出版社所采纳。而此种成熟的合作，更适合推广套装书、高端产品或关联度高的同类产品。如，二十一世纪出版社早在 2002 年就开始与当当网合作，成为国内第一家与当当网结为战略合作伙伴的出版社，2012 年该社的产品在当当网销售码洋突破 1.3 亿，销量再次居全国出版社之首。

三、理念与方式转变

据中国互联网络信息中心统计显示，截至 2012 年 12 月底，我国网民规模达 5.64 亿（其中手机网民达 4.2 亿），互联网普及率为 42.1%。普华永道的预测显示，2016 年全球移动互联网用户总量将在当前基础上增长两倍，即增至 29 亿，其中将近 10 亿来自中国市场，占总数的 34%。移动互联网正以移动设备和应用为核心、以云服务移动宽带网络大数据分析等为依托，深入到出版领域，吸引并影响着用户的使用习惯。从纸本到电子版，从 Web 访问到 APP 应用，产品与销售渠道的变化，也促使营销理念与营销方式发生了转变。互联网与移动互联网以其强大的应用服务及庞大的用户群体，为新的营销方式提供了广阔的发展空间。

（一）理念转变

1. 全员营销

编辑与营销的工作是相互渗透的、不可分割的。编辑在选题策划时，应多考虑产品的潜力和可持续发展性；营销需注重市场信息和用户需求的收集，引导、服务于选题策划与图书编辑，懂得自己的书，善于发现它的卖点。

2. 顾问式营销

从以前的被动接受用户的订单需求，到以充当用户顾问的方式，从用户需求角度主动为其推荐适合的图书，甚至是提供定制化的产品营销服务。

（二）方式转变

网络营销以互联网和移动互联网为核心平台，以网络用户为中心，以市场需求为导向，利用微博、微信、二维码等新营销工具，第一时间进行产品营销。它作为一种低成本、高效率的全新营销形式和信息传播机制被许多出版社所看好并接受。网络营销方式包括：微博营销、SN 营销、创意广告营销、体验营销、整合营销等。下面以微博营销为例。

1. 微博营销理念

微博营销，其营销理念是“以客户为中心的精准营销和主动式服务营销，在正确的时间把正确的信息传递给正确的人”，注重价值的传递、内容的互动、系统的布局、准确的定位，微博的火热发展也使得其营销效果尤为显著。

2. 微博营销市场现状

截至 2012 年 12 月底，我国微博用户规模为 3.09 亿，较 2011 年底增长了 5 873 万，增幅达到 23.5%。截至 2012 年底手机微博用户规模达到 2.02 亿，即高达 65.6%的微博用户使用手机终端访问微博，用户行为的移动化让微博成为移动互联网时代最具发展潜力的产品之一，目前新浪微博出版企业官方微博粉丝数量最多的为拥有 75 万粉丝的人民文学出版社。

3. 微博营销策略

根据自身资源优势，协调工具和人之间的关系，去推广产品和建设品牌。

(1) 关系营销基于其传销本质，依靠微博中的节点用户层层扩散。

(2) 内容营销将优质而独特的内容植入需要的品牌信息吸引用户自主传播。

(3) 直播营销与线下活动结合，用微博进行直播，把线下活动中一些亮点通过微博进行放大。

(4) 圈子营销。微博上的用户是由不同的圈子组成，针对企业产品目标用户所在的圈子呈现出该圈子内喜欢的话题或者小圈子内的故事，将用户通过线上线下的方式聚合起来。

(5) 故事营销适合于功效性产品，用户的信任度很关键，通过讲用户故事的方式让用户信任。

(6) 卖货目前已经比较难做，用户反感广告，微博上销售很难做出量，不适合大卖家。

4. 微博营销案例

2012 年 12 月 20 日，凤凰联动官方微博以“医生长微博”的标签，发出一条长微博，介绍即将上市的新书《只有医生知道》。微博中节选出如下“吸引眼球”的文字：“女人到了育龄期就该结婚生子，用一对乳房哺乳幼儿，完全顺应女性身体的自然规律”，“子宫这东西不生孩子就生肌瘤”……这条微博在短短 4 天内即被转发万次，评论 1 000 余条，其中不乏马伊琍等名人。由于积累了大量人气，在随后的当当网预售中，该书取得了相当不俗的成绩。这样的结果让人惊喜，也令人产生一种似曾相识的感觉。2009 年通过微博营销的《我们台湾这些年》上市一个月即售罄 30 万册，蝉联畅销榜榜首，被业内人士称为“国内微博图书营销第一例”。

总之，数字化营销需要综合运用各种营销方式，扬长避短，协调操作；同时注重营销活动的提前性，从选题策划阶段开始抓营销工作；并且注意营销人员、编辑乃至全员的业务能力培养，才能提升营销效果。

SoLoMoCo，让出版业网络营销活动更有实效

·李慧慧·

一、背景概述

随着微博、微信等新媒体的影响力日益显著，以及客户群体阅读习惯的变化，出版业可以固守内容为王的根本，但是亟需兼顾渠道为王的现状，实现从适应客户的阅读习惯到引导客户的阅读习惯进而引导其消费习惯的良性循环。网络营销活动和实体营销活动相比，辐射各类业务的范围更加广泛，挖掘潜在客户的方式更加多元，持续互动销售的机会更加共赢。本文拟从模式简介、实践探索、建议措施三方面，探讨自 2011 年年初提出并盛行的 SoLoMo 模式发展出的 SoLoMoCo 模式如何让出版业网络营销活动更有实效。

二、模式简介

1. SoLoMo

2011 年 2 月，著名投资人、美国 KPCB 风险投资公司（Kleiner Perkins Caufield & Byers）合伙人约翰·杜尔（John Doerr）第一次提出了“SoLoMo”这个概念：Social（社交）、Local（本地化）和 Mobile（移动）。正如杜尔所说，“我们正处于一个新时代的开始，社交网络创新者正为用户重新想象和重新定义一个网络，这一网络超越文档和网站。”Social 是由 Facebook、Twitter、Zynga 这些公司带起的社交化运动，互联网应用必须要靠着社交来提供更多价值，才能够打败对手。Local 是随着智能手机的发达，我们得到的资讯将会越来越在地、适地，也就是所谓的 LBS（Location-Based Service，基于用户即时位置服务）。Mobile 则是 Mobile Internet 的崛起，将会在 2 年内超越桌上电脑，成为人们上网的主流方式。

之后，业界对 SoLoMo 概念进一步丰富化。如果把社交、本地化与移动这三者单独作为个体来看，其衍生出来的产品应该早已为人所熟知。“So”即是以

Facebook、Twitter、Google+、人人网以及新浪微博等为代表的社交化应用；“Lo”代表着以 LBS 为基础的各种定位和签到，以及各种本地化服务，例如 Foursquare、街旁、大众点评等；“Mo”则是智能手机带来的各种移动互联网应用。当这三者联合起来作为一个整体时，它的价值体现在更加社会化、更加本地化、更加移动化。

2. SoLoMoCo

LBS 作为 SoLoMo 的一种典型体现，仅仅超脱于真实世界之外的 LBS 是无意义的，也不是任何最单纯意义上的商务模式。对 LBS 服务提供商而言，最最重要的不是让用户自觉自愿提供 positional information，而是将海量的、个性的、即时的和变化的 positional information 及商家期望与 user desire 相结合来设计产品，所以，如果以商业价值眼光来看待 LBS 的话，它应该是 SoLoMoCo，So——Social；Lo——Local；Mo——Mobile；Co——Commercial。

在 2011 年上半年的移动互联网大会上，与会嘉宾曹国伟和王泰岱均强调将来的网络发展趋势向 SoLoMoCo 发展。移动互联网可以说是互联网的延伸及巨大的扩容，很简单，手机用户就比互联网用户多得多，将来人们最离不开的是手机，它使用的频次或者强度，只要好用都会超过互联网，这是更大的未来。SoLoMoCo 在国内还有一种观点是“社交化—本地化—移动化—联合化”，本文采用前一种观点。

三、实践探索

出版业网络营销的战场亦是硝烟四起，不论是结合网络游戏进行整合营销，或者拓展焦点事件进行跨界营销，各类活动逐步呈现出更加社会化、本地化、移动化和商业化的发展趋向，这是出版业转企发展的机遇和挑战。对各类渠道融合发展趋势认识不足，专业人员配备不足，信息化的财务管理能力不足，物流能力和服务效果不尽如人意等均会引发企业价值链实现过程中的连锁问题。

与此同时，各方积极的实践探索也留影留痕。例如，清华社从 2012 年开始加大网络营销的力度，作为其教材营销工作的战略规划，建立文泉教学服务网（http://www.wqbook.com/teacher/）。机工社的网页设计更简洁，更倾向于单向的信息传递和资源提供（http://www.cmpedu.com/kj/）。下文以人大社教研网网络营销活动为例反映对 SoLoMoCo 模式的实践探索。

1. 网络营销内容

2012 年人大社在网络营销中尝试了不同的形式，例如传统的电子邮件发送、电子样书推送、QQ 信息、手机彩信；新型的微博营销、QQ 空间发布产品信息等形式，详见表 1。

表 1　　不同营销形式优缺点对比

形式	优点	缺点
电子邮件	信息量大，可发送制作精美的网页，吸引教师阅读	使用群发功能退信率过高，投递到达率低，且不能监督有效查看信息
QQ	方便快捷，直接对话，还可以发送大容量附件，其留言功能避免教师在上课时不能接打电话造成信息流失，而且 QQ 是高校教师最易接受的联系方式	因是对话框方式，主要功能是日常联系，不适用于重点产品详细信息的发送
QQ 群	方便教师进行群体讨论	因教师授课时间限制，同时在线人数不高，且很难细分到具体课程的专业，所以不适用于深入的交流讨论
QQ 空间	信息量大，可随时更新产品信息	实际推广困难，难以控制浏览人数
手机彩信	可制作手机报，信息到达率高	因有广告嫌疑，所以可能会造成部分会员的反感，且相对成本高
官方微博	可结合实体教材营销活动、分社营销活动等进行合力营销	没有引起目标群体足够重视

2. 网络活动举例

教研网 2012 年的活动主要包括：新年更新信息赠积分活动、管理类调研活动、会员日活动、第五届及第六届网上教材进校园活动等。其中网上教材进校园活动时间长、范围广、渗透力强，营销效果明显，见表 2。

表 2　　第五届及第六届网上活动对比

项　目	第五届	第六届
工作目标	赠送教材，辅助教材征订工作； 维护教研网老会员忠诚度	维护教研网老会员忠诚度； 发展教研网新会员； 辅助教材征订工作和大课跟踪业务
工作对象	已是教研网会员的高校一线老师	教研网老会员； 教研网新会员（人文分社 QQ 群转发会员资格认证表；老会员推荐；为获取赠书而自行注册）； 分社工作人员

续前表

项　目	第五届	第六届
工作内容	以老师姓名保存其问卷； 打印或手写快递单； 酌情处理老师所需样书	以老师姓名保存其问卷； 打印及手写快递单； 酌情快递老师所需样书（三个优先处理：邮件正文有明确教材征订时限的问卷；人文分社 QQ 群和同事转发的问卷；非院校代表地区的问卷）； 按省份名称汇总问卷，并可以由院校代表继续三重处理（核准老会员信息；录入本地区以及近邻省份新会员信息；大课跟踪和订单追踪）
工作方法	外部营销（实体营销；群发彩信；邮件往来；QQ 互动）	内部营销（院校代表群；分社 QQ 群；和分社、人大出版的微博活动互动）； 外部营销（实体营销；群发彩信；邮件往来；QQ 互动，包括微信的 QQ 离线助手的互动）

第六届网上教材进校园活动参加人数明显多于往届，共计收回问卷 874 份。其中，福建和河北两省“自主招生”，福建共收回 124 份问卷，河北共收回 48 份问卷。有院校代表地区参加活动人数排在前五位的是福建、山东、河南、江苏、广东；非院校代表地区参加活动人数排在前五位的是北京、天津、上海、山西、黑龙江。

第六届网上教材进校园活动的品牌知名度、忠诚度、美誉度的提升效果明显，会员老师通过电话、邮件、QQ 交流等方式表达征订教材的意愿、对人大社教材和赠书活动的认可、对推荐同事朋友成为新会员的支持，以及对参加第七届网上教材进校园活动的期待等。在第六届网上教材进校园活动过程中，逐渐浮现出网上活动实效性所面临的三个挑战：

（1）高效、及时处理网上活动问卷。

（2）在网上活动中提升用户体验。

（3）网上活动问卷信息的后续处理。

在处理老师的问卷邮件及处理样书的互动交流中，采用了 SoLoMoCo 模式寻求各方支持，积极应对上述三方面挑战，维护老会员忠诚度、发展新会员、辅助大课跟踪和订单追踪等等。

在高效、及时处理网上活动问卷方面，部门同事协作分离整理所需信息后流水作业，并配合库房、快递人员的工作时间和工作规律尽快抢在征订教材之前让老师收到样书。在网上活动中提升用户体验方面，注重在细节上提升用户体验，如凡需手写的快递单在每位老师的姓名后必须加上“老师”的称呼以示尊重等，并按照“三个优先处理”（见表 2）的方式酌情为老师快递样书。在网上活动问卷信息的后续处理方面，已提醒福建和河北院校代表继续三重处理问卷：核准老会员信息；录入本地区以及近邻省份新会员信息；大课跟踪和订单追踪。其他院校代表可以效仿此法。同时，非院校代表地区的问卷或所有活动问卷，都可以进一步由信息分析小组统计分析，分析结果可以纳入五大分析报告和市场简报，并和分社编辑有效沟通，共同推动全社更好、更快地发展。

四、建议措施

“要立体地评估社交营销的价值，才能挖到你想要的金子。”互动营销专家、原杜蕾斯新浪官微运营公司博圣云峰 CEO 马向群如是说。出版业人士在运用 SoLoMoCo 模式提升网络营销活动效能时，尤应注重四个方面的掌控运作：客户关系、财务管理、物流能力、服务效果。

1. 客户关系

面对激烈的市场竞争，越来越多的企业认识到识别、挑选、获得、发展和维持客户的重要性。关注客户价值、客户满意和客户忠诚，创造和传递客户价值，做到“人无我有，人有我优”。具体的建议措施如下：

（1）判断客户流失原因。

判断客户流失的原因是进一步行动的指南和灯塔。客户流失的主要原因包括：猎奇、不满意、相对优势、冲突、丧失信任和需求中止。目前教研网面临的主要挑战之一是如何确保所有会员信息的有效准确，可以在规范工作流程的基础上加强院校代表当面核准信息和定期核准信息的网上活动。

（2）推行关系营销方案。

客户维持策略中尤应关注关系方案的三个方面。财务关系：老客户方案，又称回馈方案；社会联系：友好协作或者情感纽带；结构互动联系：通过系统设计来解决问题、增加购买，并且确认每个客户的重要性。面对竞争社各类“回扣返利”等现象的冲击，可以在“会议＋旅游”等回馈方案中强化对品牌而非对财务激励的忠诚度，同时尽力增强会员之间线上线下的辅助互动。

（3）维护客户生命周期。

客户生命周期是从客户决定与公司交易到其决定不再购买公司产品的整个过

程。获取阶段：客户完成首次交易购买；留存阶段：企业产品忠诚的倡导者；赢回阶段：提供再生机会，开始新交易。对于会员认证程序烦琐、下载课件麻烦等质疑和诘难，可以梳理会员抱怨的主要类型，及时对症下药，提升客户满意度。

2. 财务管理

营运资金是企业生存和发展的重要基础，是企业生产经营的血液，财务管理贯穿公司理财和内部控制的各个环节，旨在尽可能地实现风险可控。为此，具体的建议措施如下：

（1）无纸办公。

推进资金管理信息化建设，将资金预算管理与资金适时监控相结合，及时准确地反映资金运行状况和风险，保持生产经营各环节资金供求的动态平衡。同时，促进资金合理循环和周转，提高资金使用效率。

（2）全面预算。

企业应结合自身具体情况和网络申报时代的特点，设置权责明确的全面预算管理体制，其中，预算编制与预算审批、预算审批与预算执行、预算执行与预算考核等不相容岗位应相分离。

（3）内外服务。

企业应根据内部控制规范等法律法规及企业自身的管理需要，完善涉及资金授权、批准、审验等方面的资金管理制度，强化资金内控管理，做到实物流和资金流的相互协调、资金收入在数量上及在时间上相互协调，利于对内部审计和外部审计提供支持。

3. 物流能力

网络营销的实质是营销，订单所涉实体产品需要足够的物流能力支撑。企业可以签约不同的第三方物流机构，如京东商品固定由韵达等八家合作物流公司派送；或可以建立自己的物流机制、物流体系、物流系统等。此外，还需注重如下方面：

（1）信息安全。

物流管理的运作过程中尤其需要注重信息安全，保证自身商业机密信息不泄露，保证客户的持续认可。因此，一方面要注重涉及本身商业机密内容的信息安全；另一方面要注重涉及客户基本信息和通联方式的信息安全。

（2）及时畅通。

天气、路况、自然环境等等可以是不能及时送达的理由，但是不能及时送达引发客户的负面情绪，进而引发对企业的不信任感影响销售效果是可预见的后果。因此，尽力保证物流的及时畅通是业务常青的有力保证。

（3）回馈到位。

物流管理的运作过程中还需建立物流回馈责任体系，保证客户收件、取件、退件等信息回馈到位，责任到人，以更有效地维护和客户的长期联系进而促进现有客户的口碑营销，挖掘潜在客户带来更多盈利。

4. 服务效果

出版企业既是内容提供商，亦是内容产业服务的供应商。服务效果涉及纸质介质和数字介质的大众服务或定制服务，如集团定制、个人定制等。具体的建议措施如下：

（1）知名程度。

网络营销活动结合实体活动，整合营销结合跨界营销，SoLoMoCo 模式为企业拓展知名程度提供了广阔空间。微信、微博、人人网、豆瓣网等社交媒体和大众点评网等 LBS 服务及相关 APP 应用的融合互动也为“关注即是生产力”提供更多可能。

（2）忠诚程度。

网络营销活动应通过多种方式维护客户的忠诚度，无论是优惠贴心的会员积分兑换活动或是结合社交媒体、LBS 服务、APP 应用等途径，在实现自身价值链的基础上让客户乐于参与，乐于分享，共同发展。

（3）美誉程度。

SoLoMoCo 模式引爆的互动时代，对于提升企业的美誉度而言既是机遇，也是挑战。建立应急公关机制，倾听各方不同声音，及时回应负面影响。唯此，才可实现任何宣传都是好宣传。

在人人效应扑面而来的时代，未来可以预见的社会化网络特性包括：稳定的关系网络，LBS 的广泛应用，游戏的社会化，用户创造内容，SNS 电子商务化，SNS 的移动化。对此，新媒体营销专家、携手互动 CEO 唐兴通认为中国社会化媒体营销已走过探索期，正进入发展期。他认为，应该从客户的终身价值着手，进行综合考虑，并更多关注 KPI（关键绩效指标）而非 ROI，评估指标可包括“客户终身价值、消费者互动参与、品牌曝光、销售订单”等几个维度。在这样的发展背景下，网络营销活动的实效性值得更多重视和更多积极有效的探索与反思，以人本为导向，以市场为导向，走出符合自身特点的有特色的创新发展之路。

参考文献

1. 陈云海. 移动互联网 SoLoMo 应用模式分析. 电信科学，2012（3）.

2. 陈媛媛. 数字时代图书营销中的 SoLoMo. 出版发行研究，2012（11）.

3. 邓煜熙，宋杰. 互联网未来发展方向——SoLoMo 模式分析. 广东通信技术，2012（6）.

4. 何玺. SOLOMO：企业立体化营销之路. 销售与市场（管理版），2011（12）.

5. 马旗戟. LBS-From SOLOMO To SOLOMOCO. 创意传播，2011（8）.

6. 李晓慧，何玉润. 内部控制与风险管理：理论、实务与案例. 北京：中国人民大学出版社，2012.

7. [美] 威廉·G·齐克蒙德，等. 客户关系管理——营销战略与信息技术的整合（管理者终身学习）. 北京：中国人民大学出版社，2010.

8. 移动互联网访谈：手机大头王秦岱细言 SoLoMoCo. 新浪科技，2011-06-27，http://www.sina.com.cn.

电子化阅读冲击下的纸质图书销售无须盲目悲观

·董立平·

电子书、网络在线阅读等新型出版媒介以其强大的便利性和低成本在不断影响着公众的阅读方式，这是一个不争的事实，我们作为出版人要坦然面对，无须回避。不过借助2013年4月中国新闻出版研究院所做的第十次全国国民阅读调查分析，我们对纸质图书的未来无须盲目悲观。通过对近几年图书市场的观察，我们觉得，电脑、手机、手持式阅读器等并不是简单地取代纸质图书那么简单，我们需要对市场进行细分和重新审视。

一、不同介质读物阅读人群数据分析（见表1）

表1　　不同介质读物阅读人群比例

年份	全媒介综合阅读率	图书阅读率	手机阅读率	人均阅读纸质图书数量
2010	77.1%	52.3%	23%	4.25本
2011	77.6%	53.9%	27.6%	4.35本
2012	76.3%	54.9%	31.2%	4.39本

资料来源：中国新闻出版研究院。

通过以上数据我们可以看出，虽然受到了来自电子书、手机阅读等的冲击，纸质图书依然保持了稳定的增长，并没有出现断崖式的下滑，至少在现阶段，我们还看不到电子媒介的阅读载体取代纸质图书的趋势。

二、从整个阅读价值链上来分析读者的阅读习惯变化

1. 读者的变化

根据阅读习惯的不同，我们可以将读者分成三类：

（1）无纸质书阅读经历的读者。此类读者原来是不读纸质书的，有了网络小说、电子书之后，因为阅读更方便，成本更低，有了能满足他们阅读需求的产品类型，内容更贴近他们的需求，其中一部分开始读网络小说、电子书。

（2）纸质书读者转变为电子书读者。此类读者原来读纸质书，现在因为有了电子书等，他们为更低廉的价格和更新颖的阅读介质所吸引，转而开始阅读电子书。

（3）坚持阅读纸质书读者。此类读者原来读纸质书，他们无法接受电子化的阅读介质，继续坚定地阅读纸质书。

纸质书读者被电子书等影响的主要集中在第二类人群，而这类人群目前对电子书和纸质书来说都不是主流。在表1中我们能够发现，纸质图书的阅读率和人均阅读纸质图书的数量并没有因为手机阅读率的增加而同比例减少，而是保持了同步的增长。因此，至少目前来看，电子媒介阅读内容市场的扩大，并不完全和纸质图书市场的缩小成正比。当然，未来几年如何发展，尚需继续跟踪。

2. 阅读内容的变化

综合考察手机阅读和网络在线阅读内容的特点，我们发现它具有和以往纸质图书完全不同的特色。

（1）手机阅读最讲究效率。一本书从稿件完成到编辑出版，最后送到读者手里，没有几个月的时间是完不成的；网络在线阅读受到载体无法随身携带的限制，也不能实时。所以手机阅读的主流是即时信息——新闻。手机阅读另外一个主要内容是一些休闲的文字，比如轻松的小说、段子、实用信息等，可以在路上打发时间，不能太长，不需要太多思考。

（2）网络在线阅读讲究感官刺激。以网络小说为例，仔细观察其中的畅销作品，我们发现它们和传统的小说存在很大的不同。它们的篇幅很长，动辄几百万字，这在传统小说中是极为罕见的；它们更关注读者的感官刺激，为了保证读者能够持续阅读，它们要在特定的篇幅调动读者的兴趣，而不是更关注整体的文学性；它们重视与读者的互动，依靠普通读者的捧场来扩大影响力，而不是专业的评论和权威机构的推荐。而这在一定程度上满足的正是原来很少读纸质书人群的需求，可以看作是一种新型的通俗读物。

（3）纸质图书的内容审核把关更严，受到的束缚更多，生产更复杂，效率偏低，另外购买成本偏高。这些是纸质图书相比手机阅读和网络在线阅读的劣势。但纸质图书的优点也是手机阅读和网络在线阅读无法比拟的。比如因为内容审核和把关更严，纸质图书知识含量更高，更具权威性。对于一些科技类、专业类、思想类的内容，读者更相信纸质图书。还有纸质图书更适合吟咏诵读，对于一些需要独立思考、玩味的内容，读者依然更倾向于阅读纸质图书。我们来看一组信息对比就可以一目了然，见表2、表3、表4。

表2　　中国移动手机阅读总排行榜TOP10

排名	书名	类型
1	斗破苍穹	玄幻小说
2	很纯很暧昧	现代都市小说
3	校花的贴身高手	现代都市小说
4	黑道特种兵	现代都市小说
5	武神	玄幻小说
6	美女图	玄幻小说
7	武动乾坤	玄幻小说
8	凡人修仙传	仙侠小说
9	异世邪君	玄幻小说
10	九阴九阳	玄幻小说

资料来源：中国移动手机阅读基地，read.10086.cn，更新时间2013年5月3日。

表3　　起点中文网总点击量TOP10

排名	书名	类型
1	吞噬星空	科幻小说
2	遮天	仙侠小说
3	斗破苍穹	玄幻小说
4	武动乾坤	玄幻小说
5	重生之贼行天下	游戏小说
6	天珠变	玄幻小说
7	将夜	玄幻小说
8	凡人修仙传	仙侠小说
9	锦衣夜行	历史小说
10	仙逆	仙侠小说

资料来源：起点中文网，www.qidian.com，更新时间2013年5月3日。

表4　　2012年度当当网图书畅销总榜TOP10

排名	书名	类型
1	好妈妈胜过好老师	家庭教育
2	你若安好便是晴天	传记
3	不一样的卡梅拉	儿童读物

续前表

排名	书名	类型
4	遇见未知的自己	心理励志
5	青春	随笔
6	窗边的小豆豆	儿童读物
7	百年孤独	魔幻现实主义小说
8	因为痛所以叫青春	心理励志
9	正能量	心理励志
10	秘密	心理励志

资料来源：当当网，www.dangdang.com，更新时间 2013 年 5 月 3 日。

3. 销售渠道的变化

纸质图书的传统销售渠道——书店在日渐萎缩，特别是民营书店经营越来越困难。实地考察发现，北京最大的民营图书批发市场——甜水园批发市场今日已经门可罗雀，早没有以前门庭若市的景象。而纸质图书的新型销售渠道——当当网、亚马逊、京东网等电商网站则借助更低廉的价格成本、更广的覆盖范围而发展迅猛，即使在网络、手机平台阅读的冲击下，每年也至少能保持 50%～60% 的增长。特别是近几年电子商务网站之间竞争加剧，大家纷纷祭起促销的大旗，更加促进了电商网站纸质图书销售市场份额的扩大。虽然传统实体书店的纸质图书销售在迅速下滑，但电子商务网站的纸质图书销售迅速崛起，基本上弥补了实体书店下滑的部分，纸质图书的整体销售稳中有增。

而电子书、网络小说等因为价格便宜，销售数量增加也很迅速，但由于电子书的定价只有纸质图书的十分之一，甚至更低，因此仅就绝对销售额而言，目前尚不足以和纸质图书相提并论。

4. 出版商的变化

网络在线阅读的内容发表成本低廉，编辑参与度低，文字质量参差不齐，其发表的网站更多的是提供商业服务，而不是内容的去粗取精。因此网络在线阅读内容严格意义上并没有真正的出版商，更多的是靠创作者自身来进行内容的修改、调整和出版。

目前的电子书有两种情况。其一是由出版社纸质图书的电子版转化而成。而由于电子书定价偏低，利润更低，另外在中国知识产权制度尚不完善、执行力度偏弱的情况下，比纸质书更容易被盗版的电子书更加不被看好，出版社为了不影响纸质书的销售，极不情愿推动电子书的业务。其二是一些没有版权的公版内容，这些图书也存在内容编辑不够，质量参差不齐等问题，不利于读者的阅读体验。

近几年纸质图书的出版商——出版社面对市场环境的变化也在积极进行调整。首先是在内容选择上更重视读者的阅读需求，资源投入上更倾向于市场需求大的品种，而不是一味地孤芳自赏；其次是出版形式上更多样化，让读者的阅读体验更好，提高纸质图书的阅读附加值；最后是越来越重视图书的营销。出版商对市场价值的重视程度越来越高，图书的商品属性越来越得到凸显。

综合前文从读者、内容、渠道、出版商等不同角度对不同阅读介质近几年市场发展的分析，我们可以总结出以下几点：

（1）纸质图书的市场受到电子化阅读的冲击程度不是致命的。电子化阅读有自己特殊的市场，它和纸质图书的市场有重叠的部分，但目前的市场主体是差异化的。我们在看好电子化阅读市场前景的同时，对纸质图书的未来也依然抱有信心。

（2）出版商在面对电子化阅读的冲击之下，要想更好地生存，必须要完善自己的工作。在前面的分析中，我们看到了纸质图书相比电子化介质阅读内容的劣势，同时也看到了纸质图书相比电子化介质阅读内容的优势，因此出版商要强化纸质图书在内容的严谨性、权威性上的优势，同时在纸质图书出版内容的选择上加大技术、知识含量高的内容的比重，更大地凸显出纸质图书的独特之处，才有机会在未来占有一席之地。

（3）出版商需要重视新技术、新环境对纸质图书市场发展的影响，与时俱进，改革创新。电子商务网站的蓬勃发展在近几年迅速改变了读者的购书习惯，出版商在渠道上的策略要跟得上市场的发展。信息技术的发展改变着人们的生活，纸质图书如何有效地吸收信息技术发展所带来的便利，避免被读者抛弃，更是摆在未来的出版商面前的一个全新课题。

亚马逊“永远以客户为中心”的经营理念

·张宗芳·

亚马逊的发展理念是成为世界上最以客户为中心的公司，这里的客户不仅指消费者，还包括商家、机构客户和内容开发者。亚马逊通过产品丰富、价格低廉和服务便利为客户提供超越客户预期的服务，亚马逊目前的客户重复购买率高达73％。以下从亚马逊的各个角度阐述亚马逊“永远以客户为中心”的服务理念，不从宏观的企业管理角度出发，而是从具体的管理细节和服务举措的角度详细阐述亚马逊如何实实在在地“以客户为中心”，而不仅仅是一个口号。

一、亚马逊“以客户为中心”的标志设计

亚马逊公司以世界上流量最大的河流命名，有两个原因：其一，规模因素，贝索斯（Bezos）将 Amazon. com 定位于地球上最大的书店；其二，A 开头的单词按照字母排序能够放在靠前的位置。

亚马逊的标志基于一条抽象的河流而设计，笑容和箭头代表了“我们非常高兴、非常乐意为您送达，无论何物，无论何地”。一份始于 a 并止于一个小酒窝 z 的微笑时刻送达于亚马逊的客户，这里 a 到 z 强调了亚马逊可以提供任何东西，从英文字母 a 到 z 的客户想在网络上购买的所有物品。这是一个以客户为中心的标志设计。

二、亚马逊“以客户为中心”的管理细节

（一）强大的数据挖掘能力

在亚马逊，所有的业务部门都非常重视数据，网站可以根据消费者的购物行为，计算出他的喜好，在下次购物前推送他可能心仪的商品；亚马逊的一个服务口号是“亚马逊比你更了解你自己”，当一位顾客购买了一本关于孕期体操和一

本关于起名的书时，亚马逊就清楚了这位顾客的情况。显而易见，这位顾客接下来就会购买婴儿玩具、食谱和消磨时光的 DVD 碟片。当顾客订购了第一个芭比娃娃时，亚马逊就会知道这可能是个女孩，会推荐女孩可能喜欢的东西。

亚马逊业务部门推出一项新功能时，会进行小范围的测试。比如对某项新功能进行 A/B testing，即把不同的版本推送给不同的用户，通过数据反馈了解用户真正的喜好。

（二）人人胜任客户服务中心工作

每位新员工，无论级别高低，在入职第一年里都必须到订单履行中心去实习，然后每两年里还要做两天的客户服务工作。每个人都必须胜任客户服务中心的工作，CEO 也不例外。

（三）顾客的永久参会资格

贝索斯（亚马逊的老板）在每次开会的时候，都会在旁边放一把空椅子，这把空椅子代表着永远不能过来开会但又是最重要一个参会者——顾客。贝索斯说：如果让亚马逊在“研究竞争对手”和“研究用户需求”之间选择的话，我肯定会选择后者。

（四）亚马逊的门板办公桌（Door Desks）

贝索斯为了纪念创业的艰辛和节约更多的成本为客户提供低价的产品和服务，办公室中大多是采用木制门板做成的办公桌。

三、亚马逊具体的服务举措

（一）对个人客户的服务举措

1. 会员服务

客户只需缴纳 79 美元/年的会费，就可以免费欣赏大量电子书、电影、音乐，同时还享受购买任何商品 2 日免费送达服务。

2. 超级服务 Your Store

亚马逊为回头客制定的在线商店 Your Store 服务，能在亚马逊的网站内收集符合顾客喜好的商品，通过以顾客名字为内容的标签进行访问。

3. 即时订购更新（Instant Order Update）服务

亚马逊即时订购更新服务是为了提醒那些忘记了前段时间已经买过某商品的用户，在重复购买时提醒他。尽管业界认为这项服务会对亚马逊的销售额不利，但是贝索斯却认为这有利于消费者。

4. 订单价格自动调整

客户在亚马逊订购商品后，如果到真正开始发售配送时价格出现下调，系统会自动将已生成的订单价格下调。

5. 高按时送达率

亚马逊在配送日期上显示的是承诺送达日期，而不是通常电商使用的发货日期，因为客户显然更在意前者。目前亚马逊的按时送达率高达 99.6%。

6. 手机终端的亚马逊价格查询功能

2010 年 11 月亚马逊推出价格查询（Price Check by Amazon）的服务，用户可以通过手机终端在实体店里实时地与亚马逊的商品比价，以此吸引顾客因为亚马逊的低价直接在亚马逊网站上下单。

7. 自动匹配购物服务

客户用 iPhone 摄像头拍任何一个东西，将照片传输到亚马逊网站上，亚马逊可以在后台自动对客户想买的东西进行匹配，当机器不能自动识别照片时，会送到真人客服那里去看这个东西到底是什么，以实现最好的匹配。

8. “订购省”服务

亚马逊推出“订购省”服务，该服务可以根据消费者的选择，主动定期配送日用品；同时还可以在亚马逊每日低价的基础上享受额外 5%～10%的优惠和免费送货服务。“订购省”就如同订购报纸、牛奶一样按时免费送货上门，无须每次重新下单。

9. 免费退货服务

亚马逊允许顾客买两双同样的鞋，送到后试一下，留下最合适的一双，另一双免费退货。卖衣服也一样，送货的时候，UPS 会同时将付完邮资的亚马逊的返程包裹单交给顾客。这个小小的创新却收到了很好的客户体验。

10. 多样化的物流服务

在数字商品的交付上，无论采用 WiFi 还是 3G，从 Kindle 上下载一本书的时间都不超过 60 秒。

除了“当日达”、“次日达”服务外，亚马逊还推出晚间送货服务试运营，并创新推出了“预约送货日期”、“全年无休”配送模式等服务。

亚马逊储物柜（Amazon Locker）。亚马逊在全美、加拿大各大便利商店部署了大量这种储物柜以提升其物流服务质量。亚马逊用户可以选择让快递寄到离自己比较近的储物柜中，然后通过亚马逊发送到自己手机内的密码亲自到储物柜中提取商品。该项措施提升了服务的灵活度。

亚马逊还推出 4～7 天慢递服务。用户如果购买亚马逊自营商品金额满 99 元，可选择“4～7 天配送”服务，还可以享受立减 3 元的优惠。推出“4～7 天配送”主要基于对价格敏感型客户的考虑。

（二）针对机构客户的收费服务

1．机构客户管理 Kindle

此项服务让大型组织可以更加方便地管理 Kindle 阅读器以及 Kindle 上的内容。使用 Whispercast，学校、企业和其他团体不仅可以分配和管理自己的 Kindle 阅读器，还可以发布内容到这些设备上。它的功能包括：控制设备的互联网使用能力、把 Kindle 电子书及其他文件发布给特定的团队和班级等。

2．小额贷款服务

亚马逊通过旗下的亚马逊资本服务启动 Amazon Lending 项目，向小商户提供贷款，帮助它们扩大规模。

3．针对商业客户及开发者的“简单电子邮件”服务

亚马逊由此项服务进一步拓展网络服务部门。该项产品服务可使亚马逊充分利用其大型服务器功能，根据客户付费采用不同的服务等级。购买“简单电子邮件”服务的客户可通过该系统向成千上万的用户发送邮件及数据，亚马逊则会根据发送的电子邮件数量进行收费。

4．管理方面的数据库服务

亚马逊推出一项可管理的 NoSQL 数据库服务，让用户轻松地推出自己的数据库并且根据需要扩大和缩小这个数据库。这项服务可满足正在收集、存储和处理日益增多的数据的网络公司的需求。亚马逊称，没有这种可伸缩的数据库，亚马逊 Web 服务用户有时候需要用几周的时间预测和准备自己的数据库以便为高峰期的应用做准备。这样做是因为传统的数据库不是为迅速地扩大和缩小设计的。

5．账单服务

亚马逊通过此项服务，告知企业用户如何查询服务计费的账单情况，让企业更容易地进行成本跟踪和云服务定价。

（三）对潜在客户的开发

1．每日特价

亚马逊通过每日特价吸引新老顾客。

2. 好友赠书计划

Kindle 用户能向好友赠送电子图书。用户可以向任何拥有电子邮件地址的人赠送 Kindle 电子图书，不要求对方必须是 Kindle 电子阅读器用户，无形中扩大了客户群体。此项服务设计十分灵活，如果受赠方已经有了用户要赠送的图书，用户可以向亚马逊换取等价的充值卡。

此外，亚马逊还通过亚马逊妈妈计划（Amazon Mom）、亚马逊学生计划（Amazon Student）等吸引特定类型的客户。

加入亚马逊妈妈计划后，可以享受免费 Prime 会员资格及额外折扣，而且并不是只有妈妈才能加入。主要优惠体现在婴幼儿用品折扣方面及 2 日到货免费运达。

加入亚马逊学生计划后，除了享受会员服务外，在开学季、考试季还有更多折扣。

2012 年图书市场简析

·邹　晗·

一、出版商电商博弈愈演愈烈，如何共赢

2012 年，亚马逊中国、当当网、京东商城、苏宁易购等隔三差五“满 300 元减 100 元”、“满 150 元减 40 元”、“满 50 元减 15 元”，折扣之大让传统图书销售渠道咋舌。在 2012 年内当当网促销价格战中，传统出版社产品遭遇下架却无力反抗。各类大型电商的霸王条款以及电子书业务的亟待成熟，均成为电商与出版商之间的困惑。

二、少儿新力量成为主要增长点

据公开研究报告显示，2012 年上半年，图书零售市场增速仅为 0.27%，然而，少儿图书零售市场同比增幅为 4.66%，依然领涨全国图书零售市场，少儿类图书是整体零售图书市场增长最为稳定而且一直保持高位的板块。在一些常规新力量外，上半年国家出台教辅市场新规也使一些出版机构和民营公司退出教辅出版领域，转而加入少儿出版领域。

2012 年，一些非少儿社在开拓少儿书细分市场上有着突出表现，传统的大社名社，包括大量的专业社和大学社、教育社姿态积极，化学工业出版社、机械工业出版社、东方出版社、华东师范大学出版社、北京师范大学出版社等凭借各自优势均有不俗表现。

三、上市图书企业多元化发展成为新的增长点

就上市图书企业而言，无论是壮大自身发展规模，还是推动二级市场上股价的上扬，新业务都显得举足轻重，它代表着上市书企管理层的思变和创新。纵观上市图书企业 2012 年半年报、三季报和日常公告，我们发现除国家重大项目工

程外，已先行上市的 11 家书企的主要拓展方向为数字出版、文化地产、教育培训、投资理财和跨地区跨领域合作，尽管各自拓展方向、拓展力度以及所取得的突破都不尽相同，但在一定程度上显示了书业上下寻找新的经济增长点的决心。

四、物流成本飙升

物流是出版行业生产中的关键环节，优化物流体系是关系到出版社的竞争能力、影响到出版社盈利水平的重大问题，出版社如何协调各部门、各环节之间的关系，使其在优化物流体系的过程中相互配合，在出版社的战略规划中显得尤为突出。建立现代物流业态出版物物流模式，是出版业的必然选择，而物流成本的优化与控制则是现代物流中的重要环节。2012 年成本上升让许多出版社在物流管理上花费颇多，解决方法仍在探索之中。

五、数字化发展日益明显

2012 年，出版社的转型与发展有众多答案，那么对于情况各异的出版机构而言，有一个答案具有“百搭”的效果，那就是数字出版。从官方到民间，从业内到业外，从国内到国外，从内容到渠道，数字出版形成的冲击力和影响力具有“普及性”。不得不说，数字仍然是 2012 年出版产业的一个高频词。

(1) 人民教育出版社将该社网络公司改造为人教云汉数媒科技有限公司，以研发人教电子书包和优质基础教育数字资源为重点，以探索教育数字出版盈利模式为目标，主要开展数字出版、网络出版、教学软件和工具开发、数字平台和终端开发等业务。

(2) 新闻出版总署与中国联通集团公司在京签署《推进数字出版产业发展战略合作备忘录》。继 2010 年、2011 年先后与中国电信、中国移动签署战略合作备忘录之后，新闻出版总署已经和国内三大运营商达成战略合作协议，对分成比例做出明确规定，出版方和内容提供方获得的分成不低于 60%。内容提供方在和渠道商谈判时可得到政策支持，获得分成倾斜。

(3) 新华文轩出版传媒股份有限公司与美国圣智学习集团举办战略合作签约仪式。新华文轩在数字出版领域与圣智学习集团开展深度合作，积极利用圣智学习的电子参考书平台——圣智盖尔电子图书馆，为海外用户提供能够反映当代中国经济、社会、文化发展的大批量权威电子书。

(4) 接力出版社和亿部文化有限公司召开“第一次发现丛书”iOS 版电子书的新书发布会，展示接力社与法国伽利玛少儿出版社共同开发的“第一次发现丛书”《瓢虫》和《森林》iPhone 版和 iPad 版两个版本的电子书。这是接力社进军童书数字出版的首批产品。

六、教育出版商向教育服务提供商转型

在教育出版领域，随着新生代学习者的需求个性化、多元化，随着出版市场的竞争升级，单一的图书出版已经不足以支撑一个教育出版机构的长远发展。在这一背景下，“教育服务提供商”成为教育出版商们的一个转型诉求和方向。2012 年，这一方向在一系列产业事件中持续发酵，已经清晰地形成一种趋势。

教育出版商转型为教育服务提供商，这不仅仅是从产品向服务的转变，更是教育出版商们新商业模式、新发展模式的转变。从 2012 年来看，更多的参与者还只是处于初步发展阶段，或者说处于服务内容的资源储备阶段。外研社、江西教育出版社、中央广播电视大学出版社、高等教育出版社、人民教育出版社、志鸿教育集团、江苏春雨教育集团等若干家机构已经在明确提出转型的基础上取得了相应工作的推进。

1. 通过数字出版提供课程出版加科研服务

课程出版包括个性化的教材教案、教师培训、教师职业发展、资源分享以及咨询服务等。个性化教材在初期是纸制教材基础上加上老师为学生选的适量的学习内容，同时为教师的职业发展和教学交流提供便捷的网络平台。

2. 为在线教与学提供一站式的服务

个性化的教育服务必须对相关的教学内容进行搜索和加工，将课程特定的材料与多种其他的资源结合。而从学生的角度来说，贯穿个性化教育服务的核心是一站式学习平台上的测评体系，通过体系中测试和检验所提供的反馈报告，帮助学生准确地获知自己对相关知识的掌握程度和存在的问题。通过相关的学习平台获得针对性的学习的解决方案，经过一个阶段的学习再次测试发现新的问题，获得新的解决方案。

3. 数字化服务

(1) 便利的搜索引擎。

优化搜索引擎，为老师提供多元化的关联链接，将一个与书名相近的关键词

输入搜索引擎，就会匹配出清晰的信息，使读者快速方便地获取详细的图书信息。对于网络时代的潜在读者来说，图书信息上网至关重要。

（2）视频助力移动学习。

苹果推出的 iBooks 创作平台已经引来不少企业的跟进，如 Scrollmotion 和 Inkling。从设备的角度看，一批学校开始配备大量的 iPad，还有更多的学校允许学生自带移动设备。从 2012 年到 2017 年，移动视频流量将增长 16 倍，对出版社来说，这意味着采用学生所熟悉的媒介传播内容将大有可为。移动视频可以将课堂延伸到任何时间、任何地点以及任何设备上。学生可以通过视频学习相应的知识——在家里，在图书馆，晚上或早上，任何地方。

（3）出版商与技术公司展开合作。

培生收购 Embanet Compass，扩大在线学习市场，而后麦格劳希尔购买了 Area9 公司 20%的股份，强化自适应学习技术。最近，卡普拉与 Techstar 合作创立了教育技术公司，帮助年轻的企业家开发创新的教育技术产品和服务。

（4）MOOC 渐趋主流。

MOOC 曾被视为对传统高等教育模式的直接冲击。2013 年有超过 50 个大学通过各自的网站或 Coursera/edX 提供大规模网络开放课程。包括 Blackboard 和 Instructure 在内的学习管理系统建立起 MOOC 平台，帮助学校向大众开放它们的课程。

2012 年年底只有 2.6%的高等教育机构提供 MOOC，但如今 9.4%的机构加入到该计划中来。有 28%的学术带头人认为 MOOC 是一种可持续的运作方式。

浅析当前营销工作的三对矛盾及解决之道

·宋义平·

市场营销作为传统出版行业中的新事物，其存在历史不过10年。综观我社10多年市场营销历史，营销理念和实践发生了很大的变化。从单一到立体，从线下到线上，从主题活动到大课营销，从一对一打桩到年会（研讨会）。所谓十年磨一剑，我社的市场营销取得了令竞争对手侧目的成绩，众多竞争对手也通过各种途径打探和学习我社的营销策略和理念。从我个人参与教材营销的实践看，我社的教材营销在计划性、系统性方面已积累了丰富的经验，但就目前的市场情况而言，仍然存在以下几对亟待解决的矛盾。以下将从个人经验出发，浅谈自己的几点认识。不当之处，还请同仁不吝赐教。

一、自我营销与市场需求对接的矛盾

自我营销指的是出版社从自身产品出发，围绕产品所开展的一系列营销活动。这种活动的特点是以我为主，从自身产品线出发，培养市场需求，开展营销活动，推广相关产品。从自我营销角度，我们目前的营销活动主要有三个层次：年会（研讨会）、主题教材进校园和常规书展。这些活动基本能够将我社的教材信息传达给目标院系，也能够满足目标院系对于教材选用的信息需求。同时，相对高端的专家讲座和培训，能够带给一线教师除教材以外的学术增值服务。然而，无论是样书服务还是学术服务，都存在着粗泛化、一体化的弊端。与样书配套的课件资源和配套资源，与学术交流有关的服务提升，都未能得以充分凸显。例如，类似张婕《基础会计》那样优秀到足以影响老师选用教材的课件如凤毛麟角；且由于场地及设备的限制，能够在书展现场进行课件展示的条件尚不具备，很多好的课件传递存在滞后性，缺乏一种集体展示和讨论的效应。再如，从学术服务的角度看，我们每年在全国各地的区域培训及暑期学术培训有几十场，涉及新闻、会计、人力、管理、营销、经济、金融等各专业，涉及的相关专家也有几十位。与会老师能够获取的服务也就是听一场专家讲座而已，而这样的专家讲座，在信息与传媒如此发达的今天，如果仅仅是“听”，则不具备基本的吸引力。在会议形式和主题上，还需要有进一步的提升。我们只有真正关注市场需求，真正站在一线教师的角度，去倾听他们的需求，才能有的放矢，设计出精致有效的营销活动。

市场需求是立体的、多面的、层次化的。目前高校出现了重科研轻教学、重考评轻课堂、重实践轻理论的倾向，一线教师的需求也发生了相应的改变。很多教师不愿意花时间备课而希望出版社提供优良课件，很多教师希望出版社能够给予学术论文发表的机会以利于职称评定，很多教师希望能够获得教材使用的回报，很多学校和院系希望邀请知名专家做荣誉教授以提升学科建设和学校影响力。客观深入地分析用户需求，才能真正为用户提供他们所需要的服务。

将自身产品营销与市场需求对接，必须引入嵌入式营销理念。嵌入式营销是一种基于顾客价值链的新型营销方式，在对顾客价值链分析的基础上，综合考虑顾客需求和竞争对手的行动，寻找企业资源能力与顾客盈利模式之间独特的价值匹配，并将其嵌入到顾客的价值链上，使营销活动成为顾客创造价值的不可或缺的一部分，从而建立长期稳定的营销关系。例如，2011 年安徽省着力挖掘客户需求，挖掘学校需求，成功举办了郭国庆及陈劲针对个别院系的讲座交流活动。江西也借助南昌大学之力成功举办赵锡军金融学研讨会。将我们的营销活动嵌入到院系日常的学术活动安排中，并通过我们的介入与协调，成功地推荐产品并输入人情，与目标院系建立更为深入、更为持久的关系，为以后的营销提供良好的基础。这种服务既不露痕迹地完成了我们的营销，与竞争对手相比又凸显了其差异化，深入挖掘客户需求，获得了较高的客户满意度。

二、远程管理与自我管理的矛盾

院校代表制度是众多大学出版社所采用的属地化营销管理制度。院校代表的重要性不言而喻，其作为市场的前哨和触角及营销排头兵的作用也被越来越多的出版社所倚重。我社院校代表队伍的建设在各大出版社中属于起步较早、规模较大、发展较完备的。目前在全国十几个省都设有院校代表。院校代表管理模式主要是大区经理负责制。大区经理通过年度与月度的工作计划，与各自负责大区的院校代表沟通、协调并开展营销活动。因人力及资源限制，大部分情况下，都是大区经理对院校代表实行远程管理，通过电话、邮件等交流手段进行沟通与工作指导。远程管理把总部的工作部署及相关安排“空降”到属地，并依靠院校代表去完成具体的营销工作。从总部的理念变成各地的营销实践，都要靠院校代表的自我管理。

自我管理包括时间分配、资源分配、人员管理、活动执行、信息活动、人脉积累等多方面。根据各地市场的实际情况，院校代表的自我管理呈现出各自不同的模式，当这种独特性遭遇到总部相对一致的指令时，便化解为各种不同的区域对策。因院校代表自身不同的气质、性格、思维、能力，对总部指令的执行程度也大不相同。

远程管理与自我管理的矛盾，从表面看是管理的效率问题，实际上是考核与激励问题。只有重新审视院校代表的考核制度，制定科学的、可行的绩效考核制度，才能从根本上调动院校代表的工作积极性，敦促院校代表实行高效的、科学的自我管理。2012 年开始，我社对院校代表考核制度进行了改革，增大了绩效考核与码洋增长考核的比例，这在一定程度上调动了院校代表的工作积极性。但这导致很多院校代表更加注重大课营销，因大课营销教材用量较大，一旦产生换版，则比较容易产生增长。而专业课和选修课，因相对人数较少，容易成为院校代表营销的盲区和薄弱点。这或许需要进一步的考核激励方法的转变和改进。

三、创新冲动与创新不足的矛盾

创新是个老生常谈的话题。对于市场营销来说，创新尤为重要。创新意味着营销有效率，活动有效果，市场有认可。创新同时也意味着对市场的深入了解，对客户需求的深入挖掘。我社的教研服务网络、大课营销、暑期培训等，在业界应都属于营销理念上的创新。大课营销理念也运作了几年，所有的执行者都遇到的问题是，再进行创新难度很大。很多人甚至发出疑问，可能出版营销不需要什么创新了，只要把工作细化即可。做市场的人都有一个情结，那就是希望常变常新，能够不断推出新的理念、新的思想去影响市场、影响用户。这种创新冲动，却遭遇来自理念和制度层面的阻力，变成创新不足，并对实际的营销活动产生影响。

理念层面的阻力属于一种内在的阻力，它与创新主体所处的环境和文化背景息息相关，出版行业的市场化程度比较低，很多企业甚至还不具备专门的营销部门和营销岗位，更别提营销创新了。我社虽已设立院校代表，但院校代表因自身有限精力与市场的无限宽广之间的矛盾，将大部分精力用在日常营销工作的执行和市场的开发维护上。制度层面的阻力不言而喻，对于创新的实践和尝试，需要制度层面提供包括规则、资源、解释权在内的各种支持条件。对于传统的出版行业来说，此类支持确实比较欠缺。于是，在创新冲动与创新不足的矛盾运动中，创新本身成了一个常谈常新的词汇，也成了一个食之无味、弃之可惜的口头禅。

鉴于此，一方面，建议在比较成熟的省份开展营销创新试点，在资源、理念、执行各方面给予优惠条件，推动营销创新。当中国在1978年遭遇发展瓶颈时，邓小平创造性地提出特区概念，并以此带动了整个沿海经济的发展及中国的改革开放。我们不妨也在某些条件比较成熟的省份设立院校代表营销特区，给予院校代表较大的自主权及资源使用权和规则运用权。放开搞活区域内的市场营销，同时总部给予人力及财力的支持。

另一方面，充分利用和整合已有资源，打造真实的、可分享的、快速反馈的客户信息资源管理系统。出版行业的营销，既与其他行业有共性之处，又有自己的独特性。从我社营销实践层面看，刚开始是以产品带动营销，即产品营销阶段。这一阶段的主要特点是：在研发上，以产品线的扩张为主；在营销上，以进校园展示教材为主。第二阶段是以服务带动营销，即服务营销阶段。这一阶段的主要特点是：在研发上，以配套资源和增值服务为主；在营销上，以会议营销及学术服务营销为主。第三阶段是以信息带动营销，即信息营销阶段。这一阶段的主要特点是：在研发上，以个性化研发及创造需求式研发为主；在营销上，以精准的信息定投及服务定投为主。我们目前应该说处于从第二阶段向第三阶段的转型期，即在为会员教师提供充分的增值服务的基础上，通过长期的会员信息的积累，将会员信息盘活为一条条生动的、真实的、随时变动的客户信息，并将之打造为全社范围内共享的信息资源库。相关的市场经理、院校代表、营销编辑、策划编辑，都可以随时方便地从信息资源库中调取任何感兴趣的会员的信息，包括该会员的授课情况、教材使用情况、参加我社会议情况、个人喜好、对我社产品的评价、与我社所有成员交往及交流的情况，等等，并充分利用一切现代化的传媒工具，如邮件、QQ、微信、微博等传递新书信息和服务信息。同时，应注重及时的互动和反馈，这对于我们目前的营销工作，会带来极大的促进作用。

综上，矛盾运动是事物不断发展的动力，也是我们分析自身工作、寻求改进措施的基础。营销，在市场竞争日益激烈的出版行业，其重要性日益凸显。客观分析我们目前营销存在的问题及矛盾，并寻找解决之道，推动营销创新，已是当务之急。营销嵌入在企业从研发到分销的各个环节，影响到整个企业的管理效率及运作方式，关系到企业产品的生命周期和市场表现，因而具有不可忽视的现实意义。

营销苦与乐，实践思与行

——浅谈教材终端市场营销创新

·陈怀锋·

随着出版业转企改制的结束并伴随行业竞争的加剧，出版市场的营销重心正逐步下移并加速向二、三线市场转移，从某种意义上说，终端产品营销的成功与否将很大程度上左右出版业营销工作的成败。而高校教材营销工作又有其突出和鲜明的特点，首先，营销对象高度明确集中，客户群以教师为主；其次，营销方式集散结合又以点对点为主；再者，营销时间受周期性和季节性的制约。鉴于此，区域市场终端教材营销工作创新必须立足于三种储备，同时做好三方面的管理，并要满足三个条件。

所谓三种储备即产品储备、知识储备和人脉储备。产品是我们开展营销工作的根基，也是营销工作的重要载体。教材营销人员应该对产品高度熟知，同时保持对产品信息应有的敏感性。对产品知识的掌握包括产品核心信息和附加信息，核心信息涵盖产品定价、出版年份、获奖情况、作者、字数、版次以及资源配套情况等。附加信息应包括作者研究方向和在业界的知名度、出书背景、市场占有率、市场同类产品的优劣对比及客户对产品正反两方面的反馈情况等。为保持对产品的熟悉程度，除了我们在一线营销实践中对产品的直接体验外，还应坚持在工作日每天至少浏览一遍社里的官网，关注出版社的重要新闻事件，关注重要获奖和重大选题情况，关注重要营销工作的进展和出版动态。一周应至少和分社策划（营销）编辑进行一次各种形式的交流，保持对产品信息的敏感度。总之，对产品知识越熟知，我们开展营销工作就越有底气，与客户沟通就越能得心应手，对产品知识的熟知掌握是我们在终端市场大显身手的基石。

知识储备之所以重要是由我们所面对的客户群性质决定的。出版营销人员所面对的终端客户尤其是高校教师几乎是所有行业中素质最高的一类人，营销人员只有不断提高自身各方面的能力和素养，才能在更高水平和层次上为客户提供服务。我们很难想象一个缺乏起码专业知识的营销人员能够为老师提供专业化的产品知识服务，而大批高素质的营销队伍却能不断推动出版物真正走向市场。教材营销工作既有一般营销工作的共性，又有区别于一般商品营销的个性。因为教材本质上是文化商品，其所彰显的文化内涵就要求营销人员不仅要有广博的社会常识，更要有扎实的专业知识。总之，知识不仅是服务客户的基础，更是个人成长的压舱石。

人脉储备毫无疑问在教材营销中同样具有重要作用。教材营销工作的人脉范围不仅包括终端客户，还应包括能为营销工作提供各种便利和及时传递市场信息的各类人员。这种人脉资源某种程度上就是出版社在终端市场的利益代言人，是传播产品资讯的信使。一线工作的体会让我们深知，出版社的竞争已经从产品和品牌的竞争，开始转向以人脉为基础的信息竞争。在激烈的出版物市场竞争中，谁能获得更多优质选题的信息，谁能掌握更多市场准确需求的信息，谁能掌控更多渠道变更的信息，谁就越能在市场中占据主动地位。而市场信息获取的多寡基础恰恰取决于出版社所掌握人脉资源的优劣。总之，对人脉资源的开发是我们营销创新的出发点，人脉也是我们营销工作得以持续深入开展的基石。

在做好三方面的管理中，第一是管理好增长预期。这几年高校教材市场环境发生了很大的变化，从自编教材的遍地开花，到学生统购教材比例的逐渐下滑，再到电子图书的逐步替代性应用等。这些悄然发生的改变意味着出版社在区域市场的每一步前行都要付出更大的人力、物力和财力，市场的每一次突破都将来之不易。以目前安徽高校教材市场为例，本科高校中要求学生统一订购教材的只有一半左右，而且越到高年级学生购买教材的比例和积极性越低。高职院校教材统购的比重较高，但高职院校自编教材层出不穷，鱼龙混杂，现阶段市场基本处于无序竞争甚至不规范竞争的阶段，远没有本科教材市场规范、严整。且高职院校的老师在教材的选用上相对来说较为随意，亦不如本科院校老师对出版社品牌、教材质量、作者影响力的忠诚度那么高。因此，面对教材市场增长的结构性矛盾，营销人员不能单纯为迎合上级部门的考核，采取急功近利、竭泽而渔的营销方式。而应在对市场深入分析和调研的基础上，划出必须紧紧坚守的底线和基本盘，直面现实市场增长的瓶颈和压力，管理好增长预期。

第二是管理好营销团队。一个区域市场的健康、稳定与可持续增长不可能只靠一己之力完成，团队工作的成效才最终决定市场的整体表现。对于点对点打桩式营销，按照由专人负责，全过程跟踪、一条龙服务的模式更为有效。但对于大客户营销和会议营销采用团队营销将更可取，团队营销能够保证效果最大化，保持团队成员之间优势互补、协同推进，这种形式上相对分工，实质上分工不分家、统分相结合的模式更有效。在团队的协助下将营销工作做透做实，确保任何一次营销工作都不成为烂尾工程。一个分工明确又和谐统一的营销团队，一个和而不同又进退得当的团队，一定是富有生命力和战斗力的团队，也一定是有执行力和创造力的团队。

第三就是要管理好自己的情绪。营销工作既能给人带来收获的喜悦，也会让人不断承受失败的痛苦。面对不确定的市场，面对挑剔的客户，面对被误解的委屈，如何能尽快调整好状态以尽快开展工作也显得格外重要。工作中当面对挫折的时候，我常常宽慰自己说：我的忍气吞声与隐忍是对工作负责，是对我的岗位负责，别人的冒昧和挑衅或者不是我的过错，而是因为对方没涵养。这一种近乎于阿 Q 精神的自我解嘲其实就是工作奋进的一支强心剂，一个压力释放的加压阀，一台情绪调节的空调机。人带着情绪工作不可能有好的工作状态，状态不佳就没有激情，缺乏激情就缺乏感染力，缺乏感染力就不能够很好地打动客户进而会失去市场。所以，一个优秀的营销人员应该秉持不把家里的情绪带进办公室，不把办公室的情绪带给客户，感性生活，理性工作，不断修炼、丰富自我，管理好自己的情绪。

最后，做好终端市场教材的营销创新工作还要满足三方面的条件，第一就是要持有一股精气神，前面所提到的管理好自己的情绪也是保持精气神的题中应有之义。但这股精气神还兼有干一行爱一行、干一行钻一行、干一行精一行的进取精神，本分做人、诚恳做事、勤勉务实的职业精神以及谦虚谨慎的工作作风。第二是要塑造一个好习惯。如果说细节决定成败，那么习惯却常常影响细节。营销工作中的好习惯其实很简单，比如善做笔记的好习惯，信守承诺的好习惯，应约守时的好习惯等等，这些习惯做起来并不难，难的是坚持不懈，持之以恒并养之有素。第三个条件其实是一个提醒，就是不管营销团队有多小，哪怕是只有两到三人构成的微型团队，我们也要好好团结队员，善待每一个队友，努力构建包容性团队。因为没有完美的个人，只有完美的团队。古人云：亲仁善邻，国之宝也。团队二字从字面意义上理解就是，一个有口才的人，带领一群善于倾听的人，而只有口才却不能利用团队力量的人是走不远的。所以要善用团队，善待队员，善借团队之力。安徽市场目前有三位成员，三位成员均是 80 后，均来自安徽本省，虽然三人入社时间不同，所学专业有别，性格各异，但三人合作紧密，配合默契，这不仅源自三人良好的大局观，更重要的是得益于市场部一直以来着力打造优秀团队建设的努力。

几年一线教材营销工作的实践使得本人对教材营销工作有了一些体会和认识，不过面对终端教材市场的新情况和新变化，我们无法一劳永逸地解决所有营销难题。但在教材营销实践中不断与时俱进、开拓创新将是永恒的课题。在日新月异的营销世界里让我们做一个逐梦者和探索者，在终端教材营销这一变换无穷的天地里且行且思。

漫谈教材营销过程中的电话沟通技巧

·段向民·

古人云：亲其师信其道。那么，推销自己的产品，首先也要推销个人，如何让别人在接受你的产品之前先接受你个人，是一门很深的学问。特别是与那些高级知识分子如何进行沟通，让他允许你带着你的产品去他的地盘进行展示，是我们市场推广人员或者策划编辑首要的任务。沟通包括电话沟通与面谈，电话沟通是面谈的前提与基础，下面结合笔者日常工作中的做法对电话沟通技巧进行探讨。

一、做好电话前的准备工作

工欲善其事，必先利其器。——论语

（一）材料准备

1. 了解对方的爱好

如果你要使别人喜欢你，如果你想他人对你产生兴趣，你注意的一点是：谈论别人感兴趣的事情。——戴尔·卡耐基（被誉为美国20世纪最伟大的心灵导师和成功学大师）

比如在与某省教育厅职成处领导沟通前，我通过各种途径了解到他是书法爱好者，不但收藏书法作品，自己的书法作品在当地也颇有影响，于是特意找出有关对他书法作品评价的句子，背下来。然后电话中很自然地说起看到网络上他的书法作品照片，觉得他的运笔、结字、气韵、章法，充溢着秦巴山水的威烈与俊秀，博奥宏逸，给人以挥洒超脱的美感。他一听如遇知音，于是愿意将谈话进行下去，并且在电话中主动邀请我去当地做培训。

2. 上网搜索对方的有关报道，并仔细阅读

打电话时，可以从对方最近参加的活动或相关信息谈起。如在联系教育部某

司领导前，我先从网上搜索有关他活动的最新报道，然后电话时就说："我看了中国教育报就《职教法》颁布实施十周年对您的访谈，从中可以感受到您对职业教育倾注的心血和热忱，我是职业教育战线的新手，希望有更多的机会向您学习。您要是不介意的话，能否允许我登门拜访?"他一听没有反感，就问我是否有具体事情，然后，我便顺理成章前去拜访。

（二）心理准备

1．树立信心

打电话时，自信心是非常关键的。任何一个想要购买你的产品和服务的人都希望，甚至是想当然地认为，你一定是对你的产品或服务充满了信心，最起码也应该表现的是。但很多时候，客户还是可以从推广人员的声音中听出恐惧和犹豫，这会直接导致客户对推广人员本身、相关企业以及产品或服务留下不好的第一印象。为了充满自信，我首先对自己所推广的产品或服务信息尽可能做到了如指掌，然后在电话中表现得胸有成竹。这样，就掌握了对话的控制权，可以很好地引导客户跟着我的思路走。

2．要有耐心

并不是我所有的电话中需要别人帮忙的事别人第一次就会答应，如果一开始遭到拒绝了，我也不会恶语相向，而是给自己留有余地。如果一件事绕不开这个人，我一定会多找几次，因为我相信，他总有一次会被我的诚心感动的。

二、坦诚相待，开门见山

只有打算彼此开诚布公的人们之间，才能建立起心灵上的交流。——巴尔扎克

2010年6月我在天津参加教育部职业教育技能大赛时接到部门领导电话，说某省教育厅主管职业教育的副厅长也带队参加大赛，要我电话联系，我当时没有带电脑，上网搜索他的相关资料肯定不可能，而且自己也约了其他客户，根本没有时间。我认真思考了一下，简单列了三点：首先告诉他我致电他的原因以及我社产品的优势；其次给他分析如果让竞争对手一家独大对于他所在的省的师生并不利，有比较才会有鉴别，多个选择多条路；最后告诉他竞争对手有上百个品种，丢一本不算什么，而我社中职规划教材只有一本，丢了一个就丢了全部，希望他能开绿灯。他一听就说："没想到你这么诚恳，我回去会给相关人员打招呼

的。”我怕是推诿之词，紧跟了一句：“希望这不是敷衍之辞，我期待真的有下文。”他笑说：“你的话还真跟得上啊。”尽管这样，我还是不敢抱太大的希望，直到8月的一天上午，接到该省教育厅指定图书网站的电话，说要我组织专家去该省培训职业生涯规划，我才知道这一切都是真的。也许在大家听来这只是一个特例，但在我的推广过程中，我口述我心，一直自认为受益良多。

三、善于捕捉对方信息

通过电话中对方声音所传递的信息恰如其分地转移话题，拉近与对方之间的距离。因为与全国各地的人都有机会接触，时间长了，我对各地的语音语调有了一定的认识。和势在必找的人通电话，在他将要挂电话的那一刻，我会不紧不慢地补充上一句：××处长，您是××人吧？然后借机将话题进行下去。在这种情况下，对方即使拒绝你，也是谦和的，他甚至还会替你想办法，或者给你直接负责这件事情的人的电话号码。比如有次联系某市教育局副局长，因为他们上午10:00才上班，我在9:00就按捺不住给她打电话，她当时极不情愿地跟我聊了两句就要挂电话，我很随意地问了句：“局长，您是东北人吧？”她一听就很激动，告诉我她是吉林长春的，到该地十几年了。最后还把负责这件事情的党委书记的手机号告诉了我。

四、充满热忱

将自己的热忱与经验融入谈话中，是打动人的速简方法，也是必然要件。如果你对自己的话不感兴趣，怎能期望他人感动。——戴尔·卡耐基

成功学大师拿破仑·希尔花了25年的时间，分析和研究了全世界500名各行业顶尖的成功人士的成功原因，最后归纳出17条成功定律，其中热情排在最前面，可见保持热情的重要性。热情一定是由内而外自然流露的，只有那些从心里热爱自己的工作的人，心中才会有一团火焰，这团熊熊燃烧的火焰使充满热情的人魅力四射，从而具有非凡的影响力。因此，作为电话销售人员，如果没有一种发自内心的对自己工作的热爱，说话声音有气无力，即使学了一大堆的技巧和方法，也是没有用的。所以，在给人打电话之前，一定要先酝酿一下情绪，让人感觉到你饱满的热忱，这是让人愿意接听电话的前提之一。

五、锤炼悦耳的声音

据调查，人际沟通中各种因素所起的作用是不同的。在面对面沟通时，身体语言占55%，声音占38%，用语占7%；在电话沟通时，身体语言占0，声音占82%，用语占18%。因此，作为用声音传递信息的电话推广，声音在电话沟通中的重要性和地位就更毋庸置疑了。如何锤炼悦耳的声音呢?

1. 要有喜悦的心情

打电话时我们要保持良好的心情，这样即使对方看不见你，也会被你欢快的语调所感染。由于面部表情会影响声音的变化，所以即使在电话中，也要抱着“对方看着我”的心态去应对。

2. 端正的姿态

如果你打电话的时候，弯着腰或躺在椅子上，对方听你的声音就是懒散的，无精打采的；若坐姿端正，身体挺直，所发出的声音也会亲切悦耳，充满活力。

3. 语速不能太快或太慢

电话服务人员要具备可以控制语速的能力，一般情况下，语速保持在120～140字/分钟比较合适。当然，如果能够根据客户的语速而调整自己的语速，这样效果更好。

4. 发音要标准，吐词要清晰

口与话筒间，应保持适当距离，适度控制音量，能够让客户在电话中很容易听清楚你所说的话，以免听不清楚、产生误会。

5. 杜绝不耐烦的语气

语气是电话销售人员内心态度的晴雨表，对语气的要求是：平和中有激情，耐心中有爱心，杜绝不耐烦的语气。经常会遇到这类客户，给他讲第一次，没有听清楚，讲第二次也没有听清楚，到讲第三次时还不清楚，这时电话人员解释一次，语气可以，解释第二次，也可以，解释第三次时就明显可以听出不耐烦的语气，这时心里肯定这么想：“你怎么这么笨呀，都跟你讲三遍了，你还不清楚。”这种语气一流露出来，结果就是把客户给吓跑了。

6. 音调要自然

打电话时，音调要有高、中、低之分，富于变化，不要太机械化。有些电话销售人员老是用一种音调跟所有客户讲话，好像是录音机播放的一样，缺少变化，因而自己的语言也就缺少生气。电话是一门声音的艺术，因此电话推广人员必须下点功夫好好修炼一下自己的说话音调。

7. 带笑的声音

人们常说“伸手不打笑脸人”、“相逢一笑泯恩仇”，可见，这一笑威力有多大。但是上面两种情境是面对面时才发生的，而在电话里，对方看不到电话者的笑脸，怎么办？这就是我们打电话时一定要笑的原因，否则就像在黑暗中给绝世佳人送秋波一样，自作多情，徒劳无益。让对方听到你的微笑，带有微笑的声音是非常甜美动听的，也是极具感染力的。在声音中放入笑容，并且笑出声来，这是一招很有杀伤力的技巧，因为人是追求美和快乐的动物，笑声则传达了你的快乐，电话那端的人当然愿意和一个快乐的人交谈。

8. 简洁

时间对于每个人来说都很紧迫，接听我们电话的人都希望在最短的时间里明白我们在表达什么。做到这一点有一个小窍门，那就是将自己要表达的核心内容写一个提纲，然后在打电话时就会胸有成竹，简单明了。

六、提高自身素质

1. 风声、雨声、读书声，声声入耳

多读书，多背诵一些名诗佳句，在沟通时可以妙语连珠，增加对方对你的好感。因为我们面对的都是所谓的文化人，甚至可以说是高级知识分子，与这样的群体打交道，首先要获得他对你的认同，觉得你是同道中人，自然就会接受你。因为北京是个电话销售泛滥的城市，很多外地人不愿意接北京电话，特别是那些如出一辙的推销，但如果你在致电时可以时不时地穿插些名词佳句，他会由欣赏而信任，觉得遇到“真神”了。

2. 家事、国事、天下事，事事关心

平时要多听多看新闻，为你电话的对象提供他感兴趣的信息，他就会觉得你是一个无所不知的人，从而不敢小觑你。特别是你能说出他们当地议论最多的新鲜事儿，他总乐于把自己对事情的看法与你分享的。

3. 增强抗压性，不断提高自己的心理素质

要听得进不同的声音，面对别人的斥责与刁难不急不躁。记得第一次给某省教育厅德育科打电话，科长一听是人大社的就大发雷霆，说我们不按规矩出牌，先找了他们省的两个市去打入市场。听他发完脾气，我告诉他，真正不按规矩出

牌的是他们，教育部既然规定了一纲两本就要两本都选，不能只选一本。几经周旋，最后还成了朋友，他同意我们的书也上他们省里的目录。

七、其他

1. 分清场合

一个人必须知道该说什么，一个人必须知道什么时候说，一个人必须知道对谁说，一个人必须知道怎么说。——德鲁克（被誉为现代管理之父）

2. 原意倾听

如果希望成为一个善于谈话的人，那就先做一个愿意倾听的人。——戴尔·卡耐基

3. 充分尊重对方

现实生活中有些人之所以会出现交际的障碍，就是因为他们忘记了一个重要的原则：让他人感到自己重要。——戴尔·卡耐基

4. 把握适度

有效的沟通取决于沟通者对议题的充分掌握，而非措辞的甜美。——葛洛夫

5. 学会赞美

鼓励自己最好的办法，就是鼓励别人。——马克·吐温

与人相处，是极大的学问；把话说好，是极重要的沟通技巧。“一句话可以改变一件事，一件事可以改变人的一生”说的就是这个道理。所以，只有掌握好自己的嘴巴，让它口齿留香、舌绽莲花，才能在为人处世中步步为“赢”。

教材市场推广之我见

·段向民·

近年来，随着高校教材竞争的日趋激烈，各大出版社都把教材的推广工作放到了首位。寄送宣传资料和样书、周期性教材巡展、组织重点教材推广会议、聘请院校代表推介教材、通过高校教材发行代理商推介教材等是目前出版社最常用的推广模式。

一、常见推广模式的优劣

1. 寄送宣传资料和样书

出版社通过各种途径整理出相关教师的联系方式，教材出版或即将出版时，出版社营销人员向老师提供有关资料，并免费邮寄样书，以便他们选择教材。

这种方式有一定效果，但成本较高，很多资料和样书寄出后并没有产生营销效果。故建议在做此种推广之前，一定要有一个前期地址及人名核实的工作和后期电话确认是否收到的工作，前后电话刚好为市场人员与教师的沟通找到了理由，在反复的电话沟通中会加深印象，也可通过电话预测哪些老师会成为出版社的客户，从而确定重点追踪的目标。

2. 周期性教材巡展

每年的春秋两季教材征订开始之前，出版社独立组织样书巡展，或者参加大学版协、新华书店和其他教材经销商组织的样书巡展。这种营销方式直接面对教师展示教材，出版社营销人员或编辑可以与教师进行交流，能够比较有效地促进教材的销售。但是这种营销模式投入成本高，出版社要付出大量的物力、财力和人力。

此类常规活动一定要有定量的活动指标，比如走访院校多少家，发放样书多少册，采集教师信息多少条等。对于已经去了好几次的院校，要采用扫荡式，争取一个都不放过，将该校所有教师信息补充全。可以借助巡展，组织有希望成为出版社客户的教师的小规模座谈会，重点攻克几所招生量大的学校或者还不是客户的学校。

3. 组织重点教材推广会议

出版社针对重点品种教材或系列教材，特别是公共课等需求量大的高校教材组织专题推广会议，邀请高校教材部门、院系领导和任课教师参会，通过专项会议使有关教材得到高校的使用。这种营销模式的针对性很强，有较好的效果，但是成本也较高，并且不适合一般性专业课教材的推广。

此类活动有三忌：一忌商业化太浓。不能就产品讲产品，要将教学改革与教学理念融入会议之中，要“随风潜入夜，润物细无声”。二忌培训内容大而空。针对不同的培训对象，要设计培训对象感兴趣的培训内容。三忌过分注重名家大家。要从出版社教材使用的忠实客户中发掘新的专家型教师，并将其打磨成名师。

4. 聘请院校代表推介教材

各出版社希望通过加强与一线教师的直接联系，力争把营销工作深入到各所学校。为此，各出版社纷纷在重点地区聘请院校代表，经常性地与任课教师交流，了解他们的教材出版意向，宣传新教材和反馈教材使用意见，把握市场方向。在这样的互动中，不但可以了解到所在出版社的教材使用信息，还可以对竞争对手的产品有更深入的了解。但是这种营销模式需要异地管理院校代表，如何量化其任务指标和促进其工作主动性是这种模式发展的问题所在。

深入学校，需要院校代表做好两方面的准备，一方面要备产品，要对所推介的产品了如指掌。另一方面要备老师、备学校，对与老师沟通的内容、学校的优势学科等都要做到心中有数。

5. 通过高校教材发行代理商推介教材

在相关地域，一般是以省域划分，出版社将本社教材全部或部分委托给一个相对有实力的教材经销商，由其在相关省份全面负责教材的推广、销售和回款，出版社与教材发行代理商建立起稳固的利益关系。教材发行代理商在本地经营多年，熟悉当地的高校、教育部门和出版管理部门，拥有当地的社会资源，更加了解当地区域市场，因而更容易深入到教材销售的最前沿，有针对性地做教师们的工作。通过专业化的细分市场，逐步开拓教材市场，确保了教材使用的稳定和持续增长。

目前，这种营销形式也存在一些问题，主要体现在出版社对教材发行终端的信息存在断层，代理商及其推广人员对出版社教材熟悉程度不足等。

二、有待加强的推广方式

在将我社产品按照市场容量和历年销量分为明星产品、一般产品和潜力产品的基础上，针对不同层次的产品采用不同的推广方式，特别要加大潜力产品的推广。对于已经达到市场饱和的明星产品重在维护，一般产品要判断是否有上升空间，对于市场容量大的产品要重点推介。个人以为我社在以下几方面的推广工作上有待加强：

1. 借助各地政府关系进行推广

和当地教育系统及其他相关系统建立良好的合作关系，借助政府系统的影响力促进教材的销售，并借助政府系统开展各类读书活动，让非教材类图书进入学生的课外阅读视野。

2. 有效利用当地的图书活动

主要针对一般图书，比如广东的“南国书香节”和“深圳读书月”等，扩大我社一般图书的销售。

3. 借助行业协会、教学指导委员会的年会等进行推广

自己组织会议，费时、费（人、财、物）力，而各个行业协会与教学指导委员会每年都会组织多个会议，我们可以根据自己的推广目标，参会并分发会议材料，拿到会议通讯录，为下一步的跟踪打下良好的基础。市场部每个人都可以从网上搜索会议信息，根据分工的不同，选派不同的人参加。

4. 与选题策划结合起来做市场推广

选题策划来源于市场，市场部在推广的过程中了解老师的出版需求与自身优势，发掘新的选题，为出版社创造更大的效益。严格来说，一个产品的推广不是从它产生后才开始的，而是从进行选题调研时已经开始，作者本身所在的学校就是我们最忠实的客户，更何况还可以引导作者把他的人脉变成我们出版社的人脉，在做选题时就引导作者多找几所学校老师参与到教材的编写之中来。这就需要协调好市场部与分社的关系，在我看来，并不存在市场部抢分社的选题，因为，一个敏感的编辑如果没有赶在市场部之前发现这个作者，那么其他同行出版社也会把这个作者撬走，那样影响的是出版社的整体利益。

5. 利用网络手段的便捷进行推广

随着互联网的普及，QQ、MSN等交流方式逐渐为大家接受并喜爱。出版社推广部门也要按照学科和层次建立QQ群，及时公布我社教材信息，并与老师加深感情，提高客户的忠诚度。

三、在践行推广模式的过程中需要注意的几个问题

1. 各种推广模式的有效衔接

无论是寄送宣传资料，还是组织教材巡展抑或是重点教材推广会议，都是相辅相成密不可分的。因此要将几种推广方式有机结合起来，以期取得更大的推广效果。

2. 掌握一定的谈话技巧

一个产品能否赢得市场，一方面在于产品的质量，另一方面在于推广的力度。“酒香也怕巷子深”，说的就是这个道理。市场推广得好不好，市场人员的谈话技巧起着关键作用。

3. 市场部与编辑部的配合

编辑部门与市场推广部门目标一致，都是为了把社里的产品更好地推广出去，理应同心同德，精诚合作。编辑部门利用熟悉图书内容和特色的优势，制作更利于突显图书特色的展示画面，配合市场部门把推广工作做好。市场推广部门利用自己对市场信息的捕捉优势，做好图书的整体推广方案。

4. 加大推广产品的立体化

建议各个分社就重点产品做重点推荐方案，使编辑和市场推广人员能够形成统一口径，不断强化老师对该重点产品特色的认识和理解。介绍的时候不仅仅要介绍产品的特色，重点要突出其服务学生、服务教师、服务教学的功能所在。只有强调这些，才能更有力地打动用户。因此，必须让我们的产品推广方案丰满起来。

四、个人素质的提升

1. 勤练内功

作为教材推广人员，首先必须熟悉我社优势品种，力争做到个性化的服务，这样才能更好地与教材使用者进行专业上的沟通，最终达到有效营销的效果。

2. 服务意识要进一步加强

随着竞争的加剧，“服务”二字已纳入我们教材营销的核心工作。各种教材在同质化程度越来越高的情况下，教材推广工作更看重服务。我们在强调品牌营销的同时，也把服务营销放在了同等重要的位置。记得金盾社社长张延扬在介绍该社成功经验时曾说，从以产品为中心变为以客户为中心，把出版社建成客户在北京的联络站是该社成功的秘诀之一。

3. 抗压能力进一步提升

教材推广，任重而道远，在推广过程中，什么样意想不到的事情都有可能发生。无论何时，无论何事，都需要推广人员保持平和的心态，不卑不亢地冷静应对。

总之，教材推广工作看似谁都能做，但真正把它做好，不是谁都能做到的。

高校教材市场销售模式探讨

·张立伟·

高校教材市场一直是图书销售市场中非常重要的领域，特别是1999年高校扩招之后学生人数暴增，相应的高校教材市场也不断扩大，新华书店、高校图书代办站、民营书店在不断竞争与博弈中瓜分了绝大部分市场份额。近年来随着网络的普及、大众购买习惯的转变和教材市场的放开，网店也开始进军高校教材市场，争取分得一杯羹。在这种市场情况下，各高校的教材采购模式以及学生的购书方式也发生了不小的变化。

2000年之前高校教材采购模式比较简单，教材科凭借老关系在一家或几家经销商处进行采购，2001年高校后勤改革开始之后高校教材采购逐步开始采取了招标的形式。但总体而言，2005年之前高校教材是比较好做的，教材都归教材科来统一采购、发放和管理，大一新生开学就预收了四年的书本费，多退少补，经销商只要把教材送到教材科就不用管了，教材的发放、收款都是由教材科负责。教材都是按照学生人数来发放，绝少退货，结款也比较痛快，可以说那段时间对经销商特别是民营书店来说是快乐的春天。但这种教材科一统天下的采购模式不可避免会出现营私舞弊、收受贿赂回扣等不法现象，导致了一大批高校教材回扣案件发生。另外高昂的书价、不打折的销售方式也让学生们背负了不小的负担。因此，2005年教育部发文要求“高等学校向学生提供服务，必须坚持学生自愿原则，不得强制服务和强制收费，不得以营利为目的”。从此教材科的功能逐渐弱化，学生在教材科购书已经不再是唯一的选择，网店、旧书摊、复印甚至不买书，学生的购书方式也逐渐丰富起来。教材科的势弱和学生购书方式的变化，也促使经销商不得不对原有的教材销售模式做出改变。

近年来外地的高校教材市场相对来说好做一些，毕竟“天高皇帝远”，教育部的政令很难彻底地贯彻下去，很多高校还延续着2005年前的采购模式，各教材经销商日子好过得多。相比之下，北京地区的高校教材经销商的日子可就难过多了。第一，虽然北京地区高校众多，光普通本科院校就将近60所，但因为地处首都，所以教育部政策的执行力度还是很强的。各高校不再强令学生买书，教材科的功能也弱化很多，使教材的退货大量出现。此外，很多高校要求经销商现场售书发书，这不仅需要经销商投入大量的人力物力，而且需要提前按班级或人数打包，为现场发书做好准备。第二，北京地区高校的情况非常复杂，几乎每所高校的情况都不一样。比如教材科归属，有归教务处的，有归图书馆的，也有归大学出版社的，而且教材科的职能和权限也发生了变化。再比如多数高校都采取教材招标的形式采购教材，但也有相当数量的高校将教材的采购交给了自办书店或者出版社书店，而不再进行招标。第三，北京作为全国的文化中心、出版中心，书店自然是多如牛毛，竞争也是异常惨烈，导致的结果就是每家都有些市场，但每家都做不大。各经销商不但需要时刻提防众多竞争者挖墙脚，而且面对高校教材科的时候更是要处处陪着小心，唯恐服务不周被踢出局。以前在高校招标时，很多高校都把投标折扣作为主要考核指标，哪家的折扣低，就会重点考虑哪家。一些大社名社如高教社三番五次要求客户不能低折扣竞标，但是很多高校为了自身利益根本不予理睬，而有些书店为了拿到订单也是置若罔闻。在明知赔钱的情况下，中标书店不得已只好在图书质量、服务质量等方面做文章降低成本，甚至有中标之后毁标的现象发生，使高校和书店出现双输局面。近年来高校也逐渐意识到单纯低折扣带来的危害，转而采用适当折扣＋高质量服务的标准来招标。这种招标模式的出现也促使高校教材市场的整合，一批“过把瘾就死”的小书店逐渐被淘汰出局，而像我社书店这样的国有书店和一批合法经营、诚信服务的民营书店逐步占领了北京地区大部分高校教材市场份额。

我社书店作为人民大学图书代办站，在90年代经历了一个辉煌时期，北京地区一半以上的高校都是我们的客户，但随着民营书店介入，我店在折扣、操作模式上都竞争不过民营书店，丢失了大片市场。近几年由于教材招标逐步透明化、规范化，我店凭借卓越而富有特色的服务打动了众多高校，赢得了各高校的一致好评，成为北京地区高校教材市场最主要的经销商之一。但是在和高校教材科合作中也不可避免地遇到了很多困境和问题，其中最主要的问题就是高校教材科的退货量太大，使我们一直头疼不已。究其原因，首先，大部分高校在招标时都要求全品种100%供货，而很多学生却不从教材科购书，转而从网店购书、买旧书、复印甚至干脆不买书，从而造成大量退货。例如2008年秋季北京科技大学教材科的退货中有两种1 000册以上的退货，分别是南开大学出版社的《朗文英语听说教程二（磁带十书）》进 1 500 册，退了 1 380 册；机械工业出版社的《应用计算方法教程》进 1 500 册，退 1 100 册。其原因就是学校复印店将教材整本复印，装订成册，低价销售，学生蜂拥而至，学校、出版社和我店明知复印店是违法行为，却无可奈何。其次，学校报订的教材很多都是民营公司与出版社合作出版的教材，教材质量不敢保证，我们进货困难，现款自提，不能退货，而学校退货没商量，每年都会积压一大批这种教材库存。

大量退货让我们承受了诸多的损失。首先，出版社和我们在发货、仓储、物流方面投入的人力物力成本已经打了水漂，更不要谈什么利润了。其次，现款进货的教材尤其是合作教材大多不能退货，一旦造成退货，损失只能由我们自己承担。最后也是最重要的，大量的退货可能使我们和出版社的关系出现裂痕。出版社本来和我们的合作关系很好，当初对我们的大订单也比较重视，有些社还请示领导，在折扣、物流等方面给了我们很大的支持，可结果百分之八九十甚至百分之百的退货，会让出版社对我们产生很大的意见，感觉我们办事太没谱，这对我们自身的声誉、社店关系的维护以及今后的合作都可能造成不可估量的负面影响。除了要承担大量退货外，高校教材科居高临下的姿态也是我们需要面对的，因为教材科手中有着大量的教材订单，也就掌握了主动权，所以在合作期间他们会提出很多苛刻的要求，如果不满足明年就再换一家供货商。而我们在和他们打交道的时候战战兢兢，小心伺候，生怕得罪教材科，把单子丢了，只能满足他们的要求。

面对种种难题，如何对高校教材科客户进行开发、管理，建立一套成熟高效的高校教材销售模式，是摆在我们面前的一个重要课题。

（1）在准备与新的教材科客户接触之前，做好调查工作。调查工作可以分两部分，一部分是正面调查，主要是登门拜访，通过当面交流了解一下高校和教材科的基本情况，比如高校学生人数、院系专业设置、教材总量、教材科归属、现有供货商情况、教材所涉及的出版社、教材招标形式和时间等等。另一部分调查主要从侧面开展，通过教材科同行、其他供货商、出版社、学校等各个渠道了解对此教材科客户的评价，调查的内容主要包括教材科回款是否及时，教材科人员是否专业、是否好打交道、是否会提出很多无理要求，退货量多少，等等。根据调查反馈的信息，对此教材科进行一次整体评估。

（2）在教材投标过程中要摆正我们的姿态，做到与教材科平等对话。这一点非常重要，这会奠定整个谈判和合作的基调。否则，一旦表露出“求人”的姿态，不但会签署“不平等条约”，而且在合作中也会处处受气。而教材供应合同尽量要做到全面、详细、周到。双方应该开诚布公，把一切可能发生的好的或者坏的状况都摆到台面上，事先协商好解决办法，并一一写入合同。我们对待合同千万不能抱着“走过场”的心态，一定要抱着“先小人后君子”心态，否则吃亏的只能是自己。特别是为了防止大量退货，可以采取事先做好学生的宣传工作、教材报订信息准确、更换大社名社高质量教材等措施。

（3）教材科教材采购流程。这个流程主要强调两个问题，一是订单处理的准确性和及时性，二是确定合理的教材订购量从而避免大量退货，这就需要采购员、业务员、教材科、任课教师、出版社、物流公司、库房等各个环节通力合作，信息共享，及时沟通。

第一，教材科报订订单。要求尽量提供 ISBN、书名、作者、出版社、版次、出版日期、定价等基本信息。

第二，采购员查询图书资料的准确性并向出版社查询库存情况。我们通过书店系统、网络、电话查询等渠道查询图书资料，并与报订资料对比，将不同之处标出以备反馈。并且向出版社查询库存是否够，库存不够是否会加印，加印时间大概多长，如果不加印是否有新版或替代版本，是否现款，折扣多少，等等。业务员将所有的变动信息反馈给教材科。

第三，教材科对图书资料进行确认。教材科就图书资料有问题的地方与任课老师沟通后，确认正确的图书资料，并形成最终的订单。

第四，采购员向出版社订货。通过传真或网上发出订单，确认出版社收到并开单。同时将最终订单给库房一份，方便到货后库房入库。

第五，采购员盯到货情况。首先，向出版社查询发货情况，包括发货时间、发货方式、库房电话、物流公司名称、电话、货单号、预计到达时间等。其次，与出版社、物流公司、库房保持联系，随时关注到货情况，并将到货情况及时反馈给业务和客户。

第六，图书到货并验货。图书到货后，由库房验货，如有误差及时与出版社联系解决。

（4）教材供应发放流程。全部教材采购完成后我们会根据学校的要求（按班级或者按个人）对教材进行编号打包，这项工作虽然非常繁重，但是却为秋季开学快速有序地发放教材打好了坚实的基础。在开学前我们会开一个教材发放准备会，会为所有中标高校排定教材发放日程表，并安排具体的人员、车辆、物资等。开学教材发放现场，我们会把人员分为制单、收款、发书三个组别，学生在制单处拿到一式四份的清单，到收款处交款，然后到发书处签字领书，清单由教材科、学生、收款处、发书处各留一份。

（5）特色服务。

第一，协助教务处教材科做好教材建设的工作。不定期提供国家优秀教材信息和全品种人大版教材目录，利用我社的教研服务网络和中国高校教材图书网等独家资源为高校教师选择教材提供内容咨询和用书建议，协助高校了解各种教材产品的优缺点和适用性等，以方便高校能够选订到符合教学要求的高质量教材。

第二，为高校老师出版教材图书提供方便。如果高校老师有出版书籍的需求，我们可以为高校老师出版相关书籍提供方便，并可以为高校的自编教材出版提供支持。

第三，对于出版社组织的培训活动及时通知高校，以给高校授课教师提供更多的交流学习的机会。

第四，设立重点教材图书的样书柜，以方便高校老师了解教材，选择教材。

第五，与高校合作开书店。有些高校教材科自己也有书店，但因为种种原因经营不善，而有些高校希望开一家书店，为学生服务，丰富学生的文化生活，这种情况就给了我店一个很好的合作契机。我店有着丰富的书店经营经验、高校教材供应经验以及顺畅的教材图书进货渠道，所以双方一拍即合，现在我店已经与北京科技大学、北京林业大学、北京化工大学合作开办了校园书店，既满足了高校的业务需要和学生的文化需求，也拓展了我们的业务，实现了三赢的局面。

（6）开拓多种销售渠道，吸引不在教材科购书的学生。我们现在已经开拓了书店、邮购、人大社网上书店、人大社天猫旗舰店、淘宝店等多种渠道，开展了限时抢购、团体购书等优惠活动，吸引学生。

营销让畅销书火起来

——略论大众畅销书的营销技巧

·刘　莉·

一本大众图书是否可以畅销，除了选题本身具备畅销书的特点以外，市场营销过程是图书热销的关键关节。要确保一本具备畅销书潜力的大众图书迅速在图书市场中“火”起来，可以从五个方面做好图书市场营销工作。

一、制造阅读预期，营销与选题策划相得益彰

从销售层面来看，畅销书首先是一个商品，而这也意味着，对畅销书必须首先将其作为一个商品进行包装。同时对于一个即将上市的商品，应该采取一些措施尽可能让受众对其有一定的阅读预期。

新的畅销书运作方式，已经不再是图书出版以后才进入媒体宣传推广阶段。很多具有话题性、明星关注度的畅销书在策划之初就纳入了媒体关注的视野。比如众所周知的超级畅销书《哈利·波特》，作者J. K. 罗琳在构思阶段，就开始由相应的媒体曝光，并通过各种新闻引起受众的注意。作者的写作可以说始终是在媒体的跟踪下完成，这无形中塑造了受众的接受预期，提高了书的知名度。而这也使得此书在发行之后热销变得自然而然。《哈利·波特》系列被翻译成74种语言，在世界200多个国家和地区累计销量达4亿多册，位列史上非宗教、市场销售类图书首位。这一销售奇迹与其善于制造阅读预期，选题与营销并重分不开。

二、借势传播，事半功倍

没有由头的新闻不是好新闻。畅销书的宣传推广也需要借助新闻事件来获得成功。历史事件、历史人物的纪念日、公共节日、媒体策划的文化热点、近期大

众关心的新闻事件、近期社会流行的文化心理及大众情绪，这些都是图书宣传的切入点。比如人大社在 2006 年推出特里尔的《毛泽东传》，该书出版恰逢毛泽东同志逝世 30 周年，大众媒体为纪念这位伟人推出了很多文化主题，这本书作为西方研究毛泽东同志生平的传记类作品，受到了媒体的追捧。该书在新浪、搜狐等多家媒体读书频道头条连载，很多主流媒体上刊登了大量书评书摘，这些都为图书销售起到了很好的宣传作用。该书当年累计销售突破 20 余万册，进入了十大畅销书排行榜。这本书的宣传工作就是借助纪念日的话题，充分利用媒体关注点而获得成功。

利用新闻事件所引发的社会情绪来制造话题，打造畅销书。比如 1996 年由中华工商联合出版社出版的《中国可以说不——冷战后时代的政治与情感抉择》。1996 年是香港回归的前一年，中国人民解放军驻香港特别行政区部队组建完成；我国在第二十六届亚特兰大奥运会上取得金牌总数第四位的历史最好成绩；我国钢产量突破一亿吨，产量达到世界第一位。这些新闻事件促使了民族主义情绪升温。这本书醒目的标题引起了媒体的关注，首版发行 5 万册，只用了 20 多天就赶印出版，吸引了全世界 100 多家新闻媒体的关注和报道，成为 1996 年最轰动美国和西方的中国书，先后被译成 8 种文字。该书也引起了中国官方和民间的高度关注。书中对冷战后中美关系和民族主义的观点引起了大讨论。尽管这是一本备受争议的书，但作为畅销书的媒体宣传推广工作而言，利用大众情绪，借势宣传，取得了良好的销售业绩。

三、利用大众传播工具各自优势，为图书上市造势

在传媒发达的今天，把图书看成是大众消费商品并将其有效传播出去，这应该是出版社首先思考的问题。多媒体联动，相互合作，互相借鉴内容作为选题已经成为媒体整合传播资源的一种常规做法。影视小说与栏目出书都有很好的成绩。这几年比较畅销的书，比如与电视剧联姻的《潜伏》、《新结婚时代》、《蜗居》；与《百家讲坛》相关的易中天的《品三国》和于丹的《论语心得》等。这些图书在电视媒体预热市场之后，推出图书产品，实现了热销。此外，随着网络博客、微博、论坛等网络媒体逐渐成为大众获知信息的第一渠道，利用网络媒体制造话题推出新书越来越为大众所接受。

综合运用媒介推广新书，并不是所有的书都要千篇一律地选择所有传播媒

介。根据图书内容选择适合的媒体传播，在受众群日益细分的当下对于控制宣传成本具有十分重要的意义。一本浅显易读、缺乏悬念的书，图书连载显然不是一个好方式，然而一本文字优美，让人回味的书，图书连载便会起到促使购买的效果。召开新书发布会或座谈会，最广泛地邀请媒体，必然会给图书带来一定的曝光率，但是微博或者豆瓣网一类的社交网络低成本的组织活动对一些特定图书选题也许比发布会的效果更好。

四、控制宣传节奏，切忌虎头蛇尾

很多图书在上市之初，出版商都急于宣传产品，推出各种实地活动，动用各种宣传媒介让大众第一时间获取出版信息。然而，图书上市一个阶段后，无论是否畅销，宣传后劲往往不足。一方面由于出版社经常处于不断推出新品而忙于做新忽视做旧。另一方面，图书宣传手段的匮乏，往往导致后期宣传没有话题可做。

是否在图书销售的中期阶段投入宣传资源，这个问题不能一概而论。首先应对新书上市的销售数据、媒体反馈、可接触的读者反馈等市场信息进行分析，对于有潜质变成“常销书”的品种继续投入宣传资源，而因选题不好导致市场销售差的品种应该果断放弃宣传。图书销售中期投入宣传资源促成畅销书的案例，比如 2001 年热销的浙江人民出版社出版的《大败局》可以作为参考。该书的选题并无新奇之处，只是对近十年来中国市场上最有影响力的十家著名企业的失败案例进行解读、点评。推向市场后，最初的销售量仅 4 万册，但该书的策划者在北京组织召开了主题为“我们的忧虑——中国加入 WTO 首都专家学者研讨《大败局》座谈会”，邀请各界专家、学者和名记者到会讨论，会后，中央电视台、《人民日报》、《中国经营报》等著名强势媒体进行了重点报道，其他媒体纷纷跟进或转载，从而引起了社会的广泛关注，该书的销量也由 4 万册一举突破 18 万册，成为当年的畅销书之一。由此可见，对有销售潜力的图书，在图书销售中期进行宣传是十分必要的。

五、保证发行渠道畅通，网络与实体店充分覆盖

畅通的分销渠道、广泛的零售网点，是保证畅销书终端销售的必要条件。在现代流通体制下，畅销书一般采取通过不同分销商销售的间接渠道，同一层次上

分销商尽可能多的宽渠道，二级批销和直接向零售商发货即长渠道、短渠道相结合的营销方式，以保证图书快速、通畅、经济地完成向读者手中转移的过程。面对全国新书品种的不断扩张，无论是网络书店还是实体书店，图书铺货与上架都是各个出版社争夺终端渠道的焦点。《乔布斯传》的热销与其发行渠道的多样化有密切的关系。针对读者群年轻化、网络化的特征，该书除了实体店铺货上架以外，动用了几乎所有的网络销售渠道，除了传统的当当、亚马逊、京东等网络渠道，又加入了诸如“凡客诚品”这样的服装专营销售网络，从最大的范围覆盖了可能购买的读者群。因此，充分地覆盖潜在读者群，为图书购买提供便捷的渠道，是最终促成图书销售的关键一环。

“酒香不怕巷子深”这种认为只要选题过硬就可以成就畅销书的图书产销思路，在当前图书品种供大于求的市场竞争环境下，已经成为过时的论调。唯有积极地进行图书营销策划，抓住图书亮点，在媒体宣传与销售终端充分做足的情况下，一本具有畅销书潜质的大众图书才有可能真正让读者认可，在图书市场上“火”起来。

浅谈实体书店的发展

——以人大社办书店为例

·崔庆杰·

在过去的十几年里，图书行业发生了翻天覆地的变化。大约十年前，很多媒体还在渲染图书行业是朝阳产业、暴利行业。但是，随着科技的进步和市场的发展，整个社会都发生了很多的转变，尤其是文化产业，因其超前的特性被推上了风口浪尖。以图书行业来看，过去十年出现了影响整个行业的两大趋势。一是2000年前后，电子商务涉足图书领域，经过一段时间的发展，逐步走向成熟。图书行业，尤其是图书销售领域，进行了大洗牌，不断分化重组。二是数字化出版和无纸化阅读的兴起，对图书行业各个环节，包括出版和销售，都带来了巨大的挑战。图书行业面临着前所未有的变局，尤其是站在行业前线的图书销售领域，在过去的十年中，实体书店的销售经历了严酷的冬天，零售年年下滑，很多书店关张。面对这些大的趋势，实体书店该如何应对，如何在市场中立足，将是我们需要思考的问题。

一、市场环境

（一）图书销售市场

近年来，北京乃至全国的图书销售市场呈现了如下特点：

第一，图书分销市场的分化与重组。由于电子商务的冲击，许多中小书店，尤其是民营书店纷纷倒闭，地面实体书店减少。从海淀购书中心到第三极，再到风入松、光合作用，实体民营书店可谓是节节败退。图书批销市场也是日益凋敝，五道口图书音像批发市场短命而亡，甜水园和海淀图书城的批发流量也大大缩减。但是，图书销售市场也并非没有扩张，如北京新华先后开办了中关村图书大厦、亚运村图书大厦。另外，电子商务方面，除了原有当当网、卓越网之外，淘宝、京东、苏宁也纷纷进军图书领域。盘点一下北京目前存在的书店，大约可以分为四类。一是新华书店，如西单等四大书店。二是民营书店。民营书店的情形比较复杂，之前形式比较单一，如万圣、单向街、字里行间等。但是，随着淘宝、天猫、孔夫子旧书网等平台的兴起，小规模民营网店如雨后春笋，蓬勃发展。三是出版社书店，如百万庄图书大厦、三联书店、涵芬楼书店等。四是股份制和外资书店，网上书店多属于此类型，如当当、卓越、京东，当然，也有一些专业书店是股份制的，如时尚廊。图书销售市场这种分化与重组的状况可以用八个字来大致概括，即“虚进实退，国进民退”，网店扩张，实体书店收缩；国有、股份制书店有所增加，民营书店减少。值得指出的一点是，中小型书店、民营书店能够存活下来的，基本都是走专业化的路子，比如万圣（学术人文）、好友书店（医学）、京硕（心理学教育学）。另外，单向街、字里行间、时尚廊走文化艺术与休闲时尚结合的路子，发展态势良好，其中字里行间拓展很快，目前已经开了七家连锁店。我们社办的几家门店要进一步发展，这些书店都需要借鉴。

第二，人们的消费心理、消费习惯发生了根本的变化。这一趋势近一两年越来越明显，据统计，网购在图书行业的整个销售中的比例已经占到70%左右，其他有些行业这一比例更高。因此，我们必须要把握住这种形势，把重心从实体书店向网上书店的拓展倾斜，做到线上线下结合，尽可能快地在网络销售市场中立足。

（二）数字化出版与无纸化阅读

数字化出版与无纸化阅读出现时间不是很长，但是对图书出版销售的冲击最大。目前为止，这种冲击还只是停留在很小的范围内。但是，数字出版物易于检索，阅读浏览方便，携带方便。另外，数字出版能够采用多媒体技术进行混合出版，将简单出版、多媒体出版和网络结合起来，把目前不同的传媒方式，如图书、影像整合在一起，形成内容全面、生动的数字出版物，这对所有的文化、传媒产业都将是一大挑战。

无纸化阅读目前应用还不是很广泛，但是，单就手机阅读一项，已经给传统的图书出版业造成了很大的损失。无纸化阅读既节约又环保，未来一定会成为主流阅读方式。

针对数字化出版与无纸化阅读的趋势，我们必须要做好两点。一是把握好当下，抓住目前的过渡期，合理安排商品结构，做好纸质书的销售工作。二是要未雨绸缪，做好准备适应这种趋势，总结纸质书的销售经验，并不断学习新的知识，解放思想，转变观念，逐步建立适合数字化出版与无纸化阅读这一趋势的出版和销售模式。

二、实体书店功能简析

随着近年来电子商务的发展和渐趋成熟，人们的消费心理、购买方式都产生了前所未有的改变。而且，图书行业作为国内电子商务最早涉足的领域，网上书店的采购、销售、物流等一系列市场模式已经十分成熟，对实体书店的冲击十分巨大，很多实体书店纷纷倒闭。

但是，实体书店，特别是依托在出版社下面的书店仍然有存在的意义。首先，实体书店还承担着一定的市场功能。一是销售功能，以我社下辖的几家书店为例，它们是面临着一定的困境，如电子商务的冲击、学生订购教材数量减少等。然而，同时我们也要看到，网上书店虽然号称全品种，可是它们单品备货不足，产品大面积缺货，不成系统。拿教材产品来说，我们可以通过合作的学校教材科拿到比较准确的学生人数和用书信息，还可以通过历年销售情况酌情采购，能够比较准确地量入为出，有着网店不可比拟的优势。二是宣传功能，我社下辖的几家书店，除了完成每年的销售任务之外，还承担着宣传窗口的作用，多年来书店打造的品牌和在同业人员中的口碑，都是我们的无形资产，在一定程度上为人大出版社甚至是人民大学赢得了荣誉。三是平台功能，把社内网上书店和实体书店结合起来，利用各自的品种和专业优势，逐步开设一个虚拟社区，实体店和网店互补，并配合人大社的图书类别，共同搭建一个出版与销售、实体与网络共同结合的平台。

其次，实体书店还具有着特定的社会意义。在各种前现代、现代、后现代思潮犬牙交错的中国，消费主义、实用主义、虚无主义等充斥着整个社会，喧嚣、孤独、浮躁、焦虑等成为当代人的基本特征，每个人都像浮萍一样，内心无所寄托，在人们强大的外表背后都渴望寻找灵魂的栖居地。作为一个文化出版机构，作为一家书店，恰好具有填补这一空缺的机能。在物欲横流的城市里，一家优秀的书店，无论是学术的，还是人文的，甚或是儿童的，都能给人们注入一剂安静的液体，让人们慢下来、静下来，寻找存在本身的意义。社办书店可以结合虚拟网络资源，配合本社产品精选人文、社科图书，做成人大周边乃至海淀地区的城市文化地标，打造以人大为中心的海淀文化圈。同时，社会功能的充分发挥，也会转化为一定的经济效益。

三、人大社办书店战略定位及发展目标

（一）人大社办书店经营现状

人大出版社社办书店自 2004 年发行公司改制以来，经过近十年的发展，逐步走出了适应自身和市场的发展模式。

（1）校园连锁模式。结合教材的招投标，在中标学校开设书店，供应教材并为师生服务。这一模式主要是针对高校教材科体系解体，教材供销模式发生变化的情况，及时抓住机会，在教材零售市场占领先机。目前，人大社办书店已经拥有六家连锁门店，除总店位于社内，其他各店均在大学校内，包括人大世纪馆店、人大教材服务中心（明德楼）、北京科技大学店、北京林业大学店和北京化工大学昌平校区店。

（2）虚实结合模式。针对电子商务的冲击，采取实体店与网店相结合的方式，利用各自的优势，把线上和线下的销售和市场信息联结起来。网上书店是以邮购业务为基础在 2003 年成立的，平台设在人大社网内。基于发展需要，网上书店自 2009 年在淘宝注册了集市店，2012 年在天猫开了商城店铺，发展势头良好。

（二）目前面临的机遇和挑战

行业形势严峻，也并不等于没有机会。上面提到市场目前“虚进实退，国进民退”的特点，这正是我们的机遇。先讲国进民退，我们书店的性质虽然是公有，但是我们是出版社下辖的书店，和新华书店相比，我们没有它们僵化的特性，相对灵活，这对于市场开拓具有积极意义。同时，相比于民营书店，我们资金实力雄厚。而且，我们书店既是经营场所也是出版社对外展示的窗口，除了经济效益，我们也要讲社会效益。不像民营书店，单一追求经济效益，忽视社会效益，这种短视行为从长远来看，给民营书店带来不能长足发展的后果。

从虚进实退的角度看，现在大多数书店是虚实分开，网店是网店，实体书店是实体店，只有少数的大书城（如博库）和一些民营书店，把二者结合起来。而我们下一步的工作就是要把虚实结合起来，以实为体，以虚为用。实体店根据各自的优势，发展成不同的专业书店，网络则依托各店所在学校师生、目前的会员

和教研网、社科网的会员逐步占领市场，打造一个虚实结合，集出版、销售、阅读、交流为一体的文化平台。

机遇的背面就是挑战。要实现目标，我们必须要面临以下问题：

第一，尽管在过去的几年中，我们总体上实现了任务的增长，但是，这一两年零售萎缩的态势已经无法扭转。如此，实体书店在零售日益下滑的情况下如何进行突破已经成为我们不可避免要面临的问题。

第二，电子商务在图书领域已经比较成熟，凭借我们目前的实力，做出独立的大型图书销售门户网站的可能性已经不大。那么，如何在其他平台上找准自己的位置，拓展网络销售业务，在书店林立的大平台里面脱颖而出将是今后的一大工作重点。

第三，搭建文化交流平台的过程中，如何将读者资源有限整合，怎样让这些资源的社会功能和经济功能有效发挥出来，是一个需要不断探索的课题。

第四，在数字化出版与无纸化阅读的趋势下，如何在没有经验的情况下做到未雨绸缪，逐步建立与这一趋势适合的销售模式也是我们面临的一大难题。

（三）市场定位和发展目标

1. 战略定位

通过前面对市场情况和书店概况的分析，下一步社办书店发展的战略定位是：围绕着各店所在高校的专业特色、文化氛围和出版社整体发展战略，将书店发展成为以地面销售、网络渠道和虚拟社区相结合的，服务于教学、科研及读者的，社会效益和经济效益并重的文化产业和学术、思想交流平台。

2. 中长期发展目标

（1）实体书店的转型。实体书店的业务已经进入了“瓶颈”时期，突破“瓶颈”，跨越“窄门”，顺利实现书店转型，将是下一阶段的主要目标之一。

（2）整合网上书店。在淘宝店铺之后，我社又开设了天猫人大旗舰店，加上原有的网上书店业务，我们拥有三种网络渠道。一个是依托我们自己的平台，另两个是依托淘宝平台。将这几种渠道进行整合，打开网上书店业务局面是我们下一阶段的另一个主要目标。

（3）文化交流平台的打造。结合现有地面、网络渠道，开设虚拟文化社区，给读者提供交流平台。

（4）对潜在市场模式进行预案。针对数字化出版与无纸化阅读的大趋势，做出市场形势预测和应对策略。这一目标的实现需要在日常工作中不断关注行业信息，用敏锐的目光看待事态发展。

四、人大社办书店的发展规划

(一) 实体书店转型

实体书店转型包括两个方面，一是资源的整合与开发，二是观念转型。

1. 资源的整合与开发

(1) 现有资源整合。

现有资源整合包括两个方面，一是书店调整。书店调整包括图书品种、类别以及品种结构、类别结构的选择和调整。各店依托着自身所在高校的专业特色和文化氛围，并针对已有的特定客户，甄选图书品种和类别，并根据书店面积所能容纳的品种数来厘定品种和类别的结构，做好销售搭配。同时，各店根据自身的情况，在书店整体的布局和结构方面做有效调整，最大程度地利用有效空间，增大产出。

二是人力资源整合优化。主要包括以下几个方面：

第一，建立员工培训制度。制定员工手册，对员工进行业务培训和纪律培训，包括岗前培训和不定期在岗培训，提高员工素质。

第二，制定绩效考核制度。为调动员工的积极性，建立绩效考核机制，设立绩效薪酬，把员工的工作业绩直接和薪酬联系起来，做到奖惩有度，赏罚有据。需要指出的是，考核只是手段，目的是人力资源的提升和储备。

第三，实行店长负责制和管理人员的末位淘汰及竞争上岗制度。为了使各书店完成销售任务，成本控制、人员管理等工作顺利正常运行，实行店长负责制，明确店长在整个书店工作中的责任、权力、利益、工作目标及考核标准。同时，对于书店管理人员的岗位，实行末位淘汰及竞争上岗制度，根据各店长的年度绩效评分，实施末位淘汰，对于空出来的管理岗位，实行竞争上岗制度，所有员工都可以报名竞岗，通过一系列的机制进行选拔和任用。

第四，团队建设和员工自我管理。所有员工都要培养团队精神和自我管理意识，一切事情的处理，包括任务的完成、工作的分配等都要站在整个部门的立场上考虑问题，服从安排。同时要培养自身的自我管理意识，要经常问自己：我在这个机构中能贡献什么？包括自己的工作内容和与他人的配合。还有，这些你所能贡献的是否做到了？团队的每个人员都要做到参与、责任、自主、配合，通过这些融入到团队里，参与团队事务，唤起对这个团队的责任感和荣誉感。

(2) 资源开发。

资源开发包括以下几个方面:

第一，专业客户资源开发。各店依托自身所在高校的专业设置，开发学校中蕴含的教学和科研资源。如林业大学店对学校的教学和科研资源进行开发，进一步对整个林业系统的资源进行挖掘。同样，化工大学店对化工系统、科技大学店对冶金系统都可以进行开发。又如密切关注学校和业界的学术科研动向，特别是在学校举办的专业学术会议等，这些都是资源开发的好机会。

第二，新客户的拓展。书店不能只着眼于现有客户，要在复杂的市场环境下拓展新客户。由于整个市场都处在表面饱和的状态中，所以，要细心观察市场的内在变化。以北京地区的教材供应市场为例，2012 年初，一度在北京教材市场领先的供应商泓源昕辰突然退出教材市场，尽管该公司退出前已经把所有业务转给首时达图书公司，但首时达的人员并没有大幅度增加，以现有的条件来给双倍于自己原有数量的客户服务肯定会有问题，即使可以支撑一两个教材季，但一定很难撑到一年以上。所以，这种情况对于我们来说就是机会。

第三，商品多元化。一直以来，社办各个书店经营项目都是以图书为主，而且基本上都是正价图书，经营品种十分单一，读者流失量也很大。我们可以根据市场需求，逐步进入一些特殊的图书领域，如特价书、二手书、签名本、毛边本。以北大为例，校内至少有三家特价书店及周末书市，校外周边还有 2～3 家特价书店和 3 家左右的旧书店，而人大周围还没有旧书店和特价书店，只是每周末在学生活动中心附近有周末书市。旧书由于进货渠道及财务等问题，操作不方便。但我们可以定制一些签名本、毛边本来销售，另外，在校内书店可以销售一些特价书。而且，我们还可以增加一些图书业相关的产品和服务，比如卖文具、笔记本、复印资料、个性化礼品以及提供饮品服务，如咖啡、饮料等。

第四，盈利模式多元化。前面提到，我们书店的性质虽然是公有，但和新华书店相比更灵活，我们下一步的规划就是要把这种灵活性发挥出来，开发更多的盈利模式。图书方面，我们可以展开代理发行业务、图书代购、图书教材租赁等业务。非图书方面，我们可以开展代收、代销等业务，如代报名培训、考试、驾校、代收快递、代销电话卡等，另外还可以开展复印、打印照片、短期场地出租、活动承办等业务。

2. 观念转型

(1) 市场观念转型。

一是被动销售向主动销售的转变；二是卖方市场心态向买方市场心态的转变；三是要培养良好的服务意识；四是时时抱有危机感和竞争心理。只有这样，才能适应市场经济的大环境。

(2) 职业观念转型。

职业观念转型的基本要求是要有起码的职业伦理（道德），要认真、仔细、耐心、负责，并在整个过程中一以贯之。重要的是要把事情做完、做成，不应该晚走一会儿、多干一点，就斤斤计较、患得患失。工作任务尽量做到“当日事，当日毕”，否则第二天又来很多任务，会积压起来，容易完不成或出差错。

职业观念转型的进一步要求或者说高级要求是要有职业精神。之所以把职业精神和职业伦理区别开来是因为二者有所不同，简单地说，职业伦理是被动的、必要的，职业精神是主动的、自发的。换种说法，你是把目前的这份工作当作一份职业还是一份志业，职业是干了还得干，志业是干了还想干。当作职业，你必须具备职业伦理。当作志业，你不仅需具备职业伦理也需具备职业精神。社会学家马克斯·韦伯在《新教伦理与资本主义精神》一书中，引用了马丁·路德宗教改革提出的一个新的概念“天职”（另一种中译是“志业”，德语是 Beruf，英语是 calling)，其意义是“上帝安排的任务”或“受到上帝召唤而做的事”。韦伯把这个概念世俗化了，通俗一点说就是把崇高的道德感转化为现世工作的强大驱动力，每天不断的重复性劳动创造利润不是为了利润而是为了内心崇高的道德价值，这也就是这里讲的“职业精神”的内涵。对于具备职业精神的人来说，工作和利益是不同的两件事，事情要完成，是否给个人带来利益是另外一码事。职业精神是事业成功的必要条件，有了职业精神，事业不一定成功，但一份事业要成功一定离不开许多具备职业精神的人。

(二) 网上书店拓展

1. 内部拓展

从书店员工中挑选若干人，成立网店业务小组，由专人负责日常工作，如售前、售后服务及日常数据上传、维护等。但网上书店的概念绝不仅仅是指目前的社网店、淘宝店、天猫店，应该囊括所有的实体书店。由于天猫网店申请的是人大社旗舰店，所以不能卖外版书。其他两个网店都可以销售外版图书，除了人大本版图书外，主页面上的外版书由网店小组工作人员和社内书店、世纪馆店、教材服务中心三个店的经理共同维护，大家可以根据自身经验结合图书市场上的畅销和常销品种，做重点推荐和专题销售。另外，其他几个店经理对本店的教材和专业图书进行挑选并上传，做专业书店页面，如林业书店、冶金书店、化工书店，在主页面下做二级页面链接，专业书店由网店小组成员和这几个店的店长共同维护。

2. 外部拓展

由于市场竞争日益激烈，产品信息层出不穷，消费者没有足够的时间和精力去了解，消费习惯和模式呈现下面几种趋势：一是个体消费向团购模式发展；二是主动消费转向被动消费；三是从众消费心理和传染消费十分普遍。同时，在网络市场上，消费者又见不到实物。因此，一定要抓住顾客消费心理，做好服务和引导，尽可能多地给消费者提供信息，发展消费传染源。

同时，除日常销售和促销外，要深入做好以下几种类型的销售：一是专业专题销售，包括各个专业，比如文史哲、林业、冶金、化工等。二是渠道销售，利用教研网、人文社科网和网上书店现有会员资源，定期向他们发放图书目录，并给他们提供图书配购、代购等服务。三是项目销售，包括给学术会议、各种培训班、在职研究生、同等学力、MBA/MPA 等课程班提供图书和教材，项目销售可以线上线下同时展开，各店经理要密切关注本校和行业的科研动向以及相关的学术会议日程。

（三）文化平台搭建

在做好上述工作之后，下一步需要做的就是设立书店的虚拟社区论坛，作为会员交流的平台，同时开通书店官方微博、微信、豆瓣小站，并与人大主站、出版社主站、人大的其他论坛友情链接。

同时，书店论坛可以利用现有场地或向社里、学校申请场地承办会议、沙龙和组织文化活动，如新书发布会、赏读会、朗诵会、研讨会等，还可以组织读书沙龙、兴趣小组、国学诵读、文化旅游等系列文化活动。

出版书店会刊，每月一期，配合文化和阅读活动及会员服务，内容包括学校、出版社的文化动向，图书专题和图书目录等，纸媒与电子版同步发行，对会员免费发放。

通过上述种种措施，逐步整合读者资源，让这些资源的社会功能和经济功能有效发挥出来，搭建一个地面销售、网络渠道和虚拟社区相结合的，服务于教学、科研及读者的，社会效益和经济效益并重的文化交流平台。

（四）潜在市场模式预案

潜在市场模式预案功能的发挥能够保障一个企业在经历了职能中断之后仍然

能保持运行，也就是说，一个企业要有一种危机意识，或者说忧患意识，同时要把这种意识转变成运行机制，相当于在系统运行过程中针对可能发生的问题都要有一个准备。而数字化出版与无纸化阅读的趋势，正是我们的危机所在，必须要针对这种趋势，做出市场形势预测和应对预案，只有认清这一点，才能长期在市场上立于不败之地。

出版社开展微信营销的挑战及其应对

·黄 蓉·

一、引言

2013年1月，中国互联网络信息中心（CNNIC）发布第31次《中国互联网络发展状况统计报告》，数据显示，截至2012年12月底，我国手机网民规模为4.2亿，网民中使用手机上网的用户占比由上年底的69.3%提升至74.5%。微信是2011年1月21日推出的一款通过网络快速发送语音短信、视频、图片和文字，支持多人群聊的手机聊天软件。据其官方数据，2013年1月24日，微信用户达3亿①，可见手机网民中使用微信的比例预计超过7成。

值得关注的是，2012年8月18日，微信推出面向所有用户的公众平台。平台支持二维码添加（通过发布公众号二维码让微信用户随手添加）、自动回复（通过设置规则或编程开发，自动回复消息，为用户提供服务）和群发消息（一对多发送消息，实现信息传递和品牌传播）② 等功能。意味着通过这一平台，个人和企业都可以打造一个微信公众号，并实现和特定群体的文字、图片、语音的全方位沟通、互动，标志着微信超越了个人化的通信功能，成为值得企业营销关注的对象。

二、出版社微信营销的机遇和挑战

（一）出版社开展微信营销的机遇

1．“强关系”、多方式：微信营销前景看好

（1）“熟人”社交网络，有利于精准营销达成。

微信的好友添加主要基于手机通讯录、QQ好友、微信号、摇一摇、二维码

---

① 参见百度百科——微信，http://baike.baidu.com/view/5117297.htm。

② 参见微信公众平台，http://mp.weixin.qq.com/。

等，并且需双方确认才能建立联系，特别是基于手机通讯录的添加方式，使得人们的社交网络，从原有的“弱关系链接网”向“强关系链接网”转变。而企业与用户之间建立联系也主要通过以上方式，故而企业通过微信与用户之间建立起的联系，形成的是这种“熟人”形式的社会性网络服务（social networking services，SNS），成为以用户关系为核心建立起来强关系社交平台。这种“强关系”决定了：1）信息的传播更有说服力（私密性、即时性）；2）消息的到达率更高（几乎是100%）；3）对话的方式更直接，内容更多元（文字、图片、语音等）。这三个特点使得企业能够通过微信达成精准营销。

（2）多种方式并进，有利于营销组合开展。

目前微信能够用于开展营销的方式包括：1）“查看附近的人”，写好签名提高关注效率——用户点击“查看附近的人”可以查找到1 000米之内的个人用户和2 000米之内的认证公众平台，返回的结果会显示头像、姓名和签名；2）“漂流瓶”，与腾讯商务合作——用户通过“扔”和“捡”漂流瓶与陌生人简单互动，招商银行、壹基金和腾讯三方合作过一次“爱心漂流瓶”的活动，每捡十次漂流瓶便基本上有一次会捡到爱心漂流瓶①；3）“二维码”，线上线下关联——用户扫描二维码可搜索到微信账号并选择关注，餐馆和商家较常利用折扣和优惠活动吸引用户；4）“开放平台”，与APP互动——用户在APP中看到精彩文章或歌曲，可以通过微信分享给好友，目前比较典型的案例是“美丽说”②；5）“公众平台”，建立品牌站点——用户如果关注了公众平台账号，可以接收到公众平台推送的新闻资讯、产品信息、最新活动等消息，也能够文字或语音回复，达成互动。

2. 有积累、富资源：出版社微信运营有基础

（1）其他新媒体营销的开展为出版社做了思想、队伍和粉丝准备。

很多出版社此前已经投身微博营销，豆瓣网、人人网社交网络运营等新媒体营销，已经在思想上和队伍上有一定的准备。如与微博类似，微信同样具备微传播的几个核心特征③：1）“微内容”，一段话、一张图片、一个心情；2）“微动作”，只需简单的几步按键操作就能完成语音或者信息上传、分享的步骤；

① 参见百度百科——微信营销，http://baike.baidu.com/view/7328022.htm。

② 参见微信开放平台，http://open.weixin.qq.com/intro/?lang=zh_CN。

③ 参见王瑶：《微信与为传播》，载《新媒体研究》，2013（2），39～41页。

3）“微介质”，智能手机、平板电脑等；4）“微受众”，小范围、针对性传播等。当然，微信不同于微博的地方也很明显，“微信当微博管”会面临局限。但微博运营的积累能够在功能理解、内容撰写等细节上帮助出版社进入角色。另外其他新媒体方式所积累的粉丝群体，也能够通过告知、引荐转化成微信的粉丝。

（2）出版社的内容和线下资源能够为微信运营提供支持。

出版社的内容资源相对丰富且不那么商业化，特别是出版物中的精美图片，以及一些出版社的有声读物和音像制品等，都是公众平台运营的内容储备。而出版社长期积累的关系资源（作者、媒体、经销商、书店等）、物料资源（图书、宣传册、背景板、海报等）和网络资源（官方网站、官方微博、官方豆瓣小站等）都是微信营销组合的资源储备。不过如何甄选内容发布消息，以及如何调动线下资源形成合力尚需周密规划。另外，考虑到微信营销尚处起步阶段，资源整合是一个系统工程且有试错周期，所以早一些介入微博营销有利于整体优势的发挥，且一旦微信营销发展成熟，同质站点的数量必然增加，相比较而言，较早介入也有利于原始粉丝的积累。

（二）出版社开展微信营销的挑战

1．“一天一条消息”：挑战营销思路设计

（1）“二维码”和“公众平台”是出版社开展微信营销的主要工具。

上文提到的5种微信营销方式（“查看附近的人”、“漂流瓶”、“二维码”、“开放平台”和“公众平台”）中，“漂流瓶”、“开放平台”由于分别涉及商务合作和APP应用，门槛较高，暂不适用于绝大多数出版社。“查看附近的人”对于企业来说是被动关注，写好签名之余动作有限。因此“二维码”和“公众平台”是出版社开展微信营销可以主要关注的两个方面。“二维码”的挑战会在下一个标题（“先知道后关注”：挑战目标用户拓展）中着重谈，因此这里首先分析来自“公众平台”的营销挑战。

（2）“公众平台”的数量限制和规则预定对内容设计和功能整合要求更高。

微信“公众平台”规定，企业一天只能推送一条消息，即使是已认证的官方账号（粉丝数达到500，有关联的认证官方微博）一天也只能推送两条，从系统功能设计上即限定了微信内容的数量。当然，除了“群发消息”，平台还支持“自动回复”。但自动回复功能需要基于运营者对用户行为的研究，当用户符合预先制定的规则时，才能收到设定的特定文字、语音、图片、录音回复。[①] 两项功能结合使用才能有机会突破数量限制的障碍，且用户主动添加公众账号的信任很容易因为信息的不当推送而削弱，这就提出了比其他新媒体运营更高的内容设计和功能整合要求。

2."先知道后关注"：挑战目标用户拓展

（1）通过搜索和"二维码"获得关注使得新客户难带动。

上文提到"强关系"是微信的重要特质，其中"私密性"在促进这种"强关系"的过程中发挥了重要作用。对于非认证的公众平台账号，在主页无法关联到已有官方微博账号，且微信取消了账号互推和分享至朋友圈功能。[②] 而公众账号也没有既有的手机通讯录和 QQ 好友来添加联系人（公众账号注册必须用邮箱激活，且只能委托指定的个人账号进行管理），因而用户只能通过搜索关键词、微信号或扫描二维码才能关注。这就决定了通常是消费者知道了某个企业，对其感兴趣的情况下，才会去主动寻找。这样一来，公众账号粉丝的获得渠道十分有限，基本上是客人的留存和老客户的激活，而不是说带新用户。[③]

（2）"二维码"的铺设需要多方整合和系统考量。

目前关注到的"二维码"铺设的形式包括：1）官方微博，在主页放置或发消息通告粉丝微信二维码；2）宣传板、海报，商家在宣传物料上印刷二维码并说明规则，吸引消费者关注；3）播出平台，电视台在屏幕右下角放置二维码引导观众扫描。从出版社角度来说，如果调用图书、宣传册、背景板、海报，以及官方网站、官方微博等资源来发布二维码，需要市场部、编辑部和设计人员的多方协调。且二维码的应用通常和公众账号的内容和功能运营相关联，这也对其系统设计提出了更高要求。

三、结合先进案例讨论出版社微信营销两大挑战的应对

（一）营销思路设计：微信不是微博，善于 SoLoMo

1. 互动营销式：以星巴克中国微信为例

（1）案例：星巴克表情"自然醒"、"早安闹钟"。

星巴克在微信公众平台发布十天后推出其微信账号，加其为好友的用户向官

---

① 参见微信公众平台，http://mp.weixin.qq.com/。

②③ 参见郑江波：《微信求生手册：张小龙手起刀落后，微信江湖怎么混》，载《创业邦》，2013（1），16～19页。

方发送表情符号，星巴克即根据表情回复品牌《自然醒》专辑的音乐，活动上线两周为品牌微信账号赢得超过 10 万粉丝。① 随后的“十一”长假结束首日，又推出“早安闹钟”，用户下载品牌 APP，设定起床闹钟，并在闹铃响起后的一个小时内走进任意门店，就能在购买正价咖啡的同时，享受早餐新品半价的优惠。②

（2）策略：设计与品牌匹配的活动，呼应感性沟通。

“自然醒”的功能实现主要借助了微信公众平台的“自动回复”，预设表情与音乐的对应，平台根据规则匹配用户发送的表情，自动反馈音乐。“早安闹钟”活动则是利用微信公众平台的“群发消息”功能拉动对品牌 APP 的关注和门店销售。两项活动都没有“硬”推产品，而是通过有趣的音乐和生活方式，从感性上回应目标消费者。SoLoMo 是 Social（社交）、Local（本地化）和 Mobile（移动）的缩写，该案例充分显示了微信营销在 SoLoMo 方面的应用模式。

2. 客户咨询式：以招商银行信用卡微信为例

（1）案例：招商银行信用卡“微信客服”。

关注招商银行信用卡公众账号的用户，可以通过微信查询信用卡的账单及额度、积分，同时，还可以办理信用卡开卡、信用卡还款业务。③ 招行信用卡中心公众账号的大胆尝试似乎给迷茫的局面揭开了一层面纱——可以替代电话银行的部分功能。其微信运营将部分内部系统和微信平台打通，绑定用户微信号和信用卡信息，通过小 i 机器人实现部分业务查询，尽管目前尚不具备支付功能，但这一设计已经引起了很多企业、银行、电商对小 i 机器人的咨询热潮。④

（2）策略：设计与业务模块匹配的咨询，提供增值服务。

与招商银行信用卡公众账号类似，南方航空为微信用户提供办理值机手续、挑选座位、查询航班信息、查询目的地城市天气等服务，并为明珠会员提供专业的服务。广东联通允许用户在微信里绑定手机号，查询积分流量、套餐余量、手机上网流量、微信专属流量，并提供客服咨询。⑤ 有分析认为，公众账号交流一

---

① 参见齐洁：《微信营销“非诚勿扰”》，载《中国经营报》，2012-10-15。

② 参见昝慧昉：《星巴克卖萌》，载《中国企业家》，2012（22），62～63 页。

③ 参见微信公众平台，http://mp.weixin.qq.com/。

④ 参见何谦：《微信“门客”》，载《新商务周刊》，2013（3），74～75 页。

⑤ 参见微信公众平台，http://mp.weixin.qq.com/。

定要给用户提供真正的价值，才能保证用户的黏性，防止既有用户的流失。① 结合企业业务模块提供客服咨询，是目前微信增值服务应用的主要方向。

(二) 目标用户拓展：整合线下资源，实现 O2O

1. 关注优惠式：以呷哺呷哺微信拓展为例

(1) 案例：呷哺呷哺“微生活尊享大礼包”。

2012 年 8 月，呷哺呷哺联合微信、腾讯微生活开展二维码扫描活动，顾客只要选择全国 300 余家餐厅的任意一家，到店消费并使用微信扫描二维码，开启微生活电子会员卡，即可获得 2Q 币。2012 年 10 月 16 日前，所有参加活动的用户，都有机会抽取 iPad2 一部。同时，前 10 万名参与用户，微生活会员卡号为 500 的整数倍，还将获得“微生活尊享大礼包”，内含 QQ 公仔一只、U 盘一个、呷哺呷哺代金礼券 30 元。② 据悉，此次合作在短时间内为商家聚集了 25 万微信会员。③

(2) 策略：设计优惠活动，最大化曝光、最简化流程。

O2O 是 Online to Offline 的缩写。二维码无疑是当前微信 O2O 的最重要实现方式，通过二维码享受消费打折来吸引用户关注，是目前微信运营使用最广泛的方式。在呷哺呷哺的案例中：一方面，二维码的铺设是通过店面餐纸来实现的，使得每一个到店用户都有机会获取优惠活动的信息，即最大化曝光；另一方面，用户看到、感兴趣、扫描，即完成了活动的参与，参与方式极其简单。两个条件必须同时具备，不能让足够大量的用户看到和不确保参与门槛的降低，都不能达到预先设想的效果。

2. 内容口碑式：以 36 氪微信拓展为例

(1) 案例：36 氪“内容服人”。

个性的公众账号很多，媒体也会不定期会从不同的角度盘点。4 月 1 日和讯网盘点的“最受关注微信公众号”④ 以及 4 月 23 日中金在线盘点的“2013 最具个

---

① 参见何谦：《微信“门客”》，载《新商务周刊》，2013 (3)，74～75 页。

② 参见《腾讯微生活携手呷哺呷哺扫描二维码有奖活动》，见 http://iot.10086.cn/2012-08-06/1336962185531.html。

③ 参见《呷哺呷哺：扫二维码聚集 25 万微信会员》，见 http://www.6eat.com/Info/201210/416050.htm。

④ 参见《娱乐理财样样行　最受关注微信公众号推荐》，见 http://www.techweb.com.cn/news/2013-04-01/1286724.shtml。

性的5大微信公众大号"[①] 中均提到36氪，并选其作为案例进行讨论。36氪是中国领先的科技新媒体，其定位是"关注互联网创业"，报道最新的互联网科技新闻以及最有潜力的互联网创业。[②] 微信内容上，36氪设置"八点一氪"栏目在每天早上7点左右发出早间快报，每天下午推送精选文章，回复关键词返回相匹配的搜索结果。[③] 微信形式上，所有图文信息采用统一的LOGO作为图标，在拿到"自定义菜单"测试后迅速上线该功能。语言风格上，图文消息专业，互动语言活泼。盘点对其的评价是"最敬业"、"高效、严谨、专注"、"IT人士创新不可或缺的小锦囊"。

（2）策略：找准目标用户，内容专业、形象统一。

36氪是最早一批加入微信公众平台的用户，对微信公众平台的理解较为深刻，账号相对成熟，功能齐全，也是第一批"自定义菜单"的测试账号。与星巴克中国、招商银行信用卡中心和呷哺呷哺相比，36氪的内容优势更为突出，其媒体属性也在一定程度上更接近出版社的状态。与36氪类似，以内容取胜的账号还有"爱时尚就得关注她"的美丽说、"心情不好时拿它来逗乐子"的乐享接口等。[④] 它们的一致特征就是定位非常清晰，然后在运营上针对目标用户的需求进行设计，内容、语言和表现形式上做到风格统一。这些账号的用户拓展主要基于口碑，与官方网站、官方微博、官方APP等紧密互动。

四、总结

"公众平台"和"二维码"的结合使用是现阶段出版社开展微信营销的主要工具。而"公众平台"有数量限制和规则预订，"二维码"也对整合营销提出要求。因此，要做好微信运营，出版社应该结合自身的情况系统设计，并可以从上文得出的以下角度出发综合考量：找准目标用户，内容专业、形象统一；设计与品牌匹配的活动，呼应感性沟通；设计与业务模块匹配的咨询，提供增值服务；

---

① 参见《盘点：2013最具个性的5大微信公众大号》，见 http://news.cnfol.com/130423/101,1587,14938419,00.shtml。

② 参见《关于36氪》，见 http://www.36kr.com/about。

③ 参见王状：《36氪的微信公众号自定义菜单功能上线了》，见 http://www.36kr.com/p/202161.html。

④ 参见《盘点：2013最具个性的5大微信公众大号》，见 http://news.cnfol.com/130423/101,1587,14938419,00.shtml。

设计优惠活动，最大化曝光、最简化流程。

值得关注的是，微信及公众平台仍处于不断地更新和发展当中。汇总目前业内关于微信未来发展的讨论，主要有以下三种观点：（1）微信公众账号的媒体属性将削弱，APP 属性将加强。[①]（2）创投关注点：微信按钮、公众账号应用开放平台、数据开放平台。[②]（3）微信商业化：移动支付上线，公众账号付费订阅。[③]而微信营销也只是新媒体营销的渠道之一，在微信不断发展的同时，新媒体的工具仍在层出不穷。保持一个开放的心态，跟随趋势做好定位、创意、营销、评估并不断调整，才是出版社做好营销工作包括微信营销工作在内的不二法门。

---

① 参见王状：《36 氪的微信公众号自定义菜单功能上线了》，见 http://www.36kr.com/p/202161.html。

② 参见何谦：《微信“门客”》，载《新商务周刊》，2013（3），74～75 页。

③ 参见《微信 5.0 可能带来的改变，从燃烧一切的决心到吞噬一切的实力》，见 http://www.36kr.com/p/202157.html。

网聚信息的力量

——论网络信息搜集在图书出版行业中的地位及应用

·奥　南·

随着图书出版行业市场化的进程不断深化，计划经济时代传统的“只问生产，不问销路”闭门造车式的经营模式已经不能满足作为一个企业而存在的出版机构的发展需求。对需求的关注自发地导致各个出版机构开始重视并投入资源到市场信息搜集与分析工作环节；在信息时代，互联网作为重要的图书市场信息来源无疑备受市场分析人员的关注。

信息能力是利用大量的信息工具及主要信息源解决实际问题的技术和技能，包含多方面内容，例如信息搜索能力、信息处理能力、信息利用能力和信息传递能力。具备优良的信息能力，有助于最大限度地利用好互联网资源，实现分析工作效用最大化。如何有效利用互联网资源，实现图书市场信息的准确搜集，是市场分析人员必须面对和解决的一个课题。

一、市场分析对图书出版机构的重要作用

市场化的运作模式对所有图书出版机构提出了不容置辩的要求，只有尊重市场价值规律的企业才能在大浪淘沙的机制中生存下来。市场的需求直接决定着生产企业的供应，消费群体的偏好成为出版机构经营工作的指挥棒。市场信息作为一面镜子，直接反映着出版机构的工作成效，需要市场分析人员从多个环节进行逐一的分析和考察。

1. 市场导向信息分析

外部市场信息是指整个行业所处市场的宏观和微观情况，是出版机构对外的审视。通过关注畅销书题材和内容的特点，摸索市场导向，借鉴成功案例，对经

营思路进行及时调整，推出迎合消费群体的偏好的产品。

2. 本机构销售信息分析

通过对本机构发售产品进行考察，特别是对发货与退货信息进行双重比对，可以充分实现对内审视，反思并总结本机构的比较优势和劣势所在；通过产品内容维度、销售地区维度、营销人员绩效维度等多重视角进行分析，进行薄弱环节的调整改进。

3. 政策导向信息分析

图书出版行业，特别是人文社科类和教辅类产品的出版发行及销售，受到政策取向的影响至深。政策的内涵不仅仅包括国家对文化创意产业的宏观指导，还包含了各地区特有的，对文化、教育、宣传领域的相关要求和指导。只有对政策有了准确的把握，才能顺应主流的需求，实现与政府背景项目的合作，借助集体采购的方式实现大批量订单。

二、网络信息检索在出版市场分析上的应用

在互联网大发展的时代，如何在信息源庞杂、搜索工具多样、信息变换迅速、信息质量多元化的网络平台上有效整合真实的图书市场信息，是市场分析人员必须完成的一项重要工作，涉及若干环节的具体操作。

1. 选择最有利信息斑块

信息斑块是指信息环境中信息资源丰度较高的集合体，它只是一种物理学意义上的比喻，可以将它看成是一个网站、一个网页、一个数据库。[①] 要提升图书市场信息搜索的效率，最基础的工作环节就是选择有价值信息最为集中的数据来源。专业的图书市场网站、各大出版社的主页、国家新闻出版总署网站的信息发布板块，以及各大图书销售网站都属于价值较高的信息斑块。

(1) 出版社官方主页。各大出版社的官网是考察图书出版信息最权威的网上渠道，源于其信息的原创性，尚没有在传播过程中发生内容扭曲。通过出版社官网，除了现有书目的相关信息之外，还能看到即将出版的新书的宣发信息及近期该机构开展的各项推广活动，市场分析人员透过官网，可以对同业的动向有提前预知。

---

① 参见曹锦海、李韶山、孟祥娟：《网络关键信息筛选与影响力评估研究》，载《微机与应用》，2009 (21)，51页。

(2) 专业的图书出版网站。各大出版社的网站虽然准确，但是内容仅限于本社，这就在提高了分析人员信息搜索的时间成本的同时，造成信息广度有所欠缺。解决这一问题的方式就是借助专业的图书出版类网站，实现较全面的信息采集。其中业内具有代表性的网站包括中国图书出版网（http://www. bkpcn. com/Web/index. aspx)、新闻出版总署主办的中国图书对外推广网（http://www. cbi. gov. cn/wisework/content/10000. html）等专业图书出版发行网站。在这些网站上，不仅有按照图书类别进行划分的图书发行信息，还有国家对图书出版的各项政策汇总。该类网站提供了一个更为宽广的视角和更高端的立场，将国家的文化政策与图书市场的导向相结合，帮助图书市场分析人员宏观审视市场动向并预测发展趋势。

(3) 国家对口管理部门网站。出版发行工作对政策的敏感性是非常高的，尤其是教材出版，因此对宏观政策的把握是必不可少的环节。对口管理部门的网站也是搜集信息的重要渠道，如国家新闻出版总署（http://www. gapp. gov. cn/cms/html/21/index. html)、国务院新闻办公室（www. scio. gov. cn）等机构的网站。这些信息源为市场分析人员获取最为准确的方针政策指向提供了可能性。

(4) 网络销售渠道的网站。这里特指当当、京东、亚马逊、苏宁易购等网络销售渠道。在图书网络渠道销售比重逐渐提升的今天，网络图书销售商的销售情况可以作为重要的参考，为分析人员提供存量市场的部分图景。借助这些电商销售信息的反馈，判断畅销书的类别、题材、作者、定价、出版机构等情况，对市场分析具有一定的参考价值。但在借鉴时需要考虑电商由于利益考虑人为调整数据造成的信息失实，需要借助各种手段对信息进行甄别。

(5) 文献检索与收集。在查找文献方面，可以借助国家及地市级图书馆网络资源库、百度文库、中国知网等专业的数据库进行查找。这部分的信息主要是针对具体图书产品的质量进行内容性的考察。

(6) 各出版机构内部专用信息统计通道。专业的出版机构往往在各大销售平台拥有特定的信息查询账号，匹配特定的信息检索权限，借助这些平台可获得充足的市场信息。这些平台一般包括但不限于以下：当当、卓越、京东等电商书籍交易数据库；新华书店、机构内部各大区销售数据库等电子平台。

2. 选择最合适的信息菜单

信息菜单是指信息用户在信息检索过程中，选择检索的信息类型的集合。①

---

① 参见张锦、靳颖：《网络信息资源的搜集与组织》，载《情报杂志》，2000 (9)，45 页。

在进行图书信息搜索时，信息菜单主要对应于搜索的关键词。在设定关键词方面，往往面对一个两难情况：如果关键词设置过于精准，那么势必造成检索结果数量上的稀少，影响信息搜集的效率；如果关键词设置过于宽泛，就会出现搜索结果的数量多但目标相关性差的现象。

实现信息搜集工作的效率最大化，就要采取最佳的关键词，实现相关性和数量的平衡，可以采取由粗到细的渐进式搜索方式。以中国人民大学图书馆检索系统为例，在书目搜索的界面，可以通过输入书名、作者项下的关键字段进行搜索，为保证搜索结果全面与准确，可采取两部走的方式：在第一次搜索时选择较为宽泛的关键字段；在结果中进一步进行查询，逐步将关键词进行细化，通过层层的筛选，最终找出符合分析人员需求的信息。

3. 信息辨别与甄选

由于网络信息的复杂性和网络检索技术的限制，使得网络信息检索也有着明显的不足，最重要的问题就是，信息有用性评价困难。由于互联网没有一个统一的管理机制，信息发布自由度高，这就造成信息良莠不齐，真假难辨。信息平台本身往往就是利益相关方，造成同一本书籍的市场数据及评价信息往往在不同的渠道或平台上存在较大差距。

鉴于以上情况，对于搜集出来的信息必须进行真伪判断。判断的依据根据对象的不同有所区分。对于图书发行信息，需要到该书出版单位的官网进行核实；对于具体产品本身的质量，可以采取实地调研的方式验证评价的客观性；对于出版机构的一些推广活动，则可以借助关联方的网站或者权威的新闻媒体进行印证；对于政策发布方面的信息，一定要借助主管部门官方网站上的信息进行核实。除此之外，知名作者的博客主页也是重要的信息补充渠道。

三、结语

网络资源因其数量巨大、类型多样、形式丰富、内容广泛且使用方便备受用户喜爱，但由于其无序性、开放性、多样性、容量大等特点及使用条件与环境的限制，造成大量网络资源重复、闲置。要想更好地利用网上信息资源实现图书市场分析，网络信息资源整合成为大势所趋。信息的搜集与整合有机地成为市场分析人员调研报告的组成部分，使之对图书出版经营机构发挥重要的指导作用。真实客观的图书市场信息是支撑分析人员调研观点的依据，网络作为信息时代图书市场情报搜集的重要渠道，在大幅降低调研操作成本的同时实现了有用资源的最大化。随着搜索技术的发展与成熟，网络信息搜索的有效性还将不断提升，从而为图书市场分析人员提供更加便捷和有效的技术支持。

参考文献

1. 王春梅. 网络信息检索策略研究. 学术研究，2012 (11)：21.

2. 曹锦海，李韶山，孟祥娟. 网络关键信息筛选与影响力评估研究. 微机与应用，2009 (21).

3. 李香艳，庞海珍，岳丽君，徐洁. 网络信息资源的特点及开发利用. 农业网络信息，2008 (5).

4. 王钊. 使用网络信息资源引发的思考. 图书馆与人文精神——陕西省社会科学信息学会第八次学术讨论会论文集，2006.

5. 胡娟，刘彩娥，林铁莉. 强化高校信息素质教育探讨. 北京工业大学学报（社会科学版），2004 (2).

润物细无声

——中文字体如何发挥视觉传达的作用

·赵　昳·

目之所及，各种文字充斥着人们的生活。人们通常只专注于文字的内容，很少有人会在意文字的形态。然而，文字的形状、线条的曲直、笔画的粗细、周围的留白等视觉信息形成的一种综合印象，会比内容更早地映入眼帘，并持续地帮助人们更轻松地阅读和更准确地理解。

字体，以“润物细无声”的姿态，关乎着阅读的流畅，关乎着观点的表达，关乎着情感的流露。以下就以简体中文环境中最常用的中文字体为例，讨论如何通过字体的选择与搭配，为视觉传达发挥不容小觑的推动作用。

一、字体的选择

1. 宋体与黑体——“保守”的精致

宋体与黑体是最常见的两种中文字体，自近代印刷术出现以来，这两种字体就开始被大量使用于各种媒介和各种场合。选择这两种字体很少出错，但也很容易因过于保守而流于平庸，因此需要考虑字号、篇幅、排版方向、表达的意象等因素，根据细节上的差别进行更加精细的筛选。

宋体的笔画中，竖线较粗，横线较细，笔画终点带有一个类似三角形的“鳞”。这种粗细的对比使宋体在篇幅长、字号小的情况下，因具有良好的可辨性而被广泛使用在正文中，而当字号加大到一定程度时，宋体的笔画又能呈现出恰到好处的装饰性，因此也常被使用在大标题中。传统宋体的粗细对比较大，起点与终点由微妙的曲线构成，柔和、庄重，但略显沉重；后来逐渐演变出的多种新宋体，粗细对比明显弱化了，起点和终点由硬朗的几何图形构成，明快、清爽，但略显冰冷。一般情况下，与黑体现代、理性的印象相比，宋体更能表现人文的感觉。

黑体最主要的特点是笔画粗细一致，笔画的起点和终点不带装饰，类似英文中的“无衬线字体”，给人以结实、厚重的感觉。在绝大部分情况下，黑体具有最佳的可识别性和易读性，适合被使用在平面设计中的文章标题、广告语以及导向设计和展示设计等需要被特别强调、迅速关注、快速阅读的场合。以展示设计为例，展览展示中的文字元素会受到场馆环境、远近灯光、材质以及文字本身的笔画结构的复杂影响，黑体简洁的轮廓可以最大程度地避免干扰，展现最佳的可辨性。

2. 全新的黑体——“微暖”的理性

相对于传统的“黑体”、“中黑”、“大黑”等标准黑体，新的黑体在新技术的带动下，在手机屏幕、平板电脑乃至像素较低的 LED 广告屏等载体上的显示，比传统黑体有更优秀的表现。微软公司在推出 Windows Vista 时，就开始使用“微软雅黑”作为标准字体，苹果公司更是很早就在其 OS X 系统开始使用一种带有微妙变化的新黑体作为默认字体。与易读性同样重要的是，新黑体通过对字体胸线、留白、笔画等细节的变化与修饰，在字形的塑造上突破了传统黑体的“拙”、“重”、“冷”，使黑体的严肃单调变得“有血有肉”。因此选择合适的新黑体，赋予文字个性，其视觉传达效果要远远优于传统黑体。以下就以“微软雅黑”、“兰亭黑”、“韵动黑”、“俪金黑”为代表分别进行分析。

“微软雅黑”作为一种全新的无衬线黑体，字形舒展而饱满，笔画平滑而匀称，既有爽利的现代感，又微微带有一种类似手写体的温暖感。略显扁方的构图，较少的留白，较小的字距，克服了大部分传统中文字体不够紧凑的缺点，而呈现出类似英文字体整齐的线性，更有利于阅读。同时，这种线性带来的连续感和节奏感，可以将原本平淡的文字内容转化为平面构成的元素，有利于提高版面的视觉冲击力。为了追求精益求精的显示效果，微软公司不计成本地单独设计了“微软雅黑”的粗体。这意味着每个字符的细节都经过处理和微调，而不是简单地将笔画加粗。中文斜体和小号字体（12px 以下）在液晶屏幕上的清晰显现也令人感到惊喜，相同字号下，宋体和传统黑体早已显得缩成一团或者支离破碎了。“微软雅黑”不愧是为了屏幕显示而生的字体，它适用于绝大部分的屏幕显示环境。

“兰亭黑”与“微软雅黑”系出同源，外观相似，因此具有与“微软雅黑”

类似的“性格”，其略微加大的内部“布白”和略微软化的笔画，显得更加温暖，甚至还多了几分轻松、时尚和情趣，因此十分适合表达现代简洁的基本风格之下有关文化、生活的内容。“兰亭黑”具有从超细、纤黑到大黑、特黑10个粗细档次，以及扁、长、特黑扁、特黑长4种异形字体。如此丰富细致的层次，再加上调整过的标点符号，使“兰亭黑”克服了“微软雅黑”的部分缺点，在处理复杂的版面设计和涉及印刷技术的情况下，明显更胜一筹，因而备受《艺术与设计》、《中国国家地理》、《时尚健康》等著名杂志的青睐。

“韵动黑”是比较接近传统黑体的一种字体，庄重平稳，内敛低调，笔画均匀利落，也因此略显冷峻，适合表达理性、中立、科学、严谨的态度和内容。而且“字如其名”，在竖、撇、提的起笔处增加了装饰，避免了传统黑体（特别是粗黑和特黑）的厚重呆板，表现出恰如其分的韵动之感。更可贵的是，由于“韵动黑”重视对单字的个性化修饰，中黑、粗黑、特黑等粗细层次之间的差异感很小，与其他字体也具有良好的适应性，适合主副标题等需要强调的文字内容。

“俪金黑”保留了黑体的分量感，具有良好的强调功能，添加了类似宋体的装饰元素，使强调功能得到进一步提升，是最具装饰性的黑体，既带有一点东方文化的感觉，又不失时尚，保持了十分微妙的平衡。它不适用于小号字体，但能与宋体、黑体、雅黑乃至楷体等字体轻松搭配，因此非常适合用于广告的标题，亚马逊中国就将“俪金黑”定为页面广告一级标题的标准字体。

3．楷体与仿宋——“传统”的新生

楷体源自书法中的楷书，其结构几乎得以全部保留，给人亲笔书写、正式、礼貌的印象，充满文学和古典的意味，适合表达诚意与认真态度的场合，如简介或邀请函等，但不适合字号过小、篇幅过长的正文部分，过于正式的字形和欠佳的易读性会加重冗长的感觉。

仿宋体是一种采用宋体结构、楷书笔画的字体，笔画均匀，字形偏瘦，因而显得更加轻盈、秀气。通常用于批注、引文等，有时也被用于正式的公文之中。

在注重阅读体验的现代设计中，楷体与仿宋体只能作为辅助或点缀而使用在次要内容上吗？其实不然。在需要表达传统、古典、高雅的情况下，将楷体或仿宋体采用大字号而使用在大标题等重要内容中，不但在情绪传达上优于黑体和宋体，其笔画特有的优雅娟秀被放大，更能起到意想不到的装饰效果。这种情况下，为达到文字内容的强调效果，需要使用比常用标题字号更大的超大字号，版面上也需要结合大面积的留白，以创造平面构成上的对比与协调。

4. 其他字体——“点缀”的个性

除上述几种基本字体之外，还有数以百计的其他字体，如常见的书法类字体有隶书、行楷、草书、小篆、启体、瘦金书等，设计类字体有圆体、倩体、姚体等，趣味字体如喵呜体、胖娃体、剪纸体等，以及手写字体如硬笔行书、静蕾体等，这些字体具有强烈的个性，各有千秋，相应的适用领域也非常有限。若少量使用，并与常见字体相结合，可以达到独特的视觉效果和强调效果，却不适合使用在篇幅较长的正文、引文中。特别是在涉及手机屏幕、LED 广告屏幕等低像素载体，以及微博、网页等新媒体的情况下，需要更加谨慎地控制上述字体的用法与用量。在碎片化的阅读模式之下，读者只会接受清晰流畅的内容，而跳过晦涩难辨的内容。皮之不存，毛将焉附?

二、字体的搭配

1. “长”、“短”搭配

简短内容包括标题、副标题、作者、广告语等，以句为单位；长篇内容通常包括前言、简介、正文等，以段为单位。在同一版面内，使用同系列不同磅值的字体可以达到和谐统一的效果。在这种情况下，为了使视觉层次更加鲜明，相邻两个层次的内容在磅值的选择上也需要加大区分，如大标题使用“兰亭粗黑”或“粗雅宋”，副标题使用“兰亭黑”或“准雅宋”，正文则使用“兰亭纤黑”或“博雅刊宋”。通过对不同内容在字体的粗细上进行明确的区分，使读者在阅读时对文字间的逻辑关系一目了然，以便更轻松地理解文字内容。

2. “强”、“弱”搭配

另一种情况是，相邻两个层次的内容使用完全不同的字体，如标题使用韵动粗黑，正文使用“细等线”，引文则可以使用“仿宋”或“楷体”。如果正文为宋体系列，使用“仿宋”或“楷体”也能够达到区分的目的，但由于同为衬线体，字体在体量感上缺乏强弱对比，效果差强人意。

在设计中，字体的色彩也是影响“强”、“弱”关系的重要因素。红色、黄色、橘色等暖色系色彩，视觉上比蓝色、绿色等冷色系色彩更为突出。将这种带有膨胀感的色彩运用到重要的文字上，就能造成“强”的印象。若使用色相和明度的双重对比色，配合字体本身的强弱对比，内容之间的秩序会显得更加明晰。相反，收缩感的色彩即使用于强调型字体，也会削减强弱对比的效果，影响文字的易读性。

3. “中”、“英”搭配

英文字体在设计中具有良好的灵活性和装饰性，与中文字体的恰当搭配能使版面富有活力。当文字的层次与重要性相同时，使用感觉相似的中英字体可以达到和谐统一的效果。目前主流的中文字体都包含英文部分，可惜的是，绝大部分在数字、脚线、腰线、标点符号等细节上都还有改进空间，与中文部分视觉印象的匹配也不尽如人意。通常情况下，以 Helvetica 为代表的无衬线体可以搭配黑体、等线体，以 Times New Roman 为代表的衬线体可以搭配宋体。但当中英两种字体都是用手写体或趣味体时，则会导致“过犹不及”。因此，英文字体的使用需要加以克制，通过对字符数量、字号、字距等细节的调整，与中文字体形成视觉上的平衡。

五、书评书介

一部与时俱进、不断创新的历史

——评《马克思主义发展史》

·郭晓明　余　盛·

对马克思主义自诞生以来在中西方的发展历程进行全面、系统的梳理和总结，进而概括出马克思主义中国化的经验及启示，是当前马克思主义研究的题中应有之义，也是进一步推进马克思主义中国化、大众化、时代化的迫切需要。

顾海良教授主编的《马克思主义发展史》一书，就是系统研究马克思主义发展史的佳作。全书共70多万字，由顾海良担任主编，武汉大学、中国人民大学和安徽大学三所高校的十几位重要研究人员合作完成。对于国内外广大马克思主义研究者、宣传者和教育者来说，这是一本十分有价值的研究资料和专业教材。

马克思主义发展史研究在国际学术界和思想界有着较为悠久的历史。作为马克思主义理论一级学科所属的一个二级学科，它是由马克思主义通史、马克思主义国别史和阶段史、马克思主义专题史、马克思主义传播史、马克思主义文献学等具体研究领域或方向组成的一个具有内在联系的学科体系，具有十分丰富的内涵。马克思主义发展史就是研究马克思主义产生、发展的过程及其规律，从历史、理论和现实的结合上，揭示马克思主义的科学内涵、理论体系和精神实质及其内在统一性，凸显马克思主义基本原理和科学精神的历史发展及其当代意义。

近年来，马克思主义无论是在社会主义国家（特别是在中国）还是在西方国家的运用和发展，都取得了新的重要进展。这就迫切要求我们对这些新的重要进展进行深入的概括总结和分析研究，以进一步丰富和完善马克思主义发展史的理论体系。这本最新版的《马克思主义发展史》，在遵循马克思主义产生、发展的客观规律的基础上，以完整的体例结构、丰富深刻的内容生动再现了马克思主义发展的进程。在该书中，作者为我们提供了马克思主义发展史的权威解读。这种解读力求站在历史的高度，达到“四个分清”，即分清哪些是必须长期坚持的马克思主义基本原理、哪些是需要结合新的实际丰富和发展的理论判断、哪些是必须破除的对马克思主义的教条式的理解、哪些是必须澄清的附加在马克思主义名下的错误观点，以更利于准确理解马克思主义的精神实质和科学内涵。总的来看，该书的显著特点与理论创新主要体现在以下几个方面：

第一，史料翔实、脉络清晰、体系完整。该书以宏阔的理论视野、翔实的文献资料、明确的科学概念、清晰的历史脉络以及深刻的理论论证，阐述了自1848年《共产党宣言》发表至今马克思主义所走过的160多年光辉而艰难的历程。本书首先将马克思主义发展进程分成了几个重大历史时期，在此基础上对每一个重要时期中马克思主义在苏联的实践、在西方资本主义国家的研究、在中国的运用和发展从历史发展进程的视角进行了介绍和分析。这样的论述方式，会使读者对马克思主义发展的进程了然于心，但该书并没有仅仅停留在历史事件的追述和历史史料的挖掘上，而是对每一阶段取得的重要思想成果进行了深刻的理论分析和理论论证，有史有论，既生动又深刻。

第二，科学地反映马克思主义理论整体发展的历史。马克思主义是科学的世界观和方法论，是反映客观世界特别是人类社会的本质和规律的真理，整体性是马克思主义科学思想体系的重要规定性，因此，研究马克思主义发展史，要力求科学地反映马克思主义的整体发展这一重要特征。该书至少在以下两个方面体现了这一要求：一是科学地反映了马克思主义理论整体发展中的一脉相承同与时俱进的关系。一脉相承、与时俱进是马克思主义理论整体发展中的重要特征，只有将两者统一起来，才能科学地反映马克思主义发展的客观历程和内在规律。二是正确处理研究、阐述马克思主义发展通史和国别史的关系。马克思主义是从世界历史中抽象出来的科学真理，是国际性的学说，但马克思主义在不同国家和地区的运用和发展，又带有鲜明的各民族特色。该书在处理这个问题时，既注重揭示作为理论整体的马克思主义的历史发展，同时也体现了马克思主义民族化、本土化的发展特色，充分反映了马克思主义基本原理同各国具体实践相结合的历程与特点，以及在“相结合”过程中形成的各具特色的马克思主义，充分展现出各国运用和发展马克思主义的创造性。

第三，注重正确认识和区分马克思主义与众多自称马克思主义的派别的关系。马克思主义产生以来，经历了从理论形态到实践形态再到制度形态的转变，也经历了从部分地区到全世界传播发展的过程，世界上形成了许多自称马克思主义的派别或与马克思主义相关的学说、思潮，它们或对马克思主义进行“修正”，或对马克思主义进行继承、创新。160多年以来，形形色色的理论或迟或早地退出了历史舞台，唯有马克思主义永葆青春，指导着无产阶级及其政党不断把革命和建设事业推向前进。因此，该书在鲜明展现马克思主义发展的主脉和主体的同时，十分关注各种自称马克思主义的派别的思想或与马克思主义相关的学说和思潮，注意对其进行科学的比较和鉴别，以深化对马克思主义的认识。从某种程度上说，一部马克思主义的发展史，就是一部它同各种非马克思主义、反马克思主义的学派和思潮反复比较、进行斗争的历史。一代又一代的马克思主义者正是在同各种错误思潮的斗争中，把马克思主义的发展推进到了一个又一个的新阶段，使马克思主义始终保持着青春的朝气与活力。

第四，注重凸显马克思主义当代命运的研究和阐述，凸显马克思主义中国化理论成果在马克思主义发展史，特别是在马克思主义当代命运中的重要地位。邓小平曾经深刻指出："只要中国社会主义不倒，社会主义在世界将始终站得住。"① 这表明占世界1/5人口的中国坚持社会主义，对马克思主义的当代命运极为重要。因此，该书特别注意突出马克思主义中国化的理论体系的丰富内容及其在马克思主义发展史上的重要地位，突出当代中国共产党人所肩负的高举中国特色社会主义伟大旗帜，推进马克思主义发展的庄严历史责任。

总之，无论从编写的学术背景及其学科价值，还是从著作本身内容框架及体系安排的创新性与典型性来看，该书都堪称研究马克思主义发展史的经典之作。相信该书的出版将对国内马克思主义发展史、马克思主义基本原理、国外马克思主义、思想政治教育等学科的发展起到促进作用，对马克思主义理论学科研究领域的学者、师生具有重要的参考价值。

---

① 《邓小平文选》，第3卷，34页，北京，人民出版社，1993。

“当代世界学术名著·政治学系列”出版评介

·郭晓明　余　盛·

政治学是人类最古老的学问之一。在人类文明几千年的历史长河中，几乎所有伟大的思想家都涉及过政治学理论问题，不少思想家本身就是杰出的政治学家或政治思想家。在西方，有关政治学思想的系统研究和阐发，可追溯到古希腊时代柏拉图的《理想国》和亚里士多德的《政治学》。几乎在同一历史时期，中国也产生了十分丰富和系统的政治思想，孔子、孟子、韩非子等一大批思想家治国理政的学说，对此后两千多年的中国政治产生了深远的影响。然而，作为一门拥有独特的概念、方法和逻辑的独立学科，政治学却是一门年轻的学科，它诞生于19世纪末期的西方国家，其产生和发展的历史只有100多年。

事实上，中国现代政治学的起步并不晚。20世纪初，西学东渐，政治学课程开始在国内少数大学中讲授，如果从1905年设立专门学习法律和政治的京师法政学堂算起，中国政治学也已有了上百年的历史，只比美国政治学的历史短二十几年，民国时期政治学蓬勃发展，成果斐然。此后由于种种原因，我国的政治学学科建设和发展长期处于停滞甚至一度中断的状态。改革开放以来，我国的政治学学科建设，按照邓小平关于政治学“需要赶快补课”的意见，做了大量工作，编写出版了一批教材和学术专著，引进了一批世界各国特别是西方各国的政治学著作，培养了一批专业人才。应当说，政治学的重建工作成绩斐然。当然，在看到成绩的同时，我们也不能否认发展中的不足。与其他社会科学学科相比，特别是与邓小平提及的“法学、社会学以及世界政治的研究”相比，我国政治学的发展速度似乎更慢些，与改革开放和社会主义现代化建设的现实要求似乎还有一定的差距。中国的历史、现实和未来，都要求中国有一门成熟的政治学学科在推动中国社会全面发展中起到积极的和建设性的作用。

既然中国现代政治学是由西方传入的，那么学习、借鉴西方先进的政治学理论，并将其运用到中国问题的研究中，进而发展中国本土的政治学，是中国政治学发展的现实选择。当然，西方的理论不一定适合中国，其学术观点、理论预设等也不完全为我们所认同，但对相对落后的中国政治学来说，以开放的思想对待西方的理论，通过比较、鉴别、有选择的吸收，在此基础上结合中国实际进行自主创新，不失为推动中国政治学发展的一条捷径。

正是出于上述考虑，我们邀请国内外政治学界的专家学者，精诚协作，组织翻译出版了这套“当代世界学术名著·政治学系列”。出版这套译丛的目的，旨在将过去半个世纪西方政治学的经典学术著作系统地译介给中国读者，为国内政治学研究和教学提供借鉴和参考。总的来看，这套丛书具有以下几个特点：

第一，权威性。所选著作均为当今世界尤其是西方政治学界最重要、最具影响力的著作，这些著作已经得到国外学界的一致认可，并在西方主流学界被反复引用。丛书作者包括罗伯特·达尔、塞缪尔·亨廷顿、埃莉诺·奥斯特罗姆、文森特·奥斯特罗姆、安东尼·吉登斯、伊恩·夏皮罗、约瑟夫·奈、罗伯特·普特南……一个个西方学界耳熟能详的名字，构成了这套译丛强大的作者队伍。

第二，全面性。在过去的几十年里，国外一些政治学著作被陆陆续续译介到中国来，但这种翻译出版不是系统性的，而是零散的。该套译丛是国内第一次系统地、大规模地翻译出版国外政治学著作，它试图涵盖政治学的主要研究领域、主要研究方法，以及不同的学术流派，包括比较政治、政治学基础理论、政治学研究方法、政治思潮、政治经济学、国际关系、政党政治、政治社会学、政治心理学等领域，均有涉猎。

第三，前沿性。该套译丛选择了西方政治学领域有影响的学术流派，如新制度主义、后行为主义、全球治理、公共选择理论流派等的著作，以期促使国内政治学专业领域的学者和学生能较为及时地了解西方政治学理论研究的最新发展。

该套译丛于2008年由中国人民大学出版社政治与公共管理分社开始策划和组织翻译工作，并邀请国内外政治学界的一流专家担任编委会委员。参与该译丛翻译工作的译者大多是本领域的学术骨干和中青年专家，都具有政治学博士学位，并有翻译西方社会科学著作的经验。自2012年5月以来，该套译丛已陆续出版，计划在未来3～5年内，出版总规模达到50种，基本囊括20世纪以来国外政治学的经典著作。我们也希望这套译丛能够成为国内政治学界规模最大、水平最高、影响最深远的一套丛书，进而为中国政治学的学术积累作出应有的贡献。

科学精神、历史视野与中国关怀

——读《西方社会运动理论研究》有感

·戴天逸·

一、国内社会运动研究领域的扛鼎之作

在过去的三十年间，中国成功地完成了从计划经济向市场经济的初步转型，国民生产总值连续翻番，人民生活水平也得到普遍而长足的提高。经济的飞速发展和体制改革的不断深入，使社会结构发生了深刻的变化，也推动着中国社会的急剧变迁。尤其是最近十多年来，一方面法治水平、人民受教育水平和公民意识不断加强，政治参与的积极性不断提高，另一方面，社会急剧变迁所积累的大量社会问题和深层次矛盾也开始凸显。从 90 年代末期开始，国有企业职工下岗问题、“三农”问题、贫富分化问题、征地强拆问题、特权阶层腐败问题、食品安全与环境污染问题等等不断激化，使得近年来中国社会中个体性或集体性的抗争行为不断激增。学者和公共舆论普遍认为，社会转型期同样也是改革危险期。

出于理论兴趣和现实关怀，不少学者投身于对社会问题与集体抗争行为的研究。但中国社会学界对于政治与社会运动的研究才刚刚起步。原因主要有二：首先，中国社会学的研究是在 20 世纪 70 年代末 80 年代初才开始恢复重建，当时正值美国社会学中分层与组织研究如日中天之际。美国社会学界的一流学者如布劳等相继访问中国，对建立中国社会学的理论基础和问题意识产生了积极影响。由于这些美国学者在中国讲授的课程是以组织与分层研究为主，从而使得中国社会学研究长期集中在组织与分层问题上，而有关社会变迁（集体行动、社会运动与革命的研究即属于这一范畴）的研究则相对被忽视。其次，是政治因素。在人们通常的认识中，社会运动似乎都对政权有很大的颠覆性。出于政治和社会稳定的考虑，政府对这一类的研究都会有所顾虑。其实这里存在着很大的误解。从美

国社会运动和革命研究的历史来看，只要学者在研究过程中保持科学态度，那么，他们的研究就不仅能够增进我们对社会运动一般规律的理解，而且对于提高政府的执政能力和维护社会稳定，都将起到促进而非破坏作用。

在以上两种原因（当然还有其他原因）的影响下，目前国内社会学界对于政治与社会运动的研究成果才刚刚起步，成果不是太多，主要是一些零散的介绍、引介某些学者理论的文章，以科学成熟的理论体系联系本土化实际做经验研究的，就更少之又少了。在此之前，只有芝加哥大学社会学系赵鼎新教授的《社会与政治运动讲义》（社会科学文献出版社，2006）是较为系统的理论综述类专著，但该书是依据赵鼎新教授在清华大学社会学系的讲课录音整理而成，“讲义”的成分多过“专著”。在该书中赵鼎新教授注重对西方社会运动理论的评价与批判，详尽的介绍和梳理并不多。在这种现实背景下，中国人民大学出版社 2013 年 4 月出版的冯仕政副教授的《西方社会运动理论研究》可谓是社会运动理论领域的扛鼎之作。作者冯仕政是中国人民大学社会与人口学院副教授、副院长。有趣的是，他进入政治与社会运动研究领域也是缘起于赵鼎新教授。2001 年他博士毕业之后听了一次赵的讲座，听完后倍感震惊：社会运动和革命在西方社会学中居然是一个专门领域！带着震惊、困惑与好奇，从此之后，冯仕政决定以“社会运动与革命”为研究方向。而这一次讲座“改变了他此后的人生轨迹”。

也是在上述两种原因的影响下，冯教授进入社会运动研究领域时，环境很不理想。首先是人们普遍认为“社会运动与革命”是一个纯粹的政治问题，而不是学术问题，对这个问题感兴趣，一定是有什么政治企图。其次是资料难以获取，社会运动研究当时在国内是一个尚未开发的领域，几乎所有资料都是外文的，但大量该领域的外文期刊与文献，在国家图书馆等重要的机构都没有收藏（事实上直到十多年后的今天仍是如此）。直到 2005 年，冯教授到美国加州大学尔湾分校社会学系和芝加哥大学社会学系进行一年的访问。在这一年中，他把所有的精力和时间都用在了解和掌握西方社会运动理论上，阅读了大量西方社会运动研究的原始文献。也正是这一年的积累，为如今这本《西方社会运动理论研究》的面世奠定了坚实的基础。

二、科学态度与本土化努力的优秀结合

冯教授在《西方社会运动理论研究》一书中一再强调社会运动研究要重视三

个方面：科学精神、历史视野与中国关怀。科学精神指的是在考察社会运动这种敏感问题时，中国学者必须坚持开放而正直的科学精神。首先自觉摒弃“社会运动”只是纯粹政治问题的意识，然后以科学和专业的态度去探询政治与社会运动的发生原因、运行机制、功能作用。简而言之，就是真正将“社会运动”这一议题作为科学的理论体系来研究。历史视野指的是虽然西方社会运动研究表现出值得称许的科学精神，但在知识视野上仍然受到西方历史和价值观的局限。中国本土化的社会运动研究必须培养足够开阔的历史视野，特别是在中国这样一个历史背景与西方存在很大差异的社会结构中，保持足够敏锐的历史意识尤其重要，绝不能把西方社会运动研究的理论和方法生搬硬套到中国。中国关怀则指的是社会运动相关研究要保持足够敏感的中国关怀，立足于中国实际去设置研究议程。首先是在研究工作中充分考虑中国社会的需要和特征，其次是相关研究要为中国社会发展服务。

（一）科学精神：完备的体系介绍与出色的理论梳理

在笔者看来，冯教授为该书所付出的努力，以及该书在体系、结构方面的特点出色地践行了他所强调的这三点。

首先从体例与结构方面来说，该书充分表现了作者完备的知识体系与极强的逻辑梳理能力。全书共分七章。第一章为导论，作者简要梳理了西方社会运动研究的发展脉络，从主题与视角方面整理了社会运动研究的知识谱系，介绍了“集体行为”这一引出社会运动研究的逻辑起点，并界定了社会运动概念的定义与争议。第二章到第六章则分门别类地将西方社会运动研究梳理为六个理论流派，并分别加以介绍。第二章是“集体行为论”，主要是介绍六七十年代西方社会运动蓬勃发展时期之前的理论，包括勒庞、布鲁默、特纳、斯梅尔塞、康豪瑟、戴维斯、格尔等人的理论。作者将这一时期的相关理论统述为“集体行为论”，以代替通常所说的“挫折—攻击”理论，表明了这些理论内在的逻辑一致性：发源于社会心理学，强调从群体心理到集体行为的行为主义取向。从第三章开始，作者介绍了西方社会运动研究的转向，即从对运动发生原因的社会心理学分析转向对运动发生、发展过程的运行机制研究。第三章是“资源动员论”，作者描述了这一研究转向的范式革命。系统介绍了发源于奥尔森“搭便车”与集体行动逻辑的理论脉络，包括欧伯篌、查尔斯·梯利、麦卡锡、左尔德、斯泰根伯格等人的理论。这些学者们的理论也有其逻辑一致性，即强调关系网络对于社会运动的意义，认为社会运动增加的原因并不是社会矛盾加深了或是社会怨恨感加强了，而是社会上可供社会运动参加者利用的资源大大增加了。第四章是"政治过程论"，作者介绍了从资源动员理论向政治过程理论的发展，梳理了艾辛杰、查尔斯·梯利、麦克亚当、泰罗等人的理论，着重介绍了"国家政体模型"、"政治机遇结构"等重点理论模型，表现了这一理论流派对于社会运动过程、机制的关注和对国家在社会运动中作用的重视。第五章是"框架建构论"，作者梳理了这一 80 年代之后兴起的，与资源动员、政治过程鼎足而立的理论派别，特别介绍了其对思想文化资源与意识形态的强调，指出思想动员与资源动员及政治机遇（机会）一样，也是影响社会运动进程和后果的重要因素之一。

以上章节都是基于美国社会运动研究理论而作，事实上，在 80 年代泰罗与克兰曼德斯为促进美国与欧洲社会运动学界沟通交流而努力之前，双方在这一领域都取得了重要的成果，但却是在两条几乎平行的理论路径之下独立完成的。与美国的实证主义传统相对，欧洲学界对于社会运动的研究表现出极强的历史哲学与解释传统，更强调形式社会学方法和思辨的作用。作者在第六章"新社会运动论"中就系统地介绍了从马克思、葛兰西一直到梅鲁奇、图海纳和哈贝马斯的理论。最后在第七章结语中，作者重新审视了西方社会运动研究的理论发展，介绍了最新趋势和前沿理论（"抗争政治"），考察其理论方向、范式模型的演变规律，并对中国社会转型和社会运动研究提出了自己的展望。

（二）历史视野与中国关怀：作者的理论自觉与现实担当

如上所述，作为一本学术专著，科学精神当然是《西方社会运动理论研究》的最大特点。但纵览全书，除了体会到作者扎实的理论功底外，更能体会到其关注社会学本土化的理论自觉，以及关注中国社会运动与社会转型的现实担当。

作者在 2007 年完成国家社科基金的结项初稿后，认为既然对西方社会运动理论已经了解，就没有必要再将其写成专著，感到"不如把相关理论结合起来去研究中国的现实问题更有意思"。但最近一两年来，却又感到出版这本专著的必要。原因主要是，作者发现国内很多研究者虽然对西方社会运动研究越来越重视，成果也越来越多，但往往陷入两种误区：要么是对理论一知半解，知其然不知其所以然，随便拿来一个理论就借以为符号资源，并认为是唯一正确的（事实上这样的情况非常普遍）；要么就是完全不了解西方的相关研究，对于西方已经相当发达的理论体系，完全可以借鉴其视角或方法，但很多研究者却全然不知全然不顾，完全闭门造车，浪费大量时间和精力。作者举例说，2003 年他在《国外社会科学》第 5 期发表的《西方社会运动研究：现状与范式》是国内最早介绍西方社会运动研究的论文之一。现在回头来看这篇文章比较肤浅，但却在长达十年的时间内被引用无数，甚至直到现在还被部分研究者认为“很前沿”。作者虽然很“享受”这个“被引用”的过程（被引用率是学术价值的重要评判标准之一），但“基于科学的诚实”，他认为出版这样一本专著，向国内学界系统地介绍西方社会运动理论是极为必要的。这样坦荡的胸怀正是由作者强烈的学术责任感与现实担当而来的。

在各章的理论介绍中，作者时刻保持清醒的头脑，不失时机地指出西方社会运动研究在知识视野上受到西方历史和价值的局限。作者认为西方社会运动研究本质上关心的是发展与秩序的问题；这个问题在不同历史阶段的不同表现，以及不同国家和地区在这个问题上的差别，是造成西方社会运动的范式发生变异的重要动因。因此，中国的社会运动研究也应该扎根于中国特殊的发展和秩序问题，而不是照搬西方的研究成果。

在这种本土化的理论自觉与学术努力中，作者认为广阔的历史视野是必不可少的。他认为从历史的角度来看，认识中国的发展与秩序问题，以及相应而来的社会运动现象，需要特别注意“迟发展”与“社会转型”两点。

“迟发展”也就是所谓的“后发现代化”，是发展社会学与政治经济学中的常用术语，“迟发展社会”往往会采取强国家主导的赶超型发展模式，在这种模式下，合法性与有效性总是难以调和，换言之，当追求效率意味着对社会生活的干预较多、较深时，国家就容易卷入各种社会矛盾和冲突之中，成为社会矛盾的焦点和社会怨恨的对象，从而面临严峻的合法性挑战。而事实上，在许多社会问题凸显的背后，都隐含着深刻的发展性矛盾，即只要是追求发展，就免不了、绕不开的那些矛盾与问题，主要体现为新与旧、整体与局部、长期和短期的矛盾。因此只有认识到中国“迟发展”的先天属性，才能客观冷静地观察与研究社会运动现象。而“社会转型”实际上就是亨廷顿所说的“变动社会”，即变革速度特别快特别剧烈的社会。对于“社会转型”的认识，是当前中国所有社会科学研究者应有的共识，快速的社会转型会造成社会利益、意识和结构的迅速而剧烈的调整，从而引起广泛的、严重的社会冲突。对于这一点，研究者同样应该有清醒的认识。

当然，在中国社会快速转型的现实条件下，并不是说研究者没有可为之处，对于社会矛盾和问题就听之任之。恰恰相反，正是这样的社会结构环境，才需要研究者时刻具备“中国关怀”，即在研究工作中充分考虑中国社会的需要和特点，在研究议程的设置和分析框架的制定上，抓住中国社会的本质特征，立足于中国社会实际去想问题。这种中国关怀，是冯教授在《西方社会运动理论研究》一书中一再强调和呼吁的，在笔者看来，也是他高度的理论自觉与强烈的现实责任感所自然形成的。

三、可为教材的优秀学术专著

在国内社会运动研究领域，一直缺乏系统的理论著作。赵鼎新教授的《社会与政治运动讲义》基于其在清华大学社会学系的讲课整理而成，是目前国内相关领域使用较广的一本专著。与赵鼎新《社会与政治运动讲义》相比，《西方社会运动理论研究》逻辑体系更为清晰。前者主要从社会变迁、社会结构、社会话语三个视角出发来介绍理论，而后者将相关理论分门别类，体系划分更为严谨。从内容上说，赵书对理论的介绍只是点到为止，更多的是作者对理论的评价与批判，尤其注重批判视角；而冯书洋洋洒洒四十万言，对理论体系的逻辑起点、发展脉络、演变方向、范式模型的介绍更为详尽，不仅是一本厚重扎实的学术专著，是教育部“新世纪优秀人才支持计划”项目成果，更能作为社会学、政治学等专业有关政治社会学、社会运动研究等课程的本科生、研究生教材。笔者甚至认为，该书是国内对政治社会学感兴趣的学者、学生、知识分子阶层必备之书。

当然本书也有一些不足之处，例如正如作者所言，“该书的介绍重点仍是以美国为代表的实证主义传统理论”，对欧洲的理论发展介绍并不太多，而事实上欧洲的理论传统也是一脉相承、由来已久，与美国传统并行不悖的，并且时至今日，双方的理论交流日益增多，欧洲历史哲学传统的理论体系也越来越得到重视。另外，西方社会运动研究本身一直存在一个问题，即强调对发生原因和运行机制的分析，却缺少功能分析（社会运动的正向与负向功能），这可能是社会运动研究作为一种中层理论的先天不足。

瑕不掩瑜，无论如何，《西方社会运动理论研究》都是一本认真严谨、厚重扎实的学术著作，在某种程度上可以说填补了国内相关领域教学与研究的空白，笔者相信它一定会得到学界与舆论高度的认可。

一部关于美国宪法来龙去脉的精彩合集

——读《宪法故事》

·郭燕红·

美国康奈尔大学法学院讲座教授迈克尔·C·道夫主编的《宪法故事》一书，日前由中国人民大学出版社翻译出版了，该书被列入“美国法律判例故事系列”。该书是美国历史上15个最重要的宪法故事的精彩合集，通过讲述对日后发展有巨大影响的最高法院判例，将宪法从逝去的历史中带了出来。这些案例有久远的，也有最新的，涉及的议题包括言论自由、平等保护和联邦主义等领域。这些故事的作者几乎都是法学教授，他们全部是精心挑选的，几乎涵盖了所有的政治谱系。细心的读者一定会感受到，该书的写作笔法令人容易亲近，故事也充满了有趣的历史细节，这使得枯燥的法律议题变得活泼。

该书开篇就是马伯里诉麦迪逊（Marbury v. Madison）案，其重要性自然不言而喻，虽然该项原则（违宪审查权）在马歇尔大法官之后50多年都未曾使用过，但是正因为他的这一努力，使得这一看似失败的胜利奠定了美国最高法院在此后不可撼动的地位。

> 案件背景：时值两党换届，亚当斯总统于其任期的最后一日签署了委任命令，由时任国务卿约翰·马歇尔加盖国玺。然而奉命发出这些人事命令的詹姆士·马歇尔（约翰·马歇尔的弟弟）并没有将包括马伯里在内的几个人的委任状发出去。随即杰弗逊总统就任，其国务卿麦迪逊根据杰弗逊总统的指示，扣押委任状，不再发送。由此，马伯里向最高法院提起诉讼，此时担任最高法院首席大法官的正是曾经担任亚当斯国务卿的马歇尔。

马歇尔法官的困境，以及推理的逻辑在该书中已经阐明，但我想在这里提出几个问题：

(1) 马伯里的什么权利受到侵害：委任马伯里为治安法官的决定已经生效（总统任命、国务卿加盖国玺），但是没有被送达，那么送达对于决定的效力究竟有无影响？

(2) 马伯里被任命属于行政自由裁量权，不属于司法审查的范畴，那么为什么能受到救济？

(3) 最高法院的违宪审查权——管辖权引起的实质问题：宪法规定“在一切有关大使、公使、领事以及州为当事一方的案件中，最高法院有最初审理权”。而司法条例规定，“最高法院有权在法律原则和法律惯例许可的案件中，对以合众国名义任命的法官或公职人员发布令状”。那么司法条例是否违宪？即宪法条文究竟是一般性授权——无禁止即可以，还是限制性授权——无规定即禁止？

马歇尔认为：马伯里的任命在盖章之后即生效，故而未送达仅是程序性缺漏，不影响效力，所以其被侵害的权利不涉及行政自由裁量权，可以被司法审查。而因为宪法中该条款的后半句的存在“在上述所有其他案件中，最高法院有关于法律和事实的受理上诉权”，所以“肯定性语句要在否定性限制下理解”，即：无明文规定即禁止。因此，司法条例违宪。

但是马歇尔的理解真的正确吗？况且宪法中还有半句话：“但由国会规定为例外及另有处理条例者，不在此限”，司法条例能否被包含至此呢？我想，不是每个人都会拥有如同马歇尔一样的见解，因为语言文字的复杂多义性，尤其是法律概念的人为性，导致上述的三个问题都会有截然相反的回答，那么马歇尔的判决是否还是牢不可破？

马伯里案相当于一个政治宣言：把司法机构变成政治机构——用司法来宣布法律是什么。人民根据原初的权利而建立国家的原则即宪法，成文宪法的意义在于限制权力，包括国会的权力，即有限政府。如果认为宪法低于国会制定的法律，那么成文宪法就没有存在的意义。而立法原意即政府理论是，与宪法相抵触的立法法案都是无效的，这一立法本意是应当被司法机关实际应用的，而不是摆设。司法机关和立法机关因为宣誓效忠宪法所以受其限制，禁止与其有任何的抵触。

由此，马歇尔看似唱和了联邦党人对于法院应该享有司法审查权的提议，但是其本质思想，或是保护目的是否相同？联邦党人认为人民和人民代表的毕竟含义不同，司法审查权是为了防止多数人的暴政，保护少数人的权利，做到真正的人民主权，但是马歇尔的目的如此吗？由此，在美国建国初期，这一对贯穿《宪法故事》始终的矛盾在这一判例中彰显：人民主权与宪政主权的张力。

马歇尔大法官的另一判例“麦考洛克诉马里兰州”针对的是细化了的人民主权与宪政主权的概念，即联邦权力与州权力的冲突。1816 年，美国国会通过法案设立了合众国第二银行。但此举受到了各州银行的强烈反对，于是马里兰州颁布了一个法案，对合众国银行在本州的分支银行征税。合众国第二银行马里兰州办事处的营业员麦考洛克上诉至联邦最高法院。马歇尔的推理书中已有详述，故不赘述，其解决的根本问题则在于宪法究竟赋予了州在多大范围内的自治权，但是宪法规定，“国会征税、贷款、偿付债务并提供共同防御及普遍福利的权力并有权为了实现这些列举权力而制定‘必要且适当的法律’”。对这一条文的理解可谓仁者见仁，智者见智。汉密尔顿刚好与马歇尔相反，认为从制宪会议的意图看，这个条款的规定在于为国会行使权力提供宽松的自由度。手段与目的的关系在于衡量目的是否符合宪法，而不是手段是不是“必要”。只要目的符合宪法所列举的任何权力，而且手段与目的之间有显然的关系，并且不被宪法任何条款所禁止，就可以看作是属于国家权力的范围。

综上，从选取的两个由马歇尔主审的经典宪法判例，可以看到，被传诵的“马歇尔式逻辑”并非毫无漏洞，更不是真理，但是为何会引起激赏一片？法律的解释完全可以做到因目的而异，同一条款的解释汉密尔顿和麦迪逊就完全不同，马歇尔和其他大法官也毫不相同，那么我们究竟应当如何解释这纲领性的宪法？（正因为其纲领性、简洁性，使得它被解释的程度更大，差异也更大。）书中的另几个案例给予了我们答案。

布朗诉托贝卡教育委员会案［347 U. S. 483（1954）］——“隔离就是不平等”，依旧是州与联邦权力的冲突，依旧是可伸缩性的宪法条文，况且还在有普莱西诉弗格森案的先例下，最高法院却在布朗案中提出，“社会文化、经济的变化使得在种族平等上的问题需要重新思考，原告提出法院关于‘隔离但平等’的先例已经不应该再被使用，且其违反了宪法第十四修正案要求对不同种族的平等保护和正当程序”。时过境迁，“我们必须从整个国家（Nation）出发，从公共教育的充分发展以及目前在美国人的生活中所处的地位来考虑公共教育”。教育是人的基本权利，且与人的一生幸福相关，这是州的义务，是必须在平等的基础上对所有人开放的权利。隔离本身就是对平等权利的侵害，已经违背了第十四修正案的目的。

林肯在葛底斯堡演说中的三个许诺——民族国家、平等和民主，在内战后，因为最高法院法官们的“出色的”法律解释技艺而变成了被隐藏在宪法中束之高阁的原则，这一原则在普莱西诉弗格森案中以一句“隔离就是平等”被埋藏多年。宪法规定了取消奴隶制度和与之相应的法律，但是歧视黑人的法律却一直没有消失，国会虽然在《民权法案》中针对具有社会性质或私人性质的主体规定禁止歧视黑人，但对于州的自治权国会却未曾涉及。但是，殊不知，私人决定和官方政策是掺合在一起的，剧院、酒店、餐馆等是实现公共职能的地方，包含于州行为中。

分离即歧视，法官再出色的技艺也不能迷惑住人们内心中的良知，在普莱西诉弗格森案后，没有人赞赏法官的解释功力，而只会讽刺他颠倒黑白的能力，因为宪法中隐藏的真理——民族国家、平等和民主是指引法官解释的灯塔，纵然灯塔的光辉可能一时被狂风暴雨遮挡住，但是它仍会永不熄灭地等待风暴平息。

历史发展到今天，美国最高法院的九名大法官早已成为美国政治、经济、文化生活中举足轻重的力量。这也是了解乃至研究美国必须要从最高法院入手，而要研究最高法院必须从《宪法故事》开始的原因。

彰显刑事诉讼法的自身价值——平等

——《刑事程序故事》编后

·郭燕红·

日前，美国哈佛大学法学教授卡罗尔·S·斯泰克主持编写的《刑事程序故事》，由中国人民大学出版社翻译出版了，该书被列入“美国法律判例故事系列”。该书的作者们为读者挑选了14个故事，大体上一半是关于警察实践的，另一半是关于审判活动的，其中不少判例是刑事程序授课大纲中都会列入的经典判例。就刑事诉讼进程受联邦宪法调整而言，美国可谓是世界上独树一帜的国家。宪法诉讼时不时会出人意料地重塑全国的刑事司法制度。这种对于宪法调整的强调，无疑是一个非常有趣的问题，本书的14个章节将会从不同的角度回答这个问题。特别要提到的是，每一个判例的撰稿人都是该领域备受尊敬的知名学者，在这本书里，他们将会与你分享他们的洞识与思考。

正如该书导言所述，刑事审判程序与其他法律领域的判例相比，或许更容易演绎出一段伟大的故事。书中所述的诸多判例（远不止章名中所列的14个）几乎全部都是具有开拓性的案例，其内容涵盖了刑事程序革命与美国种族平等之间的相互作用，联邦与各州之间的权力冲突，以及显示普通法系特色的陪审团制度，等等。这些案例无一不在彰显着刑事诉讼法的自身价值——平等。

德国法学家冯·李斯特曾说过，刑法是自由人、更是犯罪人的大宪章。因为它拥有一系列保护自由的原则，例如法无明文规定不为罪，禁止溯及既往等。其实刑事诉讼法，或者说刑事程序法更能体现出犯罪人宪章的这一特色。没有一部完善的、平等的刑事程序法，再正义的刑法都难以起到宪章的作用。该书开篇的“鲍威尔案”以及后面的种种判例都在叙述着同一个道理：没有警察权与辩护权的平等地位，没有控辩双方的平等地位，没有对于被告人平等地位的保障，就不会有刑事程序法追求的公平正义的实现。

在“斯科茨伯勒男孩案”中，由于种族之间的不平等，因而没有公正的陪审团，相似的案件对黑人和白人的刑罚也会失之千里；由于控辩双方的不平等，因而没有对被告人合法权利的救济；由于没有警察权与辩护权的平等，因而没有律师了解案情、进行充分辩护的可能性。在“邓肯案”中也是如此。平等的地位不仅仅体现在彼此权利与义务的形式相当性上，更重要的是应体现为实质相当性。在第一次世界大战后的南方，对有色人种的歧视导致在进行陪审团遴选时，陪审团初选名单上的黑人几乎全都年迈或是已经去世，少数的几位仍有能力承担陪审义务的黑人却因受到白人暴徒的生命威胁而无法参与陪审。即使无罪的证据确凿，斯科茨伯勒男孩仍然能在5分钟之内被确定有罪，在几个小时之内被确定死刑。但是相反，当白人被控诉强奸黑人女子时，无一被判死刑。因为现实中存在这样的困境，如果没有实质上的平等，即形式上的不平等的救济，那么陪审团表面上的平等遴选实则是掩耳盗铃。

在“米兰达案”中，辩护权的实质平等性成为最为重要的问题，司法上的救济是应当因被告人的能力不同而有所区分，还是应当一视同仁，即法院是否应当为贫穷或未受过教育的被告指定辩护律师，并且明确该指定应当从何时开始。由此揭示出刑事程序法最重要的方面之一，控辩双方、警察权与辩护权之间现实存在的不平等或是地位差异，需要法律上的倾斜而非形式上的平等。当种族歧视确实存在并具有严重影响司法公正的可能性时，对于陪审团遴选的合法性就不应当是形式的而应是实质上的审查；当辩护权的行使确实会因财力和能力的差异有很大差距时，法院不应当置之不理；当完全不明白自己有何权利、应该如何行使这些权利的被告人（嫌疑人）面对警察的“严厉”审问时，迫不得已的自我归罪是完全可以通过看似不平等的司法救济来避免的。

亚里士多德在两千多年前就声明，矫正正义优先于分配正义，那么到如今，还不清楚甚至故意含混地表述刑事程序法中的平等概念，用形式平等的条文来掩盖现实的不平等，实则就是在纵容歧视。在阅读书中的几个判例之后，我们就能深刻感悟到实质平等的重要性。

刑事程序是从取证立案到公诉再到审判最后到执行的一个完整过程，而这一过程中的每一步都会对这个程序产生举足轻重的影响，没有哪一步是微不足道或是可省略的：在第一个判例中，南方法院发明的“快速审判”因为缺少了自我陈述和结案陈词而被发回重审，“特瑞案”因为警察的截停和拍身搜查权的合宪性问题而上诉至最高法院，“伯顿科歇尔案”由于辩诉交易失败而导致的报复性公诉的问题而被上诉至最高法院，等等。刑事程序中的每一步都会影响被告人一生的自由乃至性命，尤其在美国，更会影响此后几年甚至数十年全州甚至全国范围内相似案件的被告人的命运，这也是为什么该书每章结尾几乎都有对案件或判决后续影响的阐述和评论。

该书引出的另一个问题则是刑事程序法与宪法之间的关系。刑事程序法作为被告人的大宪章，它所保护的权利是宪法承认或者包含在宪法的基本权利之中的，而宪法中所列明或隐含的权利没有刑事程序法的实行是难以保障的。比如美国联邦宪法第十四修正案规定的正当程序权利，是通过刑事程序法规定来实现的；宪法第八修正案关于量刑问题的规定，是通过量刑指南体现的；等等。该书中不止一次地强调刑事诉讼法宪法化的趋势这一问题。

确实，通过这些案例，我们可以看到，有诸多在判例中逐渐衍生出的被刑事程序法保护的权利是被“隐含”在宪法条文之中的，而使它们显现出来则是靠最高法院大法官们出色的解释功底。在“米兰达案”之前，宪法没有规定任何被告人有保持沉默的权利，也没有规定他们没有自我归罪的义务，但是通过这一案件，法官们使这一规则包含到正当程序条款之下。很难说是宪法指引刑事程序法的发展，还是刑事程序法丰富了宪法的内涵，但是可以确定的是，这两部法律都在随着时代的变化而不断变化、发展着。正如该书导言所述，有些长期以来几乎已经毫无生命力的规则，在不同的语境或时代，又重新绽放出勃勃生机，比如辩诉交易的盛行抵消了“邓肯案”中确定的人人有获得陪审团审理的权利；而有些规则，则在新的时代下被推翻，比如“9·11”事件后警察权的扩大，导致先前否认的预防性羁押重整旗鼓，等等。

然而，书中所述的判例带给人们的启发不仅如此，更不仅局限于法律层面，甚至关乎政治、历史领域，比如美国各党派之争，种族、人权运动等对于司法审判的影响，司法想要做到独立于任何内政外交、民权运动几乎是不可能的，因为法官处于这一时代之中，被告、律师、陪审团等等莫不如此，这也正是为何由判例发展起来的刑事程序法会不断创新发展，永不停息。

从纸面到行动：法律解释学的神圣职责

——评《法律解释学》

·班晓琼·

改革开放三十多年来，我国法制事业蓬勃发展，中国特色社会主义法律体系已经初步形成，摆在我们面前的有两大重要任务：一是如何使“纸面上的法律”（law in paper）变为“行动中的法律”（law in action）；二是如何最大限度发挥现有法律的实际效果。这两个问题都离不开科学的法律解释。正如法谚所云：“法无解释，不得适用。”法律职业者，尤其是法官只有掌握了科学的法律解释方法体系并加以合理运用，才能够在保证现有立法被正确适用的同时，为调整日益复杂的社会关系提供准确的法律依据。

目前，我国法学界对于法律适用中法律解释的重要性已有共识，但是对于法律解释方法在整个法制建设中的功能和意义，尚未进行广泛而深入的探讨，尤其是就法律解释方法对法制建设的推动作用，缺乏系统性研究。

令人欣慰的是，一些富有前瞻性的法律学者早已在思索、积淀，博采传统以及当代法律解释学的有益成果，立足于中国的现实法制土壤，秉持“创造性转换”的态度，努力探索、构建中国的法律解释学。我国著名法学家、民法学专家学者王利明老师苦心孤诣，对法律解释学倾注了大量的心血，系统深入地加以研究阐释，独著的《法律解释学》一书已经问世，笔者有幸成为该书的第一读者。

全书包括七章：导论；法律解释概论；法律解释、法律论证与利益衡量；狭义的法律解释方法；不确定概念和一般条款的具体化；法律漏洞的填补；解释方法的综合运用及适用顺序。该书的特点是，作者并不注重那些象牙塔里的抽象的、玄而又玄的概念和逻辑方法，而是在丰富的理论研究和实务经验的基础之上，用深入浅出的语言，缜密周详的逻辑、体系，生动具体的例证，阐述了一门真正能够学以致用的法学方法——法律解释学。王老师凭借他深厚的民法学研究功底，以民法条文、实务案例、事例为例证，展现了一部活生生的《法律解释学》。正如他在书中阐释法律解释学与民法解释学的关系时所讲：第一，从法律解释学的起源来看，法律解释学与民法解释学一直存在着密切的联系。无论是早期罗马五大法学家，还是近代的萨维尼等学者，对法律解释方法的研究都主要以民法为对象展开。第二，民法包含了所有部门法中最丰富的价值判断结论，协调了最丰富的利益关系。第三，民法解释学是法律解释学在部门法中最充分的体现，民法的内容丰富，因此其解释适用需要很多解释方法，如社会学方法、比较法方法等。第四，民法的调整对象是市民社会的一般生活，社会生活处于不断变动之中，而作为成文法代表的民法典应当保持相对的稳定性，不能频繁修改，因此在民法典颁布之后，更需要法律解释学的方法对民法予以补充和创新，民法内容和体系才能与时俱进。

需要特别说明的是，虽然该书引证的例证是民法的、民事的，但是该书的视野绝不局限于民法领域，而恰恰体现了从归纳到演绎的思维过程，因为法律解释学的核心是一门有关方法论的学问，它研究法律解释活动的一般原理、法律解释方法的确定以及运用，旨在正确适用法律解决实际问题。法律解释学是一门沟通法学研究和司法实践的学科，是解释学与法学的交叉学科，法律解释学的研究活动具有开放性。从法律解释学的产生历史来看，其本身就是综合多学科研究成果的产物，尤其是融合了传统的自然科学理论和宗教典籍等精神科学的解释理论。通过阅读该书，读者能够明白：法律解释学的概念和研究对象，法律解释学的体系与研究方法；法律解释的概念、特征、主体、对象、目标、方法、基本原则；法律解释与法律论证，法律解释与利益衡量的关系；狭义的法律解释方法，具体包括文义解释、体系解释、当然解释、反面解释、目的解释、限缩解释和扩张解释、历史解释、社会学解释等；不确定概念的具体化、一般条款的具体化；法律漏洞的填补，具体包括类推适用、目的性扩张和目的性限缩、基于习惯法的漏洞填补、基于比较法的漏洞填补等；各种解释方法的综合运用以及法律解释方法的适用顺序。

法律解释学是一个实用性学科，它应该以解决问题为主要的研究指向。法律解释学要与法律社会学结合起来，找到中国法制的问题之所在。在此基础上吸收中西文化的经验与智慧，在现实与传统中寻找解决问题的答案。从我国的司法实践来看，法律解释方法正是防止法官解释和裁判活动的任意性、保障司法判决公正性的有效手段。我国当前的实际情况，问题常常不是“无法可依”，而是“有法不依”，这一现象的原因是多方面的，而缺乏法律解释学是一个重要的原因。法律解释学创新与发展的核心也许在于更新法学家的思维方式。法学家当如何思维，思考研究什么问题，构成了创新与发展的主要内容。法学家们在充分借鉴西方经验的基础上，针对中国法律解释的现实和需要，总结传统中国法律解释中的经验以及中国几十年丰富的司法解释实践，来构建中国的法律解释学。正如美国比较法学家梅利曼所言，法律植根于文化和历史，是对特定社会发展阶段的制度需求的反映。方法问题同样如此，虽然我们要学习西方观察问题的方法，但是不能照搬照抄西方法律解释方法。另外，即使对于西方观察问题的方法，我们也要进行必要的“创造性转换”。秉持这样的态度，才能建立一套符合中国国情的法律解释学。

萨维尼指出，“解释法律，系法律学之开端，并为其基础，系一项科学性之工作，但又为一种艺术”。如果说，公正、合理、有序的法治是我们孜孜追求的彼岸，科学、系统的成文法是船，那么法律解释、法律解释学就是驾船摆渡的方法和技巧，学会开船，才能达到彼岸，才能使“纸面上的法律”真正成为“行动中的法律”。

变与不变

——《刑事诉讼的前沿问题》（第三版）评介

·邓碧君·

一个领域的前沿问题往往代表着该领域的发展方向和趋势，一部介绍某领域前沿问题的专著应当反映该领域的最新研究动向和理论成果。因此，介绍前沿问题的理论著作必须不断发展变化，否则“前沿问题”名不副实。与此同时，在不断发展变化的前沿问题和前沿理论成果中，应当存在某些不变的趋势和思路，否则无论是实践发展还是理论研究都会落入“东一榔头、西一棒槌”的境地。陈瑞华教授的著作《刑事诉讼的前沿问题》（第三版）即是以“前沿问题”命名的理论著作，其中的“变”与“不变”反映出刑事诉讼法学的发展趋势，以及陈瑞华教授的研究进展与学术追求。

首先说“变”。从2000年《刑事诉讼的前沿问题》第一版面世，到2005年《刑事诉讼的前沿问题》第二版出版，再到2011年《刑事诉讼的前沿问题》第三版，该书中涉及的刑事诉讼前沿问题不断发展变化，引领着刑事诉讼法学中研究的问题和潮流。从“中国刑事诉讼法学的回顾与反思”、“证据法学的理论基础”，到“刑事诉讼法学的研究方法问题”、“程序性制裁理论”，再到“量刑程序的独立性”、“对抗性司法与合作性司法”，每一版著作中的代表性文章都反映着当时该学科中最前沿的理论问题，以及作者对这些问题的思考与研究。不断变化的主题，是作者不断观察、不断思考、不断研究的必然结果，也是作者不断创新、不断开拓研究版图、引领研究潮流的真实写照。

在《刑事诉讼的前沿问题》第三版中，作者不仅更换了部分已经不再“前沿”的文章，而且在体例结构上也发生了变化。纵观书中选取的文章可以发现，它们既属于刑事诉讼中的前沿问题，也是刑事诉讼中的基本理论问题，那些可能在某段时间比较“前沿”但理论内涵不足的文章已经被替换。“程序正义理论”、

“程序性制裁理论”等章节是对刑事诉讼价值等基本理论问题的研究成果，即使是分析量刑、刑事和解等问题的文章，作者也没有局限于具体的制度分析，而是从制度、规则抽象出刑事诉讼的基本理论。正如作者所言，“本书对支撑现代刑事诉讼制度的四大理论问题进行了全面梳理和分析，并结合新兴的量刑程序改革和刑事和解运动，提出并论证了两个重要的理论问题，那就是量刑程序的独立性理论与合作性司法理论”。可以看出，内容的变化体现出作者建立创新性刑事诉讼理论体系的成果。

再来看“不变”。《刑事诉讼的前沿问题》第三版中保留了第一版、第二版中的部分文章。比如第一版中的《刑事诉讼的基本理论范畴》、《刑事诉讼纵向构造之研究》，第二版中的《程序性制裁理论》、《刑事被告人权利的宪法化问题》等文章得以保留，而《刑事诉讼法学的回顾与反思》等文章经过修改之后进入第三版。历经六年甚至十一年的洗礼，这些文章继续出现在第三版中，显示出文章中的研究成果具有旺盛的生命力；同时也可以看出，中国刑事诉讼制度、司法制度中的某些问题经过多年的实践发展并没有得到根本的解决，文章中的理论分析具有强大的解释力。

除了内容上的“不变”，该书更重要的“不变”体现在对研究方法和理论创新的不变追求。虽然该书内容涉及刑事诉讼领域中的多个问题，但是透过文章的具体内容可以发现作者强调并践行着研究方法的转型。《刑事诉讼法学的研究方法问题》一文中作者所倡导的社会科学研究方法，即“从经验到理论的研究方法，从中国法制改革和法制经验中提出概念，总结出制度形成的规律，并进行适当的理论概括和抽象，尽可能地将作者的理论与中西方相关的主流理论进行学术对话”，体现在该书的具体研究成果中。比如，作者基于对中国司法实践中刑事和解运动的考察，通过与中外刑事诉讼模式理论的对话，并予以提炼，抽象出合作性司法哲学，并提出对抗性司法与合作性司法的刑事诉讼模式新理论。这种研究方法要求研究者关注经验事实，具备问题意识和国际视野，通过对话实现理论创新，由此产生的研究成果更加关注中国的前沿问题，同时具备与国际对话的创新性理论。

“追求法学理论的创新，而不是简单地推动立法修改和司法改革，这是作者的基本学术志趣”。同样，作者这一不变的学术追求也体现在《刑事诉讼的前沿问题》一书中。程序正义理论、程序性制裁理论、刑事诉讼纵向构造理论、以量刑控制为中心的程序的理论、对抗性司法与合作性司法，这一个个具有标签意义的理论和概念，正是作者不断追求学术创新的丰硕成果。第三版中部分内容的调整，在某种程度上说是对创新性不足的论文的调整，其背后正是基于作者对理论创新的坚守，在“变”中体现出“不变”的学术追求。

作者对《刑事诉讼的前沿问题》第三版进行“变”与“不变”的调整，还贯彻着严谨的学术著作体系安排：使该书成为汇集其基础理论研究成果的专著，而将研究司法实践具体问题的文章集中在人大社出版的另一本著作《问题与主义之间》中，对比较法问题的考察成果则调整到同样是人大社出版的著作《比较刑事诉讼法》中。这样，陈瑞华教授的三部著作分别侧重对刑事诉讼基本理论问题、司法实践具体问题、比较法问题的研究，它们之间相互衔接、相互呼应，形成了完备的刑事诉讼法学研究著作体系。

散落在经济学中的一颗珍珠

——评《行为经济学》

·薛　锋·

行为经济学是当今最具影响力和活力的经济学领域之一。行为经济学的出现一般以丹尼尔·卡尼曼和阿莫斯·特沃斯基经典论文的发表为标志，至今已经三十多年了。在此期间，行为经济学用人们生活中比比皆是的决策例子作为实验内容，直接挑战传统经济学的几个关键假设，经过多年的研究发展，形成了自己的理论体系。行为经济学将行为分析理论与经济运行规律、心理学与经济科学有机结合起来，以发现现今经济学模型中的错误或遗漏，进而修正主流经济学关于人的理性、自利、完全信息、效用最大化及偏好一致等基本假设的不足。近年来，行为经济学以其对现实生活中案例的强大解释力吸引了人们越来越多的关注。

众所周知，当前以新古典主义为核心的标准经济学建构于理性人的基本假定之上。标准经济学模型的核心要素是：

第一，经济当事人是理性的，总是按照效用最大化原则行事。

第二，当事人的效用纯粹由利己态度决定，也就是说，当事人在做决策时，不会考虑其他人的效用。

第三，当事人是贝叶斯概率执行者。

第四，当事人具有不变的时间偏好。

第五，各种收入与资产形式是完全可替代的。

现实生活中，许许多多的问题都无法用标准经济学模型予以回答，因为标准经济学模型基于大量严苛的假设。然而，行为经济学学者认为，很长时间以来，传统经济学一直将其理论建立在一种高高在上的假设基础上，即人的行为准则是理性的、不动感情的自我利益，而经济学是“没有道德”的科学。经济学应该而且必须承认，人也有生性活泼的一面，人性中也有情感的、非理性的、观念引导的成分。

与传统的经济学所谓的理性人能够自觉地实现社会福利最大化的假设不同，行为经济学认为，人的思维能力并非无穷无尽，人具有的是有限理性，正因为现实中的人是有限理性的，所以人们在行为上并不追求永远的效用最大化，实际上，人们往往是根据对周围环境的认知、过去的经验、不精确的参照系和自己有限的思维，做出令自己满意的、有损最大利益的非理性的选择。

然而，与行为经济学的迅猛发展不相适应的是，直至近年来仍未出现一本较为成熟的行为经济学教材，尽管国内外已经出现了大量有关行为经济学的著作，但国外的著作要么是理论艰深的大部头论文集，要么是仅局限于某一特定领域的带有行为观点的论著，比如，在营销学、金融学与管理会计等方面，不太适合课堂教学与一般读者使用。而国内已有的若干关于行为经济学的著作，又多流于对理论的简单堆砌和对案例的罗列介绍。这主要有两方面的原因：一方面，行为经济学的理论体系仍处于快速的扩展、调整和构造期；另一方面，传统经济学的影响是如此之深入，束缚了我们的思维和评判准则。我们很难将所有的相关理论都统一在一个逻辑一致、内部协调的分析框架之下，因此编写一本通用的行为经济学教材也就较为棘手。而该书则提供了一个在仅假设读者具有本科经济学背景下该领域的全面概述。这是一本体系相对完整、逻辑较为一致的行为经济学教材。作者认识到，行为经济学从其产生之初就毫无疑问带有交叉学科的色彩。因此从这些相关学科中也许能找到把行为经济学的各种理论纳入统一框架的方法，这就是常常被一般经济学家所忽视的进化心理学和神经学科。书中，作者用大量的篇幅来阐述每种行为经济学理论的进化心理学及神经科学基础。其目的在于表明，这些理论虽然从表面上看形式各异且观点多样，但是却可以在自然科学的层次上得到统一的支撑。

这本教材的一个特色是为我们阐明了行为经济学与标准经济学的关系以及它未来的发展前景。长久以来，行为经济学由于与生俱来的交叉学科特点而一直游走于经济学与心理学的边缘，并被许多人简单理解为经济学的又一简单学科。然而，正如该书作者在序言中所说：我们其实没有必要将一本书命名为《行为经济学》，如果我们的研究目标是人们在各种条件下如何配置资源，那么在这个意义上，任何经济学都与行为有关。这一开宗明义的观点实际上将行为经济学定义为一个更广范畴下的经济学概念，于是新古典的标准经济学可以看作这一更广的经济学范畴下的一种“子集”性理论。这样一来，行为经济学将不再是区别于标准经济学的分支学科，而是对标准经济学的继承、拓展与一般化，这正代表了当前行为经济学的发展趋势，意即它可被认为是新一代的经济学。

该书的第二个特色是对理性内涵重新作了阐释。标准经济学模型是建立在理性人的基本假定基础上的，然而，关于理性的定义却一直是学术界争论不休的一个话题。根据标准经济学的观点，理性一般用如下三条标准来衡量：一是偏好满足一致性；二是偏好满足逻辑学和概率论的基本原理；三是偏好不受非物质性的和不相关因素的影响。根据这三条标准，研究者可以很容易辨识出哪些行为是非理性的并对其加以研究。然而，现实中大量存在的异象证明了上述针对理性的三条标准不太合时宜。一旦将神经科学和进化心理学纳入考虑，我们就会发现，理性的衡量标准应该是能否满足最大化生物适应性。该书正是基于对理性的如下定义展开分析的。

该书本质上倾向于突出跨学科的特点，其主要目标是：

第一，用一种符合逻辑的、可令人接受的方式来介绍行为经济学的原理与方法，并将其与标准经济学模型相对照。

第二，运用大量来自观察与实验的不同实例来阐明行为经济学模型为何要比标准经济学模型更具有解释力与预测力。

第三，为现有的与行为经济学模型相关的文献提供一个严格的检验。

第四，对行为经济学模型的政策启示进行解释，尤其是那些与标准经济学模型不同的地方。

第五，给出一个清晰的支撑行为经济学成果的心理学框架。

第六，指出本学科的发展方向，包括未来面临的挑战与值得深入探索的领域。

为了能达到这些目标，全书分为五篇。在绪论之后，是行为经济学的理论基础部分，其中对有关偏好的基本概念、风险和不确定性条件下的决策制定以及心理核算进行了讨论。第三篇考察了跨期决策制定问题。其中，选择的成本和收益由不同的时期引致。第四篇考察了策略互动以及对于博弈论的应用。该书最后一篇主要讨论了理性，同时还对全书进行了总结，特别是对上述六个目标做了考虑，讨论了本学科的未来发展趋势。

另外，在每一章内部都存在一个特定的结构。首先是考察相关的标准经济学模型的原理和假定，以及其缺点和异象。接下来引入各种行为经济学模型，通过可得的经验证据来予以评估，同时在标准经济学和行为经济学两类模型之间展开对比，并且讨论了规范性或者政策性的启示。最后，每章末尾都给出了若干案例研究，主要是考察行为经济学模型中的一些重要应用。该书对行为经济学最近三十多年的发展进行一次完整的综合，是一本不可多得好书！

税务筹划的实践发展与理论研究

——读《税务筹划理论研究》

·陈永凤·

自从教育部在“十五”国家级规划教材目录中将“税务（收）筹划”列入财务管理专业课程以来，各高校会计专业、财务管理专业、审计专业先后将“税务筹划”列入教学计划中，社会上的各类税务筹划实务培训也应运而生，各个版本的“税务筹划”本科教材和税务筹划实战或宝典之类的书籍令人目不暇接。有人说，避税是合法行为或不违法行为；但也有人说，“避税是违法行为”，“只有将其界定为违法行为，才能为反避税提供法律依据”，“税务筹划应该拒绝避税”。可见认识的差异之大。有的案例明明是违反税法的造假或欺诈行为，也冠以“合法避税”、“税务筹划”；有的书中所述及其举例，看似浅显易懂，“筹划效果明显”，但脱离实际，既不符合现行税收法规规定，在实务中又不可能有相关涉税事项；有的虽然“收之桑榆”，但可能“失之东隅”……似乎有点会计、税收知识，就能搞税务筹划，视税务筹划为“小聪明”。税务筹划的理论研究明显滞后于税务筹划实务。

实务中视税务筹划为“宝典”，趋之若鹜，但缺乏必要的理论指导，现实和潜在的风险较大，学术界对税务筹划的理论供给不能满足税务筹划实务的需求。而研究反避税、主张“政府筹划”的文章明显多于研究纳税人的税务筹划、法律规避的文章，即使有某些涉税的经验研究成果，一般也是财务会计领域中的资本市场研究，而非税务会计领域（范畴）的税务筹划研究。还有一种现象，似乎站在政府的角度就可以“理直气壮”，站在纳税人的角度就“理屈词穷”，这与现代税制、现代法治、现代文明等原则有明显的反差。

近些年来，税务筹划的理论研究和实践相互促进，取得了不小的成绩。但是，与复杂多样的税务筹划实践相比，税务筹划的理论研究明显滞后于税务筹划实践，税务筹划的理论供给不能满足税务筹划的实务需求。由于缺乏必要的理论指导，很多税务筹划容易产生争议，面临很大的风险。

比如，现实中不少企业积极开展税务筹划以减轻税负，但结果却被认定为避税行为甚至是逃税行为受到处罚，得不偿失。原因何在？一个重要问题就是社会各界对什么是筹划、什么是避税缺乏共识。有的人认为避税是“合法行为或不违法行为”，税务机关不应该干涉；有的则认为“避税是违法行为”，只有将避税行为定义为违法行为，才能为反避税提供法律依据和舆论支持。

因此，需要从理论上认识或厘清税务筹划，或者说，需要对税务筹划进行比较系统的理论研究，用于指导和规范税务筹划实务。针对这种现实，需要系统总结税务筹划的实践经验，深化税务筹划的理论研究，解决税务筹划面临的现实难题，构建税务筹划的理论结构。正是在这样的背景下，2013 年 1 月，天津财经大学会计与财务研究中心主任、博士生导师盖地教授出版了《税务筹划理论研究——多角度透视》一书。该书是多位税务专家合作的成果。除盖地教授外，中央财经大学的蔡昌博士、安徽大学的姚王信博士等多名专家参与撰写，分别阐述了最新的研究成果。天津财经大学的吕志明博士利用数学模型，详细阐述了税务筹划外包质量控制、税务筹划风险评价的内容和方法，很有创新性，值得借鉴。该书一出版，立刻引起了税务筹划界的广泛关注。

盖地教授认为，税务筹划理论研究包括基础理论研究与应用理论研究。基础理论研究主要包括税务筹划的概念、动因、环境、目标、原理、原则、前提和意义等内容；应用理论研究主要包括税务筹划的手段、技术（方法）、成本控制、风险防范以及税务筹划的组织机构、人才培养、法律责任和道德伦理等内容。税务筹划的理论界和实务界只有在上述方面深入研究，获得较为成熟的成果，取得共识，才可能推动税务筹划健康发展。

虽然经过多年的努力，税务筹划面临的环境有所改善，但是纳税人开展税务筹划仍然会遇到许多障碍。特别是因筹划问题与税务机关发生争议时，纳税人往往处于弱势地位。要改变这种现状，需要社会各界，特别是税收执法机关转变观念，从纳税人权利保护的角度来认识税务筹划。

法律没有明确规定纳税人的税务筹划权利，但从法律的推演看，税务筹划应是纳税人的一项基本权利。盖地教授认为，在市场经济条件下，企业作为独立法人的目标是最大限度地、合理合法地满足自身的利益。企业利益是企业权利派生的，有权利才有可能有利益。纳税人在法律允许或非不允许的前提下，有从事经济活动、获取收益的权利，有选择生存与发展、兼并与破产的权利。税务筹划是企业对其资产、收益的正当维护，属于企业应有的经济权利。税务筹划应是在企业权利的边界内或边界线上，超越企业权利的范围和边界，必然构成对企业义务的违背和践踏，而超越企业义务的范围和边界，又必然构成对企业权利的破坏和侵犯。

人力资源管理的经典之作

——评《人力资源管理》(第 12 版)

·王　前·

《人力资源管理》(第 12 版)一书是美国著名人力资源管理学者加里·德斯勒(Gary Dessler)教授的经典著作。全书以简洁易懂的表达，完整、全面地阐述了人力资源管理基本概念以及技术方法。全书分 5 篇 18 章，从员工招募与配置、培训与开发、薪酬管理、员工关系以及相关法律、管理者在战略性人力资源管理中的角色等方面，论述了人力资源管理领域的理论与实践。

该书经过历年的修订和完善，紧跟人力资源管理领域的理论和实践前沿。第 12 版作为最新版，在保持以前版本特色的基础上进行了如下重要的更新：

(1) 增加了全新的“循证人力资源管理”专栏，以实例详细讲解应当如何运用数据、事实等证据来进行人力资源管理决策，提高人力资源管理实践的有效性，而不是靠拍脑袋的方式想当然地来实施人力资源管理。这种基于证据的人力资源管理思想将会对提升企业人力资源从业人员的管理水平和改善人力资源管理效果起到非常积极的作用。

(2) 将 2008 年以来波及全球的经济危机对人力资源管理的影响纳入讨论范围，在很多章中都增加了“在充满挑战的时代管理人力资源”专栏，指出了管理者在当前充满挑战的时代应当具备哪些技能才能更好地完成人力资源管理的任务。

(3) 新增了“创业型企业中的人力资源管理”一章，专门讲述创业型企业可能遇到的各种独特的人力资源问题，并提供了中小企业可以利用的一些人力资源管理资源以及变通性地解决问题的途径。

该书的作者加里·德斯勒是美国佛罗里达国际大学工商管理学院教授，中国人民大学劳动人事学院兼职教授，国际著名的人力资源管理和组织管理专家。他长期致力于人力资源管理和组织管理领域的研究，在 *Academy of Management Executive*，*SAM Advanced Management Journal* 等国际一流刊物上发表了多篇学术论文。正是这样的作者才成就了这样一部与时俱进的经典之作。该书位居同类书销量之首，被翻译成十多种不同的文字在许多国家和地区出版。他对该书在我国的翻译、出版情况一直给予极大的关注和支持。正是在他的坚持下，在翻译出版过程中，保留了适用于美国的关于公平就业机会的第 2 章以及关于集体谈判和劳资关系的第 15 章，目的是让我国实施全球化战略的企业不至于忽略这些在国际上常见的人力资源管理问题而蒙受损失。他对这些方面的重视和强调恰恰说明了人力资源管理的技术和实践最终都来源于组织的人力资源管理价值观，如果基本的价值观和理念有问题，人力资源管理的技术和实践就会失去指南。

这样的经典之作能够翻译出版，译者也有极大的功劳。该书的译者刘昕是中国人民大学公共管理学院院长助理，组织与人力资源研究所教授、博士生导师，中国人民大学人力资源开发与管理研究中心副主任，国家人力资源和社会保障部经济技术职称考试人力资源管理专业专家组成员，美国全面报酬学会 IMHR 项目认证专家。他本人的求学过程使他积累了深厚的学术基础，他的访问学者经历又使他能够驾驭中英文的理解和翻译，同时他的文笔使得该书的翻译真正达到了“信、达、雅”。值得一提的是，他作为我国人力资源管理领域的著名学者，早在 16 年前，就曾经翻译过《人力资源管理》的第 6 版。此后翻译过第 9 版，得到了一致的认可。这次翻译第 12 版可以说是德斯勒教授和刘昕教授的再次完美合作。

希望这样的经典之作能够促进我国人力资源管理领域理论与实践的发展，对我国各类组织的人力资源管理有所启发。

如何赢得竞争优势

——读《人力资源管理：赢得竞争优势》（第 7 版）

·魏　文·

与全球大多数国家一样，美国经济同样陷入工作岗位减少以及全球经济衰退引发消费者信心不足的窘境。这场全球经济衰退是由于次级抵押贷款丑闻及股市危机引起的。许多金融与制造领域的大牌公司——包括美国国际集团、房地美公司和房利美公司、雷曼兄弟公司、通用汽车公司，以及克莱斯勒汽车公司——都在进行大规模重组，同时接受政府提供的紧急资金救援，而这导致在这些企业的所有权中，属于政府的部分有所上升。这些公司要么已经宣布破产，要么正在破产的威胁下小心翼翼地运营。经济不景气意味着越来越多的公司都需要裁员，推迟新的业务发展和增长计划，同时密切审查人力资源预算，以减少不必要的项目和成本开支，即使是诸如谷歌公司、微软公司等这样一些企业也未能例外，尽管正如众所周知的那样，这些公司都通过自己的人力资源管理实践赢得了竞争优势，并且位居《财富》杂志评选的"百名最佳雇主"之列。

由雷蒙德·A·诺伊等人所著的《人力资源管理：赢得竞争优势》是一本系统研究美国人力资源管理的专著，我有幸担任该书的责编，通过阅读书中缜密的理论分析以及大量生动的各个世界知名公司的具体实践，对于人力资源管理这个专业以及全世界的企业人力资源管理实践有了深入的理解。

在阅读该书之前，有一个问题需要首先了解清楚，即全球企业在当今这个时代所面临的挑战是什么。第一，企业面临着可持续性挑战。可持续性是指一家企业可以在一个动态的竞争环境中生存下来并超越竞争对手的能力。为了迎接可持续性挑战，企业的人力资源管理实践必须既能够满足其短期需求，同时也有助于确保其在长期中取得成功。人力资源管理实践的设计和选择应当能够支持组织的目标以及战略。

第二，企业面临着全球性挑战。越来越多的企业都必须做好与来自国内及世界其他国家和地区的企业展开竞争的准备。企业不仅要保护自己的国内市场免遭国际竞争者的侵入，同时还必须努力将自己的经营空间扩大到全球市场。

第二，企业面临着科技挑战。使用诸如计算机辅助制造技术、虚拟现实技术、各种专家系统以及互联网等新科技手段也可以给企业带来竞争优势。那些已经意识到可以从新技术中取得最大收益的企业，都在实施有利于利用这些新技术的人力资源管理实践，从而创建一种所谓的高绩效工作系统。

了解了企业所面临的上述挑战，我们自然就会明白为什么绝大多数的公司会重新审视它们自己的经营重心，并且更加强调向客户、股东以及员工提供价值。在传统意义上，“价值”一词往往被理解为一种财务或会计职能。然而事实上，一家企业管理人力资源的方式会对企业的长期价值从而最终对其生存能力产生至关重要的影响。我们对价值的定义不仅包括利润，还包括对员工成长、员工满意度、更多的就业机会、环境保护以及社区发展等方面所作出的贡献。当今企业所面临的资源约束比以往任何时候都更紧张了，因此，以一种明智的方式来分配这些资源就显得尤为重要。鉴于此，一个组织的所有职能都必须共同努力，尽其所能地作出自己的贡献；所有的职能，尤其是人力资源管理职能，给一个组织所带来的价值增值正逐渐被组织认识到。

事实上，人力资源管理的所有方面，包括企业与环境之间如何相互作用，如何获取、准备、开发人力资源以及支付其薪酬，如何设计和衡量工作等，都有助于企业迎接它们所面临的竞争挑战以及创造价值。企业要想创造价值和赢得竞争优势，就必须迎接所面临的各种挑战。

当然，我们在该书中了解到的众多国际惯例和最优管理实践并不都适合中国的企业，所以我国的读者不能简单地采取“拿来主义”，更不能断章取义、盲目跟风，仅凭跟着潮流喊口号和迫不及待地引进新的管理工具，是不足以帮助企业获得竞争优势的。

该书的译者是中国首位劳动经济学博士、中国人民大学公共管理学院组织与人力资源研究所教授刘昕，他扎实的英文功底以及流畅的中文表述使这样一本厚重的英文教材生动起来，对于读者更深入地理解原著的精神起到很大的作用。希望这本书能够帮助中国企业赢得竞争优势，为中国经济的发展和中国的强大作出些许贡献。

信念+毅力：成功的开始

——《白手起家》带给我们的启示

·霍殿林·

作为《白手起家》(*The Unemployed Millionaire*) 一书的编审人员之一，本人由衷地认为该书可谓一本富有教益的佳作，虽然表面看似乎不过又是一部“老套”的励志模式的外文译著，但其短小的篇幅所蕴含的诸多哲理却不分国界地对我们每个人都有启发。

该书以主人公马特·莫里斯（Matt Morris）第一人称自述式的行文向读者介绍了主人公通向成功的奋斗史及其对成功经验教训的理解。其中既有故事般的情节，又有针对性的点评，在自叙自评中完成了现身说法式的总结，既可看作一部励志式的自传，也可看作一部介绍成功经验和方法的教材。

该书有别于传统介绍成功经验论著的一大亮点体现在其主旨，即教给人们如何在充满压力的现代社会中借助头脑、借助独特而非传统的商业模式，实现这样一种成功——“unemployed”（“白手的”，或曰“自由的”）式的成功，即“拥有自己的事业，却又不受制于自己的事业，可以在赚钱的同时，享受自己的人生”①。

另外，该书很好地将章节内容与名言警句（其中也不乏主人公自己的感悟）结合起来，这些精辟的名言在增强内容的说服力的同时也给人留下深刻的印象，读之颇为受教。如“生活不是取决于你的想象，而是取决于你的行动”，“如果你不知道要去哪里，任何道路都可以带你到达目的地”，“如果你的行为能鼓舞别人有更多的梦想、更多的学习、更多的行动和转变，你就是一个领导者”，“失明不是一件好事，但是更可悲的是徒有明亮的双眼，却什么也看不见”，“勇气就是，即使一次次失败，也不丧失热情”，“财富就像快乐一样，当你直接去追求时总是

---

① ［美］马特·莫里斯：《白手起家》，译者序，北京，中国人民大学出版社，2013。

不易获得”，“大多数人 25 岁就死了，65 岁才被人埋葬”，等等。

然而，令我感触最深的却不是对这种“unemployed”意义上的成功的追求或是上述至理名言，而是主人公教给我们的实现无论何种意义上的成功所必需的主观因素，这种主观因素反映在主人公那奔向成功的传奇故事中就是“信念＋毅力”。

主人公马特·莫里斯出身于一个境况不佳的家庭，4 岁那年父母离异，母亲一个人边工边读培养他成人。18 岁时，马特·莫里斯立志成为一名企业家，但是 21 岁那年他遭遇了前所未有的失败，欠下了 3 万美元债务，无家可归的他只能住在自己的汽车内，一度过着吃了上顿没下顿的生活，在没有地方洗澡的情况下只能到加油站的厕所去洗澡，甚至到了有时不得不光着身子在教堂的停车场借着雨水洗澡的地步。而就是在这样的境况下，马特·莫里斯也没有失去自信，没有失去对成功的信念，并以顽强的毅力在乐观应对窘况的同时每天坚持花时间读书、听音频教材自学，最终迎来了自己的成功。

“你生活中唯一的限制是你心中的信念。”

“赚一百万是我曾做过最简单的一件事。相信这件事会发生在我身上却是最难的一件事。”

马特·莫里斯以其经历诠释了他的话。

其实，我们每个人都有成功的潜质，但这种潜质往往受制于我们的信念，遇事往往一句狐疑的“我行吗?”，未曾尝试便自我先打了退堂鼓，或者遇到一次挫折便放弃，这些都是缘于信念出了问题，实质上阻断了自己通往成功的道路。“单词‘beliefs’（中文意‘信念’）的中间三个字母是 L-I-E——lie（中文意‘谎言’）。我建议你这样想：任何让自己泄气的信念都只不过是谎言而已。它可能只是一个观点，但绝对不是事实。”① 每个人体内都潜藏着一个小宇宙，能否绽放燃烧的关键在于信念这个导火索。不要妄自菲薄，不要轻言放弃，只要有信念，一切皆有可能。

当然，有了信念还不够，还要有行动的支撑。

> 生活不是取决于你的想象，而是取决于你的行动。
>
> ——莱斯·布朗（Les Brown）

---

① ［美］马特·莫里斯：《白手起家》，30 页。

而行动又离不开毅力。

马特·莫里斯坦承："想要获得成就，是非常耗时的。我第一次创业，不到两三年的时间，就欠了 3 万美元的外债，以致无家可归。但是无论经历怎样的失败，我都坚持不懈，正因为如此，我渡过了难关，创造了现在的美好生活。""我不敢想象，如果我在最初失败之后放弃了，今天我的生活又会是怎样。"①

从最初住在汽车里坚持每日读书、听音频教材，到后来在同时做几份工作之余依旧坚持学习，马特·莫里斯以不懈的毅力追逐着自己的梦想，朝成功一步步迈进。

> 坚持下去。毅力是无可取代的。天资不能取代，世界上满是天资聪颖的失败者。天才不能取代，成功不属于天才几乎是一个真理。教育不能取代，天下满是受过教育的流浪汉。只有毅力和决心是所向披靡、无所不能的。
>
> ——卡尔文·柯立芝（Calvin Coolidge）

"1878 年是爱迪生最辉煌的一年，那年他向世界宣告，他将发明一种便宜的电灯来替代燃气灯。虽然外界对他的豪言壮语嘲讽不断，但是爱迪生试验了 1 万种不同的材料后，终于在 1879 年 10 月 21 日发明了世界上第一个白炽灯……为了真实地反映他发明灯泡的实验过程，他甚至这样讲：'我没有失败。我只是发现了 1 万个行不通的办法而已。'"② 这就是信念加毅力的力量！

不可否认，成功的支撑不止靠信念和毅力，能力、机遇、运气等也不可或缺，然而我们也要看到，在距离未知的成功尚有距离的旅途中，是什么唯一支撑着我们向着未知执著前行。

成功的标准并不就是赚取多少财富、取得怎样的地位，那只是某种意义上的成功的一个标准而已；对于芸芸众生来说，成功的标准有时只是眼前那一个小小的目标。无论怎样的成功，都值得肯定、值得尊重，也都离不开当事人的主观因素，而其中，信念和毅力举足轻重。有时，我们并不缺成功的机会，但往往就是因为没有信念和毅力的支撑才与成功失之交臂。因此，从现在起，做一个有信念、有毅力的人吧！成功，从信念加毅力开始！我想，这就是《白手起家》带给我们的启示之一。

---

① ［美］马特·莫里斯：《白手起家》，82～83 页。

② 同上书，81 页。

又见忍冬草

——读《金大中自传》有感

·李慧平·

《金大中自传》已经由中国人民大学出版社出版发行，作为责任编辑之一，我有幸参与其中。金大中先生的一生是跌宕起伏、波澜壮阔的。《新约·罗马书》中有这样一句话：“现在的苦楚，若比起将来要显于我们的荣耀，就不足为意了。”正如这句话所说，金大中先生的一生充满着艰难险阻，几次命悬一线，又经历了流亡、软禁、牢狱之苦，但这些都未能动摇金大中先生那坚定的信念。

人们都称金大中先生为“忍冬草”。忍冬草秋天结果，它的果实在严寒三九的冬雪中愈发红艳。纤细的忍冬草挺过冬天的严寒，不正是因为相信春天终会到来吗？但是不知道为什么，那个样子让人感觉到十分悲伤。那是种凄怆的美丽，忍冬草孕育于眼泪。正如支持者们注视着金大中先生所流下的眼泪一样，泪水会聚成河，而金大中先生乘此河逆流而上，最终凭借其特有的冷静、忍耐以及智慧为韩国人民奉献了一生。

1924年1月6日，金大中先生出生于韩国全罗南道务安郡（现新安郡）后广里。他所生活的荷衣岛在朝鲜半岛的西南端，是一个离木浦34公里的偏远小岛。荷衣岛虽然是个海岛，但是从事渔业的人却并不多。金大中先生家当时也是靠耕地为生的，不过他们家有当时岛上唯一一艘缆绳捕鱼船。金大中先生的父亲金云式一边干农活还一边做着村官，虽然只是个闲差，没有什么特别的俸禄，但是因为是村官，所以新闻报纸就送到了他们家。虽然是满篇的汉字，但是金大中先生用从小上学堂积累的汉字实力，从那时起就开始慢慢读报了。我想，正因如此，金大中先生从年幼时就开始了解到其国内的农村现状，了解到相关的人事交替，了解到与日本或者其他国家或地区的贸易往来和文化交流等消息，从而为其以后的人生打下了坚实的基础。

金大中先生经历了殖民、解放、军政、战争、分裂等历史时期，见证了韩国历史上风云剧变、激情澎湃的岁月。金大中先生用尽全身力量经受住了时代飓风的洗礼，努力使自己面对现实，只要是正义之事就勇往直前，绝不为任何威逼利诱所动摇。

金大中先生为了民主主义、正义、和平与民族而穷尽一生。在中庸哲学的指引下，金大中先生一直提醒自己要坚持一贯的态度。前后六次面临死亡的危胁，持续六年的狱中生活，数十年间被监视与软禁，海外亡命生活，所有的一切金大中先生都坚持过来了。金大中先生给每个苦难的瞬间都赋予了意义，那是他还活着的证明。

最让我感动的是书中提及的那些生活中的小细节。金大中先生在监狱中时，他的夫人李姬镐女士像写日记一样每天给他写信。李姬镐女士总是担心他的健康，并嘱咐他不要丧失生活的勇气。除了家人的消息，包括身边的亲人，还有金大中先生珍爱的花草和小狗的状态，李姬镐女士都会写信告诉他。春天，李姬镐女士会把东桥洞他们家院子里盛开的丁香花折下来一支夹到信里寄给金大中先生，为的是将微小的花香传到监狱。李姬镐女士有时还在信纸上贴上漂亮的小狗的照片或是用带花的信纸给金大中先生写信。

而在此书中李姬镐女士为其深爱的丈夫所写的序中，字里行间更是透出浓浓的深情。李姬镐女士这样写道：您离开已经有快一年的时间了。家里还是保持着您在的时候的那个样子。今年我也在院子里种了您喜欢的牵牛花、百日红和三色堇。要是您看到了这满院的芳菲，该有多么的高兴啊！想着您那温暖的笑容，心底不禁开始泛起了阵阵酸楚。我们曾经经常在客厅里一边喝咖啡一边观赏庭园里的美景。给飞到我们院子里来的麻雀喂食也是您的一大乐趣。最近来我们院里吃食的麻雀越来越多了，每每听到鸟儿们的叫声我都会想到您，情不自禁地眼角就湿润了起来……

读罢《金大中自传》，再见忍冬草之时，或许大家可以看到别样的风景。

粗看“三国”，浅说“演义”

——读《三国演义》有感

· 徐谋卿 ·

很多人喜欢看《三国演义》。有许多“三国迷”，看原著，看电视连续剧，看连环画小人书。谈起《三国演义》的故事来，那真是仁者见仁、智者见智，我也在这里谈谈自己的一点粗浅体会，和大家分享一下。

先说说什么是演义，根据《辞海》，演义有如下几个解释：（1）阐发义理。如《后汉书·周党传》：“党等文不能演义，武不能死君”。（2）根据史事、传说敷衍而成的长篇章回体小说，为古代小说的一种体裁。如《封神演义》。（3）指表演说书、弹词等。如《柳敬亭传》：“夫演义虽小技”。（4）阐发；铺陈。赵树理《李家庄的变迁》八：“用老百姓的话演义了一番”。“演义”就是“敷陈义理而加以引申”。演，就是“敷陈、引申”；义就是“义理”，忠义道德等做人做事的传统美德的道理。演义的形式是由说书人口头完成的“讲史话本”发展成的章回小说体例；而演义的实质是宣扬义理，弘扬道义。许多演义故事，几乎也是这样贯穿着一个“义”字在里面，如《封神演义》、《隋唐演义》、《三国演义》、《三侠五义》。

《三国演义》里的演义最为精彩，演得传神，演得活灵活现、栩栩如生、经久不衰；那个“义”真是义薄云天，感人肺腑，扣人心弦！其中“演”得精彩的故事那就太多了，俯仰皆是，这里仅仅列举几个例子来说明一下。

桃园三结义

“桃园三结义”拉开了《三国演义》的序幕。东汉末年，乱臣当道，朝政腐败，灾荒连年不断，人民生活凄苦。当刘备看着招军榜文慨然长叹时，背后一人厉声说："大丈夫不与国家出力，何故长叹?"此人便是张飞。他又自报家门，提出"当招募乡勇，与公同举大事"的建议。二人偶遇关羽，邀到张飞家庄上，倡议"我三人结为兄弟，协力同心，然后可图大事"。刘备、关羽和张飞三个人志趣相投、一见如故，刘备有意拯救百姓，张飞、关羽愿协助刘备共同干一番大事业。在涿郡张飞家庄后的桃园里，正值桃花盛开，张飞准备了青牛白马作为祭品，祭告天地，三人焚香结拜。"誓曰：'念刘备、关羽、张飞，虽然异姓，既结为兄弟，则同心协力，救困扶危；上报国家，下安黎庶。不求同年同月同日生，只愿同年同月同日死。皇天后土，实鉴此心，背义忘恩，天人共戮！'誓毕，拜玄德为兄，关羽次之，张飞为弟。"

"这一拜，春风得意遇知音，桃花含笑映祭台；这一拜，保国安邦志慷慨，建国立业展雄才；这一拜，忠肝义胆，患难相随誓不分开；这一拜，生死不改，天地日月壮我情怀……"这个故事广为传颂，以至后人结义也效仿他们的做法，在颇为庄重的入会仪式上，结义者必定特意插上桃枝，以此象征他们是在桃园结义，像刘、关、张一样忠肝义胆，誓死不渝。

《三国演义》中的刘、关、张，正是按照桃园结义的誓言履行的，"上报国家，下安黎庶"，仁义爱民成了他们的行动准则。

家国义重，兄弟情深

有一句歇后语说：刘备摔孩子——收买人心。刘备摔孩子到底是虚伪的手段，还是大义之举？在《三国演义》中，赵云血战长坂坡，杀死曹操手下名将五十余人后从乱军中救出小阿斗刘禅。赵云见到刘备，"双手递与玄德，玄德接过，掷之于地曰：'汝这孺子，几损我一员大将！'"后人有诗赞曰："曹操军中飞虎出，赵云怀内小龙眠。无由抚慰忠臣心，故把亲儿掷马前。"另有人评论说刘备摔阿斗是假摔，为笼络人心而已。且看刘备用心如此之深，笼络人心的目的又是什么呢？关羽被孙权所杀后，刘备兵发东吴，替关羽报仇，赵云以大义劝谏刘备不可贸然伐吴，刘备答道："朕不为弟报仇，虽有万里江山，何足为贵?"刘备摔孩子，客观上确实能起到抚慰抑或笼络人心的作用。"虽有万里江山，何足为贵?"却是由衷之言行，收买人心说，可不攻自破。

纵观刘备的所作所为，也基本是恪守忠义的规范行事。刘备因军功得到了喜安县尉的职务，在任上"与民秋毫无犯，民皆感化"，督邮想害刘备，老百姓纷纷为他诉苦，就凸显了刘备的仁义施政。在新野时，老百姓又歌颂他："新野牧，刘皇叔，自到此，民丰足。"陶谦让徐州，刘备谦意推辞，徐州百姓则拥挤府前哭拜说："刘使君若不领此郡，我等皆不能安生矣!"刘备在曹操的大举进攻面前，从新野、樊城败退，两县之民一同表示："我等虽死，亦愿随使君!"即日扶老携幼，将男带女，滚滚渡江。因曹操追兵将至，众将劝刘备弃却百姓先行撤退时，他道出了心腹之言："举大事者以人为本。今人归我，奈何弃之?"刘备常说："吾宁死，不为不仁不义之事。""若为小利而失信于天下，吾不忍也。"以宽厚仁爱和曹操的奸诈形成了强烈的对比，也获得了民众的支持。

刘备重义，不仅表现在忠于汉室，"欲申大义于天下"，而且表现在其重个人义气，如不义"虽有万里江山，何足为贵"。关羽被孙权所杀后，刘备也是按照结义誓言，兵发东吴，替关羽报仇，宁身死失国而不失义，也着实令壮士扼腕，那种仁义坚贞的德行也流传千古。

"义绝"关云长

《三国演义》"义"贯全书，论"义"首推关云长。桃园三结义之后，《三国演义》对于"演义"的描写，那更是好戏连台，精彩纷呈。关羽自然是一位响当当的顶级英雄人物，最打动人心的还是他的忠举义行。刘备战败逃亡，关羽为了保护刘备的两位夫人，同时也不违背桃园结义的誓言，保存实力，东山再起，无奈之中，屯土山约三事：一，降汉不降曹；二，二嫂给皇叔俸禄；三，但知刘备去向便辞去。曹操为了收买关羽，封侯赐爵，赏以美女重金，关羽感念结义，毫不动心。给关羽新战袍，关羽却将旧战袍穿在新战袍的外面，曹操不解，关羽说："旧战袍皇叔所赐，穿在身上，就如同看见兄长一样"。曹操送"赤兔马"，关羽跪拜谢恩，曹操故问"为何贵物而贱人"，关羽答曰"吾知此马日行千里，今幸得之，若知兄长下落，可一日而见面矣"。曹操命张辽去问关羽何以常怀去心，关羽坦言："吾固知曹公待吾甚厚，奈吾受刘皇叔厚恩，誓以共死，不可背之，吾终不留此。要必立效以报曹公，然后去耳。"张辽又问："倘玄德已弃世，公何所以归乎?"关羽："愿从于地下。"曹操感慨地说："关羽真义士也!"就从这一衣一物，待人处事的区区细节，足见关羽的忠心大义。此外关羽"封金挂印"，"千里走单骑"，"刮骨疗毒"，"义释曹操"……数不胜数鲜活的事例，无不充分表现了"义"字。后来，败走麦城，孙权派诸葛瑾来劝降时，关羽言明其志："玉可碎而不可改其白，竹可焚而不可毁其节；身虽殒，名可垂于竹帛也。"关羽的大义可谓惊天地，泣鬼神！

忠义气节，是一种高贵的精神力量，可以鼓舞士气，充分发挥武将的勇力。关羽"温酒斩华雄"，"斩颜良、诛文丑"，看起来也就是举手之劳。颜良、文丑曾打败曹操多名大将，单看勇力，关羽胜颜良、文丑似乎不至于如此。然而何以至此？"义"气使然，将遇良才，狭路相逢勇者胜，忠义的力量，如有神助，定然更高一筹！《三国演义》，关羽把"义"演到了一种极致，表现得酣畅淋漓。所以，后人把关云长当作义的化身，称"义绝"关云长，流芳延千古。

鞠躬尽瘁诸葛亮

诸葛亮，字孔明，琅琊阳都人，三国时期蜀汉丞相，中国历史上著名的政治家、军事家，是中国传统文化中忠臣的代表人物，也是东方智慧的象征。诸葛亮留下了很多流传千古的故事和脍炙人口的名言，这里，就"鞠躬尽瘁，死而后已"谈一下自己的管窥之见。

诸葛亮原本"躬耕于南阳，不求闻达于诸侯"，徐庶走马荐诸葛，诸葛亮虽原本不愿入仕，因被刘备三顾赤诚感动而出仕，鞠躬尽瘁，死而后已。诸葛亮跟随刘备后，出山之初就火烧博望、新野击退曹军进攻。为联合东吴抗曹，舌战群儒，智激周瑜，草船借箭，借东风助周瑜火烧赤壁大败曹操。七擒孟获，收服南中……历经战事、处理政事等数不胜数。

刘备白帝城临终托孤，提出子可辅，则辅之，如其不才，可自为成都之主。诸葛亮闻言，手足失措，泣拜于地，曰："臣安敢不竭股肱之力，尽忠贞之节，继之以死乎"。刘禅昏弱无能，以当时的情况，只能是退守川中，以求自保，但诸葛亮既已答应刘备一定要统一中原，就只好不断地北伐。诸葛亮为了消灭曹魏的有生力量，实现匡复汉室的宏伟大业，先后五次率兵北伐。军中事务，无论巨细，他都一丝不苟，亲自过问，每天起早摸黑，日理万机，终于因"食少事烦"，积劳成疾而心衰力竭，病倒在五丈原前线大营中。

诸葛亮辅佐刘备、刘禅两代君主历 27 年，位极人臣，权盖朝廷，但一生克己奉公，始终保持清廉本色。诸葛亮生前曾给刘后主上过一份奏章，说明自己家庭的经济状况：成都有桑树八百株，薄田十五顷，留给儿辈作衣食之资，自有余饶。臣在外任，没有别的安排，随身衣食，全靠官府供给，不另外经营产业来增加收入。我死的时候，家里不会有多余的布帛，外面不会有多余的钱财，决不辜负陛下的信任。诸葛亮去世后，家中的情况确实正如他自己所说的那样。蜀国君臣百姓特地修建祠庙，以纪念这位“鞠躬尽瘁，死而后已”的一代名相。

唐代诗人杜甫来到武侯祠，写下了千古绝唱《蜀相》：

丞相祠堂何处寻？锦官城外柏森森。
映阶碧草自春色，隔叶黄鹂空好音。
三顾频烦天下计，两朝开济老臣心。
出师未捷身先死，长使英雄泪满襟。

义释严颜猛张飞

张飞，字翼德，三国名将，雄壮威武，颇有胆识，被称为“万人敌”。原是河北涿郡屠夫，以杀猪为业。早年与刘备、关羽桃园结义，因年纪最小而排行第三。跟随刘备起兵，曾率领 20 骑阻挡了数千虎豹骑追兵，助刘备脱险。他性如烈火，疾恶如仇，曾怒鞭督邮，并一度拔剑欲刺董卓。在长坂坡接应赵云，当阳桥头上一声吼，吓退曹操 83 万大军。

刘备进入益州，张飞一路平定蜀中郡县，兵至江州，巴郡太守严颜依靠城池进行抵抗，张飞强攻打不下来，就用计诱使严颜出城作战活捉了严颜。“群刀手把严颜推至。飞坐于厅上，严颜不肯下跪。飞怒目咬牙大叱曰：‘大将到此，何为不降，而敢拒敌?’严颜全无惧色，回叱飞曰：‘汝等无义，侵我州郡！但有断头将军，无降将军！’飞大怒，喝左右斩来。严颜喝曰：‘贼匹夫！砍头便砍，何怒也?’张飞见严颜声音雄壮，面不改色，乃回嗔作喜，下阶喝退左右，亲解其缚，取衣衣之，扶在正中高坐，低头便拜曰：‘适来言语冒渎，幸勿见责。吾素知老将军乃豪杰之士也。’严颜感其恩义，乃降。”后人有诗赞严颜曰：

白发居西蜀，清名震大邦。
忠心如皎月，浩气卷长江。
宁可断头死，安能屈膝降？
巴州年老将，天下更无双。

又有赞张飞诗曰：

生获严颜勇绝伦，惟凭义气服军民。

至今庙貌留巴蜀，社酒鸡豚日日春。

忠肝义胆赵子龙

赵云，字子龙，常山真定人。他文武双全、刚柔相济、智勇兼备，可以说是一位古代将领典范人物。“常山赵子龙”已是家喻户晓的有勇有谋、忠肝义胆的千古名将。

赵云最早跟随公孙瓒征讨，后投刘备。赵云戎马一生，骁勇善战，胆略过人，刘备称其一身是胆，军士呼其虎威将军。曾和多名三国名将对战，冲锋陷阵未见败绩。赵云大战长坂坡救阿斗时，在数十万曹军中几进几出，连续杀死曹营名将五十余员。智取桂阳时，更是展现了他过人的机智和出众的谋略，以及不为美色所动的忠义气节。诸葛亮吊祭周瑜时，赵云带剑相随，吴中将士惊惧，无人敢动诸葛亮。汉水救黄忠时，让魏国名将张郃、徐晃心惊胆战，不敢迎敌。巴蜀初定时，刘备欲将巴蜀田宅分赐诸将，赵云以霍去病“匈奴未灭，无以家为”之例劝阻刘备分田宅赐将，认为田地应交与百姓耕种，房宅也应归还百姓，刘备从其言。蜀军街亭失利后，各处皆损兵折将，唯有赵云亲自断后，所属兵将及军资什物都无甚损失，丞相诸葛亮要把军队剩余物资奖赐赵云将士，赵云不受，认为蜀军兵败，不应反而受赏，诸葛亮对其德行十分赞赏。刘备去世之后，曹魏五路犯蜀，赵云把守阳平关，一将当关，万夫莫开。七十几岁时仍为蜀军前锋，阵前力斩“有万夫不当之勇”的西凉大将韩德一门五将。赵云，不被天姿国色所迷，不为良田豪宅所动，时人与后人皆敬其威德，感其忠义。

“奸绝”曹操

《三国演义》通常还以反衬的手段，通过奸诈和仁义的对比来突出“义”。

曹操是个比较复杂的、具有鲜明的多重性格的人物。“治世之能臣，乱世之奸雄”的评价绝非虚言。曹操极具能力，政治、军事、文学等诸多方面造诣很深。人的能力如同一把利剑，就看执于谁手了，执于恶者手中行恶，执于善者手中行善。

曹操刺杀董卓不成，逃亡途中路过中牟县，为守关军士所获，押解着去见县令陈宫。陈宫认出是曹操，夜里暗访曹操，曹操说：“吾将归乡里，发矫诏，召天下诸侯兴兵共诛董卓。”陈宫为曹操的忠心所感动，弃官与曹操同行。行至成皋地方，投宿于曹操父亲的结义弟兄吕伯奢家。伯奢吩咐家人杀猪款待，自己骑驴到西村去沽酒。曹操忽闻庄后有磨刀之声，疑心是要杀他和陈宫二人，便先下了手，杀了吕家男女八口。搜至厨下，却见缚一猪要杀。陈宫埋怨曹操错杀好人，二人急出庄上马而行。在路上遇见吕伯奢沽酒回来，曹操又把他杀了。陈宫大惊，斥责他滥杀无辜“大不义也”，问曹操此番为何故意杀人，曹操说：“宁教我负天下人，休教天下人负我。”陈宫听了，心都伤透了，知道自己是看错人了，便离开了曹操。

陈宫不能不说是一位大英雄，为了追寻“忠义”毅然地放弃了自己的官职名位；为了“忠义”又决然放弃了无义的曹操。后人为了弘扬和感念陈宫的忠义，斥责曹操的奸诈无义，还特地编排了一出《捉放曹》的戏曲。

《三国演义》中的曹操，虽有大才壮志，却也有许多人性的弱点。张绣投降了曹操，曹操却羞辱张绣，令他给自己牵马带路，醉酒后欲玷辱张绣貌美的婶娘。张绣也是一路豪强势力啊，尽管一时战败，又如何能忍受这奇耻大辱，于是奇袭曹操大营，曹操被杀得措手不及，轻骑逃去。此一战，曹操损失大将典韦、长子曹昂、侄子曹安民，可谓损失太惨重。这就是不义的结果了，如果曹操懂得仁义，宽爱投降的张绣，那或许是另一番景象了。

曹操嗜杀成性，滥杀无辜，结果自己的父亲却也遭报应被人劫财害命。曹操做兖州牧后，请曹嵩及家人来兖州居住，曹嵩见到书信便带领一家老小四十余人，从者百余人，车百余辆，往兖州而来。道经徐州，太守陶谦派遣都尉张闿率领二百名骑兵护送。张闿在途中杀了曹嵩一家，劫取了财物，然后逃奔淮南去了。曹嵩被害，曹操没有自我反省，却归咎于陶谦，举兵攻打徐州。对徐州百姓大肆屠戮，简直是达到了惨绝人寰、令人发指的地步，犯下了惨无人道的滔天罪行，总共杀死男女数十万人，“鸡犬无余，泗水为之不流”。这就充分地暴露了曹操的残暴性、野蛮性，也正是曹操历来遭人万口唾骂的缘由所在。

总的来看，《三国演义》重在贯穿着一个“义”字。以“桃园三结义”为引子，将史书记载与口口相传的资料相结合，以生动的笔法，活灵活现地表现了“义”的主题。尽管没有展现出皆大欢喜的圆满结局，刘备一句“虽有万里江山，何足为贵?”点出了《三国演义》“义”的主题，这更能引人深思！“白发渔樵江渚上，惯看秋月春风！一壶浊酒喜相逢，古今多少事，都付笑谈中。”

参考文献

1. 辞海. 上海：上海辞书出版社，1999.

2. 罗贯中. 三国演义. 北京：人民文学出版社，1979.

3. 陈寿. 三国志. 北京：中华书局，1999.

4. 司马光. 资治通鉴. 北京：中华书局，2007.

从《天桥》回到民国

——《天桥》读后

·黄海飞·

前一阵子在微博上看到一则新闻，说某地天桥仅高 1.5 米，行人通过时只能弯腰低头，网友惊呼神设计，这却让我想起去年读过的一本书——熊式一的《天桥》。

最早在网上看到书名时，恕我鄙陋，我还以为是本有关北京天桥的书，读过才知道大错特错。在楔子里，作者交代了天桥的来历。地主李明为积功德，答应老婆为乡里捐资建桥，可是出于吝啬本性，偷工减料，只建成一座寒酸的小木桥，还要请知府来题名。知府看到这破木桥，哭笑不得，连连叫道“天啦，天啦”，于是将错就错，将此桥命名为“天桥”。一百多年后，这一场景重现人间，某地之桥为天桥，或许也是因为人们看到那座桥，都会不约而同地感叹“天啦，天啦”。

言归正传。要感谢我的朋友送我这本好书。因为是本乡先贤之作，读来尤其亲切。而书中有一半的篇幅都在豫章故郡南昌县附近展开。看到那些熟悉的地名，南昌、进贤、抚州，后者出现了三次，思乡之情油然而生。就像陈寅恪先生读此书后的题诗所说的：北都旧俗非吾识，爱听天桥话故乡。

书中以李大同的成长经历为线索，串联起晚清到民国这一段历史风云激荡时期的重大事件，戊戌变法、广州起义、辛亥革命、南北和谈，展现了晚清民国好一幅历史画卷。一些知名的历史人物也粉墨登场，如杨衢云、袁世凯、李提摩太、文廷式、容闳。一卷读完，带你上天桥，回晚清民国，经历从光绪五年（1879 年）到宣统三年（1911 年）33 年的历史，好比穿越游历了一番。这书原本是熊式一为西方读者而写的，所以写得像历史演义，但几十年后，它可以说也是为我们这些没有经历过那段大革命时代，对那段历史不熟悉甚至是完全陌生的人而写的。在民国热的大背景下，此书正当其时。

在三百来页的篇幅里，作者叙述了 33 年的历史，其间发生了一系列重大历史事件，要想达到宏大而深阔是很难的。摊得太广则会影响到历史的深度。但这并不妨碍该书所营造的真切的历史现场感。这种现场感得益于书中的历史细节描写，尤其是生活场面、风俗民情描写甚至要比历史事件更为真实。前八卷在江南小桥流水中，叙述李大同从出生到成长，求学、恋爱到婚姻，娓娓道来，读来要比后八卷更为真切，一些场景情节令人难忘，如李刚给李大同发蒙一节，李大同被卖给惯贼一节，临别叔婆送夹袄一节等。书中常常穿插的具有江西特色的风土人情、谣谚土语也让全书鲜活生动，富有生活气息，如第一章所写的红白事要请全村人吃酒，生了孩子要请吃喜蛋，在江西的农村现在依然如此。南昌的俗语“小叔可以上嫂嫂的床，大伯不可以进弟妇的房”则令人惊骇。

可能是因为熊式一长于写戏剧，书中的人物刻画得活灵活现，往往三言两语、一两笔勾描就画出人物的性格特点。李明的吝啬，李刚的仁厚，吴老太太的铺张，叔婆的睿智，连芬的贤惠，都表现得很到位。令人印象深刻的是对江西会馆众人的描写，着墨不多却个个出彩，如一幅众生相的速写。主角李大同的形象反而被配角们的光芒所遮蔽，显得模糊不清了。

书中的语言风格诙谐幽默，带有戏谑的讽刺意味，令人想起《儒林外史》，一些经典桥段如两根灯芯的故事更加强了这种印象。在读这本书的时候，尤其是前半部分对李明吝啬出奇的挖苦，常令人忍俊不禁，甚至要哈哈大笑起来。如写李明宴请宾客，做了一道红烧鸡。鸡有五德，但是在李家吃的鸡，至少还要多加一德：“年高有德”……这许多笋实在采得太早，所以太嫩了！再过几天，便可以留得做家具了。然而这种讽刺不似鲁迅那么尖刻冷峻，而总是带着一种可谅解的温情。

陈寅恪先生将熊式一与林语堂相提并论，言及“海外林熊各擅场，卢前王后费思量”。林语堂及其《京华烟云》已广为人知，可熊式一及其《天桥》于我们却如此陌生。多亏了陈子善先生的大力推介，我们才读到这么好的作品，才知道在 30 年代的英伦，《天桥》曾风靡海外。作为先贤故土后人，我愿摇旗呐喊，推荐此书给大家。

我来拍块板砖

——读杜子建《微力无边》

·黄海飞·

用一天的时间读完了《微力无边》，然后在豆瓣上将其从四星调为三星。在微博上，这本书似乎影响很大，但很有些名不副实。还是最早的观感——干货太少，版面净被空洞的抒情、熟悉的案例所充斥。当然，我也知道，45 元能有多少干货呢，一万五一堂培训课也未必有多少，有几处思想闪光处能给人以深思启发，也就那样了。虽然我还是不满足，觉得不够过瘾。

前面三章飞快扫过，只在看到一句话时停顿下来：老派的广告形式如果不能跟微博的“碎片化”同步，也必将走向没落的归途……书中加黑提醒了。但这也仅限于微博吧？在全媒体的时代，广告形式也应该是多种多样的，传统形式仍可适用于传统媒体，而微博上的广告因为其载体的缘故，是需要精心设计，图文并茂，简短精悍，别致新颖的（还有长微博）。

大约是编辑的职业病，抑或是从前写论文的惯性思维，对于太绝对化的说法我总是提高警惕。第五章 71 页中提到：“但同样是传媒，同样是传播力巨大的《超级女声》和《非诚勿扰》，它们就无法用影响力来定义其社会属性。严格地说，它们只具备传播力，而无法形成影响力。”我估计孟非、乐嘉和芒果台看到这句话不会苟同吧。作者认为，传播力不等于影响力，这是对的，但例子举得不当。《超级女声》和《非诚勿扰》无法形成影响力，这种说法简直不可思议。不用说参与者受其影响，观众的生活、思维甚至价值观也被其左右，《超级女声》甚至影响到一代人的审美观念，看看街头女性的中性化装扮就知道了。

这种地方比比皆是，不能太较真，转而说说书中的闪光点。能以三寸不烂之舌，倘若真如书中所说，简单的一条微博就能让薛蛮子风投他的公司，作者自然是不同寻常。书中虽然芜杂，仍能时时发现思想的闪光处，这时候，用那英的话说，他是发光体。从第四章以后，写作渐入佳境。比如“人人”这个概念，书中引用《互联网周刊》主编姜奇平的话：“这是人人时代，是一个个具体的、感性的、当下的、多元化的个体时代，他们之间的组织是一种基于话语的、临时的、短期的、当下的组合，而不是一种长期契约。”确实，这段话对于解释微博群体乃至当今的消费群体极为重要。正是因为人人时代的这种特性，受众很容易被新事物所吸引，如何聚拢受众并使其产生黏性就显得格外重要。

又如粉丝值这个概念。书中认为，决定传播力的并不是粉丝的数量，而是粉丝值，后者指粉丝们的粉丝数的总和除以粉丝数得出的结果。这个公式还是略显笼统简单，但能说明一些问题，如传播力并不取决于粉丝的数量，关键还在于粉丝的质量。比如，粉丝的粉丝数目，粉丝与你的互动性，粉丝的忠诚度等。1 000 个僵尸粉也抵不上一个经常为你转发的活跃粉丝。如何扩大你的粉丝值是需要进一步思考的问题。

如何提高你的粉丝值？除了精心设计好你的微博页面外，信用很重要。任何人对他人微博的每一次转发，都是自我信用的一次支出，支出合理，信用值就会提高；支出失误，就会发生信用透支，其信用值就会下降。信用越高，传播力和影响力越大。这个概念可以扩展为粉丝的好感值，你发每一条微博都应该设想粉丝的反应，是否会增加他们的好感度抑或是反感，引起粉丝的大量增加抑或是流失。发些无聊的微博或者过于生活化私人化的内容，只是在浪费版面，官方微博尤其要避免这点，每一条微博都应该是精心设计，追求少而精的。

个人认为，最后一章是写得最好的，当然，是相对其他章而言。此章提出了微博四大属性——社交、媒体、渠道、平台，并进一步细化，有一定启发性。尤其其中的渠道属性，是真正涉及微博营销的内容，可惜书中也只是蜻蜓点水，一笔带过。所提及的螺蛳粉、老榕、快书包、湛庐文化、凡客诚品是应该细细研究的。譬如其中的“微博营销矩阵”就很有意思。

最后我追索到自己不满足感的来源，因为这本书只是触及某些东西，从未深入，杯水不足以救火，薄饼不足以解饥，始终是隔靴搔痒。或许这正是作者的阳谋，觉得还不够爽，那就来培训，来听课吧。我没那个经济实力，只好去读读其他更有含金量的书了。

按图索骥，求彼清辉

——据《知堂序跋》追寻周作人散文中的情味

·黄　超·

《知堂序跋》一书，将知堂先生三十多部文集和集外文、未刊稿中的序跋类文章全部采辑起来，既是知堂散文中不可或缺的一部分，又可作为深入欣赏知堂散文的门径。尤其是在《自作序跋》这一辑中，知堂先生将自己著书作文的轶事与心情娓娓道来，足可为寻访知堂散文之美的书迷，提供一幅索骥之图。笔者读了《知堂序跋》后，又忍不住将他的散文一一寻出重读，遂生新感。

知堂先生的散文，是公认的冲淡平和，有如对面促膝，闲谈而已。谈论知堂先生作品者已多，如"月印万川"，各得其妙。我辈固非名川大江，唯愿以《知堂序跋》这一小池方潭，求彼清辉一寸。

一

知堂先生的散文，尤其是小品文，是笔者最为喜好的。所好者，一言以蔽之，乃其文中相萦相融的"汉魂"、"和韵"。"汉魂"，代指的是中华民族传统士大夫的精神、理趣；"和韵"则是指日本传统文化中柔和、唯美的情味。而后者正是本文讨论的中心。

知堂先生在日本留学、生活了六年，译介、研究日本文化更长达五十余年，亲身体味了日本的情味并陶醉其中，生出了一种挥之不去的日本情结。他视日本为"第二故乡"，"觉得对于一部分的日本生活很有一种爱着"。这"一部分"，当指日本柔和、温情、简约、清淡的部分，"是在它生活上的爱好天然，与崇尚简素"①：

---

① 周作人：《乌篷船·上下舟·日本的衣食住》，126页，上海，复旦大学出版社，2004。

他欣赏日式的房屋，“便于简易生活”，“清疏有致”；他喜欢日本服饰的简单舒适，“盖与其房屋起居最适合”；他习惯日本的饮食，“清淡，枯槁，没有油水”，但“有别一种风趣”①；他也喜欢日本的文化，浮世绘、狂言、滑稽本、落语、俳句，等等，并不时在他的小品文中提及和引用它们……他的文章深深地沁润着日本的美学精神，弥漫着闲适、幽雅、从容、恬淡乃至隐隐的忧愁和苦味，涌动着一种名叫“物哀”的日式的情感——如同清酒，流转唇舌，淡而有味。钱理群先生就说：“这种只能意会难以言传的‘情’（调），‘气味’，或者‘境界’，是周作人散文的艺术生命所在，正是与日本文化有着密切的联系，在这个意义上可以说周作人的散文是更接近日本的。”这种情调、气韵，就是所谓的“物哀”的美。

二

“物哀”（もののぁはれ）是日本古已有之的美学思潮，“不仅深深浸透于日本文学，而且支配着日本人精神生活的诸多层面”。这个“哀”字，不能望文生义，以为单单是指哀愁；其实它包含了赞赏、爱怜、共鸣、怜悯、壮美、感动、失望、同情、哀伤、悲叹、空寂、虚玄等诸多内容，需放入具体语境中细加揣摩品味。在论及自己的知识结构时知堂先生说过：“大抵从西洋来的属于知的方面为多，从日本来的属于情的方面为多。”气质和情韵上与日本文化的不可分割，使其散文创作特别是小品文中透着一股“物哀”之情。

比如爱与感动。知堂先生谈他的初恋，与今天很多人写的爱情小说和情书不同，没有轰轰烈烈、山盟海誓；只是娓娓道来，淡雅而清涩，平静而优雅，像小炉篆烟，袅袅升腾，绕出优美的形状。“我不曾和她谈过一句话，也不曾仔细的看过她的面貌与姿态。大约我在那时已经很是近视，但是还有一层缘故，虽然非意识的对于她很是亲近，一面却似乎为她的光辉所掩，开不起眼来端详她了。”“我感着一种无所希求的迷蒙的喜乐……在她是怎样不能知道，自己的情绪大约只是淡淡的恋慕。”② 说到这“淡淡的”，先生当年未必真能如此的“淡”，少年的心毕竟是波动的；但是，多年以后，经过岁月的漂洗和消弭，只留下一片清淡如水的情絮，用清淡如水的语气平静地述说，别样的纯美，暗暗流入人心。这正是“物哀”的体现啊。我们在日本的文学作品中，也时时可见这样的感情描写方

① 周作人：《乌篷船·上下身·日本的衣食住》，127页。

② 钱理群选编：《周作人散文·初恋》，282～283页，杭州，浙江文艺出版社，1999。

式：如在最早的古典长篇小说《源氏物语》中，作者紫氏部往往采取一种舒缓、淡雅的笔调描写各种各样的感情，即使有风波，从文字表面上也是很少能直接读出激烈的言辞的——起伏的情感全藏在文字背后呢。再如川端康成的《古都》、《雪国》等，莫不如此。犹如在屏风背后焚着的香，透过平滑沉静的屏面，我们仍然可以嗅到那隐隐透出的芬芳。

这份爱不只是对人，也对物，对自然。日本这一民族，别样崇尚自然，他们甚至只相信从自然中得到的感悟而不太相信按照人的意志排列出的所谓逻辑。他们把自己看作自然界的一部分，追求与自然景物融合为一，对四时风物有着特别细腻、特别敏锐的感触。在《源氏物语》中，我个人最欣赏的描写不是主人公的感情，而是衬托着他们的自然景物——这样的描写简直随处可见："这狭小的庭院里，种着几竿萧疏的淡竹，花木上的露珠同宫中的一样，映着晓月，闪闪发光。秋虫在草虫中鸣叫。"① "虽正当三月下旬，京里的花差不多都败了，山里的樱花却仍烂漫。入山渐深，但见春云浮游，妍丽可爱。"② ……《枕草子》开篇就写："春季的拂晓时分最有情趣。东方的天空渐渐发白，远山微微露出轮廓，那紫红的彩云细长地飘在天上。……"简洁地描述了四季最美的时辰，充满了清朗高雅的美感与敏锐的季节感，历来广为传颂。至于和歌、俳句、近现代的散文，很少有完全脱离自然描写的，很少有不借助自然来表达情感的，很少有不流露出对自然深沉的、近乎崇拜的爱的。

知堂先生很喜欢这样的风格，《枕草子》等作品就是他翻译的。他在《知堂回想录》第八十九章"俳谐"中记叙自己翻译坂本的《梦一般》时说："这书乃是在三田散步时于路旁一小书店中所得，甚为欢喜，曾写入《药堂语录》。"接下来他所引的两段文字，就深得自然之趣。知堂先生自己的散文中，也常常流露出这种对自然风物的爱与感动。"你坐在船上，应该是游山的态度，看看四周无色，随处可见的山，岸旁的乌桕，河边的红蓼和白苹，渔舍，各式各样的桥，困倦的时候睡在舱中拿出随笔来看，或者冲一碗清茶来喝喝。""到得暮色苍然的时候进城上都挂着薜荔的东门来，倒是颇有趣味的事。"③ 寥寥几笔，罗列一般，然而谁能感受不到先生他对这景色的爱与怀恋？这般细腻，这般闲适。

---

① ［日］紫氏部：《源氏物语·夕颜》，60页，昆明，云南人民出版社，2002。

② 同上书，79页。

③ 鲍风、林青选编：《周作人作品精选·乌篷船》，75页，武汉，长江文艺出版社，2003。

三

知堂先生的散文中所散发出来的闲适、自然、从容、恬淡，是他散文最大的特点。他写故乡的野菜、写喝酒、写品茶、写茶食和点心、写乌篷船、写菱角、写树木花草、写金鱼和鸟、写蝙蝠、写虱子和苍蝇……包罗万象，不分雅俗；既细腻、轻松，又有严谨的考证。

却正是要有这种闲适的情趣，才能有心经营一种精致的生活。“我们于日用必需的东西以外，必须还有一点无用的游戏与享乐，生活才觉得有意思。我们看夕阳，看秋河，看花，听雨，闻香，喝不求解渴的酒，吃不求饱的点心，都是生活上必要的——虽然是无用的装点，而且是愈精炼愈好。”① 这是知堂先生的名段了，几乎每位提到周作人的人都会提到这段话，因为它如此生动地诠释了“闲适”，代表了一种舒适的、精致的生活。他对中国的一些生活陋习深恶痛绝，并且可怜“现在的中国生活”那种“极端的干燥粗鄙”②。

刚才已提到过，知堂先生对日本民族的生活方式很是欣赏，他曾多次说：“我很爱好日本的日常生活。”这是一种怎样的日常生活？席地而坐，食无案桌，寝无卧床，服无衣裳之别，是日本民族衣食住行上的特色。衣只求遮体，食只求果腹，寝只为解困，坐只为祛乏，一切都只为必需而设，并且到了不能再减的程度；但有一点却非常讲究，那就是每日一定洒扫拂拭，致使院外室内洁无纤尘。他们的诸多日常活动，看起来就是不怎么实用的，却是代代相传，礼仪周全，并往往上升到“道”的层面上来，比如茶道、花道、香道、剑道等等。茶道，是日本文化中一个非常引人注目的现象，是源于日本人民对生命的了解而发展起来的一门艺术。日本著名的禅学家铃木大拙将茶道的精神概括为“和、敬、清、寂”四个字。知堂先生则说：“茶道的意思，用平凡的话来说，可以称作‘忙里偷闲，苦中作乐’，在不完全的现世享乐一点美与和谐，在刹那间体会永久，是日本之‘象征的文化’里的一种代表艺术。”③ 一语道出了茶道的根本。当然，知堂先生的“喝茶之道”虽然与日本的“茶道”同出一辙，但并非完全相同。茶庭草庵，拂却尘芥，沏茶，生花，观风花月夜之景，感草木枯荣之情，“渭水涓涓流于勺上，洗去心中尘埃”④，是为

①② 鲍风、林青选编：《周作人作品精选·北京的茶食》，32页。

③ 钱理群选编：《周作人散文·喝茶》，255页，杭州，浙江文艺出版社，1999。

④ 泽庵：《茶亭记》，引自［日］铃木大拙：《禅与日本文化》，125页，北京，生活·读书·新知三联书店，1989。

日本茶道的境界，充满禅心和艺术美；而知堂先生的“喝茶之道”要简单得多：“喝茶当于瓦屋纸窗之下，清泉绿茶，用素雅的陶瓷茶具，同二三人并饮，得半日之闲，可抵十年的尘梦。”① 这就是周作人所谓的清茶中的“固有之味”。他对喝茶之道的刻意描绘，意在通过一种可以触摸的实在，唤起人们去感受生活的欲望；他对喝茶之道的精心铺排，实为创造一种难以直说的意境，催促人们去直接领略生活的韵味。不仅是茶，知堂先生还有一套喝酒之道：喝酒当一口一口地啜，干杯者不知酒味，泥醉者不知微醺之趣，“酒的趣味只是在饮的时候，我想悦乐大抵在做的这一刹那，倘若说是陶然那也当是杯在口的一刻罢”②。

知堂先生还会为在古老的北京城里吃不到“包含历史的精炼的或颓废的点心”③ 而感到遗憾；会教人们怎么选择茶食、怎么吃菱角；会旁征博引，考证野菜的品种，介绍野菜的吃法；会细细回想坐乌篷船时曾感受过的“梦似的诗境”：“静听打蓬的雨声，加上欸乃的橹声，以及‘靠塘来，靠下去’的呼声”④，当作美妙的乐章来欣赏……这种闲适的心情、悠远的风致，真得舒适生活之三味！知堂先生简直是活在一种简单而又唯美的意境中，既继承了中国传统的淡然洒脱、超然世外的隐士之魂，又融入了日本固有的和谐幽美、恬静宜人的“物哀”之韵。

四

除了自然、感动、闲适、平和，这“哀”的感情还包括幽默的情趣。“物哀”者也，令人感受得最多的当然是那种哀愁、忧伤的情绪。即使说“物哀”之情中有喜爱与闲适也还容易受到认可，但要说“物哀”一词也可以表达幽默，大概就难以为日语文化圈以外的人所体察了。然而正如本居宣长所说：“凡高兴、有趣、愉快、可笑等一切都可以称为‘哀’”。知堂先生将日语作为“在实社会上流动着的语言”⑤ 来学习的时候，所仰仗的教科书就是日本文学中诙谐的内容，比如“狂言”、“滑稽本”、“川柳”和“落语”之类——受篇幅之限，我不能详细介绍这些传统的文学样式，只能简单地说它们都是具有代表性的日式的幽默文学罢

① 钱理群选编：《周作人散文·喝茶》，226页。
② 鲍风、林青选编：《周作人作品精选·谈酒》，66页。
③ 鲍风、林青选编：《周作人作品精选·北京的茶食》，31页。
④ 鲍风、林青选编：《周作人作品精选·乌篷船》，75页。
⑤ 周作人：《知堂回想录》，第八十七章“学日本语（续）”。

了。它们当中有俗有雅，有说笑有讽刺，而且往往短小精悍，富有情趣。在知堂先生所欣赏的日本随笔作家中，明治时代的户川秋骨是颇多用诙谐手法的：“户川是英文学者，我所喜欢的却是他的随笔，虽然他的英文写的论文也是同样的有意思，他的文章的特色我曾说是诙谐与讽刺，一部分自然无妨说是出自英文学中的幽默，一部分又似日本文学里的俳味，自有一种特殊的气韵，与全受西洋风的论文不同。”

这种带有日式“俳味”的幽默也是知堂先生心仪的，他有时就会用淡淡的诙谐来表现“物哀”中带“笑”的情韵。例如他听着夜里的雨声，想着那水可能已经流入西边的书房里去了，第二天一早急急忙忙地去看，见西屋里果然已经进了水，于是“叹了一口气，觉得放心了；倘若这样兴高采烈地跑去，一看却没有水，恐怕那是反觉得失望，没有现在那样的满足也说不定”[①] ——初看时，觉得知堂先生是怪人，忍不住一笑；设身处地一想，又觉得正是如此，于是忍不住会心地大笑。再如他写北平的春天：“北平缺少水气，使春光减了成色，而气候变化稍剧，春天似不曾独立存在，如不算它是夏的头，亦不妨称为冬的尾，……人在春天却只是懒散，雅人称曰春困，这似乎是别一种表示。”又说“妙峰山虽热闹，尚无暇瞻仰，清明郊游只有野哭可闻耳”[②]，这句“只有野哭可闻耳”，用的是文言，忽就平添出几分俏皮来。

文学作品中的幽默往往不是单纯为了搞笑，总带有或强烈或隐蔽的讽刺的意味在里头。知堂先生写过一篇《前门遇马队记》，记述军阀兵警马队之横冲直撞，却故意说“那兵警都待我很好”，“只是那一队马煞是可怕”，“不知道什么是共和，什么是法律”，指桑骂槐，辛辣够味，堪称一绝。针对维新志士因觉得旧历新年“废时失业，花钱”而想要废除之，知堂先生忍不住来做个类比：“假如说这钱花的冤了，那么一年里人要吃一千多顿饭，算是每顿一毛共计大洋百元，结果只做了几大缸粪，岂不也是冤枉透了么?”[③] 令人喷饭。其实，知堂先生这样明显而辛辣地表达讽刺和不满却是不多的，常常只是微露涩意，甚至是含而不露；表面上仍是平静、委婉的闲聊，却自然地流露出不满来：“别的不说，我在北京彷徨了十年，终未曾吃到好的点心。”[④] “当初我以为既然是兵车的探照灯，

① 鲍风、林青选编：《周作人作品精选·苦雨》，52页。

② 鲍风、林青选编：《周作人作品精选·北平的春天》，203页。

③ 《周作人经典作品选　生活之艺术　人的文学·厂甸》，209页，北京，当代世界出版社，2002。

④ 鲍风、林青选编：《周作人作品精选·北京的茶食》，32页。

一定是很大的，却正处于意料之外，它的光只照着车旁两三丈远的地方，并不能直照见树林中的贼踪。……这两道神光真吓退了沿路的毛贼……但我总觉得好笑，这两点光照在火车的尾巴头，好像是夏夜的萤火，太富于诙谐之趣。”“玻璃门也自然可以有它的美观，可惜现在多未能顾到这一层，大都是粗劣潦草，如一切的新东西一样。”① 随意举的这些个例子，个中妙婉微讽，似显若隐，似有若无，得知堂真趣矣。

郁达夫曾比较周氏兄弟二人的幽默：“两人文章里的幽默味，也各有不同的色彩：鲁迅的辛辣干脆，全近讽刺；周作人的是湛然和蔼，出诸反语。”② 知堂先生的幽默诙谐，是旷达与坦荡，是蕴藉与笃定，是智慧上的演绎与精神上的松弛；博得不期然之会意苦笑，“物哀”情致不知不觉辍笼于知堂笔端。知堂先生文字里笑中含泪，喜中含哀，将“哀”可含“喜”的趣味表露无遗。“物哀”这一感觉式的美，是只能依靠心性才能理解感悟的，表层上的“哀感”情绪被知堂先生推进到令人愉快欢笑诙谐的俳味深层去。一笑之后，“哀感”漫漫而至。

五

“物哀”之中包藏了无尽的感情，而这纷然庞杂的情绪、千回百转的心肠、酸甜苦辣的滋味，归于一端，仍是悲哀。我觉得，这便是“物哀”之核心，是日本美学精神之精髓，历尽沧桑，悠然不变。这种悲哀中融入了虚无感，产生出日本民族空寂、幽玄、无常等种种的美学观，成为闲适、自然、幽默等一切情感的底蕴，深情而隽永。

大概因为日本是一个孤悬海上的岛国，海洋性季风气候使那儿既温润秀美又善变无常，故那里的人们难免有孤寂、漂泊之感和虚幻、无常之思。知堂先生好引用永井荷风的一段话说明他自己对于日本的看法，很可以表现日本人的这种情思：“苦海十年，为亲卖身的游女的绘姿使我泣。凭倚竹窗，茫然看着流水的艺妓的姿态使我喜。卖宵夜面的纸灯，寂寞的停留着的河边的夜景使我醉。雨夜啼月的杜鹃，阵雨中散落的秋天树叶，落花飘风的钟声，途中日暮的山路的雪，凡是无常，无告，无望的，使人无端嗟叹此世只是一梦的，这样的一切东西，于我都是可亲，于我都是可怀。”（永井荷风《江户艺术论》第一章《浮世绘之鉴赏》）

---

① 鲍风、林青选编：《周作人作品精选·济南道中之二》，39～40页。

② 郁达夫：《中国新文学大系·散文二集导言》，14页，上海，上海良友图书印刷公司印行。

这段话写得很凄美，也很绝望，一气读下来，简直可以看到永井脸上忧伤的泪和幸福的微笑，比任何苍白的定义更能使人感受到“物哀”之真谛。

知堂先生的许多散文隐约浸染了这种悲哀忧愁的情味，带有“此世只是一梦”的凄迷之感。他总是感到寂寞，“因寂寞，在文学上寻求慰安，夹杂读书，胡乱作文”①；他不止一次地引用“白杨多悲风，萧萧愁杀人”；他把那复杂的情愁用一个“苦”字来说，饮苦茶，听苦雨，赏苦竹，建苦茶庵、苦雨斋；他认同日本诗人小林一茶视人世为露水的伤叹，“虽然是露水之世，然而自有露水的世的回忆，所以仍多哀感”②；他貌似平静地引述一段《俳句辞典》，带着历史残败之哀叹、世事虚空之悲鸣：“看蝙蝠时的心情，也要仿佛感着一种萧瑟的微淡的哀愁那种心情才好。从满腔快乐的人看去，只是皮相的观察，觉得蝙蝠在暮色中飞翔罢了，并没有什么深意，若是带了什么败残之憾或历史的悲愁那种情调来看，便自然有别种的意趣浮起来了。”③ 即使是写轻松闲适的文章，那哀情仍不时地流露出来。例如在《娱园》中，知堂先生又回忆起另一段青涩的感情，“趁虚内犯”的一段，颇有趣味，写出他当时得意、满足之情状来，惹人轻松一笑，然而接下来马上接上一首木下木太郎的《绛绢里》，气氛于是沉下去，变得忧伤，对现实的无奈和伤感，浸入他虚无的回忆的梦。在《〈雨天的书〉自序一》里，知堂先生试着幻想一纷悠然清闲：“觉得如在江村小屋里，靠玻璃窗，烘着白炭火钵，喝清茶，同友人谈闲话，那是颇愉快的事。”然而却不成功，天色仍然阴暗和气闷，使人忧愁。“物哀”中的各种情韵我们都能在知堂先生的散文中寻见清晰的影子，而其中给我们留下的最深刻的印象却是掩卷之后的悲哀余绪，缱绻流转而挥之不去。

从遥远的平安时代一批王朝女性作家之手流传下来的“物哀”之精华，似乎亦在知堂先生的笔下流淌着。写下《蜻蛉日记》、《和泉式部日记》、《源氏物语》、《枕草子》等典型表现“物哀”之情的作品的女性们，有对世相与人生的深深的不安与虚无之感，知堂先生对无常人生的悲哀感与平安王朝女性们的“物哀”精神潜流就这样默默地合流与共通。

当国民党政权的“政党政治”幻灭以后，当五四先驱者所寄予希望的“民众

---

① 周作人：《谈龙集·〈自己的园地〉旧序》，52页，上海，上海书店影印出版，1987。

② 鲍风、林青选编：《周作人作品精选·唁辞》，57页。

③ 日本《俳句词典》，转引自鲍风、林青选编：《周作人作品精选·关于蝙蝠——草木虫鱼之七》，136页。

政治”幻灭以后，当对知识分子的自我责任感幻灭以后，尤其是爱女辞世、兄弟反目以后，满心伤痕的知堂先生渐渐地淡出了，躲进了“自己的园地”。对历史现实和生离死别的无可奈何、无能为力的悲哀感油然而生，使这位曾在五四时期以“启蒙者”为己任的知识分子有着梦醒之后无路可寻的彷徨感，这是身份的失落与失语的焦虑的双重打击下的幻灭感。于是，知堂先生按照中国士大夫惯常的方式，寄情山水，放情田园，纵情老庄，奢谈禅佛，“读古书，看花，生病，问病……闲游闲卧，闲适，约人闲谈，搜集邮票，刻木刻书，坐箫箫南窗下”——专志于营造精致的生活，凝神于简单的、日常的风物，感怀世事，超然尘外，淡然旁观，用闲适冲淡之心洗刷现实之痛。

他还转向佛教禅宗，求心灵片刻之静。他有一段住在碧云寺中的生活，“般若堂里早晚都有和尚做功课，但我觉得并不烦扰，而且与我似乎还有一种清醒的力量。清早和黄昏时候的清澈的磬声，仿佛催促我们无所信仰、无所归依的人，拣定一条道路精进向前”①。知堂先生深知禅与日本文化密切的内在联系，他在《知堂乙酉文编·日本之再认识》中说：“我们涉猎东洋艺文，常觉得与禅有关系，想会设法懂得一点，以为参考。”他在生活上、自然上、艺术上体验着禅趣，体味着自己与日本文化的交汇相通之处。人们都异口同声地称赞知堂先生闲寂优雅的文章，却少有人理会在闲寂优雅的深处蕴藏着的消息。“偃息禅堂中，沐浴禅堂外。动止虽有殊，心闲故无碍。”（《知堂回想录·老人转世》）“半是儒家半释家，光头更不著袈裟。”（《知堂五十自寿》）这诗句分明透露出了知堂先生对禅的特殊的喜爱。没有他对禅学的喜爱，就谈不上他对日本文学中那高远清雅的俳境的喜爱；没有他对禅学的参悟，他那朴实、平淡、闲适的文学风格也就无从谈起。文学中高远清雅的俳境，没有禅的风骨是难以想象的。

知堂先生失落于社会责任之后，失落于爱女生命逝去之后，深深的生命悲哀无常感沉浸于他的思想中，隐逸的消沉情绪常哀鸣于灵魂深处。这种心境与紫式部的《源氏物语》流露出的“物哀”情感相交汇，我想，这就是知堂小品的思想根源之一。

六

闲扯了许多，都是从知堂先生散文中的日本的情味来谈。而知堂先生的文

① 《周作人经典作品选　生活之艺术　人的文学·山中杂信》，55页，北京，当代世界出版社，2002。

章，尽管流露着或浓或淡的“物哀”之情，尽管浮现着若隐若现的“俳境”之美，但是与日本本土的文学作品还是有明显的不同——最重要的一点，就是那哀而不伤、苦中作乐的飘逸的味道，和随处闪烁着的知性之美。因为知堂先生受到的影响、汲取的精华实在是非常丰富的：他的文章，融合了西方随笔的谈论风格，中国散文的抒情韵味，和日本俳句的笔墨情趣。在和风和韵的浸染下，在“物哀”光晕的裹挟中，知堂散文保持了中国传统文人悠然、潇洒、理性、通脱的灵魂。

而关于这些，就是另外一篇文章的内容了。

说不尽的“老北京”

——评《解说老北京》

·臧　磊·

一提起“老北京”这个词儿，好像总有说不尽的话题。城门牌楼、皇家传奇、盛景名迹、旧时风物、官邸宅院、胡同街巷、岁时佳节、古老传说、传统美食……作为六朝古都的北京，大到一条街道、一座建筑，小到一条胡同、一个门脸儿，或是风云叱咤的大人物，或是默默无闻的老百姓，他们的背后都有着许许多多鲜为人知的典故和异事。独具特色的闲闻趣事、风土人情，总能够勾起人们对老北京的想象和回忆。

我们现在对老北京的认识，更多是通过对那段历史的官方记载而得以了解的。我们知道的是那时发生的重大历史事件以及重要的历史人物，而我们缺乏的是对细节的精微描述和生动呈现，缺少对历史中生活的关照和观察。伴随着时光的流逝，很多记忆、民俗、传统必将被遗忘，而清末民初百余年的生活印象也将随着时光的逝去泯灭于国人记忆之中。恢宏的历史终归是不完整的，真实的历史更多地存于细节之中。

呈现历史的方式是多样的，角度也是多元的。《解说老北京》就是以另一种方式为我们呈现出老北京那段充满传奇的历史，用一张张珍贵的原始照片、一幅幅栩栩如生的历史图画，将这段历史生动地展现在读者面前。该书的作者仝冰雪先生因一个偶然的机会，收藏到黄开文家族的一百多张原始照片和近百件家族遗物。作为北洋总统府六任总统的大礼官，黄开文这位总统府的“首席导游”，其主要工作就是为游览总统府的外宾讲解老北京的历史。黄开文在晚年把自己长年任职总统府的积淀，以及研经读史的心得，用典雅精致的民国白话文体一一记录了下来，形成了一部百余篇解说晚清民初历史的小短文集。内容涉及清宫习俗、清末民初名人逸闻、老北京地理之变、老北京风俗等等，以一种“在清嘉与简白中，意趣与优雅若隐若现”的风格，展现出了清末民初老北京的风情韵致。仝冰雪先生把这偶然收藏到的民国白话文原稿加以整理，以一个总统府大礼官特有的视角，配上自己多年珍藏的老北京的历史照片和木质版画作为插图，图文并茂、生动真实地呈现出了那幅时隔百余年风尘的老北京历史画面。

每则小故事字数在一两百至五六百不等，文笔简练，跃然纸上，颇有《世说新语》的风格和笔调。比如介绍老北京“冬至”时的饮食，书中这样写道：“清代冬至，大祭南郊（天坛）。清帝还宫，后膳进馄饨，是斋后取暖之意。夏至，大祭方泽（地坛）。礼成后，谒雍和宫食龙须芝麻酱面，殆因麦秋丰获，兼祈大秋有成，而祭地祇之意。俗所谓‘冬至馄饨夏至面’者，盖以此也。”又如在介绍老北京的“黑车”时，“昔北京有所谓‘坐黑车’者，老于北京之人辄能历历谈其事，并能介绍好奇者一历其境，诡幻离奇，实社会所罕闻。盖有一固定某某地方，为‘黑车’停驻之所。‘黑车’者夜行不燃灯火，并严密遮蔽车窗。不使乘客知其所经之途径，故谓之‘黑’”。这些小故事绝大部分很难得见于正史之中，视角虽小，内容虽俗，但却是趣味盎然，回味无穷。

老北京就像一部卷帙浩繁的古书，实在是有太多东西值得我们去挖掘、去探寻、去解读。老北京已然成为历史，曾经在这里发生的许许多多带有浓郁地域特点的往事和记忆，随着老城墙的破坏和旧胡同的没落，面临着失去依托的窘境……夕阳下的老北京人如何留住那过往记忆的沧桑？新一代北京人将如何触摸自己生于此长于此的城市的文化？憧憬中华文明古国故都文化的中外游客如何能够寻觅到老北京的魅力？希望这本书能够让大家重温一下老北京那片刻的氤氲之梦，窥见老北京的惊鸿掠影。也正如作者所说：“希望读者能够跟随当年总统府大礼官娓娓道来的解说，及一帧帧逝去的燕京旧影，在故事中解开一个个众说纷纭的历史谜团，在美文中重温那些早已逝去的老北京记忆，在光影中去圆我们心中的小小怀旧之梦。”

强健民族骨髓的营养高汤

——评袁济喜教授的《国学十讲》

·杨松超·

15 年前，当时刚刚迈进北大校园读研的我，经常醉心于各种学术讲座，这些年的学习和工作经历经常使我回想起当时一些给我留下深刻印象的讲座。记得有一次，一位颇有先秦士子之风的教授曾讲过这样一段话，他说："如果我们的改革，到头来改成到处都是贪官、学霸、奸商和刁民，这样的改革无论如何都不能算是成功的"。当时，我只是把他的这段论述当成一段慷慨陈词，并未太在意，但不知为何，在过去的几年里，每每听闻令人咋舌的贪腐分子、失去道德底线的大学教授、草菅人命的不法奸商和漫天要价的钉子户等，我总是能想起这段话，感佩该教授的忧国忧民之情和远见卓识。诚然，改革的初衷是为了国家富强、民族振兴，可为何经过 30 多年的改革后，在经济建设取得了举世瞩目成就的同时，社会伦理道德却大不如前，人们的心灵却远比 30 多年前空虚了呢？

我的基本判断是：造成当今社会所有丑恶现象，诸如贪腐、欺诈和各方争利等的根本原因在于，中国的国学在过去一百多年的时间里，在各种思想、潮流的激烈角逐中，始终未能成为社会的主流价值理念，致使太多太多的人忘记了目的的目的，在争名逐利的比拼中彻底迷失了自己。

一、国学在中国近现代社会变迁中命运多舛

1. 1840 年至 1919 年国学的命运沉浮

中国的国学作为中华民族固有之学术，经历了两千多年的发展和完善，曾经对中国社会的政治、经济、文化等方方面面起着基础性的作用，然而，随着近代西方资本主义的快速发展，西方社会迅速摆脱了中世纪的愚昧落后，开始快速迈

向现代文明，而仍沉浸在天朝大国迷梦中的大清王朝随着一次又一次抗争的失败，一批先进的知识分子反躬自省，开始检讨中国传统学术文化的滞后与愚钝，他们在西方科技文明和学术文明的影响下，一方面呼唤政治改良，另一方面也开始了向西方学习的历程。当时涌现出的一大批卓越的学者，如早期的林则徐、魏源，维新运动的领袖康有为、梁启超等，都体现出了中西学术融合，寻求变法图强的学术精神。戊戌变法的失败，使这批最早睁开眼睛看世界的中国人彻底认清了封建顽固势力的衰朽。辛亥革命结束了中国两千多年的封建统治，这场革命的领导者一方面引入西方的启蒙思想，另一方面则对传统文化进行积极倡导，努力将二者有机结合。既是革命党人又是著名学者的章太炎先生即是一位国学大师，曾以《民报》为阵地，发表了很多国学方面的研究文章，并于1906年在日本东京创立国学振起社，该组织培养出了近现代中国很多的国学大家，鲁迅即接受过他的教育，近现代中国许多著名的国学学者，从学术源流方面看，应该说均出自章氏之门。辛亥革命后的军阀统治和袁世凯复辟等逆历史潮流事件，以及国粹主义思想下一些传统文化糟粕的泛起，使人们对于中国传统文化产生了厌恶心理。俄国十月革命的成功，使马克思列宁主义登上了中国的历史舞台，由此，西方学术迅速在中国的学术研究中占据了领导者的地位。五四运动一方面激烈批判中国传统的学术与文化，另一方面全盘接受了西方的学术文化和政治体制，现在看来，实属矫枉过正。

2. 1920年至1949年国学的繁荣昌盛

五四运动之后，一大批思想先进的知识分子鉴于当时的国势，在文化选择方面也进行了大量的思考，在中西方文化的对比和反思之后，形成了20世纪20年代开始国学的兴盛时期，当时的北京大学和清华大学都开办了国学教育，旨在“寻出中国之魂”，提出了“融汇中外，博通古今”的口号，在吸收西方学术文化的同时，重铸中国学术与教育之魂。北京大学、清华大学和前“国立中央研究院”的历史语言研究所都成为当时国学研究的重镇，涌现出了胡适、王国维、陈寅恪和赵元任等一大批国学大师，使中国的国学研究经历了约30年的辉煌时期。

3. 1949年以来国学命运的沉浮

新中国成立后，虽然也对国学进行了部分研究，在教学方面也有所体现，结合西方学术分科的研究方法，给国学的研究带来了许多新气象，但由于整体上对中国传统的学术思想重视不够，未作分学科的细致研究，加之厚今薄古指导思想的偏颇，使国学一直未能获得应有的地位。在“文化大革命”期间，将思想文化问题政治化，“破四旧”运动即对“旧思想、旧文化、旧风俗、旧习惯”进行了横扫，事实上，这“四旧”中就包含了太多太多国学的精粹；1974 年前后的“批林批孔”运动中，更是荒唐地将 2 500 年前的孔子揪出来与林彪放在一起批斗……中国的国学在这场史无前例的文化浩劫中遭受重创，奄奄一息。“青山遮不住，毕竟东流去”，中国的国学早已经是浸润在我们世世代代中国人骨髓深处的文化基因，我们可以在某一段特殊的时期忘却，但我们却永远也无法离开，随着改革开放以来思想解放运动的开展，中国传统的国学正在复兴，2008 年北京奥运会开幕式，我们向全世界展示了中国国学之美。中华书局 2006 年 11 月出版了于丹教授的《于丹〈论语〉心得》，迄今，该书的销量已经突破了 500 万册，成为出版领域的一个神话。十万余字的一本书又一次触动着我们每一个华夏子孙的神经，这说明，我们每一个人无论在今天这样一个社会大变革的时代迷失到何种程度，但两千多年来浸润于我们骨髓深处的文化始终伴随着我们。

二、社会精英阶层的人生境界普遍亟待提升

1. 国学中的人生境界论

国学对人生观问题给予了特别的关注，具有十分浓郁的人文关怀意蕴，人生问题始终是中国文化的核心问题，而人生境界则是国学孜孜以求的人文情怀。袁济喜教授认为，国学中的人生境界论包含四个方面的内容。

（1）国学中人生境界论的第一个方面是关于人格的学说。他认为所谓人格，更多的是指内外合一的道德境界。从孔子到思孟学派的《中庸》、《大学》，推崇的是内心的真诚无伪和慎独养心；《孟子·离娄下》中说：“人之所以异于禽兽者几希，庶民去之，君子存之。”他认为人与动物以及君子与庶民的区别就在于是否懂得仁义礼智信，而人生的意义也正在于对这些道德价值的追求，正所谓“朝闻道，夕死可矣”。

（2）国学中人生境界论的第二个方面是指心灵境界。传统国学认为人格境界是以心灵境界为根本的，没有真善美的心灵，也就无所谓人格境界的高低。儒家非常重视心灵境界的向上，主张真善美必须要统一，做真实的自我。《论语·雍也》篇说：“知之者不如好之者，好之者不如乐之者。”告诉我们人们在道德境界的提升方面事实上存在着三个层面的问题，也是三种心灵境界的问题。《孟子·

尽心下》中说："可欲之谓善，有诸己之谓信，充实之谓美，充实而有光辉之谓大，大而化之之谓圣，圣而不可知之谓神。"将尽心而知天作为人格境界的划分依据，是一种强调心灵体验、接近宗教信仰的东西。

(3) 国学中人生境界论的第三个方面是指胸襟气度。国学讲究人生的磨炼和自我觉悟，人只有在经历了许多人世沧桑甚至磨难后，才能看穿人情世故，胸次超然。王国维在他的《人间词话》中也强调欲成大事或欲做大学问者一定要有十分宽广的胸襟，要达到很高的心胸境界。

(4) 国学人生境界论的第四个方面是指人生的品位与趣味。在基本的物质需求获得满足的情况下，人更需要精神世界的满足和幸福感，中国的魏晋六朝时代就是一个雅道盛传的时代，雅道究其本质，是人生的品位和审美的趣味，它体现着人生和道德两个方面的修养层次，具体到个人则是一个人的趣味，沉醉于琴棋书画与沉醉于吃喝玩乐显然是雅俗不同的两种人生品位和趣味。

2. 现实社会的人生境界复杂而充满困扰

生活于我们这个时代的人，无论是达官显贵，还是士子庶民，人生境界似乎都已经是高不可攀的东西，甚至在许多人那里，提起境界就总是把其与多年来许多空洞的道德说教联系起来，认为"假"，认为"可笑"，这事实上本身就说明这些人的境界已经很低了，他们不了解我们精神家园的人生境界应该是怎么样的。如前所述，人生境界是一个人的道德修养层次、心灵境界、胸襟气度和品位趣味的综合，这些在很大程度上决定着我们的人生是否充实、是否有滋有味，是否有幸福感。现实社会中，许多当了很大官的人还想当更大的官，赚了很多钱的人还想赚更多的钱，对名和利的贪婪常常令人匪夷所思，他们就是为这些活着？他们何时能静下心来，焚一炷香，静静地听一首古琴曲，问问自己是谁，正在干吗，有意思吗，觉得自己快乐吗？

3. 社会精英阶层务必要有很高的人生境界

当今社会，物欲横流，人欲横流，众多掌控了社会权力资源和财富资源的人由于缺少甚至不知国学智慧为何物，成了权力与金钱的奴隶。他们或痴迷于权力争夺，或痴迷于财富攫取，当已经获得很大成功的时候，却又不知如何运用权力和财富实现更高层面的人生幸福，可悲可叹。他们中的很多人在精神十分空虚的情况下不去从中国的国学中寻找精神慰藉，而是去烧香拜佛，求观音菩萨保佑他们不至于丢官舍财，对佛教的无知实在是令人啼笑皆非。纵观历史，任何时代的精英阶层都应该是社会道德和文化的楷模，惟其如此，方能传递文化和文明，才能真正在教化百姓的同时实现自己更高层面的价值，才能从沉湎于自己物欲满足带来的独乐乐走向与众同乐的心灵层面的众乐乐。所以，普及国学知识，尤其是在社会精英层面普及国学知识，宣讲国学智慧，使社会精英阶层有较高的人生境界，很可能是解决当前通过制度和法律难以解决的众多问题的有效途径。

三、国学智慧在社会管理等诸多方面的应用前景无限

1. 国学管理思想精粹概览

国学中的管理思想分布于先秦以来诸子百家的各种著述和言论中，庞杂而精深，其主流乃是儒家、道家和法家的管理思想或其衍生升华。儒道两家管理思想的根本是强调天人合一，《周易》是将儒道思想熔为一炉的产物。孔子有许多赞美自然的话语，如“逝者如斯夫，不舍昼夜”（《论语·子罕》）。老子说：“人法地，地法天，天法道，道法自然”，“夫大人者，与天地合其德，与日月合其明”，讲的都是在欣赏自然之大美的同时，抽象出了高级的管理智慧，那就是要取法天地，顺应自然，从自然之美中获取管理智慧，培养管理者个人的素质和道德，进而实现“为政以德，譬如北辰，居其所而众星拱之”的至高境界。管理者要“修己以安人”，“子帅以正，孰敢不正?”。孔子还取法于天，主张在管理中要“和而不同”，有效地将属性各不相同的万物融合在一起，达到和谐有序、同生共长的目的。“中庸之为德也，其至矣乎！民鲜久矣。”先贤告诫管理者这种调和的管理能有效化解各种矛盾，发挥出所有参与者的所能所长，管理的手段和决策都要注意度的把握，避免“过犹不及”。

2. 国学管理思想的现代应用

经历了西方各种管理思想甚嚣尘上、红极一时的热闹之后，中国的管理者们，尤其是高层管理者们已经意识到，西方管理思想在中国存在着严重的水土不服的问题，看起来逻辑严密、论述充分的管理理论，在实践中往往无法得到期望的管理效果。放眼日本、韩国、新加坡等国家，我们发现在大中华文化圈中，这些国家在学习、继承和发扬中国管理智慧的过程中，普遍比我们做得好，在中国国学管理思想的现代应用方面，有太多值得我们学习的地方。如新加坡的社会管理，儒法相济，整个社会知耻而守法，廉洁奉公方面，更是享誉世界；在解决民众住房方面也处理得非常好，颇有从整体上解决问题的眼光和气度。日本更是在过去一百多年的时间里，从中华国学中贪婪地汲取营养，使国学智慧与现代管理

有机结合，成就了享誉世界的日本式企业管理模式。

3. 国学管理思想先进于西方管理思想的方面

中国国学中的管理思想，从形式上看散见于各类著述，但其共同点是将管理问题当成一个整体性的问题，不是“头痛医头，脚痛医脚”，是要从根本上解决问题，正如中医和西医的区别一样。西方的管理更强调技术，在解决具体问题上下了非常大的功夫，如目标管理法等，在西方社会的经济发展中确实起到了非常大的推动作用；而国学中的管理思想更多的是偏重于对人性和人心的了解与教化，强调要对得起天地良心，要对得起列祖列宗；西方管理思想是将人作为工具去约束和管理，人是被动的，而国学管理思想强调人的主观能动，以人为本；西方管理思想以利益驱动为基础，而国学管理思想是以情以义为驱动。综上所述，国学管理思想在行为动机的驱动方面，明显优于西方管理思想，虽然在许多具体的管理手段方面不如西方先进，但国学管理思想在最大程度上发挥了人的主观能动性，决定了管理的效果也一定是优于西方管理思想的，只要是合适的人在合适的时候，有效地按照国学中的管理思想去管理，就一定能取得比西方管理思想好的效果。

4. 社会管理必将更多地应用国学管理思想

国学认为，任何社会的管理，从整体上看，必须要处理好三方面的关系，即人与自然的关系、人与人的关系和人与自己心灵的关系。

当今世界，环境污染与保护的问题是全人类都面临的生死存亡的大事，如果我们仍旧一如既往地完全按照西方的丛林思维，按照西方人征服自然和改造自然的思路去行事，后果只能是导致人与环境的更为激烈的对抗。而人作为自然的一个很小的组成部分，对抗的结果势必是人类自取灭亡，解决此问题的最有效手段，还是要从中国传统的国学智慧中去寻找。如果一些工业大国不再以邻为壑，疯狂地耗费地球的各种资源，而是像中国的很多圣贤所倡导的那样，与自然和谐相处，融入自然，顺应自然，取之有度，所有的环境问题都将迎刃而解。

如果国与国之间、人与人之间都能基本奉行国学管理思想中的很多智慧，如“让”的智慧等，世界势必会减少很多纷争和战争，人与人之间势必会和谐相处，在礼让中平安生活，在礼让中实现各自的价值和人生目标。

在以上两方面都能较好实现的情况下，我们每个人与自己心灵之间的关系自然就会理顺，我们就不会去很愚蠢地“争”，去和自然争，去和人争。处理好了自己和自己心灵之间的关系，我们在处理人际关系方面就会平和，就不会总是充满了怨愤和嗔恨。与自然和谐相处，与他人和谐相处，与自己的心灵和谐相处，我们的社会管理自然会实现无为而治，社会管理成本将会大大降低，而人们的幸福感却会大大提升。

四、我们还可以从《国学十讲》中获得更多营养

袁济喜教授的这本《国学十讲》还回顾了百年来国学的命运起伏，使我们从历史的角度，从宽广的视野看到了国学百年来的变化；探讨了国学与人生境界的问题，向我们介绍了国学极为浓郁的人文关怀意蕴；通过对章太炎、梁启超、王国维和陈寅恪等近代国学大师的回顾，无论是章太炎的汉语情结、梁启超的古典情怀，还是陈寅恪的守望情结，都让我们真切地看到了大师们对国学的深沉挚爱，也让我们很多人感受到了国学之美，让我们对今天的教育产生了很多反思。如果我们的基础教育能真正从国学中去粗取精，汲取营养，我们家长还会疯狂地逼着孩子去学各种“技”吗？如果我们的教育工作者，尤其是主管教育的决策者都有很好的国学修养，就不会培养出大批只会考高分的考试工具；如果我们的官员都有很好的国学修养，他们就会成为真正的“父母官”；如果以国学为基础的传统文化能够在广大民众中普及，我们的生活就一定会更和谐、更美好。国学作为中国固有之学术，在基础教育阶段还相当缺乏的情况下，成人阶段就很难领悟和应用，但通过仔细品读《国学十讲》一书，确实能让我们受到一次很好的国学熏陶，可谓是难得的、强健我们民族骨髓的营养高汤。

重构人文素养和重建人文精神

——由李欧梵的《人文六讲》谈起

·汤遂玮·

中国人民大学出版社出版了李欧梵先生所著的《人文六讲》一书，在这本装帧精致的书中，作者从文学、电影、音乐和建筑入手，探讨人文在今朝的意义和价值，力图重新唤起社会的人文认知，读来发人深思。

李欧梵先生开篇就向读者介绍了何为“人文”，他说：“人文指的是和人有关的东西。‘文’的古意是‘纹理’，也就是形式和规则，儒家传统也一向以‘人’和‘文’为依归，人文就是以人为本的文化，这是不解自明（self-evident）的真理。孔子的‘仁学’就是如此，儒学也就是‘humanities’——一切与人有关也以人为主的学问。”不过，他指出，在当今世界，人人为商业奔波，文化也沦为商品，人文传统荡然无存。

李欧梵先生对人文的担忧之情，不禁令人想起200世纪90年代王晓明等人发起的那场“人文精神失落”大讨论，不过，李欧梵强调他再提“人文”并不是“老调重弹”，而是基于新的历史和社会语境，与王晓明等人当年发起“人文精神失落”讨论有所不同的是，今日是一个“全球化”世界，在全球商业主义浪潮下，不仅在中国，就是在整个世界范围内，人文都不被重视，面临着前所未有的危机。即使是在高等学府，实用主义和功利主义教育盛行，法学、经济学、商学和工科等实用性很强的学科，早已取代文学、历史和哲学这些原先一直很强势的人文科学，整个社会处处以经济为杠杆，唯利是图，毫无人文考量，这正是李欧梵先生所忧虑的问题。

因此，李欧梵先生要“反潮流”，在人人为生活奔波、以赚钱为目的全球化社会呼唤人文教育，重探人文主义。值得敬佩的是，李欧梵先生不仅呼唤人文，而且身体力行，在香港大学开设讲坛，向大学生传授人文知识。大学是培养个体人文素养最重要的场所，但前面说过，今天的高校越来越功利，人文学科早已边缘化。因此在李欧梵先生看来，要想全社会重视，首先需要从高校人文教育入手，重新培养高校学生和老师的人文知识，通过人文教育，恢复人们对于人文的兴趣和信仰，让人文自然地回到现实生活中。

《人文六讲》向人们介绍了文学、电影、音乐和建筑经典的价值，强调了它们在人文教育方面的重要性。例如李欧梵先生在谈论文学经典的功用时，就认为“文学是了解人生的最佳门径”，作者指出古代的中国和西方均很重视文学教育，中国古代将文学看成是经国大业的基础，而在西方，文学则被看成是“有礼节和人道的学养”。但作者也指出，这种崇文风尚在近代发生了变化，文学变成了一门专业学科，这不但没有提升文学的地位，相反，让不少学者和学生“失去鉴赏文学作品的能力和兴趣”。故而作者认为，在今天如果要重建人文，“就是要培养对文学的爱好，先有了爱好再去做专门研究不迟”；在谈及音乐和电影的价值时，作者特别结合自身的聆听和观赏经验，分析音乐和电影对于人成长的重要意义。在他眼里，经典电影与古典音乐都具有减缓现代性压力的人文疗效。

在《人文六讲》的最后，李欧梵先生特别提到了当代建筑，他认为建筑在今天的价值越来越大，他甚至断言建筑是整个21世纪的“文化表征”。不过，他对于当今世界的不少建筑作品显然是不满意的，他强烈批判了以库哈斯为代表的“超级现代主义”建筑，认为这些建筑破坏了上海、北京和香港的固有特色，让这些城市沦为全球同质化的“通属城市”，结果，在这样的城市里，建筑已经“全然控制了我们日常生活的空间”。那么，在李欧梵先生眼里，究竟哪些建筑具有人文气质呢？书中作者特别提到了贝聿铭设计的苏州博物馆，以及中国建筑设计师王澍的作品，他认为他们的作品一个共同特征是取法自然和中国文化传统，具有浓厚的人文主义色彩和田园气息，并且这些作品是对库哈斯等人“超级现代主义”城市建筑的本土反应和有力颠覆。

另外，李欧梵先生也认为，人文和日常生活并非对立，它们息息相关，日常生活需要人文，人文也离不开日常生活。因此，他试图重新勾连文化与生活的关系，提倡回归文化的原来意义，将文化的意义回到“个人日常生活的领域，它虽然免不了带有消费的功能，但绝不止于此”。而阅读文学、欣赏电影和聆听音乐等看起来高雅的文化活动其实均可以在日常生活中完成，不必一定要从事相关专业才能实现。他指出，无论是文学、电影，还是音乐经典，其实都不是“遥不可及或深不可测”，它们均可以从现实生活里重新被认识。

李欧梵先生重新连接人文与生活的关系对今天的社会十分重要，因为他让人们意识到，人文其实离每个人都并不遥远，只要在日常生活里，注意自我修养，多接触人文经典，每个人便都可以成为人文主义者。进一步而言，如果每个人都注重自我修行，重视人文素养，整个社会和日常生活也将富有人文气息，变得不那么庸俗功利。

颇有意思的是，李欧梵先生早年研究20世纪三四十年代的上海都市文化，那时他关注的是超前的、先锋的和时尚的都市艺术，传统的人文经典并不在他的视线范围内，但他何以从先锋主义一下子回归到人文主义和古典主义？其实，在李欧梵先生眼里，现代主义、后现代主义和人文经典相互并不矛盾，最古典的元素可能演绎的是最摩登、时尚的文化。例如他以著名建筑大师贝聿铭的作品为例，指出贝聿铭设计的苏州博物馆虽然运用了大量古典元素，但“它不是‘复古’（因为材料都是新的），而是一种从传统作‘创造性的转化’，特别从小处（如吸取阳光的窗户）可以见其创意，但整体上维持了传统苏州庭园的格局，并不故意出奇”。苏州博物馆充满传统色彩和人文主义气息，却很难归于复古建筑那一类型，相反，这座建筑在某种程度上可以说十分后现代。张永和、王澍等注重文化传统的建筑师的作品被称为“实验建筑”，“实验建筑”说法本身就是现代主义的命名。传统本身就是与现代性相伴而生，李欧梵对于日常生活美学的强调其实十分符合后现代主义观念。他对传统元素的重视，其实与全球化语境下“发现传统”的潮流是一致的，霍布斯·鲍斯等人在《传统的发明》中早已指出正是在快速现代化的过程中，在英国、法国、美国等国家，许多“传统”被重新发现，甚至重新被生产和创造出来。而在全球化时代，这种发现和重新认识“传统”，甚至再造“传统”更加盛行，李欧梵先生对于人文传统的重新阐述顺应了这股潮流，所以他对于传统的呼吁与其早年对于现代主义的称赞并不矛盾。

当然，无论是早年提倡现代主义，还是今天重新认识人文主义，李欧梵先生讨论这些话题都有一个潜在对象——中国。虽然长期生活在海外，但身为华人，李欧梵先生始终关注中国社会的现实问题。当年，中国与世界还处于隔绝状态，生活在古老乡村的国人对于都市时尚十分陌生，很难接受各种摩登时尚，李欧梵先生便开始研究20世纪二三十年代上海的都市文化，开启了中国的都市文化热，他的著作让人们知道中国也曾经摩登、时尚和现代；而在今天，中国快速发展，社会变化日新月异，到处是摩天大楼的上海甚至让李欧梵先生也感到了人的“异化”，在此背景下，他却反过来规劝中国发展不要太过功利主义，只注重经济，只强调 GDP，而忽视自然和人文教育。由此可见作者的良苦用心。

通过文学、电影、音乐和建筑，李欧梵旁征博引地向读者谈论“人文”，这些讨论显示了作者渊博的知识和跨学科的视野。最后要说明的是，这本书之前在香港已经出版，名为《人文今朝》，内地推出时改以“人文六讲”为题，用作者的话来说，这一改“似乎添加了一点学者演讲的课堂味道”。《人文六讲》出版时保持了作者演讲的形式，这使得该书更显得原汁原味，能让即便没有听过李欧梵先生演讲的人们，亦能从流畅雅达的行文中真切地感受到作者演讲时的人文风范。

发展与繁荣人文社会科学

——读《走进“中西会通”的时代》

·彭理文·

《走进“中西会通”的时代——人文社会科学“走出去”名家访谈录》缘起于教育部哲学社会科学研究重大课题攻关项目“哲学社会科学[①]‘走出去’战略研究”，通过对在经济学、金融学、文学、管理学、传播学、统计学、政治学、心理学、历史学、哲学、法学、教育学等学科领域有着深厚的造诣、兼具中西方学习和生活背景、对中西方文化有着较深的理解的三十多位海内外知名学者进行访谈，来更好地把握“人文社会科学‘走出去’”这一当前中国社会发展中面临的重要课题。

一、什么是人文社会科学“走出去”？人文社会科学为什么要“走出去”？

华人学者成中英认为，所谓“走出去”，就是你有东西给别人，也能从别人那儿学到东西，有对等的交流。所以，要“走出去”的话，先要建立自己，要建立自己就先要了解他人，不但要了解他人，还需要通过对他人的了解来吸取他人的方式。

当前，中国经济实力不断增强，国际地位逐步提升，但是中国人文社会科学的影响力与中国作为经济大国的地位并不相称，在国际学术界的声音还很弱。正如中国人民大学出版社总编辑贺耀敏在访谈中所说：“从出版业来讲，我们现在图书品种的引进和输出比例大概是 7∶1，我们图书进出口是严重入超，‘走出去’的数量还很少。”国家图书馆原馆长詹福瑞也提到：“国外对中国哲学社会科

① 同人文社会科学，人文社会科学是通用的学术词汇，哲学社会科学是中国政府官方的正式表达用词。

学的了解远远赶不上我们对国外哲学社会科学的了解，形成了一种反差，就像贸易逆差一样，文化也有一种‘贸易逆差’。”为了改变这样的“逆差”，需要更快更好地推动中国人文社会科学“走出去”。

二、当前“走出去”的主要障碍是什么？

国学教授沈卫荣提到，“我们的学术研究跟国际上脱节了很多年，实际上可以说是改革开放之后才开始逐渐与国际挂上钩的，由于时间较短，积累的确没有那么深厚，有所差距是正常的”。他认为，改革开放之后很多年我们还一直在消化吸收西方的学术研究成果，自己的东西还不是很多，没有达到可以跟西方进行对话的学术研究层次。所以，中国人文社会科学“走出去”将是一个长期的渐进过程。

心理学教授俞国良提到，“要想获得影响力，就要在国际上发表英文论文，而要想发表英文论文，就要符合国际上的学者权威和学术研究者的兴趣和标准。这实际上是一个矛盾或一把‘双刃剑’……再加上西方学者心目中的‘西方中心主义倾向’，这对中国学者来说，更是雪上加霜”。因此用英语进行交流、发表文章和出版刊物已经成为我们“走出去”的必由之路，然而在这样的过程中，我们的思维是否已在改变？展现的是否还是自己？

学者们在访谈中对方法和研究范式的问题非常关注。美国宗教学教授威廉姆斯认为：“就研究方法而言，不同之处或许就是美国学者更侧重细节，更关注细小的问题，研究目的也更加细微。大陆学者更侧重宏观研究领域，因此研究问题也更为概括。”经济学教授洪瀚认为：“就中国的经济学问题而言，国内学者在回答问题和解决问题上已经达到比较高的水平，但是，在方法论和基础研究上，与国际前沿研究的差距还是比较大。”对中国学者尤其是经济学、管理学等一些国际共通学科领域的中国学者来说，面临的重大挑战是如何将自己的研究成果以当前西方主流的方法和研究范式呈现出来。

学者们在访谈中对当前人文社会科学成果评价标准的数量化、表面化倾向进行了毫不掩饰的批评。教育学教授项贤明说，现在我们拼命要求高校在国外杂志上发表文章，但是光发表文章不一定就是“走出去”。他形象地比喻道，鹰是有羽毛的，但有羽毛的并非都是鹰。我们希望孵出一只鹰飞出去，但是收集羽毛是永远得不到鹰的。我们现在是拼命收集羽毛，希望能够通过收集羽毛得出一只鹰，这是非常荒谬的。管理学教授黄伟批评道：“中国很多大学考核教授的一些评判标准是跟发表文章的数量挂钩，过于强调数量标准，我认为这是对国家最优秀人才的浪费。”而且这种评价制度的GDP化也严重地影响了人文社会科学学者的治学环境，刘新教授就指出：“中国学者面临的思想生产条件应该是晚清以来最好的，但是人的心态的浮躁程度好像是晚清以来最差的。精神状态和物质满足好像成为一种矛盾。”密歇根大学教授谢宇也提出：“学者如果有太多个人动机，不以学术追求为最高标准而去追求如职称、收入、奖励、媒体知名度、荣誉等，那会有很大问题，尤其是制度上再鼓励学者这样做的话会严重影响社会科学学术化进展。”

三、人文社会科学如何“走出去”?

美国学者罗伯特·罗兹认为，美国的社会科学之所以具有全球性的影响，原因在于学科的实力很强，学术研究推动了学科的发展及影响的扩大。而我们要想提升中国人文社会科学的地位和水平，就要考虑如何克服语言和方法带来的障碍，考虑如何提升自身实力，成为能够站在时代的前沿解释和回答当前中国经济社会建设中取得的成就和面临的问题，并为解答当前人类文明进程中共同面临的重大问题提供思想来源，具有中国特色、中国风格、中国气派而又具世界影响的学科和学术。就像香港学者张隆溪说的那样，真正有水平的东西自然能够被人看到并且关注，就像销售产品一样：如果你的产品本身质量不行，再怎么推广也没有用；如果产品质量很好，即使不加宣传，大家口口相传，也会有很好的效果。在国际关系学教授金灿荣看来，中国现在是世界关注的焦点，了解今天的中国是了解未来世界的关键，这个观点在西方学术界基本成为了共识。中国是未来社会科学创新的主要发源地，中国的学术界一定要有这个自信。

因为无法通过简单的量化对人文社会科学进行比较，感性的认识反而成为一扇重要的了解之窗，《走进“中西会通”的时代》一书正是扮演了这一角色。学者们围绕人文社会科学“走出去”这个重大命题进行了深入的讨论和分析，各抒己见，精彩纷呈，从不同的角度引人思考、给人启迪。

文化力、精神力、道德力

——评《联结地球的文化力——高占祥与池田大作对话录》

·李 伟·

古人有云：文章合为时而著，歌诗合为事而作。高占祥先生和池田大作先生两位当代卓越的桂冠诗人，为我们写下了无数令人赞叹、发人深省的诗篇。最近，由中国人民大学出版社出版的两位先生的对话录，更是因时而作、应时而生，为共生在地球上的各国各民族人民提供了闪烁着耀眼智慧光芒的宝贵精神食粮。

我们生在一个伟大的变革时代，一切旧有的观念、传统正在被滚滚向前的时代潮流驱动着，无时无刻不在发生着巨变。过去，与军事力、经济力相比，文化力常常被人们看低。事实上，文化不仅仅是一种力量，而且是一个民族、一个国家的灵魂，它是经济发展、科技发展乃至社会发展的驱动力和牵引力，是一国软实力的真正核心。当今世界，人们已经充分认识到，文化力就是最重要的软实力，文化力可以铸就强大的精神力、创造力，文化发展、传承日益被各国政府和社会各界高度重视，文化力成为各国之间进行国际竞争的重要方面，同时其在综合国力竞争中的地位和作用也越来越突出。

早在 20 世纪 90 年代，高占祥先生就开始集中思考“文化力”问题，并于 2007 年出版了《文化力》一书；池田大作先生对这一概念的提出予以高度评价，并以此为契机，围绕这一主题与高占祥展开了内容广泛的“对话”，《联结地球的文化力——高占祥与池田大作对话录》正是这些对话的集纳与梳理。

高先生曾说过：“文化不仅仅是力量，而且是灵魂。它是经济发展、科技发展乃至社会发展的驱动力和牵引力。”池田先生说过：“实现融合、和谐理念的基础，非‘文化力’不可。”今天我们沿着两位智者指引的方向讨论“文化力”，意义不止于看得见的社会现实。传承东亚传统文化的精华，珍视文化对现代社会文明进步的重要意义，任重道远。池田先生认为由知识、文化构建的“软实力”之核心哲学，即东方思想中所阐述的“缘起”那样的思想，重视关系性要比重视个别性更多。在今天的全球化浪潮中，文明的交融碰撞背后牵涉着全人类能否和谐共生的问题。以“文化力”为核心，在后工业时代探寻思想的出路，在物质世界里涵养精神主体性，如池田先生所言，“是中国发展的渊源和世界和平的关键”。

高占祥先生曾任文化部常务副部长、中国文联党组书记等职务，现任中华民族文化促进会主席。他既是一位文化事业的优秀领导者，又是一位才华横溢的文化工作者。多年来，他在文学、书法、绘画、摄影、舞蹈等诸多领域都有不俗的建树，取得了骄人的成绩。用高先生自己的话来说，他的人生经历可以概括为“旧社会的小童工；新社会的好青年；‘文革’时的‘反革命’；平反后的‘高部长’”。曲折而丰富的人生历练也深刻地反映在高先生在这本《对话录》的发言中。从一名刻苦好学的“小童工”到共和国的“高部长”，高先生始终牢牢秉持着对知识和文化的追求、对善与美的探寻，提出了“文化力”、“靠文化来复兴人文精神”等观点，认为文化力是给予科学进步、经济发展、社会繁荣等无限力量的原动力。这些观点在社会各界引起了很大反响，得到了广泛认可。正如池田大作先生在对谈中指出的：“如同太阳光促成植物发芽、成长、开花一样，只有充分发挥‘文化力’，才能让人丰富的内发创造力开花。”

池田大作先生是享誉世界的知名思想家、和平运动家和教育家，任创价学会会长已 50 年之久，为中日友好、世界和平做出了卓越的贡献，是中国人民最为信赖和敬仰的朋友。作为思想家和教育家，池田先生领导的创价学会致力于推进世界和平与发展，如今已成为一个影响巨大的国际性组织，在全球有超过 1 000 万信仰者。与此同时，池田先生还创办了创价大学、民音、东京富士美术馆等机构，从各个领域出发促进国际文化交流与合作。池田先生也是一位举世闻名的作家，他的著作已在世界各地以 40 多种语言出版，早在 30 年前，先生的著述就在中国拥有众多的读者。20 世纪 60 年代开始，池田先生冒着极大的政治风险，全心全意推动中日邦交正常化，以行动践履创价学会的和平理念，这无疑是可以载入史册的伟大功绩。

高占祥先生和池田大作先生最新推出的《联结地球的文化力——高占祥与池田大作对话录》，是就“文化力”这一主题展开的内容广博的对谈。在前后共十三回对谈中，两位先生从各自参与中日政治、文化交流的历程与童年的回忆谈起，谈到了文化力与个人命运，民众在国际文化交流中的重要地位和作用，开拓

“文化大交流时代”的重要性；谈到了中华文化的影响力和文化之于人格培养的关键作用，摄影作品反映出的人之内心世界，母亲的教育对每个人成长的重要意义；谈到了池田先生的“人间革命”重要理论对当下社会的启发意义，在传统文化精华和“文化力”理念指引下的人的精神力量的复兴，精神力量对物质世界发展与进步的巨大推动力；谈到了在人与人之间、群体与群体之间、国与国之间加深相互理解和信赖的基础上，可以构筑坚不可摧的和平力量。最后，两位先生共同对青年的未来寄予厚望，指出通过不懈的交流与合作加深相互的理解，加深彼此的友谊，互相取长补短，着眼未来，用“文化力、精神力、道德力”灌注自己的生命和心灵，鼓励青年们用行动创造美好的未来。

《对话录》中处处可见高先生与池田先生对青年无私而饱满的爱，以及对和平孜孜不倦的追求，两位先生的热情与朴实，令这本书的文字读来感人至深，时时发人深省，对读者的感染不止于深刻理解文化力之重要，且能使人从中领悟出平实却深刻的人生真谛！

高先生与池田先生皆为造诣深厚的知名诗人，《对话录》中引有二位的诗作数十篇，池田先生有诗云：

教育以知识为水泵
是汲取智慧泉的力量
教育让你拥有清新的向上心
是磨练德智体的场所

高先生有诗云：

墨染三池水，笔生千瓣花。
一勤成万事，苦练出英华。

“文化力”要靠教育来传承、推广、发扬光大，辅以人自身的不懈努力与追求，自然可成就“英华”。两位先生的拳拳之心见之于诗，值得我们永远铭记！

汇聚菁华，弘扬真理

——评《夏甄陶文集》

·李 伟·

认识论（epistemology）又称知识论，是探讨人类认识的本质、结构，认识与客观实在的关系，认识的前提和基础，认识发生、发展的过程及其规律，认识的真理标准等问题的哲学学说。马克思主义认识论即辩证唯物主义认识论，是认识论的高级发展阶段和科学形式，揭示了关于自然、社会和人的思想发展的普遍规律，为一切科学研究提供了方法论。中国人民大学出版社近期推出了中国人民大学教授、著名马克思主义哲学家夏甄陶的文集，堪称马克思主义认识论和人学研究界的一大盛事。

夏甄陶是中国人民大学荣誉一级教授，1931 年生于湖南安化。历任中国社会科学院哲学研究所副研究员、研究员，辩证唯物主义研究室副主任，研究生院哲学系主任，院学位委员会委员。1984 年被批准为博士生导师。1985 年调任中国人民大学哲学系教授、博士生导师。历任中国辩证唯物主义研究会秘书长、副会长及认识论分会会长，中国人学学会副会长。1988 年获国家级有突出贡献专家称号，1992 年起享受政府特殊津贴。

夏先生勤于科研，治学严谨，数十年如一日地兢兢业业于哲学研究和教学工作中。在历经 50 余年的学习工作和研究后，他已是著作等身、桃李芬芳。对夏先生的学术成就和贡献，社会给予了较多的关注和推崇，夏先生的多部著作曾获教育部、北京市的奖励。此次出版的《夏甄陶文集》分为六卷，共收录了夏先生从 1982 年至今的重要著作五部，论文集一部。

文集第一卷为《关于目的的哲学》，该书根据马克思主义哲学基本原理，把目的当作人的活动的一个因素，从哲学上加以考察。为使这种考察的范围具有确定性，该书坚决反对关于世界的目的论解释。在排除了关于自然界的目的论解释后，着重从目的是人的活动的一个因素这个角度，对人的活动所具有的自觉目的性的特点，人们提出目的和实现目的的根据、手段与途径，作出一般性的哲学考察。作者的观点是，我们的一切有目的的活动，从提出目的到实现目的，都应该坚持马克思主义哲学的基本原理，以便在认识世界和改造世界的过程中，从必然性王国中越来越多地取得和扩大自由的阵地。

文集第二卷为《认识论引论》，曾于 1991 年获北京市哲学社会科学优秀成果一等奖，广受赞誉，是夏先生的重要代表作。从唯物论和辩证法有机统一的立场出发，该书逐一分析了以实践为中介的认识结构的两极——主体和客体的内在规定性及其对立统一关系，指出实践是主体和客体之间实际的相互作用。作者考察了实践的目的、手段、过程和结果，并从发生学的角度，揭示了人类从不知到知、从低级的认识到高级的认识的认识发生和发展的过程，进而阐述了主体观念地掌握客体的基本形式、基本方法，认识的任务和主体对客体的实践掌握方式。该书运用系统分析的方法，力图深入人类社会生活的实际过程，把握人类认识发生、发展的一般规律和辨证本性。

文集第三卷为《中国认识论思想史稿（上卷）》，曾于 1998 年与下卷一起获教育部人文社会科学研究成果二等奖，亦为夏先生学术生涯代表作之一。依照时间先后顺序，该书详细阐述了中国自春秋战国至隋唐时期的主要哲学流派或哲学家的认识论思想，并于其间进行了深刻的分析和解读。作者一方面根据充分的资料，力图阐明这些哲学流派或哲学家的认识论思想的本来意义；另一方面又注意结合现代认识论发展的特点，注意从这些哲学流派或哲学家的认识论思想中，探索对现代认识论研究具有启迪意义的征兆、胚胎、萌芽。

文集第四卷为《中国认识论思想史稿（下卷）》，1998 年与上卷一起获教育部人文社会科学研究成果二等奖。该书阐述了中国自宋代至清代道学（包括心学）和反道学各学派主要代表人物的认识论思想，以及近代地主阶级革新派、资产阶级改良派和资产阶级革命派的主要思想代表的认识论思想。作者力求对这些认识论思想的基本内容作出符合历史实际的分析和评价，同时也注意探索这些认识论思想中所蕴含的对现代认识论研究的启迪意义。

文集第五卷为《认识论与人学两论》，包括两部认识论和人学的论著。《认识的主—客体相关原理》，对认识系统中主—客体相关联的条件、机制作了深入的分析、考察。作者提出了认识的主—客体相关律，分析了主—客体相关律在认识系统的共时态和历时态结构中的表现与作用。《人是什么》曾获 2002 年北京市哲学社会科学优秀成果一等奖。作者论述了人直接地是自然存在物，在本质上是社会存在物、是有意识的存在物和从事活动的存在物，为人们现实地把握人的本质和人的存在，提供了世界观和方法论的指导。

文集第六卷为《实践的唯物主义》，是论文选编，汇集了作者自1978年至2008年30年间的40篇学术论文。这些论文主要探讨马克思主义认识论与人学问题，从主体与客体、人与世界的关系上，广泛地论述了马克思恩格斯所主张的“实践的唯物主义”。作者强调，实践的唯物主义以实践为基础，来理解、解释、驾驭和处理人和现实世界的关系。要客观地理解人和世界的关系的现实状况与历史发展，必须坚持实践的唯物主义观点。认识论研究人和现实世界的关系，人学研究人本身，而现实的人是通过感性活动、通过实践来表现和实现自己生存与发展的动态关系的。

从1982年首次出版《关于目的的哲学》开始，凭借将认识论哲学本体论和历史唯物主义研究融为一体，夏先生的研究受到了理论界的广泛关注和称道。1987年《认识论引论》一书出版，夏先生关于现代认识论的研究将我国哲学界的认识论研究推向了一个新阶段。进入90年代后出版的《中国认识论思想史稿》，从马克思主义认识论的角度，阐述了中国自春秋战国至清代的主要哲学流派或哲学家的认识论思想，在学术界产生了重大影响。1996年，《认识的主客体相关原理》一书出版，在此书中夏先生对马克思主义实践唯物主义的研究进一步深化，提出了在学术界很有影响的认识的主客体相关律。进入新世纪，人学逐渐成为哲学发展的热点，夏先生的《人是什么》于2000年出版，对学术界的相关研究有深远的理论意义和实践意义。此外，夏先生在1978年至2008年间还创作了数十篇探讨马克思主义认识论与人学问题，从主体与客体、人与世界的关系上深刻论述马克思恩格斯所主张的“实践的唯物主义”的论文，对认识论和人学近三十年的发展产生了广泛的影响。

当前，改革的深化和利益关系的调整，在促进社会发展和进步的同时，也必然会导致一些新的矛盾和问题，尤其是人们对社会发展的认识，正在逐步走向多元化甚至走向混乱的发展方向。哲学社会科学工作者肩负着研究、传播、捍卫和发展马克思主义的历史重任，肩负着认识世界、传承文化、创新理论、资政育人、服务社会的神圣使命，尤其应在坚持马克思主义认识论上做表率。《夏甄陶文集》汇集了夏甄陶先生数十年来从事中国哲学、马克思主义认识论、实践唯物主义和人学研究的精华成果，文集的出版，是我国哲学界的一件大事，对于当今社会的发展也有重要的理论和实践指导意义。

红色沃土，服务人民

——读《求是园名家自述（第二辑）》有感

·霍殿林·

2012年是中国人民大学成立75周年，作为向这一具有纪念意义的校庆之年的献礼，我社推出了一批校庆纪念图书，本人有幸参与审读编辑了其中一部《求是园名家自述（第二辑）》。这部书收录了从作为中国人民大学前身的延安公学一路走来、伴随共和国的成长而倾尽毕生精力辛勤耕耘在人民大学教坛的一批老一辈教授、学者的人生历程自述，这些老一辈是名副其实的老"人大人"，他们为人大的发展作出了不可磨灭的贡献。阅罢该书，令人不由久久回味、思绪万千，既对那些老前辈钦佩不已，更对中国人民大学的历史有了更多更深的了解，并深为自己作为一名中国人民大学出版社的职工而自豪。

从1937年的陕北公学，到1939年的华北联合大学，再到1948年的华北大学，最后到新中国成立后的中国人民大学，一路走来，尽管不同时期的名称不同，但都是在党的关怀下不断发展，宗旨都是为党的事业、人民的事业服务。中国人民大学既是一个学术摇篮，也是一片红色沃土，更是真正的人民的大学。

从老一辈革命家吴玉章、成仿吾，到袁宝华、黄达、李文海、纪宝成等，再到今日之陈雨露、程天权，一代代人民大学的领路人一脉相承，引领中国人民大学坚定不移地走在党指引的道路上，不断为党的事业、人民的事业添砖加瓦。

中国人民大学是党一手创办的大学，有着光荣的革命历史和传统，始终受到党和国家领导人的高度重视与信任。无论是老一辈国家领导人朱德、刘少奇、邓小平等，还是以江泽民同志为核心的党的第三代中央领导集体，都对人民大学给予关怀与期望。回顾75年人大历史，以毛泽东同志为核心的党的第一代中央领导集体亲手缔造了中国人民大学，以邓小平同志为核心的党的第二代中央领导集体给予了中国人民大学第二次生命，以江泽民同志为核心的党的第三代中央领导集体赋予了中国人民大学"与时俱进"的新品质、新灵魂，并期待中国人民大学"成为以人文社会科学为主的世界知名的一流大学"，以胡锦涛同志为总书记的党中央悉心指导中国人民大学的发展并寄予厚望，高度肯定学校"立学为民、治学报国"的办学宗旨，对学校作出"建设成为'人民满意、世界一流'大学"的重要指示，为中国人民大学在新时代的发展指引了航向。这些，都足以让每一个"人大人"自豪，给"人大人"以发展的动力与方向，也令"人大人"深感肩负使命的分量。

如今的人大，早已是师资雄厚、人才济济、理念先进、设施齐全、校园优美、享誉世界，引无数海内外优秀学子心向往之。对内：在党的领导下，时刻不忘自己的使命，孜孜不倦地为社会主义建设培育、输送栋梁之才；对外：以包容进取的心态，与国际上的知名院校、科研机构交流频繁，为加强我国与世界各国的科技、学术交流以及各国人民间的友谊和了解作出着不竭的贡献。可以说，中国人民大学一路走来，始终很好地践行着它的使命，不负党和人民的重望，是一块名副其实的红色沃土。

目前，中国人民大学全体师生员工正秉承"立学为民、治学报国"的办学宗旨，按照学校"十年腾飞"的战略规划和"十二五"发展规划，深入推进人才培养体系改革，大力开展"思想库"建设，全面提升学校的国际性，继续加强校园建设，打造引领社会进步的大学形象，为把学校建成"人民满意、世界一流"的大学而努力奋斗。

作为新时代的"人大人"，纪念人大建校 75 周年，是为了不忘中国人民大学的历史与传统，不忘党的教诲，学习先贤的精神，明确中国人民大学的宗旨与方向，鞭策自己继往开来，开拓进取，为中国人民大学的明天而继续努力。

时值中国人民大学 75 周年校庆之际，因参与审读编辑《求是园名家自述（第二辑）》有感，是为记。

现代设计漫谈

——《现代设计史》（第 2 版）读后

·夏贵根·

2003 年，美国宾夕法尼亚州费城德雷克塞尔大学韦斯特法尔媒体艺术与设计学院教授大卫·瑞兹曼出版了《现代设计史》第 1 版，中文版由中国人民大学出版社于 2007 年推出。时隔 7 年后，作者利用新获得的知识和经验，结合设计领域的新动向和新发展，对材料或精简，或扩充，做了进一步完善，于是有了第 2 版的问世。中文版亦由中国人民大学出版社于 2013 年年初推出。

该书按照年代顺序，叙述了自 18 世纪以来世界范围内的设计历程。作者试图在一个大的框架中处理设计史，详述不同时期的设计手法和设计理念，介绍产品的创作流程，分析产品对设计师、赞助人、生产商和使用者承担的不同功能。读书配有丰富的插图，实例图片近 600 幅，是一本不可多得的了解现代设计的入门书。可以不夸张地说，即使撇开文字不读，读者通过读书提供的实例图片也能一窥现代设计的脉络和精华，为读图时代的读者奉献了视觉上的饕餮盛宴。

设计在我们的日常生活中随处可见，是一个言人人殊的领域，存在多种多样的视角，每个人都可以有自己的设计观。那么，什么是有生命力的设计？为什么各国要在设计领域进行看不见硝烟的争夺呢？设计的发展只是设计师和设计界业内的事情吗？诸如此类的问题，恐怕观点也会因人而异。

设计要有时代特色，体现时代脉搏和精神。这一点在不同时期举办的世界博览会上表现得最为突出。比如，1851 年，世博会在伦敦的海德公园举办，成为设计在 19 世纪中叶的一个分水岭。为展览设计的临时场馆——后来称为水晶宫，采用的全是预制标准件，铸铁和熟铁均暴露在外面，玻璃的覆盖区域之广，前所未见，而且完全没有采用传统的建筑材料如石头，也没有类似承重墙这样的建筑结构。当时的英国在世界上率先完成了工业革命，步入工业社会，水晶宫及其展览成为了现代、进步和信心的有力注解和诠释。所以，当人们身处其中时，会有“充满了虔诚感”这样类似宗教的反应。为1889年巴黎世博会而建造的埃菲尔铁塔，以锥形造型和开放结构，向世界宣示了工业文明的力量。1925年巴黎博览会举办时，欧洲摆脱了一战的阴影，展览集中展示了面向高级奢华品市场的产品和室内设计，以华美的装饰和对稀有材料的使用为特色，表现了人类对未来生活的美好向往。1939年举办的纽约世博会，以“创造明天的世界”为主题，将展览集中于现代科技在家居生活中的应用，承诺通过交通工具取代徒步行走，在家居劳作中以机器取代人力，在建筑模式中以新的取代老化和腐朽的，体现了鲜明的民主性。福特汽车公司生产的T型汽车外观几乎一成不变，却独领风骚于整个20世纪20年代，它的成功，根源于使用高效率的机器、标准化兼容的零部件以及对劳动力科学的管理方式，并独创了“福特制”的标准化流水线作业模式。

设计要关注大众的需求，要有科技创新精神。产品的创新，产品和使用者之间的互动，以用户为中心的设计理念，是设计亘古不变的主旨。当前新科技的发展促使小型化成为工业设计中重要的参考因素。手机兴起之际，由芬兰制造商诺基亚生产的移动电话，往往采用简洁、整合的外壳，体积轻盈，外观紧凑，零部件之间的关系也倾向和谐统一，在很大程度上实现了纯粹几何式的审美。时下苹果iPhone各系手机之所以风靡全球，在于它将简洁光滑的外观、强大的科技含量、友好的使用界面、各式各样的功能等完美地融于一身，成为科技设计领域不可复制的“艺术品”。反观中国的数码产品，仿制的山寨产品层出不穷，民族品牌缺乏创新意识，存在把高科技的信息产品当成工业产品来做的倾向，这是对设计的亵渎。在出版印刷领域，现代字体的设计和发展随着时代的变迁，根据消费者体验的变化，一直在不断地发展着，涌现了众多灿若星辰的印刷设计天才。花体、衬线体、无衬线体等的演变轨迹，表明字体的设计既要实现字形的优雅、页面的安排与文字的易读之间的平衡，又要确保不同的字体在测量和标准上具有一致性。我们今天在电脑上使用的字号就是以18世纪的点数系统为基础的。现今，招牌、传单、报纸广告等印刷材料的设计正以丰富多样的新的醒目字体和多种不同的字号，努力攫取消费者的兴趣和注意力，或向公众舆论施加影响。

设计能刺激商业发展，增强国家经济实力，是经济竞争的一个重要元素。瓷器是中国的国器，曾引发了欧洲国家对东方的向往。18世纪起，欧洲加强了对瓷器制作工艺的研究。法国塞尔夫皇家瓷器工厂是这一领域的佼佼者，其生产的瓷器品种多种多样，有餐具，有陈设用品，质量明显高过中国出口的瓷器。中国瓷不得不面临与新崛起的当地产品的竞争。

设计的发展也离不开政府和企业的大力赞助。法国的路易十四曾对艺术进行了大规模的赞助，尽管主要目的是从视觉上突出表现皇家的政治威严和权力，但客观上促使当时的法国立于欧洲艺术之巅。第二次世界大战后，很多欧洲跨国公司请人设计企业标识和形象识别系统，主观上是为了让企业的形象广为人知，但间接促进了设计领域的蓬勃发展。

需要指出的是，该书虽是对世界范围内现代设计史的描述，但作者笔下的“世界”只包括欧洲和北美，偶论及日本，中国的设计产品付之阙如，我不想因此断定作者有浓厚的西方中心主义倾向，而是从发展的角度着眼，或许我们的设计真的还无法在世界上占据一席之地。新世纪以来，中国在国际上的地位不断提升，中国设计尚不能与中国的国力相匹配。随着 2008 年北京奥运会的举办和 2012 年上海世博会的召开，中国的设计开始吸引世界的目光，但离设计强国的目标还相去甚远。或许，当哪天“MADE IN CHINA”（中国制造）被“DESIGNED IN CHINA”（中国设计）取代，亦是中华民族真正实现伟大复兴时。

美好的一天从阅读开始

——读《大量阅读的重要性》有感

·邹　莉·

我们现在正处于一个知识竞争、人才竞争的时代，那种“两耳不闻窗外事，一心只读圣贤书”的传统理念已经无法适应这个瞬息多变的世界了。目前，我国的基础教育改革正在如火如荼地进行，虽然改革的过程中还有很多不尽如人意之处，但此次改革的目标之一即是提高学生的整体素质，通过大量阅读汲取知识丰富自己无疑是实现这一目标的有效手段。曾任台湾暨南大学、静宜大学校长的李家同教授在《大量阅读的重要性》（中国人民大学出版社 2012 年出版）一书中深刻总结了“大量阅读”的益处和“不能阅读”的危害，并与读者分享了自己喜欢的文学作品。

《大量阅读的重要性》源自李家同教授近年不断走访各地的演讲，虽然每次演讲的内容各有侧重，但都冠以“大量阅读的重要性”之名，延续其对奠定基础人文教育的重视，对弱势儿童的关怀以及对城乡教育差距的关注。

作者开篇并没有大肆谈论阅读的好处，而是通过大量的实例指出了“不能阅读”所带来的后果。所谓“不能阅读”，与文盲不识字的情况不同，它是指读了一本书或者一篇文章之后，却搞不太清楚这本书或这篇文章在说什么，这就是缺乏阅读能力。这种阅读能力的缺失，其后果之一就是缺乏常识。作者指出：“书是永远都读不完的，对任何一个人而言永远都会有新知识出现，也永远都会有新发掘和考证出来的历史、新出版的文字小说、新发明的科学技术、新诠释的观点和理论，或是世界各地新发生的新闻。当这些各种各样的信息普及之后，就成了一般人生活中的普通常识”，“这些生活中的常识，不可能全部依靠课本获得，因为教科书的内容是属于最精华和基础的知识”，只有通过大量阅读课外读物才能在打好的地基上建起大厦。作者的这一观点与台湾学者洪兰教授的观点不谋而合。洪兰教授曾经在其讲座中指出，书本知识只是一个人的骨架，大量课外阅读获取的知识是一个人的血肉，只有两方面相结合，才能造就一个完整的人。

缺少阅读除了会导致普通常识不足、视野受限问题，还会直接影响学习能力。在第二章，李家同教授通过具体的实例指出了缺少阅读的第二点影响——学习任何科目都会有困难，主要表现在五个方面："国文不好，数学等其他科目也一定会不好"；"阅读不够，抓不到文章的主旨"；"阅读不够，作文一定会不好"；"阅读不够，无法表达自己的想法"；"阅读不够，文章常会主旨不明"。作者紧接着在第三章中指出，通过大量阅读，可以训练四种语文能力："很快看懂文章，并且抓到文章的观点"；"正确且清楚地表达自己的想法"、"写文章合乎逻辑，不自相矛盾"；"文章内容不落俗套，有独到的见解"。李教授非常赞同法国当代文学家罗兰·巴特的"作者已死"的观点，但他更进一步地认为，大量阅读的人，看一篇文章往往能有自己的独特解读，这种解读会随着阅读者生活阅历——包括经历过的事，接触过的人，看过的书，行过的路——的增加而有所不同。

在该书的最后三章，李教授列举了大量阅读过程中应该选择的几类读物，还与读者分享了他个人最喜爱的四本书——《一个都不留》、《苍蝇王》、《白鲸记》、《深河》。同时，作者对弱势群体予以极大的关注，就"缩小城乡阅读的差距"这一问题谈了自己的一些看法和具体措施。

纵观全书，李教授在这本演讲录中阐述了一个基本的观点——大量阅读是基础教育的起点。然而反观我们的基础教育，在应试的大环境下，"精读"被很多教师奉为圭臬，教学尤其是语文教学过于咬文嚼字地专注细节，依照单字、词组、句子、段落、文章这样的顺序，以语法为重点，以死记硬背、反复练习和机械训练为主要学习手段，殊不知这种方式会让学生渐渐失去阅读的兴趣，孩子的理解能力、思维能力会逐步退化，进而影响表达与沟通能力。对阅读的认知错误，让孩子只想追求标准答案，扼杀了不同观点和想象力。基础根基没有打牢，更会往上延伸到高等教育，以及整个社会和国家的竞争力。

原苏联著名的教育实践家和教育理论家苏霍姆林斯基在《给教师的建议》一书中也表达了同样的观点。苏霍姆林斯基认为，那种把全部精力都用在阅读过程本身上去，不能把词作为统一的整体来阅读并不是真正意义上的阅读。学校教育的缺点之一，就是没有那种占据学生的全部心智和心灵的真正的阅读。这里，苏霍姆林斯基用了"真正的阅读"这个字眼。他认为，学校范围内的阅读，是以识记为目的的阅读，并不是真正的阅读。只有能够吸引学生的理智和心智，激起他对世界和对自己的深思，迫使他认识自己和思考自己的未来的阅读，才是真正的阅读。真正的阅读应该满足两个条件：其一，迅速地、理解地、有表情地阅读和感知所读的材料；其二，在阅读的同时能够思考，在思考的同时能够阅读，即用视觉和意识来感知阅读材料。通过阅读而激发起来的思维，好比是整理得很好的土地，只要把知识的种子撒上去，就会发芽成长，取得收成。苏霍姆林斯基指出，学会阅读，不是为了去得分，而是因为它是精神生活所必需的，要让学生认识到任何东西都取代不了书籍的作用，不会阅读，他就会失去很多的乐趣。学校教育中学到的知识，无论是哪一个学科，都只是汪洋知识海洋中的一滴水而已，只有通过大量阅读，不断地汲取新的知识，才能由一滴水逐渐变成小溪小河，乃至于大江大河甚至大海。

兴趣是最好的老师。一生中若能与自己的书本相遇，是幸运的。无论是家长还是学校，都应想方设法让孩子拥有这种美好的相遇。作为家长，我们要从小就培养孩子的阅读习惯，引导孩子喜欢阅读，爱上阅读，让阅读成为孩子生活的一部分。我们的学校要努力营造“书香校园”，让学生切实体会到明代于谦所说的“书卷多情似故人，晨昏忧乐每相亲。眼前直下三千字，胸中全无一点尘”。当学生能够认识到，读书可以使精神充实，可以使人远离蒙昧和低俗，可以提升生命的质量，使人觉悟到人之为人的根本，那么他们就会终生与书籍为伴。

大量阅读，从现在开始吧！

从匠气十足到匠心独运
——读《开始写吧！——影视剧本创作》有感

·毛木芳·

《开始写吧！——影视剧本创作》是美国自由作家雪莉·艾利斯与其外甥女劳丽·拉姆森合编的影视剧本创作练习用书，2012 年 7 月由中国人民大学出版社引进出版。书中收录了近百位一线编剧、写作教师的创作指南，所收文章主题鲜明，短小精练，风格各异，浓缩了各种类型的影视剧本创作者的实践经验。

在《开始写吧！——影视剧本创作》一书“编者的话”中，劳丽·拉姆森称此书为“影视剧本创作方面的练习册”。“练习册”一词首先引发的联想是为求熟练而不断重复，读完全书会发现，虽然该书中所收文章都带有创作练习，但这些练习都是作者创作经验的结晶，带有作者强烈的个人风格，并非同一模式的重复。近百篇文章，从创作的不同侧面展示了近百位作者的创作心得。

同任何其他艺术作品一样，一部优秀的影视作品能够带观众进入一个精神世界。在那个世界里，观众与剧中人物一起随着剧情的起伏跌宕，感受世态人情，经历悲欢离合。观看一部影视作品，实质上是进行一次情感旅行，而这一旅程的最初设计者，便是编剧。但凡人为设计，设计者所着力避免但又难以摆脱的是斧凿痕迹。矫揉造作的情境与程式化的人物会使得作品匠气十足，观众难以全身心沉浸其中，旅程不再顺畅。读罢《开始写吧！——影视剧本创作》一书，在表面的众说纷纭中，细细体味，会发现殊途同归，读者或许能够找到通往匠心独运之路。

一、故事

文章作者认为，观众之所以被一部影视剧吸引，是因为他体验到了剧中人物面临的难题或者冲突，吸引他的不是人物而是冲突本身。虽然影视剧总会有自己的主题，但编剧在创作时不能让人物围绕自己预设的主题来演绎故事，而要留心观察，从生活中发现人物可能遇到的冲突或者难题。从现实生活的某个困境入手，分析人物性情，直面他的忧惧，展现人物内心的情感较量以及解决问题的过程，由人物自身的行为推动剧情的发展。如果由一个预设主题入手去编织故事，编剧就是在作假，是在编写一本道德教科书而不是讲述一个精彩的故事。

文章作者引述弗洛伊德的话：快乐来源于紧张状态的释放，来解释观众对优秀的影视作品的渴望。吸引人的影视作品所创造的实际上是一种紧张状态累积和释放的过程。紧张状态累积的能量越大，释放后的满足感就越强。希望与恐惧的较量构成作品的张力。但这种张力不能是编剧安排的，而是在人物所处的情境中自然生发的。情境中呼之欲出的情感远胜于空洞的说教。

二、人物

影视作品中的主要人物一般都体现了人格品质的极致状态，这是塑造人物的精髓。同叙述故事一样，塑造人物依靠事实而不是闭门虚构。编剧的本职工作是进入人物的内心，揭示他的渴望是什么、他为什么有此种渴望、导致他的渴望得不到满足的障碍是什么、此时他有什么需求等一系列精神实质问题。这是观众期望看到的真相，因为这些情感体验也同样存在于观众内心的某个地方。事件的罗列不能理所当然地推导出某个结论，所谓普世的主题隐藏在对这些真相的层层揭示之中。

理想的写作状态是，人物在被创造之初便具有了自己的灵魂。他不是随着人性的精华起舞的傀儡，他就是自己故事的主人公。他的性格甚至他的语言都是独一无二的，一句话出来，不用看角色标签就能知道那是他说的而不是别人说的。人物按照自己的方式生活，他的生活自然构成了作品的情节。在这种状态下，借用苏格拉底的话，编剧也就成了“助产士”。他要做的只是解放人物，让他们自己开口说话并且开始行动。书中有的作者强调像心理治疗师一样剖析人物，道理与此相似。

三、场景

场景由人物活动和背景等构成。针对如何打造场景，在《开始写吧！——影视剧本创作》一书中，有的作者强调了动词的作用，有的作者强调了潜台词的重要性，还有的作者强调了制造悬疑的效果。透过这些打造场景的不同技巧，我们仍然能够发现其中一以贯之的主线：无论编剧擅长于何种技巧，所要达到的目标是一致的，即“一定要保证让每一帧画面、每一句台词都注入一种灵性，用整一性、想象力和灵魂浸润它们”①。有感染力的场景中，人物对白简洁明快，人物动作带有鲜明的性格特色，它们都忠实于人物的本真性情。无论是场景中的事物还是潜台词，都注满了情感价值，都能激起观众强烈的情感共鸣。

观看影视作品是一次情感的旅程，从匠气十足到匠心独运其实是一条求真之路：用真相唤起观众的真情。

人生都需要出口，每个人都在寻找自己人生的表达方式。或许你也曾经动过写作的念头，或许你一直钟情于写作，吸纳《开始写吧！——影视剧本创作》一书中众多大家之长，也许会开启或者助你完成自己的梦想。

---

① ［美］雪莉·艾利斯、劳丽·拉姆森：《开始写吧！——影视剧本创作》，173页，北京，中国人民大学出版社，2012。

反对本本主义，做学习型编辑

——读《反对本本主义》有感

·徐海艳·

“没有调查，没有发言权”，这句充满智慧的著名论断就出自毛泽东的《反对本本主义》一文。前几天由于核查文献所需，我再次阅读了《反对本本主义》。虽然文章形成于土地革命战争时期，距今已八十余年，但文章活泼的语言透露着毛主席天生的幽默感，字里行间的真知灼见传递出一个真正的马克思主义者一切从实际出发、实事求是、不唯书、不唯上的彻底唯物主义精神。

《反对本本主义》由七个小节组成，阐述了四个方面的主要内容：一是首次提出“没有调查，没有发言权”、“一切结论产生于调查情况的末尾，而不是在它的先头”的著名论断。二是文章指出了本本主义的危害，即“离开实际调查就要产生唯心的阶级估量和唯心的工作指导，那末，它的结果，不是机会主义，便是盲动主义”。三是明确中国革命斗争的胜利要靠中国同志了解中国情况，因为共产党的正确而不动摇的斗争策略，决不是少数人坐在房子里能够产生的，它是要在群众的斗争过程中才能产生的。因此我们需要时时了解社会情况，时时进行实际调查。四是具体阐述调查的技术。

《反对本本主义》所提出和阐明的重要思想原则，是辩证唯物主义认识论在实际工作中的具体运用和生动概括，是同主观主义特别是教条主义作斗争的历史经验的科学总结。它反映了毛泽东思想的三个基本点，即实事求是、群众路线和独立自主的思想雏形，标志着毛泽东哲学思想的初步形成。

反对本本主义，重视调查研究，是我们党的优良传统。坚持调查研究，是辩证唯物主义认识论的基本要求，是党保持同人民群众密切联系的重要渠道，也是我们党的一项基本工作方法和领导制度。回顾建党九十多年的历史，什么时候全党从上到下重视调查研究，工作指导方针符合客观实际，党的事业就顺利发展；什么时候忽视调查研究，就会导致主观与客观相脱离，造成工作中的失误，使党和人民的事业遭受损失甚至挫折。因此，加强调查研究不仅是一个工作方法的问题，而且是一个关系党和人民事业得失成败的大问题。

今天，我们重读《反对本本主义》具有很强的现实意义。当今时代，信息手段十分发达，利用信息工具了解和掌握情况，也是一种方式，而且是越来越重要的方式。但不管通信手段多么发达，有多少了解情况的其他渠道，都不能替代亲自深入实际、深入基层、深入群众进行实地的调查研究。现在，我们很多人喜欢“宅”在家里，以为自己是“诸葛卧龙”，“身居茅庐，便知三分天下”，盲目地认为通过网络渠道就能了解足够的信息，逐渐脱离现实、脱离群众，背离了我党的优良传统。

作为出版行业的一员，我们不能关起门来搞策划，死守教条做编辑加工。策划人员必须坚决地走出去，多做调查研究，关注国家大势，了解读者的需求，只有这样，我们出版的图书才能对社会有益、对读者有益，才能占据市场、创造利润。长期以来，我们一直强调编辑加工作为一个“熟练工种”，重在经验积累，然而经验有时是轻车熟路，有时却是绊人桎梏。经验一方面让人成为高手、快手，一方面也滋生着人的惯性乃至惰性，导致对于一些新生事物视而不见或者看不习惯，加工后的语言脱离时代，读来味同嚼蜡，难以让读者产生共鸣。因此，作为一名编辑，我们必须不断充实自己的知识库，开拓自己的知识面，提高对海量信息的辨别、筛选能力，反对本本主义，做学习型编辑。

首先，做一个称职的学习型编辑，必须树立终身学习理念和强烈的自主学习动力。近年来，随着科学技术的发展，过去传统的出版模式正在受到网络出版和电子出版的冲击，面临着严峻的挑战。出版业在发展理念、管理体制、经营机制和产品结构等方面都发生了巨变，客观上对编辑提出的要求也越来越高。目前，虽然编辑队伍的平均学历很高，但现有的学识与能力并不足以应对日趋紧张的工作和日新月异的发展。编辑工作的前沿性决定了编辑必须不断学习。只有了解新东西，掌握新知识，站在学术前沿，把握好导向，与时俱进，不断创新，才能编出高水平的文章或书稿，也才能胜任编辑的工作。因此，编辑必须敏锐地察觉自己的不足之处，树立明确的学习目标，并使外来挑战和内在压力变成终身学习的原动力，通过对新知识、新技能、新方法、新课题的不断追索，不断提高自身素质，自我激励，自我期许，从而拓展把握未来的能力，重塑自我。

其次，做一个称职的学习型编辑，必须深爱自己所从事的编辑职业，并具有独立的思想品格。可以说，热爱本职岗位是学习型编辑的一种内在的驱动力。有了对本职岗位的热爱，我们才能不断激励自己如饥似渴地学习各种知识、汲取各种营养，以便把编辑工作做得更好。同时，编辑需要通过对现实的关注、对当代文化出版现象的学习和研究，不断提高自身的理论修养，建立自己独特的思想体系，并以此支撑自己的出版理念。编辑的思想和能力决定出版作品的质量与声誉，虽然出版物以双赢为目的，但“以科学的理论武装人，以正确的舆论引导人，以高尚的精神塑造人，以优秀的作品鼓舞人”，“为他人作嫁衣裳”，仍旧应该作为编辑始终追求的思想品格。只有这样，我们才能在市场经济的大潮下，打造出既有经济效益又富含社会效益、既具有艺术性又不乏知识性的读物。

最后，做一个称职的学习型编辑，必须努力学习，把“学者型编辑”作为自己的终极目标。随着出版学和编辑学作为一个独立的研究领域在大学里设立了专门的学科，出版领域也应该有自己的学者。当然，编辑学者化是为了更好地服务于编辑工作。这就要求编辑必须在业务上有自己的主攻方向，并在某一学科领域作比较系统的研究，不仅掌握该学科的基本知识，还要了解该学科的发展趋势，广泛阅读，重视多方面的学习积累。“不想当元帅的士兵不是好士兵”，做一个“学者型编辑”，应该成为我们每一个编辑工作者的终极目标。

寻寻觅觅　相守相助

——读《我们仨》有感

·徐海艳·

2003年杨绛先生的《我们仨》出版时，我还是一个在休暑假的大三学生，人生过得很简单——读书、学习、考试，从未思考过“我们仨”。工作后，很多年长一点的朋友对《我们仨》极度推崇，我也想拜读一番，但得到的建议大多是结婚生子以后再细细品读。如今，小儿两岁，我也渐渐摆脱了初为人母的手忙脚乱，生活总算日渐有条理起来。一日，隔着书柜茶色的玻璃，看到《我们仨》泛黄的封面，我终于在这一大作出版近十年之际，开始细细品读钱杨两位先生及其爱女平凡而又不寻常的人生。

翻开目录的一瞬间，我的心是痛的，我预感到，这本书将给予我不同于以往的感动。

第一部　我们俩老了

第二部　我们仨失散了

第三部　我一个人思念我们仨

我庆幸直到此时我才开始阅读此书，否则，杨绛先生温暖而洋溢着淡然味道的平缓笔触下，那份对已逝的丈夫和女儿的深深思念，又怎是年轻的我所能体会到的呢？此时，看书中平淡的字字句句所蹦出的美好，虽然我也会感动、会流泪，可是我知道，杨绛先生“我一个人思念我们仨”的心情，需要我用很久的时间和深厚的阅历才能领悟得清。

《我们仨》是一本回忆录，记载了一个单纯温馨的家庭相守相助、相聚相失的人生旅途。书中的前两部分，写的是“梦”。

在第一个“梦”里，“我”梦见锺书“一声不响地撇下我自顾自走了”，于是醒来时便向他埋怨。“锺书并不为我梦中的他辩护，只是安慰我说：那是老人的梦，他也常做。”

在第二个“梦”里，“我”奔波于双双病重的丈夫和女儿之间，惶恐地走在人生的驿道上。爱女的先行一步已是对人生的重大打击，而爱侣的日渐衰弱更加让人心绪难平。钱锺书于1994年夏住进医院，1998年岁末去世，给杨绛的是漫长而又短暂的四年半的弥留时光。这一千多个日日夜夜啊，杨绛孑然往返在北京三里河的家到钱锺书所住的医院的途中。她去看他，为他送饭、送菜、送汤汤水水，还要承受失去爱女的万般痛楚……这真是一个万里长梦，正如杨绛自己所说，“锺书大概是记着我的埋怨，叫我做了一个长达万里的梦”。

“我把一个小梦拉成万里长梦”。看到这句话时，我之前梗着的情绪瞬间崩塌，顿时泪流满面。我从来不知道，原来不是情节，仅仅是一个个罗列在一起的文字，也会如此伤感，能如此深深地触动我的心弦。对生命逝去我们永远无能为力，和你相遇便是一场美梦，此后种种便都是竭尽全力延长这个梦。

在第三部分，杨绛先生从细节入手，从生活中的每一件小事下笔，她不直接抒发感情，不直接议论人事、阐述道理，她只是从容地叙述，从而满满地呈现在我们眼前的是温馨的家庭里上演的那些琐碎且美好真挚的点滴回忆。

1935年结婚去英国牛津留学，两年后孩子出生，他们仨的生活开始了。然后是孩子的成长，两夫妇的讨生活。写到孩子时，她的语言极为怜爱温暖，甚至还有做母亲的自得，幸福自笔底自然流露，让人禁不住会心微笑和感慨。比如把一个外国人恭维孩子的话“a china baby ”理解为“一个磁娃娃”，因为孩子的肌肤细腻，像磁，他们很得意。从“孩子在肚里，倒不挂心；孩子不在肚里，反叫我牵心挂肚，不知怎样保护才妥当”的心情写照，到“圆圆得人怜，因为她乖，说得通道理，还管得住自己”的描写，再到对于孩子识字的过目不忘和孩子爷爷“吾家读书种子，唯健汝（锺书父亲为孩子取的名）一人耳”的评价的难掩自得，一个母亲倾注在孩子身上的爱和因孩子而得到的快乐瞬间跃然纸上。

我不知道杨绛先生在回忆这种种往事的时候是幸福满满还是痛彻心扉，但我读到的却是生离死别。愈是哀而不伤，愈是感情来得浓烈。

但我又十分钦慕杨绛先生。我钦羡的远不仅是她少人能及的才华，更是她的智能与情操——无论是中年的忧患坎坷，还是晚年的丧女丧偶，她始终优雅而有尊严地活着，在生命的最后一程坦然思考“走到人生边上”的死生大问，为“我们仨”早走的两位至爱保存记忆、“打扫现场”。年近百龄，她轻盈灵慧如少壮时，内心更是有一个辽阔的时空世界，积累了百年的觉知、情爱、智识和体验，而且总是不断从中提炼出最美最好的精华，成就了一则传奇——她却以一贯谦和的口吻，自认自己的生平“十分平常”。

我似乎完全被带入了杨绛先生一家人的生活，跟着一位老人去追寻那些逝去的岁月。杨绛先生书中的“我们仨”过着平淡温馨的生活，那种平淡是真正的与世无争和从容豁达，平淡中流淌着的是浓浓的亲情。杨绛先生一家人和谐默契、淡泊宁静，他们不求名分、不求富贵，每个人都认真地做学问，每个人都认真地做人做事，那种生活正是我所向往的。

“我们仨”——是天下家庭中最常见的人物组合，也是天下最平淡无奇的组合，但确如杨绛先生所说：“我们仨是不寻常的遇合”。“我们仨”是一种信念，是一种坚持，更是一种生活。面对杨绛先生一家人的温暖与欢乐、沧桑与忧伤，面对书中淡然平实的文字，任何的评价都属多余，那种罕见的真情和达观，在杨绛先生那里是一种淡定自然，对我来说却常常禁不住潸然泪下。

我常想，家是什么？有一句歌词说“家是最甘心的负担”。家就是“我们仨”在一起，是彼此的真诚相待，是能够白头偕老的漫漫旅程。“我们仨失散了，家就没有了。”“我清醒地看到以前当做‘我们家’的寓所，只是旅途上的客栈而已。家在哪里，我不知道，我还在寻觅归途。”

如今，我也有了自己的“我们仨”。先生勤恳踏实，对我呵护有加；儿子健康活泼，虽尚年幼，却总是我下班回家第一个迎接我的人，一句“妈妈回来咯”就能驱散我浑身的疲惫。晚饭后，我和先生一左一右，牵着儿子的小手在楼下散步。城市的夜晚是明亮的，周遭的高楼在这样的夜色中反而露出几分柔美，万家灯火透过玻璃窗照亮黑夜，一扇扇玻璃窗又像极了一台台 24 小时不停歇的电视机，里面上演着每一家的喜怒哀乐，一个个形态各异的家的故事……每一个故事未必以我们最喜欢的方式结束，缘来缘去皆非人意。但只要我们仨在一起，我愿用一生守望。

生命的韧度

——评《活着》中的“不死”

·刘广宇·

上一次读《活着》，还是在高一的时候，那时觉得文学作品中的死亡是最能给人带来震撼的。于是在语文课上做课前报告时，就选了这部“死人最多”的书，唏嘘慨叹生命的脆弱。近来重新看了书和电影，但这次最让我震撼的，不再是那许多的死亡，而是福贵的“不死”。父亲、母亲、老全、有庆、春生、凤霞、家珍、二喜、苦根，身边的人一个个先己而去，从阔少爷到城市贫农，经历了战争、饥荒和“文革”，任何一个事件都可以成为死亡的理由，但是这位老人却忍受了一个个打击坚韧地活着。我想问，什么是支持他活下来的理由？

想到这个问题之后，我即意识到了它的难度。这不同于自杀的研究，因为相对于正常生活的人，自杀者总是少数，是个反常现象，我们总能够通过分析自杀者的生活经历或人格特征找到其自杀的理由。但是对于正常地活着的人，我们很难说是由于某个特定的原因才使其活下来的，可能是多种因素的共同作用，更可能仅仅是因为活着的“惯性”。我们也不能说人活着是因为不具备自杀的特征。涂尔干认为自杀是因为个人与社会的平衡被打破，吴飞认为中国农村的自杀是因为积累了道德资本却无法赢得权力游戏导致的委屈，但事实是有很多人都具备了这些条件但依然活了下来。我想，要理解福贵为什么“不死”，还是应从他对生死的理解开始。

一、命

作者余华这样评价他这部小说：“作为一部作品，《活着》讲述了一个人和他的命运之间的友情，这是最为感人的友情，因为他们相互感激，同时也相互仇恨；他们谁也无法抛弃对方，同时谁也没有理由埋怨对方。”

电影中，福贵一生的讲述是从赌场开始的。他和龙二一人一盅上下翻飞地摇着骰子。盅盖掀开，“福贵少爷，您又输了。”赌场的伙计说。福贵不以为然：“嘿，一晚上都没开。”虽然掷骰子的输赢受到技巧、力道、熟练程度的影响，但更多仍是运气。赌博的吸引力就在于它用无形的“运气”代替了有形的辛苦劳作，所有参赌的人都相信自己有好运，一定会赢，在赌桌上的较量中，自己才是把握了命运的那个人。而直到解放后，福贵才知道赌博的赢家都是做了手脚的，决定输赢的，不是运气，而是作弊的技巧。他们不甘心把自己的命运完全交给上天，而多少希望能由自己把握。

赌博靠的是一双眼睛一双手，龙二先了一步亮出黑桃 A，于是他赢了；沈先生慢了一步，于是输了。这尚可算作是对命运积极地把控。在战场上，却是连积极的行动都无法把握命运的走向。刚被抓的时候，福贵想逃跑，却被告知逃跑抓回来就被毙了，即便没被抓回来，也会被其他部队再抓走。最稳妥的保命方法就是等着，等着被共军俘虏，还会给回家的路费。老全跑了七次，都被别的部队拉了去。于是他“逃腻了”，“不想再跑了”。但这并不表示他已经丧失了希望，他仍然要活，而且是坚定地要活下来。在福贵和春生都对生还不抱希望的时候，老全仍然坚信“只要想着自己不死，就死不了”，他说“老子死也要活着”。

在那冰天雪地的场景中，听着伤兵的呻吟，流弹的呼啸，没有食物，也看不到蒋委员长会来解救的希望，真的仅凭不死的信念就能活下来吗？“死也要活着”，这本身就是个悖论，人死了还怎么活？只是说，不管命运安排的是什么，抱着不死的信念，都会想方设法地和命运抗争，用尽一切办法活下来。不管是积极地逃跑，还是消极地等待被俘，抑或是在空投食物时拼了命地抢大饼，都只是为了这活着的信念。然而，“死也要活着”的老全终于还是没能活，那坚定的信念最终也没能左右命运的走向。

龙二在赌场上赢了沈先生，一半是赌技，一半何尝不是运气。倘若沈先生快了一步，输赢就要颠倒个个儿。所以虽然他在赌场上赢得了福贵一百亩田的家产，却也明白赌桌上的不确定太多，赌场无赢家。于是他见好就收，免得日后也落到福贵的地步。看似他避开了赌场的无常，却真的把握了自己的命运了吗？他当地主只神气了不到四年，便被当作恶霸地主毙掉了。龙二对福贵说，他是替他去死，福贵也这么认为，龙二是他的替死鬼。

在福贵看来，龙二死在不识时务。被没收了田产后，还死不认账，去吓唬那些佃户。即便被抓到大牢后还嘴硬——“那张嘴比石头都硬”。龙二的死，源于他对局势判断的失误，他从没想过自己会被枪毙，以为关几天就会放了他，出去之后还是耀武扬威的一方之主。而事实上，局势早已发生了变化。打土豪分田地，人民当家做主人，时代的变迁早已注定龙二的威风不再。赌场收手，本意是想从依靠不确定的运气转向依靠确定的土地，但终究，靠运气赢来的土地也没能对抗得了现实中的命运，龙二个人的命运在时代命运的裹挟中走向死亡。

不论是战场上侥幸的生还，还是土改中龙二的替死，福贵的解释都是命运。他认为自己之所以能侥幸逃过这两次劫难，是因为“祖坟埋对了地方”，是祖先在保佑自己。见过了命运的无常，福贵反而想开了，他认为这一切都是命中注定了的，担心害怕也没有用。反倒因为这些劫难，他一方面感念祖先的眷顾，一方面想到大难不死必有后福，这都使他坚信以后的日子会越来越好。

但命运似乎并没有给福贵太多的眷顾。先是家珍的病，然后是自有庆开始一个个亲人的离世，福贵实在没有得到什么“后福”。有庆的死，是全书所有死亡中唯一有明确责任人的。县长的女人生孩子大出血，于是抽血的大夫把有庆——这个唯一对上血型的学生——的血几乎抽干了。知道有庆是抽血被抽死的之后，福贵杀人的心都有。他见到一个医生就一拳打倒，“我要杀了他”，见到县长抬腿就朝他肚子上蹬了一脚，“要杀的就是县长”。然而在知道县长就是春生后，他“傻了”，“也不想再杀什么人了”。春生叹气“怎么会是你的儿子”，福贵感慨“谁料到春生会突然冒出来”。

无论是对福贵还是春生，这样的重逢都不啻是命运的捉弄。倘若县长不是春生，虽然人死不能复生，但无论是偿命还是受罚，县长总是要为此付出代价。就像家珍对春生，总是可以冷面相向的。她不要他的赔偿，只要他心里愧疚。而福贵则不行，春生是他战场上同生共死的兄弟。所以他们在看到对方从战场上活下来，并重提老全的死后，福贵已不可能让春生为有庆偿命了，他只能说：“你欠了我一条命。”欠了命要怎么还？无论用什么方式，有庆都不可能死而复生，春生这条命终究是还不上的。福贵也知道这一点，因此他才说“下辈子再还给我吧”。

“命”既是命运，也是性命，这两者相互痴缠，纠结在一起。人总是想对命运把握得多一些，却终究还是难逃人生的定数。龙二逃了赌桌上输钱的命运却没逃了地主的噩运，老全“死也要活着”向命运抗争，也没能躲开不长眼的子弹，福贵看开了世事的无常，最终还是躲不掉命运的捉弄，间接害死儿子的竟然是战场上的兄弟。命运就像是个罩子，罩住了性命也罩住了人生，虽然偶尔的抗争可以得到些微的改变，但终究拗不过命运的走向。人对抗命运，虽然显得渺小和无助，但这命运的罩子却也给了人最后的支持。人常常说“认命”，并不是说不作为、混日子，而是说所有不幸的结局都不过是命中注定，不是人的失职，因为即便抗争也逃不过。福贵就是个“认命”的人。他虽然也怀着从鸡变牛的梦想，也想方设法要过上好日子，但在面对命运的捉弄时，他认为这都是“命中注定”的。电影中，家珍一直在自责是她没有拦住福贵送有庆去学校才造成了他的惨死，福贵一直自责是他给王教授买了太多的馒头才导致了凤霞的丧命。而书中福贵只是“脑袋里黑乎乎一片”、“心里一阵阵发麻”，不是自责，而是对命运无常的畏惧。正是这种将不幸归于“命”的归因方式，让福贵看得开了，也就少了内疚和羞愧。

二、死

福贵是见惯了死亡的。有庆因抽血意外被抽死是这一系列不幸的开端，凤霞死于产后大出血，丧女的悲痛也夺去了家珍的性命，女婿二喜死于工程事故，外孙苦根竟然是吃豆子撑死的。到最后，只剩下一头老牛陪他孤独终老。一家人的死，福贵“有时候想想伤心，有时候想想又很踏实，家里人全是我送的葬，全是我亲手埋的，到了有一天我腿一伸，也不用担心谁了”。

给凤霞找婆家时，福贵想的是如果凤霞不嫁，“死后连个收作的人都没有”。家珍死前对福贵说“想到你会亲手埋掉我，就安心了”。而福贵则为全家人都是他送的葬，都是他亲手埋的而在伤心之余感到踏实。

送葬、收作，都是对死者身后的照料。若是死亡意味着终结，那所有这些便都没了意义。福贵定是相信有超越肉体的灵魂存在的，甚或这灵魂只存在于想象中。有人送葬，便能入土为安，不再是四处飘摇的孤魂野鬼。也有说法，只有入土后，才能有机会转世投胎，这一世才算真正的了结。有人送葬，实际上是得到了对死后安稳生活的保证。死亡常常被看作是生的概括，“恶人不得好死”，诅咒的已不是今生，而是死后。所以福贵在评价家珍的死亡时，说她“死得很好，死得平平安安，干干净净”，已不是在说死亡本身，而是对家珍一生为人的论断。能够得“善终”，是人一生为善最好的回报。福贵输光了家产后，宁愿被爹揍死，“也总比在外面像野狗一样吊死强”。虽然横竖都是死，但在外面吊死终是要魂魄孤苦飘零，这不是“好人”应得的死法，只能算是野狗的命运。老全死前最后想知道的是死在什么地方，其实他已知道自己终将像那些死去的战友一样暴尸荒野，这个事实使他的死亡充满了无奈，“老子连死在什么地方都不知道”。

为死者收作，一方面令生者的情感有了寄托的归依，相信死去的亲人定是在某个地方默默注视着此世人的生活，这也是祭祀的功用之一，逝去的先人会保佑生者的幸福和平安。有庆死时，福贵对着爹娘的坟说：“有庆要来了，你们待他好一点，他活着时我对他不好，你们就替我多疼疼他。”有庆死了，福贵再没法更多地疼爱他、对他好，因此只能将这一愿望托付给已故的父母，他也相信，父母会听到他的请求，帮他照顾有庆，让有庆在另一个世界继续幸福地“活着”。另一方面，安葬死者的坟墓也为阴阳两隔的人提供了一个找到彼此的标志。福贵败家后曾想到城里开个小铺子，但他娘一句话便打消了他搬家的念头，娘说：“你爹的坟还在这里。”爹虽死了，但只要离他的坟不远，便似乎离他的人也不远，一家人仍是生活在一起。凤霞死后，二喜指指紧挨着凤霞坟的一块空地说“我死了埋在这里”。若是人死便没了意识，两具尸体埋在一起又有什么意义呢？二喜这样说的时候，定是相信死后埋在一起，便会让他和凤霞在另一个世界重逢、相认、再相互陪伴。如此死亡便不是分离，而是等待再重聚的开始。死者虽故去，但却没有断了和生者的联系，他们在生者的生活中依然常在。

辜鸿铭在《中国人的精神》中有这样一段关于死亡的论述：

一个中国人，当他死的时候，使他得到慰藉的不是他相信会有来生，而是相信他的孩子、孙子、曾孙，所有这些他最亲近的人，都会记住他、想念他、热爱他，直到永远。那样，在他的想象里，死亡，对一个中国人来说，就像一个很长、很长的旅行，如果没有希望，至少也会有很大的“可能”重逢。①

对于中国人而言，我们相信的不是来生，而是家族、家庭，甚至家人的不朽。对于未亡人而言，他们会始终记住、想念、热爱他们故去的亲人，而先逝者则在一旁看着此世人的生活，等待未来某个时刻的重逢。

福贵死时，虽然已定不可能有儿孙绕床送终的场景，但他同样相信他的孩子、孙子，所有这些他最亲近的人，都会记住他、想念他、热爱他，直到永远。而对于福贵，那些他至亲的亲人虽然故去了，他也仍然记着他们、想念他们、热爱他们，直到永远。他虽孤单，却并不孤独。同样，他也相信，一家人埋在一起，就定能在地下重逢，仍然过一家人的生活。

---

① 参见辜鸿铭：《中国人的精神》，27页，上海，上海三联书店，2010。

三、活

福贵爹是这样给他讲徐家的发家史的：“从前，我们徐家的老祖宗不过是养了一只小鸡，鸡养大后变成了鹅，鹅养大了变成了羊，再把羊养大，羊就变成了牛。我们徐家就是这样发起来的。”讲这话时，正是福贵把鹅变成了鸡，最后连鸡也没了的时候。为这个，老父被气死了，老婆也回了娘家，为了生计福贵不得不向龙二求助。

在刚知道自己输光了祖上的家产时，福贵是想过死的，“拿根裤带吊死算啦”。倘若此时死了，人们定会认为他是无颜面对家中父母妻儿“羞愧而死”，虽也会落个败家子的名声，但人们毕竟会认为他终是“知错了”，还是“要面子”的，他也可以免去日后所要面对的种种屈辱，此时的死确是比活更容易。但，死只是想想而已。想着“那一屁股债又不会和我一起吊死，就对自己说，‘算啦，别死啦’”。若说是福贵要对自己闯下的祸负责，倒也不是，因为那债终究还是要靠他爹去还了。他只是权衡一下，判断出死并不能带来直接的利益，也改变不了欠了一屁股债的事实，那么死便是于事无补的。至于将来要面对的屈辱，当下还并未看到，即便看到，也并不构成阻碍他活下去的理由。

家里值钱的东西都变卖得差不多了之后，福贵迫不得已只能去找龙二。“人落到那种地步也就顾不上那么多了”，他所说的顾不上的，便是面子、志气、傲骨。福贵的家破人亡，虽是他嗜赌造成的，却也是龙二早有预谋。要向一个将自己一家害到如此田地的人求助，从此便再难在村里抬起头来了。但除此以外，福贵再别无选择。作为唯一的劳力，他必须要养活娘和凤霞，只有活着，才有希望和可能，为此，他也就必须忍受这一切。

与对生活的忍耐相伴的是“知足”，知足而无奢求，就把忍受的苦变成了享受的乐。从福贵少爷变成了佃农福贵，日子过得又苦又累，但总算是有了起色。虽然距离徐家兴旺时的一头牛还差得远，“也算是有了一只小鸡了”。过几年小鸡就会变成鹅，就有重振家业的希望。对生活知足的，不仅是福贵，还有娘和家珍。徐家落魄后，福贵娘常跟他说的话是“人只要活得高兴，穷也不怕”。虽然没了家产，但还有高兴。财产不是谁都能有的，失去了也不是轻易就可以回来的，但高兴却是只要想便能找到的。不论是电影还是书中，家珍拖着有孕的身子去赌场劝他，却换回一阵轰赶，还有怎样的丈夫会比这更差？她定是在失望中回到娘家的。可是福贵不赌了之后，虽然潦倒，家珍仍是回来了，只为他戒了赌，她便原谅了。虽一生受苦，也没有抱怨，临死前还说福贵“对我这么好”。就如她在电影开头反复说的，她只图过个安生日子，只要日子过得舒心，她便心满意足。知足了便有舒心，便有高兴，即便日子过得艰难，在“忍受”中也能找到乐。

除了知足，让福贵一直活下来的还有希望。他相信，鸡长大了就变成了鹅，鹅长大了就变成了羊，羊长大了就变成了牛，牛长大了呢？电影里的有庆和馒头都问了同样的问题。福贵回答有庆“牛长大了就到了共产主义了”，回答馒头“那时候馒头就长大了”。虽然这个结局看上去缥渺且遥远，但是只要一天天地养，一日日地过，总会等到牛长大的时候。而这个过程，就是活着，一天天地过日子，不为别的。

春生是全书所有死亡中唯一一个自杀的。按照我对“文革”的理解，他是死于绝望。“每天都被吊起来打”，而这种日子不知道要持续到什么时候。春生应不是个脆弱的人，被俘后参加解放军一路打到福建，然后又参加抗美援朝。仅从福贵参军的那一段经历便可看出，饥饿、伤病，还有突如其来的意外，连逃跑了七次“死也要活着”的老全都死了，春生却一次次地保全了性命。若没有极强的求生意志，绝难办到。春生也并非受不了鞭打的皮肉之苦，他在战场上吃的苦绝不逊于此。但是在战场上，总能盼望着有战争结束的那一天，而走资派的帽子一旦戴上，便不知何时才能摘下，这种没有尊严的日子也就不知要过到何时为止。所以春生终究还是死了。“一个人命再大，要是自己想死，那就怎么也活不了。”春生是因为看不到希望，所以才放弃了对生活中无尽苦难的忍受。

林语堂将忍耐与无可无不可、老滑俏皮一起归为中国人的三大劣根性，认为是国人逆来顺受的性格纵容了历代不息的暴政和压迫。[①] 而在我看来，“忍”这个字实在是很好地体现了生活的真谛。不是对压迫，而是对命运的忍耐。这忍并不同于行尸走肉般地逆来顺受，而是在任何情况下都保持着乐观和希望，承受命运带来的一切苦难，虽然认命但并不屈服。

这无尽的忍耐练就了福贵生命的“韧”。一连串命运的打击会把他压弯，他就弯着腰忍受着，在苦难中仍然知足、乐天。至亲虽然全部先他离世，他就用自己的方式与他们建立联系，让他们仿佛仍然活在自己的生活中。他孤单，却并不孤独。他蹒跚前行，却从未折断。

---

① 参见林语堂：《中国人》，58～60页，上海，学林出版社，1994。

福贵是这样评价他的一生的："我啊，就是这样的命。年轻时靠着祖上留下的钱风光了一阵子，往后就越过越落魄了，这样反倒好，看看我身边的人，龙二和春生，他们也只是风光了一阵子，到头来命都丢了。做人还是平常点好，争这个争那个，争来争去赔了自己的命。像我这样，说起来是越混越没出息，可寿命长，我认识的人一个挨着一个死去，我还活着。"

余华在小说的前言中说，人活着是为活着本身而活着，而不是为活着之外的任何事物所活着。福贵的一生便是最好的注解。

参考文献

1. 辜鸿铭. 中国人的精神. 上海：上海三联书店，2010.

2. 海青. 始于自杀，终于"自我". 读书，2010（6）：32-36.

3. 林语堂. 中国人. 上海：学林出版社，1994.

4. 吴飞. 自杀作为中国问题. 北京：生活·读书·新知三联书店，2007.

5. 吴飞. 尘世的惶恐与安慰. 北京：北京大学出版社，2009.

6. 吴飞. 浮生取义——对华北某县自杀现象的文化解读. 北京：中国人民大学出版社，2009.

谁之杀戮，何种艰难？

——读《杀戮的艰难》有感

·崔庆杰·

实施还是废止死刑的问题时至今日还在争论不休，人类进入文明社会以来，历史上恐怕没有另外一个问题像这样一直被持续、激烈地讨论过。但是，在中国，这个问题从未被大面积、深入地关注过，直到2010年春天的台湾。从那个时候开始，台湾各界就死刑与反死刑问题，展开了一场斗争，张娟芬女士的《杀戮的艰难》（中国人民大学出版社2013年4月出版，以下简称《杀戮》）就是这场斗争中一部反死刑的重要作品。

作者在序言里写道，死刑问题的讨论“不是一个非黑即白的、选边站的游戏。死刑议题牵涉到深层的价值选择、正义观、人性论，也牵动深刻的情绪。讨论死刑，需要比其他议题更大的思考空间，以及更长的酝酿时间。诚恳而开放的讨论态度，更不可少”。也就是说，无论是支持死刑，还是反对死刑，都不是一个简单的贴标签的问题，而是应该站在更广泛、更开放的角度来通盘考量。笔者无意于表明立场，选择站队，只想结合张女士的这本书，就问题本身展开一些思考。

杀戮的艰难，顾名思义，涉及两个维度，一是杀戮，一是艰难。套用伦理学家麦金太尔的一本书名，这两个维度可以归结为一句话，即“谁之杀戮，何种艰难”。当然，这里所谓之艰难，不是一般的艰难，是“杀戮的艰难”。

先说杀戮，首先要做一区分，即这里讨论的杀戮是死刑，不是私刑。死刑起源于什么，是如何可能的，这一问题可以追溯到国家的功能。按照经典理论的解释，国家具有两项基本功能，一是垄断税收，二是对合法使用暴力的垄断。合法使用暴力的垄断既揭示了死刑起源，也解释了实施死刑的可能性。同时，也区分了死刑和私刑，一个人即使被判处了死刑，执行者也必须是国家，而不是私人。所以，“谁之杀戮”的问题可以表述为：国家执行死刑。

接下来要面对的是，首先，国家执行死刑，立法的依据是什么？正义，示范，报复，还是其他什么。这是一个太复杂的议题，以正义为例，什么是正义，正义是如何可能的等等诸如此类，已经被学者和思想家们讨论过无数遍，仍旧没有一个标准答案。有关观念、价值的讨论一发就牵动关系千万重，所以，概念的确定不是本文要讨论的范围，本文默认通常意义上的定义。从高级法背景或者“元法律”角度讲，立法的依据必须先有一个区分，即刑罚是基于理性考虑，比如正义，还是出自习俗及道德义愤，比如报复。后者是一种同质性社会常有的特性，在这种情形下，人们通常认为，刑罚的目的不是纠正越轨行为，而是通过宣泄集体激情以治愈越轨行为对集体意识的伤害。传统中国社会中，就有很多法律观念出自习俗和道德的例子。比如“杀鸡儆猴”，鸡是不是该杀并不重要，重要的是要杀了它来给猴子以警示。猴子可能该杀，但在传统伦理序列里面，猴子的位置更重要，杀鸡没事，同时还可以吓吓猴子。但如果杀了猴子，可能会引起某种变故。所以，这种逻辑不是谁该杀杀谁，而是出于一种人情、伦理的计算。梁漱溟先生就曾以“伦理本位”一词总结传统中国的特点。基于理性考虑的立法则是异质性社会的特点，比如工业革命以来的欧洲和美国，对应梁先生的话，可以称之为“法理本位”。这些社会通常基于理性和宽容的原则，实行复原性法律，目的在于维护原有关系，将被破坏的关系修复还原。犯罪行为不再被视为是对整个社会的威胁，而仅仅是对被伤害一方权利的侵犯，刑罚则多为可以量化的合理补偿。这种高级法的背景是文化多元性所带来的，里面包含了太多过于复杂的因素，历史的、人性的、实践的等等。因此，死刑是否废止，必须要充分考虑这些因素。

其次，国家执行死刑，量刑的依据是什么？至少包括两种因素，即法的因素（包括成文法和判例法）和人的因素。比较而言，法的因素直接和简单，甚至是判例，也是有法可依，有例可循。从法律上讲，通常的死刑犯都是伤害罪。当然，也有特殊情况，但只是少数。而伤害罪中最严重的就是杀人罪，用法律术语讲，杀人罪分为过失杀人和故意杀人。故意杀人还可以做进一步区分，即情境杀人和蓄谋杀人。情境杀人是指罪犯原本没有杀人的意愿，但是由于他深陷到某种情境之后，形势发展使他产生了杀人的冲动，进而做出了杀人的行为，如《杀戮》一书中的汤英伸案。蓄谋杀人是一种有预谋又实现了的犯罪行为，不管罪犯出于什么目的，报复、仇恨，甚至是游戏心态，总之，他是筹划好了去杀人，如《杀戮》中提到的丹诺辩护一案。在量刑上，在实施死刑的国家，一般都是过失杀人可以免除死刑，而故意杀人多判为死刑，当然，在具体审判过程中，也会考虑到罪犯的动机、效果、造成的影响等。但对故意杀人，基本没有在法条上做进一步的区分，在实践过程中，判例法系的国家通常会灵活一些。人的因素就比较复杂，因为人性本身是一种无任何规律可循的不确定因素，虽然历史上对此问题有很多标签和归类，但在现实面前，理论总是不堪一击的。一个审判，涉及多方，审判方（法官、陪审团等）、被审判方、控方、辩方等，其中任何一方的任何一个微小的心理或情绪变化，都可能对整个审判产生影响。形象地说，一个完美案例的最后宣判就是一个微妙过程所产生的一个微妙的结果。《杀戮》一书中多次引用的丹诺为两个男孩辩护的个案，把一个法律上必杀且“人皆欲杀”的案子辩成了死罪可免，就很能充分说明这一点。法律因素基本上可以看作是确定因素，所以，在量刑的环节上，人的因素就显得尤为重要。

再说杀戮的艰难，杀戮艰难的意义不仅仅是杀艰难或者不杀艰难，更是杀与不杀抉择上的艰难。在死刑问题上，既有支持者也有反对者。本文从四个角度对此作一粗略分类。一是结果论。这一论调中西方文化都有过体现，如《旧约全书·申命记》里讲，“以眼还眼，以牙还牙”，你对他人做了什么，你也要从他人那里承受什么，你杀了人也应该被杀。而在中国，汉高祖刘邦破秦军入咸阳后立即宣布了他统治的法理基础“约法三章”，其中第一条就是“杀人者死”。这种看法强调的是无论过程是怎样的，杀了人，就要一命抵一命。杀人偿命，地义天经，支持死刑者多持此论调。二是动机论和目的论。动机论，就是罪犯动机是怎样的，本意是杀，还是不杀，是情境杀人还是蓄谋杀人。目的论，就是罪犯目的是什么，是伸张正义还是满足私欲。持这两种论调者既有支持死刑的也有反对死刑的，但他们多持比较审慎的观点，认为无论实施还是废止死刑，在审判过程都应该严格区分动机和目的，按照程度分别量刑。当然，对于罪行严重的，支持死刑的认为应该杀，反对死刑的认为应判较重的有期徒刑。应该指出，持这两种论调者都不是极端的支持或反对分子，所以，他们在犯罪程度区分上都是持弹性观点。三是程序论。就是按照程序办事，法律规定了死刑，就应该严格执行；如果法律废止了死刑，就不应该再有死刑犯。程序论者对实施或废止死刑不是没有自己的观点，但是他们强调的是，不论你拥护什么或者反对什么，都必须严格执行法律程序。四是仁论或者称人本主义论，即以人文本，从人本身的本质、尊严、价值等角度来看待罪犯，因为任何罪犯，他首先是一个人，只有纳入到一定的社会价值体系之中才成其为罪犯。无论他做了什么，也要给他做人的尊严。他犯了错误，也要给他认识和改正的机会。《杀戮》作者引用《大卫·戈尔的一生》里面凯文·史派西的话，“当人们看着我的脸，他们不是看见我这个人，而是看见罪犯”。人们一旦给某个人贴上标签，那就对标签后面的“人”失去了观察和理解的兴趣与耐心。因此，废止死刑者要求把罪犯先当人来看，设身处地从他的角度理解问题，即作移情式的换位思考，然后再审视他们的罪行。

反对死刑的理由中，还有一点应该提一下，即误判问题。现代性拓展了人们的视野，同时也增加了人们的盲点。比如冤案，当下很多人都认为冤案离我们很远，以为那是前现代的东西，是杨乃武与小白菜。实际上，现在的审判体制中，误判率依旧很高。《杀戮》一书引用资料统计，美国死刑的误判比率约是7∶1。并引用《经济学人》的比喻，如果一款飞机每七架就要摔一架的话，它早就该停飞了！美国的司法水平尚且如此，何况台湾和大陆。《杀戮》一书中还介绍了电影《大卫·戈尔的一生》，说的是几个反死刑的运动者，密谋策划了一件假的谋杀。凯文·史派西假装奸杀了他的女性朋友，他们把犯案过程录下来，证据也都齐全，果然被判死刑。执行了以后，录像带的另一部分才被寄到一位记者手上，原来那名女子是自杀的，凯文·史派西并不是凶手，但他已经被当作凶手处决了。真相是：那位女子已经到了癌症末期，死期可待；而凯文·史派西因为被学生诬告而丢了教职、家庭破碎。这两位反对死刑的战友，各自有不想活的理由，遂把自己剩余的生命捐出来，告诉大家“事情可能不是你想的那样”，而且等到你知道的时候，就已经来不及了。

上述几种观点只是一种简单的归类，实际上，关于是否废止死刑的争论要复杂得多，比如，道德上的艰难。盖瑞·史宾斯在《正义的神话》里说：“虽然我们贬低报复，但报复是正义的核心。宽恕是伟大的，但宽恕把人不公平地置于情绪混乱中，国家的宽厚反而变成对受害者的另一种犯罪”，“当我们无法适度惩罚罪犯，人们所看见的是正义流产”。但是，事实上，我们在现实看到的，处决了杀人犯，社会正义就伸张了吗？或者说，正义就顺利“呱呱落地”了吗？进一步问，落地后就健康成长了吗？社会永远是复杂的，两个事物产生顺序的一先一后并不代表它们之间一定就有因果关系。众人受到警示的原因可能是“杀一”，也可能不是“杀一”。国家的宽厚是“对受害者的另一种犯罪”，还是唤醒了更多人们的良知，这是一个不同情境不同后果的问题。这种后果都是很难量化的，这里面不仅包含着历史的文化的因素，也包含着政府的导向因素。如果把人性贴上“善”的标签，我倒是更愿意相信死亡和惩罚都不是目的，重要的是唤醒人的良知和尊严。陀思妥耶夫斯基在《罪与罚》中讲了贫穷的法科大学生拉斯柯尔尼科夫的故事，他认为，人可以分为平凡和不平凡两类，前者在世上任人宰割，后者可以为所欲为。他希望自己成为拿破仑式的不平凡者，在这种欲求的推使下，杀害了一个放高利贷的老太婆。起初他觉得杀死这个“百无一用、像虱子一般的老太婆”，占有她的财产，算不了犯罪。但是，拉斯柯尔尼科夫在杀人之后，并没有像他预想的那样向不平凡者迈出了一步，获得精神上的满足，反而陷入了无尽的痛苦之中。虽然他坚信杀人的理由是正确的充分的，但他还是无法摆脱剥夺他人生命的罪恶感。最终他在道德的感召下放弃了自杀的念头，选择了自首。可见，即使是这种有预谋的杀人，也不代表罪犯不会醒悟。比如，丹诺辩护的案例中，两个男孩一个死于狱中，另一个多年以后悔悟，表示不能理解自己杀人时的心态，他出狱后还成为了一个对社会有贡献的人。如果说当时处决他可以起到“杀一儆百”的作用的话，那么，人们看到后来的事实可以说是“留一启万”，足以让人们认识到道德的力量和人性光辉的一面。

“千古艰难唯一死”，杀戮艰难，放弃杀戮艰难，杀与不杀的抉择更艰难。实际上，人性中并不缺少光明，只是，人们被杀戮和仇恨蒙蔽了眼睛。有些事情，有些答案，要留给时间去判断。

不一样的总统范儿

——读《总统 Style》

·骆　骁·

星条旗下口若悬河，智囊团随时待命，保镖寸步不离，时不时拿核按钮说说事儿，这是美国大片里的总统 Style 标配。然而作为白宫椭圆形办公室的主人，坐在超级大国权力宝座上的美国当代总统们到底都是什么范儿，恐怕还是听听总统研究专家的意见比较靠谱。

在《总统 Style》这本二十来万字的小书中，普林斯顿大学政治学教授弗雷德·格林斯坦用凝练的笔墨，分析了从富兰克林·罗斯福到奥巴马 13 位美国当代总统的领导风格。对每一位总统，作者都用一章的篇幅简明地介绍其基本背景和政治风格，以及他是如何行使总统职权的，并从公众沟通、组织能力、政治技巧、政治远见、认知风格和情商六个方面进行了点评。这六个维度交织成一张立体的网，拉紧这张网，领袖的权力光环尽皆褪去，性格鲜明、各有短长的 13 个人物跃然纸上。

罗斯福有大智大勇但自以为是；杜鲁门脾气火爆但处理公事高度自制；老实人艾森豪威尔其实是身居幕后的政治操盘手；高富帅肯尼迪情场职场两分明；约翰逊情绪阴晴不定却最擅说服之术；重度安全感匮乏者尼克松极具战略眼光；福特口拙手笨但从容淡定；卡特大打亲民牌但固执己见；里根作为一个二流演员却深谙无为而治之道；老布什长于细节战术但缺乏政治远见；克林顿天赋极高却因缺乏自制力马失前蹄；口无遮拦的小布什在对外事务上表现得颇有牛仔之风；奥巴马成长背景复杂思想兼容并蓄……

人们想象中的总统职位是超人才能端的饭碗，但从这本书里可以看到，这个位置上的人其实都是血肉之躯，他们可能因自身优秀的特质在政治舞台上大放异彩，也可能因克服不了自身的种种弱点黯然离场，甚至将国家拖入灾难的泥潭。

而作者对每位总统的特征进行剖析的用意，不在于比较孰优孰劣，排序打分，而在于提醒标榜拥有“将权力关进笼子里”的体制的美国人，谁是总统对美国政府的政策至关重要，总统的领导风格，会对人民的福祉产生极大的影响。

对于美国人而言，这本书可谓总统上岗参考书、选民投票指南；而对于中国的读者来说，喜欢历史的人可以通过 13 位总统的经历串联起一部简缩的美国当代史，管理者可以看到大国领袖对领导力的现身说法，要是你注意到了小布什到了不惑之年还日日滥酒，奥巴马年轻时吸过毒走过非主流路线这样的细节，这本书立时又有了励志意味。总之，不同的读者可以读出不同的心得。

作为一本出自学者之手的著作，该书立论严谨，论必有据，但行文生动，译者的翻译也可谓文采斐然，锦上添花，是了解美国当代总统和政治生活的不可多得的优秀读本。要说该书有什么不足之处，那就是它成书于 2008 年奥巴马刚入主白宫之际，对奥巴马的分析因材料不足而略显单薄，期待作者就奥巴马的第一任期表现再次修订，为我们解读这位上镜率最高的明星总统，执政走的又是什么范儿。

移民之道　生活之道

——读《移民之道——一位美籍华裔律师教你合法移民美利坚》有感

·黄丽娟·

美国《独立宣言》开篇宣示，“人人生而平等，造物者赋予他们若干不可剥夺的权利，其中包括生命权、自由权和追求幸福的权利”，或许正是在这样的精神感召下，许多追求幸福、向往自由的人们怀着“美国梦”义无反顾地走上了艰辛曲折的移民之路。对于这些准备移民或正在移民过程中的人们而言，是否明确了自己的目标，是否做好了知识、物质上的准备，是否做好了心理上的准备，却是一个值得思考的问题。由黄唯著、孙浩编译的《移民之道——一位美籍华裔律师教你合法移民美利坚》是一本简要的小书，但包含了丰富的内容，是一本了解美国移民制度的入门指南，是一个了解华人移民史、美国移民文化的便捷窗口，也是一份作者与广大读者分享人生经验、分享生活体会的心灵鸡汤。

美国移民制度内容非常繁杂，技术操作性非常强，还带有很强的政治性，其中各种细节性、例外性的规定更是数不胜数。该书细致梳理了美国移民制度的主体内容，并结合实例点出了重点规定背后的要点，引领读者提纲挈领地对美国移民制度有一个清晰的认识。美国的移民制度将美境内人口分为四类：公民、合法永久居民（即绿卡持有者）、签证持有者以及非法移民。移民的直接目的首先是取得绿卡成为合法永久居民，进而再申请成为美国公民。合法永久居民（即绿卡持有者）属于没有美国国籍，也不具美国公民身份的外国人，但其在美国境内基本享有和本国国民一样的待遇，不过没有选举权和被选举权。获得绿卡成为合法永久居民的方式主要有五种，即家庭、工作、投资、宗教以及难民和庇护。公民是拥有美国国籍的人，享有美国法律规定的公民权利。美国国籍可以根据出生地原则而取得，可以根据血统原则而取得，而移民是要通过申请加入获批准后而取得，也就是归化为美国人。归化为美国人有一些基本条件，包括年满 18 岁，必须是非敌国侨民并且是合法进入美国，获得永久居留权并在美国居住满 5 年以上，在一州内居住至少满 6 个月，等等；当然还有一些其他的条件和例外规定。无法取得公民身份或合法永久居民身份，又没有合法签证的人在美国就沦为非法移民，随时可能遭到美国国土安全部的拘禁和递解。

移民不仅仅是在法律上、制度上从一个国家进入到另一个国家，更是在文化上、观念上从一个国家融合到另一个国家，在某种意义上讲这可能是对移民来说更难完成的转变。该书设专章“华人移民史”介绍了中国人移民美国的历史过程，从 19 世纪 40 年代的淘金潮，到 20 世纪后半叶的新一代华人移民，回顾了历次《排华法》的修订过程、实际上也是华人不断抗争的过程，同时也揭示了中国发展之于华人移民的影响，给人印象深刻。华人移民之悲惨，莫过于移民国和祖国的双重压迫，华工到“金山”谋生，为美国西部大开发做出了巨大的牺牲和贡献，却长期遭受着美国排华势力的压榨、歧视和排挤，而清政府采取禁海政策，阻止人民出海谋生，乾隆皇帝曾下诏曰，“天朝弃民，不惜背祖宗庐墓，出洋牟利，朝廷不闻问”，外交长期处于不作为状态，逼得华工在夹缝中求生，处境可想而知。新一代华人移民，虽然与以华工为主体的老一代移民有着历史的传承关系，却拥有完全不同的素质和历史机遇，更拥有着完全不同的国家发展背景。新一代移民大多受过良好的教育，利用自己的社会地位以及获得不久的政治投票权，参与美国的政治运作，尝试影响中美政治关系。在追述历史的同时，该书更多地介绍了美国文化以及与移民直接或间接相关的制度细节，诸如学习英文中对美国妇女的称呼、西方人对于个人隐私的注重、公共场合的举止习惯、道路驾驶习惯、对财富的观点等等，涉及了在美国生活的各个方面，对于试图融入美国社会的移民而言，具有极强的指导性。

该书与其他移民知识书籍最大的不同在于，其中介绍的内容已经不仅仅限于移民知识，更多的是在传达一种对待生活、对待人生的态度，更多的是在分享自己的人生经验，诚如作者所言，“我深感在有生之年有必要把自己的经历写下来，为所有外国出生者赴美移民提供一些经验和鼓励”，对于在漫长的移民道路上彷徨、挣扎的人们而言，这些精神上的力量无疑是不可或缺的，何况其中的有些观念已经不局限于移民领域，对于一般读者也会有很好的启发。作者黄唯女士，1969 年于香港圣保禄中学毕业赴美，在西伊利诺伊大学取得生化学士学位后，于 1976 年在纽约州立大学布法罗法学院获得法学博士学位，1978 年在俄亥俄州克利夫兰市白手起家，创办了“黄唯律师事务所”，每年接手处理超过4 000例移民案件，至今帮助数以万计的个人及家庭来到美国成为永久居民和公民。作者自身的移民经历和丰富的移民法律从业经验令人敬佩，但给我印象最深的却是其传递出来的人生态度和经验。作者总结了在美成功之道的二十二条法则，列举了移民的六十点须知，其中既有如“知恩图报”、“坚定你的信仰”的人生道理，也有如“勤于思考”、“每天写日记”的良好生活习惯，更有“千万不要绝望，相信自己最终会获得合法身份留在美国”的精神鼓励，很多时候让人感觉像是一个母亲对于即将离家的孩子的谆谆嘱托。此外，作者对“移民抢了美国人的饭碗”、“移民让美国变得更不安全”等偏见进行了有力的驳斥，充满了对移民处境的切身同情和不遗余力的保护意识。

当然，该书透露出对于“美国梦”的高度推崇，虽然这是论述移民书籍的必然逻辑，却也存在值得商榷之处；而且，目前应该说华人移民仍然是美国社会的少数，在严苛的美国移民手续下，在长期劣势下奋斗的过程中，深深植根于内心的自卑情绪也时有流露，虽然隐隐让人感到不安，却也是一种无奈和妥协。

点亮心灯，健康成长

——评《心灵成长图画书导读》

·李天英·

图画书，也叫“绘本”，源于17世纪的欧洲，20世纪50年代开始由西方传入亚洲。在我国，20世纪90年代以来，随着国外优秀的图画书被逐步引进出版，图画书开始越来越受到孩子和家长们的喜爱。图画书以简洁明了的图画和简单的句子（甚至没有文字）帮助孩子们认知世界，感受世界，激发孩子们无限的想象力，又让孩子们获得美感体验，从小养成阅读习惯，好的图画书甚至能对他们产生一辈子的影响。

图画书虽然往往画面直观，文字简洁，但是主题却非常丰富。优秀的图画书都具有相当的情感力度，经常将一些哲理问题，如亲情、智慧、勇气、友谊、成长、幸福甚至是死亡，用讲故事、做游戏等方式表现出来。孩子们在成长的过程中总会碰到各种各样的问题，从最初的学会生活自理到社会环境的适应，从良好的亲子关系建立到学会沟通技巧、与他人友好相处与合作，从学会调整、驾驭自己的情绪到发展乐观向上的积极人格品质等等，而这些问题在图画书中都能找到答案。《心灵成长图画书导读》一书就是针对孩子从自然人转化成社会人这一过程中所要面对的众多课题的一本导读图书，以“情绪管理与发展、适应能力发展、人际关系发展、人格发展、灾后心理重建”为主题，精选出71种最优秀的图画书，以期使孩子们在情绪管理、适应能力的培养、良好人际关系的建立、健康人格的发展等方面得到帮助，奠定一生心理健康的基石。

一、情绪管理与发展

0～6岁是儿童情绪发展的重要时期，也是儿童学会情绪管理的黄金时期。

孩子们不能清楚地认识自己的情绪，也无法用适当的方式表达自己的快乐、悲伤、嫉妒、沮丧、害怕……成年人要重视孩子在成长中的情绪表现，帮助他们认识自己的情绪，接纳自己的情绪，进而管理自己的情绪。

该书在这部分选择了一组具有代表性的图画书，《菲菲生气了》、《我的壁橱里有个大噩梦》、《我好难过》、《我好担心》、《我想要爱》……都是孩子们的典型情绪。这些图画书帮助孩子们尊重自己的感受，体验积极的情绪，舒缓不良的情绪，减少压力，释放自我，帮助他们建立安全感和自我意识。父母们通过亲子阅读，首先帮助孩子分辨自己的情绪，接纳自己的情绪，要让孩子认识到情绪是每个人都有的正常反应；其次，帮助孩子认清情绪产生的原因，找到问题的源头；第三，健康疏导，让孩子真正成为情绪的主人。

二、适应能力发展

适应能力包括生活适应能力和社会适应能力，是孩子心理发展的重要组成部分。良好的适应能力培养应从婴幼儿开始，通过日常生活活动，如独自睡觉、自己吃饭，自己上厕所，自己洗手洗脸、穿衣脱鞋等，培养他们的自我服务能力，养成良好的生活习惯，学习与人交往的经验，适应社会环境等等。该书在这部分主题的图画书中，主要选择了三个部分：第一部分是日常生活自理能力的培养，如穿衣、大小便、刷牙等；第二部分是孩子日常生活自理过程中遇到的一些问题，如怕洗头、挑食、掉牙的不安、偶尔尿裤子的心理负担等；第三部分是入园、入校、离家外宿、与同学相处等社会适应能力方面的问题。这些图画书反映的是孩子们的问题，描绘的是孩子们的生活，给他们熟悉感、亲切感，语言生动，人物形象有趣，故事巧妙，孩子们在享受阅读带来的乐趣时，也明白了其中的道理；家长在阅读过程中，能进一步了解孩子，理解他们成长过程中的烦恼和不安，书中聪明妈妈们的做法，也为父母们提供了借鉴。

三、人际关系发展

良好的人际关系依赖于童年时期与他人交往的经验。对孩子来说，早期的人际关系主要有亲子关系、伙伴关系、手足关系等。在亲子关系中，父母对孩子的关怀、支持和鼓励，对孩子情绪的稳定和心理健康起着极为重要的作用；同时，孩子的社会性行为，如分享、谦让、帮助、友爱、尊敬长辈等，也是在与父母的交往中，在父母的指导下逐渐形成的。伙伴关系是孩子早期重要的社会关系。在交往中出现的冲突，让孩子们逐渐学会了谈判或协商的解决方法，同时建立起平等互惠的伙伴关系。手足关系在儿童社会化中起到一个特殊的作用，从与兄弟姐妹的互动中学到的教训和技能可以推广到家庭之外的人际关系中。兄弟姐妹之间的冲突通常更富有建设性，能够帮助孩子识别他人的需要，帮助他们在一个安全的氛围中学习怎样反抗和妥协。

该书第三部分分别选择了反映以上三种交往模式的图画书，重在展示良好人际关系的建立给孩子带来的安全感、归属感和愉悦感。此外，还展示了各种人际关系的处理方式和技巧，希望家长与孩子们能从中学习到交往的技巧及策略，帮助孩子从小建立起良好的人际关系。

四、人格发展

人格是构成一个人思想、情感及行为的特有统合模式，这个模式包含了一个人区别于他人的心理品质。人格决定了一个人的生活方式，甚至有时决定一个人的命运。3 岁以后，儿童的自我意识迅速发展，人格特征迅速形成。

该书从众多图画书中选取了这方面具有代表性的作品，以帮助家长培养孩子健全的人格，包括：欣赏自己、接纳自己，《鼠小弟和大象哥哥》、《变色龙卡罗》反映了孩子对自我接纳认知的一个过程；自信心，《凯能行》讲述如何帮助孩子重建自信；坚持性，《胡萝卜种子》、《犟龟》告诉孩子们，认准了的事，即使面对的是否定、嘲讽、困难，也不放弃，最终总会有收获；诚实，孩子说谎的类型很多，如想象型说谎、虚荣型说谎、创造型说谎、逃避型说谎等，对于幼儿说谎，家长不要轻易指责孩子不诚实，应分析说谎心理，采取相应措施，《打破杯子的鼠小弟》就是典型的逃避型说谎；幽默，《咔嗒，咔嗒，哞》、《鼠小弟的生日》通过对常规的颠覆、期望的实现与现实的落空来达到幽默结果，张扬一种乐观、宽容、风趣的人生态度，从而培育孩子的健全人格。

五、灾后心理重建

我们身边有时会发生令人伤心和痛苦的事情，严重的如地震、海啸、火灾等一些灾难，生活中的比如生老病死，这些事情会伤害孩子，会给孩子带来很多困惑和问题。要帮助孩子们理解这些令人痛苦伤心的事情，克服恐惧，正面面对。

图画书《凯琪的包裹》中，互不相识的人们纷纷伸出援助之手，帮助战后的灾区度过漫长而又严寒的冬天，告诉孩子们并不孤单，鼓足勇气，一定能战胜所有的困难。《妈妈的红沙发》讲述火灾过后，全家人在他人的帮助下，通过努力奋斗，重建新家园。

我们在得到别人帮助的同时，也一定能自己帮助自己。《弗洛格和陌生人》告诉孩子们在新的环境中要学会接纳他人；即使寄居在他人家里，也不要抱怨，要让生活充满爱与温暖，不要放弃对美好事物的追求，这是《小恩的秘密花园》；《嚓一嘭！》教会我们勇敢面对身体缺陷的自己；《长大做个好爷爷》、《爸爸的围巾》让我们学会勇敢面对亲人的离去；《风到哪里去了？》、《小威向前冲》、《活了一百万次猫》帮助孩子理解生命、懂得生命的宝贵与价值。

该书作为导读图书，在介绍每一种图书的基本信息、简要内容、社会评价之外，重在每本书的特点及阅读指导和运用，并推荐相关主题的其他图画书。相信这本导读书一定能为亲子阅读和孩子阅读兴趣的培养提供有益的帮助，促进孩子心灵健康成长。日本“图画书之父”松居直在其代表作《幸福的种子》中说道，图画书包含了一个父亲想对孩子说的所有话，“图画书对幼儿没有任何‘用途’、不是拿来学习东西的，而是用来感受快乐的”。让我们携起手来，透过图画书，为孩子们点燃一盏心灯，照亮成长之路，引导孩子感受爱和快乐，呵护他们健康成长。

读李瑞环同志《看法与说法》有感

·段向民·

我时常枉自称为读书人，但平时只喜欢读小说类、诗歌类、散文类书籍，而且基本上选择的都是专业作家的作品，读这类作品不仅可以感受到作者丰富的才情，还可以被优美的文字所吸引。我从未读过领导人的作品，主要是怕领导人的作品理论性太强，文字太过于程式化。直到读了《看法与说法》，彻底颠覆了我对领导人作品的潜在认识。

清新、淡雅又不失大气的封面设计，错落有致的内文版式，不拘一格的体例编排，原汁原味的精彩插图……这一切，都满足了我先翻阅一本书的前提。这就是我对从同事手中抢到的先睹为快的李瑞环同志的《看法与说法》的初步印象。认真读来，我发现这四册书有以下特点：

首先，语言生动活泼、通俗易懂。例如，在论述沿海和内地的关系、先富和后富的关系时，李瑞环同志提到报纸上报道的春节某城市有一户人家光放鞭炮就花了一万多元，可同是这个城市的郊区还有人吃不上饺子，进而有“你吃海鲜我吃萝卜，碗里的东西可以有所区别，但必须有吃的”的总结。又如，在要求各级领导干部关心群众生活时说，“民以食为天”，“饭”字半边是“食”字，半边是“反”字，没有食就会反。再如，在讲到要善于吸纳意见、多听意见时说，“要勇于自以为非，不要自以为是”。这样的语言多么质朴无华，而又蕴含真知灼见，同时让普通老百姓都能够读得懂，愿意读。就此而言，李瑞环同志堪称语言大师！

其次，该书编者匠心独运。就形式而言，在体例上打破传统“篇章节”的固定格式，大胆创新，将每一个看法设计为大的标题，不同的说法又加以设计，版式活泼，让人读起来不会有视觉疲劳。就内容而言，从选录的李瑞环同志的1 400多段文稿中抽丝剥茧，提出108大题，这108大题可以说是李瑞环同志的108个看法，而每一个题中又有若干相近的看法和不同的说法。这样编排，极大地方便了读者的阅读，还能启发读者进行深入思考。更难能可贵的是，能将1 400多段有深厚的时代背景和针对性的重要讲话连成我国改革开放的一幅历史画卷，让我们不难领略李瑞环同志作为改革大师的风采。

再次，该书不仅仅适合领导干部读，也适合各行各业的劳动者读，还适合莘莘学子读。该书出版于党的十八大刚刚结束之际，书中内容均为李瑞环同志经验和智慧的结晶，特别是李瑞环同志这些基于"立党为公、执政为民"的看法与说法会对各级领导干部有所裨益。书中讲到的"准确地了解世界，正确地认识自己"、"少讲空话，多干实事"、"尊重人、理解人、关心人"等至理名言，教会我们做人的准则，适合各行各业的劳动者品味。李瑞环同志自身就是励志的典范，用他自己的话说："我的学习底子太差，几十年来一直在补课，有时简直是'恶补'。"一个国家领导人，尚且如此虚怀若谷，对我们某些沉不下心、静不下来的年轻人，是何等的鞭策！

无论你是居庙堂之高，还是处江湖之远，做事先做人，做人先立德。李瑞环同志的《看法与说法》值得一读！

读《看法与说法》，学什么？

·王宏霞·

中国人民大学出版社近日出版的李瑞环同志的新书《看法与说法》，将作者的思想体系向读者作了完整的呈现，既适合领导干部阅读，也适合普通大众学习，在如今鱼龙混杂的汪洋书肆中，是一部不可多得的好书。

与作者前几部著作相比，其特点有三：

一是材料更加丰富。书中的材料来源于1981年以来作者在天津和中央工作期间的所有文章、讲话、会议纪要，计有上千万字，很多材料系首次对外公开使用。

二是体例新颖独特。全书以108个大题率领1 300多个小题的形式，建构起支撑全书内容的骨架，这些题目既相对独立，又有内在的逻辑联系，一气呵成，首尾贯通，代表了作者的“看法”。正文中，每个题目之下跟随着长短不等、论述精练、语言生动、内涵深刻的段落，作为对题目的具体阐释和表达，亦即作者的“说法”。这种结构安排正应和了此书的书名，可谓浑然一体。

三是思想反映全面。此书可说是集作者思想观点和工作方法之大成，涵盖了作者在发展、改革、开放、可持续发展、民生、群众路线、民主政治、党建、政协工作、统战工作、民族宗教、两个文明、新闻宣传、思想政治、文化艺术、城市建设、选人用人、工作作风、学习理论、总结经验、外事等各个方面的看法、说法。

《看法与说法》全书百余万字，篇幅不小，但读起来丝毫无厌倦费神之感，因其文章短小、质朴鲜活、义理深刻，每读一篇必有收获，所以实在不忍释卷。读罢此书，意犹未尽，叹服之余不禁感慨：这部书太有用了！作者把自己数十年学习和工作中所收获的理论和经验一股脑儿地捧出来、教给我们，这是多么慷慨的胸怀！若不提起诚敬，认真学习、反复研读，借此增长本事，岂不有负作者的一番苦心？那么，读此书，重点要向作者学什么？我觉得可以归纳为以下三个方面，在此与大家交流共勉：

一、学文风、学风和作风

李瑞环同志的文章言之成理，没有空话套话假话废话，从他的文章中很难见到“应该指出”、“必须强调”、“毫无疑问”、“众所周知”等“八股话”，他的行文简洁凝练、清新朴实、生动有趣，善于从日常生活和百姓语言中吸取智慧和营养，很“接地气”，因而受到老百姓的欢迎和喜爱。他还善于总结提炼，经常提出一些生动上口的格言，现在许多领导干部的讲话都受到李瑞环同志讲话风格的影响，他的一些妙言警句，如“空谈误国，实干兴邦”、“改革要配套，发展要协调”、“不动摇、不松劲、不折腾”、“多搞些雪中送炭，少搞点锦上添花”、“常想缺点不足处，少犯错误多进步”、“团结的面越宽越好，团结的人越多越好”、“尽职而不越位，帮忙而不添乱，切实而不表面”等等在政界广为流传。

李瑞环同志特别注重学习，热爱学习，他常说：“不读书，没有理论知识，尽管海阔天空讲实际，也不能算是理论联系实际”，“不读书，实践再多，悟性再好，也不会掌握马克思主义”；他认为学风是影响个人前途甚至党和国家前途命运的大事：“一个人能否有出息，最重要的是取决于能否刻苦学习，比较全面、系统地掌握马克思主义的基本原理”，“如果年轻一代缺乏马克思主义理论基础和修养，我们国家就没有希望”；他强调学习要社会科学和自然科学并重、理论知识和实际经验并重：“过去我们用社会科学理论代替自然科学理论，使我们吃到很大苦头；现在如果走向另一个极端，忽视社会科学同样要吃苦头”，“要学习马克思主义理论，学习历史知识，学习现代科学技术知识，还要学习群众创造的新鲜经验”；他主张要深入实际，搞好调查研究：“实际生活这本大‘词典’最丰富、最准确、最生动、最易懂”，“调查研究的方法，看起来很笨，实际上最好”，“搞好调查研究，首先要有正确的态度，满腔热忱，眼睛向下，放下臭架子，甘当小学生”。从农民、工人成长为党和国家的领导人，博览群书、活学活用是李瑞环同志成长进步的阶梯，不管工作有多繁忙，也要挤出时间来学习，学习成了他一生的习惯。

文风、学风，归根到底都是作风的表现，作风决定着文风和学风。讲官话、套话、空话不仅是文风、学风问题，更是作风不实的表现。有的领导干部习惯属下给自己写稿子，很少自己写，或者说现在自己写稿子的领导干部越来越少，大多数都是属下写什么就读什么。清朝著名学者郭嵩焘曾说，为文“务出己意，耻蹈袭前人”，李瑞环同志就是这样自我要求的，他的文章讲话从不假他人之手。李瑞环同志最崇尚务实，注重实践和调查研究，贴近群众、贴近生活，在他看来，“靠实践、靠群众，这是做好一切工作最基本的方法”。他总说，不但要琢磨字，更要琢磨事，“要多一点时间读书，多一点时间调查，多一点时间琢磨问题，多一点时间研究政策”，“普遍存在的问题要在方针政策上找原因，反复出现的问题要从发展规律上找原因”。正是这种勇于琢磨养成了他研究、分析、综合问题的本事。他反对一些干部过分关注寻章摘句，言之无物，他说：“在鼓捣字儿上花的时间太多，在研究事儿上下的功夫太少，就写不出好文章”，“在一个字、一个词、一个说法上，来回地捣鼓，来回争论，浪费时间，结果丧失了许多机遇”，“正确的思想、正确的方法不是在屋子里憋出来的，而是从实践中产生的”。他坚持在实践中找出路，“当文件和实践不一致时，修改的应该是文件，而不应该是实践”。他牢牢秉持“全心全意为人民服务”的观点，强调要办多数人受益的、群众最急需的、长远起作用的事，要“把群众情绪作为第一信号”，“大多数群众有抵触情绪的事情，不论多少条道理也绝不能办”，在他看来，只有群众的表扬和赞赏，才是“最高的赞赏、最高的奖赏”。

相信通过读《看法与说法》，能有助于形成这样一种社会风气：以实干为荣、以空谈为耻，使少讲空话、多干实事成为一种执政理念、一种社会习惯、一种民族风尚，进而成为振兴中华、实现强国之梦的巨大精神财富和物质力量。

二、学思想方法和工作方法

李瑞环同志治国理政的底气来自他对知识的广博汲取、对实践的深入摸索、对理论的深厚涵养，以及勤于动脑的思维习惯。李瑞环同志十分重视思想和工作方法，他通过学习理论，立足实践，认真思索，形成了一整套的思想方法和工作方法。他有一个工作习惯，就是躺在床上想问题，每天晚上睡觉前都要想想当天工作中的问题，然后再进行一下分析和总结，他曾坦陈：我的很多东西都是躺在床上想出来的。

他一方面坚持从实际出发，但又不仅仅停留在现状之上，拘泥于现存的实际；另一方面，他也不把书本理论作为框架来限制思想、限制实践。他的实践—认识—再实践—再认识的过程就是一个学习理论、调查研究、总结经验、指导实际的过程，这个过程用四个字概括就是“活学活用”。他十分强调理论与实际相结合，认为“结合是运用，结合是目的，结合是坚持，结合是发展”，“理论与实践相结合是一个复杂的过程，必须熟知理论，必须深入了解实际情况，必须有加工的本领”。加工的本事是李瑞环的过人之处，无论是做木匠，还是做突击队长，或是做市长，做中央领导，对于自己所从事的每一种工作，他都满腔热忱地投入，认真调查研究，遇到问题肯动脑子、想办法，用他自己的话说就是“要想得进去，既能展得开，又能拢得起，在把情况弄全、弄准的前提下，把材料掰开了、揉碎了，把关系理顺了、摆正了，把措施具体了、落实了。这样分类排队，分析综合，才能得出正确的结论”。朴素平实的话语，既包含着他对理论的理解和运用，也凝结着他在实践中通过艰辛思索而洞悉事理的经验和感悟。所以，无论他在什么岗位上，都能干出“名堂”来，都能干出不一样的成绩来。

《看法与说法》中的1 400多个段子每一段都朴素无华而意蕴深刻，每一条都是李瑞环同志思想方法和工作方法的结晶，其哲理性无处不在、无处不显，朴实中透真知，简洁中见大道。透过此书，我们能感受到理论的力量和实践的求证，能触摸到分析和思考的脉络，能体察到治国理政的大道，确实有助于党员干部提高为建设中国特色社会主义服务的工作本领和执政本领。

三、学胸怀和境界

李瑞环同志的为文和为人是一致的，光明磊落，朴实无华。

他既是一位高瞻远瞩、胸怀韬略的政治家，也是一位俯下身子、乐于为大众服务的人民公仆。他常说，“当权的政治家，由于他所处的位置、所掌握的权力，可以做很多的好事、实事，一念之兴、举手之劳，就有可能解民于倒悬，为人民谋取更多的福利。人生有限，政治家当权的时间也有限，要利用条件，抓住时机，为国家、为人民、为人类多做好事”，“对一个真正的共产党员和人民政府的干部来说，通过自己的辛勤努力，带来的结果能使群众得到幸福，就是他们最大的快乐”，“对共产党的领导干部来说，心里没有群众，就是忘本；对群众的疾苦漠不关心，就是变质；滥用手中权力欺压群众，就是对共产党的背叛”，这是一位老共产党员的铿锵心声和人生信念。在位之时，他把全副身心投入到为群众办实事上，不畏难、不懈怠；退下来后，他尽己所能资助贫困学生，不吝惜、不含糊。这样的好官，谁不钦佩？

他始终认为“人民至上，群众第一”，这是他一切工作的出发点，是他衡量“大事”还是“小事”的尺度。他批评不关心幼儿园建设的同志说：“直到今天，我们还有相当一部分领导同志，把兴办托幼园所看成是个人的家务事、眼前的琐碎事，因而没有摆上议事日程认真去抓。这些同志没有看到小孩子入托，对家庭来说、对孩子的妈妈来说是何等的重要。对孩子妈妈来说，孩子没人看管是压倒一切的大事。孩子的影子总在脑子里转，掉地下没有？倒水烫着没有？你说工作是个大事，四化是个大事，经济效益是个大事。在她脑子里就是孩子，你不解决好她的大事，她就没法关心你的大事。”他针对不理解举全市之力为大龄青年找对象的声音给以这样的回应：“在当前大事多、新事多、难事多的情况下，花这么大功夫为人找对象，似乎有点小题大做。可世界上的事情就是这样，有些小事由于种种原因，可以变成大事；有的易事由于情况的变化，可以成为难事。由于上山下乡，由于恢复高考一些人忙于上大学，还有因为家庭落实政策晚等原因，使一些人错过了找配偶的最佳年龄。一些人是多少人？六万多人。这么多大龄青年找配偶是小事吗?”就是这一件件平凡“小事”，履践着他“住世一日，则做一日好人；居官一日，则做一日好事”的承诺，也照见了他不一样的境界和胸怀：脚踏实地，让他拥有质朴的内在和宽厚的胸怀；仰望天空，让他拥有深邃的目光和高远的思想境界。

听李瑞环同志身边的工作人员讲，他从来不喜谈论那些低级庸俗、是非长短的话题，他最经常谈论的，就是读书学习，就是群众的生活和国家的发展。这背后所深藏的，其实是对自我境界的不懈追求，是对国家的拳拳赤子之心，是对人民群众的一腔炽热情感！

这种胸怀和境界，不能不让人折服。

如何解读马克思与恩格斯的关系

·李慧平　谷广阔·

关系史本身是复杂的，思想关系史的复杂性尤甚。

毫无疑问，马克思与恩格斯的关系在学术领域具有不容小视的地位，然而令人遗憾的是，这么多年过去了，甚至在马克思与恩格斯被密切关注、被深入研究的学术界，他们二人的关系仍然没有成为一个标准的研究课题。

今天，我们不妨通过对《马克思的事业》及《马克思与恩格斯：学术思想关系》两书的研读与分析，去领悟谁才是“第一小提琴手”？

1842 年 11 月，卡尔·马克思与弗里德里希·恩格斯首次会面，当时，马克思 24 岁，恩格斯年仅 22 岁。虽然那次的会面并不成功，但是，他们之间伟大的思想合作还是在时隔一年多之后正式开始了。从马克思与恩格斯的第一次不顺利的会面到真正建立牢固的友谊之前的这段时间里，恩格斯所做的相关工作受到马克思的密切关注和高度赞赏。正因为如此，马克思后来毫不犹豫地辞了职，并投身到了与恩格斯充满激情的合作中，而马克思与恩格斯的友谊也由此开始。《马克思与恩格斯：学术思想关系》一书在开篇就将马克思与恩格斯的初识向我们娓娓道来。

在《马克思的事业》一书中，从有关马克思与恩格斯的章节，我们看到的是这样的描述：马克思最通俗的阐释者是恩格斯，世上最通俗的社会主义读本，就是恩格斯的《社会主义从空想到科学的发展》。这本小册子 1883—1892 年在德国卖了约两万册——在当时，这是个极其惊人的数字，它被译成十种文字，译本超过了《共产党宣言》。尽管恩格斯很为此而高兴，但马克思在该书的前言中却老实不客气地指出：这不过是科学社会主义的入门。

在考察任何一组思想关系时，我们必须慎重对待其中每一个成员在会面相识之前的生活和思想状况，以便理清他们带给对方哪些思想资源、他们共同的经历和思想是什么，以及之后他们一起完成了什么工作。

就马克思与恩格斯的关系而言，很多事实还需要进一步阐明：他们不顺利的初次会晤，以及他们持续了 39 年的合作关系的基础——这一合作关系一直持续至马克思去世才结束。

通读《马克思与恩格斯：学术思想关系》一书，我们跟随作者卡弗先生根据事实来审视马克思与恩格斯的学术关系，以便回答以下一系列具体的问题：为什么马克思与恩格斯的第一次会面是不成功的？是什么吸引马克思在 1844 年与恩格斯确立合作关系？恩格斯的著作对马克思有何影响？在合作撰写《德意志意识形态》中，是谁明确地阐明了什么？经恩格斯之手闻名于世的“辩证法”第一次出现在什么时候？在马克思与恩格斯的成熟岁月中，他们之间的关系怎样？马克思逝世后，恩格斯在何种程度上作出他与马克思关系的明确阐述？马克思与恩格斯的学术关系对我们阅读他们的代表作有什么样的影响？

在《马克思的事业》一书中，韩毓海教授为我们陈述的马克思与恩格斯的关系，不禁让人陷入另外一种沉思中。韩毓海教授指出，马克思将资本划分为围绕货币资本形成的现实资本和虚拟资本，并通过三者之间的差异关系揭示了资本主义运动的规律，但是恩格斯所理解的资本主要就是现实资本的一个组成部分——产业资本。在马克思看来，现实资本由产业资本、土地资本、商业资本几个部分构成，而产业资本无非是通过商品和劳动力才能实现的资本。恩格斯对于虚拟资本、商业资本和土地资本，都缺乏马克思那样高超的了解和分析，他对于资本的理解往往局限于产业资本内部。与马克思相比，恩格斯的视野无疑是比较狭窄的。

《马克思的事业》一书认为，虽然马克思主义最通俗的阐释者是恩格斯，但是，马克思真正的或者说最好的读者却并不是恩格斯，这是因为：恩格斯对于资本的理解，其实不过就是马克思所说的现实资本，即那种只有在工厂里活动着的资本。奥地利社会民主党人阿德勒曾经幽默地说：马克思的《资本论》是一座不朽丰碑，而恩格斯在编辑、改写《资本论》的时候，一不小心便把自己的名字也不可磨灭地铭刻在上面了。实际上，这种说法不仅仅是幽默，因为它也正是事实。马克思生前，《资本论》只出版了第一卷，我们现在看到的《资本论》第二卷和第三卷，实际上都是恩格斯从马克思留下的大量初稿、手稿中编辑出来的。我们一般所理解的马克思，均是经过恩格斯阐释的马克思，但是，恩格斯所阐释的绝不是马克思的全部。

恩格斯的个人和学术作用，对于完整地理解马克思与恩格斯的关系至关重要，这就是为什么《马克思与恩格斯：学术思想关系》的大部分内容以对恩格斯著作和相关资料的关注为第一分析要素，而以对马克思著作的关注为第二分析要素。这种对马克思与恩格斯的关系加以明确考量甚至完全提升的做法，颠倒了思考这两位思想家及其学术思想关系的通常程序。

如果我们以恩格斯的哲学支持马克思的批判，以恩格斯的决定论支持马克思的“指导线索”，并以恩格斯的解释语境支持马克思自己的观点，当恩格斯提出观点的时候，那么，谁才是真正的“第一小提琴手”?

作为入选了“新闻出版总署迎接党的十八大主题出版重点出版物”的著作之一，《马克思的事业》一书指出，马克思主义学说确实是马克思和恩格斯联手创造的，但“联手创造”并不等于马克思和恩格斯之间没有讨论、没有争论、没有区别。如果说马克思是恩格斯的阳光雨露，恩格斯就等于马克思的影子和传声筒，那么，他们就根本没有必要联手创造什么了，而那样一来，就既贬低了马克思，同时又贬低了恩格斯。

其实，关于两人的关系，恩格斯本人早已给出了明确的答案：“我一生所做的是我被指定做的事，就是拉第二小提琴，而且我想我做得还不错。我高兴我有像马克思这样出色的第一小提琴手。当现在突然要我在理论问题上代替马克思的地位并且去拉第一小提琴时，就不免要出漏洞，这一点没有人比我自己更强烈地感觉到。而且只有在时局变得更动荡一些的时候，我们才会真正感受到失去马克思是失去了什么。”

阿马蒂亚·森及其正义观

·潘　宇·

现代政治哲学最为关注的问题，可能就是正义的问题。这一问题在罗尔斯的《正义论》出版之后，引发了巨大的关注。但是，对于人类为何需要正义，正义与公平和善的关系如何，以及罗尔斯赖以建立正义理念的“无知之幕”都有很多的争议。比如诺齐克，就认为自由要高于平等。当然，也必然会有很多人认为平等要高于自由，批评自由市场带来的人与人之间的剥夺关系。

对此，阿玛蒂亚·森的正义理论与他所想要达成的目的一样，有一种对话性。这个对话，不仅存在于森与罗尔斯之间，也存在于森与其他正义观的阐发者之间。森在他的书中反复提到，因为有与罗尔斯长期共同工作的经历，他受到了罗尔斯的正义论的巨大影响。他尤其认可将以自由为基础的“公平的正义”作为人类正义的出发点。

然而他也是从罗尔斯的所谓的“破绽”中来提出他自己的正义的理念的。森首先质疑的就是作为罗尔斯正义论的“出发点”的“无知之幕”的假定。按罗尔斯的说法，只有在这样的无知状态下，人们才会选择公正原则并决定基本的社会制度，然后按照这样的制度去治理将要建立的社会。但是，森“对罗尔斯在初始状态中选择一套公正社会所需要的公正制度原则的唯一性”深表怀疑。① 原因在于不同的群体因为所处的情境的差异，他们所关注的重点不同，比如有人会关注效率与效用，有人会关注经济平等与分配公平，也有人会关注如何享有自己独立劳动成果的权利。他们每一个人的理由都可能是基于正义原则的，也就是这些不同的关注有各自的合理性，但是如果综合考虑这些不同的关注，那么作为公平的正义的原则，将很难推进。

森也关注了罗尔斯的《政治自由主义》等著作中对这些问题的考虑，并提出

① 参见［印］阿马蒂亚·森：《正义的理念》，51页，北京，中国人民大学出版社，2012。

了一些修正，但是森认为这样的一些改变并不能解决问题。

基于此，森提出了理论和实践维度的修正办法。从理论层面看，森认为罗尔斯由于专注于契约论的思路，而疏于探索非契约主义和非功利主义的思路，森希望借助亚当·斯密的“中立旁观者”这样的维度来体现一些新的关注点，比如关注比较性的评价和关注社会现实，而非仅仅关注制度与规则的要求；允许社会评价不完整，但致力于消除不公正；听取缔约者以外的声音，以避免陷入地域的狭隘性等。

很显然，这样的正义理论最大限度地容纳了多元化利益格局所带来的观念层面的容忍性的内在要求，尤其为接纳那些目前似乎依旧不甚公平，但为公平而努力的可能性，也就是说容纳了公平的阶段性问题。这恰好是地域间发展不平衡的现实格局所要求的。

中国当代“文化复兴运动”中的儒教问题

·潘宇·

在传统中国，作为正统的儒家思想一直相对和平地与佛教和道教共存，并各自有自己的着力点。按照不甚严密的区分，认为儒家主要关注社会和政治秩序，道教主要关注身体健康，而佛教则关注人的内心。到了 19 世纪下半叶，也就是当基督教凭借西方列强在政治和军事上的优势重新①取得在华传教的合法性之后，这种传统的平衡被打破了。基督教教义和儒家思想之间的巨大差异，再加上传教活动与政治力量的紧密结合（比如，因为有条约的保护和治外法权的庇护，信奉基督教的人在中国享有种种特权）导致了基督教信徒与信奉以儒家思想为基础的正统观念的中国人之间的紧张和冲突，并爆发了各类“教案”。在这种情况下，早在明代后期就随着天主教的来华而受到关注的关于儒家是否是一种体制性宗教的问题，以及儒家与外来宗教的关系问题，引发了一部分儒家人士的讨论和探索。

康有为（1858—1927）是这些讨论和探索中最热忱也最具开创性的一位思想家。他对基督教有一定的了解，最初认为中国应该模仿西方教会的体制建立孔教会。在康看来，孔教会可以作为一个管理宗教的机构，来处理与外来宗教之间的冲突，这样可以避免政府干预宗教信仰的指责。康在 1912 年中华民国成立之后依然坚持这个设计，并希望通过法律来巩固他及其弟子所热衷的建立国教的设想。

当然，康有为要建立一个类似于基督教形态的孔教会，有其更为深远的考虑。康有为认为西方的宗教与世俗社会的分离是社会发展的必然，儒家思想也必

---

① 一般而言，基督教在唐代已经传入中国，在明末因为利玛窦的策略而得到一定程度的传播。一些官员比如徐光启等人受洗。然而耶稣会士内部对于中国传统的祭祖和祭天仪式是否属于偶像崇拜一直有争议。这样的争议也被称为“礼仪之争”。由于教廷认定中国的基督徒不能参加祭祖和祭天仪式，从而导致了中国朝廷的反感，最终于清朝的雍正元年（公元 1723 年）宣布禁止天主教的传播。鸦片战争之后，基督教再度被准许在华传播。

然要面临儒家作为信仰还是作为知识的一种冲突。他设计的以基督教的教会化的方式来建构孔教，目的是在世俗世界和信仰世界分离的时候，儒家仍能保有一个体制化的传播和继承的途径。1912 年中华民国成立之后，在康有为的学生陈焕章（1880—1933）的支持和努力下，康有为、梁启超（1873—1929）、严复（1854—1921）等人发起了将孔教立为国教并写入宪法的两次活动，但是在国会的投票过程中均告失败。陈焕章建立的以传播儒教为目的的神学院形态的孔子大学也不甚成功。因此，在 20 世纪 20 年代中期之后，孔教会便开始在中国社会销声匿迹。

然而，在学术领域，儒教是否是宗教的问题一直受到关注。学者们的研究动机不尽相同。自 20 世纪 50 年代活跃于中国香港和台湾的新儒家学者，一直强调儒家具有宗教的特性。而在中国大陆，情形有一些不同。由于主流意识形态将宗教判定为一种落后和迷信的观念，所以，从 20 世纪 70 年代末开始，任继愈强调儒家是一种宗教，只是他这种主张的目的是要说明儒家是一种必须要消亡的思想体系。

1990 年前后，中国大陆的思想形态出现了转变。在文化倾向上，儒家思想开始得到一些有限的肯定。在政治层次上，儒家传统有时被看作“中国特色”的一种证据。在价值层次上，儒家对于中国人日常价值的养成的意义被重新肯定。而儒家是否是宗教的问题也引起了人们的关注。这样的关注原因是多方面的，最为直接的是因为市场体制的确立导致中国人的普遍的信仰危机。在提倡儒家的人士看来，中国的儒家思想有化解信仰危机的功效，而且东亚经济的成功也似乎证明了儒家思想的意义。另外，不可否认的是，基督教和其他宗教的兴盛也导致了信奉儒家价值的人士希望有一种切合中国人思维特征的价值观念来维持中国的世道人心。这样的想法到 21 世纪初年转变为对于儒家宗教化的新的思考，甚至包括实践性安排。

总体而言，大陆的儒教论说深受康有为的孔教会的影响，这一点，我们从干春松、蒋庆和康晓光等学者的文章中可以明显地看到。

干春松的文章通过对康有为和陈焕章建立孔教会的历史文献的研究，展现了将儒家宗教化的一个重要案例。① 康、陈师徒二人奋斗的核心目标和思考的主要问题——通过建立儒教来复兴中国文化，儒教和国家权力的关系，儒教和西方宗教的关系——在 21 世纪初迥异的历史背景下显得历久弥新。

---

① 参见干春松：《康有为、陈焕章与孔教会》，载《兰州大学学报》，2008（2）。

在2005年12月的首届儒教会议上，蒋庆大力论证了儒家的宗教性质，并提出了一整套建教方案。蒋庆认为：儒教的“教”，既有中国传统礼乐教化的教化之含义，又有“神人交通”的宗教之义。儒教一直是中国的国教，其标志是“将儒教经典所体现的圣人义理之学上升为‘王官学’，即上升为国家主导意识形态。这就是今天所说的‘宪法性原则’，此原则是中国一切政治礼法制度的价值基础。此外，儒教作为中国国教解决了中国国家的文明属性问题。确立了中国国家的文化自性，形成了中国人共同的文化共识与精神信仰”①。蒋庆相信，当下中国道德空虚、信仰崩溃，建立儒教可以有效地遏制各种邪教的产生。

正因为如此，中国儒教的复兴是伟大而艰巨的事业，涉及很多方面，单靠个人分散的力量难以完成。蒋庆提出了重建儒教的两条路线，即“上行路线”与“下行路线”。上行路线即用儒教观念来转化当今中国的政治秩序，包括：把儒教确定为国家意识形态和宪法原则；建立新的科举制度，通过四书五经的考试来获得从政资格；在国家的教育体系里增加“经学”科的内容。在上行路线难以立刻见效的现状下，“下行路线”是一个可以采取的变通路线。所谓下行路线，即成立类似基督教协会或佛教协会的宗教性社团法人，比如“中国儒教会”，来从事儒教重建和复兴中华文明的伟大事业。②

康晓光同意康有为将儒教视为中国国教的看法，并将复兴儒教视为文化民族主义运动的重要内容。他认为在现代中国，“儒学作为一种学说的复兴远远不够，只有成为一种深入大多数华人日常生活的宗教，儒学才能真正复兴。因此，复兴民族文化的根本是复兴儒教。这就是文化复兴的基本逻辑，也是新的文化民族主义的基本纲领”③。

《蒋庆先生就曲阜耶教堂事件与儒教重建问题答北京诸道友问》一文，以问答的方式就一个轰动一时的事件简明扼要地表达了蒋庆对于儒教问题的看法。2010年底爆发的曲阜教堂事件牵涉到各方势力，从政府、基督教人士到儒家学者，

---

① 蒋庆：《关于重建中国儒教的构想》，见蒋庆：《王道政治与儒教宪政——未来中国政治发展的儒学思考》，373～374页，阳明精舍，2010。

② 蒋庆为“中国儒教会”设想了十个方面的工作内容，包括儒教的政治形态、儒教的社会形态、儒教的生命形态、儒教的教育形态、儒教的慈善形态、儒教的财产形态、儒教的教义形态、儒教的传播形态、儒教的聚会形态、儒教的组织形态。参见蒋庆：《关于重建中国儒教的构想》，见蒋庆：《王道政治与儒教宪政——未来中国政治发展的儒学思考》，380～389页。

③ 康晓光：《中国归来：当代中国大陆文化民族主义运动研究》，237页，新加坡，八方文化出版有限公司，2008。

在海内外引起了巨大反响，不但尖锐地反映了一百多年来关于儒教和西方宗教关系问题的旧有的争议，而且凸显了自20世纪90年代以来伴随着中国的经济腾飞而在国民心中普遍产生的面对西方的新的文化自信。20世纪初陈焕章为了提倡孔教而处处将孔教与西方宗教比附，企图证明两者之间的相似性，而心仪康、陈等先贤的蒋庆则强调指出，中西文化和宗教之间从来都是此消彼长的竞争关系，空谈“和谐宗教”只会“掩盖外来强势宗教的霸道性扩张”。

和蒋庆一样，康晓光也着眼于中西文化和宗教之间的竞争关系。在《文化民族主义论纲》中，康晓光声称：我们现在所要做的一切，不过是继承康有为的事业。在外来冲击的作用下，儒学逐步宗教化是文化自卫的正常策略或自卫性反击。① 不用说，基督教是现阶段儒学面对的最大“外来冲击”，这点在曲阜教堂事件中表现无遗，让蒋庆忧心的也正是中国文明在西方强势文化主导下面临的文化衰微甚至中断的危险。和蒋庆夹杂着深刻忧思的强烈竞争意识相比，康晓光似乎显得相对乐观。在前引文中，他提出要让儒教进入中小学教育、受到国家的支持以及成为全民性的宗教等设想。②

这可以看作是一个深爱儒家文明者的浪漫理想，也可以看作是文化民族主义者所设计的文化战略，而在某些人眼中也可能成为“中国威胁论”的有力佐证。仁者见仁，智者见智，但无论如何，十分清楚的一点是：尽管当今的儒教提倡者思考的仍然是通过儒教来进行文化自卫（或自卫性反击），但他们的心境与目标和当年康有为、陈焕章在深重的内忧外患中对“保国”、“保种”、“保教”的苦苦谋求相比，无疑已是相去万里。康有为的孔教设想在前提上是接受了西方的现代化路径的，建立孔教的设计是在这样的大前提下提出的一种现代性的修正方案。而蒋庆和康晓光在一定程度上怀疑甚至拒绝西方的现代化路径，他们关于儒教的设想很大程度上是二人对于中国自身发展模式思考的一种价值基础的探索。

蒋庆的儒教国教化的主张在当下中国颇具影响，但同时也富有争议性。从现实的状况看，中国的宗教组织都要纳入中国国家宗教局主管下的宗教协会的管理，现在有天主教、基督教、佛教、道教和伊斯兰教这五个宗教协会可以合法地在中国大陆开展宗教活动。儒教在一些地方（比如河北省）被承认为一种宗教，隶属于民间宗教管理机构管理。因此，儒教成为国教，可能还是一个遥远的幻想。

从学理的层面看，国教主张面对的关键问题在于：将儒教建立成一种制度化

①② 参见康晓光：《文化民族主义论纲》，载《战略与管理》，2003（2）。

的宗教会有什么弊端？是否会导致国教与儒家的原始特性以及现代社会的宗教信仰自由之间的冲突？在我们看来，国教化的儒教体制可能会限制儒教精神实践和发展的多种可能性。而儒教与汉族文化之间的关系，是否会导致国家性宗教与越来越盛的民族主义思潮之间的紧张，也就是说将儒教定为国教，是否会有利于强化一种多民族国家的现代中国意识，这是很值得怀疑的。

或许是看到了儒教国教论的制度性障碍，或者是出于对儒家在现代中国的功能的更为复杂的考虑，关于在当下中国将儒教建成公民宗教问题的设想也成为学术界关注的问题。①

公民宗教主要的功用是确立政治制度与运作的价值标准，从而确立其合法性、提供共同体的认同基础以提升其凝聚力。儒教作为公民宗教有两大现实的功用，一是它可以担负起凝聚精神的力量同时又可以超越宗教之间的直接冲突。二是它与传统儒家在中国社会中的作用可以得到有效的衔接。

陈明提出公民宗教的问题显然是针对蒋庆和康晓光的设想，在陈明看来，那种排斥外来宗教的做法，既不能获得政治上的支持，也会遭到文化排外的责难，所以不从儒家思想中的礼仪等方面的内容入手，通过国家性的仪式来激活儒家，以使其在中国的社会中发挥作用。

陈明认为，以西方的宗教形态来看儒学，那么儒教的信仰和祭祀系统并没有得到充分发育，这是因为它没有发展充分的教团组织。这导致儒学在传统中国既与民间信仰相贯通，也与政治体制相结合。因为这一特点，在现代性的冲击之下，儒学价值和制度体系都分崩离析。然而，1978 年以来的改革开放所预示的政治重建，却为儒学重新获得发展提供了机会，在陈明看来，政治重建和儒学重建是一体之两面。②

儒教的公民宗教的设计在很大程度上对应中国国家文化符号缺失的现状。通过一些超越具体宗教的符号而强化文化认同和国家认同意味，公民宗教可以充分利用传统儒家在公共礼仪和日常礼仪建设方面的文化积累，似乎的确可以超越宗教信仰自由和国家意识的统一性之间的紧张。

在偏向社会学和人类学方法的研究者中，普遍接受了杨庆堃（C. K. Yang）

---

① 陈明评论说：牟宗三说儒教是“圆教”，情感色彩太重；蒋庆说中国是政教合一的儒教国家，有些简单化；康晓光主张儒教国教化，缺乏可操作性。公民宗教，是基于社会的下行路线，跟自由民主宪政等可以结合并调节。参见陈明：《文化儒学：思辨与论辩》，49 页，成都，四川人民出版社，2009。

② 参见陈明：《文化儒学：思辨与论辩》，49 页。

的启发。杨在半个世纪前将宗教分为制度性宗教和分散性宗教的思路[①]，给分析儒教这种特殊的组织方式的宗教性特质提供了很重要的角度。比如，华东师范大学的李向平指出儒教是一种“权力宗教”。各种信仰、崇拜体系，各种神人关系，均按照传统王朝秩序的构成需要，错杂在各种层次上的社会政治组织中。[②] 杨的研究将儒家的宗教性和中国宗法社会的特点进行了有机的联系，清晰地说明了儒教与传统社会秩序建构的互相依赖性。这样的讨论提示出这样的一个问题：因为儒教与传统社会结构之间的依赖性，那么儒教所依赖的社会秩序消失之后，儒教这样的宗教形态是否还有存在的可能？或者说，儒教的价值观念已经融入中国百姓的日常生活中。如果是这样，儒教是否需要一个新的制度性体制便值得怀疑。所以说杨庆堃先生的儒教研究或许很好地勾勒出了传统儒教的特性，但还需要沿着这样的思路去探索现代儒教存在的可能性。

那么，大陆儒家发展有哪些问题值得进一步关注呢？

首先，从概念上看，儒教，在传统中国是作为一种道德教化的含义来使用的。近代以来，随着西方宗教的传入，人们逐渐开始思考儒家与宗教的关系。因为概念上的差异，人们便有了儒教是否是宗教的争论。

其次，儒教与政治的关系。儒家的宗教性问题自康有为开始就一直有很强的政治动机，这样的动机在中国建立现代民族国家的过程中显得尤为重要。在康有为及其追随者看来，一个国家的管理制度或许可以移植，但是基本的价值观念和道德感则应该成为一个国家获得其凝聚力和独立性的重要基础。这样的思路被康有为所强调，也被蒋庆和康晓光所强调。但儒教问题的复杂性表现之一在于：在中国这样一个有着多元传统的多民族国家，共同意识应当通过何种传统资源获得？在很大程度上，儒家的宽容性虽然可以作为一个更具有代表性的资源。但是，历史证明，儒家这样的“宽容性”依然不能解决儒教与其他宗教信仰之间的冲突。因此，在1913年康有为甚至提出过将儒教作为汉族人的国教，而将佛教作为蒙古和西藏的国教的设想。[③] 很显然，多民族国家的共同价值是否可以通过国教来解决，是从康有为到现在的儒教提倡者所面临的共同问题。

---

① C. K. Yang, *Religion in Chinese Society: A Study of Contemporary Functions of Religion and Some of Their Historical Factors*, Berkeley, University of California Press, 1961.

② 参见李向平：《儒教宗教论的再讨论——中国宗教社会学的视角》，载《齐鲁学刊》，2006 (5)。

③ 参见康有为：《拟中华民国宪法草案》，见《康有为全集》，第十集，83 页，北京，中国人民大学出版社，2007。

对于当下的中国而言，基督教的迅速传播、各种宗教的活力的恢复，与国家意识形态之间的冲突是明显的，而儒教问题的提出，是要为中国人提供一种新的宗教选择，还是作为弥合宗教与无神论的唯物主义之间的矛盾的手段，其作用都是需要时间检验的。在崇尚文化多元性的今天，从儒教的争论中，我们经常可以看到，貌似对立的言说实际上却无意识地朝向一个共同的目标，即对西方、对现代性的拒斥。

图书在版编目（CIP）数据

出版理论与实务研究 2013/刘志主编. —北京：中国人民大学出版社，2013.5
ISBN 978-7-300-17591-1

Ⅰ.①出… Ⅱ.①刘… Ⅲ.①出版工作-文集 Ⅳ.①G23-53

中国版本图书馆 CIP 数据核字（2013）第 109371 号

出版理论与实务研究 2013
刘 志 主编
Chuban Lilun yu Shiwu Yanjiu 2013

出版发行	中国人民大学出版社		
社　　址	北京中关村大街 31 号	**邮政编码**	100080
电　　话	010－62511242（总编室）		010－62511398（质管部）
	010－82501766（邮购部）		010－62514148（门市部）
	010－62515195（发行公司）		010－62515275（盗版举报）
网　　址	http://www.crup.com.cn		
	http://www.ttrnet.com(人大教研网)		
经　　销	新华书店		
印　　刷	涿州市星河印刷有限公司		
规　　格	170 mm×240 mm　16 开本	**版　　次**	2013 年 5 月第 1 版
印　　张	36.5 插页 1	**印　　次**	2013 年 5 月第 1 次印刷
字　　数	628 000	**定　　价**	88.00 元